MÉMOIRES

CONCERNANT

L'HISTOIRE CIVILE ET ECCLÉSIASTIQUE

D'AUXERRE ET DE SON ANCIEN DIOCÈSE

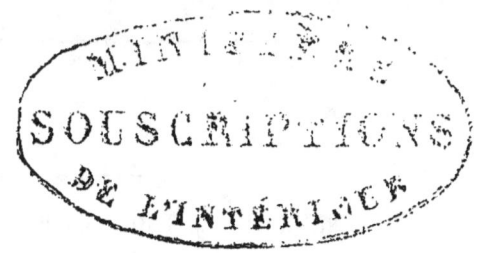

MÉMOIRES

CONCERNANT

L'HISTOIRE CIVILE ET ECCLÉSIASTIQUE

D'AUXERRE

ET DE SON ANCIEN DIOCÈSE

Par l'Abbé LEBEUF

Chanoine et Sous-Chantre de l'église cathédrale de la même ville
de l'Académie des Inscriptions et Belles-Lettres

CONTINUÉS JUSQU'A NOS JOURS

AVEC ADDITION DE NOUVELLES PREUVES ET ANNOTATIONS

PAR

M. CHALLE   M. QUANTIN
avocat   archiviste, corr. du com. des arts et monuments

TOME DEUXIÈME

AUXERRE
PERRIQUET, ÉDITEUR, IMPRIMEUR-LIBRAIRE

PARIS
DUMOULIN, LIBRAIRE, QUAI DES AUGUSTINS, 13

M DCCC LI

ARMOIRIES DES ÉVÊQUES D'AUXERRE
XIIe - XVe Siècle

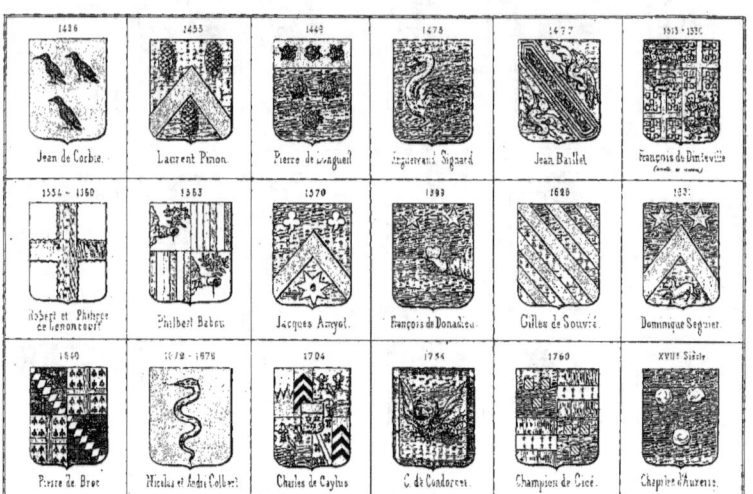

ARMOIRIES DES ÉVÊQUES ET DU CHAPITRE D'AUXERRE
(XVe - XVIIIe Siècle)

MÉMOIRES

HISTORIQUES

SUR

LES ÉVÊQUES D'AUXERRE.

QUATRIÈME PARTIE,

Qui renferme les actions de onze Prélats, qui ont gouverné l'Eglise d'Auxerre, depuis l'an 1373 jusqu'à l'an 1513.

CHAPITRE Ier.

De Nicolas d'Arcies, quatre-vingtième évêque d'Auxerre.

Le prélat, par lequel commence cette continuation de l'Histoire des Evêques d'Auxerre, eut une attention singulière à faire rédiger par écrit tout ce qu'on pourroit trouver d'intéressant sur ceux qui l'avoient précédé depuis quatre-vingt-dix ans ; il ne se trouva cependant personne après sa mort qui écrivit sa vie, ni celle des autres évêques qui l'ont suivi durant tout le siècle d'après. J'ai donc été obligé de chercher dans les archives de l'évêché, dans celles des Chapitres et monastères, aussi bien que dans les titres du Trésor royal et de la Chambre des comptes de Paris. De là j'ai tiré des matériaux pour la

1373 à 1376. quatrième partie de cette histoire, où, malgré la stérilité des anciens monuments, on ne laissera pas de remarquer suffisamment le caractère des prélats qui ont gouverné l'Eglise d'Auxerre.

Nicolas d'Arcies n'étoit pas né dans le diocèse et n'y avoit eu aucune liaison de parenté. Quelques modernes l'ont cru de la famille des seigneurs d'Arcy-sur-Cure dont a été un évêque d'Autun au XIIIe siècle, et un de Laon, vers le milieu du siècle suivant, lequel mourut archevêque de Reims. Ils l'ont avancé sans preuve, et le testament de l'évêque de Laon fait voir qu'ils se trompent. Il est certain que c'est d'un lieu appelé Arcies et non Arcy, que Nicolas, évêque d'Auxerre, tiroit son nom et son origine; et il y a toute apparence que c'est d'Arcies-sur-Aube, diocèse de Troyes. Aucun titre ancien ne l'a surnommé *de Arciaco* ou *Arsiaco*; et il a toujours été dénommé par le surnom *de Arceüs* ou bien *de Arceis*, ce qui convient parfaitement à Arcies-sur-Aube.

Il fut d'abord chanoine et trésorier de l'église de Troyes; en même temps il étoit chanoine de Notre-Dame de Paris. Il possédoit ces bénéfices lorsque le pape Grégoire XI le promut à l'évêché d'Auxerre, trois mois après la mort de Pierre Aymon, c'est-à-dire en Avent 1372 (1). Il est nécessaire de réformer, sur les actes authentiques qui nous restent, la date du continuateur de l'histoire de nos évêques, qui porte 1373, dans l'imprimé du père Labbe. Deux commissions données de la part des barons, pour assister à son entrée dans Auxerre, supposent qu'il leur avoit fait savoir sa nomination à l'évêché, et le jour qu'il prendroit possession. Dans l'une, Ioland de Flandre fait commandement à son cher et bien aimé Arnould de Château-Neuf, chevalier (2), d'assister de sa part à l'entrée de cet évêque. Cet acte est daté de la Tour du Temple, à Paris, le 24 juillet 1373, en présence de Jean Moron ou Moton, chanoine d'Auxerre, et de Jean le Moine, sergent d'armes du roi. L'autre commission donnée, le huitième juin précédent, est un semblable ordre de la part de la comtesse de Nevers, en tant que baronne de Donzy, à Jean de Norry, chevalier (3). La

---

(1) Sa promesse du droit apostolique est du 22 décembre 1373. *Reg. vat.*

(2) Inventaire du château de Toucy.
(3) Inventaire du château de Varzy.

même année, les deux comtesses ordonnent que l'hommage lui soit rendu pour ce qu'elles possèdent relevant de l'évêché d'Auxerre, et la comtesse de Bar promet de rendre la tour de Toucy à l'évêque et à ses gens, toutes les fois qu'il viendront à Toucy. Cela est encore confirmé par des lettres du roi Charles V données, à Paris, le 7 juin 1373, qui portent que sa cousine la comtesse de Bar, nonobstant la saisie faite sur la terre de Toucy et autres seigneuries qu'elle a en Puisaye, pourra faire hommage à son conseiller l'évêque d'Auxerre. Deux autres actes à peu près du même temps concourent encore à lever toute difficulté. Le premier, expédié à Vincennes le premier juillet, est une commission que le roi adresse à Etienne de Chanteloup, seigneur de Villefargeau, pour porter en son nom le nouvel évêque; l'autre est une prestation de foi et hommage, par Bureau de la Rivière, au nom du roi pour le comté d'Auxerre (1). Tous ces actes ne peuvent s'accorder avec l'époque qui diffèreroit la nomination de Nicolas au temps de l'Avent 1373; au contraire, ils conviennent avec l'opinion de ceux qui pensent qu'il ne fit son entrée à Auxerre que longtemps après cette nomination, savoir en septembre 1373. Quelques écrivains (2) même attestent qu'il gouverna le diocèse d'Auxerre dès la fin de l'an 1372; pour preuve ils citent des lettres de son frère Pierre d'Arcies qui, en qualité de vicaire général, institua Pierre, marchand auxerrois, capitaine de Varzy.

Des mémoires, dressés du temps de son entrée, marquent qu'Etienne, seigneur de Villefargeau, et Bureau de la Rivière, le portèrent en cette cérémonie. On y lit pareillement qu'il refusa de payer à Nicolas de Verres, archidiacre de Sens, le droit accoutumé, et que pour cette raison l'archidiacre l'ajourna à la cour de Grégoire XI. Il ne fit la fête ou le repas de son premier avénement que le 3 juin 1375, jour auquel les habitants lui présentèrent une queue de vin de pinot (3); et à Noël de la même année il reçut, sur les deniers dus au roi par la ville pour les fouages, ce que ce prince lui avoit donné à prendre.

---

(1) **Inventaire de Varzy.**
(2) **Viole.**
(3) **Comptes de la ville.**

1373 à 1376. L'ordre que cet évêque donna de rédiger par écrit les actions des seize prélats ses prédécesseurs immédiats, paroît avoir été des premiers effets de son attention. Régennes étant le château où il se plut davantage, il fut plus à portée de connoître la situation où se trouvoient les chanoines d'Appoigny (1). Voulant les favoriser, il les exempta de payer la dîme des terres et vignes qu'ils possédoient ou qu'ils faisoient valoir par leurs mains; il se contenta qu'ils payassent seulement le vingtième des héritages qu'ils donnoient à cultiver. On a vu, parmi les titres de cette petite collégiale (2), des lettres qu'il fit expédier là-dessus à Régennes, le 9 mars 1373. L'année suivante, il acquit à Sacy un domaine considérable qui appartenoit à Jean de Beaulieu, citoyen d'Auxerre. Il est certain qu'en 1375, le 3 décembre, il fit condamner par sentence des requêtes, à Paris, un particulier qui avoit osé enlever du poisson pour dix francs d'or, dans la rivière d'Yonne au-dessous de son palais épiscopal (3). Dès le mois d'octobre 1374, Charles V ordonna que s'il décédoit avant que son fils eût atteint l'âge de quatorze ans, la reine en eût la tutelle, il ajouta qu'elle prendroit l'avis de six évêques, du nombre de ces prélats est l'évêque d'Auxerre. Aussi étoit-il présent au lit de justice où cette ordonnance fut lue (4), et assista-t-il ensuite au parlement, le vingtième mai, à la publication de l'édit qui fixoit la majorité des rois à l'âge de quatorze ans. En septembre, la même année, il fut fait président clerc de la Chambre des comptes en place de Jean Dangerant (5), et au mois de février suivant, auquel on comptoit à Rome 1376, le roi lui écrivit de Paris, pour savoir ce qu'il pensoit touchant la fête de la Présentation de la sainte Vierge. On croit que ce fut ce prélat qui permit de célébrer cette fête dans son diocèse, sans en faire un précepte. Il mourut, à Paris, le 24 septembre suivant; et son corps, ayant été apporté à Auxerre, y fut inhumé dans le côté gauche du chœur de la cathédrale où il avoit fondé son anniversaire, moyennant

---

(1) *Tabul. Capit. Aponiac.*
(2) Titres du temps de ses successeurs.
(3) *Cartul. Ep. in fine.*

(4) Traité de la majorité des rois, p. 544, et Ordon., t. VI, p. 30.
(5) Mémorial de la Chambre des comptes, fol. 162.

dix livres de rente à prendre sur ce qu'il avoit acquis à Sacy (1). On le trouve aussi fondé dans la cathédrale de Troyes, et peut-être fut-ce par les soins de son frère Pierre d'Arcies, qui après avoir été son vicaire général fut élu évêque de Troyes en 1377.

De son temps, la charte de la régale accordée à l'église d'Auxerre, par le roi Philippe Auguste, fut tirée des registres de la Chambre des comptes, et de nouveau insérée dans les lettres de confirmation qu'en donna, à Paris, le roi Charles V, au mois de septembre 1375, dans ces termes exprès : *Et ut præmissa perpetua stabilitate firmentur.* Je n'ai trouvé qu'un statut notable fait par le Chapitre d'Auxerre sous son pontificat (2). Il ordonne de sonner plus longtemps qu'on ne faisoit les offices de prime et de none, savoir le premier, jusqu'à l'élévation de la dernière messe de Notre-Dame-de-la-Cité, et none jusqu'à la septième leçon des anniversaires de la même église. Ce statut nous apprend avec quelle exactitude on célébroit alors l'office dans cette collégiale ; il est des chapitres généraux de Sainte-Luce 1373.

CHAPITRE II.

GUILLAUME D'ÉTOUTEVILLE, LXXXIe ÉVÊQUE D'AUXERRE.

Guillaume d'Étouteville, ennuyé de rester dans un pays exposé à des guerres continuelles et nouvellement ruiné par les Anglois et Navarrois, se fit transférer bientôt d'Evreux à Auxerre. On ne connoît point en quel temps il prit possession de l'évêché (3). Il est sûr qu'il ne différa pas un an entier, puisque dès le mois de juillet 1377 le siége étoit rempli, et l'évêque d'Auxerre présent à Paris. Ce prélat

---

(1) On cite un arrêt du Parlement du 21 mars 1379, dans lequel Nicolas d'Arcies est qualifié chancelier du duc d'Orléans. *Hist. d'Auvergne*, Baluz. p. 162.

(2) *Collect. vet. statut.*

(3) Il passa reconnoissance pour le droit apostolique dû par son prédécesseur 2 mars 1377.

étoit d'une très-noble famille de Normandie, qui a produit de grands hommes. Mais on ne voit pas qu'il ait pris beaucoup à cœur la conduite de l'église d'Auxerre. Étant à Paris, vers les commencements de son épiscopat (1), il officia à la fête de Saint-Louis, dans le collége de Navarre l'an 1376. Il assista aussi quelquefois au conseil. Il est nommé comme présent à celui du 4 juillet 1377. Quatre jours après, Bureau de la Rivière, chambellan de Charles V, rendit hommage à l'évêque pour le comté d'Auxerre au nom de ce prince. L'hommage pour la baronnie de Donzy ne fut pas rendu si promptement, parce que Marguerite, comtesse de Flandre, demanda du délai (2). Guillaume d'Etouteville étant encore à la cour, durant la même année, officia aux funérailles de Bertrand du Guesclin, connétable de France, à Saint-Denys, en présence du roi. Quelques actes prouvent sa résidence à Auxerre les deux années suivantes.

La seconde et la troisième année de son épiscopat, s'étoient faites dans le diocèse quelques fondations auxquelles sans doute il prit part. Jean Mercier, doyen de la cathédrale, y avoit fondé, en 1378, une chapelle dans la nef, sous le titre de Sainte-Catherine (a); en 1379, Philippe de Sainte-Croix, évêque de Mâcon, seigneur de Colanges-les-Vineuses, avoit établi un hôpital dans ce même lieu de Colanges. Guillaume d'Etouteville fut prié, en 1380, avec le grand archidiacre et autres (3), d'aller à Paris pour soulager les habitants d'Auxerre surchargés de gens d'armes (b). Mais l'affaire la plus considérable où son nom paroisse, dans le diocèse d'Auxerre, regarde la création de quatre sémiprébendés ou chanoines tortriers dans

---

(1) *Hist. domus Nav. de Launoy.*
(2) Lettres écrites de Saint-Omer, 22 déc.

1380.
(3) *Caput. vrbis.*

(a) *Voy.* les Preuves, t. IV, n° 322.   (*Note des Editeurs.*)

(b) Une lettre de rémission accordée par le roi, en 1381, à un habitant d'Auxerre nommé Chantepinot, qui avait tué, sans intention, le curé de Varzy, nous apprend que les gens du clergé de cette ville avaient alors de violentes querelles avec les officiers royaux. Ils avaient même battu les sergents et insulté à la justice du roi. La suite de cet événement est peu connue, mais on en voit les détails dans la pièce publiée aux Preuves de cette Histoire, t. IV, n° 327.   (*N. d. E.*)

la cathédrale en 1381. Le doyen Jean et le Chapitre avoient représenté au pape, que les huit anciens tortriers ne suffisoient pas pour porter les charges des chanoines, et assister à tout l'office canonial, que l'un souvent obligé de célébrer la grand'-messe, l'autre de faire choriste, quelques-uns étant malades, il en restoit peu pour soulager le chœur, ils supplioient le souverain pontife de leur donner pouvoir de créer quatre nouvelles sémiprébendes, et d'y employer le revenu des deux premiers canonicats qui viendroient à vaquer (1). Clément VII accorda la demande et enjoignit même de procéder à cette création, sans la permission de l'évêque. Un chanoine, appelé Hugues Blandin ou Hugues de la Roche, étant mort sur la fin du mois d'août 1381, les chanoines de la cathédrale, assemblés à l'issue de son enterrement, élurent unanimement Robert Motet, ci-devant *Chorier* (2) de l'église, pour jouir d'une moitié de cette prébende ; l'instituèrent sémiprébendé, et le firent installer dans le chœur. Ils en dressèrent l'acte, et se regardant comme exécuteurs des ordres apostoliques, ils enjoignirent à l'abbé de Saint-Père, au prieur de Saint-Eusèbe et au chantre de Notre-Dame-de-la-Cité, de notifier le tout à l'évêque, et de lui déclarer qu'ils ne recevroient aucun titulaire à la prébende vacante par la mort de Hugues Blandin. Guillaume d'Etouteville se plaignit à Avignon de l'entreprise faite sur ses droits, et déclara qu'injustement on le privoit de la collation des deux prébendes de son église. Le pape, sans détruire ce que le Chapitre d'Auxerre avoit fait, ordonna, par une bulle du 28 septembre, que l'évêque confèreroit dans la suite les quatre sémiprébendes à des sujets contre lesquels le Chapitre n'auroit rien à opposer, et qui auroient les qualités déjà requises dans les anciens sémiprébendés. Soit que l'évêque se flattât que le Chapitre destitueroit le nouveau sémiprébendé, ou qu'il fût pressé par les sollicitations de son garde-scel ou secrétaire, il lui conféra la prébende de Hugues Blandin. Cet officier, nommé Raoul Aubery, se présenta en Chapitre avec ses provisions le 3 octobre; mais les chanoines lui témoignèrent

---

(1) J'ai copie de tous ces actes ; leur longueur m'a empêché de les insérer dans les Preuves.

(2) *Chorarius.*

que quelque joie qu'il pussent ressentir de l'avoir pour confrère, ils ne pouvoient l'admettre, parce que la prébende étoit remplie déjà, en partie, par Robert Motet. L'on croit que la chose en resta là. Quoi qu'il en soit, le prélat Guillaume vivoit en bonne intelligence avec le Chapitre l'année suivante 1382, puisque, se disposant à affranchir les habitants de Charbuy, il ne voulut accorder cette grâce que de l'avis et du conseil des chanoines de la cathédrale, et qu'il fit mettre expressément le sceau du Chapitre à la fin de cet acte, le 8 juin 1382 *(a)*. Mais il ne fut pas plus porté que son prédécesseur à augmenter l'étendue du ressort du bailliage d'Auxerre; au contraire, il obtint du roi que l'évêque d'Auxerre continueroit à ressortir à Villeneuve-le-Roi, aussi bien que les habitants de toutes les terres épiscopales.

Depuis l'an 1382 on ne trouve plus d'actes où Guillaume d'Etouteville paroisse comme évêque d'Auxerre; ainsi, il y a apparence que vers l'an 1383 il fut transféré à Lisieux. Il gouverna cette église durant un long espace d'années, n'oubliant pas cependant celle d'Auxerre où il voulut qu'on priât Dieu pour lui. Il donna au Chapitre une somme de deux cents livres dont on acheta des fonds (1); et la rente qui en revenoit servit à l'honoraire d'une messe du Saint-Esprit qu'on chantoit encore à son intention plus de vingt ans après sa sortie.

(1) *Regist. capit.* 1401.

(a) L'original de cet acte est aux archives de l'Yonne et porte la date du 20 juin 1382; il renferme des réflexions fort belles sur le droit qu'ont tous les hommes d'être libres et sur l'exemple que doit donner l'Eglise à cet égard. — *Voy.* Preuves, t. IV, n° 329. (*N. d. E.*)

CHAPITRE III.

FERRIC CASSINEL, LXXXIIe ÉVÊQUE D'AUXERRE.

L'alliance qui étoit entre la famille d'Etouteville et celle de Cassinel put contribuer à faire succéder à Guillaume d'Etouteville Ferric Cassinel auparavant évêque de Lodève. Il étoit second fils de François Cassinel, sergent d'armes du roi Jean, dont le frère aîné, nommé Guillaume, seigneur de Pompone proche Paris, sergent d'armes de Charles V, avoit épousé Isabeau de Châtillon veuve de Matthieu, seigneur de Roye, proche parent de Guillaume d'Etouteville. Cette famille de Cassinel, originaire d'Italie, sortoit d'un Jean Cassinel, dont un fils servit le roi Philippe-le-Bel, qui le fit chevalier de son ordre, et châtelain de Calargues en Languedoc. Il y a apparence que la branche dont descendoit immédiatement notre évêque, étoit établie à Paris, parce que son père et ses plus proches parents y ont été inhumés dans l'église de Sainte-Catherine du Val-des-Écoliers (1).

Ferric avoit d'abord été archidiacre de Vexin, dans l'église de Rouen, et secrétaire du roi. Il n'avoit encore que ces deux qualités en 1371 (2), lorsqu'il assista, avec Gérard de Montaigu, à une assemblée où son frère Guillaume fut élu curateur de Marguerite, fille de Robert Guy, chevalier. Mais, en devenant évêque de Lodève, il commença à jouir d'une partie de la seigneurie de Calargues, donnée à ses ancêtres. Charles VI, qui fut le promoteur de sa translation à Auxerre, le chérit tellement, qu'il le retint presque toujours à sa cour. Il n'est parvenu jusqu'à nous aucune des circonstances de son entrée, ni aucun acte de foi et hommage dont les autres prélats ses prédécesseurs étoient si jaloux. L'on pourroit même dire en très-peu

1382 à 1390.

---

(1) *Ex testam. Bertrandi Cassinel.* — Voy. les Preuves, ad an. 1397.

(2) Le greffier des registres du Parlement de l'an 1368, au 8 août, a écrit ce qui suit :

» J'allai au clos Brunel au commencement » de maître Ferric Cassinel, jadis mon com- » pagnon, qui à ce jour fut fait docteur en » décret.»

de mots tout ce que l'on sait de la part qu'il prit aux affaires de son diocèse.

Son frère Bertrand étoit chantre de la cathédrale, soit par résignation de Denis Lopin, soit par l'élection du Chapitre, lorsqu'il le gratifia d'un petit bénéfice de son diocèse, qui fut sujet par la suite à de grandes contestations. C'étoit la maîtrise de la Maladerie de Toucy. Il la conféra à Bertrand contre les prétentions de la comtesse de Bar, dame en partie de cette petite ville. Ayant trouvé dans sa cathédrale l'usage de porter une aumuce noire, il eut recours au pape Clément VII, à Avignon, pour autoriser le changement qu'il projetoit de concert avec le Chapitre. Le pape, qui étoit bien aise d'étendre son autorité, lui accorda pour lui et pour ses chanoines seulement, de pouvoir changer l'aumuce noire en aumuce grise (1). Les moines de Bourads s'adressèrent à lui environ le même temps, pour les lettres d'amortissement, au sujet d'un domaine qu'ils avoient à Varzy sur son territoire, et ils en eurent pleine satisfaction. Les chanoines réguliers de Saint-Eusèbe, assurés que leur église, quoique bâtie déjà depuis plus d'un siècle, n'avoit point été dédiée solennellement, le prièrent d'en faire la dédicace (2). Il en fit la cérémonie le douzième juin de l'an 1384 (3). Les chanoines de la collégiale de Saint-Laurent de Cône, étant en difficulté avec le chantre, première dignité de ce Chapitre, obtinrent de lui un règlement à l'amiable, le jeudi après la Toussaint 1385, qui confirma les statuts qu'avoit faits Gui de Mello au siècle précédent. Toutes leurs contestations furent ainsi terminées (4).

On peut mettre parmi les marques de l'attachement de Ferric au service du roi, les prêts qu'il lui fit pour subvenir aux nécessités de l'État. Pour aider à faire la guerre aux Anglois, il avança la somme de cinq cents livres qui fut remboursée sur la fin de l'année 1385,

---

(1) Bulle du 27 avril 1383.
(2) *Ordinar. mss. abb. S. Laurentii.*
(3) La même année le 28 mars, Louis d'Anjou, allant de Paris à Avignon, fut reçu dans la cathédrale par le clergé en chappes, comme il est marqué dans le journal de Jean Fabri, évêque de Chartres, son chancelier qui étoit du voyage. *Cod. Colbert*, 587.
(4) *Tabul. conad.*

par Nicolas de Plancy, notaire du roi et clerc de ses comptes (1). Après s'être trouvé plusieurs fois au conseil du roi (2), et au parlement les deux ou trois années suivantes (3), il parut avec éclat dans l'affaire de Jean de Monteson Arragonois, qui étoit purement de doctrine. Non content d'avoir assisté à Paris dans la salle de l'évêché, le 24 août 1387, avec Yves Elie, recteur de l'Université, et Simon Frerot, sous-chantre de la cathédrale de cette ville, lorsque l'évêque Pierre d'Orgemont condamna les propositions de cet Espagnol (4), il entreprit de le poursuivre vivement, et il étendit son zèle jusques sur ses sectateurs. Monteson, homme subtil et hardi, enseignoit publiquement que la sainte Vierge avoit été conçue dans le péché originel. Ferric employa son éloquence à démontrer le contraire devant toute la cour (5); il engagea le roi, qui étoit présent, à ordonner qu'on célébrât la fête de la Conception, et que les partisans de Jean de Monteson eussent à se rétracter. Du Boulay (6) fait mention de la dispute publique, entre notre évêque et Guillaume de Vallan, évêque d'Evreux, dominicain, touchant plusieurs autres propositions du docteur arragonois. On y apprend que Ferric avoit tout pouvoir sur l'esprit du roi, qu'il l'entretenoit familièrement de toutes ces matières controversées, et que bien plus, il parvint à faire révoquer ou expliquer par l'évêque d'Evreux les propositions qu'il avoit soutenues. Cette révocation se fit au mois de février, en présence de Ferric même, de Jean Manson, recteur de l'Université, de quelques professeurs et des principaux officiers des nations. La même année 1388, ce prélat s'opposa au rétablissement que le doyen de la cathédrale d'Auxerre voulut faire de sa juridiction, quoiqu'elle parût un peu appuyée par le prince, ou par les magistrats, puisque le 9 janvier le bailli de Sens et d'Auxerre reçut ordre de s'informer du lieu où ce doyen avoit son officialité, de voir si les officiers

---

(1) Quittance de Ferric, 25 fév. 1385, portefeuilles Gagnières.
(2) Conseil, 17 fév. 1386, *Prob. hist.* Paris. t. II, p. 538.
(3) Regist. Parlem., 12 nov. 1388. Item, à Vernon, en fév. 1388.
(4) *Ex Labb.* Alliance Généal., t. II.
(5) *Hist. latina Caroli VI*, ad an. 1388.
(6) *Sal. XIV*, p. 633.

étoient propres à cette exercice, et d'y commettre un promoteur et un appariteur s'il étoit besoin.

Je ne dois pas aller plus loin, sans faire ici mention du procès qui lui fut intenté au parlement de Paris, par Etienne de Mailly, avocat demeurant à Auxerre, et auparavant official d'Autun. Cet avocat avoit été mis dans les prisons de l'évêque *(a)*; et comme le parlement l'avoit fait élargir (1), ce prélat s'en étoit plaint en termes offensants contre la Chambre de la Tournelle (2). La Cour procédant contre lui, il alla lui en marquer son repentir et la supplier de lui pardonner. On délibéra le 11 mai 1387, et on prononça que l'on surseoyoit à ordonner sur les discours qu'il avoit tenus. Guillaume Cassinel, frère de ce prélat, fut impliqué dans le procès; de manière que le parlement, par arrêt du 22 juin suivant, auquel l'évêque étoit présent, ajourna Guillaume à comparoître personnellement, sur peine de cent marcs d'argent. L'affaire fut plaidée au parlement le 28 janvier. Etienne de Mailly exposa que l'évêque l'avoit fait enlever violemment de la ville d'Auxerre, et conduire à Régennes, et que là Guillaume Cassinel lui avoit fait donner cruellement *la gehenne* par deux de ses domestiques, après avoir fait prendre l'un des compagnons de cet avocat *(b)*; que la haine du prélat contre lui procédoit de ce qu'il avoit plaidé au siège d'Auxerre, pour de bonnes gens qu'il avoit mis en cause injustement, et surtout parce qu'il avoit occupé pour la publication d'un *excommuniement* que l'évêque de Lodève requéroit contre l'évêque d'Auxerre; qu'enfin ayant trouvé le moyen de s'évader de Régennes, il s'étoit

---

(1) Anselme, édit. 1726, t. II, p. 58.   (2) *Ex regist. Parlamenti.*

(*a*) On peut voir l'analyse de ce procès dans le tome I du *Bulletin de la Société des sciences historiques et naturelles de l'Yonne*. L'évêque Ferric y figure d'une manière peu honorable et indigne de son caractère; quoique, d'autre part, l'avocat Etienne de Mailly ne paraisse pas non plus être bien délicat. L'évêque l'accuse d'être faussaire et receleur et dit que, dans l'exercice de sa profession, il plaida tantôt le pour et tantôt le contre.   (N. d. E.).

(*b*) Il y a probablement ici une grosse erreur typographique, car le texte du registre du parlement porte qu'Etienne fut mené à Régennes avec deux compagnons dont l'un fut *pendu*. — *Vide loco citato.*   (N. d. E.)

pourvu en cour de Rome séant à Avignon; et il y avoit obtenu des lettres du pape qui l'exemptoient de la juridiction spirituelle d'Auxerre. Après cet exposé, il concluoit contre l'évêque en huit mille livres d'amende, et contre messire Guillaume Cassinel à une amende honteuse *sans chaperon* et à genoux, et à quatre mille livres. L'évêque se défendit en niant tout ce que Mailly avoit avancé et l'accusa de divers crimes, représentant qu'il étoit son justiciable, étant clerc non marié. Le procureur du roi conclut, contre l'évêque, en seize mille livres d'amende, et contre Mailly à amende honorable et profitable de dix mille livres, et dit que l'évêque avoit conçu haine contre maître Etienne, parce qu'il avoit été du conseil des *appréhendés* pour crime d'hérésie que l'évêque avoit délivrés pour de l'argent. Le 30 janvier (*a*), Mailly se défendit de tout ce que l'évêque avoit allégué contre lui et avança encore qu'un des motifs de la haine de ce prélat, c'étoit parce qu'il avoit demandé à son frère, maître Bertrand Cassinel, chanoine d'Auxerre, l'acte d'une prébende pour le curé de Festigny. L'évêque répliqua, soutint tout ce qu'il avoit allégué, et qu'il y avoit eu lieu à la géhenne; le procès fut appointé. Enfin, le 18 mars, auquel on comptoit encore 1387, le parlement mit au néant toutes les procédures faites à Auxerre, cour de Rome, Sens et ailleurs; ordonna la restitution des biens de maître Etienne, pria l'évêque qu'il l'eût en sa grâce, enjoignit à cet avocat de faire honneur et révérence au prélat, et déclara qu'il pourroit exercer son office d'*Advocation*.

Ferric n'excelloit pas seulement dans le droit, il étoit encore habile prédicateur. A l'issue d'un sermon qu'il prononça le jour de l'Annonciation 1388, dans la chaire de Notre-Dame de Paris, Jean Thomas, ci-devant subdélégué de l'inquisiteur, révoqua devant le parvis de cette église (1), ce qu'il avoit prêché et écrit contre l'immaculée Conception, et contre l'établissement de la fête. Quelques jours après Pâques, il officia pontificalement à Saint-Denys, lorsque Charles VI créa cheva-

---

(1) *Hist. univ. Paris.*

(*a*) Le registre du parlement porte le 3 février. (*N. d. E.*)

liers Louis et Charles d'Anjou, ses neveux. Ferric prêcha aussi (a) le 7 mai, à la messe des obsèques que le même roi fit célébrer dans la même abbaye, pour Bertrand du Guesclin, connétable, mort depuis neuf ans (1). Ce prince ayant été conduire à Avignon ses deux neveux pour faire couronner l'aîné roi de Sicile, prit des mesures pour avancer Ferric Cassinel et lui procurer de nouveaux honneurs. Ce prélat étoit de retour à Auxerre à la fin du même mois de mai; et il se présenta presqu'aussitôt une nouvelle occasion de signaler son zèle contre un Jacobin attaché au sentiment de Jean de Monteson. Ce religieux, nommé Etienne Gontier, avoit quitté la maison de Paris. S'étant trouvé à Auxerre, dans la même hôtellerie où logeoit l'évêque de Nevers, celui-ci l'avoit reconnu et l'avoit fait mettre en prison au château d'Auxerre. Le prieur de la maison de l'ordre ne manqua pas de le revendiquer, et le prévôt d'Auxerre le lui livra. L'évêque Ferric, averti de l'affaire, ordonna qu'on le reconduisît au château, et qu'ensuite le prévôt le lui amenât, ce qui fut exécuté. Le malheureux comparoissant devant l'évêque d'Auxerre, fut interrogé, et il déclara qu'il avoit été du sentiment d'appeler du jugement de l'Université rendu contre Jean de Monteson. Ferric le renvoya, à Paris, aux officiers de l'Université, revêtu de l'habit qu'il portoit quand il fut arrêté; il écrivit au recteur et à l'Université, donnant tout pouvoir de le punir comme hérétique, excommunié et réaggravé. La lettre est du 31 mai 1389 (2). Elle fait voir évidemment avec quelle vivacité ce prélat soutenoit un sentiment, sur lequel il n'y avoit aucune décision des papes ni des conciles. Le

---

(1) *Veteres scriptores Martene*, t. 1, p. 342, 344. | (2) *Hist. univ.*, t. IV.

(a) Voici comment Guillaume de Quimper, auteur contemporain, rend compte du sermon de l'évêque, dans un manuscrit de l'église Saint-Aubin d'Angers :

Quant l'offrande si fu passée
L'evesque d'Aucerre prescha
La et mainte larme plorée
Des paroles qu'il recorda ;
Car il conta comment l'espée
Bertrand de Glasquin bien garda
Et comme en bataille rangée
Pour France grant peine endura.

Les princes fondoient en larmes
Des mots que l'evesque montroit.
Car il disoit plorez gens d'armes
Bertrant qui tretous vous amoit
On doit regretter les faiz d'armes
Qu'il feist au temps qu'il vivoit
Dieu ayt pitié sur toutes ames
De la sienne, car bonne estoit.

(APUD MARTENE, *Thesaurus Anecdot.*)

(*N. d. E.*)

lendemain de la date de cette lettre, qui étoit le premier juin, soit qu'il fût averti de sa prochaine translation à un autre siége, soit qu'il eût des pressentiments de sa fin, il traita avec le Chapitre de la cathédrale pour des prières qu'il souhaita qu'on fît pour lui pendant le reste de sa vie et après sa mort. Il avoit succombé au parlement sur la prétention qu'il avoit eue de succéder à Nicolas d'Arcies, son prédécesseur (1), dans la terre située à Sacy, que cet évêque avoit achetée de Jean de Beaulieu bourgeois d'Auxerre (2). Elle avoit été adjugée aux exécuteurs testamentaires de cet évêque, et si Guillaume d'Etouteville en avait joui, ce n'avoit été qu'en leur payant certaines sommes. Ce domaine n'étoit pas un bien de l'évêché, mais seulement situé dans une terre épiscopale; Guillaume Cassinel, chevalier, l'avoit acquis et ensuite revendu à Ferric, son frère (3). Ce prélat, touché d'un motif de piété, et après avoir communiqué son dessein aux chanoines de la cathédrale, leur légua ce fond à la charge de douze messes par chaque année; il en fit dresser et sceller un acte auquel assistèrent le doyen Pierre de Chissy; le chantre Bertrand Cassinel, frère de l'évêque; Guillaume Infard, archidiacre; Guillaume Nazarie, trésorier; et Marc Gibert, souchantre; Guillaume Cassinel, autre frère du prélat, fut aussi présent avec Philippes des Champs, son bailli. Le quatrième jour du même mois, cet acte de Ferric, fut apporté en plein Chapitre, par Guillaume Cassinel, qui en déclara la substance, et deux notaires lui donnèrent acte du dépôt.

Peu de temps après, sa translation à l'archevêché de Reims lui fut annoncée. En quittant Auxerre, il laissa l'évêché *onéré de* 1750 *florins* d'or (4) et le logis épiscopal en mauvais état. Ce prélat avoit apparemment aidé beaucoup sa famille. Au moins est-il marqué que, dès la première année qu'il fut évêque d'Auxerre, il acheta la terre de Sorvillier, proche Senlis, de Pétronille de Laistre, et qu'il en fit présent à Marie Cassinel, sa nièce, qui épousoit Gaucher de Chastillon, seigneur de Troissy et de Marigny (5). Acceptant sa translation à

---

(1) *Quæst. XVI, arrestor. Joan. Le coq.*
(2) *Tabul. ep. Autiss.*
(3) *Voy.* les Preuves, à l'an 1389.
(4) *Ex lit. mss. in Mich. de Creney*, 1393.
(5) *Duchêne in histor. Castellionis.*

l'archevêché de Reims, il entreprit le voyage d'Avignon pour remercier Clément VII, son bienfaiteur, et il continua ensuite son voyage jusque dans le Languedoc, où il avoit du bien de patrimoine (a). Mais ayant été empoisonné, il ne put se rendre à Reims, où il avoit été reçu par procureur, depuis un mois seulement (b). Il mourut à Nimes, le 26 mai 1390, après avoir fait son testament. Les exécuteurs, Guillaume Cassinel, son frère, Philippe de Savoisy et Pierre de Chevreuse, eurent soin de faire conduire son corps à Auxerre, et il fut inhumé au côté gauche du grand autel, entre deux piliers du sanctuaire. Jusqu'alors, aucun évêque n'avoit eu sa sépulture si proche du lieu où est offert le saint sacrifice. On a vu que tous les évêques précédents, morts à Auxerre, depuis Gui le Sénonois, étoient inhumés ailleurs qu'à la cathédrale, ou que, si on les y enterroit, c'étoit dans le chœur, à l'exemple de Gui qui y repose du côté de la grande porte. Mais comme au xiiie et xive siècle, on s'accoutuma à enterrer nos évêques près du sanctuaire, on leur accorda enfin la sépulture dans ce lieu sacré. Il est probable que le Chapitre fut porté à ne pas contredire cette nouveauté, parce que les deux frères héritiers de Ferric proposèrent de lui dresser un magnifique mausolée, qui auroit été mal placé dans le chœur ou qui ne pouvoit y être élevé. Il fut, en effet, érigé en pierre avec des ornements gothiques très-délicats. Le défunt y fut représenté couché, et revêtu des ornements archiépiscopaux avec ses armoiries parsemées sur sa chasuble. Qui pourroit s'imaginer que quatre-vingts ans après on ignoroit si vérita-

---

(a) Il se rendait dans cette province, par ordre du roi « pour y punir des malversateurs » à ce que dit la chronique latine de Charles VI. — Henri Martin rapporte qu'il avait été nommé l'un des trois commissaires chargés de la réformation générale des pays de Languedoc et du duché de Guyenne. — *Hist. de France*, t. vi, 249. (*N. d. E.*)

(b) La même chronique de Charles VI s'exprime ainsi sur cet événement : « Les » Jacobins furent généralement soupçonnés de ce crime; je n'ai point la preuve » certaine et je ne puis prononcer sur des choses qui se sont passées dans l'ombre, » mais je sais que c'était l'homme qu'ils haïssaient le plus au monde. » — *Docum. inédits sur l'Hist. de France*, traduction de M. Bellaguet, p. 627. — Henri Martin attribue plutôt sa mort au duc de Berry, qui redoutait, de sa part, la poursuite de ses malversations en Languedoc. (*N. d. E.*)

blement le corps de Ferric reposoit sous ce mausolée? Pierre de
Longueil, l'un de ses successeurs, demanda que son corps y fût
renfermé, supposé que ce tombeau se trouvât vide. Cependant, il ne
faut point douter que Ferric n'eût été déposé dans le lieu où ce
monument est érigé. Effectivement, Pierre de Longueil fut inhumé
de l'autre côté du chœur, proche la chaire de pierre. Une preuve
incontestable que Ferric fut inhumé dans la cathédrale, est que
Bertrand Cassinel demande, par son testament du 29 septembre
1397, à être enterré proche son frère Ferric, au dedans du chœur si
faire se pouvoit. On croit que les Huguenots ayant brisé les grilles de
fer qui environnoient le mausolée, ils l'ouvrirent et le profanèrent.
Au moins, c'est depuis qu'ils l'eurent mutilé qu'on a bâti au-dessus
une partie du mur qui entoure le sanctuaire. Un chanoine du dernier
siècle (1) voulut que ce prélat fût connu en sa qualité de grand
défenseur du sentiment de l'immaculée Conception. A un autel de
dessous le jubé, il fit représenter, en relief, Nicolas d'Arcies, qui
contribua à l'établissement de la fête de la Présentation de Notre-
Dame, et Ferric Cassinel, comme très-zélé pour celle de la Conception; mais il les a défigurés en leur donnant une barbe semblable à celle
des évêques d'Orient, dans un temps où en France tout le monde étoit
rasé. L'anniversaire de Ferric ne fut pas fondé seulement dans l'église
cathédrale d'Auxerre; on le trouve aussi dans l'ancien obituaire de
Saint-Pierre-en-Château, première paroisse de la ville, en ces termes :
*Obsequium recolendæ memoriæ Domini Ferrici quondam Autissio-
dorensis episcopi et deinde archiepiscopi Remensis, pro quo nobilis vir
dominus Guillelmus Cassinelli, ejus frater executor et hæres solvit curato
dictæ ecclesiæ S. Petri in castro Autissiodorensis, anno quolibet
faciendo, decem francos semel. Anima ejus requiescat in pace.* On a
lieu d'être surpris que cet obit soit marqué au 17 septembre. Il pourroit
se faire que le 26 mai fût le jour de la date de son testament, qu'on
dit aussi daté d'Avignon, et non celui de sa mort. L'aigle de cuivre
qui est actuellement dans le chœur de la cathédrale d'Auxerre, ne

(2) Pierre le Venier.

vient point de lui, quoiqu'on y voie les armes de sa famille, mais de son frère Bertrand, chantre de la même église, qui ordonna, par son testament, qu'on fît faire deux aigles pour la cathédrale, dont l'une restât à la chapelle de Saint-Alexandre, où se chantoient alors certains offices presque chaque jour; elle n'a été placée au chœur que depuis la fin des guerres des calvinistes. Le même testament nous apprend que Ferric avoit une sœur, appelée Catherine, qui survécut à ses deux frères, l'évêque et le chantre; que de Guillaume Cassinel il avoit un neveu appelé Louis, encore fort jeune en 1387, et qu'un autre de leurs neveux s'appeloit Gérard de Montaigu, lequel sans doute étoit fils de Biotte Cassinel, qui avoit épousé Gérard de Montaigu, garde des chartes du roi et maître des comptes, et par conséquent frère de Jean de Montaigu, chancelier de France (1), mort archevêque de Sens en 1415.

J'ai lu, dans les Mémoriaux de la chambre des comptes de Paris, deux articles qui nous apprennent que le roi avoit donné, à cet évêque d'Auxerre, la maison-forte de Marcoussis, et la maison de la Ronce située en la châtellenie de Montlhéri, en échange de la ville de Galargue, sise en la baronnie de Lunel, laquelle le roi donna à Catherine de France, comtesse de Montpensier.

CHAPITRE IV.

MICHEL DE CRENEY, LXXXIIIe ÉVÊQUE D'AUXERRE.

Quelques écrivains modernes (2) ont imaginé, entre Ferric Cassinel et Michel de Creney, un Guillaume qu'ils supposent avoir été auparavant évêque de Lodève. Ils ont cru qu'y ayant eu, dès 1392, un ordre de Charles VI, de faire hommage à l'évêque d'Auxerre pour la jouissance du comté, et que le même ordre étant réitéré en 1401, de

---

(1) Anselme hist. des Chanceliers.   (2) Viole, Noël.

QUATRE-VINGT-TROISIÈME ÉVÊQUE D'AUXERRE.

la part du même prince, l'évêque d'Auxerre, en 1392, est différent de celui qui siégeoit neuf ans après, les hommages ne pouvant s'exiger qu'à chaque mutation. Cette conséquence tombe d'elle-même, puisque souvent un prince révoque les ordres précédemment donnés, et quelquefois il diffère leur exécution pour certaines raisons.

Après Ferric Cassinel, l'église d'Auxerre ne fut pas longtemps sans pasteur; il y en avoit un dès l'année 1391 (1). C'étoit Michel de Creney; sa famille, originaire de Troyes, paroît s'être étendue du côté de Chaumont-en-Bassigny. Vraisemblablement, son nom de Creney ne venoit que de ce qu'il étoit né à Creney, village à une lieue de Troyes vers l'orient d'été. Elevé à Paris dans le collége de Navarre (2), il y prit le degré de maître ès-arts, sous Jean de Chavenges, au mois de février 1366, et deux ans après il fut élu, le premier juin, procureur de la nation de France. Il devint ensuite maître de tous les artistes du même collége de Navarre. Cette qualité lui est donnée dans l'acte de la dédicace de la chapelle; la cérémonie s'en fit le dimanche 16 octobre 1373, par Pierre de Villiers, évêque de Nevers. Son mérite le fit connoître de Charles V qui, en 1378, lui confia l'éducation de Charles VI alors dauphin; on le voit, dans ces temps-là, chanoine de Saint-Quentin (3), sous-aumônier du roi, chanoine de la Sainte-Chapelle de Paris. Charles VI, monté sur le trône en 1380, ne tarda pas de donner à son précepteur des marques d'une estime singulière. En 1382, il le fit son grand aumônier; il l'étoit en 1385, suivant les comptes et quittances de ce temps-là (4). On voit, dans une de ces quittances, qu'en 1386, le roi se proposa de le mener en Angleterre avec lui; ce qui lui valut une augmentation d'appointements (5). Ce prince enfin le choisit, en 1388, pour son confesseur, et l'évêché d'Auxerre étant venu à vaquer, Michel de Creney en fut pourvu sans quitter les fonctions qui

---

(1) Michel, évêque nommé à Auxerre, reconnut, dès le mois de janvier et de février 1390, le droit apostolique dû par les trois derniers de ses prédécesseurs, et le paya en 1391. *Reg. Vatic.*

(2) *Hist. Univ. Paris*, p. 975.

(3) *Hemeré in Augusta Verom.*, p. 298, Anselme.

(4) Compte de Jean Chanteprime receveur gén. des aides pour la guerre, 1ᵉʳ février 1385 et 31 juillet 1386.

(5) Ordre à Nicolas de Plancy, Mˢˢ de la Ch. des comptes et quit. du 25 sept. 1385, *portefeuille Gaignières*.

l'attachoient à la cour. Son emploi de confesseur du roi l'empêcha de résider dans son diocèse ; on fut plus de dix ans à attendre son entrée solennelle. Il prit cependant possession, mais sans solennité, et il confia le spirituel de son diocèse à un vicaire général, nommé Jean du Pont (1) qui fut aussi son official, et qui devint, par la suite, grand archidiacre. Michel vint aussi, au moins une fois, pour faire l'ordination, mais sans entrer dans la ville. Il avoit indiqué, pour cette cérémonie, l'abbaye de Saint Marien au delà de la rivière d'Yonne ; ce fut aux Quatre-Temps du Carême de 1393. Comme c'étoit une pratique nouvelle à l'égard d'une maison de l'ordre de Prémontré, dès le lendemain de l'ordination il marqua, par écrit, qu'il n'entendoit point s'acquérir, à lui ni à ses successeurs, un nouveau droit au préjudice des religieux, ni qu'eux non plus ne devoient point se prévaloir de sa déclaration, ni s'en servir au préjudice de l'église cathédrale et des évêques d'Auxerre (2). Pendant sa longue absence, le Chapitre se voyant sans évêque, pria quelquefois d'autres prélats qui se trouvoient dans le pays d'officier dans la cathédrale. L'évêque d'Evreux étant à Auxerre à la fin d'octobre 1396, fut prié d'officier le jour de la Toussaint (3). Cet évêque étoit Guillaume de Vallan, Jacobin du couvent d'Auxerre, dont j'ai déjà parlé dans la vie de Ferric Cassinel. Pendant que Michel résidoit à Paris, le corps d'un saint Thibaud confesseur, qui reposoit à deux lieues d'Auxerre dans le prieuré de Beaumont, autrement dit Saint-Thibaud-des-Bois, fut levé de son tombeau et transféré dans l'église de Saint-Germain ; Michel consentit à cette translation qui lui fut demandée par l'abbé de Saint-Germain et Philippes Froment, évêque de Nevers, aussi Jacobin du couvent d'Auxerre (4) ; on fit la cérémonie le mercredi d'après Pâques de l'an 1400. Michel de Creney, quoique absent de son diocèse, ordonna qu'on dressât un catalogue où seroient marqués les revenus et les charges de tous les bénéfices, hôpitaux et léproseries qui y sont situés ; et il voulut que ce registre fût gardé dans les archives de l'évêché. Ce catalogue, qui a formé ce qu'on a depuis appelé du nom de pouillé,

---

(1) *Ex tit. capell. S. Nic. de Seignelay.*
(2) *Tab. S. Mariani (Archiv. de l'Yonne.)*
(3) *Registr. capituli.*
(4) Invent. des titres de l'évêché.

fut commencé vers l'an 1393. Quoique ces sortes de déclarations le missent en état de réunir plusieurs petits bénéfices, on voit seulement que le 23 septembre 1397, il réunit deux chapellenies de la chapelle du petit Saint-Etienne, située dans le cloître du Chapitre, à celle de Notre-Dame fondée dans la même chapelle. L'une de ces chapellenies étoit sous le titre de saint Etienne pape; l'autre sous celui de saint Denys. On croit que les charges avec les revenus des trois titres furent depuis portées à un autel de la paroisse de Saint-Regnobert, où, dans le siècle dernier, le culte de saint Etienne pape et de saint Denys, étoit encore en vigueur. Notre évêque poursuivit, dans la même année, deux procès commencés par son prédécesseur : l'un touchant la nomination à la léproserie de Toucy, l'autre sur un ancien droit du doyenné. Etant informé des revenus modiques de l'abbaye de Saint-Père, il contribua à lui faire unir pour toujours le prieuré de Saint-Loup, de Césy proche Joigny, qui n'y avoit d'abord été uni que pour la vie de l'abbé Jean. La bulle d'union (1) est du 28 novembre 1397. Par sa médiation fut aussi conclu le fameux traité qui règle les charges du trésorier de la cathédrale : il est appelé *la Nazarie*, du nom de celui avec qui le Chapitre transigea en 1398. On peut voir ailleurs la requête qui lui fut présentée à ce sujet dont le détail contient plusieurs articles (2).

Quant aux affaires temporelles, Michel ne les négligea point. Obligé, par arrêt du parlement du 5 janvier 1391, de reconnoitre le bailliage d'Auxerre (3) au lieu de celui de Villeneuve-le-Roi, il fit publier, en ce même bailliage, l'année d'après, dans les assises qu'y tint Colart de Calleville, bailli de Sens et d'Auxerre, la transaction que Pierre de Villaines, l'un de ses prédécesseurs, avoit faite avec Jean de Challon, alors comte d'Auxerre, et le Chapitre, touchant les limites de la juridiction temporelle (4). Prévoyant, en 1393, la durée de son éloignement, il obtint du roi des lettres par lesquelles, en qualité de confesseur du prince, tous ses biens étoient mis en sa garde et protection. Les héritiers de son prédécesseur devoient à l'évêché

---

(1) *Tabul. S. Petri.*
(2) *Voy.* les Preuves, t. IV, n. 337.
(3) *Ex lit. urbis Autiss.*
(4) *Ex duplo signif. capitulo 6 martii.*

7750 florins; il obtint, le 22 mars 1393, un rescrit du pape, daté d'Avignon, pour qu'ils fussent contraints de payer. La même année, il fit un concordat avec l'abbé de Saint-Satur en Berri, apparemment sur le prieuré de Saint-Amatre, où l'évêque avoit un droit (1). Il engagea facilement le roi à prêter foi et hommage pour le comté d'Auxerre. Dès l'an 1394, Philippe de Savoisy baron de Seignelay, sénéchal du roi, fut chargé de procuration à cet égard et l'acte d'hommage fut effectivement rendu alors (2).

Le séjour de notre évêque à la cour lui donna occasion de siéger au parlement. On l'y trouve nommé comme présent au troisième décembre 1392. Mais il assistoit plus communément au conseil du roi. Il est compris dans l'énumération de ceux qui s'y trouvèrent au mois de janvier 1392 (3), lorsque Louis, duc d'Orléans, frère du roi, fut nommé gouverneur du royaume (4). Il est nommé à son rang parmi les cinquante évêques qui, selon l'invitation du roi, se rendirent au palais, à Paris, en 1394 le jour de la Purification, pour conférer sur les moyens de procurer la paix à l'Eglise (5). On ne peut douter qu'il n'ait pareillement assisté à celle qui fut indiquée pour le même sujet au onzième jour d'août 1396, puisque le Chapitre même y envoya le doyen avec un chanoine du corps (6). Il fut enfin de l'assemblée tenue à Paris le 18 janvier 1397, dans laquelle on agita quelque chose touchant le château de Vincennes. Deux cérémonies plus augustes, auxquelles il parut en qualité d'évêque (7), furent la translation du corps de saint Louis, faite en 1392, dans l'église de Saint-Denys; et la dédicace de l'église des Blancs-Manteaux de Paris (8), le 30 novembre 1397 (a).

---

(1) *Ex cartul episc.*
(2) *Tabul. episc.*
(3) Minorité des rois, pag. 280.
(4) Etant confesseur du roi Charles VI, il est nommé l'un des exécuteurs de son testament en janvier 1392. *Invent. du trésor des Chartes.*
(5) Spicil. t. VI. p. 71.
(6) Regist. capit. 2 Aug. 1936.
(7) Hist. de Paris. Preuves, t. I, p. 200.
(8) Hist. de Paris, Preuves t. I, p.

(a) C'est vers cette époque qu'on trouve, pour la dernière fois, les traces de la vénération que conservaient les rois d'Angleterre pour saint Edme, archevêque de

Les maladies qui commencèrent à régner dans Paris, l'an 1399, dont on ressentit les effets vers la Saint-Jean, firent résoudre plusieurs évêques à quitter cette ville (1). Il y en eut environ vingt qui prirent ce parti ; Michel de Creney fut du nombre. Il ne se rendit point pour cela dans Auxerre ; mais il fit attention, vers ce temps-là, qu'il ne pouvoit plus différer d'y faire son entrée, et il demanda au roi un homme de sa part pour aider à le porter dans cette cérémonie. Adam de Gallomiel, son chambellan, en reçut l'ordre au mois de mai 1401, et eut commission de prêter foi et hommage ; mais cet officier s'en étant déporté, un autre seigneur parut pour le roi. Michel de Creney arriva à Auxerre le samedi de l'octave de la Fête-Dieu quatrième juin, vers les dix heures du matin (2). Ayant dîné à l'abbaye de Saint-Germain avec l'abbé du monastère, il y passa le reste de la journée et y coucha. Le lendemain, sur les neuf heures du matin, assis sur une chaise de bois couverte d'étoffe de soie, revêtu de chape, la mitre en tête et la crosse en main, il fut porté jusqu'à la cathédrale par quatre écuyers qui avoient auprès d'eux quatre chevaliers dont chacun touchoit un des coins de la chaise. Lorsqu'il fut arrivé au milieu de la place, devant l'église de Saint-Etienne, dont la grande porte étoit fermée, Pierre de Chissy, doyen ; Jean du Pont, archidiacre ; Guillaume Nazarie, trésorier, et quelques chanoines, sortirent par une des petites portes, accompagnés seulement du diacre et du sous-diacre avec la croix et l'eau bénite ; ils approchèrent de l'évêque descendu de chaise au milieu du parvis, et le doyen lui porta la parole en françois de ce temps-là : « Mgr., vous venez en votre église pour y faire
» votre entrée ; nous ne savons se vous y venez ainsi que vous devez,
» c'est à savoir se vous avez avecque vous vos quatre vassaux, c'est à
» savoir, le comte d'Auxerre, le duc de Bar, le seigneur de Saint-

---

(1) Preuves de l'hist. d'Auvergne, p. 470.   (2) *Regist. capituli.*

Cantorbéry, dont le corps avait été inhumé à Pontigny. Richard II ordonna, en 1396, que la rente de 20 marcs sterlings qui avait été anciennement payée à l'abbaye, pour l'entretien de quatre cierges ardents autour de la châsse du saint, serait rétablie comme avant la guerre. — *Voy.* Preuves, t. IV, n° 336.   (*N. d. E.*).

» Verain, et le baron de Donzy ou aultres pour eulx ayant d'eulx
» espécial mandement, ou se vous avez fait diligence d'eulx avoir : et
» si vous plaist, respondez-nous sur ce. » Le prélat répondit en même
langage : « J'ay en ce fait bonne diligence et les ay fait citer adjourner
» à cette journée, pour comparoir par devant moy, et faire ce à quoy
» ils sont tenus ; et nonobstant ce, le seigneur de Saint-Verain et
» ledit baron de Donzy ne sont pas venus ne comparus ; mais icy est
» Mess. Dreux de Mello, seigneur de Saint-Bry, pour le comte
» d'Auxerre, et Mess. Robert de Bonnay, chevaliers, pour le duché
» de Bar, sont icy présents. » Ces deux seigneurs étoient aux deux
coins du devant de la chaise. L'évêque ajouta que, n'ayant point vu
dans l'église de Saint-Germain les deux autres vassaux au moment
qu'il s'assit dans la chaise, il les avoit déclarés contumaces, et que sans
préjudice à ses droits, le seigneur de Maligny, pour le baron de
Donzy, et Etienne de Chanteloup, chevalier (1), pour le seigneur de
Saint-Verain, y suppléoient provisionnellement. Le doyen prit alors,
des mains du sous-diacre, le livre de l'Evangile et fit voir à l'évêque
la formule du serment. Le prélat baisa d'abord le texte sacré, et, les
deux mains posées sur le livre ouvert, il prononça le serment tel que
les évêques précédents l'avoient prêté. Ensuite il fit l'aspersion d'eau
bénite sur le peuple, il baisa la croix qui lui fut mise en main, et fit
des signes de croix sur la multitude ; puis il s'assit et fut encore
porté, comme auparavant, jusqu'à la porte de l'église, où ayant sonné
une petite cloche, on la lui ouvrit. A ce moment, tout le clergé
assemblé commença *Te Deum*, et Hugues Blanchet, archidiacre de
Sens (2), l'introduisit dans l'église. A la porte du chœur, il descendit
de chaise et alla à pied jusqu'aux cordes du petit clocher. L'archidiacre
de Sens les lui ayant présentées, il les sonna chacune ; il alla jusqu'au
grand autel, y fit sa prière à genoux, et déclarant encore contumaces
les deux vassaux absents, il protesta de les poursuivre par les voies de
droit ; il baisa l'autel et y offrit trois parements de drap d'or. Puis

---

(1) Apparemment seigneur de Villefargeau, déjà nommé ci-dessus.

(2) Cet Hugues étoit aussi alors trésorier de la Sainte-Chapelle de Paris, selon le P. Anselme, *Hist. des grands Aumôniers* ; et il a cette qualité dans un acte ci-après.

l'archidiacre de Sens le conduisit à la chaire de pierre, à côté de l'autel, et l'y installa. Cette auguste cérémonie achevée, Michel de Creney célébra pontificalement la grand'messe. Il donna ensuite à diner au Chapitre et à tous ceux qui y avoient assisté (1); le tout se passa en présence de Guillaume, abbé de Saint-Père d'Auxerre; de Robert, abbé de Saint-Laurent et autres tant nobles que bourgeois. La communauté des habitants avoit envoyé à Coulanges et à Irancy, afin de choisir en chaque lieu un muid de vin de pinot dont elle fit présent au prélat pour la fête de sa nouvelle entrée (2). Si personne ne parut à cette entrée au nom du baron de Donzy, ce ne fut pas la faute de l'évêque, qui l'avoit fait sommer dès le 6 mai; le comte de Nevers agit en conséquence, et adressa à Hugues de Saint-Aubin un mandement; mais cette procuration étant arrivée trop tard, Philippe, duc de Bourgogne, fit excuse à l'évêque, le 20 décembre suivant, comme ayant la tutelle de Jean, son fils qui, en qualité de comte de Nevers, étoit baron de Donzy. Le baron de Toucy, plus exact, lui rendit encore, au bout de deux ans, foi et hommage pour sa portion dans la seigneurie de Toucy. Ce prélat n'alla point à Sens faire le serment ordinaire à l'église métropolitaine et à l'archevêque.

Michel de Creney, dès les premiers jours qui suivirent son entrée, témoigna de vouloir vivre en paix avec son Chapitre. Environ cinq ans auparavant, il avoit commencé à attaquer la juridiction spirituelle de ce corps (a), en combattant l'ancienne possession et donnant une explication arbitraire à la charte de Jean d'Auxois, l'un de ses prédécesseurs. Le parlement avoit commis, en 1396, Jean, abbé de Pontigny, pour veiller au maintien de la juridiction du Chapitre pen-

---

(1) *Ex eod. regist.*
(2) Compte de Guillaume de Val-de-Marcy | fol. 27.

(a) Ce ne fut pas la seule circonstance où il essaya de diminuer les charges de son siége. Il refusa aussi, sous différents prétextes, de payer une rente de 26 liv. qui était due à l'abbaye Saint-Marien, sur le tonlieu et le salage d'Auxerre, par suite d'échanges faits du temps de l'évêque Gui de Mello. Mais après un procès devant les gens tenant l'hôtel des requêtes du palais, il fut condamné dans ses prétentions, en mai 1397. (*N. d. E.*).

dant la durée du procès (1); cet abbé ne le pouvant pas lui-même, s'en étoit déchargé sur le prieur de Saint-Eusèbe (2), le chantre de Notre-Dame-de-la-Cité, et sur les curés de Saint-Pierre-en-Château et de Saint-Regnobert. Mais, malgré l'arrêt de défense, Jean du Pont, official de l'évêque, n'avoit pas laissé d'agir contre des particuliers dépendants du Chapitre. L'évêque d'Evreux avoit essayé de pacifier ce différend. A l'arrivée de Michel de Creney, on vint de part et d'autre à composition. Le cinquième jour après l'entrée solennelle, fut fait un accord dont voici les articles (3) :

1° Par le nom latin *familiares* de la chartre de Jean d'Auxois, sont entendus les domestiques des chanoines, demeurant avec eux, nourris à leurs dépens et dans l'enceinte des murs de la cité, sans fraude ou surprise;

2° Par les ministres dont il est parlé, s'ils ne sont pas chanoines, il faut entendre le chambrier, le grenetier, le receveur des anniversaires, le notaire du Chapitre, le maître de l'hôpital de Saint-Etienne, et le portier du Chapitre, lesquels venant à délinquer, sont sujets et justiciables du Chapitre, pourvu qu'ils portent l'habit ecclésiastique (réservé le portier), et qu'ils n'aient commis homicide ni rapt. Les vingt-huit bénéficiers, obligés au service divin, seront seulement justiciables du Chapitre pour le fait de l'office divin, et tant qu'ils résideront dans l'église et dans la cité, demeurant sujets à l'évêque en tous autres cas. Or de ces bénéfices (continue l'acte), il y en a douze vicaires, savoir : six de Saint-Michel et six de Saint-Jean-le-Rond, lesquels doivent assister, avec les tortriers, à toutes les heures de l'office, hors prime et none. Les deux chapelains de Saint-André sont obligés d'assister aux matines, à la grand'messe et aux vêpres. Le chapelain de Saint-Gervais, à certaines heures; le chapelain de Saint-Eloi, à toutes les heures; le chapelain de la chapelle de Saint-Pierre, fondée à l'autel de Notre-Dame-des-Reliques, est tenu de porter la chape du doyen, parer le chœur, coucher en l'église, etc. Les deux

---

(1) *Regist. capit.* 24 *octob.* 1396.
(2) *Litteræ abb. Pontig.*
(3) Ces articles sont ainsi dans les collections mss. du P. Viole et dans celle du sieur Bargedé, assesseur.

chapelains de l'autel de Sainte-Croix sont obligés de coucher dans
l'église et de parer l'autel, etc. Le chapelain de l'autel de Sainte-
Marie-Magdeleine, près l'entrée du chœur, est obligé de se trouver à
toutes les heures. Le chapelain de Sainte-Catherine proche l'autel de
Saint-Sébastien, est obligé d'assister à toutes les heures, avec les
tortriers. Le chapelain des SS.-Lazare, Marie-Magdeleine et Marthe,
à toutes les heures. Le chapelain de Sainte-Catherine-du-Revestiaire,
est obligé de préparer tout ce qu'il faut pour l'entretien de la lampe
devant le revestiaire, etc. Le marguillier, clerc du trésorier, est obligé
de sonner et préparer l'autel, allumer et éteindre les cierges, ouvrir et
fermer les portes, etc. Les quatre chanoines de la Trinité sont obligés
d'assister aux matines, etc.

3° Il est accordé que le Chapitre aura un seul official, qui exercera,
au nom de la compagnie, la juridiction spirituelle dans un certain lieu
déterminé, soit au Chapitre ou en la maison claustrale du Chapitre,
située devant le portail neuf, en laquelle le bailli de la temporalité du
Chapitre tient son siége auprès du cimetière des clercs du chœur (1).
Lequel official pourra connoître des causes qui regardent la juridiction
spirituelle, et se transporter tant par lui que par autres, aux maisons
situées dans les limites de sa juridiction, pour informer, enquérir et
faire semblables choses, sans lesquelles la juridiction ne se peut commodément exercer. Et cependant, la cause principale ne se pourra
décider autre part que dans ledit Chapitre ou maison, sans qu'il soit
besoin de multiplier les officiers. Le Chapitre pourra pareillement
connoître et déterminer capitulairement des causes commencées ou
non commencées devant ledit official, ou bien les lui renvoyer.

4° Le Chapitre aura juridiction spirituelle dans les maisons claustrales, tant acquises qu'à acquérir, dans les limites néanmoins du
cloître ; mais à l'égard des externes ou forains qui viendront à délinquer dans icelles maisons, l'évêque aura sur eux toute juridiction,
autant que les bornes de sa justice peuvent s'étendre.

5° Le Chapitre n'aura point juridiction sur les familiers et officiers
de l'évêque, lorsqu'ils ne seront ni chanoines, ni tortriers. ni du

---

(1) Ce cimetière étoit au midi du chœur, proche la chapelle de Saint-Michel.

nombre des six ministres ci-dessus déclarés. Si ces familiers étoient chanoines ou tortriers, ou du nombre des six dont il a été parlé, et qu'ils vinssent à manquer à leur office, le seigneur évêque pourra les punir et corriger selon l'exigence des cas, sans néanmoins les détenir ou emprisonner. Aura aussi le Chapitre puissance sur les vingt-huit obligés au service divin, en ce qui regarde ledit office seulement, si tant est qu'ils soient familiers ou officiers de l'évêque.

6° S'il arrive que les familiers et ministres, ci-devant nommés, appellent du doyen et Chapitre, l'appellation ne relevera pas devant l'évêque, non plus que celle des 28 bénéficiers, dans les causes qui concernent l'office divin auquel ils sont obligés par la fondation de leur bénéfice.

7° L'official de l'évêque et l'official du Chapitre se donneront mutuellement des lettres, soit pour entendre les témoins ou faire autres choses quand besoin sera, aux dépens néanmoins des parties.

8° Par cet accord, les parties n'acquièrent rien de nouveau et ne perdent rien.

9° La juridiction spirituelle, dans les maisons canoniales et claustrales, est ici entendue comme dans la charte de l'évêque Jean.

10° Le Chapitre pourra faire publier, à l'aigle du chœur, les sentences et autres mandements, comme aussi citer et excommunier les témoins, ainsi que l'évêque.

11° L'évêque donnera à l'avenir des dimissoires, conjointement avec le Chapitre, aux chanoines de l'église d'Auxerre et tortriers pour recevoir les ordres.

12° Sur ce que l'évêque avoit formé ses plaintes en nouvelleté de ce que le Chapitre avoit prié le bailli d'Auxerre d'ajourner certains témoins pour déposer la vérité en des causes pendantes pardevant eux, a été accordé que la plainte demeurera comme non faite sans préjudice des parties.

13° Le bailli de l'évêque et celui du Chapitre, informeront et termineront le différend qui étoit entre l'évêque et les chanoines, touchant la succession des habitants des Bordes qui avoient du bien, tant audit lieu des Bordes, où l'évêque a le droit de main-morte, qu'à Monéteau qui est de la juridiction temporelle du Chapitre.

14° Sur ce que le Chapitre prétendoit jouir de la succession de Robert Roussel, curé de Beauvoir, mort sans héritiers, à cause que la seigneurie de ce lieu lui appartient, l'évêque la prétendant aussi, attendu la qualité de curé du défunt, son sujet, a été accordé que le testament de ce curé sera suivi, ses dettes payées, et le reste de la succession employé à la réfection du presbytère, sans préjudice des parties.

15° Le trésorier fournira les parements et tapisseries du trésor pour le synode, et les bâtonniers auront soin de les tendre.

16° Touchant la clôture de la porte de la maison épiscopale, qui regarde sur le grand autel de l'église (a), a été accordé que l'évêque étant à la cité d'Auxerre, cette porte ne sera point fermée, ni de jour, ni de nuit. Mais l'évêque étant hors de la ville, elle sera fermée, la nuit, du côté de l'église, et ouverte depuis le second coup de matines jusqu'à ce que le service du matin soit fait, et depuis nones jusqu'à la fin de l'office.

17° Pour ce qui est de la basse porte, par laquelle on va de la maison épiscopale aux grottes de l'église, elle sera murée, et sera faite une ouverture dans un autre endroit, par où l'évêque puisse entrer de sa maison épiscopale en la chapelle de la Trinité qui est dans ces grottes, tant de jour que de nuit, quand il sera à la ville ; mais pendant son absence de la ville, cette porte sera continuellement fermée du côté de l'église.

18° Le Chapitre donnera un état des héritages qu'il a à Appoigny, tant d'ancienne que de nouvelle acquisition, et les deux baillis de l'évêque et du Chapitre jugeront s'il y a quelque chose qui doive dîme à l'évêque.

19° D'autant qu'un nommé Jacques de Lorme ayant été trouvé

(a) La porte dont il est fait mention dans ce paragraphe, était placée dans le bas-côté nord du sanctuaire. On en voit encore la place murée. Elle communiquait, par un passage, dans le palais épiscopal. Les changements opérés, en 1837, dans la préfecture, l'ont fait supprimer ; et les panneaux de cette porte, qui datent du temps de l'évêque J. Baillet, forment l'ornement de la porte principale de l'hôtel.

(*N. d. E.*).

mort en l'église d'Auxerre, le bailli du Chapitre a visité le cadavre, il a été dit qu'en pareil cas l'évêque pourra faire la même chose.

20° Et sur ce que plusieurs chanoines, assemblés au Chapitre le jour de la Fête des Fous, y avoient créé et nommé des officiers qui avoient expédié certaines lettres; ce qui avoit obligé l'évêque d'intenter procès contre ces chanoines en cour séculière, d'où ils auroient interjeté appel à la cour ecclésiastique de Sens, a été accordé que le tout seroit réputé comme non avenu, sans préjudice des parties.

21° Pour ce qui est des sceaux de la cour épiscopale d'Auxerre, a été accordé, que le corps du Chapitre ne payera jamais rien pour lesdits sceaux, et que les chanoines, chacun en particulier, les tortriers et autres bénéficiers auront le même privilége pour les ordres. En autre chose, l'évêque, qui est de présent, et ses successeurs en feront comme ils aviseront bon être.

22° Les procès commencés contre les chanoines-curés, en ce qui regarde le soin des âmes, réduit à néant, sans préjudice des parties (1).

Il fut dit, à la fin de ce traité, que s'il arrivoit quelque difficulté pour l'interprétation des articles, on auroit recours à Hugues Blanchet, trésorier de la Sainte-Chapelle de Paris, maître Jean d'Arcy, et Guillaume de Villars, conseiller du roi, et maître Silvestre Baudry. Tous étoient alors présents, venoient d'assister à l'entrée solennelle de Michel de Creney, avec Jean Charreton, archidiacre de Rivière en l'église de Soissons; Jean Daguy, chantre de Tournai; Jean Blanchet et Jean Morel, chanoine de Sens, lesquels sont aussi nommés témoins de cet accord fait le 9 juin 1401.

Cette grande affaire fut terminée sans qu'on y fît mention d'abolir la Fête des Fous. Ceux qui ont cru que l'article vingtième de ce concordat la proscrivoit se sont trompés. Outre qu'il n'y est point

---

(1) Il y a quelques indices, que l'évêque avoit demandé qu'il y eût deux prébendes unies à la mense épiscopale, et qu'il avoit accordé d'en unir une à la fabrique, ou pour l'entretien des enfants de chœur. Mais on croit que cela ne fut point arrêté et que l'archevêque de Sens, de la confirmation duquel on avoit besoin, n'y consentit point. *Ex cartul. Capit., et registris.*

parlé du fond de la fête, mais seulement de l'excès de ceux qui y créoient capitulairement des officiers, on la vit encore subsister à Auxerre, durant tout l'épiscopat de Michel de Creney, malgré le sermon prêché contre cet usage, l'an 1401, par l'abbé de (1) Pontigny (2), et nonobstant la parole donnée à l'évêque de faire en sorte qu'il n'en restât aucun vestige. Tout ce qu'on put obtenir alors, fut d'en retrancher les choses les plus criantes et les plus grossières. Il est assez probable que ce fut l'obstination de certains chanoines en faveur de cette fête abusive, qui obligea le prélat à attaquer de nouveau la juridiction du Chapitre en 1406; mais cette seconde attaque n'eut point de suite.

Michel de Creney marqua aussi une grande attention pour la sanctification des fêtes. Informé des profanations qui s'y commettoient, il en retrancha un grand nombre au rapport de Nicolas de Clamenges, qui le qualifie, après sa mort, d'évêque *de sainte mémoire* (3). Ce qui arriva à l'abbaye de Regny, fait juger que ce prélat entreprit la visite du diocèse peu de temps après son arrivée dans le pays. Il exigea, en 1402, des religieux de ce monastère, qu'il y fût nourri, lui et les siens, en passant dans ces quartiers-là, et même il usa de violence pour maintenir ce droit, s'il en faut croire la collection des statuts de l'Ordre de Citeaux. Mais la violence ne consista apparemment qu'en sommations qui firent naître un procès (*a*). Tous les abbés et abbesses de l'ordre, situés dans les diocèses d'Auxerre et de Sens, furent taxés pour aider à cette occasion l'abbaye de Regny (4), et l'abbé de Pontigny fut commis par le Chapitre général pour faire cette levée; l'évêque se conduisit plus doucement envers l'abbaye de Saint-Marien-lez-Auxerre. Donnant la bénédiction abbatiale à Richard Colas

---

(1) Il avoit été commis protecteur de la juridiction spirituelle du Chapitre par le parlement. — *Voy.* ci-dessus.

(2) *Regist. Capit.* 2 déc. 1410.
(3) *Lib. de festiv. novis non instit.*
(4) *Thes. anecdot.*, t. IV, p. 1540.

(*a*) Il est dit dans une assignation donnée aux moines qu'ils injurièrent l'évêque et sa compagnie, quand il se présenta à la porte du monastère (F. Reigny).

(*N. d. E.*)

sur la fin de la même année 1402, il lui fit prononcer cette formule d'obéissance : « Ego frater Richardus humilis abbas S. Mariani Autis- » siodor. Ordinis Premonstratensis, reverendo in Christo patri in » Domino, D. Michaëli divinâ permissione Autissiodorensi episcopo » suisque successoribus atque matri ecclesiæ Autissiodorensi debitam » subjectionem, obedientiam, et reverentiam secundum instituta » sanctorum Patrum ore promitto et manu confirmo. » Il la fit signer par cet abbé, la disant tirée des anciens livres de l'église d'Auxerre. Mais il donna acte, le 2 avril avant Pâques, comme il n'entendoit point acquérir de nouveau droit sur ce monastère ni préjudicier à l'Ordre (1).

Les ermites de Saint-Augustin surent gagner la bienveillance de Michel de Creney. Il se joignit à Jean Agelard, religieux de cet ordre, pour demander au roi une croix de vermeil doré, d'un pied et demi de haut, garnie de pierreries, dans laquelle étoit renfermée une portion de la vraie croix ; ce prince fit présent de cette croix, l'an 1401, à frère Jean de Saens, maître en théologie, pour le couvent d'Amiens (2); aussi les armoiries de Michel de Creney furent-elles mises sur le pied de cette croix avec une inscription latine qui marque le fait. C'est peut-être par reconnoissance que frère Jacques le Grand, religieux du même institut, lui dédia un livre de morale intitulé *Sophologium*, qui fut imprimé à Paris dès le commencement de l'usage des caractères. Cet auteur nous apprend que Michel de Creney conserva longtemps, depuis son entrée à Auxerre, le titre de confesseur du roi ; et quand nous n'aurions pas ce témoignage, la quittance qu'il donna de quatorze livres reçues pour cause de cet office à un maître de la chambre des deniers royaux, le 5 janvier 1407, suffiroit pour le prouver (3).

Peu de temps après avoir achevé la visite de son diocèse, il reprit son ancien genre de vie, et pour ce qui concernoit l'utilité, soit de son clergé, soit de son peuple, il le fit à Paris, où il s'en déchargea sur un vicaire général. Sur les dernières années de sa vie, le 15 janvier 1406, il obtint un arrêt du parlement qui regarde l'usage de l'absolution des censures. Il y est ordonné, à l'occasion d'une bat-

---

(1) *Tabul. S. Mariani.*
(2) Lettre de M. Vilman, chanoine d'Amiens.
(3) Portefeuilles de Gaignières.

terie arrivée entre des ecclésiastiques (1), que quiconque auroit été interdit ou excommunié pour des violences faites à des gens d'église, ne seroit relevé de l'excommunication que par l'évêque. Les registres du parlement font foi qu'il y assista quelquefois en 1405 et 1407 (2). Il y étoit encore en 1408, le 19 février, lorsque Jean Périer, chanoine de Chartres, avocat du roi, parla contre les lettres que le cardinal de Pise, légat en France, avoit écrites en cour de Rome au déshonneur du roi (3), et quand ce cardinal fit ses excuses en latin. Il assista aussi quelquefois au conseil du roi ; il en reste une preuve dans celui qui fut tenu le 26 décembre 1407, où Charles VI ordonna que les fils aînés de rois seroient appelés rois (4), et qu'ils se gouverneroient par l'avis des reines, de leurs plus proches parents, du connétable et du chancelier. Au commencement du XV⁰ siècle, on le trouve dans la célèbre conférence tenue à Paris, où se fit un décret contre ceux qui, pendant le schisme causé par l'élection de deux papes, improuveroient la voie de cession ou celle de la soustraction de l'obéissance (5). En 1409, il assista par procureur au Concile de Pise. Sébastien Rouillard nous apprend, dans son Histoire de Melun, que Charles VI donna commission à notre évêque, avec Pierre d'Ailly, grand aumônier, de dresser des statuts pour les chanoines de Notre-Dame de Melun. Alors Michel de Creney résidoit à Paris et n'avoit pas fait, à Auxerre, son entrée solennelle. Entre les savants qu'il fit chanoines de son église, fut Renaud de Fontaines, ami intime de Nicolas de Clamenges ; sur les avis de celui-ci (6), Renaud fut fait préférablement à des concurrents, curé de Varzy ; il parvint enfin à l'évêché de Soissons. Le reste de sa notice se voit dans l'Histoire de l'Université de Paris.

Michel de Creney n'oublia point ceux qui portoient son nom. On trouve, dans les registres du Chapitre, en 1400, la réception de Guillaume de Creney, chanoine de Troyes, à la prébende de défunt Guillaume Mouton ; on croit qu'il étoit frère de l'évêque. Il y a aussi,

---

(1) Mémoire de G. Viole.
(2) Au 12 nov., jour de la rentrée.
(3) G. Viole.
(4) Minorité des Rois.

(5) Preuves de libertés de l'Égl. Gall. p. 371.
(6) *Epist. Clameng.*

dans un nécrologe de la collégiale de Notre-Dame-de-la-Cité, un Michel de Creney, chanoine de cette église, dont Renaud de Fontaines intima au Chapitre de la cathédrale les lettres expectatives du pape, le 15 avril 1412; dans sa réception à un canonicat, le 11 novembre 1413, il est qualifié maître-ès-arts et bachelier en théologie; il mourut chanoine d'Auxerre en 1457; ce dernier pouvoit être neveu de notre évêque (1). Quinze jours avant sa mort, il avoit conféré une autre prébende de la cathédrale à Pierre de Creney, docteur de Paris, sur lequel je n'ai pu rien savoir davantage (2).

Le treizième d'octobre, Michel de Creney décéda à Paris, dans l'hôtel des évêques d'Auxerre, et fut inhumé chez les Chartreux, près le grand autel du côté du septentrion, à l'endroit où on lit encore, sur une tombe de marbre tirant sur le noir, cette inscription : « Hic jacet Michael de Creneyo, oriundus Trecis, episcopus quondam » Autissiodor. et Caroli VI, regis Francorum confessor; qui obiit » Parisiis, in domo sua, XIII mensis octobris anno Domini M. CCCC. » IX. Anima ejus requiescat in pace. » Par testament (3) il légua à l'église d'Auxerre, pour son anniversaire, cinq cents écus d'or, et tous ses ornements pontificaux, outre quatre chapes avec la dalmatique du diacre et la tunique du sous-diacre, le tout d'une étoffe parsemée d'un parc avec une biche dedans. Le mercredi 5 mars suivant, Renaud de Fontaines, l'un des exécuteurs testamentaires, présenta aux chanoines assemblés ce que l'évêque leur avoit laissé; il y ajouta de plus un épistolier et un évangélier provenant de la bibliothèque du défunt. Jean Charton, archidiacre dans l'église de Soissons, le principal d'entre les exécuteurs, s'acquitta, pour Michel de Creney, de certains devoirs qu'il n'avoit pas rendus de son vivant envers l'église de Sens; il offrit, à cette métropolitaine, une chape sur laquelle étoient les armoiries de l'évêque, une aube, un amict, une étole, et la somme de quatre livres en argent; excusa le

---

(1) Ce pouvoit être le même Michel de Creney qui, en qualité de trésorier de Saint-Frambauld de Senlis, paya, en 1407, vingt livres à Oudard, abbé de Saint-Vincent de la même ville. *Ex hist. ms. S. Vinc. Silvan.*

in bibl. S. Genov. Paris.

(2) *Regist. Capit. dieb. not. et 4 nov.* 1457.

(3) *Regist. Capit. 27 febr.* 1410.

défunt de n'avoir pas prêté le serment accoutumé, sur ce qu'il avoit été continuellement occupé auprès du roi (1). Les exécuteurs testamentaires délivrèrent au Chapitre de Notre-Dame-de-la-Cité, soixante écus d'or (2); sur quoi les chanoines statuèrent de distribuer chaque année, à son anniversaire, une somme de quatre livres, ce qui étoit alors assez considérable.

CHAPITRE V.

JEAN DE THOISY, LXXXIVe ÉVÊQUE D'AUXERRE.

Aussitôt qu'on eut appris la mort de Michel de Creney, le Chapitre nomma des chanoines pour avoir soin de tout le temporel de l'évêché pendant la vacance; le *scelleur* de l'évêché rendit au Chapitre les sceaux et les clefs du logis épiscopal, et même les clefs des prisons, pour marque que toute la juridiction étoit dévolue au Chapitre (3). Il envoya ensuite à Paris, à Troyes, à Bourges et ailleurs, pour déclarer aux chanoines absents le jour choisi pour élire un autre évêque (4). Le jour auquel on y procéda est resté inconnu, mais il paroit qu'il y eut deux élections. La première, de Jean de Norry, dont Hugues Morel et Nicolas Janvier, notaires, dressèrent l'acte. On ne sait pour quelle raison elle n'eut pas lieu. Elle se fit vraisemblablement au mois d'octobre, qu'Etienne de Norry, chevalier, étoit à Auxerre avec sa sœur, femme de Gaucher du Châtel; sur la fin du même mois parut encore à Auxerre Jean de Norry, qui sans doute étoit parent de l'évêque élu, si ce n'étoit pas lui-même (5). La seconde élection fut de Jean de Thoisy, gentilhomme Bourguignon de l'ancienne

---

(1) *Ex libro præcent. Senon.*
(2) *Necrol. B. M. in civ.*
(3) *Regist. capit.* 16 oct. 1409.
(4) *Ex compot. Cap.*
(5) *Compot. urbis* 1409 *Joannis Chacheré.*
fol. 59 ad 20 et 30 octobris 1409.

famille des Thoisy-Cipierre, proche Saulieu, lequel avoit été proviseur de la maison de Sorbonne et étoit chanoine de Notre-Dame de Paris (1). Ayant envoyé exprès à Rome deux chanoines, Hugues des Noës et Etienne Moron, il obtint la confirmation du pape; sa prise de possession est du 22 janvier 1409 (2). J'en rapporte les circonstances parce que c'est la première prise de possession par procureur dont j'aie trouvé le détail. La procuration que le nouvel évêque avoit donnée à Jean Lanigret, archidiacre du Grand-Caux, dans l'église de Rouen (3), étant lue publiquement en présence du Chapitre, par Nicolas Janvier, notaire, le doyen Pierre de Chissy, conduisit cet archidiacre à l'église et l'installa dans la chaire pontificale de pierre (4). Pendant qu'il y resta assis, on lut la bulle du pape adressée au clergé et au peuple. Ensuite, ramené dans le Chapitre, on lui mit en main les sceaux de l'officialité. Il fut installé par le même doyen, à la salle de l'officialité et dans la grande cour de l'évêché où le doyen lui donna les clefs du logis et des prisons. La bulle paraissoit trop insister sur l'obéissance due à l'évêque, et menaçoit même d'excommunication ceux qui refuseroient de lui obéir; le Chapitre protesta que ce seroit sans préjudicier à ses anciennes libertés, et, avec le consentement du procureur, on ajouta que l'évêque ne prétendoit pas acquérir par là un nouveau droit. Environ trois semaines après (5), le nouvel évêque se présenta en personne et prit possession, accompagné du doyen d'Autun, son frère; mais on ne voit point qu'il y fit aucune résidence. Il laissa, à Auxerre, pour vicaire général et official, Pierre Charlet, et il se retira à Paris dans l'hôtel des évêques d'Auxerre.

Son vicaire général, pendant l'été de 1410, nomma Henri de Thoisy à la prébende d'Étienne Blandin, dans l'église cathédrale,

---

(1) Il peut se faire que cette élection fût traversée par celle de Pierre de Flisque, dont il est fait mention au 10 décembre 1409, dans un registre de Benoît XIII.

(2) Il est qualifié évêque d'Auxerre dans le registre du Vatican, 13 novembre 1409, et le pape Alexandre V lui accorda, selon les mêmes registres, de se faire sacrer par quel évêque il voudroit. Il est dit élu évêque d'Auxerre, dans les registres de l'église de Paris, au 13 décembre 1409, à l'occasion de sa maison : *Domus Johannis de Thoisiaco electi Autiss. Licitatio currit.*

(3) *Ex epist. D. Salmon doct. an.* 1729.

(4) *Ex regist. capit. Paris, ad* 13 *déc.* 1409.

(5) *Comp. Jo. Chach. ibid. fol.* 59.

et l'évêque conféra lui-même, le 8 octobre 1410, à Pierre Torteaul, son neveu, clerc du diocèse d'Autun, le canonicat vacant par la mort de Jean des Clos ; ce sont les seuls actes qui restent de son épiscopat. Le roi, étant à Paris le 29 juillet, envoya cet évêque avec d'autres seigneurs, en Auvergne, vers le duc de Berry, son oncle et son ennemi, pour lui représenter les maux qu'alloient causer les guerres civiles (1) ; le roi lui accorda douze livres chaque jour, par ordre adressé à Pierre des Essarts, surintendant des finances des aides (2).

Le mois d'octobre 1410 n'étoit pas encore écoulé, que le bruit courut à Auxerre que ce prélat étoit transféré à Tournai (3). Dès le 22, on pria, en Chapitre, l'official et le scelleur, de rendre les sceaux et de ne plus se mêler du gouvernement spirituel et temporel de l'évêché (4). A quoi ils répondirent qu'ils avoient ouï parler de cette translation, mais que, ne sachant pas si Jean de Thoisy l'acceptoit, ils ne se déporteroient pas sans sa permission. Enfin, la translation étant constatée le 22 février suivant, auquel on comptoit encore 1410, ils se démirent en rendant les sceaux et les clefs de l'évêché. Après quoi le doyen, le grand archidiacre, et Pierre Paterne, pour l'archidiacre de Puisaye, prirent possession du spirituel dans l'officialité, où ils furent installés par Renaud de Fontaines qui présidoit alors au Chapitre, à cause des incommodités survenues au doyen. Et pour le temporel, le Chapitre commit Hugues des Noës et Gilles Pavion, chanoines, qui se mirent en possession du logis épiscopal, et y établirent un gardien.

Jean de Nourry ou de Norry, qui fut d'abord élu évêque d'Auxerre après la mort de Michel de Creney, étoit chanoine de la même église ; et selon les apparences, il étoit d'une famille qui tiroit son nom d'un village situé proche Luzy, en Nivernois. L'acte de sa réception au canonicat d'Auxerre (5), qui est de l'an 1407, le 7 mars, le qualifie maître des requêtes ; il fut, depuis, archevêque de Vienne et ensuite

---

(1) *Danieald. an* 1410.
(2) Quittance de cet évêque dans les portefeuilles de Gaignières.
(3) Cette translation est marquée dans les regist. du Vatican au 17 sept. 1410.
(4) *Regist. Cap.*
(5) *Ex regist. Cap.*

de Besançon. Jean de Thoisy, qui n'avoit fait que passer à Auxerre, en résigna l'évêché à Philippe des Essarts, et il fut, le reste de ses jours, évêque de Tournai. En 1419, il fut fait chancelier du duc de Bourgogne, et il mourut en 1433 dans la ville de Lille.

CHAPITRE VI.

PHILIPPE DES ESSARTS, LXXXVe ÉVÊQUE D'AUXERRE.

En même temps que l'église d'Auxerre fournit un évêque à celle de Tournai, Philippe des Essarts, chanoine de Tournai, vint remplir le siége épiscopal d'Auxerre. Il étoit fils de Philippe des Essarts, sieur de Thieux, au diocèse de Meaux, et de Glatigny au Val de Gallie (1). Quelques écrivains le supposent évêque de Tournai, lorsqu'on lui proposa de venir à Auxerre, auquel cas il auroit permuté avec Jean de Thoisy. D'autres écrivent qu'il étoit bachelier en droit, chanoine et grand-chantre de l'église de Rouen, et qu'il avoit succédé en ces dignités au cardinal d'Ailly, en 1395. Il est constant que le roi l'avoit nommé à un canonicat de Tournai, vacant par permutation de Jacques de Lozon, président aux enquêtes, et qu'il y fut maintenu par arrêt du parlement (2) du 18 janvier 1409. Mais il n'est pas également certain qu'il fût déjà évêque de Tournai ; il pouvoit n'être simplement que nommé à cet évêché : et en conséquence de cette nomination, Pierre des Essarts, son frère, conseiller et maitre d'hôtel du roi, étant venu en Bourgogne avec Jean de Thoisy, aura pu lui proposer de permuter ; ce qu'il auroit accepté à

---

(1) Il y a un Val de Gallie dans le parc de Versailles : ce Val de Gallie est un ancien domaine de l'abbaye de Sainte-Geneviève ; c'est dans ce Val qu'est encore Glatigny, proche Versailles.

(2) Arrêts de Papon *in regalia. artic.* 6 *ubi lege* 1409 *et non* 1309.

l'instance de Jean, duc de Bourgogne, dont il étoit aimé (1). Quoiqu'il en soit, sa prise de possession suivit de près la translation de Jean de Thoisy. Dès le dimanche 22 février 1410 parurent à Auxerre maître Jean Charton, Mathieu Perroux, curé de Luvigny, et noble homme Anselme du Bellay, qui présentèrent en Chapitre les bulles de translation datées du 17 septembre précédent, et leur procuration datée du 12 février. Le lendemain ils présentèrent, en Chapitre, à Renaud de Fontaines, président ordinaire à la place du doyen, l'acte de résignation de Jean de Thoisy, lequel étant lu, Jean Charton y reçut les sceaux de la cour épiscopale pour marque de la juridiction spirituelle; mais on ne put s'empêcher de protester, comme on avoit fait à l'occasion des bulles du précédent évêque, que l'obéissance ordonnée dans ces dernières ne pourroit préjudicier aux libertés du Chapitre; et Jean Charton répondit qu'à l'égard de ces libertés, bien loin de les combattre, le futur évêque avoit intention de les conserver, et ne prétendoit pas acquérir un nouveau droit contre ces immunités. A l'instant il fut conduit à l'église, et installé par le président dans la chaire de pierre, pendant qu'on chantoit le *Gloria in excelsis* de la messe de la chaire de saint Pierre, remise du jour précédent. Après ce cantique, le secrétaire du Chapitre ayant lu la bulle à haute voix, le procureur fut installé par le même président à la stalle épiscopale du côté droit, au dessus du chantre, puis conduit à l'évêché, installé dans le siège de l'official et investi des clefs du logis, le tout en présence du bailli de Sens et d'Auxerre, et de Jean Regnier, son lieutenant. Le même Jean Charton, chargé de la procuration de Philippe, exerça aussi en son absence les fonctions de vicaire général, pendant qu'Anselme du Bellay, beau-frère de cet évêque, eut l'intendance du temporel. L'antiquité n'a rien conservé de mémorable durant les quatorze mois qui s'écoulèrent depuis cette première formalité, jusqu'à la prise de possession personnelle; le seul acte qui fasse men-

---

(1) Dom Estiennot nous a laissé dans une grande incertitude, au sujet de l'époque du commencement de son épiscopat. Il le dit tantôt élu le 13 décembre 1410 selon le registre de Benoît XIII, et tantôt le 17 septembre 1410 selon celui de Jean XXIII. Il le qualifie au même endroit de bachelier-en-droit et d'archidiacre de Soissons. *Ex regist. Vaticani.*

tion de l'évêque d'Auxerre, est la délivrance qu'il fit le 9 mars 1410 à l'abbé d'Hermières, au diocèse de Paris, d'un privilége d'Alexandre V en faveur de l'Ordre de Prémontré (a).

Au mois de mai 1412, il se rendit à Auxerre pour son entrée solennelle. Il la fit le jeudi de devant la Pentecôte, c'est-à-dire le 19 mai, assisté des quatre barons ou de personnes commises par eux. Robert de Boissay, chevalier, y représenta le roi Charles VI; mais le baron de Saint-Verain le porta personnellement. C'étoit Guy d'Aigreville, seigneur en partie de cette terre, à cause d'Isabeau, sa femme, fille de Hugues d'Amboise, chevalier. Ce prélat, fort zélé pour ses droits, reçut en argent, de l'abbé de Saint-Germain, la somme évaluée pour le droit de gîte, dont il donna quittance le 26 janvier suivant. Quelques jours même après sa réception, il alla à Toucy, entra dans la tour seigneuriale et jugea à propos d'y demeurer quelques jours pour conserver l'ancien droit qu'ont les évêques d'Auxerre de se la faire livrer quand il leur plaît. L'acte qu'il en fit dresser est du 23 juin (1); il reçut aussi foi et hommage pour cette tour de Louis, cardinal, duc de Bar, qui en avoit passé la commission à Guillaume d'Assigny (2), et s'en fit rendre les clefs l'an 1422. Philippe de Bourgogne, comte de Nevers, le reconnut pareillement pour la baronnie de Donzy, dans l'église de Montenaison en Nivernois, en présence de Bureau de la Rivière, son maître d'hôtel. L'acte est du 5 septembre 1415.

Quoique l'épiscopat de ce prélat ait été de seize ans ou environ, il ne s'en est rien conservé d'éclatant, que les atteintes qu'il essaya de donner à la juridiction du Chapitre de la cathédrale. Ces contestations

---

(1) *Tabul. Ep. Autiss.*   (2) Invent. des titres de Toucy.

(a) On trouve cependant, dans les archives de Saint-Marien (préfecture de l'Yonne), une sentence des gens tenant les requêtes du palais à Paris, en date du 16 mars 1410 (1411), qui constate le désistement de l'évêque et de l'abbé de ce monastère, au sujet des procès existant entre eux pour l'exercice de la juridiction ecclésiastique que l'abbé prétendait lui appartenir dans son abbaye à l'exclusion de l'évêque. (*N. d. E.*).

lui suscitèrent d'autres difficultés avec les chanoines; elles furent
terminées par des transactions et par quelques arrêts. Il falloit que
cet évêque eût expliqué de bonne heure ses intentions sur cette matière, et que déjà il eût agi en conséquence en 1413, puisque dès le
mois de décembre de cette année, le Chapitre crut devoir obliger ceux
qui seroient reçus à prêter serment, de défendre cette juridiction de
toutes leurs forces, et de ne jamais consentir, que quiconque l'auroit
contredite fût admis à un canonicat, ou même à porter les draps de
l'église (1). Pour entrer dans le détail de ces contestations, il faut
savoir que l'évêque, environ ce temps-là, fit enfermer dans ses prisons
Pierre Paterne, chanoine, et Etienne Berruier, prêtre-chapelain et
domestique de Jean Vivien, aussi chanoine. De plus, il excommunia
Pierre Michaul, doyen, et le fit déclarer tel par son promoteur; et
même, Jean Prévostat, son vicaire général, défendit à plusieurs bourgeois et à des sergents royaux d'avoir aucun commerce avec le doyen,
sous peine d'être eux-mêmes excommuniés, et de payer à l'évêque une
amende de cent marcs d'argent. Pour attaquer encore plus ouvertement la juridiction du Chapitre et paroître la mépriser totalement,
sachant que Pierre Rebrachien, son official, avoit été déclaré excommunié par le Chapitre, dont il étoit membre en tant que chanoine, il
l'amena lui-même à l'église, le troisième février suivant (2), et voyant
qu'à cause de lui on avoit cessé l'office, il le fit continuer par des
étrangers. Malgré l'éclat de ces sortes d'entreprises, le Chapitre s'ima-
ginant qu'il en demeureroit là, nomma, le 4 mai 1414, Renaud de
Fontaines et Jean Picard, chanoines (3), pour voir s'il n'y avoit pas
moyen de s'accorder; on proposa à l'évêque de prendre, de son côté,
deux autres personnes qui chercheroient les voies de pacification : il
étoit encore trop tôt. Quelque temps après, le vicaire général, de con-
nivence avec l'évêque, arrêta lui-même Jean Piqueron, chanoine et
pénitencier, et le fit conduire aux prisons épiscopales par une escorte
de gens armés. Ces excès portés en parlement, l'université se joignit

---

(1) *Vetus collectio statutor. ex regist.* 22 déc. 1413.

(2) On comptoit toujours en France 1413.
(3) *Regist. cap.*

au Chapitre, par rapport à la protection générale qu'elle devoit à quelques-uns de ses membres maltraités par cet évêque. L'official et le vicaire général soutinrent avoir usé de leur droit. Mais en attendant un plus grand éclaircissement, la récréance fut adjugée au Chapitre, excepté les cas de rapt et d'homicide qui n'avoient jamais été de sa juridiction. L'arrêt est du 15 avril 1415, avant Pâques; l'affaire en resta là tant que vécut le doyen Pierre Michaul, que cet évêque se contenta d'attaquer sur le droit de porter le rochet. Hugues des Noës lui ayant succédé en 1420, il semble que la querelle se ralluma (1). Le prélat s'étant fait rendre par ce doyen le serment de fidélité, le 4 septembre de la même année, reprit peu de temps après le procès au sujet du rochet, et obtint, le 14 juillet 1433, un arrêt qui défendoit au doyen de le porter, excepté certains jours. Le Chapitre, mécontent des entreprises du prélat, fit dresser, en 1421, un cahier des demandes qu'il avoit à lui proposer et des sujets de plaintes qu'il avoit contre lui. On se plaignit d'abord qu'il n'avoit pas fait rendre à l'église le drap d'or qui entouroit la chaise sur laquelle les chevaliers ou barons l'avoient porté depuis l'église de Saint-Germain ; on déclara qu'il auroit dû fournir cette pièce d'étoffe, et qu'ainsi les chevaliers l'ayant emportée, il devoit la restituer ou en payer la valeur qui étoit au moins de quarante écus d'or. On lui demanda la portion qui revenoit au Chapitre de la vente des bois de Varzy, savoir : le tiers au moins, et on lui notifia qu'il n'avoit pu les vendre sans le consentement exprès du Chapitre. On le pria d'annuler les exploits de justice attentés par ses notaires et autres officiers, dans les maisons canoniales de Nicolas Fontenay et de Michel de Creney, chanoines, et dans celle de Robert Bouffaut, tortrier. On le somma de rétablir la vigne de Migraine qu'il avoit trouvée en bon état et qu'il laissoit en friche. On le pria de veiller à ce que la belle maison épiscopale de Gy-l'Evêque, et autres bâtiments qui menaçoient ruine, ne tombassent entièrement; de tenir la main à l'acquit de l'office divin, et d'obliger les vicaires de l'église, les chapelains et autres tenants des bénéfices

---

(1) Mém. de G. Viole.

de sa nomination, de servir l'église suivant leur fondation ; de faire délivrer de meilleur vin aux chanoines résidants, aux grandes fêtes et selon la mesure accoutumée ; de rendre à la trésorerie les offrandes qu'il avoit reçues en officiant à Noël et à la saint Etienne; et enfin de mieux conduire les affaires de son évêché, d'écouter là-dessus le conseil de son Chapitre, sans suivre l'avis de personnes qui l'entraînoient mal à propos dans des procès au déshonneur de sa dignité, de n'avoir avec lui que des gens paisibles et craignant Dieu ; auquel cas le Chapitre lui offroit ses services. Ces articles lui furent présentés dans sa chapelle épiscopale, le mercredi 31 décembre 1421, par Jean de Molins, chantre ; Guillaume-le-Bègue, lecteur ; Robert de Pierre-Pont, Gilles le Maitre et Jean le Fèvre ou Fabri, chanoines, accompagnés d'Hugues Poitevin, clerc-secrétaire du Chapitre, en présence de Pierre Rebrachien, son official, et Jean Prévostat, son scelleur. Un autre article moins important, c'est que le marguillier laïc de l'église s'étant plaint de ce que, nonobstant son exactitude à faire sonner, à l'heure du couvre-feu, la grosse cloche appelée *Amatre*, tous les soirs lorsque l'évêque couchoit à la ville, ce prélat ne le satisfaisoit point de ses salaires. La remontrance du Chapitre alla jusqu'à lui exposer qu'il devoit pour cela, chaque fois, à ce marguillier, *un pain de Chapitre et une quarte de vin*. On ne se contenta pas alors d'une simple remontrance au sujet des redevances annuelles de l'évêque envers le Chapitre, sur lesquelles on l'avoit pressé une infinité de fois et qu'il refusoit toujours, il fut traduit au parlement et condamné même avec amende à payer tout ce qui étoit échu, par arrêt du 8 avril 1421 avant Pâques (1). Vers ce temps-là on pratiqua, dans la compagnie, le statut de l'an 1415, qui portoit que nul du Chapitre ne seroit officier de l'évêque sans son consentement (2), à moins qu'il ne voulût perdre tout son revenu hors les gros. On ne peut pas assurer s'il avoit été exécuté sur d'autres que sur Pierre Prévostat, chanoine-secrétaire de l'évêque, et sur Pierre Rebrachien, son official. Il est seulement certain que le

---

(1) *Cartul. Capit. fol.* 248.   (2) *Regist. Cap.* 1422 18 *décembre.*

28 janvier 1421, ces deux chanoines avoient remis leurs intérêts entre les mains de l'abbé de Pontigny, arbitre choisi par le Chapitre; et que le 18 décembre 1422, on fit grâce à Pierre Rebrachien. Malgré tout cela, l'évêque ne resta point en repos qu'il n'eût fait biffer ce statut, quoiqu'il ne fût pas spécialement pour ses officiers, et qu'il regardât aussi ceux qui prendroient des offices du doyenné. Une des demandes de sa part dans la transaction qu'il passa avec le Chapitre, fut que ce statut seroit ôté. Cette transaction finit les difficultés qui duroient depuis treize ans ou environ. Elle fut passée aux requêtes du palais, à Paris, le 8 mai 1425. Le Chapitre, qui avoit arrêté Robert Chaletret, clerc notaire de la cour spirituelle de l'évêque, et qui avoit souvent fait citer et même excommunié Pierre Rebrachien, son official, demeurant dans l'hôtel épiscopal, et son familier, obtint de Philippe des Essarts, qu'il se déportât de sa plainte, moyennant qu'on supprimeroit le statut qui regardoit ses officiers ou familiers : et le prélat accorda que tous les exploits de justice faits par les mêmes officiers dans les maisons canoniales, *esquels lieux iceulx de Chapitre ont toute jurisdiction spirituelle et temporelle seuls et pour le tout,* seroient réputés pour non avenus, déclarant par là n'avoir acquis aucun nouveau droit sur le Chapitre (a).

Jusqu'ici le nom de Philippe des Essarts ne paroit que dans des mémoires de procédure; on le trouve marqué en quelques anciennes éditions du Missel d'Auxerre (1), à l'occasion de la nouvelle fête des saintes femmes Marie *Jacobi* et Salomé. Un d'entre les trois chanoines qui portoient le nom de Jean le Fèvre et qui avoient été reçus sur la fin de l'épiscopat de Michel de Creney, fit ériger, avant l'an 1420,

---

(1) Au 25 mai.

(a) Philippe des Essarts avait voulu enlever au Chapitre la nomination du chapelain de l'Hôtel-Dieu. L'auteur d'un petit mémoire sur l'histoire de cette maison, rapporte, d'après une note insérée sur la couverture d'un vieux registre, que Pierre des Essarts, prévôt de Paris et frère de l'évêque, avait pris si chaudement le parti de son frère dans cette affaire, qu'il menaçait partout de faire pendre les chanoines au premier arbre qu'il rencontrerait. (*N. d. E.*).

un autel sous l'invocation de ces saintes, proche celui de Notre-Dame-des-Vertus, au portail de l'église. L'ayant doté, il obtint du Chapitre qu'on y chantât une grand'messe le 25 mai, jour de leur fête ; ainsi leur culte commença à s'établir dans Auxerre. La guérison miraculeuse d'Etienne Moron, chanoine et sous-chantre, arrivée par l'intercession de ces mêmes saintes, la veille de leur fête, augmenta beaucoup la dévotion. Le sous-chantre écrivit leur vie et leur translation, et composa en leur honneur un office qu'il étendit autant qu'il lui fut possible. Jean le Fèvre, natif de Tonnerre, restant alors seul des trois chanoines de ce nom, agit auprès de Philippe des Essarts ; et afin de faire recevoir cette fête dans les paroisses, il obtint de lui des indulgences pour ceux qui, vraiment pénitents, récite- roient l'office de ces saintes en public ou en particulier, ou y assisteroient, savoir : quarante jours pour chaque heure de l'office. On en fixe la concession à l'an 1424.

Cet établissement est le seul qu'on sache avoir été fait du temps de Philippe des Essarts. Pendant son épiscopat, l'édifice du portail de l'église cathédrale, du côté de l'évêché, fut commencé en 1415 (1), et ensuite continué par les libéralités de Jean de Molins, chantre et chanoine, et celles des fidèles. Quelques-uns ont cru y apercevoir les armoiries de Philippe des Essarts, qui sont trois crois- sants (a) ; mais la part que put avoir cet évêque, fut que le Chapitre ayant obtenu des indulgences du pape Jean XXIII, datées de Cons- tance, le 15 mars, pour tous ceux qui y contribueroient, il les publia en ajoutant celles de quarante jours, par ses lettres données à Auxerre le 27 mai 1415. Renaud de Fontaines, dont nous avons parlé ci-dessus, les avoit obtenues de ce concile où il fut député par la province de Sens, au mois d'octobre 1414. Ce fut le même Renaud qui envoya aux chanoines d'Auxerre, ses confrères, la

---

(1) *Regist. Capit.*, 24 *jul.* 1415.

(a) On voit un écu chargé de trois écussons, mais il est impossible de le déchiffrer aujourd'hui. (N. d. E.)

formule suivant laquelle le pape entendoit donner la paix à l'Église ; elle fut lue en Chapitre le mardi 26 mars suivant (1), auquel on comptoit encore en France 1414. Des Mémoires sur ce concile portent que celui qui assista de la part de l'évêque d'Auxerre, opina comme le reste de la nation gallicane contre les vacances des bénéfices, *et quod providcatur Domino nostro papæ et cardinalibus* (2).

Philippe des Essarts eut le chagrin de voir le château de Régennes ruiné de son temps, ou du moins très endommagé. Trois ans avant sa mort se donna, proche Crevan, la bataille entre les François et les Anglois. L'année même (1426) qu'il mourut, il avoit reconcilié à la Charité-sur-Loire l'église paroissiale de Notre-Dame, dite Sainte-Croix, dans laquelle les nommés Guillaume Loiseau et Jean de Neuchâteau avoient assassiné Pierre Guibelin (3). Avant que de sortir du prieuré, il y donna acte aux religieux, le 10 mai, comme il n'avoit point prétendu entreprendre sur leur juridiction ; il mourut cinq mois après son retour le lundi 14 octobre, à neuf heures du matin.

Dès le même jour, on établit pour chanoines régalistes Michel du Bois et Simon Béchu. Ses funérailles furent faites le lendemain par Hugues des Noës, doyen ; il fut enterré dans le côté droit du chœur, proche la tombe de Gui de Mello, en tirant un peu vers la stalle du sous-chantre et vers la tombe de Pierre de Mornay (4) : il n'y eut point de tombe mise sur lui. Le dix-huitième jour du mois, Jean Prévostat, alors devenu pénitencier, Grégoire Viteaux et Etienne-le-Bègue, chanoines, exécuteurs de son testament, promirent au Chapitre d'en donner copie et de payer deux draps d'or, l'un qui avoit couvert la chaise où il fut porté à sa nouvelle entrée, et l'autre qui avoit servi à mettre sur son corps après sa mort (5). Ils s'engagèrent aussi à donner dix livres de rente pour fonder son anniversaire, conformément à sa dernière volonté. Il fut aussi fondé dans la collégiale de Notre-Dame-de-la-Cité (6), pour la somme de vingt livres, une fois payée.

(1) *Regist. Capit.*
(2) *Thes. anecd.*, t. 2, p. 1557.
(3) *Cartul. Carit.*, p. 59.
(4) *Ex libro succentor.*
(5) Ces deux tapis furent évalués cent douze livres.
(6) *Necrol. B. M.*

Comme Philippe des Essarts avoit été nommé l'un des exécuteurs testamentaires du roi Charles VI par acte du 23 octobre 1422, un autre fut mis en sa place après sa mort (2) : il avoit conféré, au mois de janvier 1417, à son frère, Charles des Essarts, une prébende de l'église d'Auxerre vacante par le décès de Jean Vivien l'aîné (3) ; mais Charles mourut à Auxerre le 4 juillet 1420, laissant vacante avec son canonicat la dignité d'archidiacre de Soissons. Selon nos registres (4), ce Charles des Essarts étoit natif du diocèse de Meaux. Le lecteur, curieux de quelques particularités peu connues touchant Philippe des Essarts, les trouvera dans l'histoire des grands officiers de la couronne, à l'article des grands boutcillers de France, où Charles des Essarts, dont je viens de parler, est oublié.

† SIGILLVM CAPITVLI SANCTI GERMANI AVTISSIODOR.

Sceau de l'abbaye de Saint-Germain d'Auxerre, an 1325.

(1) Preuves de l'hist. de Paris, t. 2, p. 587.

(2) *Reg. Cap.* 25, *Januar.* 1417.

(3) *Ibid.* 1420, 29 *maii et* 5 *jul.*

CHAPITRE VII.

Des deux évêques, Jean de Corbie et Laurent Pinon, élus pendant les guerres du roi Charles VII contre les Anglois et autres.

JEAN DE CORBIE, LXXXVIe ÉVÊQUE D'AUXERRE.

1426 à 1432. Le roi d'Angleterre, qui se portoit pour roi de France, averti de la vacance de l'église d'Auxerre, défendit aux chanoines de la cathédrale de procéder à une nouvelle élection sans lui avoir demandé son consentement. Cette défense, qui étoit du 31 octobre 1426, fut suivie d'une députation que le Chapitre fit pour obtenir cette permission, et qui fut en effet accordée à Paris, le second décembre. Il est difficile de connoître les brigues faites alors pour l'élection; on sait seulement qu'il y eut deux évêques nommés pour Auxerre, Jean de Corbie, qui succéda véritablement à Philippe des Essarts, et Jean Vivien élu par les chanoines ses confrères.

Jean de Corbie, dont la nomination eut lieu, étoit fils de Thomas de Corbie, annobli en 1389, et de Marguerite de Cresequas. Il avoit été maître des requêtes depuis l'an 1406 jusqu'en 1413 qu'il hérita, avec Arnault, son frère, des grands biens que le chancelier Arnault de Corbie avoit laissés à sa mort dans le Beauvoisis. On le trouve aussi, la même année, dans le rang des chanoines d'Amiens. Quelque temps après il fut évêque de Mende; et, sur la foi d'un titre, on assure qu'il l'étoit dès l'an 1416. Mais il n'est point vrai qu'il ait quitté cet évêché en 1424 pour venir à Auxerre, comme le marque le nouveau *Gallia Christiana* (1), puisque le siége étoit alors rempli. Ce fut certainement au plus tôt en décembre 1426 qu'il put être élu ou

---

(1) *Gall. Chr. nova in prob. eccl. Mimat.*, p 27.

nommé pour Auxerre ou qu'il y fut transféré ; encore est-il plus probable qu'il ne fut élu que le 8 novembre 1427 (1). L'époque de son entrée à Auxerre est marquée vers le milieu du mois de décembre de cette année, sans aucun détail (2). Ce qu'on sait de son épiscopat se réduit presque à rien ; il est peu d'évêques dont il soit venu jusqu'à nous moins de faits. Pierre de Longueil, son vicaire-général, le poussa à une tentative sur la juridiction du Chapitre. Simon Béchu, receveur du temporel de l'hôtel-dieu de Mont-Artre, étoit en même temps chanoine. Le vicaire-général l'avoit fait citer par devant lui au sujet de ses comptes. Le Chapitre soutint que sa qualité de chanoine l'exemptoit de la juridiction épiscopale, et la vigueur de la compagnie engagea Pierre de Longueil à un accord, par lequel on convint à l'amiable que le tout seroit réputé comme non avenu (3). On vécut ensuite en si bonne intelligence avec le vicaire-général, qu'on lui prêta tous les livres de la bibliothèque du Chapitre dont il eut besoin (4). Le concurrent de Jean de Corbie à l'évêché d'Auxerre, sur la fin de la même année 1428, fit ajourner à la cour de Rome, à la cinquantaine, le Chapitre d'Auxerre avec les deux chanoines régalistes (5). Il prétendoit apparemment aux revenus échus durant la vacance. On ne sait ce que devinrent ses prétentions ; Jean de Corbie resta évêque d'Auxerre et confirma les indulgences que son prédécesseur avoit accordées (6) au sujet de la nouvelle fête des saintes Marie *Jacobi* et Salomé : c'est tout ce qu'on sait de lui quant au ministère spirituel. La situation des affaires du royaume et des siennes propres ne lui permit guère de résider dans une ville qui ne paroissoit pas tenir le parti auquel sa famille étoit attachée. Il hérita encore de la portion de son frère Arnault ; mais le roi d'Angleterre confisqua sur lui, en 1431, les terres de Séchelles et de Cuvilliers, qui lui étoient venues directement de son oncle le chancelier, et il les

---

(1) Sa translation, du siége de Mende à celui d'Auxerre, est marquée dans les registres du Vatican au 18 août 1427, la dixième année de Martin V.
(2) *Reg. Cap.*, 1427.
(3) *Reg. Cap.*, 1428.
(4) *Reg. Cap.*, 30 apr. 1429.
(5) *Reg. cap. XI, Martii 1428 et 1 April.* 1429.
(6) *Missalia Autiss.*

donna à Jean de Poix (1). Il eut encore un embarras de famille peu convenable à son état, il s'agissoit de pourvoir à deux fils naturels nommés Geoffroy et Renaud, qu'il avoit eus d'une damoiselle nommée Marie de Poilhay, et un autre du fait de son frère Arnault dont il étoit héritier (2). Il fit légitimer les deux premiers par lettres données à Chinon au mois d'août 1433, et fit présent, en pur don, au dernier des seigneuries de Courselles, de Ploüis et du Becquet. Il est vraisemblable que la reconnoissance qu'il fit de ces deux bâtards, fut l'une de ses dernières actions (3). Au moins, il étoit mort au commencement du mois d'octobre de la même année, si le *sede episcopali vacante* marqué dans les titres du premier et du troisième de ce mois, est une preuve suffisante de mort; mais comme le Père Anselme assure qu'il vivoit encore en 1435, il peut se faire qu'il eût abdiqué l'évêché d'Auxerre pour se retirer dans quelque cloître (4). D'autres écrivains le font même vivre jusqu'en 1438 (5). On voit, dans les comptes de la ville d'Auxerre, que ce fut sous son épiscopat que le roi Charles VII passa à Auxerre, accompagné de la Pucelle d'Orléans, et que se tint la fameuse assemblée pour la paix, à laquelle fut envoyé, de la part du pape, le célèbre chartreux Nicolas Albergati, cardinal du titre de Sainte-Croix-en-Jérusalem. Les lieux circonvoisins ne manquèrent pas de profiter de la présence d'un homme si respectable pour obtenir les grâces spirituelles qu'il étoit en son pouvoir de dispenser. Entre autres indulgences il accorda, en faveur de l'église cathédrale d'Auxerre, pour l'espace de vingt années (6), cent jours à chacun des fidèles qui visiteroient cette église en certaines fêtes avec les dispositions nécessaires, et y prieroient pour les besoins de l'Etat, ou bien assisteroient aux processions générales que les chanoines feroient pour la paix et la prospérité du royaume. La nouvelle fête des Saintes-Femmes n'est pas oubliée dans le catalogue des fêtes, non plus que celle des reliques de

---

(1) Anselme *in Carcell.* Voy. aussi Sauval, t. 3, p. 588.

(2) Anselme, *ibid.*

(3) Anselme, *ibid. et histor. Belvac.*

(4) On cite un article de son testament de l'an 1435, le 14 avril, par lequel il donna à son neveu Arnault, fils naturel du chancelier, les terres de Courcelles, Plessis-Saint-Just, etc.

(5) Moreri de Dupin.

(6) *Ex originalib.*

même église (1). Ce fut aussi de son temps que se tint le concile de Bâle où le Chapitre d'Auxerre députa Hugues des Noës, chanoine. Denis Simon, conseiller au présidial de Beauvais, dit, dans son Nobiliaire de Beauvoisis, que Jean de Corbie, évêque d'Auxerre, a fondé l'obit de sa mère dans l'église collégiale de Saint-Vaast de Beauvais (2).

LAURENT PINON, LXXXVIIe ÉVÊQUE D'AUXERRE.

Il y avoit plus de deux cent cinquante ans que le siége épiscopal d'Auxerre n'avoit été occupé par un religieux, lorsque les intérêts du duc de Bourgogne firent placer sur ce siége un Dominicain qui étoit son confesseur. Une lettre écrite par Eugène IV à Philippe, duc de Bourgogne, le 15 juillet 1433, fait voir que ce pape avoit été fort pressé par ce duc pour y mettre un évêque qui lui fût agréable, et qu'en conséquence le pontife avoit donné la préférence à Laurent Pinon. Une lettre de ce duc, du 26 avril, ne laisse aucun lieu d'en douter; il y recommande, aux Pères du concile de Bâle, son confesseur transféré, dit-il, depuis peu par le pape, de l'évêché de Bethléem à celui d'Auxerre ; ajoutant que quoique le doyen nommé Hugues des Noës, concurrent du nouvel évêque, l'eût cité devant eux, il espéroit qu'ils n'infirmeroient point la disposition du pape, parce qu'autrement cela seroit préjudiciable à la ville qui étoit de son domaine (3).

Le Dominicain, si chéri du duc de Bourgogne, avoit autrefois étudié dans la maison de Saint-Jacques de Paris, d'où il fut envoyé à Reims pour y être lecteur en théologie. Etant évêque de Bethléem vers l'an 1420, en même temps que confesseur du duc de Bour-

---

(1) Voy. les Preuves, où est l'ancien catalogue de ces reliques dressé sous Philippes des Essarts.
(2) Ex D. Baluze in notis. ad Episc. Autiss., p. 30.
(3) Cette lettre est dans le 8e tome de l'Amplissime Collection du P. Martene, col. 585 ; mais ce Père se trompe lorsqu'il marque qu'il s'agissoit là de Pierre de Longueil.
L'extrait des registres du Vatican, fait par dom Etiennot, marque sa translation

gogne, il publia un Traité de l'origine des seigneuries et de la division des états, qui est apparemment celui qu'on dit avoir été présenté au duc de Bourgogne par un évêque de Bethléem, sous le titre de *Traité de la puissance temporelle* (1). Le P. Echard donne à entendre qu'il ne fit qu'une traduction françoise du traité latin de Durand de Saint-Pourçain, évêque de Meaux, sur la puissance temporelle des rois. Soit que le duc de Bourgogne ne fit pas autrement attention à cet ouvrage, soit que Laurent eût depuis modéré son zèle, le prince crut qu'on pouvoit confier à ce religieux la conduite spirituelle d'une ville qui faisoit la clé de ses états; de sorte qu'après avoir été évêque d'un titre enclavé dans le diocèse d'Auxerre et d'une église sans peuple, il devint évêque du diocèse même qui bornoit la Bourgogne du côté de la France.

Laurent Pinon, dès le 21 décembre 1433, bénit à Dijon une église succursale de Saint-Nicolas, construite par le bailli de cette ville, et les titres vus par l'historien de l'abbaye de Saint-Etienne, le qualifient dès-lors évêque d'Auxerre (2); cependant, il ne fit son entrée à Auxerre que plus d'un an après. Pendant cet espace de temps, le clergé d'Auxerre, hors d'état de payer certaines exactions nommées alors demi-dixme ou semi-dixme, c'est-à-dire le vingtième denier, écrivit au concile de Bâle pour en obtenir la décharge (3); la lettre est du 29 juin 1433. On y représentoit que la guerre avoit rendu tous les héritages incultes, et que si l'on obligeoit de payer l'imposition, le service des églises seroit abandonné. La preuve que Laurent Pinon fit son entrée solennelle à Auxerre vers la fin de 1434, se tire de l'ordre qu'il donna le 24 février, de signifier cette entrée au baron de Donzy, et de la commission que le duc Philippe-le-Bon envoya, au nom de son beau-fils Charles, comte de Nevers, dont il avoit la tutelle, pour porter l'évêque dans cette cérémonie à cause de la baronnie de Donzy. La commission fut adressée, le dernier février 1434, au seigneur de Chastellux et à Gui de Bar, cham-

---

de Bethléem à Auxerre, par Eugène IV, au 31 mai 1432, et son élection au 22 avril 1433. Ce qui n'est point clair.

(1) *In Ms. Seguier in bibl. Sangerm.*

(2) *Prob. hist. S. Steph. Divion*, p. 275.
(3) Preuves, t. IV, et *Ampliss. Collect. Martene*, t. 8, p. 616.

bellan du duc. Il y avoit aussi ordre du 24 février, d'ajourner à la même cérémonie le duc de Bar pour la seigneurie de Toucy aussi bien que le seigneur de Saint-Verain ; la signification leur en avoit été faite les trois et cinquième mars suivant. Les compilateurs de ces titres (1) n'ayant point eu l'attention de marquer le jour que l'évêque avoit indiqué, cela nous fait hésiter sur cet article de chronologie : Dom G. Viole a écrit que ce joyeux avènement au trône épiscopal fut le 14 mars. L'unique circonstance qui en a été conservée par un ancien épistolier de la cathédrale, est qu'il prêta entre les mains du doyen le serment ordinaire de maintenir les droits de cette église. Quatre ans après, il fit à Sens la profession d'obéissance en qualité de suffragant ; et comme l'archevêque Louis de Melun étoit absent, il s'acquitta de ce devoir en présence de ses vicaires généraux. Pierre de Longueil fut continué dans la fonction de grand-vicaire dont il avoit été chargé sous son prédécesseur ; le nouvel évêque pouvoit compter sur sa vigilance : éloigné quelquefois de son diocèse, il avoit besoin d'un tel homme.

Dès l'an 1435, le duc de Bourgogne mena Laurent Pinon dans les Pays-Bas, pour assister au traité qui devoit être fait à Arras. L'évêque d'Auxerre y étoit le 15 juillet, et, le 22 du même mois, il célébra à Saint-Vaast la grand'messe de la procession solennelle qui se fit par la ville, en présence du cardinal de Cypre (2). Après cette messe il prêcha, et ayant pris pour texte de son discours : *Fides tua te salvum fecit ; vade in pace*, il s'étendit à montrer la prééminence des rois de France sur les autres couronnes et leur stabilité dans la foi ; il fit voir les biens que les papes Etienne et Adrien avoient reçus de Pepin et de Charlemagne, d'où il conclut qu'il étoit important qu'un royaume si catholique et si utile à l'Eglise, conservât la paix dans son sein. Le 8 septembre, il célébra la grand'messe à Saint-Vaast, en présence du duc de Bourgogne ; et enfin, le 21 du même mois, il fit la clôture de l'assemblée par une prédication sur les avantages de la paix, prenant pour thème ces paroles du psalmiste : *ecce quam bonum*, etc., il fit à

---

(1) Inventaire mss de Varzy.
(2) Journal de la Paix d'Arras d'Antoine de la Taverne. Rel. de S. Vast, imp. en 1651.

ce sermon une longue allusion de ce qui se lit dans la Genèse, sur l'accord d'Abraham et de Loth, avec le traité qui venoit d'être conclu et qu'un chanoine d'Arras publia ensuite dans la même chaire. Par les articles de ce traité, le duc de Bourgogne obtint de grands avantages sur le pays Auxerrois; cependant, il ne put y faire des levées sans opposition. Lorsqu'il en fit la tentative, l'année même du traité, l'évêque d'Auxerre s'y opposa pour ses terres et pour celles du Chapitre; de sorte que le duc déclara qu'il n'agissoit pas en qualité de duc de Bourgogne, mais comme jouissant des droits royaux en vertu du traité d'Arras (1).

Cet évêque fut souvent obligé de résider dans des villes des Pays-Bas; tantôt à Lille, au cloître Saint-Pierre, et tantôt à Bruges (2). Dans un de ces voyages en 1439, il apprit que Pierre de Longueil, son vicaire général, avoit été élu doyen du Chapitre d'Auxerre (3). Sur cette nouvelle, il adressa, le 9 septembre, une commission à l'abbé de Saint-Marien, pour qu'il reçût en son nom le serment de fidélité du nouveau doyen qui lui étoit déjà attaché par l'office de grand-vicaire. Dans le diocèse, il est peu de collégiales ou monastères où il ne reste quelque vestige du nom de ce prélat. Outre l'église de Saint-Martin de Clamecy, dont quelques-uns assurent qu'il fit la dédicace le 10 janvier 1438, il dédia celle de Sainte-Eugénie de Varzy, le premier dimanche de l'Avent de la même année (4), voulant cependant qu'on remît à un autre temps l'anniversaire de cette dédicace et y accordant des indulgences. Il demeuroit assez volontiers dans le château que les évêques avoient de temps immémorial dans cette ville de Varzy. Les habitants d'Auxerre ayant besoin de son secours au mois de juin 1444, lui dépêchèrent un courrier en ce lieu; il affectionna beaucoup l'église collégiale de Sainte-Eugénie (5), et y fonda une chapelle sous le titre de deux fameux saints de son Ordre, saint Pierre, martyr, et saint Thomas d'Aquin; il s'y fit représenter à genoux avec l'habit des Dominicains. Le 25 août, et apparemment en 1445, il dédia l'église du prieuré conventuel de Sainte-Geneviève de Marcy, de l'Ordre du Val

---

(1) *Tabul. S. Germ. Autiss. V. Preuves,* t. IV, n.

(2) Echard *in Scrip. Dominic.*

(3) *Viole.*

(4) *Obituar. Varziac.*

(5) *Tabul S. Eugen. Varziac.*

des Ecoliers (1). S'étant recommandé aux prières de la petite communauté qui y subsistoit alors, il fut résolu le 14 octobre de chanter chaque année, le lendemain de Saint-Laurent, une messe du Saint-Esprit à l'intention du prélat, tant qu'il vivroit. L'église collégiale de Notre-Dame de Toucy avoit besoin d'être rebâtie. Le 9 mai 1443, il accorda des indulgences à ceux qui contribueroient de leurs aumônes au nouvel édifice qu'on projettoit (a). Faisant la visite de son diocèse, les années 1446 et 1447, il dressa des règlements pour les chanoines de Saint-Etienne de Gien. En 1438, il fit, à l'autel matutinal du prieuré de la Charité, une ordination de quelques moines acolytes (2); mais Pierre le Duc, sous-prieur et vicaire-général du prieur, lui demanda une déclaration, comme c'étoit du consentement de la communauté, aux libertés de laquelle il n'entendoit préjudicier et sur laquelle il n'avoit aucune juridiction, ce qu'il accorda le 27 janvier 1438. En 1445, étant à Varzy le 4 septembre, il permit de quêter par son diocèse avec une croix et un reliquaire, pour aider au bâtiment de l'église de Bethléem, nouvellement ruinée par les guerres, que l'évêque Arnoul rebâtissoit. Il accorda même des indulgences aux bienfaiteurs.

Les évêques, tirés du corps religieux, laissent ordinairement beaucoup de marques d'affection envers les maisons de leur Ordre, situées dans leur diocèse. Laurent Pinon ne se distingua pas de ce côté-là; et il ne paroît en relation avec ses confrères de la maison d'Auxerre qu'en deux occasions : premièrement en 1440, lorsqu'ils tinrent chez eux le Chapitre provincial de l'Ordre auquel il assista, et en 1443, au sujet d'une dévotion qui tendoit au soulagement des âmes du purgatoire. Le motif de cet établissement vint de ce qu'étant mort un nombre considérable de fidèles pendant

---

(1) *Obituar. Marciac.* (2) *Cartul. Carit.*, p. 60.

(a) L'évêque rapporte dans la lettre qu'il donna pour cet objet que les Anglais l'avaient brûlée. Cet événement était arrivé dans les guerres civiles du commencement du siècle, en 1423, lorsque les Anglais s'étaient emparés de Toucy. — *V. Preuves, t. IV, n.*   (*N. d. E.*).

les guerres précédentes, sans avoir eu la sépulture ecclésiastique, il parut nécessaire d'y suppléer en quelque manière. Les Frères Prêcheurs d'Auxerre proposèrent donc une confrairie qui feroit célébrer tous les jours de l'année une messe dans leur église, à l'intention de tous ces défunts, et chaque semaine, une fois les vigiles des morts, excepté les semaines des grandes fêtes. Barthélemy Tixier, associa par avance tous les confrères de la future confrairie aux suffrages de l'Ordre; il falloit munir le tout de l'autorité épiscopale (1). Laurent Pinon, non content d'approuver cette confrairie, dite des Trépassés, accorda les indulgences ordinaires à tous ceux et celles qui s'y enrôleroient, et ordonna de bien recevoir les Dominicains d'Auxerre qui les publieroient. Ces lettres, signées à Auxerre le vendredi après la Saint-Martin d'été 1443, furent suivies l'année d'après d'une augmentation d'indulgences que Pierre du Mont, évêque de Bresce et nonce du pape Eugène IV, accorda à Bourges le 8 octobre, à tous ceux qui feroient quelques aumônes ou legs à la même confrairie : tout cela regardoit une dévotion particulière. Quant à l'office public, tel qu'il se chantoit alors dans le diocèse, ce prélat n'y toucha nullement; il laissa le calendrier comme il l'avoit trouvé, sans y faire insérer saint Dominique ni aucun autre saint de son Ordre, et sans augmenter le grade de la fête de saint Laurent, se contentant de faire écrire dans les pontificaux la bénédiction épiscopale selon le rit gallican, pour les années qu'il officieroit pontificalement chez les Jacobins le jour de saint Dominique.

Il ne paroît proprement qu'un seul acte d'hommage rendu de son temps à l'église d'Auxerre : c'est celui de Charles, comte de Nevers, pour la baronnie de Donzy (2). Il fut rendu à la manière accoutumée par le comte, ayant les mains jointes en manière de suppliant et recevant le baiser de paix de l'évêque; la cérémonie se fit à son retour de Cosne, dans la chapelle du château de Donzy, le 9 juin 1445; il fit marquer expressément dans l'acte, que par grâce il recevoit à Donzy cet hommage qui auroit dû lui être rendu à Auxerre, à quoi le comte acquiesça en présence d'un grand nombre de ses officiers et amis,

---

(1) Lettres de Lyon, 27 mai 1443.   (2) *Voy.* Preuves, *ad an.* 1445.

savoir : Milon de Paillars, chevalier, bailli de Nivernois et de Donzy; Gui de Jaucour, seigneur de Villarnoul et de Marrault, son premier chambellan; Jean de la Rivière, seigneur de Champlemi; maître Pierre de Longueil, doyen de l'église d'Auxerre; frère Jean du Doyer, dominicain, et plusieurs écuyers. Jean de Salazar, qui avoit acquis, des héritiers du cardinal de Bar, la terre de Toucy, devoit pareillement lui en rendre hommage dès l'an 1443; mais ce prélat lui donna des lettres de répit ou de souffrance jusqu'au mois de février 1448. Cependant, on lit dans l'inventaire des titres de Toucy, une saisie de la tour de Toucy, faite au nom de l'évêque par faute de foi et hommage, le 18 mai 1446. En la même année, 1443, il affranchit grand nombre des habitants de l'un et l'autre sexe, de la seigneurie d'Hodan, proche Varzy. Ce qui confirme que Varzy fut le lieu de son diocèse où il se plut davantage après Auxerre.

Nous ne savons pas où il mourut, ni même positivement quel jour arriva son décès, sinon que les comptes d'anniversaire de la cathédrale le marquant vers la fin du mois de mars, il y a assez d'apparence qu'il mourut pendant le cours de ce mois, l'an 1448. Le lieu de la sépulture a paru également incertain; quelques modernes l'ont cru inhumé dans la nef de la cathédrale, devant le crucifix (1); ils pensoient que la tombe noire qu'on y voyoit, il y a soixante ans, étoit la sienne; mais d'autres, plus instruits, ont écrit (2) que Laurent Pinon a été inhumé chez les religieux de son Ordre, à Auxerre, où la sépulture se voyoit au côté gauche du grand autel, jusqu'à ce que les huguenots eussent entièrement détruit son tombeau et dissipé ses ossements.

Outre la traduction du Traité de la puissance temporelle qu'il avoit faite étant évêque de Bethléem, il reste de lui un catalogue des illustres de son Ordre que l'on montre manuscrit à Saint-Victor à Paris (3). Il fit rédiger en 1435 un Pontifical à son usage; c'est un petit in-4° conservé parmi les manuscrits de la bibliothèque Colbert (4). On y voit, au bas de la première page, ses armoiries qui sont *trois pommes*

---

(1) Bargedé, assesseur.
(2) Noël, chanoine.
(3) *Num.* 650. *antiquo.*
(4) *Num.* 5984.

de pin d'or dans un champ d'azur. Les mêmes armoiries s'aperçoivent encore dans la salle basse de l'évêché, au manteau d'une ancienne cheminée.

SECRETVM (a) S. GERMANI CAPITULI.

Sceau secret du couvent de Saint-Germain d'Auxerre, 1325.

CHAPITRE VIII.

PIERRE DE LONGUEIL, LXXXVIIIᵉ ÉVÊQUE D'AUXERRE (b).

Depuis longtemps on n'avoit vu d'évêque gouverner l'église d'Auxerre et y résider si grand nombre d'années que Pierre de Longueil. Son épiscopat fournit beaucoup de faits remarquables, Pierre de Longueil, parut véritablement né pour l'église d'Auxerre, ayant été vicaire général de Jean de Corbie, il continua la même fonction sous Laurent Pinon. Il devint alors chanoine de la cathédrale et enfin doyen ; selon

---

(a) C'est par erreur que le graveur a mis *sigillvm* au lieu de *secretvm*.
(b) Le 4 décembre 1459, l'évêque donna des statuts à la collégiale Sainte-Eugénie de Varzy. (*N. d. E.*).

les apparences, il ne songeoit pas à être évêque d'Auxerre, puisque étant doyen, la pensée de la mort lui fit fonder son obit. Cependant la providence l'appela à cette dignité après la mort de Laurent Pinon.

Il nous apprend lui-même qu'il étoit originaire d'Auxerre, du côté d'Adam Chanteprime, trésorier de France, qui en étoit natif. Il ajoute même que son père et sa mère y avoient été mariés, et que l'un de ses frères y étoit né sur la paroisse de Saint-Mamert (1). Il naquit à Paris en 1397 sur la paroisse de Saint-Benoît (2), de Jean de Longueil, président au parlement, et de Jeanne de Bouju, dame du Rancher, inhumés l'un et l'autre chez les Cordeliers. L'historien de l'Université de Paris (3) le fait naître sept ans plus tôt ; si du Boulay s'est trompé pour cette date, il a pu dire vrai lorsqu'il ajoute que Pierre de Longueil passa maître ès-arts en 1413. Il fut chanoine de Notre-Dame de Paris et de Coutances, selon qu'il le marque dans son testament, et peut-être est-il aussi le Pierre de Longueil qualifié trésorier de Beauvais, dans un manuscrit de Dijon, à l'an 1435 (4). Mais il s'attacha par préférence à l'église d'Auxerre ; on croit que des alliances entre les Chanteprime et les Corbie y avoient donné occasion, de sorte que Jean de Corbie, évêque d'Auxerre, s'étoit déterminé en 1427, à l'établir son vicaire-général. On a pu observer ci-dessus quelques effets de son zèle pour l'étendue de la juridiction épiscopale ; pendant qu'il exerçoit cet office, il fut quelquefois député par la ville vers le duc de Bourgogne, Philippe-le-Bon, pour les intérêts du pays, et surtout en 1431, 1432 et 1433. Etant devenu chanoine d'Auxerre, puis doyen, il continua à faire connoître l'étendue de son génie. La communauté des habitants dont il fut gouverneur de la part du

---

(1) Ceci est tiré d'un mémoire que cet évêque présenta aux gouverneurs de la ville, lors de son procès sur l'assistance à la messe de paroisse.
(2) *Ex ejus testamento.*
(3) Du Boulay, *Sæc. XV*, p. 913.
(4) Il peut aussi se faire qu'il soit le même Pierre de Longueil qui avoit pris possession d'un canonicat de Sens, auquel il prétendoit encore avoir droit en 1442. Il est au *Feci* de Sens de cette année-là. Dom Denis de Sainte-Marthe marque qu'il étoit devenu chanoine de Paris par permutation pour un canonicat de l'église de Beauvais.

clergé (1), ne pouvoit que se louer de ses services. Dix ans après, il prenoit le titre de conseiller et maître des requêtes de l'hôtel de monseigneur le duc, particulièrement en 1443; et en 1448 on le qualifioit conseiller au parlement de Paris. Tous ces titres ne furent qu'un acheminement à l'épiscopat.

Ayant été nommé à l'évêché d'Auxerre en 1449 (2), on vit bientôt les préparatifs de sa prise de possession. Il donna, le 21 février de cette année, quatre mandements dont le premier fut signifié au comte d'Auxerre, dans le château de la ville, le 23 du même mois (3); le second, au duc de Bar, à Toucy, le 24; le troisième, au seigneur de Saint-Verain, le 25; et le dernier, le 26, à Donzy, au baron de cette seigneurie ou à ses officiers, pour qu'ils eussent à assister à son entrée et à le porter (4). Le 25 de février, le Chapitre de la cathédrale consentit par écrit qu'il pût venir dans la ville avant que de faire son entrée à l'abbaye de Saint-Germain; et comme il ne vouloit point nuire à ses successeurs, ni abolir la louable coutume, il donna le même jour, à l'abbé et au couvent (5), quittance du marc d'argent pour son droit de réception en ce monastère comme si réellement il l'eût reçu, quoiqu'il en eût fait la remise et qu'il n'y eût point logé; il fit expédier pour le Chapitre un autre acte par lequel il déclaroit qu'il ne prétendoit point abolir l'ancienne coutume de n'entrer dans la cité d'Auxerre qu'après avoir couché une nuit à Saint-Germain. Comme sa présence étoit nécessaire à Auxerre à cause des partis qui couroient autour de la ville, il se retira dans le prieuré de Notre-Dame-la-d'Hors de l'Ordre de Prémontré et y resta seize jours avant son entrée solennelle; ne voulant point paroître innover, il donna aux religieux une déclaration comme en cela il n'avoit point entendu préjudicier aux immunités de l'abbaye de Saint-Marien (6). Il choisit pour le jour de son entrée solennelle, le dimanche *Lœtare*, 15 mars, et le fit signi-

---

(1) Compte de la ville d'Auxerre.
(2) Le 28 mai selon les registres du Vatican.
(3) Ces formules étoient toujours selon le style ancien, quoiqu'il n'y eût plus de comte à Auxerre.
(4) Inventaire des titres de Varzy.
(5) Archives de saint Germain.
(6) *Tab. S. Mariani.* Arch. de l'Yonne.

fier à l'abbé de Saint-Germain, afin que lui et ses religieux le reçussent dans leur église. Le jour de cette grande cérémonie, à 8 heures du matin, il ne se trouva à Saint-Germain de députation convenable de la part des barons que celle du comte de Nevers. Il avoit commis, pour porter cet évêque en son nom, Jean de la Rivière, chevalier et bailli du Nivernois et s'étoit excusé de ce qu'il ne venoit pas lui-même, sur ce qu'il étoit occupé au service du roi pour le recouvrement du duché de Normandie. Jean de Salazar, écuyer, possesseur de la tour de Toucy, avoit commis Guillaume de Prades, son officier, parce qu'il devoit se rendre auprès du dauphin Viennois. Artaud Trousseau, seigneur de Saint-Verain en partie, s'étoit contenté d'envoyer un homme chargé de sa procuration. A l'égard du duc de Bourgogne, il ne comparut ni en personne, ni par procureur; ces défauts obligèrent l'évêque à les faire proclamer à haute voix, l'un après l'autre, jusqu'à quatre fois par l'organe de Jocelin Courtjarret, son bailli, et à ne pas se servir du ministère de Jean de la Rivière, parce que les trois autres n'étoient point chevaliers comme lui. Il fut donc porté depuis le chœur de l'église de Saint-Germain jusqu'à la cathédrale, par quatre bourgeois forts de corps et d'honnêtes familles, qui étoient Jean Ferroul, Pierre Quatre-Langues, Guillaume Marillier et Jean Bureau, accompagnés du sieur de la Rivière, qui posoit la main sur la chaise. A l'instant qu'il arriva dans la place, devant la grande porte de l'église qui étoit fermée, les chanoines sortirent tous en chapes avec les croix et l'eau bénite par les portes collatérales et vinrent au devant de lui. Jean Mauvoisin, trésorier, qui présidoit pour l'absence du doyen, le pria, au nom du corps, de faire le serment accoutumé. Il y consentit, prit des mains du trésorier le livre où étoit écrite la formule, et la main droite posée sur la poitrine, il prononça le *Promittimus* ordinaire, après quoi il sonna une petite cloche attachée proche la grande porte; et aussitôt cette porte étant ouverte, les quatre bourgeois le portèrent jusqu'au grand autel, le peuple criant *Noël ! Noël !* Etant descendu de la chaise, il fit sa prière à genoux et dit une collecte de saint Etienne; ensuite, Jean du Breuil, chanoine d'Auxerre, chargé de la procuration de Jean de Nailly, archidiacre de Sens, fit la cérémonie de l'installation accompagné de Jacques Odoart, official, et d'Etienne Bruneau, chanoines de Sens. Sur quoi Jean Mauvoisin fit les protestations au nom du Chapitre, disant que ce seroit sans préjudicier à ses droits et à ceux de l'église d'Auxerre. Plusieurs personnes de distinction assistèrent à la cérémonie, savoir : l'abbé de Pontigny, Pierre, abbé de Saint-Marien ; Jean, abbé de Saint-Père ; Simon Coignet, secrétaire du roi ; Jacques de la Rivière, bailli de Donzy. Geoffroy Chantereau, prieur de Saint-Eusèbe, y est nommé parmi les notables du clergé d'Auxerre, et parmi les citoyens Pierre Chacheré, Martin du Breuil, Blaise Tribolé, licencié ès-lois ; Etienne Gontier, Germain Vivien et Jean Darthe (1). L'archevêque de Sens, Louis de Melun, ne fut témoin que de ce qui se passa dans l'église de Saint-Etienne. Quelques-uns veulent que Pierre de Longueil ne différa pas d'aller à Sens prêter serment d'obéissance à cet archevêque ; mais comme la formule qu'on prétend être la sienne porte en termes formels *et futuro pontifici Senonensi*, il est difficile de décider en quel temps ce serment fut prêté, ni même si véritablement il est de lui, puisque Louis de Melun fut archevêque de Sens depuis 1434 jusqu'en 1474, et qu'il n'y eut par conséquent aucune vacance de l'archevêché durant tout l'épiscopat de Pierre de Longueil. C'est une chose beaucoup plus certaine, qu'il paya à l'archidiacre de Sens le marc d'or accoutumé ; on a vu la quittance datée du 31 mars 1449.

Ce prélat, dès le commencement de son épiscopat, ne parut pas d'humeur à négliger ses droits, ni à se relâcher des soumissions qui lui étoient dues. Il se fit rendre, dès le 23 avril suivant, le serment d'obéissance dû par le doyen. Louis Raguier, nouvellement pourvu de cette dignité, ne pouvoit venir en personne à Auxerre, à cause des occupations qui le retenoient au parlement dont il étoit conseiller ; il donna commission à Jean Mauvoisin, trésorier, de prêter le serment pour lui, et en effet, ce chanoine s'en acquitta dans la chapelle du château de Régennes. La suite montra bien que Pierre de Longueil avoit ce serment fort à cœur, puisque Thomas la Plotte, successeur de Louis Raguier, ayant refusé de le prêter, cela occasionna un procès dont on

---

(1) *Ex Proc. verb. Quid.* Prévostat.

verra les conséquences. Le premier acte d'importance qui suivit celui de Louis de Raguier, concerne encore les droits honorifiques de la dignité épiscopale. Ce fut l'hommage que Charles, comte de Nevers et de Réthel, rendit comme baron de Donzy ; ce seigneur avoit obéi très exactement aux ordres de l'évêque pour ce qui regardoit la première entrée ; son député fut admis et ceux des autres rejetés. Le nouveau prélat voulant témoigner à ce seigneur combien il étoit satisfait de lui, n'eut pas plutôt appris qu'il étoit de retour du service du roi après la recouvrance faite de la Normandie, qu'il alla le trouver en l'hôtel de Bethléem, proche Clamecy : cette visite ne fut pas de pure civilité, le prélat engagea le comte à lui rendre le devoir féodal. L'acte porte que ce devoir auroit dû se rendre au château de Varzy, duquel est mouvante la baronnie de Donzy : le comte se reconnut *homme et vassal* de l'évêché d'Auxerre en baisant l'évêque à la bouche (1), et recevant de lui injonction de fournir un dénombrement de sa terre. A cette courte cérémonie, faite le 21 de septembre 1450, assistèrent Arnoul, évêque de Bethléem ; Claude de Beauvoir, seigneur de Chastellux ; Jean de la Rivière, seigneur de Chamlemi, bailli de Nivernois, chevalier ; Pierre des Barres, écuyer, conseiller et chambellan du comte ; Pierre Garnier, son secrétaire ; Guy Bourgoin, son maître d'hôtel, et de la part de l'évêque, Blaise Tribolé, d'Auxerre, licencié-ès-lois. Jean, comte de Nevers, ayant succédé à Charles, rendit aussi foi et hommage à notre évêque dans une conjoncture à peu près semblable. Allant prendre possession de ce comté à lui échu par la mort de son frère, et passant par Auxerre, le 24 mai 1464, l'évêque vint le saluer dans l'hôtel de Jean Gontier où il étoit logé. Ils s'accordèrent sur cet hommage, par des protestations respectives de ne point préjudicier aux prétentions de l'un et de l'autre, à celles de l'évêque qui déclara n'avoir dû recevoir cet hommage qu'au château de Varzy, et celles du comte qui ne se désistoit point du procès pendant sur les châtellenies de Mez-le-Comte, Monceaux, Châteauneuf et Clamecy, que son frère avoit soutenu être mouvantes du comté de Nevers et non de Donzy. L'assemblée ne fut par moins nombreuse à cet hommage

---

(1) L'ancienne manière de baiser.

qu'elle l'avoit été à l'hommage précédent ; plusieurs chevaliers de distinction s'y trouvèrent, savoir : Filbert de Jaucourt, seigneur de Villarnoul ; Philippe de Savoisy, seigneur de Seillenay ; Claude de Beauvoir, écuyer, seigneur de Courson ; Jean des Ulmes, écuyer, seigneur de la Maison-Fort ; Jean d'Armes, docteur-ès-lois ; Jean Regnier, l'aîné, bailli d'Auxerre ; Jean Thiard, écuyer, seigneur du Mont-Saint-Sulpice ; et Blaise Tribolé, licencié-ès-lois. Pierre de Longueil pressa souvent Jean de Challon, seigneur de Vitteaux et de l'Isle-sous-Montréal, de lui rendre les devoirs féodaux pour la terre de Lorme, en Morvan. Les délais qu'apporta ce seigneur, obligèrent l'évêque, qui étoit à Varzy le 7 janvier 1459, d'enjoindre à Etienne Lemuet, seigneur de Corbelin, lieutenant du bailli de Varzy, de faire mettre *brandons ou autre enseignement* sur la tour, châtel, ville, justice et seigneurie de ce lieu, et d'en faire gouverner les revenus par un commissaire. L'affaire de cette saisie féodale se trouva jointe à celle que le même évêque eut contre les comtes de Nevers pour un semblable sujet ; l'une et l'autre duroient encore en 1471, que Thomas de la Lande en fut désigné le rapporteur. Pierre de Beffroymont, comte de Charny, sénéchal de Bourgogne, tenoit aussi de l'évêque plusieurs terres à Château-Censoir et aux environs, dont il avoit différé de rendre hommage. Pierre de Longueil s'étant cru obligé d'en faire la saisie avec commissaires, le comte vint à raison. Il fit expédier, étant à Conhey ou Corchey, le 16 juillet 1464, une procuration à Antoine de Montaignerot, écuyer, capitaine du Mont-Saint-Jean, et à Guillaume Labbe, son conseiller, pour reprendre des mains de l'évêque d'Auxerre ses seigneuries saisies et lui en rendre foi et hommage. Ces terres étoient Montbutois, Pierrefitte, Arcy, près de Pierrefitte (1). L'évêque voulut bien, par considération pour le duc de Bourgogne dont ce comte étoit chambellan, se contenter d'un hommage rendu par procureur, protestant que cela ne pourroit lui porter préjudice. Antoine de Montaignerot s'étant donc mis à genoux et ayant les mains jointes,

---

(1) Ajoutez le bois du même Arcy ou Moulin des Planches au lieu de Tingy, et les Censives de Verilly, qui auparavant avoient appartenu à Hugues de Charny et Mabille son épouse.

baisa le prélat à la bouche et fit le serment et les devoirs en tels cas accoutumés ; ceci se passa dans la grande salle de l'évêché, le 23 juillet 1464. Le comte de Charny ayant vendu, l'année d'après, une partie des terres ci-dessus nommées à Jean de Ferrières, écuyer, seigneur de Ferrières, Praëles et Champlenats, l'acquéreur se mit en disposition de rendre au seigneur suzerain les mêmes devoirs ; mais ne pouvant venir en personne, à cause qu'il étoit occupé aux affaires du duc de Bourbon, dont il étoit bailli pour le Beaujolois, il commit pour cela Guillaume d'Orgières, Jean de Nusillet et Jean Mathey, écuyers, par procuration passée à Clamecy le 3 octobre 1470. Deux jours après, le premier des trois se rendit à Varzy où étoit alors le seigneur évêque, qui, après quelques paroles et remontrances au sujet du duc de Bourbon, reçut par grâce cet écuyer chargé de procuration, *pour amour d'icelui Ferrières et de feu son père*. Ce sont les termes de l'acte.

Pierre de Longueil connoissant les besoins de son diocèse, regarda comme son premier devoir d'y tenir régulièrement le synode, afin d'obvier au mal ; ses règlements étoient quelquefois un peu outrés, aussi fut-il obligé d'y apporter de la modération. On voit, par un fragment (1) de ceux qu'il rédigea en 1451, l'origine ou au moins une suite de l'établissement des prières que l'on fait encore après Pâques dans les villes, bourgs et villages du diocèse, pour la conservation des biens de la terre. Il statua que tous les curés feroient des processions à ce sujet deux fois par semaine, depuis le premier avril jusqu'au dernier jour de mai, et ordonna qu'au moins une personne de chaque maison y assistât. Il vouloit que les curés indiquassent, le dimanche, quels saints on honoroit dans la semaine, même ceux qui n'avoient pas de fête chômée ; qu'ils exhortassent le peuple à venir entendre la messe ces jours-là avant le travail. Quant aux fêtes chômées qui étoient quelquefois transférées, il statua que pour éclaircir les doutes, un mois auparavant les fêtes, les curés vinssent ou envoyassent vers l'official ou l'archiprêtre d'Auxerre, qui les adresseroit au sous-chantre de la

---

(1) Je possède ce fragment.

cathédrale, pour voir l'ordinaire de l'église, en tirer copie et avertir ensuite leurs paroissiens des jours auxquels le travail manuel seroit défendu. Ne pouvant souffrir qu'on ignorât l'Oraison dominicale, le Symbole et la Salutation angélique, il ordonna aux curés non-seulement de prononcer ces trois formules au prône dans l'ordre qu'elles sont ici nommées, mais encore d'avertir qu'il puniroit ceux et celles qui ne les sauroient pas dans un an, et déclara que pour cela il vouloit qu'ils lui en apportassent les noms au synode suivant. Dans les statuts qu'il dressa en 1456, il oblige les curés d'avoir un livre françois intitulé : *Les avertissements de la religion chrétienne et les dix préceptes de la loi*, afin de s'en servir dans leurs prônes ; il réprime l'abus des absolutions frauduleuses. Non content de la menace d'excommunication, il impose une amende pécuniaire appliquable à son aumônerie contre les fidèles adonnés aux jeux de hasard, contre ceux qui n'assisteroient pas entièrement à la messe dans leur paroisse les dimanches et fêtes d'obligation, et contre les blasphémateurs ; il fixa même l'amende contre ces derniers à vingt sols tournois. Les bourgeois d'Auxerre tinrent à ce sujet de fréquentes assemblées (1), consultèrent à Sens et ailleurs, députèrent à Ganes, en Auvergne, vers le roi, mais le prince ne décida rien. Il y eut appel comme d'abus, la cause fut plaidée à Villeneuve-le-Roi, puis renvoyée aux requêtes à Paris, à la sollicitation de l'évêque ; appel ensuite au parlement signifié au prélat résidant alors à Varzy. Simon le Moine, licencié ès-lois, fut député à Paris par les habitants, afin de poursuivre l'affaire ; mais on ignore quelle en fut l'issue, et on n'a pu recouvrer aucun mémoire qui en instruise.

Ce prélat, si ardent pour le bon ordre de son diocèse, ne se laissa taxer d'aucune négligence dans la visite des bénéfices ; il n'eut point de difficultés à essuyer dans les cures, mais seulement dans les prieurés. Pierre d'Orouer, prieur de Saint-Gervais-lez-Auxerre, prétendit être exempt de sa visite, et par conséquent de la procuration et de tout autre subside caritatif, disant que ce prieuré, membre de l'abbaye de

---

(1) Comptes de la Ville de 1457.

Molême, avoit été exempté en 1137, par l'évêque Hugues de Macon, de toutes exactions des évêque, doyen et archidiacre, comme n'ayant aucune charge d'âmes ; l'évêque, au contraire, soutint que ses prédécesseurs y avoient fait visite et reçu tous les droits ordinaires. Ces différentes prétentions formèrent un procès qui étoit pendant devant le bailli d'Auxerre, lorsque les parties firent un compromis entre les mains d'Albert de la Châsse, abbé de Vézelay, à la fin de janvier 1453 (1). Cet abbé étant à Auxerre l'été suivant, y décida en faveur de l'évêque, déclara qu'il avoit pu visiter une fois par an le prieuré de Saint-Gervais, sans recevoir d'autre droit que celui de la procuration, et que cependant le prieur pourra être imposé au subside caritatif de la joyeuse venue des évêques ; ensuite il condamna à cent sols le prieur, pour tout ce que l'évêque pouvoit alors demander, à quoi il fut acquiescé de part et d'autre le 26 juin 1454. Jean de Chaluz, prieur du prieuré d'Andrie dépendant de la Chaise-Dieu, osa disputer à ce même évêque un droit bien plus évident : c'étoit celui par lequel il étoit tenu, à l'issue de la visite que l'évêque faisoit de l'église paroissiale située dans son prieuré, à lui fournir la procuration, soit en argent, soit en repas, comme jouissant de la plus grande portion des dîmes de la paroisse et autres droits curiaux ; mais il fut condamné aux requêtes du palais et ensuite au parlement qui confirma la sentence des requêtes, le 8 mars 1465. Ce prieur avoit été le seul à contester ce droit, qu'une enquête de 1484 prouve avoir été payé exactement à Pierre de Longueil par tous les autres supérieurs des maisons de l'Ordre de saint Benoît, pour les cures de leurs dépendances, et même à Jean de Molins, archidiacre de Puysaie. Ces deux procès marquent le zèle de l'évêque pour les visites et son attention sur les paroisses et autres églises. Il créa, en 1469, trois procureurs fabriciens pour la paroisse de Gouaix dont le bien temporel dépérissoit. L'année suivante, il permit à la paroisse de Saint-Eusèbe d'Auxerre (2), d'imposer une taille sur tous les habitants, même ecclésiastiques, pour réparer les bâtiments de l'église et la fournir

---

(1) V. Les Preuves, à l'an 1454.   (2) *Tab. S. Euseb.*

1449 à 1473. d'ornements, permission qu'il étendit en même temps à dix autres paroisses. Il visita, au commencement de l'été 1466, l'église paroissiale de Saints-en-Puysaie, et, en présence de Jean Robineau, curé, il y fit la translation des reliques innombrables des compagnons de saint Prix dont il apporta quelques ossements à Auxerre (1). Dix ans auparavant il avoit réuni le revenu de l'église paroissiale de Neuvoy à la fabrique de l'église collégiale de Gien ; le consentement des chanoines de la cathédrale (2), demandé sur cette réunion, fut accordé le 3 novembre de la même année, avec l'apposition du sceau du Chapitre (3). La collégiale d'Appoigny se ressentit aussi des bontés de l'évêque (4). Les chanoines lui ayant spécifié le nombre d'héritages qu'on leur avoit légués à charge de prières, ou qu'ils avoient acquis dans sa justice, demandèrent des lettres d'amortissement ; il les accorda gracieusement à Auxerre, le 9 juillet 1458 (5), s'engageant pour lui et ses successeurs à ne leur jamais rien exiger pour ces biens sortis des familles des bourgeois. Ceux de Cône étoient en difficulté avec Pierre Vaillant, dit Guelis, leur chantre. Pierre de Longueil approuva la sentence arbitrale que Jocelin Courtjarret et Blaise Tribolé, licencié-ès-lois avoient prononcée ; ses lettres sont datées d'Auxerre, le 16 mai 1454. Son nom est conservé d'une manière encore plus particulière dans les archives de Saint-Fargeau. L'an 1466, Antoine de Chabannes, comte de Dammartin, baron de Puysaie et seigneur de Saint-Fargeau, conçut le pieux dessein de fonder dans l'église paroissiale de ce lieu six chanoines, dont le premier seroit curé de la paroisse et chantre du Chapitre, à condition que la présentation de ces six ecclésiastiques appartiendroit au seigneur et à ses successeurs. Pierre de Longueil en fit délivrer la concession à Auxerre, le 15 juin, sous condition que les paroissiens ne seroient pas desservis moins exactement dans les fonctions du ministère curial, et sauf les droits de l'évêque, de l'archidiacre et de l'archiprêtre ; mais cet acte, quoiqu'en bonne forme, n'eut point lieu. La fondation n'eut son entier effet qu'en 1472 ; au lieu du titre

---

(1) *Cartul. FF. Præ. dio. Autiss.*, fol. 40.
(2) *Reg. Cap. Autiss.*, 5 juin 1466.
(3) Cette formalité du sceau coûta dix écus aux chanoines de Gien.
(4) *Reg. Cap. Autiss.*, 1446.
(5) V. Les Preuves, à l'an 1458.

de chantre, on donna au premier du chapitre la qualité de doyen. Ailleurs j'en parlerai plus au long; il suffit de dire que l'évêque confirma le projet touchant l'alternative de la présentation à la cure avec l'abbé de Saint-Germain (1); qu'il annexa à ce nouveau chapitre l'hôpital de la ville avec son revenu, par une charte donnée en son château de Varzy, le 20 avril 1472; et qu'enfin, le 24 du même mois, étant au même lieu, il leur donna un cahier de statuts.

Le Chapitre de la cathédrale avec lequel il eut de fameuses contestations, ne fut pas exempt de ses faveurs. On lui représenta en 1455, que Guy de Mello ayant établi douze chapelains, savoir: six dans la chapelle de Saint-Michel, six dans la chapelle de Saint-Jean-le-Rond; ces ecclésiastiques n'avoient presque plus de revenu depuis les dernières guerres, et que les deux bénéficiers d'ancienne fondation dans chacune de ces deux chapelles étoient réduits à la même extrémité. Ainsi, les seize places ou vicairies destinées à des prêtres étoient remplies par un petit nombre de simples tonsurés qui ne pouvoient faire les poursuites nécessaires pour récupérer leurs biens. On remontroit donc qu'il falloit réunir le tout à la mense capitulaire, en chargeant le Chapitre de faire dire les messes à proportion du revenu, et de suppléer par d'autres sujets à l'assistance que ces seize chapelains devoient à tout l'office canonial. L'évêque entra volontiers dans les vues de la compagnie, et fit la réunion par lettres datées d'Auxerre, le 9 août 1455 (2), se dépouillant du droit qu'il avoit de pourvoir à ces seize vicairies ou chapellenies, prescrivant un supplément aux anciennes fondations de l'office quotidien de saint Michel et de saint Jean, recommandant au Chapitre de faire les processions ordinaires dans ces deux chapelles, et d'entretenir dans le bas-chœur un clergé qui les représentât. La charte de réunion fut présentée l'année suivante à Louis de Melun, archevêque de Sens, qui, en qualité de métropolitain, y donna sa confirmation, le 12 mai 1456. Dès la troisième année de son épiscopat, Pierre de Longueil avoit plaidé contre le nouveau doyen Thomas la Plotte, au sujet du serment de fidélité; pendant cette con-

---

(1) *Tab. S. Germani.* | (2) V. Les Preuves, à l'an 1455.

testation, non-seulement le doyen essuya un violent orage, mais tout le Chapitre en souffrit. Le doyen avoit reçu une défense d'officier aux fêtes annuelles ou solennelles, soit que l'évêque fut présent ou absent. Thomas la Plotte s'en plaignit en Chapitre le 28 juin (1) ; il y ajouta que le prélat le privoit aussi de ses distributions de vin du cellier épiscopal aux six fêtes annuelles. Le Chapitre qui consentit de le tenir présent pour la poursuite de son procès, s'en ressentit peu après à l'occasion d'une levée de décimes. Le duc de Bourgogne ayant résolu de faire la guerre au Turc (2), avoit obtenu permission du pape d'en imposer sur le clergé de son duché. Le Chapitre d'Auxerre avoit payé en 1457, par les soins du doyen, trente-cinq écus d'or aux commissaires, avec la précaution de retenir un écrit qui garantissoit que la même somme ne seroit point exigée. A peine les trente-cinq écus touchés, les commissaires du légat d'Avignon arrivèrent et demandèrent au Chapitre, de la part du roi, une certaine somme pour la même fin. On leur fit refus. Ces commissaires, Martin du Breuil, chanoine de Bourges, et un ecclésiastique du Berri, nommé Martin de Vaux, vicaire du légat, agirent aussitôt contre le Chapitre. Nicolas du Crot et Guillaume de Cray, chanoines, se prêtèrent à leurs demandes et furent établis subdélégués des commissaires. On vit, le 30 juin, un interdit jeté sur l'église et une sentence d'excommunication fulminée contre Thomas la Plotte, doyen; Guillaume Pion, pénitencier; Simon Béchu, sous-chantre, et dix-huit autres chanoines. Le Chapitre manda les absents afin de leur communiquer cette sentence en présence du conseil ordinaire et de tous les conseillers du roi. Après une mûre délibération, il fut conclut à la pluralité que l'interdit seroit observé, et les tortriers furent chargés de célébrer l'office canonial à Notre-Dame-de-la-Cité. Les chanoines excommuniés firent serment de ne demander leur absolution qu'en corps et tous ensemble.

---

(1) L'histoire de ces démêlés est tirée des Registres du Chapitre. Je ne la donne qu'en partie dans les Preuves. On pourra voir le surplus transcrit autrefois par un chanoine notaire apostolique, dans les cahiers que je déposerai à la Bibliothèque du Roi.

(2) J'ai vu la lettre de convocation de l'évêque d'Auxerre, aux Etats indiqués à Dijon par ce duc au 5 février 1463, au sujet de cette guerre. Elle est du 31 décembre précédent, signée *de Molesmes*.

Antoine Thiart, chanoine d'Auxerre et de Chalon, qui avoit reçu les trente-cinq écus d'or pour la décime du duc, fut sommé de les rendre ou de garantir de nouveau ; mais, ne pouvant exécuter ses promesses, il rendit l'argent le second jour d'août. L'anniversaire de la dédicace de l'église, qui tomboit au mois de juillet, fut remis à cause de l'interdit. Le vendredi 12e jour d'août, le Chapitre défendit unanimement à tous chanoines ou tortriers d'aller manger chez l'évêque, excepté les jours qu'il convient y aller pour la conservation des droits de la cathédrale et de ceux de Notre-Dame-de-la-Cité ; la défense étoit sous peine d'être réputé parjure, et de perdre les distributions d'un mois, jusqu'à ce que ces mouvements causés par la levée des décimes fussent entièrement apaisés. On déclara, outre cela, que dans le Chapitre on ne prépareroit plus de siège pour l'évêque; qu'on ne donneroit aucunes distributions à quiconque des mêmes chanoines ou tortriers (le pénitencier non compris) serviroient de ministres lorsqu'il officieroit; et que si des externes se présentoient pour cela, on leur refuseroit les ornements de l'église. Les chanoines, courroucés contre l'évêque, étoient persuadés qu'il avoit été cause non-seulement de l'interdit et de l'excommunication, mais aussi du procès qu'on avoit à Dijon. Le dernier août, le Chapitre enjoignit à Guillaume de Cray, chanoine grand chambrier, de retirer de l'évêque la crosse et les ornements pontificaux qu'on lui avoit prêtés, et de lui demander ceux qu'il devoit au Chapitre. On ne trouve point en quel temps l'interdit de l'église fut levé ; il l'étoit au mois d'octobre, puisqu'on résolut, le vendredi 14 de ce mois, de célébrer le dimanche suivant l'anniversaire de la dédicace que l'interdit avoit fait remettre. Cette levée des censures ecclésiastiques ne rétablit pas tout à fait la paix dans l'église d'Auxerre. Le duc de Bourgogne et le comte d'Etampes furent obligés de s'en mêler.

L'abbé de Saint-Germain étoit aussi en difficulté avec le prélat à l'occasion des mêmes décimes ; tous les chanoines étant assemblés en Chapitre, le lundi 26 novembre, avec M. de Villarnoul, capitaine d'Auxerre ; Guillaume de Clugny, archidiacre d'Avallon dans l'église d'Autun ; Jean Baudot, bailli de Château-Chinon, envoyés du duc de Bourgogne et du comte d'Etampes ; Hugues de Thiard, abbé de

Saint-Germain, y étant pareillement, ils convinrent d'aller tous ensemble trouver l'évêque. L'archidiacre d'Autun, portant la parole au prélat, lui dit en abrégé que le sujet de la querelle consistoit, d'un côté, en ce que l'abbé et le Chapitre souhaitoient récupérer ce qu'ils avoient dépensé pour le procès actuellement pendant à Dijon, devant les conseillers du duc, au sujet des décimes ; et de l'autre, en ce que l'évêque souhaitoit qu'on réparât les injures qu'on lui avoit faites et les mauvais traitements dont on avait usé envers lui, mais qu'il falloit tout mettre d'accord en n'exigeant rien de part ni d'autre, ni restitution d'argent, ni satisfaction. Ce parti étant accepté, l'évêque fit apporter du vin, on but mutuellement à la santé les uns des autres en signe de paix et de concorde. Les trois envoyés du duc dirent ensuite aux chanoines que le prélat leur avoit promis qu'il feroit beaucoup de bien à l'église d'Auxerre, qu'il confirmeroit et même augmenteroit l'étendue de leur juridiction avant la fête de la Purification, ce qu'on crut lui avoir été insinué par l'abbé de Saint-Germain.

Au reste, ceci n'eut rien de commun avec l'ancienne difficulté du doyen, touchant le serment de fidélité ; ce doyen ne voulant point le prêter, restoit interdit pour l'office des grandes fêtes. Le Chapitre consentit, le 14 décembre suivant, qu'il obtînt, au nom de la compagnie, un arrêt de défense en vertu duquel il pût officier ces jours-là. Le prélat qui, dès l'été 1458, avoit déclaré n'avoir plus aucuns procès avec son Chapitre, et que tout étoit d'accord, voulut se mettre en règle par écrit. Il choisit le temps de l'absence du doyen au commencement de novembre, et vint dans le Chapitre demander qu'on modérât pendant sa vie la redevance annuelle de cent-quatorze livres dont l'évêque étoit tenu envers l'église. Il exposa les diminutions de ses revenus causées par les guerres, et promit qu'en reconnaissance il n'exigeroit aucun droit de procuration pour la visite des cures possédées par les chanoines. On lui accorda qu'il ne seroit plus tenu qu'au paiement de 95 liv. Le traité fait sur cet article, par devant Blaise Moirotte, clerc tabellion juré en la prévôté d'Auxerre, parle de deux difficultés réglées en même temps : l'une consistoit en ce que Guillaume Chevalier, chanoine, ayant été arrêté pour délit commis sur la justice du monastère de Saint-Germain et mis dans les prisons de l'abbaye, l'évêque l'avoit revendiqué comme son domestique et, familier, pendant que le Chapitre, de son côté, prétendoit qu'il fût rendu à ses officiers. On convint de part et d'autre que les réquisitoires seroient censés nuls et non avenus : l'autre difficulté regardoit la succession de Pierre Oribon, curé de Lindry, mort nouvellement sans héritiers. L'évêque soutenoit qu'en ce cas il devoit succéder à tous les curés de son diocèse ; le Chapitre soutint que cette aubaine étant dans sa justice, devoit lui apppartenir. Le prélat en fit cession, et par ce moyen les derniers obstacles à la paix furent levés le 8 novembre 1458; la succession du curé fut vendue, par le Chapitre, la somme de 20 liv. (1). La même année, Thomas la Plotte, doyen, qui avoit tant différé, consentit à prêter le serment de fidélité, par une sentence d'acquiescement qui fut confirmée par arrêt du parlement.

Quatre ans étoient à peine écoulés que Pierre de Longueil s'éleva de nouveau contre la juridiction du Chapitre. Gui le Cuiotier, chanoine, propriétaire d'une maison claustrale, y avoit fait arrêter prisonnier au mois de novembre 1462, Albert Dauvron, prêtre, notaire de la cour spirituelle de l'évêché, qui y recevoit le testament d'un clerc marié logé dans la même maison. Cet emprisonnement porta le prélat à attaquer la juridiction quant au fond ; mais le Chapitre fit valoir les exemples assez récents de l'exercice de cette juridiction, aussi bien que les sentences obtenues du temps de Michel de Creney et Philippe des Essarts ; il prouva si clairement que les notaires de la cour épiscopale ne pouvoient instrumenter dans les maisons canoniales, pour quelque cause que ce fût, que la récréance lui fut adjugée aux requêtes du Palais, le 2 juillet 1465 ; cela dégoûta l'évêque de rien entreprendre davantage sur cette matière. Il avoit apparemment senti le foible de la cause, puisqu'un an auparavant il avoit envoyé au Chapitre (2) maître Guillaume de Verdun, son secrétaire, pour déclarer aux chanoines qu'afin d'éviter les frais de la procédure, ils eussent à jeter les yeux sur un accord qu'il disoit passé depuis environ soixante ans, entre l'évêque et leurs prédécesseurs, par lequel ceux-ci étoient convenus ne pouvoir adresser leurs lettres citatoires et rogatoires à aucun

---

(1) *Reg. Cap.* 11 febr. 1458.   (2) *Reg. Cap.*, 30 juin 1464.

évêque, pour faire comparoître devant eux ceux du corps qui étoient absents. Depuis peu le Chapitre d'Auxerre avoit envoyé des lettres de cette espèce à l'official d'Autun, qui, à la prière de la compagnie, les avoit fait mettre à exécution contre un nommé Quillaud, prêtre, chanoine tortrier, leur sujet et justiciable, demeurant à Beaune. Le prélat fit remarquer qu'en cela le Chapitre avoit été contre cet accord, mais le titre allégué étoit inconnu dans les archives du Chapitre, et il ne put être produit d'aucun endroit.

L'évêque d'Auxerre, bien résolu de ne plus porter atteinte aux droits du Chapitre, se souvint des biens qu'il avoit promis de faire. Il commença, en 1466, par un don considérable de reliques qu'il avoit apportées de Saints-en-Puisaye. C'étoit plusieurs ossements des compagnons de saint Prix qu'il fit présenter en Chapitre, le 5 juin, par Jean Mauvoisin (1). On les reçut avec respect et on les enferma dans le trésor. Le 6 mai 1469, il vint lui-même en Chapitre, où, après avoir marqué le désir qu'il avoit de faire du bien à l'église d'Auxerre son épouse, et déclaré que ses facultés étoient inférieures à sa bonne volonté, il présenta un grand reliquaire d'argent consistant en une image de saint Pierre qui soutenoit une petite boîte enrichie d'or et de perles précieuses dans laquelle étoit renfermé, à ce qu'il disoit, un morceau d'os du bras du prince des apôtres. On croit que cette relique lui venoit de Richard Olivier de Longueil, cardinal d'Auge, son parent; il fit ensuite ressouvenir les chanoines qu'il avoit souvent changé de dessein sur le lieu de sa sépulture ; mais que le tombeau que Ferric Cassinel s'étoit fait ériger étant vide, parce qu'il étoit mort archevêque de Reims, il prioit qu'on lui accordât cette place après sa mort. On en opina lorsqu'il fut retiré, et on lui accorda sa demande ; ce qui lui fut notifié par Guillaume de Longueil, grand archidiacre, et Jean-le-Roux, chanoine, qui en même temps le remercièrent des présents qu'il venoit de faire. Il revint encore au Chapitre, le 22 décembre, présenter une chapelle d'ornements blancs de grand prix ; elle consistoit en quatre chapes, la chasuble, dalmatique et tunique, et parements d'autel. Il y avoit

---

(1) *Reg. Capit.*, 1466.

outre cela les parements d'étoffe ou plagules pour trois aubes, suivant l'ancien usage, et une autre pièce d'étoffe pour parer la chaire épiscopale. A cette occasion, il exhorta les chanoines à s'entre-pardonner, pour pouvoir honorer dignement le mystère de la naissance de Jésus-Christ dont on alloit célébrer la mémoire : ce n'étoit pas sans raison qu'il parla de paix et de concorde. Il étoit arrivé, durant l'été précédent, le plus grand scandale qu'on eût peut-être vu depuis plusieurs siècles. Le soir du jour de saint Pierre, 29 juin, un sémiprébendé ou chanoine tortrier appelé Jean Chambéry, se battit avec son frère Laurent, aussi tortrier, commensal du grand archidiacre ; Jean avoit pour adjoints et protecteurs le doyen de la cathédrale, Thomas la Plotte, avec un de ses domestiques, et Pierre Tenon, chanoine. Selon les informations, Laurent Chambéry avoit passé par l'église, sur les six heures du soir, armé d'un bracmar, espèce d'ancienne épée, dont il avoit tâché de frapper son frère Jean ; sur cela, les trois ci-dessus nommés voulurent le désarmer et le conduire dans les prisons du Chapitre, mais en se défendant, il avoit blessé Pierre Tenon au genou, et cependant lui-même avoit été renversé par terre d'un coup que lui porta ce chanoine, et avoit reçu à la main une blessure plus considérable ; on ajoutoit qu'à la vérité le doyen n'avoit donné aucuns coups, mais que tout ce qu'on avoit fait contre Laurent Chambéry avoit été par son ordre. Ce scandale ne put être caché ; l'évêque fit d'abord informer par son official, et ayant pris l'avis des avocats de la ville, il résolut de réconcilier l'église. Il vint en personne dans le Chapitre, le 5 juillet, déclarer son dessein à la compagnie, en l'exhortant de faire justice et offrant de lui communiquer les charges et informations. Le prélat étant retiré, on nomma Jean-le-Roux, promoteur ; Philippe Cotet, sous-chantre ; et Etienne Naudet, chanoine, pour vérifier cette information, ou la recommencer de nouveau s'il étoit besoin. Jean Chambéry fut cité pour comparoître en Chapitre le 21 du mois ; mais il y fit défaut, étant en chemin pour Rome, où il alloit demander l'absolution. Le 21, on tint un Chapitre extraordinaire où le doyen ne se trouva pas, et sur le rapport du promoteur, l'église fut déclarée véritablement polluée par effusion de sang ; on conclut qu'elle étoit dans le cas d'être réconciliée, et que l'office ne s'y feroit plus jusqu'à ce qu'elle l'eût été ; cela fut publié au chœur après complies, et, dès le lendemain, Pierre de Longueil fit la cérémonie. Le mercredi 26, Laurent Chambéry reçut l'absolution en Chapitre et paya l'amende, assurant toujours qu'il n'avoit blessé personne jusqu'à effusion de sang. On conclut que si le doyen venoit au Chapitre, le président lui diroit que la compagnie ne pouvoit plus le fréquenter, parce qu'il avoit encouru l'excommunication majeure ; que s'il le nioit, le promoteur requerreroit qu'il subît l'interrogatoire en plein Chapitre avec son domestique. Thomas la Plotte ne se présenta point, mais il envoya Jean Pichard, curé de Seignelay, son commensal et agent, chargé d'un billet par lequel il avouoit le fait, afin d'en obtenir l'absolution. La déclaration lue, on conclut de l'insérer dans l'acte d'absolution qu'on lui donna. Jean Chambéry, retourné de Rome, présenta au Chapitre, le 9 octobre, des lettres d'absolution de la part du grand-pénitencier du pape. Interrogé par le grand-archidiacre, il expliqua les circonstances du délit, et chargea surtout le doyen ; on lui promit que si ces lettres d'absolution étoient trouvées bonnes, on le rétabliroit dans ses distributions, du jour qu'il les avoit présentées ; mais comme on souhaitoit connoître de plus en plus la vérité, il fut cité de nouveau. Au lieu de répondre, il présenta par écrit l'histoire du fait et un aveu de sa faute, signé de sa main, demandant qu'on lui fît grâce en vue des peines et des dépenses de son voyage de Rome. Le Chapitre se contenta de le condamner à vingt livres d'amende pour être employées en pieux usages, et en vingt livres de cire envers la fabrique : Chambéry s'y soumit ; il ne restoit plus que le doyen à mettre entièrement en règle. Etant venu en Chapitre le lendemain que l'évêque avoit fait l'exhortation sur le pardon des injures, il y demanda humblement qu'on fît cesser les poursuites du promoteur, il rapporta le fait de la batterie tel qu'il étoit, et représenta les blessures comme légères ; sur quoi, après qu'il eut réitéré les offres de satisfaire à la partie lésée, il reçut l'absolution ; le grand archidiacre, Guillaume de Longueil, prononça la formule. Dans cette affaire, la juridiction du Chapitre fut pleinement reconnue par l'évêque qui, néanmoins, ne sympathisa pas beaucoup davantage avec le doyen. Le prélat revint, le 27 juin 1470, en Chapitre où ce doyen présidoit ; et là, en présence de la compagnie qu'il regardoit comme juge de ce premier dignitaire, ainsi que s'en expriment les registres, il requit de lui une satisfaction publique; le doyen répondit à ces plaintes par des récriminations, et ne parut point effrayé. Pierre de Longueil, qui sentoit approcher sa fin et qui souhaitoit faire prier Dieu pour lui après sa mort, donna le même jour aux chanoines un revenu pour cet effet. Comme il avoit acquis, étant doyen, en 1448, plusieurs héritages situés à Crevan, Charentenay, Val-de-Marcy et autres lieux du voisinage d'Auxerre (1), de Jean Périer, chanoine régulier de Saint-Victor de Paris et abbé de Clairefontaine, au diocèse de Chartres, il en avoit dès lors destiné une partie pour son anniversaire (2); ce jour même il y a ajouta plusieurs biens qu'il avoit achetés à Accolay.

On a déjà vu plus haut que certains statuts du synode qu'il tint en 1456 furent attaqués par la communauté des habitants d'Auxerre. Mais, dès lors, entre lui et les mêmes habitants subsistoit un procès où les droits du doyen étoient mêlés; cela contribuoit à fomenter la mésintelligence qui dura presque toujours entre l'évêque et le doyen. Je ne répèterai point ici les efforts des bourgeois, pour soutenir qu'ils pouvoient décliner la juridiction de l'évêque, et demander leur renvoi en la cour du doyen et qu'ils étoient en possession. Je dirai seulement que Pierre de Longueil ayant excommunié deux bourgeois et refusant de les absoudre, son temporel fut saisi par le prévôt de Sens, en 1459, en vertu d'un ordre du roi (3). Le duc de Bourgogne avoit commis le seigneur de Villarnoul et Guillaume de Clugny, archidiacre d'Avallon, pour calmer ce différend et prévenir les suites; ils ne purent réussir, et l'affaire, poussée en parlement, l'évêque y gagna sa cause; les habitants furent condamnés aux dépens (4), quoique dans ce procès ils eussent suivi précisément l'avis de célèbres jurisconsultes de Paris, savoir: Jean Simon, avocat du roi, et Pierre de Toucy, substitut du procureur du roi. L'évêque fut remboursé des dépens en 1462; mais la même année, les gouverneurs de l'hôtel-de-ville obtinrent un arrêt de

---

(1) Viole.
(2) *Reg. Cap.*, 27 *juin* 1470.
(3) Comptes de la Ville, 1455 jusqu'en 1462.
(4) Quittance de l'évêque du 21 février 1462.

la cour des aides contre lui et contre ses fermiers, touchant quelques droits que le roi avoit accordés aux habitants d'Auxerre sur le sel et autres choses (1).

Le différend de Pierre de Longueil avec les Dominicains fit encore plus d'éclat; les inquisiteurs tirés de cet Ordre entreprirent de faire le procès à un prédicateur approuvé par l'évêque et l'accusoient d'hérésie. C'étoit Louis Quarrier, de l'Ordre des Ermites de Saint-Augustin, qui prêcha dans la cathédrale le mercredi d'après Pâques 1463, au retour d'une procession générale. Dans la chaleur du discours, il lui échappa quelques propositions qui ne plurent pas aux Jacobins; ceux-ci le reprirent publiquement en présence du Chapitre et d'un nombreux auditoire, ce qui causa un grand scandale et déplut fort aux chanoines. Le prélat, jusqu'alors ami des Frères-Prêcheurs, usa contre eux de son autorité; il leur avoit permis de publier l'association accordée par leur général à la confrérie des Trépassés. En 1454, onze prêtres de la maison d'Auxerre avoient été approuvés; on gagnoit quarante jours d'indulgences en assistant à leurs sermons; l'évêque révoqua ces grâces. Quinze jours après il défendit en plein synode à tous ses curés d'admettre dans leur église aucun jacobin pour la prédication ou la confession, et de leur permettre aucunes quêtes jusqu'à ce qu'ils lui eussent fait réparation; la défense étoit sous peine d'excommunication et de dix livres d'amende. Il fit encore publier aux prônes des messes paroissiales, que ceux et celles qui étoient de la confrérie des Trépassés établie chez eux, eussent à n'y rien donner, et s'en retirassent sous peine d'être excommuniés. Frère Laurent de Bonny, vicaire de l'inquisiteur au diocèse d'Auxerre, qui avoit fait citer pardevant lui l'ermite de Saint-Augustin, vint trouver ensuite l'évêque accompagné d'un autre jacobin. Le prélat, connoissant que ce compagnon étoit Jacques Proteau, qui avoit fait la citation, le fit enfermer dans ses prisons, et appela au parlement de tout ce que le vicaire pourroit décréter contre l'augustin. Jacques Chevecin, prieur du couvent d'Auxerre, venu quelque temps après pour adoucir l'esprit de l'évêque, subit le même sort : les religieux

---

(1) Viole.

eurent beau redemander leur prieur, l'évêque ne voulut point le rendre. Mais informé que Pierre de Longueil n'avoit point relevé son appel, ils représentèrent à la cour que leur communauté périssoit n'ayant plus de supérieur pour la conduire, ni d'aumônes pour vivre. La cour, touchée de leur situation, ordonna au bailli d'Auxerre de faire sortir le prieur des prisons de l'officialité, s'il étoit en voie d'élargissement, sinon qu'il fût conduit à Paris en celles de la Conciergerie, avec les charges et informations, pour être ensuite remis à ses supérieurs. Quelques jours après, Laurent Gervais, prieur du couvent de Paris, vicaire général de l'inquisiteur pour tout le royaume, prit la voie la plus sûre ; il alla trouver Pierre de Longueil à Varzy, le 25 septembre, et lui demanda son amitié et sa protection pour les religieux du couvent d'Auxerre. L'évêque témoigna qu'il étoit prêt de les remettre dans l'état où ils étoient auparavant, pourvu qu'ils lui fissent satisfaction. « Les « propositions qui leur ont déplu (reprit l'évêque) sont véritables : je « suis disposé à en prendre la défense, les soumettant cependant au « jugement de l'Église. » Après de longues discussions, on convint qu'un jacobin de la maison d'Auxerre, rétabli dans ses pouvoirs, et prêchant au premier jour dans la cathédrale, y liroit un billet qui contiendroit le fait tel qu'il étoit arrivé le mercredi d'après Pâques, ajoutant au bout, qu'ayant su que le révérend père en Dieu évêque d'Auxerre, ses vicaires et le Chapitre avoient été scandalisés de l'entreprise des Jacobins auteurs du tumulte, ils déclaroient en être fâchés, et demandoient qu'on oubliât le tout et qu'on leur pardonnât ; et *qu'au regard des propositions prêchées et reprises, le révérend père en Dieu s'en rapportoit à la détermination de notre mère sainte Église.* Le prélat, pour cette réparation, désigna Ambroise Chantereau, qui, dès l'an 1454, étoit l'ancien de la maison. Le prieur de Paris ne prétendit point pour cela mettre fin aux poursuites contre l'augustin ; il pria même l'évêque de se joindre à lui ; mais Pierre de Longueil le renvoya à ce que son official lui en diroit. L'évêque ne vouloit point rétablir les Jacobins, à moins que les chanoines n'agréassent la manière dont l'acte de réparation étoit conçu. Le prieur de Paris vint de sa part les trouver en Chapitre, leur en communiqua la teneur, et se chargea du reste. Cette satisfaction fut faite avant le 10 octobre, puisque ce jour les vicaires généraux de l'évêque

1449 à 1473. donnèrent aux Jacobins des lettres adressées à tous les curés, qui déclaroient qu'en vertu de la réconciliation, on devoit les regarder comme rétablis dans les mêmes pouvoirs qu'ils avoient auparavant. Quoique cette affaire ait été poussée avec vigueur, ainsi qu'on vient de le voir, on ne marque point sur quelles matières rouloient les propositions qui choquèrent les Dominicains (1). Cependant, comme le zèle de Pierre de Longueil approchoit de celui de Ferric Cassinel, l'un de ses prédécesseurs, sur l'immaculée conception de la sainte Vierge, il pourroit se faire que les propositions de l'augustin eussent été relatives à cette question. Quelques-uns l'ont cru ; mais, outre qu'il n'y a aucune apparence que les Jacobins se fussent élevés publiquement contre des louanges données à la Sainte-Vierge, quand même elles auroient été opposées à leur sentiment, les mémoires de cette procédure apprennent qu'on avoit donné par écrit au prédicateur ce qu'il auroit à dire ; et les archives des Jacobins d'Auxerre découvrent qu'il s'agissoit du sens du canon du concile de Latran *Omnis utriusque sexus* ; ce qui convenoit au temps auquel le sermon fut débité. Les Dominicains avoient exposé dans leur requête à Louis XI, que le prédicateur qui causa ces troubles étoit un faux augustin qui avoit pris l'habit de l'Ordre dans une hôtellerie de la ville de Crevan, et qui l'avoit ensuite quitté au même lieu. Mais ce fait incident ne fut point éclairci, et la réparation prononcée par le père Ambroise fit oublier tout le passé (2). L'évêque les reçut si parfaitement à réconciliation, que peu de temps après il leur accorda des indulgences pour une nouvelle chapelle qu'ils avoient fait construire en mémoire de la Passion et de la Sépulture de Notre-Seigneur.

Cet évêque fut bien éloigné de laisser périr son droit sur l'hôpital de Clamecy, dit Bethléem. La dispute excitée au treizième siècle, touchant le diocèse dont devoit être cet hôpital, fut réveillée vers l'an 1464 (a).

---

(1) G. Viole.   (2) *Arch. Dom. Autiss.* 27 *jun.* 1467.

(a) Le débat commença même dès 1442, sous Laurent Pinon. L'évêque de Bethléem, conseiller et confesseur du comte de Nevers, étant soutenu par son maître, éleva de nouvelles prétentions contre les droits de l'évêque d'Auxerre. Pierre de Longueil, ne se sentant pas assez fort pour résister ouvertement au comte, se contenta de protester contre les envahissements. Il déclare par ses lettres datées du

Le cardinal Rollin, évêque d'Autun, sollicité par quelques religieux demeurant avec un ancien évêque de Bethléem, avait nouvellement conféré le titre de cette Maison-Dieu à Antoine Buisson, carme, contre le droit de l'évêque d'Auxerre. Pierre de Longueil, bien instruit de la décision rendue en 1211, soutint que cet hôpital étoit de son diocèse et non de celui d'Autun ; et cela étoit si constant, que l'évêque même, actuellement titulaire, avoit payé la taxe ou décime apostolique au receveur du diocèse d'Auxerre. Il y eut des dispositifs pour une enquête nouvelle : Jean Chevalier fut choisi de la part de l'évêque d'Auxerre, Gui de Montagu de la part de celui d'Autun, et l'abbé de Vézelay devoit être l'arbitre de la décision. On étoit même convenu que tant que dureroit le compromis, les deux évêques contendants pourroient célébrer les Ordres dans la chapelle de cet hôpital. Cette affaire ne fut point poussée, le temps éclaircit les choses, et on découvrit de la falsification, soit dans les provisions, soit dans la prise de possession du précédent évêque de Bethléem, à qui la maîtrise de cet hôpital passoit pour avoir été conférée par l'évêque d'Autun. Gui de Chacy, religieux et familier d'Antoine Buisson, évêque de Bethléem, passa pour auteur de la fourberie. Cette accusation, jointe à d'autres délits, fut cause que notre évêque l'entreprit et le cita par devant lui. N'ayant pas comparu, il fut déclaré excommunié par sentence prononcée en l'église paroissiale de Clamecy. Il appela de la sentence ; sur quoi l'évêque obtint de la cour des lettres du 17 mai 1466, par lesquelles il étoit défendu de traduire cette affaire hors du royaume. Ces lettres furent signifiées à l'évêque de Bethléem et à ce religieux le 28 du même mois. Le religieux demanda des lettres *apostolos* à l'évêque d'Auxerre qui les refusa. Étienne Belli, profès du même institut (1) que l'évêque de Bethléem, et demeurant avec lui au

---

(1) Ce religieux étoit venu d'une maison du Carmel de Savoye dite *Rupecula*.

27 novembre 1453, que l'évêque de Bethléem s'était ingéré depuis quatre ans en ça de conférer les Ordres dans sa chapelle près Clamecy, et que le comte de Nevers, ayant appris qu'il vouloit s'opposer à ces entreprises, lui avait adressé des lettres pleines de menaces, écrites et signées de sa propre main. (Archives de l'Yonne ; Fonds de l'évêché d'Auxerre). (*N. d. E.*)

1449 à 1473. faubourg de Clamecy, s'ingéra d'administrer les sacrements dans la chapelle de Bethléem. Il fut pareillement cité à Auxerre, et, faute de comparoître, excommunié. Sur l'appel de la sentence d'excommunication, il lui fut expédié un acte qui déclaroit les causes de refus des lettres *apostolos*; l'acte est signé par Jean Briant, notaire, trésorier de Cosne, le 18 juillet 1468. Étienne Belly et Guy de Chacy obtinrent du cardinal Rollin, évêque d'Autun, une absolution *ad cautelam* au mois de janvier suivant, et sans doute disparurent. Pierre de Longueil avoit en vue principalement d'empêcher l'évêque de Bethléem de donner les Ordres dans la chapelle de l'hôpital ou dans l'intérieur de son hospice, si ce n'est aux religieux qui demeureroient ordinairement avec lui, et de faire cesser le mauvais usage d'annoncer les ordinations générales que cet évêque indiquoit par affiches sur les portes de son hôpital. Le clergé de France y a enfin remédié (1).

Les différents traits de l'histoire de Pierre de Longueil prouvent suffisamment sa fermeté et son zèle pour la conservation du bon ordre. Il eut encore occasion d'en donner des preuves dans le concile provincial que Louis de Melun, archevêque de Sens, assembla en 1460, au commencement de mars, puisqu'il fut principalement convoqué pour adopter les canons du concile de Bâle (2). Le Chapitre d'Auxerre pria le 13 février Thomas la Plotte, doyen, Jacques Hodoüart, Louis de Melun et Pierre des Portes, d'y agir en son nom. Le premier fut député pour y soutenir les droits du Chapitre en cas de litige ; il représentoit le Chapitre d'Auxerre d'une manière plus particulière. Les deux suivants, outre leur prébende de l'église d'Auxerre, en avoient chacun une dans celle de Sens où ils résidoient, et le dernier, étant secrétaire de l'évêque, devoit l'accompagner naturellement à ce concile. Les Chapitres de Paris, Chartres et Meaux, choqués de ce qu'on les avoit appelés à ce concile comme par une espèce de lettre de jussion, n'y envoyèrent personne et se plaignirent sur le ton dont on les avoit mandés. Les envoyés d'Orléans, d'Auxerre, Nevers et Troyes appuyèrent les plaintes des absents, et prétendirent comparoître, non comme cités, mais invités. L'archevêque sentit qu'il s'étoit trop avancé, et quelques jours après l'ouverture du

---

(1) *Voy.* les Mém. du Clergé. | (2) *Spicil. T.* v., p. 584.

concile, il déclara que si la formule de convocation étoit un peu forte, il ne l'avoit pas employée pour s'acquérir un nouveau droit, et qu'il avoit seulement pensé à inviter les Chapitres de cathédrales. Thomas la Plotte se fit délivrer une copie authentique de cette déclaration, dont cinq évêques furent témoins, entre autres celui d'Auxerre. Guillaume Pion, pénitencier, mort en 1464, n'ayant été remplacé que plus de deux ans après, Pierre des Portes, maître ès-arts, bachelier ès-lois, son successeur, ne se pressa pas de prendre possession. Ce délai obligea Pierre de Longueil à pourvoir à la rectorerie des écoles de la ville, qui vaquoit par le décès de Pierre Vivien. Il en fit donc expédier les provisions à Renaud-le-Moine, maître ès-arts et licencié en décret, le 22 juillet 1466, y marquant que l'institution de cette charge appartient au pénitencier, et qu'il n'y pourvoit que par dévolution de droit, à cause de la vacance de la dignité.

Ce prélat qui avoit pris en affection le lieu de Varzy, voulut y faire sa résidence la plus ordinaire sur la fin de sa vie ; peut être fut-ce à cause des troubles qui agitoient le pays auxerrois attaché au duc de Bourgogne. On voit, par différents actes, qu'il y demeura fort souvent en 1470, 1471 et les deux années suivantes. J'en ai déjà rapporté quelques-uns, entre autres la fondation du Chapitre de Saint-Fargeau. Étant à Varzy en 1471, il pardonna aux habitants du lieu la faute qu'ils reconnurent avoir faite, en voulant établir un capitaine malgré lui, et il les chargea de payer six livres de cire par forme d'amende à la collégiale et à la paroisse. Son testament qu'il dressa en latin au mois d'août 1473, âgé de 75 ans, est sans désignation de lieu (1) ; mais ce fut à Varzy qu'il le ratifia, et le déposa entre les mains de Jean Garnier, bachelier en décret, notaire apostolique, le 14 février de la même année (2). Aucun écrivain n'indique de quelle maladie fut atteint ce prélat ; on sait seulement qu'il mourut le 16 février 1473, à dix heures du matin, dans le château de Varzy, alors situé derrière l'église de Sainte-Eugénie.

Il y a différents sentiments sur le lieu de sa sépulture ; les uns le

---

(1) Voyez parmi les Preuves.
(2) En présence de Louis Baillard, licencié en médecine, de Jean Bolemeau, trésorier de l'église collégiale de Saint-Étienne de Gien, et Guillaume Reboursseau, prêtre chanoine de Cône.

supposent enterré dans la collégiale de Sainte-Eugénie de Varzy, parce qu'il avait marqué qu'on l'inhumât dans cette église, au cas qu'il mourût dans cette petite ville ; d'autres prétendent que ce fut à Auxerre. Il y a moyen d'accorder ces deux traditions, en disant qu'il eut d'abord la sépulture à Varzy, et que par la suite son corps fut porté à Auxerre. Le testament de Pierre de Longueil ouvre cette voie de conciliation ; il y désigne d'abord sa sépulture dans le tombeau de Ferric Cassinel, supposé qu'il fut trouvé vide, sinon proche la chaire de pierre, dans le sanctuaire de la cathédrale ; et après avoir détaillé ses fondations dans la même église, il ajoute expressément qu'il n'entend point que sa sépulture et ses fondations en cette église aient lieu, à moins que la ville ne soit alors réduite sous l'obéissance du roi, ou de son consentement, et non autrement ; et, dans le cas qu'il se fût écoulé un grand nombre d'années sans apparence à cette réduction, il prioit ses exécuteurs testamentaires de convertir ses fondations en d'autres œuvres de piété. Comme Auxerre fut encore environ trois ans sans se remettre sous l'obéissance de Louis XI, le corps de cet évêque reçut d'abord la sépulture à Sainte-Eugénie de Varzy. En effet, on lit dans les registres du Chapitre d'Auxerre au 26 février, qu'il fut inhumé dans la collégiale de cette ville le 17 du même mois, lendemain de sa mort. Quelques années après, lorsque les chemins furent plus sûrs, il fut apporté à Auxerre et inhumé au côté droit du sanctuaire. On mettoit là le drap mortuaire le jour de son anniversaire (1), avant que l'on eût embarrassé cet endroit par une crédence perpétuelle. Si on ne trouve point d'acte de la translation des ossements de cet évêque, c'est parce que depuis sa mort les registres capitulaires manquent pour le reste de ce siècle. En un mot, il est évident, par le testament de Pierre de Longueil, qu'il n'avoit demandé à être à Varzy ou à Cosne qu'en dépôt, jusqu'à ce qu'on pût en sûreté le porter à Auxerre. Parmi les legs qu'il fit, il destina cent sols à chacune des deux églises cathédrales où il avoit été chanoine, savoir : Notre-Dame de Paris et Coutances, et même somme à celle de Saint-Benoit-le-Bien-Tourné, paroisse de Paris où il avoit été baptisé. Il nous apprend par le même testament que son père, sa mère, ses

---

(1) *Lib. veter. Succentorum.*

frères et plusieurs autres de sa famille étoient inhumés dans la chapelle de Saint-Jean-l'Évangéliste des Cordeliers de la même ville. On y reconnoît que Pierre des Portes, chanoine qui lui servit longtemps de secrétaire, et qu'il fit pénitencier puis son exécuteur testamentaire avec Guillaume de Corbie, président du parlement, étoit son cousin (1). Parmi les autres parents ecclésiastiques, le plus proche fut Guillaume de Longueil, son frère, bachelier en médecine et procureur de la nation de France en 1429, puis docteur en médecine et doyen de cette faculté en 1436 (2). Pendant son décanat, le baccalauréat de médecine commença à être réputé entre les grades, comme celui des autres Facultés. Pierre de Longueil lui conféra, l'année 1449, qui étoit la première de son épiscopat, une prébende de son église, et cinq ans après le grand archidiaconé. A la mort de son frère il jouissoit encore de ces bénéfices, aussi bien que de l'office de grand-vicaire pour le spirituel et le temporel (3). Il fut aussi couché dans le testament de l'évêque pour une portion sur l'éminage d'Auxerre que ce prélat avoit acquise de Pierre Duval, mari de sa nièce Guillemette de Longueil. Philippe, autre frère de notre évêque, fut prévôt de l'église de Reims, et décéda avant lui. Il est nommé incidemment dans son testament. Un troisième frère appelé Jean n'y est aussi que par rapport à Marie, son épouse, à qui il laisse une somme à prendre sur le comte de Nevers et sur son châtelain de Donzy, pour des dépens de procès auxquels le parlement les avoit condamnés. Entre plusieurs neveux dont l'évêque parle dans son testament, le plus notable est Pierre de Longueil qu'il appelle son filleul. Il l'avoit fait chanoine d'Auxerre le 31 mars 1463, lorsqu'il n'étoit encore que clerc et bachelier en décret. En 1465, le 24 octobre, il lui conféra l'archidiaconé de Puisaye vacant par la résignation d'Étienne Gerbaud, auquel temps et même un an après il n'étoit que sous-diacre. Les deux autres neveux de son nom mentionnés dans le testament sont Antoine et Nicolas de Longueil. Guillaume de Corbie, neveu du côté maternel, est pareil-

---

(1) Le sieur L'Hôte, qui a publié la *Coutume de Lorris*, voulant enrichir de notes historiques les marges du procès-verbal, a fait de ce Pierre des Portes un évêque d'Auxerre, à cause qu'il avoit trouvé son nom au bas de l'acte de la fondation du Chapitre de Saint-Fergeau.

(2) *Hist. univ. Par. Sæc.* xv, p. 880.

(3) *Reg. Cap* xv. Mars 1475.

lement nommé dans le testament. Ce Guillaume paroît être père de Philippe de Corbie, clerc parisien, pourvu au mois d'août 1467 d'un canonicat d'Auxerre, dans les provisions duquel l'évêque Pierre de Longueil le qualifie son petit-neveu (1). Martin du Brueil, chanoine de Bourges, nommé ci-dessus au sujet de la décime de la part du légat d'Avignon, étoit aussi neveu du côté maternel. Un article singulier du testament de Pierre de Longueil, c'est la note qu'il y insère (2), savoir : que promu à l'évêché, il n'avoit reçu des héritiers de son prédécesseur que six-vingts livres pour les réparations des bâtiments, quoiqu'elles fussent taxées à quatre mille; qu'ainsi il avait été obligé d'y suppléer par de grosses sommes. Cependant, Pierre de Longueil, pour lever les difficultés et afin que son successeur tint ses héritiers quittes de toutes réparations, lui légua ses mitres, sa crosse, ses deux anneaux, ses deux pontificaux, et la plupart de ses habits avec une bonne partie des meubles de la maison épiscopale.

CHAPITRE IX.

ENGUERRAND SIGNART, LXXXIXe ÉVÊQUE D'AUXERRE.

Quoique le Chapitre d'Auxerre n'eût ni intention, ni intérêt de laisser le siége épiscopal vacant, il ne s'assembla néanmoins pour le remplir que le 14 mars, environ un mois après le décès de Pierre de Longueil ; et le 21 du même mois fut indiqué pour procéder à nouvelle élection. Ce jour, qui tomboit un lundi de la quatrième semaine de carême, on chanta une messe solennelle du Saint-Esprit, le doyen y officia. On alla ensuite au Chapitre où Gérard Rotier, chanoine et ancien professeur en théologie, fit un discours en présence de tout le peuple ; après l'hymne

---

(1) *Reg. Cap.* 15. *Aug.* 1467. | *Bethleemit.*
(2) *Tab. Fp. Autiss. in Salvat. de eccl.*

Veni Creator, le doyen ayant proposé Enguerrand Signart, confesseur de Charles-le-Hardi, duc de Bourgogne, déjà évêque *in partibus* (1), tous les chanoines, tant ceux qui étoient présents que ceux qui étoient chargés de la procuration du chantre absent et d'un autre, le choisirent unanimement et conclurent à le demander au duc. Comme ce prince jouissoit non-seulement du comté d'Auxerre, mais même des droits royaux dans toute son étendue, par accord fait entre Charles VII et Philippe-le-Bon, les chanoines profitèrent de l'occasion pour rentrer dans leur ancienne liberté d'élire, et, afin de n'y pas être troublés, firent le choix dont je viens de parler. Le duc accorda la demande, et leur écrivit là-dessus des lettres dont le parlement de Paris prit depuis connoissance en 1479 (2).

L'évêque élu étoit natif d'un petit lieu appelé Condé-sur-Noireau, diocèse de Bayeux. Il avoit pris l'habit de l'Ordre de Saint-Dominique, dans le couvent de Caen, et avoit poussé ses études jusqu'à être docteur en théologie. Charles-le-Hardi, duc de Bourgogne, le choisit pour son confesseur, et ce fut apparemment ce prince, encore simplement comte de Charollois, ou le duc Philippe, qui lui procurèrent une abbaye dans les Pays-Bas ; au moins le nouveau *Gallia Christiana* marque, en 1466, un Enguerrand Signart parmi les abbés d'Haumont, diocèse de Cambrai. L'élection faite par le Chapitre d'Auxerre ne fut confirmée à Rome qu'au bout d'un an, par la bulle de Sixte IV, savoir, le 15 mars 1474 (3), auquel on comptoit en Italie 1475. Jusqu'à ce qu'elle eût été reconnue, le Chapitre eut soin de faire célébrer les ordinations par quelques évêques *in partibus*, et de conférer les bénéfices (4). Guillaume, évêque d'Ébron, conféra la tonsure, le mercredi 21 février 1475, et reconnut que c'étoit avec la permission du Chapitre *sede vacante* (5). Comme on étoit dans le plus fort des guerres de Louis XI contre le duc de Bourgogne, et que dans l'Auxerrois les uns tenoient pour le roi, les autres pour le duc, le nouveau prélat ne se pressa point de faire son entrée,

---

(1) *Salubriensis.*
(2) *Regist. Parlam.*
(3) Voyez les Preuves.
(4) En 1474, le 17 août, le Chapitre admit la résignation d'un canonicat de Clamecy. *Viole.*

(5) Cet évêque se retrouva encore à Auxerre, le 9 mars 1477, auquel temps le Chapitre lui fit les accueils qu'on faisoit ordinairement aux personnes de distinction.

et il se déchargea sur les vicaires-généraux d'une partie de la sollicitude pastorale. Il en reste une preuve dans la collation qu'ils firent, le 21 juin 1476, de la léproserie de Cravan, à Germain de Tangy, chanoine. Mais, dans le mois suivant, il donna lui-même son consentement à l'annexe de l'église paroissiale de Saint-Pierre de Gien-le-Vieil, faite au Chapitre de Gien par le pape Sixte IV ; son approbation est du 26 juillet. Je ne sais si cette réunion auroit quelque rapport avec ce qu'on lit dans les registres du parlement au 9 avril 1475 après Pâques, que le chantre et le Chapitre de cette église collégiale firent procéder par voie d'excommunication contre les paroissiens de Saint-Pierre-le-Vieil, et qu'en conséquence de la requête présentée par l'abbé et monastère de Saint-Benoît-sur-Loire, par frère Jean de Marensol, prieur de Gien, et par Jean de Chermes, curé de la paroisse, le parlement ordonna que les excommuniés, « si aucuns il y avoit, seroient absous à cautèle. » Cette excommunication suppose que les paroissiens en avoient mal agi envers le Chapitre de Gien ; et l'on peut croire, ou que la réunion projetée avoit déplu aux habitants, ou que leurs mauvaises manières y donnèrent occasion.

Le changement que la mort du duc de Bourgogne apporta à Auxerre, en janvier 1476, détermina Enguerrand Signart à y faire son entrée. Tout le pays ayant reconnu promptement Louis XI pour légitime seigneur, il n'y avoit plus difficulté à s'exposer dans les chemins, et les insultes n'étoient plus à craindre. On ne dit point que cet évêque ait été accompagné des barons à cette cérémonie, ni même qu'il les eût mandé pour y être présents. On apprend seulement, par un ancien évangelier de la cathédrale, qu'il prêta le serment ordinaire des évêques, en prenant possession le 27 mars, le jeudi avant les Rameaux en 1476, selon la supputation françoise suivant laquelle Pâques, arrivé le 6 avril, commença l'année 1477. Les habitants lui présentèrent, le jour de son entrée, du meilleur vin de Bourgogne. Ce prélat passa dans le pays le reste du printemps et tout l'été, après lequel temps on ne le vit plus : il prêta le serment accoutumé à Sens, le 9 mai, d'autres disent le 1er mai, (a).

(a) Il était à Auxerre le 8 du même mois, lorsqu'il donna aux religieux de Saint-Marien une reconnaissance de la réduction à 15 livres d'une rente de 26 liv. qu'ils prenaient sur le salage d'Auxerre. L'évêque rapporte, dans l'acte qu'il en délivra,

Étant au prieuré de Notre-Dame-de-la-d'Hors, le 14 du même mois, 1473 à 1477 il accorda quarante jours d'indulgences à ceux qui visiteroient les reliques de saint Vigile et feroient quelques aumônes pour le rétablissement de cette église qui menaçoit ruine. Il avoit accordé, dès le 24 avril, de semblables indulgences à ceux qui fourniroient à l'entretien de la célèbre confrérie des Trépassés, qui étoit encore dans sa grande vigueur chez les Jacobins d'Auxerre. Comme cela ne suffisoit pas, il approuva pour la prédication, le 24 septembre suivant, seize religieux, prêtres de la même maison, et le prieur Jacques de Brie, à la tête, accordant quarante jours d'indulgences à ceux qui vraiment contrits et pénitents assisteroient à leurs sermons, outre les cent jours accordés pour le même sujet par le cardinal Rollin, évêque d'Autun ; il ne leur épargna pas plusieurs autres grâces semblables : le tout daté du palais épiscopal d'Auxerre, selon l'expression introduite du temps de son prédécesseur. Ce sont les seuls actes qui paroissent sous son nom. Avant la fin de cette année, il avoit résigné son évêché à Jean Baillet, chanoine de Saint-Merry, à Paris, et prieur d'Andrie, diocèse d'Auxerre, se réservant pension. Dans le temps que cette abdication se projetoit, Côme Guymier, célèbre jurisconsulte, fut reçu chanoine d'Auxerre (1).

Enguerrand, quoique dépouillé du titre d'évêque d'Auxerre, ne cessa point d'exercer les fonctions épiscopales, puisqu'au sortir d'Auxerre il fut transféré à Maïorque, au moins pour le titre. Il n'oublia pas l'église d'Auxerre, et envoya, au mois de mai 1482, trois parements de soie pour la décoration du grand-autel, avec une somme pour fonder son anniversaire. Thomas Herri, professeur de théologie de son Ordre, en fut le porteur et s'acquitta de la commission le vendredi 24 de ce mois. Le Chapitre, auquel présidoit le chantre pour l'absence du doyen, reçut le tout et promit par acte (2) de chanter tous les ans, durant la vie

---

(1) *Ex Comp. Cal. Maii* 1478.　　| 　(2) *Voy.* les Preuves, à l'an 1482.

« que les moines lui ont fait cette remise à cause de la pauvreté de l'evesché arrivée
» au moyen des guerres qui darrenierement ont eu cours en ce pays d'Aucerrois, et
» aussi aux grants interestz et despens que avons euz et faiz à la poursuitte de nostre
» confirmacion et entrée audit evesché. » (Archiv. de l'Yonne. Fonds Saint-Marien,
titres de la rente due par l'évêché.)　　　　　　　　　　　　　　　(*N. d. E.*)

d'Enguerrand, le 10 de juillet, une messe du Saint-Esprit, et après sa mort, celle de *Requiem*. Selon sa demande, deux jacobins, prêtres du couvent d'Auxerre, furent admis à ce service et à y avoir chacun la distribution manuelle d'un chanoine. On croit qu'ayant quitté l'évêché d'Auxerre, il demeura à Paris, où il avoit traité avec Jean Baillet ; au moins, il y a apparence qu'il y mourut le 22 mars 1485. Il fut inhumé au milieu de la nef du grand couvent de la rue Saint-Jacques. Sa tombe, autrefois couverte d'une statue couchée qui le représentoit, a été depuis mise à côté ; on la voit contigue au mur proche la chaire du prédicateur ; on y lit encore cette épitaphe : « Hic jacet reverendus in Christo pater et » Dominus, frater Inguerrandus Signart de conventu Cadomensi, » doctor in theologia et episcopus Autissiodorensis, atque confessor » illustrissimi principis Caroli Burgundiæ ducis. Obiit anno Domini » 1485, die 22 mensis martii ; cujus anima in pace requiescat. Amen. » Les ornements qu'il avoit donnés subsistoient encore dans le trésor de la cathédrale, quand les huguenots surprirent Auxerre. On lit dans l'inventaire fait un peu auparavant, l'article qui suit : « Trois draps de » taffetas et un priant en forme de jacobin crossé, mitré, avec les » armes de feu M. de Maïorque, évêque d'Auxerre. »

CHAPITRE X.

JEAN BAILLET, LXXXXe ÉVÊQUE D'AUXERRE.

Jean Baillet, avec qui Enguerrand avoit traité pour une pension sur l'évêché d'Auxerre, ne perdit pas un moment de temps pour prendre possession ; il l'avoit prise au moins dès la Saint-Jean 1478 (1). Il

---

(1) Il est nommé dans le registre des paiements du droit apostolique, au 13 mai 1478. Sa promesse, pour ce paiement, est du 4 du même mois.

étoit fils de Jean Baillet, conseiller en la cour et prévôt de Paris. En septembre 1478, il fit savoir au roi Louis XI le jour qu'il avoit choisi pour faire son entrée solennelle, afin que ce prince, jouissant nouvellement du comté d'Auxerrre, y fît comparoître quelqu'un en son nom. Mais le procès-verbal de cette entrée est resté inconnu ; et la circonstance préliminaire est la seule que nous sachions, avec celle du jour de la cérémonie. Cette époque du 15 septembre 1478 est marquée dans l'ancien évangelier de la cathédrale, avec attestation qu'en ce jour l'évêque prêta le serment accoutumé touchant la conservation des droits et immunités de l'église ; sa profession d'obéissance à Tristand de Salazar, archevêque et à l'église de Sens, est du 3 septembre de la même année (1), jour auquel le célestin Bureteau a cru qu'il avoit été sacré à Sens. Il y a sans doute erreur de chiffre dans l'une des deux dates ; ou bien il faut dire que, contre la coutume, Jean avoit prêté serment à Sens avant son entrée solennelle à Auxerre.

Ce prélat résida exactement, quand il posséda paisiblement l'évêché ; car il eut un concurrent contre lequel il fut obligé de se soutenir. C'étoit Jacques Juin, conseiller du roi, président des enquêtes, chanoine et archidiacre de Coutance, lequel avoit aussi pris possession de cet évêché, sur une collation dont le principe n'est point connu (2), mais de laquelle l'acte étoit resté entre les mains de l'archevêque de Sens. Le fait n'est guère plus clairement expliqué dans les registres du parlement, au 29 janvier, que dans l'extrait des arrêts que je viens de citer. Il y est seulement dit que « l'archevêque de Sens sera interrogé
» par certain commissaire que la cour commettra en cette partie aux
» dépends de qui il appartiendra, touchant les collations que prétend
» ledit Juin lui avoir esté faites par ledit archevêque de Sens de l'évé-
» ché d'Auxerre, et ledit Baillet touchant certaines lettres escrites par
» feu Charles de Bourgogne au Chapitre d'Auxerre, sur la postulation
» de frère Anguerrand Chinart, faite audit évesché après le trespas de
» feu maistre Pierre de Longueil dernier possesseur dudit évesché, sur

---

(1) *Opus Ms. in fol. in Bibl. Capit. Senon fol.* 181.
(2) Arrêt du parlement, 4 juin 1479 et 7 septembre, cité dans le livre des Prérogatives des ecclésiastiques.

» certains articles qui seront baillez par ladite cour audit commissaire,
» et leur déposition ou confession jointe au procez principal d'entre
» les parties, pour sur ce en ordonner ainsi qu'il appartiendra, despens
» reservez en diffinitive. » Voilà tout ce qu'on sait de ce procès ;
comme les registres du Chapitre manquent pour ces années-là, sans
qu'il en paroisse aucuns extraits sur cette matière, il n'y a pas lieu
d'espérer de plus grands éclaircissements. Le procès ayant obligé Jean
Baillet de rester à Paris durant l'année 1479, il n'est pas étonnant
qu'on le voie à la rentrée du Parlement au 12 novembre : mais on
peut être surpris qu'il ait fait un concordat avec le Chapitre de la
cathédrale avant le gain de son procès. Ce traité est du 5 janvier 1478,
environ quatre mois après son entrée : il se transporta dans la salle du
Chapitre, et y représenta que le revenu de l'évêché étoit beaucoup diminué par les dernières guerres du duc de Bourgogne contre le roi de
France ; que le château de Régennes avoit été détruit, et quantité de
maisons de cette terre réduites en cendres ou inhabitées ; qu'il se trouvoit chargé d'une pension envers Enguerrand Signart, son prédécesseur ;
et il conclut à ce qu'on lui accordât diminution sur la somme de cent
quatorze livres que l'évêché devoit annuellement au Chapitre. Les
chanoines, dont les terres n'avoient pas été moins maltraitées, et qui
connoissoient qu'il y avoit déjà un terme de six mois échu à la fête de
Noël, modérèrent cette somme à quatre-vingts livres par chaque année,
pour six ans, avec la restriction qu'au cas qu'Enguerrand Signart vînt
à mourir avant les six ans, cette grâce n'auroit plus lieu. Il falloit que
la somme de trente-quatre livres fût encore alors un objet considérable, puisque, pour en obtenir la remise, le prélat accorda aux chanoines des faveurs singulières (a). 1° Que tous ceux d'entre eux qui
avoient des cures, ne seroient point tenus d'y résider, et ne paie-
roient aucun droit de non résidence, mais qu'ils pourroient placer
des vicaires pour gouverner ces paroisses, et que les officiers de l'évêque ne pourroient exiger de ces vicaires que cinq sols par an à chaque

---

(a) Ce ne dut pas être seulement à cause de l'importance de cette somme que
l'évêque se montra si généreux, car au pouvoir actuel de l'argent, ces 34 livres ne
vaudraient pas plus de 178 francs. (*N. d. E.*)

renouvellement d'approbation ; 2° que l'évêque visitant les cures dont les chanoines seroient titulaires, n'exigeroit aucun droit de procuration, et que le Chapitre ne payeroit aucun droit pour héritages situés dans la censive et justice de l'évêque à Appoigny. Ces clauses paroissent empruntées d'un autre traité dont j'ai parlé ci-dessus. Jean Baillet avoit exercé les pouvoirs spirituels de son ministère avant la contestation de Jacques Juin. Etant à Varzy le 19 décembre, il y accorda aux Dominicains d'Auxerre des indulgences semblables à celles que ses trois prédécesseurs avoient données pour la confrérie des Trépassés accréditée par les guerres. Jean Baillet, dans ces lettres, se qualifie évêque d'Auxerre *Dei et sanctæ Sedis apostolicæ gratia*; c'est le premier de nos évêques qui ait employé ce langage ; encore ne s'en servit-il que dans les actes latins. Le notaire qui dressa la transaction du 5 janvier suivant, continua toujours dans l'ancien style : « Révérend Père en » Dieu, par la permission divine évesque d'Auxerre. »

Jean Baillet se fit rendre exactement les hommages dûs. Il s'en trouve deux actes pour la terre de Toucy. Celui du 15 janvier 1479 ou 1480 fut rendu par Antoine de Chabannes comte de Dammartin ; l'autre fut rendu le 13 août 1495, par Jean de Courtenay chevalier seigneur de Bléneau, au nom d'Haimar de Prie comte de Dammartin, et d'Avoye de Chabanne son épouse. Il reçut en 1482 de Charles de Lamoignon, les hommages pour le fief de la Rivière ; en 1484 celui de Château-Censoir et les dépendances (1), que lui rendit, à Varzy, Jean de Ferrières chevalier seigneur de Champlenas et de Presle ; en 1490 celui de la baronnie de Donzy, par Marie d'Albret, veuve de Charles comte de Nevers, et celui de la terre de Beauche, par Jean duc de Brabant. Le Chapitre de la cathédrale, auquel il avoit accordé les priviléges dont je viens de parler, conclut par reconnoissance, le 26 février 1486, de le traiter sur l'article de ses redevances comme il avoit fait à Pierre de Longueil ; ce qui revenoit à la modération qu'on lui avoit accordée au commencement de son épiscopat, et dont il continua de jouir comme d'une grâce singulière. Le prélat rendit à l'église beaucoup au delà des remises que le Chapitre lui avoit faites : on eut de lui de beaux

---

(1) *Voy.* les Preuves, à l'an 1484.

1477 à 1513. ornements et de magnifiques tapisseries (*a*); il contribua notablement pour achever le portail septentrional de la croisée de l'église, et pour avancer la tour méridionale du grand portail, qui est restée imparfaite (*b*) On voit ses armoiries en l'un et l'autre endroit. La communauté des habitants ne lui fut pas moins redevable : il empêcha, par le crédit de ses parents, que la donation du comté d'Auxerre, faite en 1490 par Charles VIII à Engilbert de Clèves, n'eût lieu, parce qu'elle étoit préjudiciable à leurs priviléges. Par le même moyen il affermit l'étendue du ressort de la juridiction du bailliage d'Auxerre que plusieurs seigneurs contestoient. Il se soumit sans difficulté à la rédaction de la coutume d'Auxerre en 1507. Crespin Prévôt, son official, y comparut au nom de l'évêque. Les habitants de Varzy firent des remontrances sur leurs coutumes locales ordonnées par ses prédécesseurs ; Jean Baillet ne s'y opposa pas (1).

Il fut le premier qui rendit utile à l'église d'Auxerre la nouvelle invention de l'imprimerie; il fit imprimer le Missel et le Bréviaire à l'usage du diocèse. L'édition du Missel ne marque ni l'année, ni le lieu de l'impression; mais elle peut avoir précédé l'an 1483, parce qu'on y trouve la fête de saint François élevée au degré des fêtes doubles, article statué dans le synode de cette année, où se publièrent des indulgences accordées par Sixte IV à ceux qui célèbreroient cette fête sous ce rit. Pour ce qui est du Bréviaire d'Auxerre, il s'imprima à Chablis en 1443 ; la fête de saint François n'y est que par supplément, avec la remarque dont je viens de faire mention. On prétend que Jean Baillet établit dans son diocèse la coutume de sonner le soir l'*Angelus* à l'heure

---

(1) Procès-verbal.

(*a*) Ces tapiseries furent vendues, au milieu du dernier siècle, par le Chapitre à l'Hôtel-Dieu d'Auxerre qui les possède encore. Ces tissus sont aussi magnifiques que le dit l'abbé Lebeuf, et représentent fort en détail l'histoire de saint Etienne. Deux morceaux ont été distraits de cet ensemble dans un temps déjà ancien, et après avoir passé en plusieurs mains sont maintenant à Paris.   (*N. d. E.*)

(*b*) Les travaux de construction des tours du grand portail avaient recommencé en l'an 1500. Le Chapitre s'était imposé du sixième de son revenu pour faire avancer l'œuvre.—*Voy.* Preuves, t. IV, n° 418.— On lit sur la cage de l'escalier de la tour du nord, à des hauteurs différentes, les dates de 1525, 1530.   (*N. d. E.*)

du couvre-feu, et même le matin au point du jour, en assignant du revenu pour cela, quoiqu'il y ait apparence que ces coutumes sont plus anciennes. Du moins, il étendit cet usage et le fit pratiquer avec distinction la veille de la fête de l'Annonciation, à l'heure à laquelle on croit pieusement que l'ange Gabriel vint saluer la Sainte-Vierge. Il donna pour cela, en 1502, à la cathédrale, la terre de Chivre proche Varzy, qui produisoit soixante livres de rente, ajoutant que ce revenu seroit aussi appliqué pour son anniversaire. Cette prière fut nommée le *Missus* ; c'est le premier mot du répons qui la commence ; elle fut depuis appelée *Salut*, et peut passer pour le premier des Saluts fondés. Par la suite, on établit d'autres prières sur le même plan ; elles eurent le même nom, quoique le motif qui faisoit agir Jean Baillet n'ait point lieu dans les autres fêtes. Ainsi, le *Missus* des matines du mercredi des quatre-temps de l'Avent n'est pas ce dont il s'agit dans la fondation de Jean Baillet. Cette solennité pour la lecture de l'évangile *Missus* se pratiquoit dans la cathédrale d'Auxerre, au moins dès le XIIIe siècle (1), et la messe, célébrée ensuite par le prêtre qui a lu cet évangile, n'est que depuis l'an 1619 (a). Les confréries se multipliant avec le temps, il s'en établit une à Auxerre, dans toutes les paroisses, en l'honneur de la Trinité. Hugues de Boulangiers, abbé de Saint-Père, fut le principal auteur de cette nouvelle dévotion. Il sollicita les statuts de la confrérie, et les fit rédiger et approuver par Jean Baillet, en 1501. Depuis ce temps les différentes révolutions avoient réduit cette confrérie à la seule église de Saint-Pierre-en-Château, première paroisse de la ville ; et enfin, de nos jours, on en a vu la fin, quoiqu'elle ne fût composée que d'ecclésiastiques et surtout de curés de la ville et du voisinage. Jean Baillet contribua, autant que Pierre de Longueil, à faire revivre

---

(1) *Ex obituar. xiij Sæc.*

(a) Sous le gouvernement de Jean Baillet, le Chapitre cathédral obtint de Louis XI la confirmation de plusieurs priviléges. Ce prince lui accorda de ne plaider que devant les gens des Requêtes du Palais à Paris, s'il lui plaisait. Il exempta ce corps du logement des gens de guerre dans les maisons du cloître (Trésor des Chartes, reg. 212, n° 44, an. 1484). (*N. d. E.*)

dans le diocèse la mémoire des martyrs de l'Auxerrois du temps d'Aurélien. On les connoissoit sous le nom de saint Prix, et ses compagnons, sans faire beaucoup de mention de saint Cot, qui s'étoit détaché de la troupe et emportant avec lui la tête de saint Prix, avoit été martyrisé sur la route d'Auxerre à Chalon. Ce saint n'étoit connu qu'à Saint-Bris, lieu de sa sépulture. Depuis la découverte de son corps par saint Didier, évêque d'Auxerre au VIIe siècle, ses ossements étoient restés dans un tombeau de pierre derrière le grand autel. Ils ne paroissoient point assez précieusement renfermés à quelques bourgeois de la ville de Saint-Bris, témoins de guérisons miraculeuses opérées par son intercession. Etienne Regnauldin, l'un des notables du lieu, supplia le prélat nouvellement venu de les tirer de ce tombeau et de les renfermer dans une châsse de bois doré. Il s'y rendit, le 19 novembre 1480, avec Hugues de Thiard, abbé de Saint-Germain, Jean Bourgeois, abbé de Saint-Marien, et Jean de Baugis, abbé de Saint-Père. Là, s'étant fait lire l'inscription ancienne qui étoit sur le mur voisin, conçue en ces termes gravés sur une pierre : « Hic requiescit sanctus Cottus, qui cum » capite sancti Prisci martyris suscepit martyrium », il fit ouvrir le tombeau, et ramassa pieusement la tête (1) et le reste des ossements qu'il renferma dans la nouvelle châsse, en présence des trois abbés ci-dessus nommés, d'Etienne Naudet, chanoine de la cathédrale d'Auxerre et curé du lieu, Jean Odry, son official et d'Edme Boileau, aussi prêtres et chanoines d'Auxerre. Cela rendit le nom de saint Cot plus célèbre qu'il n'avoit été auparavant (2) et servit par occasion à étendre le culte de saint Prix et de ses autres compagnons.

Après la petite ville de Saint-Bris, il ne s'en trouve point où la présence et le nom de Jean Baillet ait paru avec tant d'éclat que dans celle de Gien. De nouveaux établissements y donnèrent occasion. Anne de France, sœur de Charles VIII, dame de cette ville, y fit deux fondations considérables. Elle y établit les Minimes, du vivant même de

---

(1) Par la visite faite de ces ossements en 1731, le 2 septembre, lorsqu'ils furent transférés dans une châsse nouvelle, il parut que M. Baillet s'étoit défié d'un ou deux ossements qui pourroient avoir été glissés dans le tombeau par quelques fentes, lesquels, certainement, ne provenoient pas du même corps.

(2) *Bolland. ad 26 Maii.*

saint François-de-Paule, leur instituteur, et quelques années après des religieuses de Sainte-Claire, sous la réforme de Sainte-Colette. L'évêque d'Auxerre appelé en 1494, fit la dédicace de l'église des Minimes, sous l'invocation de Sainte-Hélène, le 28 octobre. En 1497, il dédia une chapelle de leur cloître, sous l'invocation de sainte Suzanne. Quant à l'établissement des Clarisses, il n'y fut point sitôt parlé d'église ni de dédicace. Mais cet évêque étant à Cosne, en 1500, y reçut les bulles d'Alexandre VI concernant cette nouvelle maison, et il leur donna toute l'authenticité nécessaire, en convoquant ceux qui y étoient intéressés. De la ville de Gien y assistèrent ceux qui portoient les procurations de la fondatrice et de Pierre de Bourbon, duc de Bourbonnois et d'Auvergne, son époux, les députés du Chapitre de la collégiale, avec les procureurs de Frère Louis d'Arfueille, prieur, et de Jean Secretin, bachelier en décrets, curé de Gien-le-Vieil, comme parties qui devoient connoître de ce nouvel établissement (a). L'église collégiale de Saint-Etienne, dont je viens de parler, fut également l'objet des attentions du nouvel évêque. Le projet de l'union de la cure de Gien-le-Vieil à ce Chapitre, étant resté sans exécution, parce que l'abbé de Saint-Benoît-sur-Loire avoit refusé d'y consentir, il y annexa celle de Saint-Laurent de la ville même, l'an 1485. Le bâtiment de cette collégiale étoit devenu si caduc, par l'effet de son exposition et par vétusté, que l'on ne pouvoit plus y faire l'office, surtout pendant l'hiver. Les chanoines exposèrent en 1485, au pape Innocent VIII, le louable dessein que le roi Charles VIII et Anne sa sœur, dame de leur ville, avoient de la rebâtir à neuf. Ce pape accorda une espèce de jubilé pour les trois premiers jours de la Semaine-Sainte de l'année 1486 et des deux suivantes, afin d'engager les fidèles à y contribuer, les aumônes ayant cessé avec le jubilé, Jean Baillet y suppléa par les indulgences épiscopales, le 6 août 1486. Il annonce dans ses lettres, comme la bulle du pape le marquoit, que cette église étoit dépositaire du corps de sainte Félicule, vierge. Quoique la vieille église fût abattue avant

---

(a) En 1727, les Clarisses étaient au nombre de 40 religieuses, dont 14 sœurs converses. Elles avaient 3,400 liv. de revenu et estimaient ce qui leur manquait à 2,700 liv. — *Arch. de l'Yonne,* $\frac{2 G}{16}$ (N. d. E.)

la fin du siècle et rebâtie au moins en partie par les soins de la princesse Anne, il ne paroît pas qu'il y ait eu de nouvelle dédicace ; l'évêque en auroit pu faire commodément la cérémonie, lorsqu'il visita ce Chapitre en 1509 et qu'il y fit des règlements touchant les chapelains. L'audition des comptes des marguilliers de Gien-le-Vieil et du maître de l'Hôtel-Dieu de Gien, lui avoit été contestée par le seigneur de la ville, qui avoit appelé d'une sentence de l'archidiacre de Puisaye. Quoique ce seigneur fût en possession d'entendre ces comptes par ses officiers, le parlement jugea, le 30 juillet 1493, qu'ils devoient être rendus par-devant l'évêque ou ses officiers et commis, en appelant toutefois les officiers de la juridiction temporelle du lieu pour y assister si bon leur sembloit. De son temps, la dispute se renouvela entre le chantre de Cosne et le Chapitre du même lieu ; mais le prélat ne semble pas s'y être beaucoup intéressé. On voit seulement qu'afin de favoriser les chanoines qui avoient fait un compromis entre les mains de Guillaume Ragoneau, archidiacre de Puisaye, et de Jean Odry, official, il rendit à Varzy une ordonnance expresse le 5 octobre 1490, pour qu'on eût à les aider des titres et statuts de leur église qui restoient cachés. Ses armoiries sont placées en plusieurs endroits de la belle chapelle de Notre-Dame-de-Galle située au milieu de la même ville, savoir au-dessus du grand portail et à plusieurs vitrages ; cela porte à croire avec assez de fondement qu'il a contribué à la bâtir ; effectivement, l'édifice est dans le goût dont on bâtissoit alors. Le Chapitre de Saint-Caradeu de Donzy, a sujet de se ressouvenir particulièrement de cet évêque. Le 29 septembre 1496, il y renouvella les anciens statuts et en ajouta de nouveaux. L'église collégiale de Sainte-Eugénie de Varzy se trouve presque dans le même cas que la chapelle de Cosne dont je viens de parler. Ses armoiries, en différents endroits, marquent évidemment les biens et les augmentations qu'il y fit (a). On a déjà vu, par plusieurs

---

(a) Voici encore d'autres actes qui prouvent sa sollicitude pour cet établissement. En 1478, il unit au Chapitre la cure de Saint-Pierre-du-Mont et Marcilly. Six ans après, il lui donna le tiers des revenus de l'hôpital. En 1487, ce fut le tour de la cure de Breugnon. Le Pape Clément VIII confirma ces réunions en 1593. — *Arch. de l'Yonne,* $\frac{2G}{17}$ (*N. d. E.*)

actes, que pendant les visites de son diocèse, il se retiroit quelquefois dans le château situé proche cette église. Le 18 juillet 1495, il y confirma la fondation qui venoit d'être faite d'un autel de Saint-Edme, dans l'église paroissiale de Saint-Pierre de la même ville, par Bernard Galloys, nouvellement décédé (1). On présume aussi qu'il a donné à l'église de Sainte-Eugénie la portion considérable qu'on y voit du crâne de saint Cot, martyr. Exact, selon les devoirs, à visiter les cures de la campagne, il ne négligea point le droit de procuration attaché à cette visite; s'il s'en étoit déporté à l'égard des paroisses dont les curés étoient chanoines de la cathédrale, il n'en fit pas de même envers les cures dépendantes des abbayes. Il l'exigea du prieur de la Charité, pour les trois curés de la ville de ce nom, de ceux d'Andrie, de Gien-le-Vieil, de Saint-Sauveur et de celui de Bonny, après une enquête du 6 janvier 1484 par laquelle il apparut que Pierre de Longueil en avoit ainsi usé (2). En 1497, le 19 septembre, l'abbé de Saint-Laurent s'obligea, tant pour lui que pour ses successeurs, de payer à ce prélat et aux futurs évêques d'Auxerre, quatre écus d'or, de trois ans en trois ans après la visite (3); ce qui semble n'être fondé que sur le droit de la procuration des cures dépendantes de cette abbaye, qui sont en assez grand nombre dans le diocèse. Une espèce de tribut, qui étoit plus rare, et qu'il aida à lever, fut celui que le concile de Pise, transféré à Lyon, imposa sur tout le clergé de France, pour la défense des églises du royaume et pour les frais même du concile. Jean Baillet se déclarant commissaire de ce concile, en cette partie, nomma, par des lettres expresses du 11 août 1512, Robert Pourcin, chanoine de la cathédrale, et Guillaume Grail, archiprêtre de Varzy, pour avertir tous les bénéficiers de satisfaire à leur cote, sous peine de suspense avant la huitaine (4). Ainsi traitoit-on alors ces sortes d'affaires. Le diocèse n'y fut compris que pour deux mille quatre cents livres. Le pape chargea l'évêque d'une autre commission moins désagréable que la précédente: ce fut de recevoir le serment de fidélité de Claude de Barsey, abbé de

---

(1) *Ex autogr. apud D. Leclerc.*
(2) Voy. les Preuves à l'an 1484.
(3) *G. Viole in Baillet.*
(4) *Ex Litt. mss.*

1477 à 1513. Saint-Seine. Il le reçut à Auxerre, le 26 février 1506, sans qu'on voie pourquoi le souverain Pontife lui avoit adressé cette commission qui paroissoit dévolue à l'évêque de Langres (1). Laurent le Routier, nouveau doyen d'Auxerre, prêta serment à Jean Baillet, le 21 décembre 1510 ; cela étoit du ressort de l'évêque. Ce sont les deux seuls serments faits entre ses mains. L'Ordre du Val-des-Choux, formé dans le diocèse de Langres, s'est peu soustrait de la juridiction des Ordinaires. Celui d'Auxerre a trois maisons de cet institut : celle de l'Epau, proche Donzy, la plus célèbre des trois, perdit en 1506 son prieur commendataire, Pierre de la Fin, abbé de Pontigny. Les religieux, souhaitant choisir un prieur qui fût de leur maison, en demandèrent la permission à notre évêque qui, en l'accordant au mois de janvier de la même année 1506, commit Pierre de Piles, prêtre, pour présider à l'élection (2). L'évêque diocésain fut ainsi reconnu par ces solitaires. Agnan Cochet, trésorier de Donzy, vint de leur part lui notifier qu'ils avoient élu frère Jean Mignard pour leur prieur, et lui demander la confirmation de leur choix ; ce qu'il leur accorda.

Le prélat assista en 1485 au Concile provincial que Tristand, archevêque de Sens, avoit indiqué au 28 juin, et il confirma, avec les autres suffragants, celui qui s'étoit tenu vingt-cinq ans auparavant sous Louis de Melun pour la réception des canons du concile général de Bâle (3). Les députés du diocèse d'Auxerre, pour ce concile provincial de 1485, furent le chantre de Notre-Dame-de-la-Cité et le trésorier de Cosne. Jean Baillet fut l'un des six prélats qui assistèrent aux funérailles du roi Charles VIII, célébrées à Saint-Denis le premier mai 1498. Peut-être se donnoit-il dès lors du mouvement au sujet d'un procès contre les mariniers d'Auxerre ou voituriers par eau qui refusoient de payer les droits dus au passage du pertuis de Régennes. Jean Regnier, bailli d'Auxerre, avoit déjà condamné un de ces voituriers par sentence du 30 avril 1494, au profit de Pierre de Longueil. Ils crurent qu'en se joignant tous ensemble au prévôt des marchands de Paris, ils réus-

---

(1) *Viole.*
(2) *Ex Process. verb. manuscripto.*
(3) *Concil. Labb.*

siroient à se libérer de ce tribut; mais ils succombèrent, et après une enquête faite par François Boucher, lieutenant-général du bailli de Sens, ils furent condamnés au nombre de vingt-trois particuliers, par arrêt du parlement du 21 juillet 1501, et l'évêque maintenu en possession de percevoir l'ancien droit tant sur les petits bateaux que sur les grands. Cet arrêt est des plus considérables titres que ce prélat ait obtenus pour assurer les revenus de l'évêché (1). Il acquit, en 1499, tout ce que Jean de Chabannes, comte de Dammartin, baron de Toucy, possédoit dans la seigneurie de la Chapelle-de-Saint-André, proche Varzy; mais il fit cet achat comme personne privée, et ces biens retournèrent à sa famillle après sa mort. Il eut aussi sur les dernières années de sa vie, un arrêt du parlement contre les bourgeois de Varzy (a) qui avoient arraché des mains d'un de ses domestiques les clefs de leur ville. Les habitants furent condamnés aux dépens et à une amende, le 16 avril 1511.

Il mourut à Auxerre, dans son palais épiscopal, le dixième novembre 1513 (b), et fut inhumé derrière le chœur de la cathédrale, dans la chapelle de Saint-Alexandre, où Pierre Baillet, écuyer, son parent, étoit enterré. Il avoit choisi pour exécuteurs de son testament, Thibaud Baillet, son frère, président au parlement de Paris et Jean Hennequin, grand-archidiacre de son église (2). Le Chapitre contesta avec Thibaud pour des réparations auxquelles le défunt évêque s'étoit obligé; mais le différend fut accommodé peu de temps après par Blanchet David, lieutenant-général, en vertu de la procuration que ce prési-

(1) *Ex autographo.* | *Autis.*
(2) *Ex Process. verb. Ressort. Bailliv.*

(a) L'évêque J. Baillet était souvent en discusssion avec les habitants de Varzy. Un compromis qu'il passa avec eux, en 1509, nous apprend qu'ils n'avaient pas moins de sept procès à vider; les uns pour refus de lods et ventes, un autre pour le droit de *ban-vin*, d'autres pour le 20e du pain étranger vendu dans la ville, pour le droit de nommer le capitaine de la ville, etc. *Voy.* Pr. t. IV, n° 415. (N. d. E.)

(b) Voyez des détails sur la mort de J. Baillet, dans le *Bulletin de la Société des sciences de l'Yonne*, t. II, p. 458. (N. d. E.)

dent et Robert Thiboust, conseiller au parlement, lui envoyèrent. Ce ne fut que le 9 mai 1523, que Jean Hennequin remit au Chapitre le beau Missel manuscrit (a) que l'évêque avoit légué à l'église. Quoique sauvé ensuite des mains des huguenots, il est resté inutile depuis l'usage de l'impression, à cause de son poids énorme. Le compte de dépenses de la communauté des habitants d'Auxerre pour l'an 1487, désigne au 21 avril quelques parents de cet évêque, qui l'étant venus visiter, reçurent les présents de la ville, entre autres Robert Thiboust ci-dessus nommé, avocat du roi en parlement, maître Jacques Daniel, et l'épouse de maître Pierre l'Orfèvre, qualifiée sœur de ce prélat. Dans les comptes du Chapitre où les réceptions des chanoines sont marquées, nul chanoine de ces familles n'y paroît. Des parents de cet évêque nous ne voyons que les suivants qui s'appeloient *Hennequin*. Jean Hennequin, dont je viens de parler, avoit été reçu en 1497 à un canonicat et à la dignité de grand-archidiacre; selon certains actes, il étoit neveu de Thibaud Baillet. On ne sait en quel temps Odard Hennequin, frère de Jean, fut reçu archidiacre de Puisaye; sa réception précéda le décès de Jean Baillet, puisque cet évêque voyant que le nouvel archidiacre ne se pressoit pas de lui prêter serment de fidélité, auquel il étoit tenu suivant sa fondation, fit saisir les revenus de son archidiaconé (1). Il y a apparence qu'un Nicolas Hennequin, mort chanoine en 1518, avoit aussi été pourvu de son canonicat par le même évêque.

L'évêque Jean Baillet est l'un des principaux fondateurs des messes basses qu'on célèbre dans la chapelle de Saint-Alexandre. Pierre Baillet, son parent, y a aussi contribué; celui-ci obligea les enfants d'aubes (2) de chanter chaque jour dans la cathédrale une antienne en

---

(1) *Ex cod. mss. formular. Secretarii Bretel circa finem.*

(2) On appeloit ainsi les enfants de chœur.

(a) Il était au trésor de la cathédrale, et se trouve aujourd'hui à la bibliothèque de la ville d'Auxerre. (*N. d. E.*)

l'honneur de la Sainte-Vierge, moyennant quoi il donna au Chapitre une certaine somme qui entre aujourd'hui dans la dépense de leurs habits d'église.

† SIGILLVM : ABBATIS : PONTIGNIACI.

Sceau de l'abbé de Pontigny, an 1325. — (*Archives de l'Yonne.*)

FIN DE LA QUATRIÈME PARTIE.

MÉMOIRES HISTORIQUES SUR LES ÉVÊQUES D'AUXERRE.

CINQUIÈME PARTIE,

Qui contient les actions de onze Evêques qui ont siégé depuis l'an 1514 jusqu'à l'an 1676.

CHAPITRE I.

De deux évêques tirés successivement de la maison de Dinteville.

FRANÇOIS DE DINTEVILLE, Ier. DU NOM, XCI. ÉVÊQUE D'AUXERRE.

On a vu, dans la quatrième partie de cet ouvrage, onze évêques qui ont gouverné l'église d'Auxerre environ cent quarante ans. J'en ai parlé uniquement sur des mémoires répandus de côté et d'autre dans les archives où sont des registres, des comptes et semblables enseignements. Il s'en présente maintenant deux de suite, dont la vie a été écrite peu de temps après leur mort, et qui pour cette raison fournissent une matière assez abondante, le second principalement, dont l'épiscopat a été plus long et plus rempli d'événements. Ce sont les deux François de Dinteville oncle et neveu, qui tiroient leur nom d'une terre

1513 à 1530.

située dans la Champagne, et possédée anciennement par les Jaucourt. Les actions du premier ont été écrites par un chanoine attaché à lui, appelé le Marchand (a), à qui il est échappé peu de faits importants, quoiqu'il n'en ait touché plusieurs qu'en général.

François de Dinteville, premier du nom, étoit fils de Claude de Dinteville, seigneur Commarin en Bourgogne, d'Eschenetz, Polisy, etc., et de Jeanne de la Baulme, fille du seigneur de Mont-Saint-Sorlin, descendante des comtes de Mont-Revel, riche et puissante famille. Claude de Dinteville avoit été élevé à la cour des derniers ducs de Bourgogne; étant leur conseiller et surintendant de leurs finances, il fut tué à la bataille de Nancy avec Charles-le-Hardi à l'âge de 64 ans (1). Il eut quatorze enfants de son mariage, savoir quatre filles (2) et dix garçons; le dernier fut notre évêque. La jeunesse de François de Dinteville fut soigneusement cultivée. Après avoir étudié à Dijon et à Autun, où il fit voir combien on devoit attendre de lui, il fut envoyé à Pavie en Italie, ou plutôt à Padoue, pour y étudier le droit. Y ayant été reçu docteur en l'un et l'autre droit, au bout de cinq ans, il retourna en France après la fin des guerres du duc de Bourgogne. A peine y fut-il arrivé, que Georges d'Amboise, archevêque de Rouen, admirant les qualités de corps et d'esprit du jeune François, le prit en affection et l'attira auprès de lui. Cet archevêque, devenu cardinal et ambassadeur, continua de le garder dans sa maison. Les parents de François n'oublièrent rien alors pour le faire connoître à Louis XII et lui mériter sa bienveillance. Quelques-uns ajoutent que Claude de Dinteville, abbé de Régny, puis de la Ferté-sur-Grosne, fut la principale cause de sa fortune. Cet abbé peut avoir contribué à son avancement dans les sciences; mais François put être plus utilement protégé par Guillaume Pot, évêque de Tournay, son oncle. Il avoit déjà deux frères revêtus d'offices importants; ainsi il

---

(1) Anselme, *Grands-Veneurs*.
(2) De ces quatre filles fut Antoinette, abbesse de Maubuisson.

(a) Ce chanoine, appelé François Mercator ou Marchand, écrivit la vie de l'évêque par ordre de son neveu, en 1548.—*Voy.* le Ms. original du *Gesta Pontif.*
(*N. d. E.*)

ne lui fut pas difficile d'obtenir des bénéfices. Gaucher de Dinteville, le plus âgé de ces deux frères, et qui continua la postérité, étoit maître d'hôtel du roi et chevalier de ses Ordres; il fut depuis lieutenant de la ville de Sienne pendant les guerres d'Italie, et gouverneur de François, Dauphin de France. Jacques, un peu plus jeune que Gaucher, fut grand-veneur de France. Avec de telles recommandations, François de Dinteville, leur frère cadet, ne manqua point de revenus ecclésiastiques. Il ajouta à la cure de Ricey, diocèse de Langres, et au prieuré de Choisy, diocèse de Meaux, outre des canonicats dans les églises d'Autun, de Beaune et de Dijon, l'abbaye de Châtillon-sur-Seine et celle de Montier-en-Der, dont il jouissoit au moins dès l'an 1507. Il fut fait évêque de Sisteron en 1508. Deux ans après, le siége d'Autun étant venu à vaquer, le Chapitre le demanda pour prélat. Mais Louis XII le pria de céder son droit à Jacques Hurault; ce qu'il accorda très-volontiers. Il n'en fut pas de même pour l'évêché d'Auxerre. Jean Baillet ayant laissé le siége épiscopal vacant au mois de novembre 1513, les chanoines, assemblés le 5 décembre suivant, indiquèrent le lundi 30 janvier pour l'élection, et en donnèrent avis par Philippe Gaveau, curé de Levis, aux confrères absents, qui étoient au nombre de plus de vingt. On ignore si tous se rendirent au jour désigné; mais le choix de l'assemblée tomba sur l'évêque de Sisteron (1). Ce fut la dernière élection. Le règne de François Ier, qui suivit de près, apporta du changement dans la manière de créer les évêques du royaume (a). Cela

---

(1) Il est nommé dans les registres du Vatican au 6 mars 1513.

(a) Le changement s'étendit aussi au régime des monastères qui furent donnés en *commande* à des fils de grandes maisons, au lieu d'être, suivant les règles canoniques, gouvernés par des abbés élus par les moines.

Les abbayes du diocèse d'Auxerre subirent le sort commun. Les plus illustres, comme celles de Saint-Germain d'Auxerre et de Pontigny échurent à des cardinaux, à des évêques; les autres furent données à titre de bénéfice aux aumôniers du roi, ou à d'autres ecclésiastiques qui ne résidaient pas la plupart du temps dans leur monastère.

Il advint de là que les moines étaient gouvernés par un prieur qu'ils élisaient. L'abbé payait aux moines une pension proportionnée à leur nombre, et souvent son fermier ou son procureur faisait languir les pauvres frères. De là des débats, des

ne causa aucun changement dans la manière de gouverner les revenus de l'évêché, le siége vacant. Dans celle-ci, le Chapitre fut encore maintenu à les régir, et l'évêché d'Auxerre déclaré exempt de la régale par arrêt du parlement du 23 mars 1513.

François de Dinteville, acceptant sa nomination à l'évêché d'Auxerre qui étoit d'un revenu considérable, ne conserva, de tous ses bénéfices, que l'abbaye de Montier-en-Der. Il fit toute la diligence possible pour se rendre au plus tôt à Auxerre, parce qu'il fut informé que sa présence étoit nécessaire, pour empêcher les gens de guerre d'endommager les biens de l'évêché. Au commencement du printemps il vint demeurer à Auxerre, sans y faire d'abord son entrée solennelle. Louis XII avoit écrit au Chapitre, qu'on trouvât bon qu'il demeurât dans son palais épiscopal avant cette cérémonie; et le 3 mai 1514 il donna lui même acte comme il ne prétendoit point déroger à la loüable et ancienne coutume, selon laquelle les nouveaux évêques ne peuvent demeurer à la ville avant la veille de leur joyeuse réception, reconnoissant que par grâce les chanoines le dispensoient de cette loi, sans tirer à conséquence. L'année cependant ne s'écoula point sans la cérémonie accoutumée. Le 17 décembre 1514, il fut reçu à l'abbaye de Saint-Germain par l'abbé François de Beaujeu; et le lendemain il fit son entrée solennelle dans la cathédrale, assisté de François de la Rivière bailli du Donzios, comme représentant Françoise d'Albret, duchesse de Brabant, obligée, sous deux chefs, à porter l'évêque, savoir pour la baronnie de Donzy et pour celle de Saint-Verain. A l'égard du serment dû à l'église de Sens, il s'en étoit acquitté dès le cinquième du même mois entre les mains du vicaire-général de l'archevêque Tristan de Salazar, alors absent.

Il n'est pas parvenu jusqu'à nous beaucoup d'actes concernant la police extérieure du diocèse. Nous savons seulement que, dès le troisième avril suivant, il donna une ordonnance contre l'abbesse et les religieuses

---

procès interminables. Pour y couper court, les biens des monastères furent partagés en manse abbatiale et en manse conventuelle, et chaque partie les administra à sa guise.

Il est à remarquer que les abbayes de femmes ne furent pas soumises à la commande, quoique les titulaires fussent aussi nommées par le roi. (N. d. E.)

de Saint-Julien-lès-Auxerre (1), par laquelle il leur enjoignoit non-seulement de ne point sortir de leur clôture sans permission, mais de n'admettre dans l'intérieur de leur maison que leur médecin, et de veiller mieux qu'elles ne faisoient sur leur temporel (a). Je ne marquerai pas les réparations faites par François de Dinteville dans l'abbaye de Montier-en-Der où les guerres avoient tout détruit, et dans le château de Sommevoire qu'il rendit semblable à une forteresse ; je passe également sous silence celles qu'il fit dans l'abbaye de Châtillon-sur-Seine qu'il avoit eu en 1493 par résignation de Guillaume du Bois, abbé régulier, moyennant une pension assignée sur le domaine de Chaumes. Dans l'auteur de sa vie, on peut voir ce détail, qui ne regarde point son église. Il nous suffit de rapporter ce qu'il fit pour le bien de son évêché. Il songea donc d'abord à réparer entièrement les maisons épiscopales de Varzy et de Régennes. Il éleva, dans cette dernière, une tour considérable et rebâtit à neuf le corps du logis avec une galerie magnifique. C'est avec raison qu'on a vanté les ornements que François de Dinteville donna à son église cathédrale. Ils éclatoient en or et en pierreries, et certainement aucune église de France n'en avoit alors de plus beaux (2). Ils furent depuis la proie des calvinistes (3). Les orgues qu'il fit construire proche la grande porte de l'église coûtèrent

(1) *Ex autographo in Schœdis S. Martini a Campis.*
(2) Si ce n'est peut-être la Sainte-Chapelle de Bourges.
(3) Les huguenots s'emparèrent du trésor de la cathédrale en 1567; on fut assez heureux pour racheter de leurs mains l'un des somptueux parements d'autel qu'il avoit donné avec quelques-unes de ses chapes et dalmatiques ; mais on n'a pas eu l'avantage de conserver ce parement inestimable; il fut dérobé dans le dernier siècle ; et les chapes avec quelques dalmatiques ayant paru à quelques chanoines hors d'usage, ont été vendues de notre temps à des juifs malgré les remontrances de quelques autres.

(a) Il arriva vers l'an 1522, dans cette abbaye, un événement extraordinaire que nous a conservé une enquête de l'an 1580, relative au droit de justice de l'abbesse dans le faubourg de Saint-Julien. L'abbesse, qui s'appelait Marguerite de Saigny, fut chassée du monastère par M. de Dinteville, aux ordonnances duquel elle avait refusé d'obéir, et le prélat fit abattre l'écusson de ses armes qu'on voyait auprès du moulin de Saint-Martin. Mais bientôt après, six mois environ, l'abbesse fut ramenée à Auxerre par 40 ou 50 Suisses, ses compatriotes, à la tête desquels était le corps de justice de la ville.—Plusieurs des plus notables habitants étaient allés au-devant jusqu'à Annay-la-Côte. — *Arch. de l'Yonne*, fonds Saint-Julien. (*N. d. E.*)

beaucoup. Les huguenots profitèrent depuis des tuyaux et n'y laissèrent que le buffet qui subsiste. Pour ce qui est du jubé, l'écrivain de sa vie n'a pas été si bien fondé à le préconiser; le goût de la nouvelle structure de ce temps-là ne mérite pas d'être suivi; outre ce défaut dont on ne pouvoit pas répondre alors, il pèche essentiellement en ce qu'il traverse toute la face du chœur (a). Il n'y avoit auparavant que deux pupitres ou tribunes : l'un du côté gauche pour les épitres, leçons et répons-graduels; et l'autre du côté droit pour l'évangile ; cela n'offusquoit pas la vue. Pour soutenir la masse prodigieuse du nouveau jubé, il fallut jeter de nouveaux fondements sur les deux descentes qui conduisoient au chœur souterrain ; par là ont disparu entièrement ces descentes qui étoient un des ornements de l'église. On croit que le jubé fut commencé en 1523 et qu'il fut continué en 1524, selon le chiffre qui se voit à quelques colonnes pyramidales. Le portail de l'église du côté du septentrion, commencé cent ans auparavant sous Philippe des Essarts et achevé sous M. Baillet, n'avoit plus besoin que du vitrage. Le chantre, l'archidiacre de Puisaye et deux autres chanoines furent députés à la fin de l'année 1527, le 6 avril (1), pour en conférer avec l'évêque, et ayant réussi dans leur conférence, on commença à y travailler au mois de mai suivant que l'on comptoit 1528. Ses armoiries, qui s'y voient en plusieurs endroits, sont une preuve de sa libéralité. Sa sentence favorite étoit : *Virtutis fortuna comes*; faisant connoître par là, que s'il étoit riche, il essayoit de ne point mal user de ses biens, et de ne chercher querelle à personne, mais à être utile à tout le monde. On remarqua, en effet, que durant les quinze à seize années de son épiscopat, il n'eut aucune contestation ni même la moindre ombre de difficulté avec le Chapitre, ni avec aucun des cha-

---

(1) *Regist. Capit.* 6. Apr. 1526 ; 8 mai 1528.

(a) L'abbé Lebeuf apprécie avec le goût d'un vrai archéologue la disposition malencontreuse de ce jubé. On ne doit pas être étonné si ses confrères l'ont fait disparaître. — Le bon chanoine, auteur de la vie de l'évêque, regardait ce jubé comme le plus beau de France, et ajoutait : « Miro lapidum tabulatû, raro artificio elegantique ut... »   (*N. d. N.*)

noines en particulier. Il aima aussi beaucoup les citoyens, et se les attacha par le soin qu'il prit pour leurs intérêts. Il demeura plus d'un an à Paris pour recommander au président Baillet, à Robert Thiboust et autres conseillers de la cour, la cause des Auxerrois pour le bailliage transféré à Villeneuve-le-Roi pendant que les ducs de Bourgogne jouissoient du comté d'Auxerre; et son crédit aida à procurer l'arrêt de l'an 1523, qui adjugea au bailliage d'Auxerre les pays d'entre les rivières d'Yonne et de Loire, comme Donzy, Clamecy et les environs. Il se donna beaucoup de mouvement en 1526 pour obtenir des foires à la ville (1), aussi bien que le recouvrement de ce qui revenoit anciennement aux habitants sur la vente du sel. Il fut aumônier ordinaire de Louis XII et de François Ier; ces deux rois le chérirent et le considérèrent. Pendant les trois ou quatre mois qu'il passoit en cour, il avoit un train superbe, et faisoit une dépense proportionnée à sa qualité; ce qui lui gagna l'amitié des princes, des seigneurs, et de tous les courtisans. Malgré ses absences, l'hérésie de Luther qui vint à s'élever, ne trouva aucune entrée dans son diocèse. Il assista exactement aux assemblées et aux conciles provinciaux que tinrent les archevêques de Sens, Etienne Poncher et Antoine Duprat. Il fut commis par le pape Léon X avec les évêques de Paris et de Grenoble pour faire l'information de la vie et sainteté de saint François de Paule (2). Presque toujours, un évêque *in partibus* le soulagea dans les fonctions épiscopales. En 1520, c'étoit Philippe Brunet, docteur en théologie, lequel fit le 10 mai de la même année la dédicace de l'église de Saint-Bris. Deux ans après, c'étoit Jean, évêque de Simm... qui dédia celle de Saint-Pierre de Toucy, le 13 juillet 1522, et en 1525, Pierre, évêque d'Ebron le suppléoit dans le ministère épiscopal (3). Il eut pour vicaire-général et official, Guillaume Chausson, licencié-ès-lois qu'il fit chanoine en 1523 et lecteur en 1528 (4). L'autre vicaire-général fut Pierre de Montjot aussi licencié-ès-lois et chanoine. Entre les personnes de marque qu'il fit chanoines de son église, l'un des plus célèbres est le savant auxerrois Germain

---

(1) Compte de Laurent Barault, fol. 23.
(2) Procès-verbal du 13 août 1557.
(3) *Reg.* II. *Jul.* 1527.
(4) 15 *mai* 1528.

de Brie, plus connu sous le nom de *Germanus Brixius*, reçu en 1515 (1). La même année 1520 il donna à son neveu François de Dinteville (2) une prébende qui vaquoit par la mort de Vincent Souef; (3) et en 1527 une autre à Philippe de Courtenai, sousdiacre, bachelier en droit (4). Son neveu ne resta pas simple chanoine, il parvint à la dignité de doyen; et, dès l'an 1527, il fut fait évêque de Riez où il ne résida point; il resta auprès de son oncle dont il étoit le conseil, et qui enfin lui résigna son évêché. Dans l'un des voyages que notre évêque fit en 1526, François Ier l'admit à être présent au contrat de mariage d'Anne de Montmorency et de Magdeleine de Savoie, fille de Réné de Savoie. Dans une autre occasion, le même roi lui avoit donné la commission de recevoir de sa part la somme de 50,000 livres que les Etats de Bourgogne, comtés de Maconois, Auxerrois, Châtellenies de Bar-sur-Seine et de Noyers, comté d'Auxonne, etc. lui avoient accordée pour les francs fiefs et nouveaux acquets de tous ces pays-là, de laquelle somme les Auxerrois devoient payer 1,700 livres. On a tout lieu de croire que ce fut par ses sollicitations que François Ier, demandant au clergé de Bourgogne des droits d'amortissement, à l'occasion de la guerre contre le roi d'Angleterre, se contenta, pour tous les biens écclésiastiques du diocèse d'Auxerre, de la somme de 5,500 livres par lettres données à Saint-Germain-en-Laye, au mois d'octobre 1522 (5). Au reste, ce prélat, quoique souvent en cour, et faisant grosse dépense, augmenta les revenus de son évêché. La douceur qui lui étoit naturelle, et ses différentes occupations, ne lui firent pas négliger ses intérêts temporels. Ayant appris que l'ancienne tour et la maison seigneuriale de Toucy avoient été démolies par Aymar de Prie, baron de ce lieu, pour y bâtir un nouveau château, il fit comparoître par devant lui, à Auxerre, ce seigneur, afin de lui faire reconnoître qu'il tenoit ce château nouvellement édifié, aux mêmes conditions et charges que ses prédécesseurs avoient tenu la grosse tour et le vieux château, c'est-à-dire, en fief de l'évêché d'Auxerre, et pour me servir des termes

---

(1) 19 *Aug.* 1524.
(2) *Ex Computis Capit.*
(3) Il résigna sa prébende en 1520 à Jacques Joce, clerc.
(4) *Reg. Cap.* 1527., 27 *Mars*.
(5) Voy. les Preuves, t. IV, à l'an 1522.

du droit, qu'il étoit *jurable et rendable* à l'évêque quand bon lui sembloit. Cet acte du 20 juillet 1523 contient le reste des engagements des barons de Toucy envers l'évêque qu'il seroit ennuyant de rapporter (1). Aymar survécut peu à cet aveu ; mais l'évêque ayant exigé un pareil acte de foi et hommage des enfants qui lui survécurent, il ne put refuser le délai ou souffrance que demanda Marc de la Baulme, leur tuteur, et il accorda du retard par acte du 14 mars 1527 (a).

Cet évêque à 66 ans fut atteint d'un dévoiement qui, par sa durée, le conduisit au tombeau. Il sentit approcher sa fin le dimanche 24 avril 1530. Il s'y prépara ce jour-là par une confession générale de toute sa vie, et par la réception de la sainte Eucharistie à la fin de la messe. Le mardi suivant, il réitéra la confession et la communion; ensuite il fit venir Louis Bride, son secrétaire, qui étoit notaire apostolique, Guillaume Chausson, son official, Jean le Foul, chanoine tortrier, son confesseur, et il écrivit son testament qu'il fit signer par le notaire apostolique. Il y demanda d'être inhumé sous le jubé de la cathédrale proche l'autel de la Magdeleine, ou dans le chœur; ce qui prouve qu'il n'y avoit point de caveau sous ce jubé, et qu'il fut construit depuis. Il demanda, en second lieu, pour le repos de son âme, chaque année, douze services à vigiles et grand'messe; il légua pour cela douze livres payables à chacun de ces services, par son frère, Gauthier de Dinteville, seigneur

---

(1) Voy. les Preuves, t. iv, à l'an 1523.

(a) Un compte de l'an 1517 nous révèle quelques usages de l'église d'Auxerre que nous allons rapporter, parce que cette pièce est l'unique de ce genre qui existe, aux archives de l'Yonne, sur l'évêché d'Auxerre. On y apprend que l'évêque faisait faire quatre sermons par an, savoir : le jour des Cendres, au chœur de la cathédrale ; le dimanche des Rameaux, au cimetière de la Madeleine ; le Jeudi-Saint, dans le Chapitre ; et le mardi 28 avril, jour du Synode, au chœur. Il payait cinq sous pour chaque sermon aux Frères-Mendiants.

Le 30 avril, veille de la fête de Saint-Amatre, le Chapitre allait en procession dans l'église de ce saint, et en revenant de la cérémonie, au retour des matines, l'évêque avait coutume de donner aux chanoines des *gattelets* pour la collation que faisait le Chapitre, et six setiers de vin tant blanc que rouge.

A cette époque, le sucre était rare et cher. Il n'y en avait pas chez l'apothicaire de l'évêque, et on en alla chercher 4 livres chez M. Charmoy, que l'on paya 4 gros la livre, soit 26^s 8^d. (*N. d. E.*)

de Polizy, son seul et universel héritier. Il l'avoit établi exécuteur de ce testament, avec son fils, François de Dinteville, qui devoit lui succéder dans l'évêché (1). Ce prélat avoit gardé un certain nombre d'ornements précieux, qu'il réservoit peut-être pour le besoin, au cas qu'il fût arrivé quelque famine ou quelqu'autre adversité. Il légua alors le tout à sa cathédrale, savoir : quatre chapes et le reste d'une pièce de drap d'or pour un parement d'autel; il y ajouta sa chasuble, dalmatique, et tunique de drap d'or; de plus deux tables ou parements d'autel de fin or en l'un desquels étoit représenté l'arbre de Jessé et en l'autre les saints patriarches ; et il ne laissa à son successeur que l'argenterie de sa chapelle et ses ornements ordinaires (2). Le jeudi 28 du mois, il demanda l'extrême-onction ; mais on remit au lendemain matin. Son neveu, le doyen, ne put lui conférer ce sacrement à cause de la douleur dont il étoit saisi ; le chantre l'administra au malade, qui le reçut avec une pleine et entière connoissance, répondant lui-même aux psaumes et aux versets. Demandant alors pardon aux chanoines assemblés qui fondoient en larmes, il leur dit adieu et se recommanda à leurs prières. Depuis ce moment, il resta toujours dans l'attente de l'heure du Seigneur et lui rendit son âme le même jour 29 avril, un peu avant quatre heures du soir. Son neveu prit le soin des funérailles qui furent magnifiques. Il fut inhumé sous le jubé à l'endroit qu'il avoit désigné. Il y avoit dix-huit ans qu'il reposoit en ce lieu, lorsque ce neveu, songeant à sa propre sépulture, crut devoir faire lever les os de son oncle, et construire en cet endroit un caveau pour les mettre et y être inhumé un jour auprès de lui. Il fit dresser dans l'enfoncement sous le jubé un très-beau mausolée de marbre blanc (a), qui représentoit le défunt couché et revêtu d'habits pontificaux, avec ces deux vers :

>Nobilitas, virtus, et magnificentia tecum
>Hic, Francisce, jacent; hæc cœlo munia digna.
>MDXLVIII.

(1) *Ex ejus testamento.*
(2) Par ce testament, il ordonna des aumônes pour les Jacobins Cordeliers, hôpitaux de la Magdeleine et de Saint-Pierre.

(a) Le texte du *Gesta* ne dit pas tout-à-fait ce que rapporte l'abbé Lebeuf, au sujet de ce tombeau : « Nobile mausoleum marmorea ejus effigie venustatum, magna omnium admiratione sculpi, fingi, pingi jussit. » (N. d. E.)

Lorsqu'on ouvrit ce caveau, le 16 septembre 1730, pour y placer le corps de M. de Broc, évêque, et celui de sa sœur, on y trouva les ossements de ces deux évêques ramassés tout au fond en un tas avec deux planches dressées à côté. On croit que leurs ossements avoient été mis ainsi, sans ordre, lorsque la ville étant délivrée des huguenots on reboucha toutes les ouvertures qu'ils avoient faites, ou vers l'an 1690 lorsqu'en renouvelant le pavé de la nef, il fallut fortifier l'entrée de ce caveau. Y étant descendu, j'y reconnus les ossements de deux corps différents, et de deux différentes couleurs. Comme le corps de celui dont je viens de parler avoit été dans la terre pendant dix-huit ans, ses ossements étoient de couleur jaune pâle et passée ; mais ceux du neveu parurent d'un jaune plus foncé et tirant sur le brun. Je ne crois pas qu'il soit besoin de faire remarquer que le buste où l'oncle est représenté vers l'angle du jubé, entre la figure de saint Aunaire et celle de saint Vigile, ne peut être de ce temps, ni d'une sculpture que le neveu eût ordonnée ; sans doute, c'est une figure substituée à celle que les calvinistes avoient rompue ou mutilée. C'est lui ou son neveu que l'on voit représenté dans un vitrage de la collégiale de Montmorency au diocèse de Paris, dans l'aile gauche. Apparemment que les Dinteville firent du bien à cette église.

Le fameux Rabelais a fait entrer dans sa satyre le prélat son contemporain (1), dont je viens de rapporter les actions ; et après avoir dit de ce *noble pontife* qu'il aimoit le bon vin, il avance des paradoxes contre toute vraisemblance. Il ne seroit point étonnant que ce prélat voulant plaisanter sur la simplicité des paysans, eût dit à Paris ou ailleurs, où il faisoit boire libéralement de son excellent vin de Migraine, que si l'on vouloit croire les vignerons, il faudroit transférer entre Noël et l'Epiphanie les fêtes de saint Georges, saint Marc, etc. où les vignes sont souvent gelées, et mettre en leur place sur la fin d'avril, et au commencement de mai celles de saint Christophe, saint Laurent, l'Assomption. Mais jamais on ne pourra persuader que cet évêque ait eu sérieusement intention de parler de la sorte. Aussi l'auteur des notes sur l'édition de 1711, qui voudroit nous le faire accroire, se trompe-t-il

---

(1) Tome III, p. 180, édit. 1711.

grossièrement. Lui qui se mêle de réformer les autres, a grand besoin d'être réformé : 1° Il dit que Tiphaine vient d'Epiphanie ; cela n'est point vrai, parce que ce vieux mot françois vient de *Theophania*, terme usité dans les anciens livres liturgiques de France ; 2° Il suppose, sans preuve, que le peuple a fait une sainte de cette *Tiphaine*, et que notre prélat s'y est trompé comme le peuple. « Tant étoit habil, dit-il, un » évêque qui pourtant mourut ambassadeur à Rome pour le roy Fran- » çois premier. » Il donne lui-même visiblement dans l'erreur, lorsque pour se moquer davantage de la prétendue ignorance de François de Dinteville, il dit qu'il fut ambassadeur à Rome pour François Ier, ce qui est faux, car ce ne fut point lui, mais son neveu ; et ce neveu ne mourut point à Rome ni sous le règne de François Ier, mais à Régennes proche Auxerre, sous le règne de Henri II. En sorte qu'on peut dire que celui qui attribue une ignorance grossière à un prélat recommandable, fait lui-même trois ou quatre bévues insupportables en deux ou trois lignes (a).

Ceux qui souhaiteront d'amples instructions sur les Dinteville, peuvent lire ce qu'en rapporte le P. Anselme au Chapitre des grands veneurs de France.

FRANÇOIS DE DINTEVILLE IIe DU NOM, XCII^e ÉVÊQUE D'AUXERRE.

On sait déjà ce que François de Dinteville, second du nom, étoit à l'égard du premier qui a porté le même nom (1). Celui-ci l'avoit fait

(1) Voyez le commencement de l'article précédent.

(a) On comprend l'indignation de l'abbé Lebeuf contre Rabelais ; mais le curé de Meudon, contemporain de l'évêque de Dinteville, devait savoir quelque chose de ce qu'il avançait. — Si l'on pouvait regarder une note prise dans l'unique compte de l'évêché que l'on possède et qui est de l'an 1517, comme venant à l'appui de cette pointe, nous rapporterions que l'évêque acheta alors douze muids de vin d'Irancy au cellerier de Saint-Germain, et qu'il les fit conduire à sa maison de Paris avec 46 autres muids de vin dont la qualité n'est pas spécifiée. Et tandis qu'il payait le vin d'Irancy 7 livres le muid, il achetait du vin de Varzy pour les redevances des *semonces* des chanoines. Il envoie aussi à Régennes 7 feuillettes de vin d'Auxerre et d'Irancy. — *Arch. de l'Yonne*, Pièces histor. (*N. d. E.*)

chanoine de la cathédrale d'Auxerre, lorsqu'il n'étoit encore âgé que de 22 ans, s'il est vrai, comme le P. Anselme l'assure, qu'il fût né le 26 juillet 1498. Il n'y a pas d'apparence qu'il eût alors fini ses études ; car l'auteur de sa vie qui nous apprend qu'il étoit fils de Gaucher de Dinteville, bailli de Troyes, et d'Anne du Plessis qu'il lui plait d'appeler en latin *a placida sede*, marque qu'après des études de grammaire dans la ville de Troyes, on l'envoya à Paris au collége de Navarre pour continuer ses classes ; qu'ensuite à Poitiers et à Padoue, il apprit le droit civil et canon, et que, retourné en France avec des témoignages de bonne conduite, il fut si bien venu auprès de Louise de Savoie, mère de François Ier, qu'elle le choisit pour son chapelain et son aumônier. Il possédoit, avec ce poste honorable, trois bénéfices, dont deux avoient déjà été tenus par son oncle, savoir : la cure de Ricey et le prieuré de Choisy. La princesse lui procura de plus la trésorerie de Poitiers, dignité très-considérable. L'évêché de Riez étant venu à vaquer en 1526, le roi l'y nomma. Le pape, qui vouloit en gratifier un autre, différa de confirmer cette nomination, mais le roi persista et écrivit au comte de Charny, son ambassadeur, de faire expédier des bulles pour François de Dinteville, trésorier de Poitiers. Il est resté une minute de lettre où le roi se plaint de ce que le pape alloit contre le concordat (1). François de Dinteville prit possession de l'évêché de Riez le 7 juillet 1527, suivant un catalogue latin des évêques de ce siége, imprimé à Marseille en 1728. Cependant, les auteurs du nouveau *Gallia Christiana* écrivent que le 3 août de l'an 1527, il n'est qualifié qu'élu évêque de Riez. Quoiqu'il en soit, il n'étoit pas encore doyen d'Auxerre comme sembleroit l'insinuer le *Gallia Christiana*. Jean Sauljot, doyen de cette église, étant mort en 1528, il résolut, en acceptant ce bénéfice, de le desservir plutôt que l'évêché de Riez qu'il laissa administrer par des vicaires-généraux, afin de rester auprès de son oncle, et de l'aider dans les fonctions pastorales en qualité de suffragant. Cela engagea l'oncle à se démettre entièrement de l'évêché en sa faveur quelque temps avant sa mort, et à lui résigner l'abbaye de Montier-en-Der. A peine eut-il cette

---

(1) *Cod. Bethun. Bibl. reg.* 8563, fol. 8.

abbaye, qu'il y fit venir de bons religieux pour la réformer. Mais comme le revenu en étoit considérable, les ennemis qui lui furent suscités l'obligèrent de s'en défaire après quelques années, et de la permuter pour celles de Moutier-Ramé et de Moutier-la-Celle proche Troyes.

François de Dinteville, après la mort de son oncle, resta peu à Auxerre. Le roi François Ier, connoissant la capacité et la probité du nouvel évêque (1), l'envoya à Rome vers Clément VII, en qualité d'ambassadeur, de sorte qu'il ne put faire son entrée solennelle qu'au retour de cette ambassade qui dura environ trois ans (2). Il ne partit cependant qu'au mois de juillet 1531, après avoir terminé une affaire où sa réputation avoit été intéressée (3). Mais quoiqu'il ne fût pas encore sur la route de Rome en 1530 au mois d'octobre, il étoit absent de son diocèse. Cela se prouve par deux commissions que Guillaume Chausson, vicaire-général, donna à Philibert de Beaujeu, évêque de Béthléem, l'une, le 27 septembre, pour réconcilier l'église de Saint-Eusèbe d'Auxerre pollue par effusion de sang (4), avec le pouvoir d'y conférer la prêtrise à deux diacres étrangers : l'autre, le 2 octobre, pour réconcilier le cimetière de l'église de Bréteau, qui avoit été pollue de la même manière (5). Il n'y avoit qu'un mois au plus qu'il étoit arrivé à Rome, lorsque sa ville épiscopale fut affligée de peste. L'évêque de Béthléem lui en donna avis par une lettre du 14 septembre, et lui offrit ses services (6). François de Dinteville avoit mené avec lui, dans son ambassade, Pierre Chastelain, que quelques-uns appellent *Castellan* ou du Châtel, en qualité de son homme de lettres (7), et il s'en servit pendant quelque temps. On peut voir dans les Mélanges historiques recueillis par Nicolas Camuzat, chanoine de Troyes, et imprimé en 1609, de combien d'affaires différentes notre évêque fut chargé. Ce volume contient les lettres que le roi, les prélats et seigneurs, les ambassadeurs de Venise et de l'empereur lui écrivirent en 1531 et 1532, avec quelques-unes des réponses qu'il leur fit ou qu'il écrivit à d'autres. Il se trouve de ces pièces à la Biblio-

---

(1) Il a cette qualité dans les registres du Vatican, au 4 mai 1530.
(2) Mém. de Camuzat, part. II, fol. 34.
(3) M^s de M Dupuy, coté 702.
(4) *Ex veter. Manuali Bretel.*
(5) *Ibid.*
(6) *Ex autographo.*
(7) *Bayles verbo Castellan, ex vitâ P. Castellani per Gallandium.*

thèque du roi parmi les manuscrits de Béthune. Le chanoine, auteur de sa vie, fait valoir particulièrement le traité de mariage qu'il fit du dauphin Henri, fils de François Ier, avec Catherine de Médicis, nièce du pape ; et il ajoute cette circonstance honorable, qu'un jour comme notre prélat demandoit au pape le chapeau de cardinal pour quelques François, le pape, admirant son éloquence, sa modestie et sa candeur, lui dit, « qu'il lui convenoit bien plutôt de le demander pour lui-même
« qui étoit connu, que pour des absents que l'on ne connoissoit pas ;
« à quoi il répondit : qu'il n'étoit pas venu pour ses propres affaires,
« mais pour celles de son prince ; qu'en qualité d'ambassadeur il ne
« se regardoit pas comme personne privée, mais comme personne
« publique, et qu'il n'ambitionnoit pour soi aucun des honneurs qu'il
« demandoit pour les autres. » On peut compter parmi les négociations importantes qu'il eut à finir à Rome (1), la sécularisation de l'abbaye de Vézelay qu'il obtint sous prétexte qu'on alloit y ériger un évêché ; l'exécution du concordat fait sous Léon X ; le renvoi de l'affaire du mariage du roi d'Angleterre Henri VIII hors de la cour de Rome (2) ; et la demande qu'il fut chargé de faire au nom du roi, pour qu'il fût permis à Louis de Husson, évêque de Poitiers, sous-diacre (3), de se marier afin de soutenir sa famille. Parmi les minutes des lettres que le roi lui écrivit en 1531 (4), il y en a une écrite de la Meilleraye, le 25 janvier, qui montre que cet évêque se comportoit à la cour de Rome en bon François, et qu'il étoit bien instruit jusqu'où s'étendent les pouvoirs de la puissance ecclésiastique. François Ier le loue d'avoir trouvé mauvais qu'on eût excommunié Jean, roi de Hongrie ; et de ce que, sans l'avoir ouï ni donné audience à ses gens, il eût été en plein consistoire privé de son royaume, excommunié et chassé de l'église,
« ce qui est, dit le roi, une injure et forfait si grand et si éloigné de
« raison, qu'il n'y a prince sous le ciel, de quelque qualité qu'il soit,
« qui sçeut ne voulsist souffrir cela. » Un an après, il reçut une lettre de M. de Montmorency, grand-maître, et de M. du Bellay, évêque de

---

(1) Mém. de Camuzat, fol. 55.
(2) Ibid. fol. 63 et 172.
(3) Gall. ch. nova in Ep. Pictav.
(4) Cod. Bethun. 8616.

Bayonne (1), où on lui marquoit qu'il n'auroit pas dû laisser passer l'ambassadeur de Ferdinand, roi des Romains avant lui, quoique le pape eût commandé à cet ambassadeur de précéder celui de France. On y ajoute que « si le pape veut encore faire cette honte au roy, il lui fera ressentir » de telle façon, qu'il connoîtra qu'un pape n'est pour donner loix » ne faire honte à un roy de France; » mais qu'heureusement le roi n'a pas été informé de cet événement. Il y a apparence que ces dernières lettres ne furent point envoyées à François de Dinteville; dès le mois de janvier, le roi l'avoit rappelé, et avoit ordonné à deux cardinaux de rester à Rome en sa place. C'est ce qu'on apprend de la lettre que Clément VII écrivit de Boulogne à François Ier, le 8 février 1533 selon le calcul de Rome, et 1532 selon celui de France (2). Le pape y certifie au roi qu'il a toujours reconnu dans son ambassadeur qui retourne, un très-grand zèle pour le service de la France. Mais François de Dinteville avoit été desservi auprès du prince, ainsi que la suite le fera voir.

Son diocèse l'attendoit avec empressement. Les chanoines de la cathédrale ayant su qu'il devoit faire son entrée le dimanche quatrième mai (3), et qu'il apportoit un jubilé, remirent leur chapitre général au huitième du mois. Ils transférèrent pour la même raison la fête de sainte Hélène, qui alors se faisoit le 4 mai de rit double. Malheureusement personne n'écrivit les circonstances de cette entrée; on ne s'étoit pas trompé dans l'attente d'un jubilé. Le vendredi 30 mai, Louis Bride, chanoine, son secrétaire, apporta la bulle de ce jubilé (4) et d'autres indulgences qu'il avoit obtenues du pape, pour la veille et le jour de l'Assomption et qui devoient durer ces deux jours pendant la vie de l'évêque; des chanoines furent députés, au mois de janvier suivant, pour le remercier à Régennes. Il doit paroître extraordinaire qu'on eût tant attendu. Mais certains Mémoires, restés autrefois dans le château de Varzy, nous ont appris qu'il fut en difficulté avec le Chapitre, peu de temps après son arrivée, en ce qu'il voulut officier et qu'effectivement il officia sans

---

(1) *Cod. Bethun.* 9368, *fol.* 32. Lettres de Dieppe, du 17 janv. et 9 fév. 1532.

(2) *Voy.* les Preuves.

(3) 1533.

(4) *Reg. Cap.*, 30 maii 1533 *et* 23 *januar.*

avoir de bulles. Cette difficulté terminée, il communiqua au Chapitre, le mois suivant, le dessein qu'il avoit de réparer ses maisons épiscopales, tant celle de Paris que celle d'Auxerre, et le château de Régennes ; il requit la compagnie, par l'organe de son secrétaire ci-dessus nommé, de le gratifier de quelques arpents de bois. Les chanoines lui accordèrent d'en faire couper trois dans leur forêt de Merry, en quel endroit il voudroit (1); et pour marque d'une paix entière, ils s'en rapportèrent à lui, après Pâques, sur les difficultés qu'ils avoient avec le trésorier. Il en survint une assez nouvelle, lorsqu'il fallut donner un successeur à Jean le Roi, chantre, mort le 11 janvier 1534 (2). Il y eut dès le 5 février de si grandes difficultés sur l'élection du nouveau chantre, que le Chapitre résolut de les communiquer au prélat, et même à son conseil. L'embarras, venoit de ce que le roi, en vertu des indults à lui accordés par le pape, avoit nommé Jean Coqueré autrement dit Baron. Les droits de l'évêque et du Chapitre y étant lésés, on ne se pressa point d'entrer dans les vues du prince ; l'évêque en reçut une lettre de reproches, datée de Saint-Germain-en-Laye, le 26 février 1534. Il la communiqua au Chapitre le 10 mars. La compagnie en avoit reçu de pareilles qui tendoient à faire élire ce chanoine appelé Baron, en cas d'élection. Le lundi 5 avril, lendemain de la Quasimodo, indiqué pour l'élection, on conclut de remettre la nomination entre les mains de l'évêque, avec protestation de continuer dans le droit qu'on, avoit d'élire, toutes les autres fois que le cas y écherroit. Tous les chanoines furent de cet avis, excepté Laurent Bretel qui crut qu'il valoit mieux renvoyer la nomination, pour cette fois, au cardinal-légat Antoine Duprat, archevêque de Sens. Il n'a pas été possible de découvrir quel train prit cette épineuse affaire, sinon que Jean Baron qui étoit vicaire-général, et Louis Bride, avoient chacun des provisions, et que le premier permuta avec Arnoul Gonthier, chanoine, déjà pourvu de plusieurs autres bénéfices ; en vertu de quoi Arnoul Gonthier fut reçu à la dignité de chantre, le 10 janvier 1535, nonobstant les oppositions de Pierre Magnen et d'Innocent le Caron, chanoines. Le nouvel évêque d'Auxerre différa beaucoup, et peut-être plus qu'aucun de ses prédécesseurs, à

---

(1) *Reg. Cap.*, 25 *febr.* 1535.   (2) *Reg.* 1534, 9 *apr. et* 15 *maii.*

prêter le serment à l'église de Sens ; encore n'alla-t-il pas en personne rendre ce devoir. Il chargea de sa procuration Florent de la Barre, doyen, le même jour que Louis de Bourbon se fit recevoir à Sens, en place du cardinal Duprat, le 22 janvier 1535, suivant le calcul de France. Le doyen, délégué, se rendit à Sens, et fit la soumission au délégué de l'archevêque l'an 1536.

François de Dinteville tint ses synodes régulièrement, il y fit des statuts dont le recueil, publié sur la fin de ses jours, a été très estimé ; il dressa des règlements, en particulier l'an 1536, pour la collégiale de Saint-Martin de Clamecy. La même année on imprima à Paris le *Manuel des prêtres*, selon l'usage de l'église d'Auxerre. Ce livre contient l'administration des sacrements qui sont de la compétence des prêtres, les bénédictions qui sont de leur ministère, la formule des inhumations et autres semblables usages des Chapitres ou des paroisses ; c'est la première édition de ce manuel (1). Ces sortes de livres ont aujourd'hui le nom de rituel. L'année suivante fut imprimé le processionnel ; on croit qu'il parut pour la première fois à une célèbre procession générale, qui se fit au commencement de mai par tout le clergé en chapes, le prélat à la tête. Dans la chaleur de ces éditions se fit celle du Missel d'Auxerre, la plus belle qu'on eût vue jusqu'alors : le calendrier contient des fêtes inconnues dans la cathédrale avant l'an 1535. On lit dans les registres du Chapitre, que le prélat en fit présent le 28 février 1538. Il avoit établi dès l'an 1531, lors de son ambassade à Rome, Filbert de Beaujeu, évêque de Bethléem, pour son suffragant quant aux fonctions épiscopales. Cet évêque vice-gérant avoit visité les paroisses de la ville, et fait les ordinations suivant le besoin. On croit qu'il lui continua les mêmes pouvoirs depuis son retour de Rome, au moins pendant quelques années ; cela est d'autant plus vraisemblable, qu'il fut obligé de faire plusieurs voyages, à l'occasion d'un bâtiment qu'il entreprit à Tonnerre, en 1535, et qu'il fut détourné de ses fonctions par une autre

---

(1) Il porte pour titre : *Manuale seu Officiarium sacerdotum secundum usum ecclesiæ cathedralis Antissiodorensis.* Il sert merveilleusement à prouver combien on a innové dans le siècle dernier, surtout en fait de suppressions de prières. Les éditeurs, par une fausse application de la langue grecque, changèrent alors l'ancien mot *Autissiodorum* en celui d'*Antissiodorum*.

affaire plus embarrassante; il se l'étoit attirée en voulant punir lui-même un chasseur qu'il avoit trouvé dans ses forêts de Varzy (a). L'année 1537 il fit commencer le pont de Régennes, et donna à son église cathédrale une conque marine très-précieuse, garnie d'un pied et d'un couvercle d'argent doré pour l'infusion de l'eau dans le calice, aux messes des grandes fêtes; elle a été conservée pendant un siècle entier. Le Chapitre qui attendoit de lui plusieurs autres dons plus considérables, ne refusa de son côté aucune des grâces qu'il demanda pour les chanoines dont la présence lui fut nécessaire. C'est ce que les curieux peuvent vérifier au sujet de Louis de Dinteville, d'Etienne le Muet, pénitencier et de Guillaume le Marchant, dans les années 1537 et 1538 (1). Pendant cette dernière année il mit en règle quelques uns des vassaux de son église, savoir Anne d'Anjou, comtesse de Dammartin, pour la baronnie de Toucy, le 2 juillet (2), et Blaise de Lamoignon chevalier, pour le fief de la Rivière, le 3 décembre. Cette précaution lui parut d'autant plus nécessaire et avantageuse, qu'il prévoyoit devoir être éloigné pendant quelque temps de son diocèse.

On lit, dans l'histoire de France, qu'un seigneur Ferrarois nommé Sébastien de *Montecucullo*, fut condamné à mort par le conseil tenu à Lyon, le 7 octobre 1536, pour avoir empoisonné le dauphin de Viennois, duc de Bretagne, fils aîné du roi, et avoir voulu attenter également à la vie du roi. Ce comte *Sebastiano* avoit quelquefois parlé à Guillaume de Dinteville sieur d'Eschenetz, que le roi avoit envoyé en 1535 à la Mirande en Italie, pour travailler à la conservation de cette place ; peut-être que le prélat, frère de Guillaume, durant son ambassade, avoit aussi connu Sébastiano. On sait seulement que Sébastiano déclara pour confident de son secret Guillaume de Dinteville, qui apparemment étoit encore en Italie. Mais quoiqu'on eût reconnu la fausseté de l'accusation intentée contre le frère de notre évêque, et que

---

(1) *Reg. Capit.*
(2) M. Martineau de Mairé m'a fait voir, en 1735, l'original de l'aveu de cette comtesse, au dos duquel sont les contredits de l'évêque. Elle y fait aussi hommage de Fontaine, Molins, Dracy, Villotte, Bazarne-en-Vermenton, le Beugnon.

(a) On rapporte qu'il avait fait pendre ce chasseur à un arbre. (*N. d. E.*)

l'Italien eût fait à Lyon amende honorable pour cette fausse accusation, on conserva de fâcheux soupçons contre Gaucher de Dinteville, son autre frère, seigneur de Vanlay. François, qui avoit des ennemis à la cour, se vit enveloppé dans la disgrâce de ce frère le plus jeune ; il crut devoir quitter le royaume un peu après lui, au commencement de l'année 1539, et se retira en Italie, où il s'étoit formé des connoissances pendant son ambassade. Les trois frères se trouvèrent ainsi réunis en Italie, mais ils ne purent être admis à rester dans les terres qu'y avoit l'empereur, ni chez les Vénitiens, non plus que dans les duchés de Mantoue et de Ferrare, quoique l'évêque eût des amis parmi les Vénitiens. Ils furent donc obligés de se retirer sur les terres du pape (1), que le roi n'avoit pas intéressé dans cette affaire. L'évêque y fut bien reçu. Le pape Paul III lui donna audience en présence de l'ambassadeur de France. L'évêque exposa les motifs de son voyage de manière à se justifier. On n'eut garde d'en faire rapport au roi, de crainte de le brouiller avec le pape. Mais enfin ce prince connut la vérité. Il fut informé non-seulement que l'évêque d'Auxerre avoit été favorablement reçu du pape et de plusieurs cardinaux ; il apprit aussi, avec le temps, que ce prélat étoit innocent. Cependant aussitôt après le départ de cet évêque, on avoit saisi tout son temporel, ses meubles et ses fonds, tant ecclésiastiques que patrimoniaux ; des commissaires avoient été nommés pour la régie du revenu de ses bénéfices (2). Pierre de Mareuil, autrement dit de Montmoreau, évêque de Lavaur, déclaré administrateur de l'évêché d'Auxerre, expédia en cette qualité des provisions de bénéfices (3). François de Dinteville, rappelé par ordre du roi, revint en France pendant l'été de l'an 1542. Il se rendit d'abord en Champagne pour voir ses deux abbayes de Moutier-la-Celle et Moutier-Ramé. Informé que l'évêque de Lavaur ne vouloit point lui rendre la jouissance de l'évêché d'Auxerre, ni ces deux abbayes, à moins qu'il ne lui cédât l'abbaye de Moutier-la-Celle, il fit, à Joinville, le 26 juin, une protestation, pardevant deux notaires, contre cet évêque, par continua-

---

(1) Lettre de M. Grignan, amb. du roi à Rome, au connétable, du 21 octob. 1539. Mém. de Ribier, t. 1, p. 479.

(2) *Reg. Capit.* 1564, *in Recept. Martini Rousseau,* archid.

(3) *Reg. Cap.* 1540, 1541.

tion de celles qu'il avoit déjà faites sur le même sujet en partant (1). M. Bouchard, maître des requêtes, et le trésorier de Bretagne (2), secrétaire de l'amiral, s'étoient chargés de traiter cette affaire. Il déclara que s'il consentoit à un accord, c'étoit comme forcé et contraint, et pour obtenir la main-levée de ses bénéfices. Quelques jours après il eut main-levée de tout son temporel (3). Le roi adressa là-dessus des lettres aux baillis d'Auxerre et de Troyes, datées de Monstier-sur-Saulx, le 28 juin, par lesquelles ce prince le recevoit dans ses bonnes grâces, et déclaroit vouloir en donner des preuves : « espérant, dit le roi, qu'il » fera pour par cy-après nous faire d'aussi bons services, qu'il nous a » fait par le passé es lieux et endroits où nous l'avons employé (4). » Le clergé et le peuple attendoient son retour avec impatience. Lorsque les chanoines de la cathédrale furent avertis qu'il avoit dessein de rentrer à Auxerre, ils conclurent, le samedi huitième juillet, de faire une procession générale pour remercier Dieu de ce que l'innocence du prélat avoit été pleinement reconnue. Il ne voulut cependant pas rentrer avec éclat; et pour éviter les acclamations, il n'arriva à la ville que sur les dix heures du soir, le dimanche 16 juillet, après trois ans et demi ou environ d'un exil volontaire. Le lendemain, durant toute la journée, il reçut les compliments. Les chanoines célébrèrent ce jour comme celui

(1) *Promptuar. Tricass.*, fol. 25.
(2) Palamédes Gontier.
(3) On voit par les plaidoyers de cette affaire, parmi les M^{ss} de M. Dupuy, *Cod.* 702, qu'elle n'étoit pas encore terminée en 1547 (a).
(4) *Ibid.* fol. 26.

(a) Les plaintes de l'évêque d'Auxerre contre celui de Lavaur montrent que ce dernier n'avait pas tenu la conduite que lui commandait son caractère, lors de la saisie du temporel de M. de Dinteville. On voit dans un Mémoire en réintégrande de l'an 1547 (M^{ss} Dupuy, f° 124), où l'évêque récuse des témoins, « que Mme d'Es- » tampes a eu part au butin, comme le porte une lettre au procès. Elle a heu partye » de la chapelle dudit demandeur qu'elle retient encores, assavoir ung reliquaire » d'or garni de pierres precieuses, ung aultre d'argent doré garni de semblables » pierres, ung aultre reliquaire d'argent esmaillé de bleu, auquel y a une longue et » grande pierre appelée lapis-lazzuli, entaillé des mysteres de la Passion. »
En 1548, le procès continue pour la restitution de l'abbaye de Moutier-la-Celle, extorquée par l'évêque de Lavaur, ainsi que pour les revenus de l'évêché. (*N. d. E.*)

d'une fête, et ne voulurent y vaquer à aucune de leurs affaires temporelles, pour mieux marquer la joie qu'ils ressentoient.

Dès le trentième août suivant, il fit présent à Arnoul Gontier, chantre de la cathédrale, et à son frère Palamèdes Gontier, secrétaire du roi, pour le temps de leur vie, d'un jardin qu'il possédoit à Auxerre dans la rue des Lombards, au-dessus de la maison et du jardin de la chapelle de Saint-Clément. Ce présent leur convenoit; ils demeuroient dans cette rue. Voulant favoriser les habitants de Gy-l'Evêque, dont il reconnut que le territoire étoit incommode, et les labourages de petit rapport, il accorda, le 28 décembre suivant, à leur communauté, 45 arpents de bois pour leur usage, à condition qu'ils ne pourroient en transporter hors du territoire, et qu'ils lui seroient redevables chaque année, par chaque feu, de la somme de douze deniers. Jusqu'à sa mort, il fit presque chaque année, quelque embellissement dans l'église cathédrale. Outre ce qu'il fournit à l'exemple de son oncle pour continuer et achever la tour, il destina, en 1543, une somme pour orner l'église de peintures en différents endroits. La prodigieuse statue de saint Christophe étoit alors bien avancée; on y avoit travaillé pendant son absence, selon le goût particulier d'un chanoine (1). Mais le prélat étoit bien éloigné d'avoir des idées si grossières. Il étoit doué d'un goût exquis pour la peinture (2), et pour tout ce qui dépendoit de la mécanique, connoissance qui avoit peut-être été l'un des fondements des faux soupçons qu'on avoit eus contre lui. Si ce prélat fit décorer les piliers de l'église d'images en relief, comme le Chapitre le lui avoit permis en 1543 (3), il en est resté peu de chose, peut-être parce que les calvinistes jetèrent à terre ce qui avoit été fait par ses ordres. Les deux portes collatérales des ailes du chœur étoient ornées de figures différentes de celle qu'on y voit aujourd'hui; à l'une des deux étoit représentée l'histoire de la visitation de la Sainte-Vierge. Ces figures pouvoient venir de lui, aussi bien que celles qui étoient dans la chapelle de Saint-Georges, au-des-

---

(1) Jean Olivier, curé de Champlemy.
(2) Claude Robert dit, dans ses additions au *Gallia Christiana*, que cet évêque dépeignit de sa propre main, à Régennes, les châteaux appartenant à l'évêché d'Auxerre avec leur voisinage.
(3) *Reg. Capit.*

sous de l'endroit où l'on voit encore les armoiries de sa famille. Certainement il donna, en 1547, le vase de porphyre que l'on voit sous une petite voûte qui soutient la statue de saint Christophe. L'inscription qui se lit au pied de ce vase oblong, marque avec quels sentiments de piété il souhaitoit que les fidèles prissent de l'eau bénite en entrant dans la maison de Dieu. Il fit aussi orner la chapelle de Saint-Germain, située au-dessous de celle du revestiaire, de peintures à fresque fort délicates qui représentent les principales actions et miracles de ce saint évêque; et vraisemblablement la clôture de cuivre de cette chapelle est un effet de sa magnificence (a). Les évêques d'Auxerre dont on fait l'office ou qui passent pour bienheureux, furent représentés par son ordre sur les murs de la chapelle de Saint-Sébastien (b). Il est encore probable que le haut des peintures de la rose du grand portail est de son temps et fait à ses frais. Quelques-uns même ont cru l'y voir représenté au-dessus de l'image saint Jacques. Pour ce qui est de ses ornements, il différa jusqu'à l'an 1554 ; et on verra ci-après qu'on ne les reçut que peu de jours avant sa mort.

Quoique cet évêque aimât beaucoup à décorer les temples matériels, on peut dire qu'il s'attacha encore davantage à former les temples spirituels. Les luthériens avoient profité de son absence pour s'insinuer dans son diocèse, principalement dans les lieux qui sont au centre du royaume, sur la route de Paris à Lyon, le long du rivage de la Loire. Il entreprit de connoître en peu de temps le mal qu'ils pouvoient avoir causé ; et pour en faire plus vite la perquisition, il s'associa l'évêque d'Ebron de l'ordre de Saint-Domique, qui fit les visites dans un canton du diocèse, pendant que, de son côté, il les faisoit dans un autre. L'an 1543 ils visitèrent à ce dessein différentes paroisses (1). L'évêque d'Ebron étoit le 25 novembre à Cravan, où il accorda des indulgences à ceux qui contribueroient à l'avancement de l'église qu'on bâtissoit

---

(1) *Ex autographo.*

(a) Tous ces objets d'art sont détruits aujourd'hui. (*N. d. E.*)
(b) Ces fresques existent encore en partie. (*N. d. E.*)

alors (*a*) ; et François de Dinteville aux Quatre-Temps de décembre fit l'ordination de Varzy. La ville de Cosne-sur-Loire paroit avoir été la première où il s'aperçut que l'hérésie avoit pris quelques racines. Pour les arracher entièrement, il y retourna au mois d'octobre 1545, emmenant avec lui l'archidiacre de Puisaye (1). Ce fut dans le cours des visites de cette année-là, que le droit de procuration lui ayant été refusé par l'abbé de Saint-Germain, pour la visite de la cure de Moutiers, sans avoir égard qu'en 1543 l'évêque d'Ebron avoit été logé au prieuré, il crut devoir pousser cet affaire en parlement (2). C'est peut-être pour cela qu'on ne trouve rien de lui en 1546. Etant à Gien en 1547, il fut averti que plusieurs habitants de cette ville, aussi bien que de Briare, Bony, Neuvy, Cosne, Pouilly et La Charité se dispensoient du devoir pascal ; il ordonna aux curés de faire des exhortations sur cette matière le dimanche des Rameaux, et de tenir un registre de ceux qui s'approcheroient des sacrements, pour l'apporter au synode après la quinzaine de Pâques. D'autres affaires l'ayant appelé à Paris en 1549 (3), il chargea Jacques de Montracé, cordelier, évêque de Russion, de faire dans tout le diocèse les fonctions épiscopales, et de veiller par des visites à la conservation de la foi. La discipline étoit encore alors très-exacte pour l'observation du carême, et l'on n'avoit garde d'y faire de brèche, dans un temps où l'abstinence étoit combattue à découvert (4). Aussi les pieux catholiques du diocèse s'abstenoient encore alors de l'usage du beurre et du fromage pendant le carême, et ceux qui vouloient en user demandoient la permission à l'évêque. J'en ai lu un exemple (5) dans la personne de Françoise de Clermont, femme de Charles de Rochechouard, seigneur de Saint-Amand (6). Parmi les prédicateurs qu'il avoit approuvés, il y en eut qui favorisèrent la nouvelle

(1) *Reg. Cap.*
(2) *Reg. Episc. Signat.* Duchié.
(3) *Ibid.*

(4) *Reg.* Duchié.
(5) Recueil de formules de son temps.
(6) *Voy.* les Preuves, 1550.

(*a*) Le chœur et la tour de cet édifice sont de ce temps et de style Renaissance. On lit sur un cartouche de la tour : « De may le 25, l'an 1551 a esté fondée cette » tour, priez Dieu pour tous en commun. » (*N. d. E.*)

réforme ; il leur ôta aussitôt ses pouvoirs, et les obligea de quitter son diocèse, entre autres, un nommé Chaponneau qui avoit scandalisé par ses sermons tout le peuple de Gien (1). L'année même qu'il fit publier la convocation du concile de Trente (2), en conséquence de l'avis du cardinal de Bourbon, archevêque de Sens, un prêtre de Gien fut assez hardi pour se marier à une jeune veuve de Cosne. Ce prêtre arrêté et convaincu en septembre 1551, fut condamné au feu après avoir été dégradé (3). François de Dinteville ôta quelquefois aux officiaux particuliers du diocèse la connaissance de certaines affaires, les évoquant à Auxerre, afin qu'elles y fussent jugées avec plus de maturité (4) L'usage du bras séculier ne fut pas la seule voie qui vint au secours pour arrêter les progrès de l'hérésie (*a*). L'évêque d'Auxerre embrassa comme les autres prélats tous les moyens généraux, tels que la prière, les jubilés, et les confréries. Dans ces temps nébuleux parut fort à propos la confrérie du Saint-Sacrement. Dès-lors, elle passa jusqu'aux églises de la campagne (5). Vers le même temps commencèrent en certaines églises des saluts pour la paix de l'Eglise ; ceux qui y assistoient gagnoient des indulgences. Les prières que le roi avoit demandées en 1553, contre le progrès de l'hérésie prévinrent la publication du jubilé que Jules III avoit accordé. Notre évêque, conformément à la volonté du roi, ayant ordonné en 1553 des prières pour obtenir l'extinction de l'hérésie (6),

(1) Hist. de la prise d'Auxerre, pièces just., p. 5.
(2) *Voy.* Preuves, an. 1551.
(3) *Reg.* Duchié, 1551, 21 *sept.*
(4) *Reg.* Duchié, 2 oct. 1551.

(5) *Reg.* Duchié, 27 mars 1554. Fond. à Saint-Mamert d'Auxerre, par Marie Bonnet, femme de Germain Chein.
(6) Hist. de la prise d'Auxerre, pièces just., p. 5.

(*a*) En 1542, les luthériens de Gien devenaient nombreux. L'évêque chargea M. de Longueil, chanoine de Gien, de recevoir les révélations des hérétiques qui devaient les faire sous peine d'excommunication. Mais le procureur du roi et celui des habitants de la ville protestèrent et déclarèrent vouloir s'en tenir à la sentence de la cour de parlement qui ordonnait que les révélations seraient reçues par les curés des paroisses assistés d'un marguillier. Aussi, le 17 août, le bailli de Gien rendit une sentence portant défense à M. de Longueil de passer outre à peine de 60 livres d'amende et de prison, « d'autant que ledit de Longueil est suspect et s'est » vanté qu'il luy cousteroit son bien ou qu'il auroit raison des luthériens de Gien. » — *Arch. de l'Yonne*, Documents historiques. (N. d. E.)

indiqua ce nouveau jubilé accordé par le pape. La lettre qu'il écrivit à ce sujet au clergé de son diocèse (1), porte expressément qu'on ne permît à aucun des ecclésiastiques qui s'érigeoient en quêteurs d'aumônes, de monter en chaire ni de parler en public à l'occasion de ce jubilé ; de crainte que, sous prétexte d'exhorter à l'aumône, ils n'avançassent quelques propositions luthériennes ou autres condamnées par l'Eglise. Remettant ainsi souvent devant les yeux des curés, certains articles des ordonnances qu'il avoit publiées dans le synode du 3 mai 1552, il éloigna quantité de faux docteurs qui cherchoient à pervertir la foi des peuples. La publication de ces statuts synodaux, fut un des moyens les plus efficaces, dont il usa pour prévenir la corruption générale (a). Parlant d'après ses prédécesseurs, qui lui avoient transmis le dépôt de la foi et la pureté des canons, il s'étoit contenté d'en résumer tous les réglements, qu'il fit rédiger dans une latinité pure et exacte : il en ajouta de nouveaux qu'il avoi tété obligé de dresser depuis les tentatives des disciples de Luther et autres sur la foi et la morale ancienne.

Le reste des actes émanés de son secrétariat ne regarde que la discipline ordinaire du diocèse selon les différents cas qui se présentoient, et il n'y a de remarquable que quelques établissements d'églises succursales et quelques visites de maisons religieuses. Les habitants de Beaumont proche Chemilly l'avoient supplié, dès les premières années de

---

(1) Mand. du 15 nov. 1553.

(a) A cette époque, le clergé, en général, n'avait pas cette gravité de mœurs que nous sommes habitués à lui voir de notre temps. Par un article des statuts du synode de 1552, l'évêque ordonna aux ecclésiastiques de porter des vêtements noirs ou approchant du noir. Il voulait restreindre par là le luxe du clergé qui ne se distinguait plus des laïques. Par un reste d'habitudes du moyen-âge, les choses mondaines l'occupaient trop souvent. Le Chapitre cathédral d'Auxerre, remplissant l'office d'administrateur de l'évêché, le siége vacant, en 1555, défend aux ecclésiastiques le blasphème, le concubinage, le port de costumes indécents, etc. On voit plusieurs fois, dans le registre capitulaire d'où nous tirons ces notes, que des chanoines, oubliant la retenue que leur impose leur habit, ont frappé des gens qui leur disaient des injures ou leur causaient des désagréments ; pour quoi ils' ont obtenu du Chapitre absolution, sauf les droits des tiers. — *Arch. de l'Yonne*, Fonds du Chapitre d'Auxerre. (*N. d. E.*)

son épiscopat, d'ériger leur chapelle en paroisse; mais les députés que le Chapitre de la cathédrale, intéressé dans cet établissement, lui envoya, n'eurent pas de peine à le rendre sensible au tort que cette érection alloit faire à la compagnie. Ainsi la proposition fut rejetée dès l'an 1538 ; ce fut la même année qu'il fit la dédicace de l'église de Courson (1). Les deux églises succursales dont il se présente quelque chose à dire, sont Champoulet et Vergers. Frère Rolland de Givarlay, curé de Batilly, et Charles de Givarlay, seigneur de Champoulet, présentèrent requête à l'évêque, à ce qu'il leur fût permis de bâtir une chapelle à Champoulet, et de l'ériger en succursale de Batilly. Le clergé de Batilly composé de deux prêtres y ayant consenti, aussi bien que damoiselle Guy de Prie veuve de Jean de Givarlay, et les habitants de Batilly au nombre de trente-huit, la permission fut accordée le 21 décembre 1549, à condition de construire sur le lieu un presbytère pour le curé de Batilly ou pour son vicaire. Il y avoit en 1552 procès à l'officialité de Sens, entre Charles Darmes, seigneur de Vergers et les habitants d'une part, et Pierre du Broc, curé de Sully d'autre part, touchant la desserte de Vergers. Ils firent un compromis entre les mains de l'évêque diocésain, qui statua le 22 mars, que les habitants de Vergers et de Chassaigne feroient bâtir un presbytère à Vergers, qu'ils entretiendroient l'église généralement de tout, avec une lampe ardente jour et nuit devant le Saint-Sacrement, et qu'ils donneroient un fonds d'héritage au curé de Sully ; et qu'à l'égard de ce curé, il viendroit demeurer à Vergers, ou qu'il y mettroit un vicaire pour y chanter les messes et les vêpres et complies, non-seulement les jours de fêtes, mais encore tous les samedis et veilles des fêtes commandées. Ceci nous apprend l'ancienne obligation de tous les curés, de chanter vêpres les veilles de fêtes et les samedis. On connoît dans la campagne quatre chapelles dont les fondateurs eurent recours à l'autorité de François de Dinteville (2). Il permit par lettres expédiées à Régennes, le 24 juin 1549, à Etienne Janneau, marchand bourgeois d'Auxerre, de faire dire la messe dans la chapelle par lui bâtie à Monéteau, pourvu que ce fût

---

(1) *Reg. Cap.*, 4 nov. 1538 et 7 febr. | (2) *Regist.* Duchié.

sans sonner, sans chant et sans convocation de peuple; car il étoit très-attentif à l'obligation qu'ont les fidèles d'assister à la messe de paroisse, et il ne permettoit point qu'on dit de messes basses avant la grand'-messe (1). Il donna permission, le 20 juillet suivant, à Antoine du Bourg, de demeurer proche la chapelle de Sainte-Geneviève-lès-Auxerre, et d'y mener la vie d'ermite (2), ce qui a toujours été très-rare dans le diocèse. Antoine Savelle et Michel le Beuf, riches habitants de la paroisse de Saint-Verain-des-Bois, lui ayant représenté en 1550, qu'à cause des chemins souvent impraticables, ils ne pouvoient venir exactement à la paroisse, il leur permit (3) de bâtir, sous l'invocation du Saint Esprit et de sainte Anne, une chapelle dans leur terre appelée Jérusalem, et d'y faire célébrer la messe aux conditions ci-dessus marquées, et sans être dispensés d'assister à la messe paroissiale, lorsque le temps le permettroit. Nicolas Ratelot, prêtre chapelain de la chapelle du nom de Saint-Moré située sur les limites des paroisses de Saint-Moré et d'Arcy, lui représenta le mauvais état où les guerres et le malheur des temps avoient réduit le bâtiment, qui avoit autrefois été considérable; et qu'il viendroit à bout de le rétablir, en y érigeant une confrérie pour les paroisses du voisinage. Sa demande lui fut accordée à Régennes (4) le 22 janvier 1552. (5). Il y eut pendant les dernières années de son épiscopat de fréquents dénombrements des bénéfices. Le

---

(1) C'est un article de ses Statuts synodaux.
(2) *Reg.* Duchié.
(3) *Ibid.*
(4) *Ex autographo.*
(5) Je ne parle point de deux réconciliations de cimetière qu'il fit lui-même en un seul jour, l'an 1551, savoir : celui de Venoy, déclaré pollu par effusion de sang, et celui de Saint-Amatre-lès-Auxerre qu'on croyoit dans le même cas, à cause des conflits arrivés en ce lieu dans le temps des guerres (a). Filbert de Beaujeu, évêque de Bethléem, fit, par son ordre, la même cérémonie au cimetière de Jussy en 1548. Le même évêque, par commission du 3 novembre de la même année, dédia l'église paroissiale de Saissy-les-Bois.

(a) Il existait dans ce cimetière une chapelle ou basilique de St-Michel qui était déjà fort ancienne au xvie siècle. Elle devint le refuge des Confrères de la Miséricorde, après la destruction, en 1567, de l'église Saint-Amatre où ils s'assemblaient auparavant. Déjà, en 1547, M. de Dinteville avait approuvé leurs statuts qui furent homologués par le parlement en 1741. — *Arch. de l'Yonne*, Fonds Saint-Amatre.

(*N. d. E.*)

9 mai 1550, il tint, dans le palais épiscopal, une assemblée générale de tout son clergé, au sujet des nouvelles acquisitions qui pouvoient avoir été faites par chaque bénéficier. Le roi ayant aussi demandé un état de l'argenterie, des charges et des revenus de chaque église, il enjoignit à ses archidiacres, le 18 avril 1552, de faire cet inventaire, chacun dans leur détroit (1); mais on ne voit pas que cela fût si ponctuellement exécuté que l'imposition sur les bénéfices, faite pour le roi Henri II, en 1551, après la tenue du synode, et celle qui fut mise sur chaque clocher, en 1552, par forme d'emprunt accordé au même prince.

Quelques-uns des monastères de son diocèse étoient un peu dans le dérangement. On se plaignoit surtout de celui de Saint-Laurent, de l'Ordre des chanoines réguliers. Un arrêt donné en parlement, à la requête du procureur du roi le 14 avril 1548, portoit que les religieux de cette abbaye seroient réformés. Le prélat à qui il fut signifié, nomma au mois d'octobre suivant (2) deux chanoines réguliers du même Ordre pour y introduire la réforme, savoir Laurent Petitfou, abbé de Saint-Père d'Auxerre, et Jacques du Coin, religieux de Saint-Martin de Nevers. Il les établit ses vicaires-généraux, à cet effet, avec pouvoir de faire toutes les informations et perquisitions nécessaires, punir les délinquants et les réfractaires, et rétablir le bon ordre. Il avoit trouvé l'abbaye de Saint-Julien d'Auxerre, dans un état encore plus déplorable. Selon quelques mémoires du temps (3) ce ne fut que par ses visites en 1534 et en 1542 au retour d'Italie, qu'il y put remettre la régularité. Pour l'y maintenir, il fit encore une visite très-exacte le lundi 16 octobre 1553. L'abbesse étoit Marie de Fontaines, et la prieure Guillemette de Saigny. L'évêque reçu avec solennité par les religieuses à la porte de l'église (a), assista à la messe du Saint-Esprit; après l'Evangile il y eut prédication par un jacobin, confesseur de la maison; la messe

---

(1) *Reg.* Duchié, 16.
(2) *Reg.* Duchié, 16 *oct.* 1548.

(3) Mémoires de Pierre Magnen, promoteur, et de Joseph de Thou, greffier.

(a) L'abbesse avait une velléité de refuser l'entrée du monastère à l'évêque, et elle avait consulté, à cet effet, l'évêque de Nevers, qui, sur le vu des titres qu'elle lui soumit, l'en dissuada. — *Arch. de l'Yonne,* Fonds Saint-Julien. (*N. d. E.*)

finie, il entra dans l'intérieur du monastère, et trouva tout en bon ordre. Il se contenta d'ordonner qu'on relût les règlements, qu'il avoit faits dans ses deux visites précédentes. En voici un article curieux : c'est celui par lequel il leur fut défendu de sortir du monastère, pour tenir des enfants sur les fonts de baptême, et d'aller par la campagne, à moins que ce ne fût pour les affaires du monastère et avec permission. Ce règlement fait voir que la clôture n'étoit point alors si étroite qu'elle l'est devenue depuis. On vit aussi de son temps un religieux d'une abbaye célèbre de son diocèse réclamer contre ses vœux. C'étoit un cistercien du monastère de Pontigny, appelé Jacques de la Rivière. Noble Adrien de la Rivière, seigneur de Champlemy, s'opposoit à cette sortie. Il fut dit, par un arrêt du parlement du 9 janvier 1553 (1), que le procès seroit mis en état par deux conseillers-clercs du parlement, auxquels l'évêque d'Auxerre donneroit des lettres de grand-vicariat; et le prélat adressa ces lettres à MM. de Montmiral et du Val, avec pouvoir de connoître de cette affaire jusqu'à la définitive. Entre les bénéfices réguliers que François de Dinteville conféra *jure devoluto*, par l'inattention des présentateurs, il s'en trouve deux assez considérables. Le prieuré simple de Notre-Dame-du-Pré, proche Donzy, qu'il conféra à Jean Moreau, clerc du diocèse de Meaux, en 1550, et la cure de Notre-Dame-la-d'Hors, dans la ville d'Auxerre, de l'Ordre de Prémontré (2), dont il fit expédier les provisions à Jean Guérin, prêtre de l'Ordre et gradué, au refus de l'abbé de Saint-Marien. Le doyenné de la cathédrale fut dans le même cas, après la mort de Florent de la Barre (3). Le registre du secrétariat prouve combien de fois différentes il en pourvut un chanoine, appelé Nicolas Blanchard, dans les années 1551 et 1552 (4). Il usa aussi en 1553 du droit qu'a l'évêque de confirmer l'élection du chantre de la cathédrale. Les deux archidiacres étant allés, le premier jour d'août, avec l'élu, nommé Laurent Robert, lui en parler à Régennes, il assigna le lundi 7 du mois pour donner cette confirmation, ordonnant d'afficher l'acte d'élection où il étoit nécessaire. Et comme il ne se trouva aucune opposition, pas même dans l'enquête du vice-

---

(1) *Voy.* les Preuves, 1553.
(2) *Reg.* Duchié, 30 *julii* 1550.
(3) *Ibid.* 12 *sept.* 1554.

(4) On ne sait ce que signifioient ces réitérations de provisions envers un même sujet.

gérent de l'officialité, chargé de s'informer de la vie et des mœurs de l'élu, le prélat fit expédier l'acte de confirmation et lui conféra la dignité de chantre, en présence de noble Claude du Plessis, curé de Saint-Privé, et Joachim de Dinteville, prieur de Viviers, au diocèse de Langres, ses parents. Laurent Robert avoit été son secrétaire. Entre ceux qu'il plaça dans le Chapitre les vingt premières années de son épiscopat, se trouve, en 1537, Louis de Dinteville qui, dans quelques actes où il paroit comme témoin, est qualifié cousin de notre évêque. Il pourvut en 1544 d'une prébende d'Auxerre, Germain Vaillant de Guélis, clerc orléanais, qui fut depuis évêque d'Orléans ; en 1545 Mathieu de Longuejoue (1) et Scipion de Popincourt. On croit que le dernier étoit de ses parents; à l'égard de l'autre, il était clerc du diocèse d'Orléans, et parent, sans doute de l'évêque de Soissons de ce nom, qui fut garde-des-sceaux. L'année d'après, il conféra un canonicat de son église à Jean Marafin, d'une noble famille du pays de Donziois, et en 1549, le 26 novembre, à Jacques de la Halle, docteur de Paris (2), qui devint célèbre dans le temps des troubles des huguenots. La même année, il donna à Almaric de Talon, docteur en droit canon, des provisions d'official (3).

Quoique cet évêque eût fait beaucoup de voyages à Paris, on ne l'y voit présider à aucune cérémonie, si ce n'est à la bénédiction de l'abbesse de Montmartre qu'il fit le 11 août 1549; c'étoit Catherine de Clermont (4). Il eut pour assistants en cette cérémonie Philippe le Bel, abbé de Sainte-Geneviève, et Antoine de Melphes, abbé de Saint-Victor (5).

De son temps et de son consentement, fut instituée à Auxerre, au 14 janvier, la fête du Saint-Nom de Jésus, à la sollicitation d'un cordelier de la maison d'Auxerre (6), lequel, non content d'avoir fait bâtir une grande chapelle à côté de l'église de son couvent pour y

---

(1) Ce Mathieu pouvoit bien être fils de l'évêque, garde-des-sceaux, qui, avant son épiscopat, avoit été marié et laissa des enfants. Le garde des sceaux étoit neveu de l'évêque Jean Baillet.
(2) *Regist. Capit.*
(3) Cet Almaric seroit-il le même qu'*Audo-marus* Talon, qui fut recteur de l'Université et curé à Paris ?
(4) *Voy.* Preuves, 1549.
(5) *Regist.* Duchié.
(6) Il se nommoit Bonaventure Dubiez; il étoit natif de Chevannes, à deux lieues d'Auxerre.

solenniser cette nouvelle fête, persuada à un particulier de l'établir à la cathédrale et obtint de l'évêque qu'elle fût chômée. Comme on admit trop facilement le système qui distinguoit cette fête de la solennité du huitième jour d'après Noël, auquel le nom de Jésus avoit été imposé au Sauveur du monde, la nouvelle fête fut supprimée, quant à la cessation du travail, dès le siècle suivant, et en 1726 l'office en a été remis au 1er janvier son jour véritable et naturel. Si cet établissement fut favorisé par François de Dinteville, on doit croire qu'il contribua aussi à l'abolissement du jeu de la Pelotte, qui se pratiquoit l'après-midi du jour de Pâques, dans la nef de la cathédrale(1), et auquel un arrêt du parlement, obtenu par Laurent Bretel, qui chanoine, mit fin pour toujours l'an 1538. Je passerai sous silence ce restoit encore alors de vestige de la fête des Fous, aussi bien que l'usage des tragédies de piété qu'on représentoit encore l'an 1551, avec des ornements de l'église dans la place devant l'église cathédrale (a).

Dans la même année 1551 l'évêque d'Auxerre voyant l'entrée du palais épiscopal en mauvais état, en rétablit le portique : il y fit élever un pavillon autant magnifique que la place put le permettre, et l'orna d'inscriptions sentencieuses suivant le goût de son siècle ; l'une touchant l'accès de sa maison qu'il déclaroit librement ouverte à tous les gens de bien, l'autre par rapport à l'officialité dont la salle est contiguë (b).

(1) Voyez le *Mercure de France*, mai 1726, p. 911 (c).

(a) Ces représentations, qu'on appelait *des mystères*, étaient assez fréquentes et se donnaient ordinairement au grand cimetière de la Madeleine. On y jouait le plus souvent le Mystère de la Passion, et la pièce durait souvent plusieurs jours. En 1508, elle eut lieu pendant six jours, avec accompagnement de fanfares. (*Voy.* les Preuves, t. IV, n° 414.) En 1520, on donna les *Jeux de sainte Brigitte*. En 1551 ou 1552, on joua le Mystère de la Passion pendant environ 28 jours, et il se passa des faits scandaleux qui amenèrent l'interdiction du cimetière. — (Regist. capitulaires, *Arch. de l'Yonne.* (*N. d. E.*)

(b) Ce pavillon, construit dans le style renaissance, existe encore dans la rue du Département ; il ne manque pas de pureté. Les inscriptions dont parle Lebeuf ont disparu. La première portait : *Porta patens esto : nulli claudaris honesto.* (*N. d. E.*)

(c) Le jeu de la pelote ou de la balle, dégénéré d'un vieil usage grave, d'un hommage symbolique rendu au Chapitre par le chanoine nouvellement élu, avait fin par transformer, le jour où il se célébrait, la nef de la cathédrale en une sorte de jeu de paume. (*N. d. N.*)

L'année suivante, c'est-à-dire 1552, il reçut à foi et hommage pour la baronnie de Donzy, Pierre de Mazengarbe, au nom de François de Clèves, duc de Nevers. C'étoit pour la seconde fois qu'il reçut alors les devoirs féodaux dus pour cette baronnie ; car dès le 1er novembre 1548, Charles de Luxembourg et Claude de Foix, son épouse, l'avoient fait rendre par Jean de Buxières, leur prévôt de Donziois, tant pour Donzy, que pour Saint-Verain et pour la châtellenie de Beauche (1) Il ne reste plus à parler que des ornements qu'il fit présenter au Chapitre au commencement du mois de septembre 1554, ils consistoient en trois chapes à fond d'argent parsemées de fleurs rouges, et violettes, dont les orfrois étoient chargés de ses armoiries, avec les vêtements des ministres sacrés et les parements nécessaires à l'autel (a). Les chanoines ayant égard à ce présent, ordonnèrent qu'en reconnoissance on chanteroit, le mardi suivant, une messe du Saint-Esprit de rit double à son intention, et que tous les jours, jusqu'à la Toussaint, les enfants de chœur chanteroient, dans la chapelle de Notre-Dame-des-Vertus, une antienne et un salut pour sa santé et sa prospérité (2). On ne le croyoit pas alors si proche de finir sa carrière. Les prières ordonnées pour sa conservation ne purent être continuées que jusqu'à la fin du mois. Etant retiré au château de Régennes, sa demeure ordinaire, il y fut atteint d'une maladie qui n'a pas été spécifiée, et il y mourut au bout de quelques jours sur le milieu de la nuit du mercredi au jeudi 27 septembre. Le Chapitre n'apprit d'abord cette triste nouvelle, que par Jean de Marafin, seigneur de Guerchy, abbé commendataire de Bellevaux, qui la tenoit des sieurs de Polizy et d'Eschenetz, frères du prélat ; mais le vendredi 28, le même abbé, accompagné de Philippe de Chastellux, seigneur de Bazarne, allié du défunt, et de Jean Duchié (3), curé de Monéteau, son secrétaire, vinrent certifier à la compagnie la vérité du fait. Le corps du défunt fut amené le même

---

(1) Viole.
(2) *Reg. Cap., sept.* 1554.

(3) On écrivoit alors *Duchié* pour *Duché*.

(a) Il légua aussi au Chapitre un magnifique évangelier décoré de lames d'argent. Mais le Chapitre ne put le recouvrer de ses héritiers qu'après un procès en 1554. — Reg. capit., *Arch. de l'Yonne.* (N. d. E.)

jour à Auxerre, et inhumé dans le caveau qu'il avoit fait pratiquer six ans auparavant, sous un coin du jubé de la cathédrale, et où son oncle étoit déjà enterré. Outre de magnifiques funérailles, il y eut un quarantain célébré solennellement le 6 novembre avec convocation des gens du roi. Sa famille se remettant sur les soins de Jean Thienot, chanoine de Troyes, qui avoit été son grand vicaire pour ses deux abbayes, envoya de Troyes dans le même mois un poêle de velours noir, chargé de ses armoiries, pour couvrir sa sépulture (1). On ne trouva point de testament après sa mort; mais on sut qu'il avoit pris des mesures pour faire tomber ses abbayes entre les mains de quelques-uns de ses parents. On réunit son nom à celui de son oncle, dans les douze obits qu'on célébroit pour lui chaque année (2). Cette réunion commença à avoir lieu le 23 mars 1555 (a).

Ce prélat a été extrêmement loué dans l'abrégé de sa vie écrit par un chanoine de son temps. Cet auteur y touche en général sa libéralité envers les églises, ses aumônes envers les hôpitaux et les pauvres communautés. François de Dinteville mangeoit peu, buvoit fort rarement, ne dormoit guère, travailloit continuellement, étudioit sans relâche, et vivoit comme un vrai philosophe. Outre les arts libéraux, il se connoissoit aussi dans la mécanique ; aimant surtout la peinture, il y avoit toujours chez lui quelque peintre *(b)*. Il étoit ennemi déclaré de l'oisiveté, et rappeloit souvent à ceux de sa compagnie l'adage d'Appelles ; s'il faisoit accueil aux gens studieux, laborieux et

---

(1) *Reg. Cap.*, 17 nov. | (2) *Reg. Cap.*, 1555.

(a) Les parents de l'évêque fondèrent son anniversaire par un acte de l'an 1555 et y attribuèrent 144 livres de rentes. — Le paiement de cette rente ne se faisait pas régulièrement, et le Chapitre fut obligé d'assigner les débiteurs aux requêtes du Palais, à Paris. Un acte du 16 avril 1567 amena le remboursement de cette fondation par mesdames Louise de Rochechouard et Louise de Coligny, veuves, l'une de Guillaume de Dinteville, l'autre de Gaucher de Dinteville, neveux de l'évêque. Marin de Dinteville, abbé de Saint-Michel de Tonnerre et seigneur de Saint-Bris, leur neveu, fut chargé de cette affaire. — *Arch. de l'Yonne*, Fonds des minutes de Notaires.

(*N. d. E.*)

(b) C'est sans doute à un de ces peintres qu'il faut attribuer deux tableaux qui sont placés dans le chœur de l'église de Saint-Bris, et qui figurent saint Etienne et

vigilants, s'il les aimoit et les honoroit, il avoit aussi en horreur les lâches, les fainéants, les gens oisifs et paresseux : il étoit d'une très-foible santé, tantôt attaqué de fièvre ou dyssenterie, tantôt des douleurs de la gravelle et de la goutte. Au milieu de ces infirmités, il se réjouissoit de souffrir en ce monde, pour arriver dans le lieu de rafraichissement. C'est par où l'auteur anonyme finit sa relation, à laquelle j'ai été obligé d'ajouter plus de la moitié des faits qu'il n'a pas rapportés comme étant alors trop nouveaux, et d'une espèce que j'avoue n'être devenue intéressante, que depuis l'éloignement des temps. On peut reconnoître quelques tableaux faits sous son épiscopat et par ses amis, à la représentation de son visage que les peintres se plaisoient à introduire dans le rang des spectateurs. Ainsi est-il tiré dans le tableau de la lapidation de saint Etienne, conservé sur l'autel de la chapelle de Saint-Alexandre au fond de l'église cathédrale, et dans celui du martyre de sainte Eugénie à Varzy, au retable du grand autel de l'église collégiale. Ces deux tableaux passent pour être de la façon de Félix Chrétien, chanoine, qui transcrivit l'abrégé de sa vie dans le livre manuscrit des évêques conservé au trésor littéral du Chapitre. L'église de Saint-Eugénie de Varzy, dont je viens de parler, eut grande part à ses libéralités. Il l'enrichit de plusieurs ornements; en 1537 il y fit construire les orgues, le grand autel avec ses accompagnements, et la voûte qui est au-dessus. On attribue à l'auteur des tableaux les quatre distiques qui suivent, lesquels paroissent dans quelques manuscrits :

> Is Præsul cujus liber hic dat splendida gesta
> Immeriti pœnas pertulit exilii.
> Vidit eum insontem testisque comesque laborum.
> Felix a Christi nomine nomen habens.
> Vidit, et est ipsum casu comitatus in omni
> Mœstitiæque comes, lætitiæque comes.
> Cui cum non posset majora rependere dona
> Istud scriptura nobilitavit opus (1).

---

(1) *Ex Ms.* D. Bouhier, *præsid. divion.*

saint Germain. Ces deux tableaux, qui ont servi de bannières, portent les armoiries de M. de Dinteville; ils sont médiocres, mais cependant intéressants pour les costumes. (*N. d. E.*)

Cet écrivain de l'éloge de François de Dinteville avoit commencé par être enfant de chœur dans la cathédrale, ainsi que j'ai vu par les registres ; et il avoit tellement gagné la bienveillance du prélat par la délicatesse de sa main dans l'écriture et la peinture, qu'il parvint à être chanoine. On apprend, par ces vers, qu'il avoit été son commensal, et que, s'il n'étoit pas auteur de la vie de François de Dinteville, au moins il en étoit le copiste (a).

Malgré tout ce que j'ai dit après l'auteur à la louange de cet évêque, je me crois obligé, pour ne rien taire, de rapporter ce qu'en dit Pierre de Saint-Julien. Cet historien le blâme de ce qu'étant le principal élu aux états de Bourgogne, auxquels présidoit Claude de Lorraine, duc de Guise, gouverneur pour le roi en cette province du temps de Henri II, et qu'étant chargé de porter la parole et de répondre que la Bourgogne consentoit de payer sa part du taillon que le roi vouloit lever sur toute la France, à raison du trentième denier, il ne suivit pas cette résolution des trois Etats, et que sachant qu'il avoit été résolu au conseil privé que la Bourgogne payeroit le seizième denier, il répondit que les Etats s'y soumettoient. Cela ne fut pas plus tôt venu à la connoissance des autres députés, qu'ils conclurent de lui faire signifier un désaveu ; mais il étoit déjà sorti de Dijon avec le gouverneur de la province. Sa réponse fut cause, dit-on, que depuis ce temps-là la Bourgogne fut cotisée sur ce pied du seizième denier ; et l'on en eut un tel ressentiment dans la province que, quoique les évêques d'Auxerre envoyassent aux Etats de leur part, on ne voulut plus recevoir leur député. Guillaume Paradin, parlant d'Auxerre dans son livre *de antiquo statu Burgundiæ* de l'an 1542, qualifie François de Dinteville, alors vivant, d'évêque *très-pieux*. On a des preuves qu'il exerçoit une grande sévérité envers ceux qu'il trouvoit occupés à détruire

---

(a) Il nous semble que rien ne s'oppose à ce qu'on regarde Félix Chrétien comme l'auteur de la vie de l'évêque Fr. de Dinteville. Ce personnage, artiste-peintre et capable de faire des vers (On lit, en tête de ceux que rapporte Lebeuf : *Felicis Christiani ad lectorem carmen.*) a bien pu composer la vie de son maître. — On lit sur le manuscrit du *Gesta*, au bas de cette biographie : *Toujours feray Felix Chrestien* 1566. (*N. d. E.*)

ce qui lui appartenoit ; l'absolution qu'il obtint du pape l'an 1543, suppose qu'il avoit usé d'une punition excessive (1), et qu'il se repentoit de s'être laissé trop emporter à la colère (*a*).

CHAPITRE III.

Des deux évêques d'Auxerre tirés de la maison de Lenoncourt.

ROBERT DE LENONCOURT, XCIII ÉVÊQUE D'AUXERRE.

La vacance du siége épiscopal d'Auxerre ayant commencé à la fin de septembre 1554, le Chapitre qui a de droit l'administration du

(1) *Voy.* les Preuves des lib. de l'Egl. gall. p. 16 3 et 164.

(*a*) Le fait dont parle Lebeuf est probablement relatif à un nommé Thomas Godon, qui est mentionné dans les pièces d'un procès entre M. de Dinteville et l'évêque de Lavaur. (Ms Dupuy, Bibl. nat.) Ce Godon était un garde-chasse que M. de Dinteville avait fait inhumainement crucifier, pour avoir vendu à son insu quelques oiseaux de fauconnerie. (Ste-Palaye, Mém. histor. sur la chasse note 5.) L'évêque veut que les lettres qu'on lui a accordées soient de déclaration et non d'abolition ; ce mot est trop mal sonnant pour sa dignité, et il se plaint de l'évêque de Lavaur dans cette affaire.
— C'est sous l'épiscopat des évêques du nom de Dinteville que furent reconstruites un grand nombre d'églises des paroisses du diocèse. Les grands travaux de la cathédrale avaient amené dans le pays des *maîtres-des-œuvres*, des sculpteurs, des maçons, qui répandirent leurs œuvres de tous côtés. On remarque surtout au sud-ouest d'Auxerre une suite d'églises qui semblent coulées dans le même moule, à la richesse près. C'est le style ogival flamboyant complet. Les dais, les clochetons, les feuillages contournés, les moulures prismatiques annoncent la première moitié du XVIe siècle, en même temps que la décadence et la fin de ce style d'architecture qui devait fleurir avec le moyen-âge et mourir avec lui.
Nous citerons quelques-uns de ces édifices : le sanctuaire et le chœur de Saint-Eusèbe d'Auxerre (1530); la tour de Saint-Père de la même ville (fondée en 1536); Chevannes, Ouannes, Molême, Thury (riche portail de 1521, dont le marché est aux Preuves, t. IV); Lainsecq, Perreuse, Sainte-Colombe, Etais, Treigny (surnommée la cathédrale de la Puisaye), etc. Dans le Nivernais, Surgy, Colmery (1536); Saissy-les-Bois (1548) Ciez, Bitry, Dampierre, Cosne, etc. (*N. d. E.*)

temporel et du spirituel (a), aussitôt après la mort de l'évêque, créa des officiers (1). Les archidiacres soutinrent que c'étoit à eux à instituer des officiaux chacun dans leur détroit ; cependant le Chapitre nomma, en attendant, pour official principal, Almaric de Talon, chanoine, et le doyen Florent de la Barre, qui en avoit alors un pour la banlieue d'Auxerre, se choisit Germain de Charmoy. La régie du temporel de l'évêché ne se passa point si tranquillement, non plus que la collation des prébendes. On essaya d'introduire pour le roi, dans l'église d'Auxerre, le droit de régale, dont Philippe-Auguste l'avoit affranchie ; ce qui lui avoit été tant de fois confirmé, et nouvellement encore par un arrêt du parlement du 23 mars 1513. Le Chapitre se donna tous les mouvements nécessaires pour soutenir le droit ecclésiastique ; il employa même le crédit du cardinal de Plaisance, légat en France ; et le parlement, informé de la possession du Chapitre d'Auxerre, ne tarda pas à l'y maintenir par un nouvel arrêt (2). Deux contendants se disputèrent une prébende de la cathédrale : l'un nommé Jean Sonnoys étoit aux droits de Michel l'Enfant, secrétaire du roi, pourvu par Henri II en 1554, et l'autre nommé Jacques Boucher, pourvu par le Chapitre, le parlement adjugea la prébende à ce dernier, le 23 mars 1559 avant Pâques (3). Deux évêques *in partibus* suppléèrent aux fonctions du ministère épiscopal, savoir : Filbert de Beaujeu, évêque de Bethléem,

---

(1) *Reg. Cap.*, 28 sep., 2 et 3 oct.
(2) *Reg. Cap.*, 24 avril 1556.

(3) *Regist. parlam. Reg. Cap.*, 1554, 24 nov.; 1 déc. 1556, juin 5, 12 et 23.

(a) Pendant la vacance du siége épiscopal, le Chapitre prit des décisions sur divers objets qui sont devenus des faits historiques.

Le 11 mai 1555, on permet la publication des indulgences des moines de Morigny dont le monastère venait d'être ruiné, ainsi que cette ville. Les chanoines de Térouanne obtiennent la même faveur ; mais les quêteurs ultramontains sont repoussés par ordre formel du roi, à moins que les bulles qui les autorisent ne soient visées à Paris.

La peste sévissait à l'hôpital de la Madeleine au mois de juin 1555. Le Chapitre décide que, pour empêcher autant qu'il est en son pouvoir aux pauvres et aux malades de vaguer dans les rues, il donnera 100 sous par semaine d'aumône. — Le chapelain de l'hôpital s'étant enfui, il en nomma un autre.

pour les ordinations en 1554, et Frère Philippe (1), évêque de Philadelphie, pour les visites du diocèse en 1556, avec Jacques de la Halle, chanoine, docteur; le nouveau doyen, François de la Barre, fut commis le lendemain de la réception pour présider, la même année, au synode du diocèse, ayant à ses côtés les deux archidiacres. Le délai de celui qui étoit pourvu de l'évêché, donna occasion au Chapitre d'entamer, la même année, une affaire qui étoit de la compétence épiscopale. C'étoit l'examen d'une épine, apportée depuis peu de la Brie au village de Courgis sous le nom de sainte épine de la couronne de Notre-Seigneur. Jacques de la Halle, docteur official, et le chanoine Jean Sevin, curé de cette paroisse, furent députés pour l'examiner sur les lieux; mais malgré les miracles qu'on rapporta y avoir été opérés, comme elle avoit été exposée par le vicaire sans la participation du Chapitre (2), l'official ordonna qu'en attendant le jugement du futur évêque, elle seroit séquestrée.

Pendant que le Chapitre prenoit soin du spirituel et du temporel de l'évêché, il fut quelquefois trompé dans les espérances qu'il avoit d'en être bientôt déchargé. On crut, dès le mois d'octobre 1554, avoir pour évêque Jean de la Rochefoucauld, que l'on qualifioit abbé de Saint-Amand; et le 21 de ce mois, lorsqu'il passa par la ville avec Charles de Lorraine, on députa les dignités et les anciens pour lui faire un présent et lui parler du droit de la régale (3). Au mois de mai 1556, le Chapitre reçut des lettres de cet abbé où il se qualifioit *nommé à l'évêché d'Auxerre*. Les chanoines envoyèrent à Fontainebleau quelques-uns de leur corps pour traiter avec lui. Il persistoit à prendre le titre de nommé à cet évêché dans des lettres postérieures, et on compta même de certaines sommes avec ses receveurs (4). Mais cet évêque, quoique véritablement nommé, manqua encore à l'église d'Auxerre; aussi, dans le bail qu'il fit, pour six années, du revenu de son évêché à Etienne Janneau, marchand d'Auxerre, en 1555, il apposa la clause

---

(1) Ce Frère Philippe étoit, à ce que je pense, Mathurin; il est enterré aux Mathurins de Paris.

(2) *Reg. Cap.*, 1556, 22 et 29 maii, 1 junii, 26 junii, 5 julii.

(3) *Reg. Cap.*, 1554, 16 octob.

(4) Du Peyrat, en ses Antiq. de la Chapelle du roi, p. 48, semble distinguer l'évêque d'Auxerre d'avec l'abbé de Saint-Amand.

1554 à 1560. conditionnelle, *si tant est qu'il soit évêque et non autrement*. Il est certain qu'il toucha des revenus de l'évêché d'Auxerre (1) puisqu'en décembre 1576 le Chapitre lui demanda les ornements qu'il devoit à l'église (2). Tous ces délais ne servirent qu'à transmettre l'évêché d'Auxerre dans une famille alliée aux Dinteville. Le cardinal Robert de Lenoncourt, qui avoit été évêque de Châlons et qui alors étoit archevêque d'Embrun, fut nommé pour remplir le siége épiscopal de notre ville (3). Il étoit fils de Thierry de Lenoncourt, seigneur de Vignory et neveu d'un célèbre abbé de Saint-Remi de Reims, dont il portoit le nom. Je ne doute point que Louis de Lenoncourt, qui avoit épousé Jeanne de Dinteville, nièce du défunt évêque, ne fût de ses parents.

Le premier acte où il soit mention de lui, est un endroit des registres capitulaires du 7 décembre 1556. On voit qu'il écrivit au Chapitre pour avoir copie de tous les règlements faits au sujet de la prise de possession des évêques d'Auxerre et de leur entrée solennelle. Il n'est cependant resté aucun vestige de la manière dont ces cérémonies se passèrent à son égard, sinon que Gaspard Damy, son official, s'étant présenté en Chapitre, le 15 mars suivant auquel on comptoit encore 1556 en France, avec les bulles de sa translation à Auxerre, datées du 30 octobre précédent, il prit ensuite possession pendant l'office par l'installation dans la chaire de pierre du côté droit du sanctuaire et dans la stalle du chœur, après quoi il prit aussi possession du palais épiscopal et de l'officialité (4). Il se trouve aujourd'hui fort peu d'actes qui prouvent la résidence de cet évêque à Auxerre. Presque tous sont datés de Régennes ou de La Charité-sur-Loire ou bien de Paris (5).

---

(1) On apprend, par les registres de Saint-Martin-de-Tours, que ce Jean de la Rochefoucauld permuta l'évêché d'Auxerre pour l'Abbaye de Cormery, que possédoit Robert de Lenoncourt. Il fut reçu en cette qualité d'abbé par procureur, au Chapitre de Saint-Martin-de-Tours, le 18 décembre 1557.

(2) *Reg. Cap.*, 24 déc. 1576.

(3) Selon le registre de son secrétariat que j'ai trouvé à Paris, dans l'abbaye de Saint-Germain, il prenoit encore le titre d'archevêque d'Embrun, le 3 février 1556, mais, le 4 mars suivant, il prenoit le titre d'évêque d'Auxerre dans les provisions qu'il fit expédier à Paris du canonicat de Jean Bouchet, chanoine de la cathédrale, mort pendant la vacance du siége, en faveur de Michel Lenfant, clerc sénonois, avec la clause du droit à lui appartenant par titre de Philippe-Auguste. Dans des provisions du 28 mai 1557, il est dit abbé de Notre-Dame-de-Chehery, Ordre de Citeaux, au diocèse de Reims.

(4) *Ex autographo*.

(5) *Ex actis dispens. anni* 1557 *et provis. canonic. Reg. Cap.*, 5 febr. 1557.

Tel est celui du 13 juin 1557, daté de Régennes, par lequel s'excusant de ce qu'il ne peut faire sa résidence dans le diocèse, il revêt de la qualité et du pouvoir de vicaire-général, Gaspard Damy, prêtre Châlonnois, qu'il avoit continué son official (1), de même qu'il l'étoit à Metz. Il eut encore un autre vicaire-général appelé Etienne Deschamps, et un troisième pour Gien et pour le voisinage, savoir, Jean de Longueil, chanoine de la collégiale. Le 22 avril 1557, après Pâques, il constitua Jean de Lenoncourt, son neveu, abbé d'Essomes, pour le représenter aux états de Bourgogne, et au mois d'octobre de la même année, pareille commission de sa part à Bérenger Bérault. Dans le registre des actes de son temps conservé à Saint-Germain-des-Prés, on remarque en 1557 une poursuite contre Aymar de Prie, pour l'hommage de la baronnie de Toucy ; un aveu qui lui fut fait par Etienne le Muet, chanoine et pénitencier d'Auxerre, pour des biens situés à Varzy ; procuration de sa part, pour passer accord avec Guillaume de Dinteville, seigneur des Chenets, et Charlotte, dame de la Motte-Tilly, héritiers de son prédécesseur, où il eut soin de faire insérer que l'édifice du portail du château de Varzy, par lui commencé, seroit achevé aux dépens de la succession. Les endroits du même registre, qui indiquent de sa part l'acquit de quelques fonctions spirituelles de l'épiscopat, se réduisent à la tonsure qu'il donna à Varzy, dans la chapelle du château, le 2 janvier 1557, et le 6 juin précédent, à Pontigny, où il étoit souvent.

Le Chapitre lui députa à Régennes, le onzième jour d'août, trois dignités pour le remercier de lui avoir procuré la permission d'une coupe de deux cents arpents de bois dans la forêt de Merry (a). On lui

---

(1) *Reg. Cap.*, 11 aug. 1559 et 25 sept.

(a) Cette coupe servit aux travaux de la tour de la cathédrale.
Le Chapitre publia en 1556 une pancarte contenant l'énumération de toutes les indulgences accordées par les papes et par les évêques d'Auxerre, pour l'achèvement de la cathédrale. Il la fit suivre de l'approbation de Mgr de Lenoncourt ; c'était le moyen usité alors pour la construction de ces vastes et admirables basiliques. $\frac{2\,G}{8}$. *Voy.* Preuves, t. IV, n. 438. (*N. d. E.*)

réitéra les mêmes remerciements au mois de septembre suivant, lorsqu'il étoit à son prieuré de La Charité-sur-Loire, d'où sont datées les provisions de prébendes de la cathédrale, du mois de septembre et 23 octobre. Il resta un temps considérable dans ce monastère et à Varzy, avec le dessein d'aller bientôt plus loin et de faire le voyage de Rome. C'est ce que l'on apprend par l'acte de la seconde réception du chanoine à qui il avoit conféré une prébende, le 23 octobre 1557. Son nom étoit Antoine Boitel ; il étoit prêtre du diocèse d'Amiens et son commensal. Cet ecclésiastique se présenta, en personne, le 11 février 1558, environ quinze mois après la notification de ses lettres de commensalité ; mais il ne put paroître en Chapitre sans avoir auparavant obtenu la permission de conserver sa barbe : il allégua qu'il étoit obligé de la laisser croître à cause du voyage de Rome, auquel le cardinal, évêque d'Auxerre, l'avoit engagé, et on lui permit de se faire installer avec sa longue barbe, sans tirer à conséquence pour la suite. Ce cardinal faisoit sa demeure tantôt dans l'un de ses bénéfices et tantôt dans l'autre, et même à Moutier-en-Argonne, abbaye possédée par son neveu Philippe ; de là sont datées, le 7 décembre 1558, des provisions qu'il donna à Jean Paydet, Châlonnois, d'une prébende de Notre-Dame-de-la-Cité. Le 3 février suivant qu'on comptoit encore 1558 en France, le doyen et Pierre du Broc, chanoine, lui exposèrent au nom du Chapitre l'intention qu'avoit la compagnie de bâtir à neuf la chapelle de Notre-Dame-des-Vertus, à côté de la basse tour vers le midi de l'église cathédrale, et le prièrent d'obtenir à Rome des indulgences en forme de jubilé, semblables à celles que son prédécesseur en avoit apportées. Les députés en même temps, lui parlèrent de la rente due à l'église pour la maison épiscopale, et le prièrent d'en passer reconnoissance. Le cardinal de Lenoncourt étoit alors dans son diocèse cette même année ; il fit rendre foi et hommage de la baronnie de Toucy, par Aymar de Prie (1). Celui-ci, dès l'an précédent, avoit exhibé au prélat l'arrêt qui lui adjugeoit cette terre. Pendant son voyage de Rome, il ne se passa rien de considérable concernant son diocèse, sinon l'examen que Gaspard Damy, l'un de ses vicaires-généraux, fit de la sainte Épine de Courgy, et

(1) Viole.

l'approbation qu'il lui donna. On prétend qu'avant son départ il avoit donné ordre qu'on transportât des prisons de la ville de Metz dans celles d'Auxerre, un nouvel hérétique nommé Guillaume Palisseau (1). Il est néanmoins certain que dès ce temps-là il avoit résigné l'évêché d'Auxerre à son neveu Philippe de Lenoncourt, lequel, en attendant ses bulles, fit l'office de vicaire-général (2). Au moins conféra-t-il en cette qualité, le 18 juin 1559, une prébende de la cathédrale, et visita, le 14 juillet, l'abbaye de Crisenon. Ce qu'il y eut de singulier dans cette résignation faite en cour de Rome, en faveur de Philippe de Lenoncourt nommé par le roi, fut que le pape Paul IV fit expédier des lettres *motu proprio* et sans aucune demande précédente, par lesquelles il permettoit à Robert de Lenoncourt de recevoir le revenu des terres de Régennes, Varzy et Cône, pour mieux soutenir sa qualité de cardinal et celle d'archevêque d'Arles qu'il venoit de lui conférer (3), outre les abbayes et les prieurés qu'il avoit et dix mille livres de pension sur l'évêché de Metz. En même temps, le souverain pontife lui donnoit pouvoir de conférer les bénéfices du diocèse d'Auxerre, comme s'il en eût été encore évêque. Ces bulles sont du 7 février 1559, et selon le calcul de France 1558, avant que Robert eût fait le voyage de Rome. Elles furent adressées au grand archidiacre de Châlons et à Pierre Mariau, chanoine de Paris, qui eurent ordre de le maintenir dans tous les droits qui y étoient énoncés. Il en usa : on voit que le 7 juillet 1560, demeurant à Paris, dans la maison des évêques de Châlons (4), il y conféra une prébende de la cathédrale, requise par un mandataire, sur l'évêché d'Auxerre (5), et cependant en d'autres provisions données quelques jours après à un résignataire (6), il prend la qualité de prince et archevêque d'Arles (7). Je n'ai point marqué le nom des abbayes

---

(1) Hist. de Metz de Meurisse, p. 134.

(2) Les lettres par lesquelles il l'établit son vicaire-général, portent ces mots : *Nuper episcopo Catalaunensi*. Elles sont datées de Régennes, le 29 mars 1558, auquel on comptoit à Rome 1559. Dès le 10 du même mois, il avoit fait expédier les mêmes pouvoirs à l'évêque de Philadelphie : *Dilecti in Christo fratri nostri episcopi Philadelphensis*.

(3) Tout ceci est tiré du registre de Saint-Germain-des-Prés.

(4) *È regione cemeterii S. Nicolai à Campis. Regist. septemb.* 1560.

(5) *Regist. Cap.*, 12 *julii* 1560.

(6) *Ibid.*, 13 *julii*.

(7) Dans son registre, il commence à prendre le titre d'*episcopus Sabinensis et Autissiodorensis*, le 5 avril 1559 avant Pâques, et à la fin du même mois, auquel on comptoit 1560, il se qualifie archevêque d'Arles, confère comme *episcopus Sabinensis ac nuper episcopus Autissiodorensis... Petro*

148

qu'il posséda en même temps ou successivement ; cela n'est point de mon histoire. J'ajouterai seulement qu'étant évêque de Metz, il se disoit cardinal du titre de Saint-Apollinaire, et depuis qu'il fut évêque d'Auxerre, il prit pour son titre celui de Sainte-Cécile ; des actes originaux signés de sa main en font foi. Il aliéna nombre de biens dépendant du prieuré de La Charité (1) et fit couper la forêt de Bertrange, qui étoit de haute futaie ; cette dernière circonstance a donné occasion de dire que le jugement universel devoit se tenir dans cette forêt, parce que le cardinal y avoit laissé assez de troncs ou fausses billes pour y asseoir les ressuscitants.

On voit ses armoiries au portique du château de Régennes, sous lequel on passe pour entrer dans la première cour ; et ce qui paroît moins ancien dans ce premier corps de logis passe pour être de son temps (a).

PHILIPPE DE LENONCOURT, XCIV^e ÉVÊQUE D'AUXERRE.

Dans un acte du 22 octobre 1558, Philippe de Lenoncourt prend la qualité d'évêque d'Auxerre ; c'est une reconnoissance donnée à Gaspard Damy, chanoine, vicaire-général, et à Etienne Deschamps, chantre et chanoine de la cité, comme c'est pour lui faire plaisir qu'ils se sont obligés à de grosses sommes envers Charles Grillet, chanoine et archidiacre de Puisaye, et François le Prince, marchand bourgeois d'Auxerre. L'acte est dans une forme trop authentique pour être révoqué en doute ; cependant Robert de Lenoncourt donna des provisions de bénéfices pour le diocèse d'Auxerre, jusque bien avant dans l'année 1560. Des

Versoris, clerico Parisiensi ecclesiam S. *Lupi de Bléneau* : datum Lutetiæ, 26 juin 1560. Et comme archevêque d'Arles, *nec non* nuper ep. *Autiss.* des canonicats, des chapelles, durant la suite de la même année.

(1) Bernot, Hist. de la Charité, p. 52.

(a) L'évêque Robert de Lenoncourt mourut dans son prieuré de La Charité-sur-Loire, au mois de février 1561. Son corps, inhumé dans le chœur de l'église, fut jeté dans la Loire par les huguenots, maîtres de la ville, en 1569.   (N. d. E.)

faits si contraires se concilient en disant que l'oncle avoit traité avec le neveu, dès l'an 1558, mais que ce traité ne fut connu que par les personnes nommées dans l'acte en question, et qu'il n'eut son effet que lorsque Robert, retourné de Rome, fut archevêque d'Arles (1). Robert étoit apparemment assuré de la bonne intention du roi pour tout ce qui le regardoit, et en particulier de la nomination de son neveu Philippe à l'évêché d'Auxerre. Rouvier, auteur de la vie de Philippe (2), croit que ce qui influa le plus à donner cette espérance à Robert, fut en ce que ce prince lui avoit obligation de ce que, quelques années auparavant, la ville de Metz, dont il étoit évêque, étoit retournée sous sa domination. Philippe ne fut donc que très-peu de temps évêque de Châlons après son oncle ; son inclination le porta à se rapprocher d'Auxerre, dont il savoit que la chaire épiscopale lui étoit assurée. Il étoit né en 1527, au château de Coupvray, entre Meaux et Lagny, de Henri de Lenoncourt, seigneur de ce lieu et de Baudricourt, baron de Vignory, chevalier de l'Ordre du roi, gouverneur de Valois, bailli de Vitry, etc., et de Marguerite de Broyes, dame de Nanteuil, Pacy et autres lieux. Son père qui avoit les bonnes grâces d'Antoine de Bourbon, duc de Vendôme, depuis roi de Navarre, le produisit auprès de ce prince (3). Il fut ensuite à Rome, où les Italiens le trouvèrent le plus beau chevalier françois qu'ils eussent vu depuis longtemps. Au retour, il embrassa l'état ecclésiastique et tint quelques abbayes en commande. Certains auteurs, qui lui en donnent trois ou quatre, oublient celle d'Épernay qu'il posséda au moins dès l'âge de vingt et un ans. Ce fut apparemment la première abbaye dont il jouit, puisque Léger du Chêne, résidant à Toulouse, lui dédiant en 1548 son ouvrage sur la piété des fils envers leurs pères, le qualifie simplement abbé d'Épernay. Nonobstant tous ces bénéfices, il prit possession de l'évêché d'Auxerre en 1560. La description de la cérémonie fut rédigée alors fort au long à la réquisition d'Edme Vincent, son bailli, pour tenir lieu de celles des précédents évêques, ou qui avoient manqué des solennités ordinaires ou qui n'avoient pas été écrites. Comme le laps du temps introduit du changement, on y apercevra

---

(1) Il est dit évêque d'Auxerre dans les registres du Vatican, au 7 février 1560.

(2) *Reomaus*, cap. 2.
(3) Rouvier *in Reomaus*.

certains usages que les précédentes réceptions ne marquoient pas, du moins à l'égard des fonctions de l'archidiacre de Sens.

L'après-midi du dimanche 8 décembre 1560, le prélat partit de Régennes. Antoine de Melphes, évêque de Troyes, Jean de Lenoncourt, abbé d'Essomes, Laurent Petitfou, abbé de Saint-Père d'Auxerre, François de la Barre, doyen de la cathédrale, Jean de Marafin, abbé de Bellevaux, Henri de Lenoncourt, son frère, Jean de la Rivière, seigneur de Seignelay, François de Marafin, sieur d'Avigneau, Georges de Lenfernat, seigneur de Pruniers, et plusieurs autres ecclésiastiques de distinction et gentilshommes l'accompagnoient tous à cheval. Les officiers de sa cour ecclésiastique vinrent les premiers au devant. Germain de Charmoy, vice-gérant de l'official, porta la parole; parurent ensuite les officiers de la justice séculière qui parlèrent par l'organe de Guillaume du Broc, sieur des Granges, bailli de Varzy, Sacy et Gy-l'Evêque. Vers l'endroit des Chesnées, arrivèrent les magistrats de la ville et les élus avec une multitude de citoyens, représentant le corps de ville, au nom duquel Jacques Chalmeaux, prévôt, le complimenta. Proche la chapelle Saint-Siméon, se présentèrent les curés et les vicaires venus en procession, revêtus de chapes, avec les Jacobins et les Cordeliers. En ce lieu on lui offrit la croix à baiser, il descendit de sa mule, entra dans la chapelle de Saint-Siméon, se revêtit de son rochet et bonnet rond, et continua sa route. Il trouva proche la chapelle Notre-Dame-de-Lorette, le présidial avec grand nombre d'avocats. Girard Rémond, ancien des conseillers, en l'absence des lieutenants-généraux harangua le prélat. La porte de Saint-Siméon étoit ornée de ses armoiries avec cette sentence : *Benedictus qui venit in nomine Domini*. Entré dans la ville, il fut à Saint-Germain, où les religieux, revêtus de chapes, le reçurent. Le prieur, nommé Pierre Passelière, lui fit un compliment en latin, et le prélat répondit de même. Mais ce prieur l'ayant requis de toucher un livre, et de jurer dessus qu'il conserveroit l'abbaye dans ses privilèges, il répondit qu'aucun de ses prédécesseurs n'avoit fait ce serment, et ne le fit point; cependant il fut introduit au chant du *Te Deum* jusque devant le grand autel, où il fit sa prière; de là, conduit au logis abbatial. On y disputa sur le droit de procuration, les religieux prétendant en avoir été exemptés par Urbain V ; l'évêque et ses officiers soutenant qu'ils le devoient, ou qu'ils étoient tenus de payer un marc d'argent. Les religieux produisirent une sentence arbitrale d'un abbé de Vézelay, qui les déclaroit n'être obligés qu'à le recevoir en chapes à l'entrée de l'église : mais elle fut rejetée n'étant pas signée ; l'examen du surplus fut remis à un autre temps. Le lendemain, fête de la Conception de la Sainte-Vierge, remise du jour précédent, les députés du comte d'Auxerre et des trois barons, ayant comparu au palais épiscopal, se rendirent ensuite au sanctuaire de l'église de Saint-Germain, savoir : Girard Rémond, doyen des conseillers au bailliage d'Auxerre, et Claude d'Heu, procureur du roi, pour et au nom du roi François II, comme jouissant du comté d'Auxerre; Jean de Chelles, écuyer, seigneur du Renard, maître-d'hôtel du duc de Nevers, baron de Donzy, avec protestation que son acte de comparution ne pût préjudicier au droit du duc de Nevers sur le comté d'Auxerre, René de Pernay, écuyer, sieur de Pernay et de la Bretauche, pour ledit duc de Nevers, en tant que baron de Saint-Verain, René de Prie, au nom d'Aymar de Prie, son père, baron de Toucy, avec protestation de ne point préjudicier au procès pendant aux requêtes, au sujet du droit de retenue que l'évêque prétendoit sur cette baronnie. Le nouveau prélat les voyant disposés à le porter dans sa chaise, se contenta de la soumission, déclarant que ce seroit sans tirer à conséquence. Il alla à pied jusqu'à l'église cathédrale par la grande rue, précédé de tout le clergé séculier et régulier, accompagné à droite et à gauche des députés des quatre vassaux. Proche d'eux étoit portée, par quatre hommes robustes, la chaise élevée et ornée, pour marque de l'ancien droit, et il ne s'assit dessus que lorsqu'on fut arrivé proche la cathédrale, auquel temps il se fit porter pendant un certain espace de chemin. Ce relâchement sur l'ancien usage en ce point parut compensé par une autre cérémonie, qu'on n'avoit point encore vue dans les précédentes entrées des évêques (1). Toussaint du Mont, chanoine de Sens, commis par Nicolas Cardinau, grand-archidiacre de Sens, crut que l'installation commençoit dès le moment que le nouvel évêque s'asseyoit à Saint-Germain dans le fauteuil portatif; et il l'y installa même avec des paroles choisies dans l'Écriture-Sainte,

---

(1) Procès-verbal de l'archidiacre de Sens.

quoique l'évêque n'eût pas intention de se servir alors de ce fauteuil. Le Chapitre en chapes reçut le pontife à la grande porte de l'église qui étoit fermée, et le doyen l'ayant harangué, lui fit prêter le serment accoutumé; après quoi le délégué de l'archidiacre le fit entrer, disant: *Ingredere igitur benedicte Dei*, et on chanta le *Veni Creator*. Étant arrivé au chœur, il lui présenta une des cordes du petit clocher, avec une formule aussi nouvelle que la présentation de cette corde (1). Le même vice-gérant de l'archidiacre lui fit baiser l'autel, et l'installa à la chaire de pierre au côté droit du sanctuaire, usant en tout cela de formules choisies; après quoi l'orgue et le chœur chantèrent le *Te Deum*. Et le nouveau pontife donna ensuite la bénédiction au peuple et officia à la grand'messe. Depuis longtemps cette cérémonie ne s'étoit faite d'une manière si complète. Elle fut suivie d'un magnifique repas, auquel assista tout le clergé de la cathédrale.

Le lendemain de cette réception, le Chapitre députa deux dignités et deux chanoines pour prier le nouvel évêque et celui de Troyes, qui l'avoit accompagné, de renfermer dans une nouvelle châsse d'argent les reliques de saint Chrysanthe (2). Si Philippe de Lenoncourt fit cette cérémonie (ce qu'on ignore) c'est peut-être le seul acte important et mémorable concernant l'église cathédrale, qu'il ait fait durant deux années et demie de son épiscopat. Un procès contre le duc de Guise l'occupa considérablement. Le roi de Navarre, qu'il aida de ses conseils, lui emporta aussi beaucoup de temps. Dans ces embarras, il eut pour vicaire-général Gaspard Damy, que son oncle, le cardinal de Lenoncourt, avoit amené de Châlons, et le diocèse ne fut pas moins soigné que si l'évêque avoit veillé immédiatement. D'ailleurs, au commencement des troubles causés par les calvinistes, le Chapitre de la cathédrale partagea une partie de la sollicitude pastorale, comme on peut voir dans l'histoire de ces troubles imprimée en 1723. Le duc de Guise avoit acheté de Marguerite de Broyes, mère de Philippe de Lenoncourt, la terre de Nanteuil-le-Haudoin, au diocèse de Meaux. Philippe voulut rentrer dans

---

(1) Selon les anciens procès-verbaux, c'étoit une corde de sonnette que l'évêque tiroit à la grande porte de l'église pour la faire ouvrir. Il faut observer ici que les cordes du petit clocher de la cathédrale d'Auxerre aboutissent à l'aigle du chœur, comme dans la cathédrale de Chartres.

(2) *Reg. Cap.*, 10 dec. 1560.

ce bien. Son crédit auprès du roi de Navarre, peu ami du duc de Guise, ne fut pas inutile dans cette affaire. Il servit aussi à empêcher, par le moyen de ce prince, la tenue d'un concile national qui avoit été demandé par le chancelier de France après le colloque de Poissy. Le pape, qui appréhendoit ce concile, fit agir le roi d'Espagne auprès du roi de Navarre, qui étoit lieutenant-général du royaume sous Charles IX. Le cardinal de Ferrare et les Guises songèrent à amuser le roi de Navarre, et, par la voie du maréchal de Saint-André, ils firent entendre aux deux plus grands confidents de ce prince, qui étoient l'évêque d'Auxerre et François d'Escars, que s'il répudioit Jeanne d'Albret, sa femme, huguenote, il pourroit devenir roi d'Angleterre et d'Écosse. Un historien judicieux (1) rend, à cette occasion, un témoignage qui marque la droiture de notre prélat, et qui le disculpe suffisamment. « Philippe de » Lenoncourt, dit-il, ayant l'âme aussi noble que la naissance, mais » l'esprit un peu facile, et d'ailleurs enivré de cette vanité courtisane, » pouvoit être plus aisément trompé que corrompu. » Lorsque le roi Charles IX eut quitté Fontainebleau pour venir demeurer à Paris conformément au désir du parti catholique, l'évêque d'Auxerre fut admis au conseil en considération de la faveur où il étoit auprès du roi de Navarre, et il porta ensuite ce prince à s'unir au duc de Guise et au connétable Anne de Montmorency, plutôt qu'au prince de Condé, son frère. De là l'origine des calomnies dont les huguenots essayèrent de noircir la réputation de Philippe de Lenoncourt. En conséquence d'une lettre qu'il écrivit aux chanoines d'Auxerre, ils firent, en 1561, le mercredi d'après Pâques, des prières pour les besoins de l'État, et commencèrent par une procession solennelle ; son absence du pays l'empêcha d'y assister. On le trouve présent à la procession faite à Paris, le 14 juin 1562, pour réparer les outrages que les huguenots avoient commis dans l'église de Saint-Médard. Prévoyant la longueur de son absence, et ne voulant pas que son diocèse fût frustré dans des temps si périlleux, des avantages de la visite d'un évêque, il constitua son vicaire-général à cet égard, François Menjart, évêque de Négrepont. Ses pouvoirs sont datés de Paris, le 27 mai 1562, jour auquel Philippe de

---

(1) Grand Mézeray, sur Charles IX, p. 68

1560 à 1563. Lenoncourt établit Gaspard Damy, son vicaire-général, pour ce qui regardoit son prieuré de La Charité-sur-Loire, qu'il avoit eu de son oncle, en lui cédant celui de Nanteuil. Ce même chanoine est nommé dans le procès-verbal de la coutume d'Auxerre, comme chargé de le représenter dans l'assemblée des trois États de l'Auxerrois, qui se tint, pour en faire la rédaction, au mois de juin de l'an 1561.

Ce fut au plus tard pendant l'automne de l'année 1562, un peu avant la mort du roi de Navarre (1), que Philippe se voyant obligé de rester en cour, quitta l'évêché d'Auxerre. On en juge par la date des bulles de son successeur qui sont du 10 décembre de la même année. Il traita de cet évêché avec le cardinal de la Bourdaisière, qui lui donna l'abbaye de Rebais, se retenant sur ce bénéfice une pension de mille livres. Depuis ce temps aucun monument de l'église d'Auxerre ne fit mention des Lenoncourt, qui ne la gouvernèrent que comme en passant. Philippe vécut encore trente ans après. Il fut chancelier de l'Ordre des chevaliers du Saint-Esprit et mourut archevêque de Reims. Il ne resta dans Auxerre de souvenir de ces deux Lenoncourt, que par le procès-verbal de la réception du second, dont il fut distribué alors un grand nombre de copies pour l'instruction de la postérité, et par la résidence qu'y fit jusqu'à la fin de ses jours un nommé Charles Thiot, soi-disant parent du premier qui l'avoit attiré d'Italie et l'avoit pourvu d'un canonicat de la cathédrale. Les armoiries de Lenoncourt se voient au vitrage de la grande salle de l'évêché d'Auxerre, et on lit au bas ce chiffre : 1560.

---

(1) Ce roi fut tué au siége de Rouen, en novembre 1562.

CHAPITRE IV.

Filbert (vulgairement écrit Philbert) Babou, dit autrement

LE CARDINAL DE LA BOURDAISIÈRE, XCV^e ÉVÊQUE D'AUXERRE.

Le cardinal de la Bourdaisière résida encore moins dans le diocèse que Robert et Philippe de Lenoncourt (a), et l'on ne peut produire aucune preuve qu'il y est même passé, si ce n'est peut-être en allant de Paris à Rome, ou durant son séjour en France, en 1566 (1). Quelques-uns ont écrit que sa famille étoit originaire d'Italie, et que le nom de Babou fut celui que choisirent les cadets de la famille des Naldi dans le pays des Faventins. Ils prétendent qu'une de ces branches passa en France et s'établit à Bourges ou aux environs; c'est dont d'autres doutent. Un historien de Touraine dit qu'il étoit né à la Bourdaisière, entre Tours et Amboise. Au moins, selon Chaumeau, un Filbert Babou, chevalier et trésorier de France, possédoit, dans le Berri, vers le règne de François Ier (2), la châtellenie de Voullon, et cet historien ajoute qu'il étoit de Bourges. C'est ce qui fait croire que le cardinal de même nom en étoit aussi natif ou bien des environs. Ce Filbert, seigneur de Voullon, ayant épousé, en 1510, Marie Gaudin, dame de la Bourdaisière et de Thuisseau (b), communiqua à ses enfants le surnom

1563 à 1570.

---

(1) *Reg. Cap.*, 6 *julii* 1566. | (2) Hist. du Berry, p. 269.

(a) Ce défaut de résidence dans le diocèse par les évêques, depuis les Dinteville, est regardé par le président Chardon, comme l'une des causes qui ont facilité l'introduction du calvinisme dans la ville capitale. Il remarque avec raison que le gouvernement épiscopal, confié à des vicaires-généraux, devait manquer de la sollicitude qui n'appartient qu'au pasteur du troupeau.   (*N. d. E.*)

(b) Cette dame fut la maîtresse de François Ier et ce fut là la source de la fortune de sa famille. *Voy.* Chalmel, Hist. de Touraine, t. III.   (*N. d. E.*)

de la Bourdaisière, et surtout à l'aîné nommé Jean, qui, outre plusieurs emplois considérables dont il fut honoré, fut gouverneur et bailli de Gien (1). Notre évêque fut aussi plus communément connu sous ce nom, et l'évêché d'Auxerre fut le dernier bénéfice qu'il posséda. Après avoir étudié à Paris sous les plus habiles maîtres, il avoit été fait évêque d'Angoulême dès l'an 1532, n'étant âgé que de vingt ans. Il fut maître des requêtes en 1557, doyen de Saint-Martin de Tours en 1559, abbé du Jard, proche de Melun, en 1560, et cardinal du titre de saint Sixte, le 4 mars 1561. Quelques-uns ajoutent qu'il avoit été trésorier de la Sainte-Chapelle de Paris. Il fut aussi ambassadeur ordinaire des rois de France à Rome, et s'étant dignement acquitté de cette fonction sous Henri II et François II, le roi Charles IX lui continua le même emploi. Mais les grandes dépenses dans lesquelles sa dignité de cardinal le jeta, engagèrent le pape Pie IV, qui l'avoit élevé à la pourpre, de le transférer à un évêché d'un revenu plus considérable que celui d'Angoulême. Cette raison est assez clairement insinuée dans la bulle de translation (2). Elle fut présentée au Chapitre d'Auxerre, le 18 juin 1563, par Mathieu de Macheco, archidiacre de Passy en l'église de Langres, qu'il avoit chargé de sa procuration spéciale, le 28 avril précédent. Les chanoines, après avoir témoigné leur joie d'avoir un cardinal pour évêque, ne purent dissimuler son obligation indispensable de résider dans le diocèse. On ignore quelle fut la réponse à cette remontrance ; mais on nomma aussitôt deux dignités et deux chanoines pour examiner ses bulles, et lorsqu'on eut vu les lettres du roi datées de Vincennes, par lesquelles il ordonnoit au bailli d'Auxerre ou à son lieutenant de le faire recevoir, attendu que dans le conseil privé on n'avoit rien trouvé à redire à ces mêmes bulles, on mit en possession de l'évêché l'archidiacre de Langres, en lui faisant prêter le serment ordinaire des évêques à leur joyeux avénement. Le mois ne fut pas écoulé qu'on reçut du cardinal même un abrégé des raisons qui le retenoient, et qui devoient le retenir encore longtemps éloigné de son diocèse. Par ces lettres il établissoit pour ses vicaires-

---

(1) Anselme sur les grands-maîtres d'artillerie.

(2) Il est qualifié élu évêque d'Auxerre dans les registres du Vatican, au 16 décembre 1560.

généraux Mathieu de Macheco ci-dessus nommé, et Gaspard Damy, déjà official, accoutumé à exercer la même fonction sous les deux derniers évêques. Elles avoient été expédiées à Rome le 10 mai, en présence de Nicolas Breton, doyen de Noyon, secrétaire du cardinal de Lorraine, et de Pierre Barat, clerc du diocèse de Langres, chanoine d'Auxerre. Un défaut qui y fut remarqué obligea l'évêque à en renvoyer d'autres au mois d'avril suivant. Pendant cet intervalle, l'archidiacre de Langres, qu'on nommoit plus communément à Auxerre du nom de Passy ou Pacy son archidiaconé, devint chanoine de notre église, et prit possession de sa prébende le 20 septembre. Comme il étoit aussi chanoine de Notre-Dame de Paris, il y fit sa résidence la plus ordinaire, et excepté quelques provisions de bénéfices qu'il y expédia pour le diocèse d'Auxerre, il n'exerça guère son grand-vicariat qu'à l'égard du temporel de l'évêque. Ce fut par sa médiation que le cardinal se voyant pressé de payer sa cote de deniers de subvention accordés à Charles IX, vendit et aliéna, le 12 décembre, en vertu d'une bulle du pape, pour la somme de seize cents livres, l'hôtel épiscopal d'Auxerre, situé à Paris, proche la porte de Saint-Michel, à Guillaume Manault, conseiller au Châtelet. Il se démit depuis de sa prébende d'Auxerre, en faveur de Palamèdes Foudriat, clerc auxerrois, étudiant à Paris en 1565, qui mourut abbé de Chalivoy en 1626 (1). L'autre vicaire-général, résidant à Auxerre, donna aussi quelques soins au temporel. Il défendit aux fourniers de Varzy, principale terre de l'évêché, de couper dans la forêt d'autres bois que ceux qui leur seroient marqués par les officiers de l'évêque. Il y eut, en 1565, un acte de foi et hommage rendu pour la baronnie de Donzy à la tour de ce chef-lieu nommée la tour d'Isoar, par Filbert de Mazengarbe et Etienne Coulon, au nom de Louis de Gonzagues, duc de Nevers; et deux ans après, un autre hommage fut aussi rendu à Auxerre au nom du même duc de Nevers, pour la châtellenie de Beauche (2). On présume que Gaspard Damy les reçut suivant son pouvoir général; agissant conséquemment, il assembla, en décembre 1565, le clergé de la ville pour traiter des affaires excitées au sujet de la religion et qui commençoient

---

(1) *Nova Gall. Christ.* | (2) *Tabul. Com. Nivern.*

à devenir sérieuses (1). Et comme d'un autre côté il avoit les intérêts du Chapitre à conserver, parce qu'il étoit du corps, il témoigna à ses confrères, assemblés le premier jour de mars suivant (2), que quoiqu'il fût official de l'évêque, il ne vouloit faire aucun exercice de sa juridiction sur les ecclésiastiques et autres sujets de la juridiction capitulaire ; ce qu'il déclaroit sans cependant préjudicier à celle de l'évêque. Au commencement de la même année, dix jours après Pâques (car on ne s'étoit pas encore conformé, dans Auxerre, au nouvel édit de Charles IX, qui ordonnoit de commencer l'année au premier janvier), les chanoines de la cathédrale voyant que la misère du temps augmentoit de jour en jour avec les guerres civiles, concertèrent d'écrire au prélat (3) pour lui représenter qu'il seroit expédient de supprimer quelques prébendes de l'église, et en même temps pour lui remontrer respectueusement que sa présence devenoit nécessaire, afin de pourvoir aux besoins de la religion. Le prélat ne se hâta pas beaucoup de répondre, ce qui obligea le doyen d'inviter l'évêque de Nevers et de l'amener à Auxerre pour quelques affaires pressantes (4). On attendoit le roi qui devoit passer par Auxerre deux mois après. Le palais épiscopal fut tenu prêt pour l'y recevoir le 18 avril. J'ai rapporté ailleurs les circonstances de ce passage (5), à la réserve de celle qui regarde les prébendes de la cathédrale, auxquelles nos rois peuvent nommer à la première vacance, après leur entrée dans la ville épiscopale. Jean Henault, aumônier du duc de Guise, obtint le brevet du roi pour la prébende de la cathédrale d'Auxerre. Le roi et le duc d'Aumale écrivirent même en sa faveur au mois de septembre 1567, et en conséquence de ces lettres, le Chapitre intervint à la sommation qui fut faite à Gaspard Damy, vicaire-général, d'y satisfaire (6). Le cardinal de la Bourdaisière n'envoya sa réponse aux instances qu'on lui faisoit de venir résider, que bien avant dans l'année 1566 (7). Mathieu de Macheco, son

---

(1) *Reg. Cap.*, 13 déc.
(2) *Reg. Capit.*, 1 martii 1565.
(3) *Reg. Capit.*, 2 mai 1565.
(4) *Reg. Capit.*, 15 feb. 1565.
(5) Hist. de la Prise d'Auxerre, p. 103.
(6) *Reg. Capit.*, 22 sept. 1567.
(7) On lit dans le journal manuscrit de M. Brulart, chanoine de Notre-Dame de Paris, conservé à Dijon en la bibliothèque de M. le président Bouhier :

« Le samedi 21.... 1565, le cardinal de » la Bourdaisière receut nouvelle de la » mort du pape, par l'ordre que le roy lui fit » départir plutost que faire se pourra, et » d'aller à Rome pour l'élection d'un nouveau pape. »

vicaire-général forain, apporta le 4 novembre, en plein Chapitre, des lettres du roi qui servoient d'excuse à cet évêque. C'est pourquoi on prit la résolution de n'en plus parler. L'année 1567 ne fut point révolue, qu'on s'aperçut que les chanoines avoient eu grande raison de l'inviter de se rendre au pays. Peut-être que sa présence eût intimidé le parti huguenot, qui alloit toujours en augmentant. Mais enfin le service du roi l'emporta sur celui du diocèse, ainsi la ville devint en proie pendant son absence, depuis le 27 septembre 1567 jusqu'au mois de mars suivant (a). Le dégât fut si grand dans les maisons canoniales, qu'on fut obligé de demander à ce prélat et à ses vicaires-généraux la permission de loger dans le palais épiscopal, en attendant qu'elles fussent rétablies (1). Le sieur de Passy, principal grand-vicaire, fut aussi prié de l'engager à contribuer aux réparations de l'église qui venoit d'être pillée et ruinée entièrement. Mais l'antiquité n'a transmis jusqu'à nous aucun monument de sa libéralité ; et l'on ne voit en toute l'église ses armoiries que dans un petit vitrage de la chapelle où les évêques s'habillent lorsqu'ils officient ; encore fut-ce Gaspard Damy, son vicaire-général, qui les y fit mettre après l'avoir réparée en 1568 et l'avoir ornée du tableau qu'on y voit encore.

Environ deux ans après l'on apprit sa mort, et elle fut rendue publique en Chapitre, le 20 février 1570. Il étoit mort subitement, à Rome, le 26 du mois précédent, âgé de 57 ans, dont il en avoit passé sept avec le titre d'évêque d'Auxerre, que ses neveux héritiers oublièrent dans l'épitaphe qu'ils lui firent dresser dans l'église de Saint-Louis, au bout de la nef, vis-à-vis le portail. En voici la teneur :

D. O. M.

PHILIBERTO NARDIO BURDESIO, S. R. E. CARDINALI, TRIUM GALLIÆ REGUM HENRICI II FRANCISCI II CAROLI IX APUD PAULUM IV ET

---

(1) *Reg. Capit.*, 22 et 25 *april* 1568.

(a) La ville fut surprise par les protestants dans la nuit du 27 au 28 septembre 1567. Ils s'en emparèrent et l'occupèrent pendant six mois, durant lesquels les églises, les couvents et les maisons du Chapitre subirent d'affreuses dévastations. Voyez au tome 3 les mémoires sur l'histoire civile. (*N. d. E.*)

PIUM IV PONTIFICES MAXIMOS LEGATIONE PERPETUA EGREGIE FUNCTO, MARIA GODINA MATER, PHILIBERTUS ET FABRICIUS NEPOTES POSUERE. VIXIT ANNOS LVII. OBIIT VII CAL. FEBRUARII ANNO DOMINI M. D. LXX.

Il paroît que pendant qu'il fut évêque d'Auxerre, il vint au moins une fois de Rome à Paris ; il y étoit en 1566 le 7 juin, jour auquel il conféra un canonicat d'Auxerre à Jean des Roches, clerc du diocèse de Tours, qui avoit été son secrétaire à Rome. Elles sont datées de l'abbaye de Saint-Victor. On trouve encore l'évêque d'Auxerre présent à Paris avec d'autres prélats en l'année 1568, savoir, à la clôture de l'édit de Saint-Maur-des-Fossés du mois de septembre, qui défend l'exercice de toute autre religion que la catholique (1), et à une procession du 2 juillet 1569 contre les huguenots. Mais vraisemblablement il s'agit de Philippe de Lenoncourt, ancien évêque d'Auxerre. C'étoit son dernier titre épiscopal ; il n'en avoit point eu d'autre depuis. Philippe de Lenoncourt conserva ce nom d'autant plus aisément que le véritable titulaire de l'évêché d'Auxerre étoit appelé cardinal de la Bourdaisière. Ce cardinal laissa en mourant l'abbaye de Moutier-Saint-Jean vacante, qui fut ensuite conférée à son prédécesseur dans l'évêché d'Auxerre (2). On voit quelques ouvrages dédiés à M. de la Bourdaisière, lorsqu'il étoit évêque d'Angoulême, comme les *Axiomes de droit* de Jean Gillot, en 1538, et la *Poésie peinte* de Barthélemi Lanneau, natif de Bourges, en 1552 (3). L'historien des jésuites (4) parle de l'évêque d'Auxerre, à l'an 1565. Ce prélat, dit-il, n'aimoit point les jésuites ; mais la démarche que fit la société, en 1565, d'envoyer Antoine Possevin vers le roi Charles IX, qui étoit à Bayonne, produisit de très-bons effets. Ce célèbre et savant jésuite s'y comporta de telle manière, qu'il concilia à tout l'Ordre, l'amitié de l'évêque d'Auxerre. Le lecteur appliquera ce trait auquel des deux prélats il jugera à propos, à Lenoncourt ou à la Bourdaisière ; mais suivant ce que j'ai avancé ci-dessus, je croirois plutôt que c'est de Philippe de Lenoncourt, ancien évêque d'Auxerre, que cet historien a voulu parler, parce qu'il étoit conseiller

---

(1) *Reg. Parlamenti.*
(2) Il laissa aussi en mourant un bâtard qui réclama sa succession, sur quoi procès à Rome.
(3) Rouvier *in Reomaüs.*
(4) *Part.* 3, *lib.* 1, *n.* 84.

Au grand hospital de la Magdelaine d'Auxerre y aura
continuellement cinq ou six sœurs religieuses voilées,
femmes venfues ou filles pourveu qu'elles ayent passé
trente ans aians bon tesmoignage de leur vie pre
cedantes lesquelles receuans le voile de religion des
mains de l'Euesque ou de son vicaire feront vœu
a dieu et promesse de perpetuelle continence et
residence au dit hospital pour le seruice des paunres
malades de quelque maladie contagieuse ou non
qu'ilz soient attains depuis lequel vœu solennel
lement fait et la benediction du voile receu ne pour
ront plus jamais se repentir ne sortir du dit hospital
ains y perseuereront jusques a la fin de leur vie y ex
erceans en toute diligence et bonne affection de deuo
tion tous actes de charité et de misericorde enuers
lesd. paunres malades comme enuers les maistres
de la maison. les tenans nettement et proprement
le plus qu'il sera possible leur administrans a boire et
a manger a leur heures les tenans et cochans a leur
necessité tant le iour que la nuict les reconfortans de
douces et gracieuses paroles en leurs afflictions sans
leur vser d'aucune rudesse en fait ny en parolle
et les enseueliront quand ils viendront a deceder

FAC-SIMILÉ DE L'ÉVÊQUE JACQUES AMYOT

d'État, et que vraisemblablement il suivoit la cour. Il ne paroît pas que le cardinal de la Bourdaisière eût conféré beaucoup de prébendes d'Auxerre à ses parents ; et je trouve seulement Jean-Alphonse Naldi, clerc parisien, reçu le 2 juin 1568 à la prébende de Germain Fauchot. Il n'y a jamais eu de vestige qu'il eût ordonné un anniversaire à Auxerre; ce qui peut provenir de ce qu'il n'eut point le loisir de faire un testament. Mais le Chapitre qui connoissoit les obligations de ce prélat, poursuivit ses héritiers (1), et obtint, en vertu d'un arrêt du parlement, une somme considérable de madame de la Bourdaisière.

CHAPITRE V.

JACQUES AMYOT, XCVI^e ÉVÊQUE D'AUXERRE.

La vacance du siége épiscopal d'Auxerre, qui commença le 20 février 1570, et qui dura un peu plus d'un an, ne changea presque rien (a). Le Chapitre continua les pouvoirs de vicaire général à Gaspard Damy, qui l'avoit déjà été sous trois évêques d'Auxerre consécutivement, sauf les protestations que le doyen et l'archidiacre firent pour la conservation de leurs droits (2). La seule innovation à laquelle cette vacance donna occasion, est, que le Chapitre qui avoit toujours nommé et conféré en corps les bénéfices pendant les vacances du siége, statua, le 10 février 1571, que chaque chanoine nommeroit ou présenteroit à son tour par semaine, en commençant par le doyen,

(1) *Reg. Cap.*, 31 *januar.* 1576 *et* 4 *junii* 1575.

(2) *Reg. Capit.* 1570, 10 *feb.*

(a) Cette année le *seyne* ou synode annuel du clergé diocésain eut lieu dans le chœur de la cathédrale. La collation que donna le Chapitre se composa de 400 gâteaux et de vin rouge et blanc.—Compte de la Régale. (*N. d. E.*)

jusqu'à ce que le siége épiscopal fût rempli, et qu'à la vacance suivante on reprendroit le tour où l'on en seroit resté. Mais cette conclusion ne put avoir lieu cette fois-là, puisque dès le commencement du mois de mars, Jacques Amyot, successeur du cardinal de la Bourdaisière, prit possession de l'évêché par procureur.

Plusieurs historiens ont écrit certaines particularités de la vie de Jacques Amyot sur des ouï-dire, et sans avoir devant les yeux des mémoires fidèles. Tels sont Varillas, Brantôme, Saint-Réal, et même M. de Thou. Comme ils ont été déjà réfutés par un critique célèbre (1), on trouvera bon que je me dispense de rapporter les circonstances qu'ils ont marquées de sa jeunesse, sans cependant passer sous silence ce que j'ai appris par les écrits de ceux qui ont souvent parlé à ses amis les plus intimes, et auxquels il ne cachoit rien, quand l'occasion se présentoit de dévoiler ses plus grands secrets. On ne peut mieux être informé des commencements de sa vie, que par le mémoire qu'il en dressa lui-même, et qu'il confia à Renaud Martin, l'un de ses commensaux, pour l'achever après sa mort. Là-dessus Rouillard a rédigé ce qu'il en dit dans son Histoire de Melun, et en cela il aura toujours la préférence parmi les critiques. Ce mémoire ayant été inséré à la fin du livre manuscrit de la cathédrale d'Auxerre, qu'on appelle *Gesta Pontificum*, a été rendu public par le P. Labbe, jésuite, au bout de cette collection sur les évêques d'Auxerre. C'est ce que Bayle paroit avoir ignoré, lorsqu'il a remarqué que cette vie latine n'a pas été imprimée. Jacques Amyot y dit de lui-même qu'il étoit né à Melun, le 30 octobre 1513, de parents plus avantagés du côté de la vertu que de celui de la fortune. Il ne déclare point la profession dont étoit son père Nicolas Amyot; mais ses commensaux le tenoient pour le fils d'un petit marchand de mercerie ; ce qui s'accorde avec Rouillard qui dit que ce marchand vendoit des bourses et des aiguillettes. Lorsqu'il eut appris les premiers rudiments à Melun, il alla à Paris où il continua ses études de grammaire, servant de domestique à quelques écoliers d'un collège qu'il n'a jamais nommé; sa mère, Marguerite d'Amours ou des Amours, avoit soin de lui envoyer exactement chaque semaine un

---

(1) Bayle dans son Dictionnaire.

pain par les bateliers de Melun. L'avidité d'apprendre le poursuivant jusque dans la nuit, il avoit recours à la lumière que pouvoient fournir quelques charbons embrasés, et il s'en servoit au lieu de chandelle ou d'huile, tant étoit grande alors son indigence ; avec ces foibles secours pour les premiers commencements, il ne laissa pas d'atteindre les classes supérieures. Il apprit la langue grecque au collége du cardinal le Moine, sous Jean Evagre rémois, qui tenoit une classe exprès pour cette langue. Il étudia la poésie sous Jacques de Tusan, professeur royal, l'éloquence et la philosophie sous Pierre Danès (1), et les mathématiques sous Oronce Finée, tous trois professeurs royaux établis nouvellement par François Ier. S'étant fait passer maître ès-arts à dix-neuf ans (2), il alla à Bourges pour y étudier le droit civil avec un jeune homme qui fut depuis célèbre avocat en parlement (3). Y étant arrivé, Jacques Collin, lecteur ordinaire du roi et abbé de Saint-Ambroise, le fit précepteur de ses neveux, et l'engagea à accepter une chaire de professeur des langues latine et grecque dans l'université de Bourges, qu'il lui obtint par le moyen de Marguerite, sœur unique du roi de Navarre, duchesse de Berri. Après avoir eu soin pendant quelque temps des neveux de l'abbé de Saint-Ambroise, M. de Morvilliers, lieutenant-général au bailliage de cette ville, étant informé de son mérite, le donna à M. Bochetel, seigneur de Sacy, secrétaire du roi, qui étoit son beau-frère, pour veiller sur les études et sur l'éducation de ses enfants. Pendant les dix à douze années qu'il fut professeur et précepteur à Bourges, il commença à traduire quelques ouvrages grecs en langue française, et il avoua depuis à ses amis, que ce temps-là avoit été le meilleur et le plus tranquille de toute sa vie. Il travailla d'abord à la traduction de l'histoire de Théagène et Chariclée, et se mit ensuite à traduire quelques vies des hommes illustres de Plutarque. Cette dernière traduction dédiée à François Ier, fit tellement connoître la

---

(1) Ce P. Danès lui fit apprendre quelques oraisons de Cicéron.

(2) Il y avoit déjà eu un Pierre Amyot, maître ès-arts, qui assista pour l'Université de Paris au concile de Constance, et qui, dans la délibération que fit la nation de France sur les annates, opina contre. *Thes. anecdot. t.* II, p. 1556.

(3) Il est faux qu'Amyot se fit religieux dans l'abbaye de Saint-Ambroise, comme quelques-uns l'ont avancé, entre autres le sieur Bullart, en ses illustres historiens.

pénétration d'Amyot dans la langue grecque, que le prince lui ordonna de continuer le reste de l'ouvrage, et lui donna pour récompense l'abbaye de Bellozane, qui venoit de vaquer par la mort de Vatable. Ce fut le dernier bénéfice consistorial auquel ce roi nomma. Amyot ne croyant pas devoir attendre une plus grande fortune en France, prit le parti d'aller en Italie pour perfectionner sa traduction de Plutarque par le moyen des manuscrits, et par les conférences avec les savants de ce pays-là. C'étoit vers l'an 1546. M. de Morvilliers de Bourges, ambassadeur à Venise, le mena avec lui en Italie, où il fit toutes les recherches nécessaires. Un peu après le retour de cet ambassadeur, Amyot fut chargé par Odes de Selve, son successeur dans l'ambassade, et par le cardinal de Tournon, alors résidant à Rome, de présenter au concile assemblé de nouveau, à Trente, le 1er septembre 1551, les lettres du roi Henri second avec ses protestations; il s'acquitta d'une commission si difficile avec toute la satisfaction possible, ainsi qu'on peut voir par la lettre qu'il écrivit le 8 du même mois à M. de Morvilliers (1). Le désir ardent de se perfectionner dans les auteurs grecs par la connoissance des manuscrits, lui inspira d'aller de Venise à Rome. Jean le Doux, évêque de Mirepoix, l'y retint près de deux ans. Le cardinal de Tournon convaincu de l'habileté d'Amyot dans toutes les affaires, et même celles qui regardoient la couronne, voulut l'avoir pour compagnon de voyage à son retour de Rome, avec Denis Lambin, qui fut depuis professeur royal de langue grecque à Paris. Ce cardinal arrivé à la cour, apprit que le roi souhaitoit un précepteur pour les ducs d'Orléans et d'Anjou. Il présenta Amyot à Henri II, qui lui donna cette charge dont il jouit le reste de son règne et sous celui de François II (2). Pendant qu'il fut précepteur des princes, il acheva sa traduction des hommes illustres de Plutarque, et la dédia à Henri II. Ensuite il entreprit celle des œuvres morales du même auteur qu'il acheva sous le règne de Charles IX, à qui il la dédia. Ce prince, auparavant connu sous le nom de duc d'Orléans, étant parvenu à la couronne l'an 1560, se souvint de son

---

(1) Elle est dans les mémoires d'Alphonse Vargas, publiés en 1700, et dans d'autres imprimés plus anciennement.

(2) J'ai vu les versions qu'Amyot faisoit faire par Charles, duc d'Orléans, de l'oraison de Cicéron *pro Marco Marcello*, écrites de la main de ce prince, qui régna depuis sous le nom de Charles IX.

précepteur, et dès le lendemain de son avénement, 6 décembre, il le fit son grand-aumônier, son conseiller d'État, et conservateur de l'Université de Paris (1). Il lui donna encore depuis l'abbaye de Roches au diocèse d'Auxerre, et celle de Saint-Corneille de Compiègne. Le jeune roi l'appeloit son maître, lorsqu'il vouloit lui parler familièrement (2) ; mais il lui fit aussi quelquefois des reproches, par exemple sur sa trop grande frugalité, en ce que pouvant faire bonne chère, il se contentoit souvent de manger des langues de bœuf. Trois ou quatre ans après, il fut doyen de la cathédrale d'Orléans, sans qu'on sache de quelle manière, sinon qu'on croit que l'évêque Jean de Morvilliers y contribua. L'évêché d'Auxerre étant venu à vaquer par la mort du cardinal de la Bourdaisière, arrivée en cour de Rome, le pape Pie V pourvut à tous les bénéfices de ce cardinal *pleno jure*, et nomma à l'évêché d'Auxerre un particulier dont le nom n'est point venu à notre connoissance ; ce qui causa une grande dispute entre le roi et le pape. Cette circonstance, quoique combattue par l'historiographe Renaud Martin, se trouve alléguée dans des écritures du Chapitre d'Auxerre de l'an 1592 (3), où il est marqué que les chanoines avoient été fort sollicités par celui qui avoit des provisions du pape, de le recevoir, et de lui délivrer les revenus échus pendant la vacance, et qu'ils n'en voulurent rien faire. Le pape obligé de condescendre aux volontés du roi, et informé d'ailleurs des qualités extraordinaires d'Amyot, le nomma à cet évêché, et Henri III qui désiroit ardemment l'avancement de son maître (c'est le nom qu'il lui donnoit toujours), sut bon gré au Saint-Père d'avoir confirmé son choix. Amyot ayant accepté, et s'étant fait sacrer à Paris, envoya sa procuration à Laurent Petitfou, archidiacre d'Auxerre. Celui-ci la présenta avec les bulles le 3 mars 1571 et prit possession. Le même jour, François de la Barre fut reconnu vicaire général, et Jean Amyot, auditeur des comptes, promit par écrit sur le registre, au nom du nouvel évêque, son frère, une chapelle d'ornements. La disette où se trouvoit l'église d'Auxerre par sa spoliation totale arrivée trois ans auparavant, aussi bien que les difficultés qu'on venoit d'essuyer

---

(1) De Thou, *in vita sua*.
(2) Vie latine de Charles IX, ms. de

Dupuy, coté 81.
(3) *Voy.* Preuves, 1592, t. iv.

auprès des héritiers du cardinal de la Bourdaisière, engagèrent les chanoines à user de cette précaution inouïe jusqu'alors. Dans l'année même, il obtint du roi la permission de quitter la cour et de venir à Auxerre. Il s'arrêta à Sens, le 24 mai, jour de l'Ascension, et y prêta le serment ordinaire de soumission et d'obéissance (1), qu'il signa sur le grand autel en présence du cardinal de Pellevé, archevêque, et fit le présent accoutumé d'une chape au trésor de la métropolitaine. Il avoit fait ajourner au mardi 29 mai les quatre vassaux ordinaires, pour le porter depuis l'église de Saint-Germain jusqu'à la cathédrale. Les trois derniers ne firent aucune difficulté, et pourvurent à cette fonction; mais Jean Girard, avocat du roi au bailliage d'Auxerre, chargé de la procuration de Charles IX, représenta qu'il ne convenoit pas que ce prince fût sujet à cette soumission, et soutint (quoique faussement) que cela ne s'étoit aucunement pratiqué depuis que les rois avoient succédé aux comtes d'Auxerre dans la propriété du comté. Le nouvel évêque, à qui ces représentations furent réitérées dans l'église de Saint-Germain, allégua plusieurs passages et histoires propres à faire connoître que ce n'étoit pas à sa personne privée, ni aux évêques même en particulier, que cet honneur étoit rendu, mais à Dieu. Se contentant cependant de la soumission que firent jusqu'au bout de l'église de Saint-Germain, Réné de Pernay, seigneur de la Bertauche, et son fils, pour le duc de Nevers en tant que baron de Donzy et de Saint-Verain, et de celle de Guillaume de la Bussière, seigneur de la Bruère, pour le baron de Toucy, il déclara qu'il ne vouloit pas se servir de son droit, et qu'il feroit le reste du chemin à pied sans préjudicier à ses successeurs; comme, en effet, il le fit de l'église de Saint-Germain à la cathédrale, précédé par le clergé séculier et régulier, accompagné des quatre personnes qui représentoient les quatre barons; et la chaise où il auroit dû être porté, fut soutenue élevée proche de lui, durant tout le chemin, par quatre bourgeois de la ville au nom des mêmes barons; ce qui revenoit assez au cérémonial pratiqué à l'entrée de Philippe de Lenoncourt, onze ans auparavant.

---

(1) *Ex mss. Senon.*

Jacques Amyot étoit âgé de cinquante-huit ans lorsqu'il prit possession de l'évêché d'Auxerre ; il avoua lui-même en arrivant qu'il n'étoit ni théologien, ni prédicateur, n'ayant presque étudié que des auteurs profanes. Il commença à se faire une occupation journalière de la lecture de l'Ecriture-Sainte, des saints Pères grecs et latins. En attendant qu'il fût en état de prêcher devant son peuple, il chargea de cette fonction Pierre Viel, docteur en théologie, qu'il avoit amené avec lui, et qui prêcha en effet en sa présence plusieurs sermons dans la cathédrale. Ce théologien eut aussi avec lui de fréquentes conférences sur les endroits les plus remarquables de l'Ecriture-Sainte, touchant les points dogmatiques controversés et sur les questions de l'école. Lorsque Amyot eut commencé à lire la somme de saint Thomas, il s'y appliqua de telle manière qu'il la posséda presque en entier. On lui persuada de se hasarder de parler en public ; et quoiqu'il se défiât beaucoup de ses forces et que la foiblesse de sa voix ne lui inspirât pas beaucoup de courage, il prêcha d'abord les jours solennels, mais dans un style si clair et si châtié et en même temps si enrichi de sentences, que les savants sortoient de la prédication bien plus éclairés qu'ils n'y étoient arrivés, et les ignorants n'en revenoient point sans être instruits de leurs devoirs et rendus meilleurs qu'auparavant. Des commencements si heureux l'encouragèrent à prêcher plus souvent, il ne laissa passer aucune des grandes fêtes sans officier et prêcher tant qu'il résida à Auxerre. On prétend qu'il se tenoit en chaire d'une manière singulière. Ayant fait faire à neuf la chaire de bois que l'on voit encore (a), en place de celle que les huguenots avoient brûlée, il vouloit qu'on en tournât l'ouverture du côté de l'auditoire et s'y tenoit assis dans un fauteuil. Quoiqu'il débitât ses sermons en françois, il les composoit cependant en latin, et l'on en a conservé longtemps les minutes.

Voici le régime de vie qu'il observa pour devenir théologien et prédicateur depuis son avénement à l'épiscopat : levé à cinq heures du matin en toutes saisons, il récitoit son office de la nuit, puis il se tenoit enfermé dans son cabinet jusqu'à l'heure de la grand'messe, étu-

---

(a) Cette chaire n'existe plus.   (*N. d. E.*)

diant les livres dont j'ai parlé. Après la grand'messe il retenoit le célébrant et quelques dignités ou chanoines à dîner. Pendant le repas on ne s'entretenoit que de matières de littérature ou de choses honnêtes, en sorte que sa table pouvoit passer pour une véritable école de piété ou de science, d'où l'on ne se retiroit point sans être devenu plus savant ou plus pieux. La conversation, après le repas, duroit l'espace d'une heure ; il retournoit ensuite à sa bibliothèque et continuoit jusqu'au soir les études commencées le matin. C'est ainsi qu'il s'arrangeoit les jours ordinaires, excepté que l'Avent et le Carême il célébroit la messe en particulier avant que d'aller à la grand'messe des chanoines. Les dimanches et fêtes, il assistoit aux premières et secondes vêpres et à matines, et disoit aussi une messe basse. Les jours de grandes fêtes auxquels il devoit prêcher vers l'heure du midi, il remettoit au soir le repas ordinaire des officiers du chœur. Lorsqu'il alloit par la ville, il étoit habillé en grand-aumônier, dit son historien. Dans son palais épiscopal il se tenoit vêtu en évêque. A l'église, si c'étoit l'été, il étoit en rochet et surplis, bonnet carré et aumusse ; en hiver, il étoit comme les chanoines, excepté que sur l'habit long il ne portoit point l'aumusse ronde, c'est-à-dire le petit capuchon (1).

On peut se ressouvenir ici de la description que j'ai faite ailleurs de la triste situation où se trouvoit l'église d'Auxerre, lorsque le cardinal de la Bourdaisière fut remplacé par Jacques Amyot (2). Tout ce que

---

(1) *Ex actis Capit. Autiss. pro Capit.* Bellov. 1620, *fig. Huot.*

(2· Hist. de la Prise d'Auxerre (*a*).

(*a*) L'abbé Lebeuf passe légèrement ici sur les guerres de religion qui dévastèrent l'Auxerrois, pour ne pas répéter ce qu'il a dit dans sa *Prise d'Auxerre*. On voit par les documents généraux du temps jusqu'à quel point la dévastation des monastères et des églises avait eu lieu.

En 1572, un rôle des bénéfices du diocèse, occupés par les *Rebelles* et abandonnés par leurs possesseurs, nous apprend que les pays des bords de la Loire étaient particulièrement maltraités. On cite dans cette liste les abbayes de Saint-Laurent, de Bouras (brûlées), la Chartreuse de Basseville (ruinée), les prieurés de La Charité, de Saissy, du Pré, de l'Epau ; ces deux derniers brûlés; ceux de Revillon, d'Entrains, de Ratilly, de Plain-Marchais, ruinés. (Arch. de l'Yonne, documents historiques).

(*N. d. E.*)

les chanoines avoient pu faire durant les années 1568, 1569 et 1570, se réduisoit au plus nécessaire. L'église ayant besoin d'être bénie de nouveau à cause des profanations horribles que les huguenots y avoient commises, le nouveau prélat commença par là aussitôt après son arrivée, et il en fit la bénédiction le vendredi 22 juin 1571. Le 27 du même mois il rebénit celle des Cordeliers, dans laquelle avoit été le prêche des calvinistes. De là il se transporta à Varzy, ville principale de son temporel; il y étoit le 3 juillet, suivant les lettres d'institution d'official qu'il y fit expédier. En venant se faire recevoir à Auxerre, il avoit apporté pour la cathédrale des ornements de drap d'or, où le Chapitre ne trouva à redire que dans le nombre des chapes, parce qu'il n'y en avoit point pour ceux qui chantent les répons, et que les nappes d'autel y manquoient; ce que les chanoines disoient avoir coutume d'être donné (1). Le prélat y suppléa depuis par le moyen d'un autre ornement de soie de couleur blanche qu'il fit donner par le sieur du Halde, dont il n'avoit point voulu prendre les profits du quint denier pour l'acquisition de la terre de Beauche (2). Après avoir un peu garni la sacristie, il n'épargna rien pour rendre au chœur son ancien lustre; il fit refaire à neuf, en 1573, les chaires des chanoines, tant basses que hautes (3). Le trône épiscopal qu'on voit aujourd'hui à gauche, est aussi de son temps; il l'avoit fait mettre à droite et dans la place même où étoit l'ancienne chaire de pierre que les huguenots n'avoient point gâtée, à cause de la simplicité dont elle étoit. Il donna les sept colonnes de cuivre qui accompagnent le grand autel; celle du milieu finit en crosse et soutient la suspense du Saint-Sacrement (a). La table de marbre dont il fit refaire l'autel, est une ancienne tombe qui provenoit de la sépulture de quelque personne considérable; on

---

(1) Mémoire de 1592 contre lui.
(2) Ibid.

(3) *Ex inscriptione ad introït. Chori.*

(a) L'inscription qui rappelait ces restaurations était ainsi conçue : « Jacobus » Amyotus Antissiodori episcopus, cum à perduellibus hæreticis fœde laceratum, » direptum, ornamentisque omnibus spoliatum reperisset hoc templum, exedram » istam divinis laudibus concinnendis accomodatam ad Dei Opt. Max. gloriam, » domusque ejus decorem de integro instaurandam curavit. 1573. » (N. d. E.)

a prétendu que c'étoit elle qui couvroit le tombeau du saint évêque Bernard de Sully, inhumé au milieu du chœur. Il fit la consécration de ce nouvel autel, le 15 juillet 1576, quelque temps après avoir reçu de Rome un os du bras de saint Saturnin, célèbre martyr de la même ville, que le cardinal de Pellevé, archevêque de Sens, avoit tiré de son titre de saint Jean et saint Paul, relique très-avérée (1). La donation du cardinal est datée de Rome, le 2 janvier 1576. Ce fut aussi aux dépens du nouvel évêque que le sanctuaire fut fermé de murs ; les grillages de fer qui le fermoient auparavant avoient été rompus ou emportés. En même temps que les ouvrages dont je viens de parler se firent en bois, en cuivre, en pierre, l'évêque Amyot songea à la construction d'un nouveau jeu d'orgues qu'il avoit dessein de placer au coin du chœur. Il fit venir, pour la confection des tuyaux, le frère Hilaire, religieux de Notre-Dame-en-l'Isle, à Troyes, de l'Ordre du Val-des-Ecoliers, qui passoit pour très-expérimenté. Le bas des vitrages du tour du chœur, qui avoit été cassé par les calvinistes, fut refait à ses dépens en meilleure partie, l'an 1573. On y voit ses armoiries dans le fond, aussi bien que celles du Chapitre et du doyen François de la Barre. Il en eut fait autant à celles de la nef, si le maitre de fabrique de l'église se fût un peu prêté à cette bonne œuvre. Comme on ne voyoit pas bien clair sur le grand autel, à cause de l'épaisseur des vitrages des bas-côtés, il fit ôter une verrière entière du côté droit, placée sur la porte qui conduit au Chapitre, et y fit substituer du verre blanc avec une simple image de saint Jacques, son patron. Voulant qu'on se ressentît aussi de ses libéralités en argenterie, il donna, en 1583, deux chandeliers d'argent et un bénitier de même matière (2). Sa vie latine ajoute qu'il y joignit deux encensoirs avec leurs navettes pareillement d'argent. Les bréviaires et autres livres rédigés à l'usage du diocèse d'Auxerre, n'avoient jusqu'alors été imprimés qu'en lettres gothiques. Il conçut, en 1578, le dessein de faire réimprimer, en lettres romaines, les bréviaires, missel, manuel et psautiers, et l'on nomma quatre chanoines pour revoir ce qu'il y auroit à corriger (3). Mais de

(1) *Voy.* **Preuves,** 1576.
(2) *Reg. Capit.*, 19 *febr.* 1583.

(3) *Reg. Capit.*, 7 *julii.* 157 .

tous ces projets, celui du bréviaire fut seul exécuté. L'impression s'en fit à Sens en 1580; l'ouvrage ne fut point revu d'une manière qui répondit à la réputation d'un si grand prélat; la distribution des lectures paroît un peu mieux ordonnée que dans les éditions précédentes; mais la poésie est aussi pitoyable qu'auparavant. La déférence que l'on eut pour l'étymologie qu'il attribuoit au nom latin d'Auxerre, fit qu'on laissa imprimer partout *Antissiodorum* au lieu d'*Autissiodorum*, personne n'osant alors contredire. Il avoit déjà destiné une préface latine pour le missel, au cas qu'il eût été réimprimé (1), mais l'ouvrage ne fut point mis en état de paroître. Les conférences que l'on eut avec ce prélat à l'occasion du bréviaire, procurèrent au Chapitre une décharge d'office. Jusqu'alors on n'avoit célébré de vigiles des morts qu'à neuf leçons et neuf répons, mais aussi les chantoit-on très-mal, surtout depuis quelques années. Le prélat consentit qu'on réduisît chacune de ces vigiles à un seul nocturne (2), à condition qu'on en chanteroit les antiennes et les répons sans précipitation ni confusion, selon le chant grégorien et non pas syllabiquement comme on s'étoit avisé de faire en quelques églises. Le Chapitre avoit aussi ôté longtemps auparavant, par déférence pour l'évêque, certains usages qui pouvoient lui déplaire. Chaque chanoine, à son tour, devoit faire l'office de chantre au chœur le jour de Noël et de Saint-Etienne, revêtu d'une dalmatique, la mitre en tête et la crosse en main. On statua, le 22 décembre 1572, que dans la suite celui qui feroit cet office de chantre n'auroit ni mitre, ni dalmatique, et qu'il porteroit un bâton cantoral (3). Il étoit resté jusqu'à son temps un vestige de la vie commune parmi les chanoines d'Auxerre. Tous les jours de jeûne du carême ils entendoient une lecture de piété, en Chapitre, avant complies, et pendant cette lecture on buvoit quelques coups de vin tiré de la cave commune du Chapitre (4). Cela pouvoit s'appeler véritablement *collation*. Au sortir de là on rentroit à l'église en récitant le *Miserere* et autres suffrages pour

---

(1) Cette préface ou lettre pastorale que je possédois écrite de sa main, a été perdue avec beaucoup d'autres papiers mêlés parmi ceux que j'avois prêtés au P. le Brun de l'Oratoire, mort à Paris en 1729.

(2) *Reg. Capit.*, 28 maii 1580.

(3) On croit que la vieille crosse de cuivre, dont le haut est conservé dans le Trésor, a servi à cet usage.

(4) *Voy.* les fragments de rites tirés d'un ms. du XIIIe siècle, aux Preuves, t. IV.

les morts (1), après quoi on chantoit complies. Sur ce que le petit rafraîchissement pris en cette occasion, ne fut pas regardé par certains chanoines, comme suffisant pour finir la journée, et que quelques-uns y suppléoient de nouveau, on abrogea la coutume d'aller boire un coup en Chapitre, et en même temps celle d'y aller entendre une lecture d'homélie ou d'autres matières pieuses. Cet usage fut supprimé le 28 novembre 1586, et l'on croit que les commensaux et les amis de l'évêque influèrent le plus dans ce changement. Il y avoit dès-lors des gens qui combattoient mal à propos des choses dont ils ne savoient pas l'origine ; et il falloit contenter ceux qui trouvoient les complies trop bien placées au coucher du soleil. Certains auteurs mal instruits (2) ont parlé du procès des chanoines d'Auxerre, touchant les bords du camail, comme s'il avoit été commencé sous ce prélat et qu'il y eût pris quelque part. Il est vrai que le nom d'Amyot fut célèbre dans ce triste procès ; mais ces auteurs auroient dû savoir qu'il n'est pas question de l'évêque, mort cinquante ans auparavant ; Edme Amyot, doyen de la cathédrale, fut auteur de ces troubles vers l'an 1642.

Quoique l'évêque Amyot prêchât, il ne laissa pas d'attirer dans son diocèse de savants personnages qui pussent remplir dignement la chaire de la cathédrale. Après la mort de Jacques de la Halle, célèbre docteur, chanoine théologal et pénitencier, arrivée en 1575, voyant la foible santé de son successeur, il retint à Auxerre un de ses compatriotes appelé Denis Perronnet. C'étoit un docteur qui avoit fait profession chez les Carmes, mais qui étoit sorti de cet Ordre avec permission du pape Pie V. Il fut, en effet, reçu à la prébende théologale et à la pénitencerie, le 6 septembre 1577, en produisant un certificat d'Arnaud, évêque de Bazas, touchant la canonicité de sa sortie. A peine avoit-il commencé son stage rigoureux, qu'on lui permit d'accompagner

---

(1) Comme personne n'a pu trouver l'origine de ce *Miserere*, je croirois que c'est un reste des anciennes prières qui se faisoient uniquement dans le carême à Auxerre, pour le chanoine dernier mort dans le cours de l'année précédente. La vie de l'évêque Robert m'a fourni cette pensée. Comme nous sommes dans un temps où l'on fait main-basse sur tout ce qui ne paroît pas de l'office canonial, on peut craindre de voir supprimer cela au premier jour, afin que complies qui s'en trouvent un peu retardées par là soient encore dites plus tôt.

(2) Le Diction. univ. de la France. Pouillé de Beaunier. Piganiol de la Force.

l'évêque dans la visite du diocèse, afin d'y annoncer la parole de Dieu. On peut se convaincre par le grand nombre de sermons imprimés de ce théologien, avec quelle assiduité il s'acquitta du devoir de la prédication. Ce pénitencier obtint du prélat, l'année suivante, une confirmation de la réunion, que Pierre de Belle-Perche avoit faite de la chapelle de Saint-Germain à la pénitencerie. La ville de Gien, où il restoit quelques hérétiques, fut une de celles où l'évêque fut plus attentif à n'envoyer que de savants prédicateurs. Il conféra, outre cela, la chantrerie de la collégiale de cette ville, à un ecclésiastique pieux, docte et prudent, capable de faire beaucoup de bien. De statuts synodaux qu'ait faits Amyot, nous connoissons uniquement ceux qu'il publia au synode du 1er mai 1582, lesquels regardent toute la matière du mariage; et comme malgré les soins qu'il se donnoit, les mariages en degrés prohibés ou clandestins se multiplioient, Laurent Petitfou, son official, accorda monitoire en 1585, pour avoir des révélations sur les personnes qui étoient ainsi mariées. Touchant la même matière, il reçut et exécuta, en 1584, un bref de Grégoire XIII, qui donnoit absolution et validoit le mariage de nobles personnes François de la Rivière et d'Anne de Veilhan, lesquels, sans être informés des décrets du concile qui n'étoient pas encore publiés en France, s'étoient mariés en degré prohibé. Huit ans auparavant, le même pape avoit adressé à ce prélat le jubilé qu'il l'avoit supplié d'accorder à ses diocésains, à l'occasion de l'année sainte arrivée en 1575; ce qui paroit prouver que ces jubilés n'étoient point envoyés qu'ils n'eussent été demandés par les évêques, chacun pour leur diocèse. Amyot fut d'une grande exactitude sur le port des cheveux courts. Il est marqué dans des mémoires de son temps, qu'ayant aperçu des curés au synode, avec des cheveux longs, il les fit approcher et leur rendit la chevelure aussi courte que l'étoit la sienne, laquelle, comme il paroit par son mausolée, étoit très-régulière (a). Sur la requête que les habitants de Clamecy lui présentèrent, en 1582, touchant l'office divin du Chapitre et de la paroisse,

---

(a) On vit quelquefois au XVIe siècle des actes singuliers à propos du port des cheveux et de la barbe. En 1548, le Chapitre de Sens refusa au serment de fidélité l'évêque suffragant de Nevers, parce qu'il avait une longue barbe. (*N. d. E.*)

il fit un règlement, en 1586, pour la décence du culte de Dieu en l'église de Saint-Martin. Celui qu'il entreprit de donner, en 1573, aux chanoines réguliers de l'abbaye de Saint-Père, n'avoit pas eu un succès si prompt. Son promoteur l'informa dans la visite qu'il y fit le second jour d'août, que ces religieux ne conservoient presque plus de marques de la cléricature : on ne les voyoit le plus souvent que dans l'habit le plus éloigné de leur état, celui qu'ils portoient à l'église leur devenoit odieux, et ils se disposoient à s'habiller comme les chanoines de la cathédrale, se disant chanoines comme eux. Le prélat leur enjoignit le port du rochet, outre la grande tonsure, etc. Ils en appelèrent à Sens et de là à Lyon, et partout ils furent condamnés à se soumettre aux règlements salutaires de leur évêque. On ne voit point d'éclat semblable dans aucune autre des églises de la ville qu'il visita dès le commencement de son épiscopat. Le second dimanche d'après Pâques, 1572 ou 1573, il fit la réconciliation, pour ne pas dire une véritable dédicace de l'église de Saint-Regnobert. Etienne Panserot, religieux de Saint-Marien, curé de Notre-Dame-la-d'Hors, l'ayant averti que les catholiques avoient ramassé plusieurs ossements du corps de saint Vigile au moment que la châsse de ce saint fut profanée par les calvinistes, Laurent Petitfou, grand archidiacre et official, fut commis pour s'informer juridiquement sur ces reliques ; ce qui étant fait, Amyot se transporta dans l'église paroissiale, le 10 juillet 1588, et les enferma dans une nouvelle châsse, déclarant que c'étoit véritablement des reliques du saint évêque d'Auxerre, fondateur de cette église (1). La peste qui régna dans le pays durant quelques années de son épiscopat, l'engagea à accorder permission d'ériger, dans toutes les paroisses de la ville, une confrérie sous l'invocation de Saint-Roch, par ses lettres datées de Paris, le 22 juin 1583. Les maladies contagieuses ayant recommencé dans un autre temps, il entra encore davantage dans la dévotion des citoyens, et bénit la nouvelle chapelle qu'ils avoient fait bâtir sous l'invocation de ce même saint, proche le bâtiment destiné aux pestiférés. Ayant appris le besoin où la ville étoit d'avoir une maison assurée pour les grandes écoles, il acquit un certain canton de la grande rue Saint-

---

(1) *Voy.* les Preuves, t. IV, n° 449.

Germain et y fit construire un corps de logis considérable. Il avoit eu dessein d'y mettre les PP. Jésuites ; mais ils n'y furent pas introduits de son vivant par la faute du P. Pigenat, qui alla trop lentement dans la conduite de cette affaire et ne prit pas soin de la conclure avant le temps des troubles qui suivirent la tenue des états de Blois.

L'application que donna l'évêque Amyot aux besoins spirituels et temporels de son diocèse (a), et surtout de sa ville épiscopale, ne l'empêcha pas de vaquer soigneusement à son temporel. Le château de Régennes avoit été très-endommagé pendant les guerres civiles de la religion ; cependant les évêques l'habitoient volontiers à cause de sa situation. Il fit relever les ruines causées par le feu et le rendit logeable. En 1572, il se fit donner un dénombrement de la terre et seigneurie de Beauche, par le duc et la duchesse de Nivernois. Deux ans après, il reçut une pareille déclaration de Françoise des Colons, veuve du seigneur d'Ougny et de Seponse, en Nivernois, pour les fiefs qu'ils tenoient de lui. En 1585 il reçut Olivier Foudriat, lieutenant particulier du bailliage d'Auxerre, à foi et hommage pour les fiefs des Soyarts et de Champ-le-Roi, assis en la paroisse de Lalande, qu'il venoit d'acquérir de noble Jacques de Lenfernat, seigneur de Prunier, fils de Georges de Lenfernat, et le quitta des droits de quint et requint et profits féodaux. L'année suivante, le 22 juillet, René de Prye, chevalier des Ordres du roi, seigneur de Prye, Montpopon, Testmilon et baron de Toucy, lui donna aveu et dénombrement de cette baronnie, en commençant par le château même de Toucy. L'énumération n'avoit pas été trouvée exacte, elle fut réitérée, le 31 janvier 1587, et on procéda, le premier mai suivant, à une vérification et renouvellement des limites de la seigneurie, contiguës à la portion seigneuriale de l'évêque seigneur suzerain.

Le prélat fit de temps à autre des voyages à la cour où sa dignité de grand-aumônier l'appeloit. Ce fut principalement sous Henri III, qui commença à régner au mois de juin 1574. Dans le temps que ce

---

(a) L'évêque n'oublia pas notamment le grand hôpital de la Madeleine d'Auxerre, et fit, pour cette maison, un règlement très-remarquable et empreint d'une grande charité. — *Voy.* cette pièce aux Preuves, t. IV, n. 446, et le *fac-simile* de l'écriture de l'évêque, tiré de cette même pièce. (*N. d. E.*)

prince retournoit de Pologne en France et qu'il passoit par la Savoie, la duchesse, qui étoit sa tante, fit auprès de lui de si grandes instances pour qu'il conservât notre évêque dans sa charge de grand-aumônier, qu'il lui promit de n'en pas nommer d'autre. Le roi dont il avoit été autrefois précepteur voulut lui en porter lui-même la nouvelle à son arrivée, lui recommanda d'être aussi fidèle à son service qu'il l'avoit été à celui de Charles IX. Quelques années après établissant l'Ordre des chevaliers du Saint-Esprit, il en fit Amyot commandeur-né par sa qualité de premier aumônier, et voulut que ses successeurs jouissent du même honneur, sans être tenus de faire preuve de noblesse. Le roi prêta le serment de l'Ordre entre les mains de ce prélat, qui lui mit au col le grand collier le 31 décembre 1578, dans l'église des Augustins de Paris. Selon du Saussay (1), quelques courtisans murmurèrent sur l'élévation d'un homme de si basse naissance à un si haut point d'honneur; mais Henri III leur ferma la bouche par deux paroles. C'étoit ce même évêque qui avoit dressé les statuts de cet Ordre (2), et qui prescrivit aux chevaliers certaines prières en forme d'office divin. Il étoit si bien venu auprès de Henri III, qu'on entendoit souvent ce prince à l'exemple de Charles IX l'appeler son maître. En effet Amyot se plut à lui remettre alors de temps en temps quelques principes de latinité; ce qui donna occasion de composer ce distique : *Grammaticam discit media rex noster in aula; bis rex qui fuerat, fit modo grammaticus* (3). Mais une autre chose plus importante qu'il suggéra au roi, en 1575, fut de destiner de grosses sommes pour former une bibliothèque (4). Ainsi fut commencée cette collection de manuscrits tant grecs que latins, qui montent aujourd'hui à tant de milliers, et qui sont d'une si grande utilité pour toute sorte de sciences. Amyot s'en servit le premier pour perfectionner ses traductions, auxquelles il travailla à Paris et dans son diocèse, jusqu'à ce que la tranquillité de son esprit fût troublée par les émotions populaires (5). On lit qu'un jour il fit au roi un présent assez bizarre. C'étoit celui d'un chou qu'on lui avoit envoyé de sa terre

---

(1) *De scrip. eccl., n. 52.*
(2) *Ibid.*
(3) Recherches de Pasquier.
(4) *Ex script. coœvis.*
(5) *Ex coœvis scriptor.*

d'Appoigny proche Auxerre, autrement dite Régennes; ce chou étoit d'une telle grosseur, qu'il falloit deux hommes pour le porter. Le roi qui savoit l'Histoire-Sainte, porta à l'instant le même jugement du pays d'où il venoit, que les Israélites avoient porté de la terre promise d'où deux hommes leur avoient apporté en pompe une grappe de raisin. La demeure d'Amyot dans Paris, étoit dans l'enclos de l'hôpital des Quinze-Vingts, où il avoit un logis que les administrateurs lui avoient cédé, en considération de sa dignité de grand-aumônier. Etant dans cette ville en différentes années, il assista à quelques sacres d'évêques : à celui de Jacques Fourré, évêque de Châlon-sur-Saône, le 18 avril 1573, chez les Jacobins de la rue Saint-Jacques (1). En 1578, il sacra dans l'église de Sainte-Geneviève, Arnaud de Sorbin, évêque de Nevers, avec Pierre de Gondi, évêque de Paris, et Nicolas Fumée, évêque de Beauvais. Il fut présent à Saint-Denys, au mois de juin 1584, aux obsèques de François, duc d'Anjou, frère du roi Henri III (2). Ce fut pendant qu'il étoit à Paris, l'an 1588, que se voyant arrivé à l'âge de 75 ans, il rédigea son testament le 15 mai; ce qu'il fit certifier le lendemain par un acte de deux notaires au Châtelet. Ce grand homme parut avoir prévu ce qui pourroit arriver, si certaine faction prenoit le dessus dans le royaume. Il étoit à Blois lorsque les Guise y furent assassinés. La nouvelle de ce meurtre étant parvenue à Auxerre, Claude Trahy, gardien des Cordeliers (a) publia partout et même jusque dans la chaire, que l'évêque étant du conseil du roi, l'avoit conseillé et su; qu'il étoit impossible que cela ne fût ainsi, puisqu'il gouvernoit le roi, et que de plus il en avoit donné à ce prince l'absolution sacramentelle; que pour ces causes il étoit indigne d'entrer dans l'église, et que s'il y entroit, il feroit sonner la cloche du sermon

---

(1) *Nova Gall. chr. in ep. Cabilon.*
(2) Preuves des hist. de Paris, t. III, p. 442.
(3) *Voy.* les Preuves, t. IV, an 1588.

(a) Ce moine fameux s'appelait Paul et non pas Claude, quoiqu'il fût ordinairement désigné par ce dernier prénom. L'évêque Amyot en faisait grand cas avant les troubles de la Ligue. Il l'avait chargé de l'importante mission d'absoudre les hérétiques de Gien, de tous les cas même réservés. — *Voy.* Pr., t. IV, n 444. (*N. d. E.*)

pour assembler les habitants, à quelque heure que ce fût, et les exciter à courir sur lui; le Cordelier ajoutoit hardiment, que quiconque entendroit la messe d'Amyot seroit excommunié. De tels discours ne manquèrent pas de faire dans l'esprit de la populace l'effet qu'en attendoit ce Cordelier, qui étoit jaloux de la destination qu'Amyot avoit faite de son collége pour les Jésuites. Il présenta ses odieuses imputations par écrit, en plein Chapitre, et au bureau de la ville, essayant d'y prouver que la feuille imprimée et reçue à Auxerre comme ailleurs, où il étoit porté que ce meurtre avoit été fait justement, ne pouvoit être venue que de l'évêque, qui haïssoit souverainement les Guises. Cependant Amyot avoit ignoré absolument que ce meurtre dût être commis, et le roi n'en avoit fait confidence qu'à ceux qui devoient l'exécuter. L'évêque d'Auxerre déclara aussitôt à Blois, que le cas étoit si énorme, qu'il n'y avoit que le pape seul qui en pouvoit absoudre. Il le dit expressément à Jean Droguin, chapelain ordinaire, qui avoit coutume de confesser le roi, en sorte que ce prince ne fut pas confessé le jour de Noël. Le fait fut attesté par M. de Saint-Germain, abbé de Chaalis, alors théologien du roi, avec lequel Amyot en avoit conféré; et Sébastien le Royer, doyen d'Auxerre, en convint à son retour de Blois. Aussi le roi ne s'adressa pas à Amyot pour l'absolution. Il la reçut le dernier jour de l'an de Jacques Coulomb, chanoine théologal de Saint-Sauveur de Blois, ancien docteur de la Faculté de Paris, en vertu d'un bref du pape qui donnoit pouvoir à Henri de choisir tel confesseur qu'il lui plairoit, avec toute faculté à ce confesseur, ainsi choisi, de l'absoudre de tous cas réservés au saint-siége, même ceux de la bulle *in Cœna Domini* (1). C'est pourquoi le roi ayant cru pouvoir communier le premier jour de l'an de la main de l'évêque de Langres, Amyot l'assista en cette cérémonie, le servit en toute la messe, et dit l'office et les heures avec lui en qualité de grand-aumônier, outre qu'en qualité de commandeur de l'Ordre du Saint-Esprit, il étoit aussi tenu d'assister personnellement à toutes les heures du service ce jour-là, qui étoit celui de la cérémonie des chevaliers;

---

(1) *Ex acti absol. card. Caïetani.*

et enfin il dîna avec lui le même jour et dit les grâces après le repas (1). Le mois de janvier 1589 ne fut pas écoulé que l'évêque d'Auxerre apprit ce qu'on disoit de lui dans sa ville épiscopale. Il fut informé qu'on avoit juré de ne plus reconnoître le roi et qu'on faisoit des prières extraordinaires pour la prospérité de ses ennemis ; c'est pourquoi il prit des sûretés afin d'avoir des preuves de ces choses, et il ne se pressa pas de se rendre à Auxerre, espérant qu'après le premier feu les esprits s'adouciroient. Il écrivit au doyen que s'il ne revenoit pas au pays c'étoit de crainte d'être suspect au roi, qui pensoit que la nouvelle démarche des habitants étoit un acte de félonie et un crime de lèse-majesté ; que lui, évêque, croyoit, conformément à la doctrine de saint Paul, qu'on ne devoit pas laisser de reconnoître Henri pour roi ; que ceux qui assuroient en chaire le contraire, étoient de ces prophètes inspirés par l'esprit de mensonge. L'évêque eut d'autant plus de sujet d'être attristé du procédé des Auxerrois, qu'il avoit promis au roi que cette ville ne remueroit pas, en considération de ce que douze ou seize ans auparavant il avoit empêché qu'on n'y envoyât gouverneur et garnison pour commander, et que, par là, il avoit obvié aux instantes poursuites de quelques gentilshommes du voisinage qui auroient beaucoup fatigué la ville par leur résidence. Pendant ce retard, le cardinal de Vendôme fit tenir chez lui une assemblée de prélats et d'ecclésiastiques, pour savoir ce qu'il conviendroit faire au sujet de la détermination des théologiens de Paris, à l'occasion de l'assassinat des Guise. Amyot s'y trouva comme les autres, et il nous apprend qu'on n'y conclut rien, sinon qu'il falloit envoyer vers le pape pour empêcher qu'il ne fût prévenu de quelque mauvaise impression; il ajoute que si cette assemblée fut nombreuse en gens d'église du second ordre, c'étoit parce que le roi avoit défendu qu'on sortît de Blois sans son congé. La permission étant accordée, l'évêque de Langres prit le chemin de son diocèse quelques jours avant le carême. Comme on sut à Auxerre qu'il venoit de Blois et qu'il étoit du conseil d'Etat, il y eut des ligueurs de cette ville qui, le voyant passer, coururent sur lui, et l'auroient arrêté s'il ne se fût sauvé promptement à

---

(1) *Ex absolutione ejus in reg. capituli Autiss.*

Chablis, qui est de son diocèse. Le temps du carême étant venu, fournit au prédicateur cordelier une vaste carrière pour déclamer contre l'évêque. Ce prélat avoit envoyé l'un de ses gens pour savoir s'il étoit vrai que la furie du peuple fût telle qu'on la lui avoit rapportée. Le bruit ne fut pas plus tôt répandu qu'un domestique de l'évêque étoit logé au faubourg de Saint-Amatre, que plusieurs petits marchands y accoururent à dessein de faire insulte à l'évêque qu'ils croyoient y trouver. D'autres domestiques du prélat étant depuis entrés dans la ville, on les siffla et on les courut par toutes les rues. Il y eut même des gens du quartier des bateliers qui concertèrent de faire sortir le concierge du palais épiscopal afin de le piller à leur aise. Amyot crut cependant ne pas devoir laisser passer les fêtes de Pâques sans se rendre à son troupeau. Il se mit en route un peu avant le carême et se rendit en son château de Varzy. Rouillard dit qu'il fut volé à moitié chemin, mais il ne marque pas la somme qu'on lui prit, comme l'ont fait depuis quelques écrivains sans en apporter la preuve. Le pénitencier de la cathédrale, qui étoit son compatriote et qu'il avoit placé à Auxerre, l'étant venu visiter au château de Varzy, connut, dès le premier abord, que le prélat avoit été informé des discours qu'il avoit tenus sur le même ton que le gardien des Cordeliers; Amyot ne balança pas de lui dire que « le roi les feroit pendre tous les deux pour les prédications diaboliques » qu'ils avoient faites. » C'étoit, en effet, ces deux hommes-là, qui, tout d'un coup, avoient rendu la ville d'Auxerre ligueuse. Le prélat arrivant à Auxerre, le 29 mars, jour du mercredi-saint, manqua d'être tué en deux endroits ; d'abord à l'entrée de la ville par le sieur Ferroul d'Egriselle, chef de la jeunesse qui donnoit dans le parti de la Ligue; ensuite devant l'église cathédrale, par Claude le Prince, chanoine. Il assure lui-même, dans son apologie (1), que « la pistole lui fut présentée à l'estomac par plusieurs fois, et qu'il y eut plusieurs coups » d'arquebuse tirés, de sorte qu'il fut obligé, pour se sauver la vie, » d'entrer promptement dans la maison d'un chanoine, et de passer de » celle-là en une autre pour faire perdre sa trace à ceux qui le poursui- » voient. » Sa crainte étoit d'autant mieux fondée qu'il aperçut, sur

---

(1) *Voy.* les Preuves t. IV, où cette apologie se trouve.

la place de Saint-Etienne, un émissaire du gardien des Cordeliers, qui, tenant une hallebarde, crioit à pleine gorge : « Courage, soudars, » messire Jacques Amyot est un méchant homme, pire que Henri de » Valois. Il a menacé de faire pendre notre maître Trahy, mais il lui » cuira. »

Le prélat reconnut bientôt que le prêtre et le peuple étoient également envenimés contre lui. Fatigué de son voyage et effrayé de la réception qu'il venoit d'essuyer, il n'officia point le jeudi-saint et ne vint pas même à l'église. Il avoit dessein de célébrer les fêtes de Pâques avec son clergé, mais le maître Trahy sut bien l'en empêcher. Le jeudi-saint ce cordelier mit entre les mains de Guillaume Girard, conseiller au présidial et échevin, un mémoire qui tendoit à prouver que l'évêque étoit excommunié et par conséquent suspens *à divinis*. Le maire et les échevins, ayant eu communication du mémoire, firent prier le doyen de la cathédrale de se trouver au conseil de la ville pour en conférer. Ce doyen assembla le Chapitre le vendredi-saint, déclara qu'il lui parois-soit que l'évêque ne pouvoit assister à l'office divin sans scandale, et que ceux qui lui serviroient d'officiers pourroient encourir la même sentence d'excommunication *à canone latæ sententiæ ; si quis suadente diabolo*. Le résultat fut qu'on feroit entendre au prélat que, non-seulement pour les cas que lui attribuoit le maître Trahy, mais encore pour éviter le scandale de la part du peuple qui le croyoit excommunié, il lui plût de ne pas assister à l'office. Le doyen, le grand-archidiacre, le chantre, et Jean Paydet, chanoine, s'étant chargés de la proposition, et lui ayant objecté ce dont le cordelier le chargeoit, il répondit qu'il prenoit en bonne part l'avis et la prière du Chapitre et qu'il s'abstien-droit de venir à l'office les fêtes prochaines. Le lendemain de *Quasi-modo*, 10 avril, on présenta au Chapitre un certificat du 6 du même mois, signé de Laurent Petitfou, son official, et du sieur Villon, qui attestoient que cet évêque avoit été absous *ad cautelam* pour avoir communiqué avec le roi le premier jour de l'an et avoir mangé avec lui, quoique ce fût après l'absolution qu'un chanoine de Blois avoit donnée à ce prince, fondé sur un bref du pape. Mais on étoit si rempli des idées du cordelier qui avoit chargé l'évêque de bien d'autres faits, qu'on ne voulut rien finir sans en conférer auparavant avec Gilles Thierriat, prévôt ; les sieurs Legeron, conseiller ; Nicolas Tribolé, maire, et Jean Couet, avocat, et même avec le cordelier, tout partie qu'il étoit. Quoique le conseil fût d'avis que l'absolution étoit bonne suivant le Chapitre *Eos. de sent. excomm.*, le gardien soutint le contraire, parce que, disoit-il, outre les cas avoués par l'évêque, il en restoit d'autres dont il avoit la preuve par écrit. Lorsqu'on en fut venu à cette preuve en plein Chapitre, il se trouva que tout se réduisoit à une lettre que l'évêque avoit écrite au théologal Perronet, où il lui marquoit de dire au maître Trahy « qu'il se comportât plus modestement en ses prédications de peur qu'il ne lui en arrivât mal et aux siens. » Voilà ce qu'il y avoit d'écrit. Le prélat vouloit lui faire comprendre qu'il lui ôteroit et à ses religieux, les pouvoirs de prêcher et de confesser ; mais ce fanatique crut en effet que l'évêque le menaçoit de la vie lui et les siens, parce que le théologal lui avoit rapporté le mécontentement où le roi étoit de ses sermons et l'assurance que lui en avoit donnée le prélat. Ce fut ainsi que la voie de la paix fut fermée à l'évêque d'Auxerre par les intrigues d'un religieux mendiant trop aveuglément estimé dans le pays. On aura de la peine à croire que le Chapitre ait fait refus de recevoir aux prébendes vacantes ceux qu'il en pourvut alors (1). Le prélat crut, au bout de six mois, devoir présenter en Chapitre sa justification et ses griefs contre le cordelier. Outre ce que j'ai rapporté de ces deux écrits, à mesure que la suite de l'histoire l'a demandé, on y voit une conspiration faite ouvertement par les marchands, mariniers et vignerons de la ville, sur la vie de leur évêque. Ils déclaroient publiquement qu'il falloit couper la gorge à Jacques Amyot, et faire maître Trahy évêque en sa place. Un jeune cordelier étranger, produit par le gardien d'Auxerre, prêcha dans la cathédrale le jour de la Toussaint. Il eut la témérité de commencer sa paraphrase sur ce passage des psaumes : « Heureux ceux qui demeurent en votre maison, Seigneur, » par les expressions suivantes : « Oui, les excommuniés sont hors de cette maison, » comme M. l'évêque, qui, au lieu de venir pieds nus et tête nue » à l'entrée de l'église, supplier qu'on intercédât pour eux, demeurent » obstinés, etc. » Ce qui révolta les gens de bien et leur fit dire tout

---

(1) *Regist.* 1589, 20 sept., 2 oct., 19 et 25 et 3 nov.

haut : « voilà qui vient de la boutique de Trahy et qui ne vaut rien. » 1570 à 1593.
Un autre sujet de chagrin pour ce prélat, fut qu'il perdit encore à Sens, dans l'action qu'il avoit intentée au Chapitre en matière de *nouvelleté* (1). Jacques Taveau, avocat du Chapitre d'Auxerre à Sens, le fit même condamner aux dépens. Ce fut peut-être le retard de l'absolution en forme qu'il avoit demandée qui lui causa cette déroute ; mais la difficulté des chemins, surtout depuis la mort du roi Henri III, arrivée le 1er août, ne permettoit guère de confier à toute sorte de personnes des affaires de cette conséquence. Amyot, cependant, voulant remplir toute justice, en fit venir une d'Henri Cajetan, cardinal du titre de sainte Prudencienne, légat en France (2), par laquelle on voit que sur l'exposé des faits tels qu'ils ont été rapportés ci-dessus, il eut pleine absolution, avec défense au Chapitre et au frère Trahy de le molester désormais. Ces lettres, datées de Paris, le 6 février 1589, furent obtenues par Jean de Bourneaux son neveu, à qui il avoit résigné son abbaye de Roches. Le seul fait qu'il avoit ajouté pour se justifier, et qui n'est point dans l'apologie communiquée au Chapitre, est que, peut-être plus de vingt jours auparavant le meurtre des Guise, il avoit été détenu de la goutte ; ce qui l'avoit empêché de voir le roi, ni de conférer avec qui que ce soit de son conseil. Cette absolution fut accompagnée d'une lettre de ce cardinal à l'évêque, datée du 23 février 1590 (3). Le légat y marquoit à Amyot qu'il faisoit savoir au Chapitre d'Auxerre et au Cordelier, que rien ne devoit plus les empêcher de lui rendre obéissance et honneur, et qu'il espéroit que, par son zèle à défendre la foi catholique, il effaceroit ses fautes précédentes. Cette formule d'absolution ayant été trouvée bonne par les chanoines de la cathédrale, le samedi 3 mars 1590, ils députèrent trois dignités et deux chanoines pour aller féliciter ce prélat de ce qu'il étoit réintégré dans ses fonctions. Les cinq députés, Laurent Petitfou, grand archidiacre ; Jacques Magnen, chantre ; Pierre Thion, archidiacre de Puisaye ; Denis de la Vaul et Droin Chaucuard, sous-chantres, rapportèrent qu'il avoit été très-réjoui de cette visite et qu'il en remercioit la compagnie. Les

---

(1) *Reg. Capit.* 11 janv. 1590.
(2) *Voy.* les Preuves, an 1589.
(3) *Ibid.*

mauvais traitements qu'Amyot essuya en arrivant dans son diocèse lui furent extrêmement sensibles ; à cela près, il se fit dorénavant un plaisir de résider. Il avoit déclaré à l'un de ses secrétaires que depuis longtemps son intention étoit de se retirer peu à peu de la cour, pour mieux s'acquitter de son devoir épiscopal, et il se vit, en 1589, entièrement délivré du lien qui l'y avoit retenu.

Il commença donc à ne plus s'occuper que des fonctions spirituelles ; et dès le 7 mars, jour des Cendres, il reprit son ancien usage de prêcher, sans paroître déconcerté ni ému par tout ce qui étoit arrivé depuis un an, sans employer les invectives ni les déclamations contre personne : ce qui parut digne d'admiration à ceux qui ne le connoissoient pas encore parfaitement. Mais son secrétaire, continuateur de sa vie, dit que quoiqu'il se mît aisément en colère, cependant il se retenoit facilement ; il n'étoit aucunement vindicatif, et ne savoit ce que c'étoit que de reprocher à personne les anciennes fautes. Il passoit pour mélancolique, sévère, et d'un abord difficile ; mais il ne paroissoit tel qu'à ceux qui le voyoient rarement. Il étoit franc, candide, ingénu, ouvert, parloit librement et sans flatterie, ne déguisoit point aux grands ni aux princes leurs propres défauts. Loin de conniver aux mauvais desseins qu'ils auroient eu, il leur déclaroit franchement qu'il ne consentiroit jamais à ce qui seroit contre l'honneur et la justice. Comme ceux qui demeuroient avec lui le connoissoient de cette humeur, ils se donnoient bien de garde de lui rien proposer ou demander qui parût sujet à soupçon, sinon ils essuyoient un refus accompagné de sévères réprimandes. Aimant la paix, il haïssoit les procès, et surtout il évitoit d'en avoir avec son Chapitre. Je ne sais si, en ce dernier chef, l'écrivain accuse juste. On verra ci-après qu'il eut des difficultés avec les chanoines pour des droits temporels, même avant le temps de son appauvrissement. Quelques auteurs disent qu'on lui vola, à son retour de Blois, la somme de deux cent mille écus. Cela paroît exagéré, mais on ne peut disconvenir que ses pertes, dans le tumulte de la Ligue naissante, n'allassent bien à cinquante mille livres. Il le mande lui-même au duc de Nevers, le 9 août 1589 (1). Et comme dans cette lettre, où il avoit toute oc-

---

(1) Ms de Béthune, 8925, à la Bibl. du roi.

casion d'expliquer son malheur, il ne dit point qu'on lui eût rien pris sur la route de Blois à Auxerre, je ne sais d'où Rouillard a appris qu'Amyot avoit été volé à moitié chemin (*a*). La teneur de cette lettre au duc de Nevers est curieuse. On venoit de le sommer de la part de ce duc, d'unir toutes ses terres épiscopales au gouvernement de Nivernois. Il écrivit au duc que ses gens ont toujours appartenu au gouvernement de Bourgogne ; et, prenant occasion de leur souhaiter une parfaite tranquillité, il reconnoît avoir besoin d'eux pour vivre : « Me trou-
» vant, dit-il, pour le présent, le plus affligé, détruit, et ruiné pauvre
» prêtre, qui soit comme je crois en France. » Il fait ensuite monter toutes ses pertes à la somme de cinquante mille livres. « Outre le dan-
» ger de ma personne, ajoute-t-il, m'ayant esté la pistole plusieurs fois
» présentée sur l'estomach, et les ordinaires indignités et oppressions
» que je reçois journellement de ceux d'Auxerre, le tout pour avoir
» été officier et serviteur du roi ; étant demeuré nud et dépouillé de
» tous moyens, de manière que je ne sçai plus de quel bois (comme
» l'on dit) faire flèche, ayant vendu jusqu'à mes chevaux pour vivre ;
» et, pour accomplissement de tout malheur, cette prodigieuse et
» monstrueuse mort étant survenue, me fait avoir regret à ma vie (*b*). »
On reconnoît aisément qu'il veut parler de la mort du roi Henri III, son bienfaiteur, arrivée huit jours auparavant (1). Par une lettre du 17 du mois, il paroissoit fort en peine de savoir si ce prince avoit été réconcilié à l'Église par confession et absolution sacramentale. Il dit qu'il s'en étoit informé à l'évêque de Senlis ; mais que les nouvelles venoient

---

(1) M** de Béthune, même volume, fol. 132.

(*a*) L'exactitude de ce vol est constatée par une déposition de maître Regnaud Martin, qui avait été secrétaire de l'évêque, et qui raconte que le fait a eu lieu près d'Aubigny.—*Voy.* aux Preuves, t. IV, n° 460, la déposition de M° Martin. (*N. d. E.*)

(*b*) La situation de J. Amyot était devenue fort périlleuse dans sa ville épiscopale, les menaces et les violences le forcèrent de se tenir enfermé dans son palais jusqu'à la fin de sa vie. — *Voy.* Preuves, t. IV, n° 460.

Quelques auteurs regardent les plaintes qu'il fait là, sur son état malheureux, comme hypocrites, et prétendent qu'il avait encore deux cent mille livres à sa mort, mais on verra plus bas que c'était une erreur. (*N. d. E.*)

difficilement, surtout « dans un lieu, dit-il, où c'est un grand crime de
» parler du roy, sinon en détestation, et où l'on calomnie et prend en
» mauvaise part tous mes propos et toutes mes actions, pour avoir eu
» accès auprès de lui. » J'ai cru devoir rapporter ces pensées d'A-
myot, pour réfuter, par ses propres termes, ceux qui l'ont accusé d'in-
fidélité envers Henri III (1). Ce prélat n'avoit pas l'esprit ligueur, et, s'il
a fait quelques démarches qui ont paru favoriser le parti de la Ligue, ce
n'a nullement été du vivant de Henri III. Pour ce qui est des deux dernières années de sa vie, il faut avouer que la misère où il se trouva réduit, l'obligea de condescendre en quelque chose aux idées de son
peuple. Il auroit souhaité que le cardinal de Bourbon eût été roi, et il
appréhendoit la ruine de la catholicité en France « s'il n'y eût été
» pourvu par la bonté et miséricorde de Dieu. L'espérance, ajoute-t-il
» (2), qui nous commençoit à rire par la déclaration de Monseigneur le
» cardinal de Bourbon nous a bientôt destituez, puisqu'ainsi est qu'il
» ait été emmené à La Rochelle ; car il est certain que nous ne le verrons
» jamais. » Ce fut donc pour implorer le secours du ciel sur le royaume,
qu'il consentit à toutes ces prières, qu'on appella dans la suite « les
» oratoires et les processions de la Sainte-Union, » et qu'il traça même
de sa main le plan de quelques-unes (3).

En 1590 il fit le sermon de l'ouverture du carême, et continua de
prêcher les dimanches du même carême (4), à cause du grand jubilé
accordé pour la réunion des princes chrétiens, lequel commença le second
dimanche. Il fit aussi, le jeudi-saint, la bénédiction des saintes-huiles
avec deux dignitaires concélébrants que le Chapitre nomma selon l'ancienne coutume, et il continua les années suivantes (5). Il avoit toujours aimé les anciens rites, et s'il y eût eu, de son temps, une nouvelle
édition du missel, il eût été attentif à les faire conserver, surtout ceux
qu'il croyoit venir des Grecs et être passés de chez eux dans l'église
gallicane, tel que l'apport solennel des vases sacrés de la sacristie (que
les Grecs appellent la prothèse) au grand autel ; aussi bien que la représentation *et confixion* du pain, sous les yeux du prêtre, pendant

---

(1) De Thou.
(2) Même lettre ci-dessus, du 17 août.
(3) *Voy.* les Preuves, t. IV.

(4) Mémoire de J. Félix.
(5) *Reg. Capit.* 18 *apr.* 1590.

que le vin est versé dans le calice, en sorte que la sentence *de latere Domini*, etc. convienne à l'action ; c'est ce que j'ai su d'un curé très-âgé, d'auprès de Melun, qui avoit connu les neveux de quelques amis de ce prélat. On voit par les registres du Chapitre qu'alors on n'attendoit point pour faire des prières extraordinaires que l'évêque les eût indiquées ; le Chapitre les ordonnoit, choisissoit le jour, et envoyoit ensuite deux ou trois chanoines vers le prélat, pour l'en avertir, afin qu'il y assistât, s'il le jugeoit à propos. On ne peut dire si Jacques Amyot, qui fit sa résidence à Auxerre durant le fort de la Ligue, se trouva à toutes celles que le Chapitre indiqua. Au moins en fut-il toujours averti ; ce qui est si véritable, qu'une procession générale ayant été indiquée le vendredi 21 août 1592 pour le dimanche suivant, sans qu'on en eût fait part à l'évêque, il en porta ses plaintes ; on lui déclara, le 5 octobre (1), que cette omission involontaire ne venoit d'aucun mépris de sa personne, de son autorité et dignité épiscopale qu'on révéroit et honoroit ; on ajoutoit qu'un tel oubli étoit d'autant plus pardonnable, qu'alors tous les chanoines faisoient la garde aux portes de la ville. Ce même mois d'octobre, ce prélat eut aussi raison des provisions qu'il avoit données à Martial Delinotte, d'une prébende d'Auxerre pendant sa prétendue excommunication ; le parlement de Paris lui donna gain de cause. Le secrétaire d'Amyot, qui a écrit sa vie, le représente comme très-pacifique à l'égard de son Chapitre. Cependant, Amyot disputa, en 1587, le droit que les chanoines ont de prendre du vin chez l'évêque aux grandes fêtes ; on l'appeloit le vin des *semonces* (2). Il ne tarda pas à se rendre sur cet article. Depuis les chagrins qu'on lui causa, il attaqua la juridiction du Chapitre, et les chanoines, de leur côté, le sommèrent de contribuer aux réparations de l'église plus qu'il n'avoit fait. Il dressa donc un état de tout ce qu'il avoit fourni à la cathédrale depuis son entrée à l'épiscopat, soit en ornements, soit en autres dépenses, et il paroît qu'il n'avoit rien ajouté aux anciens présents (a). Il transigea seulement avec le Chapitre sur

---

(1) *Reg. Cap.* 5 *oct.* | (2) *Reg.* 5 *déc.*

(a) *Voy.* les Preuves, t. IV, n° 449.

la juridiction, et la reconnut au mois de septembre 1592 (a). Les facultés de l'évêque étoient extrêmement diminuées, comme je l'ai déjà dit ; il se plaignoit à ses amis que la privation de ses biens lui ôtoit tout le plaisir de l'étude. Les affaires temporelles du Chapitre étoient aussi très-embarrassées. Dès l'an 1588, on avoit songé de demander à l'évêque la suppression d'une vingtaine de prébendes, mais ce projet étoit resté sans exécution. Dans une pareille disette d'argent, de part et d'autre, les difficultés furent facilement aplanies et la paix mise entre les parties. L'auteur de la vie de notre évêque n'a pas oublié de marquer que ce prélat aimoit la musique, et qu'étant dans son palais épiscopal il ne rougissoit point de chanter sa partie avec des musiciens. Il ajoute que son amour pour le chant lui faisoit témoigner plus d'amitié à ceux d'entre les chanoines qui alloient volontiers à l'aigle pour y chanter, et il estimoit pareillement tous les tortriers, chantres, commis et autres gagistes qui avoient belle voix et qui savoient leur métier, pourvu qu'ils fussent de bonnes mœurs. Il se plaisoit même à jouer des instruments ; et souvent, avant le dîner, il touchoit d'un clavecin, pour se mettre à table l'esprit plus dégagé après ses études sérieuses. L'estime qu'il témoigna pour les musiciens les enhardit à faire main-basse sur le système de psalmodie des anciens antiphoniers de la cathédrale, dont la modulation étoit usitée au moins depuis le siècle de Charlemagne. On coupa, trancha, supprima tout ce qui ne convenoit pas à leurs nouveaux principes d'accords, en rendant *cahoteux* ce qui auparavant étoit doux ; on introduisit donc alors une

---

(a) La transaction qui eut lieu le 28 septembre 1592 fut rédigée sur les bases des anciennes chartes qui établissaient les droits des parties. L'évêque fut reconnu haut justicier dans les rues et places du cloître Saint-Etienne, pour tous délits qui y seraient commis par des gens étrangers aux chanoines, et le Chapitre conserva ses droits de justice dans les maisons canoniales et leurs dépendances, quels qu'en fussent les habitants, excepté dans les cas d'homicide et de rapt dont la connaissance fut réservée à l'évêque. Et comme plusieurs des maisons canoniales situées près de la grande place Saint-Etienne et en d'autres endroits du cloître, avaient été démolies lors de la prise de la ville par les huguenots en 1567 et n'étaient pas encore rebâties, on fit mesurer leur emplacement afin de conserver les droits de justice du Chapitre, en cas de rétablissement ou autrement. — Arch. de l'Yonne. Fonds des minutes de Rousse, notaire à Auxerre. (*N. d. E*)

barbarie et une disette étonnante, capables d'inspirer du mépris pour le plain-chant (1). Mais ce qui dut consoler les personnes zélées pour le chant grégorien et les autres chants anciens, est que, dans le temps même de ces entreprises, un chanoine commensal de notre évêque et son économe, inventa une machine capable de donner un nouveau mérite au chant grégorien. Ce chanoine, nommé Edme Guillaume, trouva le secret de tourner un cornet en forme de serpent, vers l'an 1590 (a). On s'en servit pour les concerts qu'on exécuta chez lui, et cet instrument ayant été perfectionné est devenu commun dans les grandes églises. Amyot, qui témoigna toujours de l'inclination pour la musique, en eut besoin plus que jamais, pour chasser la mélancolie qui s'empara de lui, depuis son retour des Etats de Blois, et surtout depuis l'an 1591, qu'il ne fut plus grand-aumônier, ne pouvant pas même, en ce temps-là, aller se délasser à Régennes, parce que ce château étoit rempli d'une garnison, sous la conduite d'un chanoine que le Chapitre y commettoit (2).

Quoique son corps fût fait au froid et au chaud, et qu'il fût d'une bonne constitution, il se trouva enfin attaqué d'une fièvre lente qui lui desséchales poumons. Sentant sa fin approcher, il eut recours aux sacrements de l'Eglise, et les ayant tous reçus, il mourut le 6 février 1593, dans sa quatre-vingtième année. Denis Perronet, pénitencier et théologal, Gilbert le Comte, Renaud Martin, et Victor Camus, chanoines, reçurent ses derniers soupirs (b). Le Chapitre, qui ne voyoit arriver aucun des parents de l'évêque pendant sa maladie, avoit député le 5 du mois trois autres chanoines, outre Victor Camus son chapelain et commensal, pour lui tenir compagnie et empêcher la distraction des effets; cette précaution n'empêcha pas qu'il n'y eût des meubles dé-

(1) Il y a eu des chanoines assez hardis pour dire que des livres ainsi défigurés sous l'épiscopat de M. Amyot, sont le vrai et ancien chant de l'église d'Auxerre, et il s'en est trouvé d'assez simples pour les croire, quoique tout réclame contre ce préjugé.
(2) *Reg. Capituli.*

(a) Cependant, si l'on en croit un compte de la fabrique de la cathédrale de Sens de l'an 1453, le serpent était déjà connu à cette époque, car on y lit : « Ressoudé le » serpent de l'église et mis à point un lien de laiton qui tient le livre. » (*N. d. E.*)
(b) L'évêque mourut à deux heures après midi et en présence d'un grand nombre de personnes ecclésiastiques et laïques. (*N. d. E.*)

tournés ; le Chapitre donna là-dessus des monitoires. Son corps fut inhumé, ainsi qu'il avoit demandé par son testament (1), vis-à-vis le milieu du grand autel de la cathédrale, à côté du trône pontifical (2). Il n'y avoit rien autre chose dans ce testament qui concernât cette église ; mais, depuis ce temps-là, il y eut quatre services fondés pour lui par chaque année, au nom des maire et échevins, en reconnoissance de ce que le bâtiment qu'il avoit fait construire pour servir de collége, fut adjugé à la ville, par arrêt du parlement, et non à ses héritiers (a). On lit même dans les registres du Chapitre (3), qu'avant le procès les héritiers avoient demandé pour lui douze services par an.

(1) *Voy.* ce testament dans les Preuves.
(2) Bullard, en ses Illustres Historiens, dit que quand on voulut faire sa fosse, on trouva un cercueil de pierre qu'on jugea, par quelques indices, avoir servi à une comtesse d'Auxerre, morte trois cents ans auparavant, et nommée Mathilde ; et qu'on inhuma ce prélat dans le même tombeau où étoient les cendres de cette dame. Je ne sais s'il a eu de bons garants de ce fait.
(3) *Reg. Cap. 28 Aug.* 1596.

(a) L'évêque Amyot en construisant le collége le destina à l'instruction de la jeunesse et y fit placer cette inscription qui fut remplacée en 1777 par une autre relatant l'érection du collége en école militaire :

« CHRISTO SERVATORI OPT. MAX. S.
RELIGIONIS VERITAS, MORVM PROBITAS, ET BONARVM ARTIVM POLITVRA, HIC PROMERCALES HABENTVR, NON ÆRE, SED STVDIO, PIETATE ET LABORE : PROINDE TVRPES, IMPII; ET IGNAVA SEGNITIE DEGENERES, AB ISTIS FORIBVS PROCVL FACESSITTE.

Son secrétaire ajouta au-dessous, pour que l'auteur en fût bien connu :
« JACOBVS AMYOTVS EPISCOPVS ANTISSIODOR. HVIC GYMNASIO QVOD EXTRVENDVM CVRAVIT, HANC INSCRIPTIONEM APPONI VOLVIT 1595. »

En dressant l'inventaire de ses livres et papiers, on trouva dans un Vieux-Testament grec une feuille de papier, en forme de testament écrit de la main de l'évêque, mais déchiré en deux. L'évêque était bien près de mourir quand il fit ce projet de testament, car il y règne un ton de tristesse solennelle bien différent de celui de l'acte de 1588. Il y proteste de sa catholicité, et veut être inhumé dans l'église Saint-Étienne devant le grand autel, du côté du siége épiscopal. Il y fait différents legs, notamment aux hôpitaux de la Madelaine d'Auxerre et de Compiègne, et destine formellement les bâtiments qu'il fait construire pour l'utilité du peuple du diocèse, à un collége des Pères Jésuites, et en donne la propriété à la ville d'Auxerre, à condition que cette destination ne sera jamais changée.

On ne voit pas que, dans les procès que la ville a soutenus contre les héritiers de l'évêque, elle se soit servi de cette pièce qui resta probablement cachée dans le procès-verbal où elle fut transcrite. L'état de lacération dans lequel elle avait été trouvée la rendait, d'ailleurs, sans valeur judiciaire. (*N. d. E.*)

Selon sa disposition testamentaire du 15 mai 1588, il partagea son bien en cinq lots. Il établit Nicolas Amyot, son neveu, fils de défunt son frère Philippe, son premier et son principal héritier, c'est-à-dire pour deux portions ; sa sœur unique, Jeanne Amyot, aussi pour deux portions, et son frère, Jean Amyot, pour une seule. Il légua au grand hôpital d'Auxerre, cinq cents livres ; aux Jacobins, cent livres ; aux Cordeliers, autant, se recommandant à leurs prières ; à chacun de ses domestiques, dix écus *d'or sol*, outre leurs gages, et un habit noir ; à son valet de pied, trente écus d'or pour lui faire apprendre un métier ; à Jean de Bourneaux, fils de sa sœur, ses ornements épiscopaux et les parements de sa chapelle. Ce testament ne contient aucun autre article. On est donc surpris de lire dans certains auteurs qu'il eût légué à l'hôpital d'Orléans une somme de seize cents livres, par reconnoissance de ce qu'après y avoir logé à l'âge de dix ans, on lui avoit donné seize sols pour sa conduite. Ce trait et quantité d'autres doivent être mis au nombre des fables (1). Je ne crois pas non plus que le proverbe qu'on citoit dans l'avant-dernier siècle en ces termes : « En mangeant l'appétit » vient, comme dit l'évêque d'Auxerre, » doive son origine à Jacques Amyot ; on peut l'attribuer plus vraisemblablement à Philippe de Lenoncourt, qui fut longtemps appelé en cour l'évêque d'Auxerre, depuis la résignation qu'il avoit faite de cette prélature, et qui accumula grand nombre de bénéfices. Amyot ne conserva, avec son évêché, que l'abbaye de Saint-Corneille de Compiègne, s'étant défait de bonne heure de celle de Bellozane et de celle de Roches, au moins dès l'an 1590, en faveur de son neveu. Il n'est resté dans le pays aucun mémoire qui prouve qu'on eût trouvé beaucoup d'argent à cet évêque après sa mort. La Popelinière est le premier qui le fasse riche de deux cent mille écus. Il est fâcheux que d'habiles critiques aient pu le suivre sans demander des preuves de ce qu'il avançoit (*a*).

---

(1) Ce même testament, tout court qu'il est, prouve encore évidemment que le P. Anselme s'est trompé lorsqu'il dit à l'article des grands-aumôniers que Amyot étoit fils unique.

(*a*) Il ressort en effet de l'inventaire fait après le décès de l'évêque qu'on ne trouva, dans deux bahuts placés aux pieds de son lit, que 700 écus au soleil et 141 pistoles ;

Comme notre évêque n'étoit pas de famille à avoir des armoiries, il fut le premier de son nom qui s'en fabriqua comme il lui plut. Elles consistoient en un chevron brisé, surmonté de deux trèfles ou espèces de bourses liées et renversées, et une molette d'éperon au-dessous. Peut-être n'eut-il autre intention que de se rappeler la profession dont avoit été son père. C'est par erreur que sur sa tombe, au chœur de la cathédrale d'Auxerre (a), on a gravé une étoile au lieu de la molette d'éperon qui se trouve dans tous les ouvrages qu'il a fait faire de son vivant. Edme Amyot, doyen d'Auxerre, vers 1642, s'appropria les

et de plus la mention de 109 écus qu'un serviteur avait pris le matin même de la mort. Il y avait aussi quelques bijoux et de la vaisselle d'argent. Cependant la renommée de richesse du vieux prélat était bien établie, car le procès-verbal commence ainsi : « Et attendu la réputation que le deffunct s'est acquis d'avoir de grands deniers, meubles précieux et moyens. »   .(N. d. E.)

(a) La tombe de l'évêque Amyot qui était placée en face du grand autel fut enlevée au milieu du dernier siècle, lorsque le Chapitre fit daller à neuf le sanctuaire. L'épitaphe était conçue en ces termes :

HIC JACET D. JACOBVS AMYOT DVM IN VIVIS AGERET AVTISSIODO EPISCOPVS ET FRANCIÆ MAGNVS ELEEMOSINARIVS, QVI OBIIT VI FEBRV. 1593.

Mais ses héritiers voulant honorer davantage sa mémoire, lui firent élever un monument en marbre dont nous donnons le dessin. J. Amyot y est figuré à mi-corps, dans l'attitude de la prière. Cette sculpture fut placée dans l'angle du pilier du sanctuaire, du côté de l'Evangile, où elle est encore.

On y lit les deux inscriptions suivantes :

CY DESSVS EST LEFFIGIE ET REPRÉSENTATION DE MESSIRE JACQVES AMYOT, VIVANT EVESQVE D'AVXERRE, GRAND AVLMOSNIER DE FRANCE SOVBZ LES ROYS CHARLES IX HENRY III ET HENRY IV ET CON^{er} EN LEVRS CONSEILZ D'ESTAT ET PRIVÉ, COMMANDEVR DE L'ORDRE DV ST-ESPRIT, ABBÉ DE ST-CORNIL DE COMPIEGNE, QVI TRESPASSA LE SAMEDY 6e IOVR DE FEBVRIER 1593, ET ENTERRÉ SOVBZ LA TVMBE DE MARBRE NOIR POSÉE VISA VIS DV GRAND AVTEL DE CESTE ESGLISE, LAQVELLE EFFIGIE A ESTÉ FAITE ET CONSTRVICTE EN L'HONNEVR ET PERPÉTVELLE MÉMOIRE DVDICT SEIGNEVR EVESQVE DES DENIERS DE MESSIRE IEHAN DE BOURNEAVLX, ABBÉ DES ROCHES, CHANOINE DE PARIS, CONSEILLER ET AVMOSNIER SERVENT DESDICTZ ROIS, NEPVEV DVDIT FEV SEIGNEVR MESSIRE IACQVES AMYOT, DV COSTÉ DE FEVE IEHANNE AMYOT SA SOEVR VNIQVE.

Præsvlis ora vides Amioti avgvsta, viator,
Lvx fvit et colvmen patriæ, qvam moribvs olim
Consiliis, scriptis ornavit et arte loqvendi;
Regvm alter phœnix Caroli Henricivqe piorum.
1610.

Histoire du Diocèse d'Auxerre. Tome I.

JACQUES AMYOT,
XCVI.ᵉ ÉVÊQUE D'AUXERRE.

Victor Petit, d'après le Daguerréotype.   Perriquet, éditeur, à Auxerre.

armoiries de cet évêque, quoiqu'il n'en fût aucunement parent. C'est avec raison que l'on a repris les éditeurs du Dictionnaire de Moréri d'avoir écrit son nom *Amiot*. Notre évêque signoit avec une y, et mettoit ainsi *Amyot*. Sa représentation, qui est à gauche du sanctuaire, ne fut faite que dix-sept ans après sa mort, aux dépens de son neveu Jean de Bourneaux, qui étoit alors chanoine de Paris. Il avoit été fait chanoine d'Auxerre et archidiacre de Puisaye après la mort d'André d'Assigni. Son acte de réception le qualifie sénonois (1). Dès l'an 1579 il avoit permuté avec François Pestelé, prêtre du diocèse de Noyon, pour le prieuré du château de Merle au diocèse de Laon. Il fut aussi prieur de Saint-Samson d'Orléans. Ce fut lui qui, avec Jeanne Fougerest, femme de Nicolas Amyot, donna quittance à Renaud Martin, le 13 mars 1593, de tous les meubles du défunt évêque portés dans l'inventaire (a) fait après sa mort; et le trentième du même mois, il déchargea le même chanoine

---

(1) *Reg. Cap.* 15 sept. 1579.

(a) Cet inventaire que nous avons lu en entier offre quelques particularités intéressantes. Le Chapitre et le procureur du roi se rencontrèrent comme toujours pour la défense de leurs prérogatives. Le Chapitre, après maints pourparlers qui commencèrent même pendant l'agonie de l'évêque, finit par maintenir son droit de régale et apposa les scellés après avoir fait enlever ceux du roi. Les officiers du roi donnaient pour motifs principaux de leurs prétentions « qu'il y avoit des papiers de conséquence dans les coffres, car le deffunt a testé, par lequel testament il a fait plusieurs legs soyt au corps de cette ville que aux charitez. »

La liste du mobilier qui garnissait l'évêché n'indique pas que le prélat aimât beaucoup les ameublements somptueux. Les grains sont en grande quantité, mais on trouve peu de vins. La bibliothèque de l'évêque n'était pas digne de la célébrité littéraire de son possesseur.

On trouva aux écuries un coche à quatre roues couvert de cuir sans doublure dedans, estimé six écus; il n'y avait point de chevaux.

Les héritiers de l'évêque ordonnèrent une distribution en aumône de 2,272 petits pains aux pauvres, à raison de 60 par bichet.

Parmi les papiers on trouva les absolutions obtenues par le défunt, « tant de Mgr le légat que de M. le grand archidiacre et official d'Auxerre. »

« Un livret faisant mention de l'acquisition faite par le défunt de la maison de saint Sixte pour 2,400 liv. t.; cinq mémoires des frais faits par le défunt pour la construction des bâtiments du collège des Jésuites. »

Parmi les bâtiments de l'évêché on mentionne une petite *galerie peinte;* nous ignorons où elle pouvait être. — Arch. de l'Yonne. 2 G   (*N. d. E.*)

de la gestion de ses affaires : dans cette décharge il nous apprend qu'il avoit autrefois joui du prieuré de l'Épau. J'ai aussi trouvé qu'un Louis de Bourneaux avoit été pendant quelque temps chanoine d'Auxerre (1). Parmi les chanoines les plus remarquables que l'évêque Amyot plaça dans sa cathédrale, doit être compté Jean Lordereaux, auxerrois, reçu le 19 septembre 1573 ; ce chanoine devint par la suite très-fameux, ainsi qu'on verra ci-après. Il faut y ajouter Droin Chaucuard du diocèse d'Auxerre, qu'il fit sous-chantre en 1580, lequel lui fut toujours très-attaché, et servit utilement le Chapitre, même dans le temporel (2). Il eut soin de la confection de son effigie, et les quatre vers latins qui sont au bas passent pour être de lui ou de Gaspard Damy, lecteur. Simon de la Croix, auxerrois, qui avoit eu de grands emplois dans l'Université de Paris, s'étoit fait recevoir docteur en médecine et ensuite principal du collège d'Auxerre ; il fut installé chanoine en 1583. Louis Damy, clerc du diocèse de Châlons, fut reçu le 24 mars 1590. C'est par le moyen de ce dernier que nous avons été informés de certaines particularités plus avérées que celles qui ont été publiées par l'abbé de Saint-Réal, d'autant qu'il étoit frère de Gaspard Damy, lecteur, que ce prélat estima et aima toute sa vie, qu'il avoit fait son secrétaire extraordinaire en 1583, et promoteur en son officialité l'an 1584. Ce qui a servi à nous les transmettre, est que ce Louis Damy fit part de tout ce qu'il put savoir à un de ses neveux qui a vécu jusqu'en l'an 1686, et qui a laissé par écrit tout ce qu'il avoit appris de ses oncles. Je ne dois pas oublier Renaud Martin, natif de Larré, diocèse de Langres, qui fut pourvu d'un canonicat en 1580, n'étant encore que clerc (3). Il fut son commensal et son secrétaire ordinaire au moins depuis l'an 1585 ; et le prélat lui conféra l'archidiaconé de Puisaye au mois de février 1592 (4). La vie d'Amyot, imprimée dans le recueil du P. Labbe, fait voir que ce fut son fidèle et plus intime. Après qu'il l'eut rédigée sur les mémoires du défunt évêque, il la communiqua à Frédéric Morel, professeur royal à Paris, qui la mit en latin, et ensuite il l'écrivit lui-même à la fin du volume de

---

(1) *Reg.* 17 sept. 1579.
(2) Il dressa un inventaire des titres que j'ai vu.

(3) *Reg. Cap.* 17 nov.
(4) *Reg. Capit.*

la cathédrale où sont conservées en manuscrit les vies des autres évêques.

. Je ne parle point des écrits d'Amyot, étant inutile de répéter ce qui a été dit jusqu'ici par tant d'auteurs, et en dernier lieu par le P. Nicéron, barnabite. Je ne pourrois ajouter à la liste de ses ouvrages que de foibles opuscules venus à ma connoissance, tels que la Préface du Missel d'Auxerre projeté, une traduction qu'il fit en 1572 de l'Épitre congratulatoire de Jérémie, patriarche de Constantinople, au roi. Un compliment latin qu'il prépara pour Alexandre de Médicis, nonce du pape, s'il eût passé par Auxerre (1), et un *Epicedium in obitu Caroli IX* remarqué par M. Baluze (2). Comme il n'avoit plus tant de loisir depuis qu'il fut évêque, il prit du secours pour les traductions qu'il faisoit de grec en françois. Un avocat de Tonnerre nommé Luit, bon grammairien grec, lui rendit ce service (3). Il eût été à souhaiter qu'au lieu des traductions de quelques romans, il eût donné à l'Église celle de quelques saints pères grecs, parce qu'on sait que Héliodore, auteur de l'Histoire éthiopique, avoit été déposé pour cet ouvrage. Mais il faut remarquer qu'Amyot n'étoit que simple clerc lorsqu'il en donna la traduction, et qu'il put s'autoriser de l'exemple d'Octavien de Saint-Gelais, évêque d'Angoulême, qui cent ans ou environ auparavant en avoit donné une traduction en vers françois.

Baluze fait mention d'Amyot dans sa préface aux Capitulaires, comme ayant envoyé aux anciens éditeurs un supplément qu'il avoit trouvé dans la bibliothèque de l'église de Beauvais. Cet évêque aimant à aider les savans, envoya aussi à Grégoire XIII la profession de foi qu'Hugues de Mâcon son prédécesseur avoit rapportée du concile de Reims tenu l'an 1148, afin que Baronius pût l'employer dans ses Annales. Amyot est nommé dans un panégyrique d'Henri III, comme ayant produit auprès de ce prince Martin Akakia parisien (4), médecin, fils du médecin sans malice, et lui avoir fait donner, en 1574, la charge de premier lecteur et professeur royal en chirurgie. Denis Perronet, pénitencier

---

(1) *Genebrard in chronicon.*
(2) Dans un manuscrit de N. D. de Paris cotté N. 5. *in folio*, est un opuscule ainsi intitulé *in Virginem matrem decanus Aurelius rediens à monasterio principis ei dicato. Ars ebori decus etc.*
(3) *Ex script. coævo*
(4) Bayle au mot Akakia.

1570 à 1593. d'Auxerre, dans son Épître dédicatoire d'Arnold de Bonneval au cardinal du Perron de l'an 1609, dit d'Amyot : *Doctissimus Jacobus Amyotus.... cujus laudes et merita nunquam digne celebrabuntur.*

Au reste Dieu permit que ses ennemis ne prospérèrent pas. Des deux qui lui avoient mis successivement le pistolet sous la gorge, l'un fut tué malheureusement, l'autre mourut fou et enragé. Il fut de notoriété publique dans ce temps-là, que le second étoit d'une humeur très-violente. Possédant la cure de P.... au diocèse de Sens, il se crut si injurié, un certain jour, de la part d'un homme qui avoit froissé son surplis dans l'église, qu'il le battit dans le même lieu jusqu'à effusion de sang; ce qui obligea l'archevêque de la rebénir.

CHAPITRE VI.

FRANÇOIS DE DONADIEU, XCVIIᵉ ÉVÊQUE D'AUXERRE,

Et de la longue vacance du siége qui précéda son épiscopat.

1599 à 1625. Ce qui accéléra la mort de l'évêque Amyot fut aussi cause que l'église d'Auxerre resta sans pasteur pendant sept à huit ans. Je veux parler des guerres civiles connues sous le nom de la Ligue, dont le but avoit été de détrôner Henri III, et dont toute la force se tourna ensuite pour empêcher Henri de Bourbon d'être élevé sur le trône de France (a).

(a) L'écrivain royaliste de la vie de M. de Donadieu parle ainsi des événements de ce temps : « Luctuosis hisce temporibus Gallia bellorum civilium tempestatibus quatiebatur, et tunc nimis experti sunt omnium ordinum cives quantum non religio sed religionis obtentus potuerit suadere malorum.

» Plures catholici nomine gloriantes quin imo abutentes vel cæca superstitione ducti, vel suæ ambitioni serventes fatali se fœdere devinxerunt, quod, eheu! sanctam societatem vocitabant. »   (*N. d. E.*)

L'idée que la cour romaine avoit conçue de ce prince empêchoit d'un côté qu'on expédiât des bulles à ceux qu'il nommoit aux évêchés, et de l'autre part il se trouvoit peu de sujets qui voulussent accepter le gouvernement d'une ville où tout étoit en combustion, se charger d'un bénéfice dont les principaux bâtiments avoient été détruits pendant les guerres précédentes, dont l'église cathédrale se ressentoit encore beaucoup du pillage des calvinistes, sans compter que pour entrer en jouissance de ce bénéfice, il falloit payer à la cour de Rome une annate considérable. Les mémoires dressés dans le pays en ce temps-là portent qu'Henri IV avoit nommé à l'évêché d'Auxerre, dès l'an 1594, un conseiller clerc du parlement de Paris, nommé Pelletier ; qu'ensuite il y nomma le plus jeune des fils de Jean de Donadieu, gentilhomme gascon, qui étoit abbé de Saint-Hilaire du diocèse de Carcassonne ; que le brevet de l'évêché fut ensuite cédé, vers l'an 1597, à Jean Lordereaux, abbé de Saint-Marien d'Auxerre ; mais que cet abbé étant mort de poison en revenant de Paris, ceux qui s'intéressoient pour les Donadieu firent consentir un autre fils de Jean de Donadieu de se faire d'église et d'accepter cette nomination. Cependant les bulles ne purent être expédiées que bien avant dans l'année 1599. Pendant cette longue vacance, le Chapitre qui avoit nommé deux chanoines économes du temporel de l'évêché, ne souffrit qu'à regret Gabriel Remon, prévôt de Léré, dans l'église de Saint-Martin de Tours, se mêler de cet économat. Mais comme c'étoit dans des temps de troubles que le roi l'avoit nommé, cet exemple ne tira point à conséquence pour l'établissement de la régale, qui n'a jamais eu lieu en l'église d'Auxerre depuis le commencement du VIIIe siècle ; et ce commissaire fut révoqué par l'ordonnance qu'Henri IV donna au camp devant La Fère en Picardie, le 1er mai 1596. De sorte que le Chapitre qui avoit toujours conféré les prébendes vacantes en pareil cas, se maintint inviolablement dans son privilége. La collation des cures fut aussi faite par le Chapitre en commun, sans avoir égard à ce qui avoit été arrêté en 1570 à ce sujet-là ; et on ne s'avisa de la mettre à tour de rôle, selon l'antiquité des chanoines, qu'en 1599 (1) ; et même dès le 21 juillet 1595, on avoit cru qu'il

---

(1) *Reg. Capit.* 13 *martii* 1599.

étoit plus à propos d'examiner en plein Chapitre ceux qui se présenteroient pour les bénéfices, que de s'en rapporter à l'archidiacre de Puisaye et au pénitencier. La capacité qu'on avoit reconnue dans les officiers de la cour ecclésiastique que M. Amyot avoit choisie, engagea le Chapitre à les continuer dès le commencement de la vacance du siége. Ainsi Laurent Petitfou, grand archidiacre et abbé de Saint-Père, fut official du diocèse jusqu'à sa mort arrivée le 3 février 1595, auquel temps l'abbé de Saint-Marien lui fut substitué : Jacques Magnen, chantre de la cathédrale, fut son vice-gérant jusqu'à l'an 1597, auquel temps s'en étant déporté, Gaspard Damy, lecteur, lui succéda (1). L'abbé de Saint-Marien n'est point différent de Jean Lordereaux, à qui M. Amyot avoit conféré une prébende de la cathédrale en 1573, ainsi que j'ai déjà dit, et qui fut trésorier pendant quelque temps. Ce fut lui que le Chapitre nomma, en 1595, pour présider au synode des curés de tout le diocèse (2), qui se tint l'onzième jour d'avril : peut-être étoit-on déjà informé qu'il aspiroit à l'évêché. Il essaya de jouir de la préséance aux assemblées du clergé; mais ce fut en vain, parce que le Chapitre adjugea cette préséance et la présidence en même temps au doyen (3). On ne vit point, tant que dura cette vacance, d'évêque *in partibus* employé aux fonctions du ministère. Arnauld Sorbin, évêque de Nevers, fut prié par le Chapitre de faire quelques consécrations d'églises, entre autres celle de la paroisse de Chamlemi, que le seigneur François de la Rivière venoit de rebâtir en un autre lieu. Ce seigneur représenta que l'évêque Amyot, s'excusant sur son âge, avoit commis le même prélat pour cette cérémonie, aussi bien que pour bénir deux chapelles nouvellement bâties dans son château. Afin que l'acte en fût plus solennel, et que les fidèles s'en souvinssent plus longtemps, le Chapitre permit à l'évêque de Nevers de donner la tonsure et la confirmation dans la nouvelle église (4). Ce qu'il fit le 22 septembre, jour de la fête patronale de saint Maurice. En 1599, dernière année de la vacance du siége, le Chapitre pria le même évêque de venir officier à la Pentecôte, et de faire l'ordination (5).

---

(1) *Reg. Capit.* 10 nov. 1597.
(2) *Reg. Capit.* 7 ap. 1595.
(3) *Reg. Capit.* 30 sept.

(4) *Ex actis original..*
(5) *Reg. Capit.* 30 apr. 1599.

Les autres fonctions qui peuvent être déléguées furent faites pendant la vacance par des dignitaires de l'église cathédrale (1). En 1594, le cimetière de Notre-Dame-la-d'Hors fut rebéni par le pénitencier; en 1598, l'église de Bessy rebénie par le même, et en 1599, celle de Pourein par l'archidiacre de Puisaye. Le Chapitre en corps tâcha, pendant cette vacance, de faire l'avantage de la fabrique de l'église cathédrale, en y unissant une prébende. On en avoit parlé au défunt évêque un peu avant sa mort, et sur ce qu'on lui avoit représenté que la dépense excédoit de huit fois la recette, attendu les aliénations et autres pertes causées par le malheur des temps, il y avoit donné consentement de vive voix. On destina pour cette union la prébende qui vaqua par la mort de Simon de la Croix, le 4 mars 1594 (2). Il n'étoit plus question que d'observer les formalités nécessaires; et c'est de quoi on ne trouve aucun vestige. On fit en 1599 un acte tout opposé. C'est la désunion de l'administration spirituelle de l'hôtel-Dieu d'Auxerre, qui auparavant appartenoit au curé de Saint-Georges et étoit unie à son bénéfice. Cette désunion fut faite à la requête des habitants du village, ennuyés que leur curé ne résidât point. Mais elle n'eut pas de suite, puisque trente ans après, la même personne occupoit l'un et l'autre poste. Je ne dois pas taire ici un ancien vestige de la soumission que les Bénédictins avoient envers le siège épiscopal ou envers ceux qui le représentoient. Pierre Pesselière, grand-prieur de l'abbaye de Saint-Germain, demanda permission d'user d'œufs et de viande pendant le Carême de l'an 1595, à cause de ses infirmités. C'est ce qu'on lui accorda en Chapitre sur l'attestation d'un médecin; et cela fut réitéré l'année suivante. Ce prieur étoit alors au moins octogénaire; dès l'an 1542, il étoit au rang des auteurs (3). Je ne passerai point non plus sous silence la religion de nos prédécesseurs envers les jours de fêtes commandées. En 1598, on fut obligé de vendanger à Auxerre le 29 septembre, jour de saint Michel; et en 1599, le même besoin se retrouva le jour de saint Mathieu. Le Chapitre n'accorda la permission, qu'à condition que

---

(1) *Reg. Capit.* 20 dec. 1593. 24 nov. 1598. 27 maii 1599.
(2) *Reg. Capit.* 3 mars 1594.

(3) Il a publié la vie de saint Germain, composée par Héric, etc.

chaque famille paieroit cinq sols à l'hôtel-Dieu. Je rapporte, dans l'Histoire Civile d'Auxerre, tout ce qui se passa au sujet de l'obéissance que la ville rendit à Henri IV, en 1594, et les prières que l'on fit pour être préservé de la peste qui courut vers ces temps-là. Il n'y a rien à ajouter à ce que j'en dis, sinon que l'usage étoit alors de faire une célébrité particulière, cinq vendredis consécutifs, et d'honorer dans chacune une des fêtes de la Sainte Vierge (1). Cette dévotion étoit nouvelle et n'est plus en usage.

Enfin, l'évêché d'Auxerre tomba dans la famille des Donadieu. Elle en fut redevable à Pierre de Donadieu, plus connu sous le nom de Picheri ou de Puchairie, lequel obtint cet évêché du roi Henri IV, pour un de ses frères, en reconnoissance des services qu'il lui avoit rendus. Il suffit d'ouvrir le grand Mézeray, pour y lire que « l'incorrup-
» tible fidélité de Pierre Donadieu sauva la ville d'Angers des mains
» des ligueurs, par le moyen du château dont le roi l'avoit fait gouver-
» neur. Le comte de Brissac s'étoit jeté dans cette ville pour la faire
» révolter; mais il ne put gagner Picheri, quoiqu'il lui promît cent
» mille écus, l'entretenement d'un régiment, et un riche parti, s'il
» vouloit se marier. Les habitants prirent les armes contre le château.
» Mais Picheri vint à bout de les réduire et eut la continuation de son
» gouvernement. » On peut ajouter, à ce que dit ici Mézeray, que ce gentilhomme avoit d'abord été admis dans le nombre des quarante-cinq gardes de la personne du roi Henri III, et que ce même prince l'avoit fait gouverneur de la ville et château d'Angers, lorsqu'il l'eut retirée des mains de ses ennemis (2). Les deux frères plus jeunes que lui, portoient tous les deux également le même nom de François de Donadieu. Le plus jeune des deux embrassa le premier l'état ecclésiastique, et eut d'abord en commande l'abbaye de Saint-Hilaire au diocèse de Carcassonne. On dit de lui qu'il refusa l'évêché d'Auxerre, à cause que son frère, le gouverneur, vouloit se retenir sur ce bénéfice une pension de quatre mille livres, avec l'agrément du roi, et parce qu'il fut informé des réparations énormes qu'il y avoit à faire aux châteaux

---

(1) *Reg. Capit.* 11 *febr. et* 22 *jul.* 1597. | (2) *Ex ejus epitaphio.*

de Varzy et de Régennes. Cependant j'ai vu une lettre d'un Donadieu au Chapitre d'Auxerre (1), datée de Paris, le 17 juillet 1596, qui remercie le Chapitre de l'avoir félicité sur sa nomination. Il y dit qu'il a envie de venir voir son Chapitre, mais que le voyage de son frère en Normandie, l'en empêche, et qu'il se rendra à Auxerre à son retour. Picheri ou pour mieux dire Puchairie avoit trouvé dans Jean Lordereaux, abbé de Saint-Marien, une personne de facile composition pour la pension qu'il avoit en vue; mais par malheur cet abbé avoit été et étoit peut-être encore attaché au duc de Mayenne, ce qui ne pouvoit convenir au roi. François de Donadieu, le plus âgé des deux du même nom, parut moins effrayé que son frère du peu qui lui reviendroit du temporel de cet évêché. Il se fit tonsurer à l'âge d'environ 35 ou 36 ans, et aussitôt il se vit nommé par le roi à l'abbaye de Bellebranche, de l'ordre de Cîteaux et à cet évêché. Il étoit alors à Angers, auprès de son frère le gouverneur. Il y demeuroit depuis l'an 1588, que les guerres civiles l'avoient obligé de quitter Paris où il avoit étudié en philosophie, et où il avoit pris en théologie les leçons du célèbre Maldonat, jésuite. Ses études précédentes avoient été faites à Toulouse, dont l'université étoit la plus voisine du diocèse de Mirepoix, où il étoit né. Sa nomination à l'évêché d'Auxerre, qui étoit du 12 février 1598, ne lui fut pas plus tôt connue qu'il fit dresser les informations nécessaires de sa vie et mœurs; et afin qu'il souffrit encore moins de délai du côté de Rome par rapport aux bulles, le Chapitre d'Auxerre fit la démarche de le demander avec instance au pape Clément VIII pour son évêque. On exposa au saint-père, dans une lettre du 18 décembre 1598, la triste situation où se trouvoit la ville et le diocèse d'Auxerre depuis les guerres de la religion; que ces guerres avoient été cause des aliénations des biens d'église, et de l'abandon des domaines dans la campagne; que les impôts étoient plus hauts que jamais, en sorte que le clergé ne touchoit pas la sixième partie de son revenu; que le château de Régennes, quoique rétabli par l'évêque Amyot, étoit retombé dans sa première désolation, que celui de Varzy menaçoit ruine; et qu'ainsi il étoit nécessaire que sa sainteté pourvût incessamment l'église

(1) *Ex autographo.*

d'Auxerre d'un bon pasteur ; et que celui qui avoit obtenu le brevet de nomination du roi étant pieux, savant et très-zélé pour la maison de Dieu, il méritoit qu'on lui fît quelque remise du droit d'annates. Muni de ces recommandations, qui pouvoient, en cette rencontre, tenir lieu de la formalité des anciennes élections, il partit pour Rome, dans la compagnie du cardinal de Joyeuse, archevêque de Toulouse, et mena avec lui un docteur natif du diocèse de Couserans, nommé Jean Dassier. A Rome, il prit le bonnet de docteur au collége de Sapience ; et vit réussir tout en sa faveur, autant qu'il pouvoit le souhaiter. Le pape lui accorda gratis les bulles de l'évêché d'Auxerre et celles de l'abbaye de Bellebranche. Celles de l'évêché, qui sont du.... juin 1599, ne lui donnent que la qualité de simple clerc du diocèse de Mirepoix. Il n'étoit, en effet, encore alors que tonsuré. Mais le souverain pontife lui permit de recevoir tous les Ordres sacrés *extra tempora*, à commencer par les quatre moindres. Il fut ordonné par le cardinal de Joyeuse, et ensuite sacré évêque par le même, le premier août, dans l'église de Saint-Pierre-ès-Liens. Le jour que ses bulles lui furent accordées, le pape en donna avis au Chapitre d'Auxerre par une lettre qu'il lui écrivit, afin que les chanoines disposassent les esprits à le reconnoître pour leur légitime pasteur. Le nouvel évêque, de son côté, chargea, dès le 13 juillet, de sa procuration générale, son frère Pierre, chevalier des Ordres du roi, conseiller d'état, sénéchal et lieutenant du roi en Anjou. Celui-ci subrogea Gaspard Damy, chanoine et lecteur d'Auxerre, que le sieur Dassier lui avoit indiqué à son retour de Rome, pour prendre possession de l'évêché au nom de son frère ; il fit reconnoître au conseil du roi, le premier mars suivant, les bulles comme bonnes et conformes aux concordats, et obtint ordre de les mettre à exécution. En conséquence, Gaspard Damy se présenta au Chapitre le 14 juin ; et, après la lecture des bulles, il fut mis en possession, pendant la grand'messe, par Guillaume de Rigny, doyen, avec la cérémonie du baiser du grand autel, et celle de l'installation dans la chaire épiscopale, à droite du sanctuaire et dans la stalle du chœur où l'évêque a coutume de s'asseoir.

François de Donadieu se voyant, après son sacre, si proche de l'année séculaire ne voulut point partir de Rome sans gagner le jubilé attaché à cette année. Pendant ce temps-là il se forma dans les cérémonies ; il adopta plusieurs de celles qu'il vit pratiquer à Rome. Il eut aussi la dévotion de faire le pèlerinage de Notre-Dame-de-Lorette ; mais, peu accoutumé aux chaleurs du pays, il fut attaqué d'une maladie qui le retint le reste de l'année à Rome. Il fit alors connoissance avec les cardinaux Baronius et Bellarmin, dont il envoya les ouvrages en France. Quoique son diocèse ne le possédât pas, il n'en étoit pas moins bien réglé, parce que Jean Dassier fut un vicaire-général à la vigilance duquel il n'échappoit rien. On a conservé jusqu'ici une feuille imprimée en latin d'ordonnances très-sages qu'il répandit dans le diocèse, vers le mois de février 1600, pour l'instruction des curés et de ceux qui viendroient demander des dimissoires.

Le nouvel évêque étant rétabli en parfaite santé, prit la route de France et passa par Milan, qui avoit alors pour archevêque le neveu de saint Charles. Il y célébra la messe avec les ornements du saint archevêque défunt (1) ; et, le même jour, la curiosité le porta à aller entendre à vêpres, dans un monastère de filles, la voix d'une religieuse que saint François de Sales dit avoir admirée (2). Il arriva à Auxerre le mercredi-saint, 18 avril ; il y fit son entrée monté sur une mule, et il coucha à l'abbaye de Saint-Germain. Il avoit choisi le lendemain, jour du jeudi-saint, pour se faire recevoir à la cathédrale. Cette seconde entrée se fit en forme. Les quatre barons y avoient été convoqués ; mais, comme le procès-verbal a été perdu, on n'a connoissance d'aucune autre circonstance, sinon que Filbert de la Chassaigne, baron de Givry, grand-maître des eaux-et-forêts du Nivernois et Donziois, y assista au nom d'Henriette de Clèves, veuve de Louis de Gonzague, comme baronne de Saint-Verain, et que Pierre de Puichairie, frère du prélat, fit tous les honneurs de la cérémonie ; en sorte que la dépense de ce jour, tant à régaler le clergé et la noblesse, qu'à faire des aumônes, monta à trois mille livres, somme très-considérable en 1601. Une suite de sa prise de possession personnelle étoit le serment de soumission envers l'église de Sens ; il s'en acquitta le 17 septembre

Mémoire du temps. | (2) Livre de l'amour de Dieu.

1602, entre les mains de Renaud de Beaune, son métropolitain (1).

Ceux qui ont connu le caractère de ce prélat, nous l'ont représenté unanimement, quant à l'esprit, comme un véritable Nathanaël sans dol ni sans malice, d'un accès facile, d'un caractère naturellement libéral, joyeux et agréable dans la conversation. Quant au corps, il étoit d'une taille médiocre, il avoit les yeux brillants, le visage sec, et portoit une longue barbe. La première chose qu'il regarda comme très-pressante dans son diocèse, fut la visite des paroisses, tant pour procéder à la réforme des mœurs des ecclésiastiques, que pour y administrer le sacrement de confirmation. Il alla, en 1603, du côté de la Loire, où il étoit resté davantage de vestiges du calvinisme. A Gien, il donna la confirmation à plus de trois mille personnes, suivant qu'il l'écrit à Gaspard Damy, son official, auquel il marque « qu'il ne pou-
» voit représenter la ferveur qu'il avoit reconnue parmi les peuples,
» et qu'il louoit Dieu de ce qu'il lui avoit plu augmenter sa grâce, où
» les ennemis de notre religion s'efforçoient de la diminuer (2). »
Une tenue exacte des synodes vint au secours pour le rétablissement de la discipline. Sur la fin de son épiscopat, parut une collection imprimée des statuts qui avoient été rédigés de son temps.

Quoiqu'un caractère doux et paisible empêche souvent une vive attention sur les affaires temporelles, on trouve cependant, dès les premières années de son épiscopat, plusieurs aveux et hommages rendus à sa dignité pour des terres qui en relevoient. En 1602, Antoine de Chastellux, chevalier, seigneur de Bazarne, lui passa nouvelle reconnoissance pour les moulins des Planches, situés en la paroisse de Leugny, au nom et comme tuteur de Pierre, Jacques et Diane, enfants de Léon de Moulins et de Marie de Crux, du chef de laquelle ces biens appartenoient à ces trois pupilles. L'année suivante, François d'Agen, chevalier seigneur de Briaque en Saintonge, et Jeanne du Chesnoy, sa femme, lui payèrent les droits seigneuriaux de la terre de Saint-Sauveur qu'ils avoient achetée d'Henriette de Clèves, duchesse de Nevers, par contrat du 15 avril 1600. En 1606, le nouveau duc de Nevers

---

(1) En 1600, Jean-Baptiste du Val lui dédia la traduction qu'il fit du sommaire des points controversés dans la religion, de des- sus le latin de Coster, jésuite.

(2) Lettre de Briare, 12 nov. 1603.

obtint de lui le pouvoir de retirer, en son nom, le domaine d'Alligny, distrait de la baronnie de Saint-Verain, et aliéné par Charles de Gonzague à Filbert Gillot, avocat en parlement, et à Anne Chevalier, sa femme, et il reçut pour cette permission plus de quatre mille livres. Ce duc lui rendit, six ans après, hommage pour cette baronnie et pour celle de Donzy. Vers la même année, 1606, qui fut la sixième de son épiscopat, Aymar, René, François et Charlotte de Prie, tous enfants de défunt René de Prie, lui firent hommage pour la baronnie de Toucy. Jamais l'envie de thésauriser ne l'engagea à aucune démarche; il étoit si peu obsédé de cette passion, qu'il ne voulut jamais consentir à aucune coupe de bois de l'évêché, quoiqu'il ne manquât pas de raisons ni d'autorité pour le faire; mais il aima mieux réserver ses forêts, et il employa, pour réparer le château de Régennes, celui de Varzy et sa maison épiscopale d'Auxerre, le revenu de son patrimoine, particulièrement de la vicomté de Domfront, à lui échue par la mort du sieur de Puchairie, son frère, arrivée en 1604 aux eaux de Pougues (1). Il ne voulut non plus jamais permettre que ses secrétaires prissent aucune chose pour le sceau épiscopal, pas même pour les provisions d'aucun office ou charge temporelle. Il conféroit tout *gratis* et ne levoit aucun droit pour ses visites. Son désintéressement parut encore plus sensiblement dans les députations qu'il accepta pour assister aux assemblées du clergé; il y alla toujours et y demeura à ses propres frais, sans demander aucune taxe, et remettant à son clergé celles qu'on lui attribuoit. Ce qui fut remarqué particulièrement en 1606, qu'on lui avoit taxé la somme de six mille neuf cent quatre-vingt-onze livres, pour huit mois de séjour, et en 1615, cinq mille six cents livres pour six mois. Mais quoiqu'il fût fort généreux de ce côté-là, il ne négligeoit point ce qui étoit de son devoir, soit comme seigneur, soit comme évêque (2). En qualité de seigneur, il fit dresser un terrier général; il acquit et réunit, au domaine épiscopal, un fief situé à Appoigny qui

---

(1) Il mourut âgé de 50 ans d'une perte de sang, causée par l'ouverture de la veine dans laquelle le chirurgien avoit enfoncé trop avant la lancette. Il fut inhumé dans une chapelle des Jacobins d'Angers, où l'on voit son épitaphe en style magnifique, gravée sur le marbre par les soins de l'évêque d'Auxerre.

(2) Mémoires de Blanchonnet.

venoit des le Briois. Il fit aussi quelques échanges avec le Chapitre. Le château de Régennes qu'il venoit de réparer, ayant été surpris en 1615 par le prince de Condé, il fut contraint de donner, pour le racheter, trois cents pistoles au capitaine de Saint-Georges ; et sans se rebuter de cette rançon, ni des dépenses qu'il fallut faire pour l'entretien de la garnison de trente-six hommes pendant trois mois, et pour les fournir d'armes, il fit encore tous les frais qui furent nécessaires pour remettre en état les fontaines minérales d'Appoigny, peu éloignées de ce château. Tout cela ne l'empêcha pas d'exercer à Auxerre l'hospitalité d'une manière convenable à son rang. Il reçut tous les grands seigneurs qui y passèrent, entr'autres les cardinaux de Joyeuse et du Perron, le duc de Nevers, etc. Durant les 24 ou 25 années de son épiscopat, aucun des habitants de la ville ni de ses terres, n'eut sujet de se plaindre de ses domestiques. Quelques habitants d'Auxerre ayant tué et partagé entr'eux un cerf domestique qu'il nourrissoit, il voulut d'abord en tirer raison (1) ; mais les ayant fait venir devant lui à la prière de son official, il se contenta de les reprendre paternellement et leur pardonna. Ce qu'il observa, à l'égard de ces deux laïques, étoit sa pratique ordinaire envers les ecclésiastiques délinquants. Quoiqu'ennemi des vices, il ne pouvoit presque se résoudre à les châtier autrement que de paroles ; et aussitôt qu'il voyoit un prêtre lui demander pardon et pleurer en sa présence, il se sentoit touché de compassion et lui pardonnoit peut-être avec trop de facilité. Cependant, il ne put se dispenser, dès l'an 1604, de montrer du courage, lorsqu'il fut question de soutenir les droits de sa dignité et la gloire de Dieu. Ceux qui ont lu le Traité de l'Abus, par Fevret, comprendront ce que je veux dire quant aux droits et honneurs de l'épiscopat. A l'égard de ce qui est dû à Dieu, on ne peut nier qu'il ne fût bien fondé à marquer son zèle contre les personnes qui se promenoient dans l'église cathédrale pendant l'office, de quelque qualité qu'elles fussent, ou qui y paroissoient d'une manière indécente. Non-seulement il se fit exactement prêter serment d'obéissance par ceux qui furent élevés à la dignité de doyen, mais encore il

---

(1) Mém. de 1609.

voulut examiner les voies par lesquelles ils y étoient parvenus. Ainsi se vit-il obligé de refuser Pierre le Clerc, quoique malgré lui. Il voulut aussi, sur la fin de son épiscopat, obliger les chanoines, qui étoient curés, à résider dans leurs cures principalement les jours de fêtes ; mais, sachant que le Chapitre prendroit fait et cause pour ceux qui seroient inquiétés, il se désista de son entreprise (1). Informé du mauvais ordre observé dans l'officialité, il fit assembler, en son palais épiscopal, en sa présence, le 18 juillet 1605, Gaspard Damy, chanoine et lecteur, official, Edme Guillaume, aussi chanoine vice-gérant, Jean Chardon, prêtre promoteur, avec Claude Boussu, greffier, et les procureurs, au nombre de sept. Tous concoururent à former un règlement composé de trente-quatre articles, avec l'aide des lumières de Claude du Voigne, docteur en théologie, vicaire-général, de Jean Dassier, très-versé dans le droit, et Nicolas Duval, avocat en parlement. Il n'y fut point résolu de supprimer les trois officialités rurales de Varzy, Cône et La Charité, mais d'examiner les titres de leur création et de s'instruire sur les abus qui s'y commettoient. Dans une autre assemblée, tenue chez lui, le 17 avril 1613, fut examiné le droit des archiprêtres, par quatre curés que le synode avoit choisis, savoir : Gaspard Bargedé, chantre de l'église cathédrale et curé de Monéteau ; Jean Jurain, chantre de Varzy, curé de La Chapelle Saint-André ; Caradeu Gaudry, curé de Moutiers ; et Guillaume-le-Grand, curé de Saint-Regnobert. Le résultat de l'examen se trouvant favorable aux archiprêtres, l'évêque les confirma dans le droit du lit du curé défunt et de la desserte de la cure vacante, par acte du même jour, de l'avis de Jean Dassier, son vicaire-général, et de Gaspard Damy, son official.

Obligé de donner à la cathédrale sa chapelle d'ornements, il les fit présenter au Chapitre, le 23 décembre 1606, savoir : cinq chapes, les ornements de l'autel et ceux des ministres sacrés, le tout d'une toile d'or et d'argent à deux fils frisés à poil. La même année, il paya la fonte de la seconde cloche de la tour, et huit ans après, celle de la grosse

---

(1) *Reg. Capit. april.* 1621.

cloche (*a*). Il donna aux églises d'Appoigny, Charbuy et Gy-l'Evêque dont il étoit seigneur, un ornement complet. Il fit bâtir le jubé d'Appoigny, et à Gy-l'Evêque la voûte du chœur. Il établit des Capucins aux portes d'Auxerre (1); il donna d'abord, à leur arrivée, pour acheter la place où ils sont et avoir les matériaux, la somme de deux mille quatre cents livres; il planta lui-même la croix à l'endroit où l'église a été bâtie, le 27 septembre 1606, en présence du clergé et du peuple; il ajouta encore douze cents livres à ses premiers dons, et continua, tant qu'il fut à Auxerre, de leur donner par an la valeur de cent livres; et, l'an 1614, il dédia leur église. Les Jésuites furent, après les Capucins, ceux à qui il fut d'un plus grand secours, en ce qu'il fit réussir à leur avantage ce qui avoit échoué sous son prédécesseur. D'abord il contribua, par son crédit et ses sollicitations, à empêcher que le bâtiment élevé des deniers de Jacques Amyot ne retournât à ses héritiers, et il obtint l'arrêt qui l'adjugea à la ville en 1607. Ensuite, ayant laissé écouler un intervalle de temps depuis la mort d'Henri IV, il consentit à leur établissement; et, à leur arrivée, en 1622, il leur donna 1600 livres. Dès l'an 1606, il avoit remis son abbaye de Bellebranche pour être perpétuellement unie au collége des Jésuites de La Flèche. Outre la somme d'argent qu'il donnoit régulièrement par an aux Jacobins et aux Cordeliers d'Auxerre, il y avoit deux muids de vin assurés pour chacune de ces deux communautés. Il aida beaucoup les premiers dans la dépense qu'ils firent, en 1620, pour la tenue de leur Chapitre provincial à Auxerre, estimant singulièrement le prieur nommé

---

(1) Mém. de Blanchonnet

(*a*) Voici l'inscription de la plus grosse de ces deux cloches, qui est rapportée dans un registre capitulaire de 1786.

Hæc me sacra domus fecit, præsulque refecit,
Numen et ambo meo perferam astra sono.
Franciscus de Donadieu episc. autiss. hoc tympanum
Pondo X. M., impensis capituli primo constatum, confractum
Suis expensis dono refici curavit. an 1614.

La seconde, dont le poids n'est pas connu, portait les armes de M. de Donadieu et la date de 1606. (*N. d. E.*)

Vauguier pour sa vertu, et à cause du soin qu'il avoit pris de rétablir le couvent ruiné par les hérétiques. Par la même raison, il affectionna aussi très-particulièrement Jean Chapelle, gardien des Cordeliers, et le fit l'un de ses grands-vicaires en 1617 (1). Il partagea, entre ces deux communautés, les douze cents écus qu'il avoit reçus du duc de Nevers, pour des terres dans la possession desquelles il étoit rentré, et il leur fit distribuer, à condition qu'ils les employeroient aux besoins de leur église. A l'égard de l'Hôtel-Dieu, tous les ans il y faisoit donner la somme de cent livres (a).

Dès l'an 1617 furent établies les Ursulines; François de Donadieu leur donna des constitutions l'an 1623, avec l'avis et les conseils de Jean Boutroux, curé de Saint-Pierre-en-Château, promoteur de cet établissement. Il approuva celui des Augustins de la réforme de Bourges fait dans ville de Cosne, en 1616, aussi bien que celui des Récollets, qui furent établis de son temps et sous ses auspices, à Clamecy (b) et à La Charité-sur-Loire. Les Jacobins et les Carmélites songèrent pareillement à s'introduire à Auxerre; mais ces projets furent sans exécution (2). L'établissement des Bénédictines dans la ville de La Charité-sur-Loire, projeté vers la fin de son épiscopat, eut plus de succès (c). Il prit un soin particulier des religieuses de l'abbaye de Saint-Julien, qui étoient retirées à leur maison de Charentenay depuis les dernières guerres de la Ligue; et par le moyen d'une visite pour laquelle

---

(1) *Reg. Capituli.*   (2) *Reg. Capit. et Urbis* 1622, 1623.

(a) L'hôtel-dieu de Varzy fut de sa part, en 1620, l'objet d'un jugement qui interdit aux procureurs du fait commun de la ville de s'immiscer à l'avenir dans son administration. — (Archives de l'Yonne) $\frac{2\,G}{7.}$ (*N. d. E.*)

(b) Les Récollets furent établis par la protection de la duchesse de Nevers en 1620. Un P. de Mouchy fut leur fondateur. Leur église était au-dessus du faubourg de Beuvron. Arch. de l'Yonne $\frac{2\,G}{12.}$ (*N. d. E.*)

(c) Elles furent fondées en 1624 sous le nom de Bénédictines du Mont-de-Piété. Leurs fondateurs sont noble Pierre du Broc dit du Nozet et Edmée de Thibaut sa femme. Elles furent soumises au Val-de-Grâce, en 1626. $\frac{2\,G}{17.}$ (*N. d. E.*)

il commit Gaspard Damy son official, la paix fut remise dans ce monastère, et les séculiers dont elles avoient formé elles-mêmes de grosses plaintes furent éloignés. La pénitencerie étant une dignité spécialement établie pour le soulagement des évêques, il entra dans tout ce qui pouvoit être utile au temporel de cette dignité; il approuva la désunion qui fut faite de la cure de Saint-Amand, pour y unir en place celle de Treigny, beaucoup mieux rentée, et cela du consentement du Chapitre de la cathédrale, qui fut sollicité par Denis Perronnet, alors pénitencier. Il confirma aussi, en 1610, l'union faite ci-devant de la chapelle de Saint-Germain à l'écolâtrerie, depuis incorporée à la pénitencerie (1). Ce fut, par sa permission accordée en 1619, que le sieur de Salles, seigneur du Couldret, proche Bléneau (2), rebâtit à neuf un peu au-dessus du pont de ce lieu, une chapelle en l'honneur de saint Posen (3). C'est celle dont on voit les ruines en montant à droite sur le chemin d'Ouzoir. On dit qu'elle avoit été d'abord dans un autre endroit. Ce prélat avoit pris, dès l'an 1610, d'excellentes mesures pour la conservation de toutes les chapelles de son diocèse et même des revenus de tous les bénéfices. Tous les titulaires devoient déposer, aux archives de l'évêché, des copies collationnées de leurs principaux titres (4). Mais l'exécution en parut difficile, quoique conclue sur les suffrages du synode. Des difficultés considérables arrivèrent de son temps dans quelques petites villes du diocèse; à Gien, il accorda les chanoines de la collégiale avec leurs subalternes, c'est-à-dire les chapelains; un règlement de l'an 1609 pourvut à tout. A Clamecy, il y eut une entreprise formée par les élus, touchant l'audition des comptes de fabrique de la paroisse, contre le droit du grand-archidiacre; mais cette affaire fut réglée en faveur de l'archidiacre, par un arrêt du 5 janvier 1615. Au faubourg de Clamecy est une chapelle très-célèbre, nommée Bethléem, laquelle a toujours été de la dépendance de l'évêque d'Auxerre. Louis de Clèves, prieur de La Charité et évêque de Bethléem, s'étoit imaginé qu'on le croiroit sur sa parole, lorsqu'il assureroit que

---

(1) *Reg. Cap.* 1602, 22 Nov.
(2) *Ex Reg. Secret signato Cochon.* 5 sept. 1619.
(3) *S. Posennus* du Berry.
(4) *Regist. Franc. Pellé Secret. Episcopatus.*

cette chapelle étoit unie à son évêché. Il voulut en produire des preuves; mais comme ce qui pouvoit avoir été fait n'étoit point muni du consentement d'aucun des évêques d'Auxerre, François de Donadieu y fit former opposition par Germain Cochon, avocat, le 19 mai 1606 (a).

Il seroit inutile de s'étendre ici sur les statuts qui furent formés dans les synodes tenus de son temps, si la compilation qui en fut imprimée en 1622, n'étoit devenue fort rare. Les curieux y liront avec plaisir, dans le mandement préliminaire, cette maxime sur le besoin de tenir des assemblées de quelque nom qu'on les appelle, qu'il déclare nécessaires dans l'Église, *pour remédier aux doutes, difficultés et désordres qui s'y peuvent glisser.* Entre ces règles promulguées de son autorité, il y en a une qui défend, comme une cérémonie indécente et non conforme aux saints décrets, d'enchérir les bâtons des confréries durant le cantique *Magnificat* (1), et d'appliquer les versets *deposuit* et *suscepit* à la délivrance de ces bâtons. Il avoit réglé dès l'an 1609, qu'il n'y auroit plus qu'un parrain et une marraine à chaque baptême, et qu'on retrancheroit la coutume par laquelle il y avoit un assistant outre le parrain, si c'étoit un garçon qui fût à baptiser, ou une assistante si c'étoit une fille (2); et il enjoignit d'avertir les peuples qu'un seul parrain et une seule marraine suffisoient, suivant le concile de Trente (3). Il fut

(1) Page 12.
(2) Page 19.

(3) Page 59.

(a) En 1612, l'évêque voulant contribuer à l'entretien du collége destiné à l'instruction de la ville et châtellenie de Cosne, donna à bail perpétuel aux habitants de Cosne, deux îles situées sur le Noain au faubourg Saint-Agnan, et plusieurs autres héritages, moyennant 30 sous de rente, et 2 sous 6 den. de cens, à condition d'employer le revenu de ces biens à l'entretien spécial du principal et du régent du collége de Cosne. La destination primitive a été conservée jusque vers la fin du xviiie siècle. —(Arch. de l'Yonne, Instruction publique).

Le collége de Varzy fut aussi l'objet de ses soins. En 1619, il termina les difficultés qui s'étaient élevées entre le Chapitre et la ville pour l'élection d'un maître, et décida, suivant les titres du Chapitre, que ce corps présenterait dorénavant le principal ou précepteur et l'instituerait dans le cas où il serait trouvé capable, ce qui eut lieu jusqu'en 1755. L'enseignement des humanités allait jusqu'à la rhétorique et était gratuit. —Arch. de l'Yonne. (*N. d. E.*)

ordonné aux prêtres qui administreroient la communion, non de retrancher l'usage où ils étoient de présenter ou faire présenter du vin et de l'eau aux laïques qui venoient de communier, mais de se servir pour cela d'un verre ou autre vase, et non pas d'un calice, de crainte qu'ils ne crussent communier sous les deux espèces. Cet usage de boire du vin après la communion étoit en effet si commun parmi le peuple d'Auxerre, encore à la fin du XVI° siècle, que je trouve dans le nécrologe d'une des paroisses les plus pauvres de la ville (1), qu'un particulier donna vers ce temps-là une vigne à cette église pour fournir le vin de la communion du jour de Pâques ; et cet usage n'a cessé que de nos jours, parce que les coupes d'argent qui y étoient destinées se trouvèrent usées de vétusté, en sorte qu'il n'y a que la cathédrale où il s'est conservé après la communion générale des quatre fêtes ordinaires de l'année. François de Donadieu ordonna encore que, dans les églises paroissiales où l'on trouveroit deux seigneurs disputer entr'eux les honneurs et prérogatives, les curés ou vicaires ne nommeroient aucun des contendants dans les prières, et qu'on laisseroit leur part du pain béni sur le banc des fabriciens (2). Il défendit à tous prêtres de remarier les personnes qui l'avoient été ; c'est-à-dire de réitérer les cérémonies matrimoniales avec la messe *pro sponso et sponsa* en faveur de ceux qui disoient qu'on avoit usé de ligature à dessein de leur nuire (3). Il trouva quelquefois, dans ses visites, des abus dont les curés ne s'étoient point plaints aux synodes ; il tâcha d'y remédier. C'étoit, par exemple, l'usage en plusieurs lieux de la campagne que le jour du mariage on fît chanter vêpres par le curé, ou qu'on assistât à celles du Chapitre, si c'étoit dans un pays où il y eût une collégiale. Il n'y avoit rien que de louable, si on se fût borné à dire ces vêpres suivant les règles reçues et approuvées ; mais le bizarre étoit qu'il falloit que le *Benedicamus*, qui termine ces vêpres, fût chanté par les parents du mari et autres assistants, à gorge déployée, ce qui n'étoit pas propre à exciter la dévotion. Le prélat vigilant défendit cette pratique et ordonna que les enfants chantassent ce verset comme c'est l'ordinaire dans le diocèse. Il défendit aussi

---

(1) *Obituar. S. Peregrini ad 27 martii.*
(2) Page 42.

(3) Page 53.

de laisser paroître à la procession de la Fête-Dieu des hommes vêtus en apôtres, avec des fausses barbes et perruques, et des habits faits exprès, couronnés d'espèces d'auréoles ou faux diadèmes. Il ordonna, qu'au lieu de cela, on portât avec respect des cierges allumés. C'est ce que j'ai tiré des registres de visites qu'il fit dans l'été de l'an 1622, après la publication de ses ordonnances synodales.

Comme ce prélat avoit conçu à Rome une haute idée du rit qu'on y voyoit communément pratiquer, sans faire attention que le Chapitre de Saint-Pierre, au milieu de cette grande ville, n'observe pas les nouveaux usages romains dans l'office canonial, il essaya d'en introduire ce qu'il put. Il avoit voulu, dès le commencement de son épiscopat, paroître au chœur autrement habillé que ses prédécesseurs. Mais, en décembre 1602, il fut condamné, aux requêtes du palais, à porter, depuis la Toussaint jusqu'à Pâques, la grande chape noire, le capuchon et camail comme les chanoines, ce que le Chapitre avoit certifié s'être pratiqué par les deux derniers évêques résidants, Lenoncourt et Amyot. Le règlement ajouta même que, depuis Pâques jusqu'à la Toussaint, l'évêque assisteroit à l'office en rochet et surplis par-dessus. On ne savoit alors à Auxerre ce que c'étoit que la mozette qui est venue depuis. Vers le milieu de son épiscopat, plusieurs des anciens chanoines étant morts, on laissa introduire quelques rubriques prises d'ailleurs (1). Néanmoins, dans les visites des paroisses, il ordonnoit qu'on achetât le Missel d'Auxerre préférablement au romain, et ne permettoit ce dernier qu'au défaut du diocésain, qui commençoit à devenir rare. Regnaud Martin, archidiacre, fit aussi, de son temps, l'essai d'une correction du Bréviaire d'Auxerre. Elle n'étoit point achevée l'an 1620 (2), et il ne parut aucun ouvrage concernant l'office divin sous l'épiscopat de François de Donadieu. Selon l'ancien usage, l'évêque fournissoit chez lui, aux chanoines, chaque année, au retour des vigiles chantées dans le chœur de Saint-Amatre, le 30 avril, des gâteaux et trois sortes de vin, par forme de rafraîchissement ou d'agape; cela fut changé de son temps. On consentit, en 1607, que ce petit repas fût évalué à une somme d'argent; elle se paie toujours depuis à ceux qui assistent

---

(1) *Reg. Capit.* 1608, 1609.   (2) *Reg. Capit.* 18 déc. 1620.

à cet office, lequel est un reste des anciennes veilles qu'on célébroit dans chaque pays, au tombeau des saints tutélaires à l'approche de leur fête.

Quoique depuis près d'un siècle l'église d'Auxerre n'eût point eu de pasteur attaché si scrupuleusement à la résidence, il n'en faut point conclure qu'il ne sortit jamais de son diocèse. Il s'en éloigna quelquefois ; mais ce fut presque toujours pour des sujets de piété et de dévotion. Il alla, en 1601, à Orléans, gagner le jubilé que le pape accorda pour la continuation du bâtiment de l'église cathédrale dont Henri IV mit la première pierre, et son exemple fut suivi par quelques chanoines. On le vit quelquefois célébrer à Paris la messe de l'ouverture du parlement. Non-seulement il étoit en grande réputation auprès des magistrats de cette cour et du conseil, mais encore il étoit parfaitement bien dans l'esprit du roi Henri IV et de la reine. Aux obsèques de ce grand prince, il conduisit l'ambassadeur de Savoie à Saint-Denys, fit ensuite diacre, et chanta l'évangile à la messe des funérailles. L'assistance qu'il devoit aux assemblées du clergé de la province, l'obligea aussi à quelques voyages. On voit son nom au bas de la condamnation du livre d'Edmond Richer *de ecclesiastica potestate*, faite en 1611, le 13 mars, par les évêques de la province de Sens. Il dédia l'église des Capucins de Joigny, diocèse de Sens, à la prière du cardinal de Gondy, fondateur de cette maison. Il eut, pendant quelque temps, pour suffragant, un prémontré nommé Nicolas Lagrené, abbé de Saint-Jean d'Amiens et évêque d'Ebron, lequel, étant à Auxerre, faisoit sa résidence chez les chanoines réguliers de son Ordre. Un voyage qu'il fit à Paris, l'enleva pour toujours au diocèse d'Auxerre, et lui occasionna la permutation qu'il y fit, au mois de juillet 1623, de son évêché avec Gilles de Souvré évêque de Comminges ; celui-ci vint à bout de persuader à François de Donadieu qu'il devoit se rapprocher de son pays et de son frère, l'évêque de Saint-Papoul. François de Donadieu fut tellement ébloui de cette proposition qu'il n'examina pas seulement si celui avec qui il traitoit étoit revêtu de pouvoirs. On découvrit depuis que le sieur de Ventenac, son homme d'affaires, avoit été gagné pour l'engager à la permutation. Le 7 février de l'an 1624, notre prélat étant retourné à Paris, révoqua le tout pardevant notaires, à la persuasion de Jean de Montereul, avocat en parlement, et fit signifier sa révocation à Gilles de Souvré, le 17 mars suivant; mais il étoit apparemment trop tard, comme la suite le fit voir. Il tomba malade, peu de temps après, de chagrin de cette affaire. Son neveu, Barthelémy de Griet, lui conseilla de se recommander à la vénérable Marie de l'Incarnation, décédée depuis peu, en odeur de sainteté, chez les Carmélites de Pontoise; il lui appliqua quelques reliques de cette religieuse, et sa santé revint peu à peu. François de Donadieu crut que Dieu demandoit qu'il résignât à un autre l'évêché de Comminges, qui lui étoit échu sans le vouloir. Il engagea son neveu, qui étoit ecclésiastique, à l'accepter. Ce neveu est celui-là même à qui, lui et son frère, l'évêque de Saint-Papoul, avoient fait porter le nom de Donadieu en vertu de lettres royaux obtenues depuis la mort du sieur de Puchairie, dernier mâle de la famille. Il se soumit aux intentions de son oncle, et il en justifia le choix par la vie sainte qu'il mena et qu'on dit même avoir été accompagnée et suivie de miracles. Sa préconisation à l'épiscopat est du 6 octobre 1625. Il y est qualifié prêtre du diocèse de Rieux; ces lettres lui permettent de retenir en commande l'abbaye de Saint-Hilaire, du diocèse de Carcassonne, de payer, sur les revenus de l'évêché de Comminges, trois mille livres à Gilles de Lusignan de Saint-Gelais, clerc du diocèse de Tours, et huit mille livres de pension à François de Donadieu, ci-devant évêque d'Auxerre; et de le laisser jouir, sa vie durant, du château d'Alan, et des revenus de cette terre dépendante de la mense épiscopale de Comminges.

François de Donadieu, confiné dans ce diocèse, n'oublia point son ancien troupeau qu'il n'avoit quitté qu'à regret. Tous les jours il offroit le saint-sacrifice pour le diocèse d'Auxerre, et assuroit à ses amis qu'il s'y croyoit obligé. Il récitoit même, en son particulier, l'office en l'honneur de tous les saints d'Auxerre, chaque jour qu'il en trouvoit dans le calendrier du diocèse dont il avoit un exemplaire. Je rapporterai, sous l'article suivant, les égards qu'il eut pour la mémoire de son successeur, et sans m'étendre sur le bien spirituel et temporel qu'il procura au diocèse de Comminges et à Saint-Bertrand où est la cathédrale, il suffira de dire ici, qu'étant d'une santé beaucoup plus forte que l'évêque de Comminges, il y exerça presque toujours la plupart des fonctions épiscopales ; qu'il vit mourir ce saint neveu en 1637, et que lui ayant survécu de trois ans, il mourut dans le château d'Alan, au mois de février 1640, âgé de quatre-vingts ans. On croit que son corps ou au moins son cœur fut porté à Puchairie, le lieu de la sépulture de ses ancêtres, et où il avoit fait bâtir une belle chapelle. Mais il est probable qu'on ne l'aura pas séparé de son neveu, dont il admira toujours la haute vertu.

Aucun de ses historiens n'a marqué qu'il eût fait un testament, ni qu'il eût demandé des prières dans la cathédrale d'Auxerre. Un de ses officiers nous a seulement informé que lorsqu'il eut été remboursé de la vicomté de Domfront, qu'il tenoit par engagement pour la somme de cinquante mille écus, il partagea les trois quarts de cette somme entre tous ses héritiers présomptifs, et qu'il employa le reste en aumônes et œuvres pies. On voit aussi, par les registres du Chapitre d'Auxerre (1), que les chanoines de cette église ayant appris son décès, lui firent un service solennel auquel les corps de la ville furent invités. Cet évêque avoit paru affectionner beaucoup un jeune homme appelé Hector de Puchairie ; il lui fournit même une pension considérable pendant les études qu'il fit à Toulouse ; mais on ignore à quel degré il lui étoit parent et ce qu'il devint après la mort de son protecteur. On trouve, dans les bibliothèques, deux ouvrages qui ont été dédiés à François de Donadieu lorsqu'il étoit évêque d'Auxerre, savoir : un volume de sermons de Denis Perronet, pénitencier de cette église, en 1601, et la chronique de Robert, religieux de Saint-Marien d'Auxerre, publiée à Troyes, l'an 1608, par Nicolas Camuzat, chanoine de Troyes.

La plus grande partie des faits que j'ai rapportés dans l'histoire de cet évêque, sont tirés des mémoires du sieur Antoine Mathieu Blanchonnet, natif de Gascogne, lequel, après avoir été son maître d'hôtel, devint ensuite contrôleur des deniers du diocèse, de ceux de Germain Bardolat, chanoine d'Auxerre (a), comme aussi des collections fournies

---

(1) *Reg. Capit.* 1640 13 *febr. et april.*

(a) Le manuscrit de Me Bardolat, conservé aux archives de l'Yonne, est presque un cérémonial complet du Chapitre. On y remarque le soin extrême qu'avaient

par Gaspard Damy, son official, et des remarques en original du sieur
C. Bogne de Varzy, qui avoit été son officier pendant plus de vingt ans.

CHAPITRE VII.

GILLES DE SOUVRÉ, XCVIII^e ÉVÊQUE D'AUXERRE.

François de Donadieu n'oublia rien pour empêcher que son traité avec l'évêque de Comminges n'eût lieu. Il avoit fait signifier sa révocation non-seulement à ce prélat, mais encore au Chapitre d'Auxerre, au lieutenant-général du bailliage et au procureur du roi (1). Il alléguoit qu'un de ses domestiques, gagné par argent, l'avoit surpris; que, par le traité passé d'abord à Régennes, le 13 mai 1623, on lui avoit donné l'évêché de Comminges franc et déchargé de toutes pensions; que, par un second, du 7 juillet, on le chargeoit de six mille livres de pension au profit du sieur de Lansac, et qu'enfin la personne qui avoit fait le traité à Paris, au nom de Gilles de Souvré, n'avoit de lui aucune procuration. Mais comme par le premier traité il étoit dit que les deux permutants jouiroient de leurs bénéfices, à compter depuis la Saint-Jean 1623, et qu'ils en percevroient les fruits, quoiqu'ils résidassent dans leur ancien bénéfice jusqu'à ce qu'ils eussent obtenu leurs bulles, un nommé Merlet, dit du Jardin, procureur de l'évêque Souvré, lui persuada d'envoyer au plus tôt un économe à Auxerre. Cet officier vint se

---

(1) Mémoire imprimé sur cette affaire.

autrefois les corporations de tout genre de faire respecter leurs prérogatives les plus minutieuses, les usages d'étiquette, etc. Le bon chanoine nous révèle les susceptibilités de ses confrères, leur jalousie et la sienne propre, leur esprit ombrageux et toujours redoutant les empiétements. (N. d. E.)

présenter ; mais le Chapitre, loin de le reconnoître, nomma trois chanoines, le 19 mars, pour s'opposer à son économat. Il révoqua même, le 15 avril, la conclusion du 6 octobre 1623, qui portoit ouverture de ce qu'on appelle ailleurs la régale, laquelle avoit été faite nonobstant la répugnance de quelques chanoines. On passa arrêt à M. de Donadieu ; et un particulier, qui avoit été pourvu d'un canonicat comme si le siége eût été vacant, fut débouté et déclaré non-recevable. Ce ne fut donc qu'en 1625, le 17 janvier, que le Chapitre connut que véritablement M. de Donadieu n'étoit plus son évêque, et lorsqu'il eut connu que M. de Souvré avoit été nommé par le roi. La durée de cette vacance ayant été plus longue qu'on ne l'avoit espéré, on changea souvent, dans le Chapitre, l'ordre de conférer les bénéfices vacants, ou plutôt on varia sur le nombre des jours que chacun resteroit intabulé pour cela (1). Il ne se passa cependant rien de fort considérable pendant les vingt et un mois qu'elle dura, sinon que le cardinal Barberin, neveu d'Urbain VIII, légat du pape, fut reçu à Auxerre, en 1625, avec de grandes solennités. Les ordres du roi, du 25 avril, qui furent communiqués au Chapitre, portoient que la bourgeoisie iroit en armes au-devant de lui avec les magistrats, jusqu'à l'endroit qui seroit indiqué par le duc de Bellegarde ; qu'on lui offriroit les clés de la ville ; qu'on lui présenteroit un dais de couleur rouge et qu'on tapisseroit les rues jusqu'à son logis. Cette entrée se fit au commencement du mois de mai. Ce légat étoit accompagné de Pamphile, dataire, qui fut depuis pape, sous le nom d'Innocent X, et il célébra la messe au grand autel de la cathédrale.

Gilles de Souvré, résolu de prendre possession, chargea de sa procuration Henri de Lambert, abbé de Hautefontaine et de Saint-Père d'Auxerre, qui présenta les bulles le 25 septembre 1626 (2). Le prélat écrivit en même temps aux vicaires-généraux nommés par le Chapitre, qu'il les prioit de continuer leurs soins jusqu'à ce qu'il fût présent en personne, excepté la collation des prébendes et les stations des prédicateurs qu'il se réservoit. Il ne différa pas un mois entier depuis sa prise

---

(1) *Reg. Capit.* 15 janv. 12 maii et 9 aug. 1625.

(2) *Reg. Capit.* 25 sept. 1626.

de possession. Il se rendit à Auxerre *incognito*, à sept heures du soir, le 15 octobre, et sans aller à l'abbaye de Saint-Germain, il logea d'abord au palais épiscopal. Le lendemain il se présenta à la grande porte de l'église, où il fut reçu par le Chapitre et installé par le sieur de Maujan, grand-archidiacre de Sens. On ne sait pour quelle raison il fit cette entrée avec tant de simplicité.

Il étoit né, en 1596, de Gilles de Souvré, marquis de Courtenvault, maréchal de France, gouverneur de Louis XIII lorsqu'il n'étoit que dauphin, chevalier de ses Ordres, gouverneur et lieutenant du roi en Touraine, et de Françoise de Bailleul de Renouart. Il posséda, encore tout jeune, plusieurs abbayes (1); il eut d'abord celle de Saint-Genou, au diocèse de Bourges; ensuite, celles de Saint-Florent de Saumur en Anjou et de Saint-Calais lui ayant été données, il fit tomber celle de Saint-Genou à François Chastelain, qu'il avoit eu, en 1614, pour professeur de philosophie, à Paris, au collége de Navarre. S'étant associé, en 1616, au célèbre Gassendi (2), ils se firent enseigner ensemble la langue hébraïque, par un juif d'Avignon nouvellement converti. Ce fut vers ce temps-là qu'il commença à connoître le mérite des gens de lettres. Le sien étant aussi très-connu dès l'âge de 22 ans, il fut nommé à l'évêché de Comminges, alla à Rome recevoir tous les ordres par dispense du pape, se fit sacrer évêque à Ravenne (3) et gouverna avec sagesse le diocèse de Comminges depuis l'an 1618. Ceux qui l'ont connu, écrivent qu'il étoit de haute stature, d'un naturel vif et gai, qu'il fut chéri de la noblesse pour sa bonté et sa franchise, respecté des pauvres et des riches, comme le père commun de tout le troupeau, et estimé des ecclésiastiques pour sa science et sa piété, qu'il aima les gens de lettres et les curieux; en sorte qu'il paroît que ce prélat auroit mérité de vivre dans un temps plus éclairé.

Après avoir fait revivre la discipline dans le diocèse de Comminges

---

(1) Je trouve dans le catalogue des doyens de la métropolitaine de Tours de M. Maan, p. 257, *Hist. Eccl. Turon. Egidius* de Souvré *electus, non receptus* 1606. *Helias de Convers per resignationem* 1606; mais notre Gilles de Souvré étoit alors trop jeune.

(2) *Epist. Gassendi ad Lud. Noël Canonicum Autis.*

(3) On ajoute que quelque temps après, il fut fait trésorier de la Sainte-Chapelle de Paris.

1626 à 1631. par ses exemples et sa doctrine, il en fit autant dans celui d'Auxerre. Il avoit entendu déclamer, deux jours après son arrivée, une oraison latine par le professeur de réthorique du nouveau collége, sur la sainteté et la dignité de l'église d'Auxerre. Il fit aussitôt ses efforts pour ne point dégénérer du zèle de tant d'illustres évêques des premiers temps ; la réforme qu'il essaya d'introduire dans le troupeau dont il avoit recherché la conduite, en fut la preuve. Pour commencer par le clergé, il obligea les curés, par un mandement de l'an 1627, à résider dans leurs paroisses ; et, afin de fournir par la suite au diocèse de bons prêtres, il songea en même temps à l'établissement d'un séminaire. Il tint à ce sujet plusieurs assemblées chez lui, où il convoqua les chanoines les plus éclairés. Le premier dessein fut de le placer où est la salle du Chapitre et autres anciens édifices de la mense commune des chanoines, puis d'en confier la conduite à quatre ou cinq de leur corps ; les séminaristes auroient fait l'office à la paroisse de Saint-Pierre-en-Château, et il y auroit eu communication d'un quartier à l'autre par moyen d'une arcade. Le projet n'ayant pas été du goût de M. Bourdoise de Saint-Nicolas-du-Chardonnet, à cause qu'il n'y trouvoit point d'exercice des fonctions curiales, on songea à le placer à l'abbaye de Saint-Père, et à en ôter les religieux qui servoient mal la paroisse. Mais l'abbé ayant différé de donner son consentement, on ne put consommer l'affaire. L'évêque, cependant, écrivant au pape, lui marqua l'empressement avec lequel il travailloit à cet établissement. Il se plaignit à sa sainteté de ce que quantité de cures étoient unies et incorporées à des Chapitres, qui se contentoient d'y mettre des desservants ou des vicaires tels qu'ils pouvoient les trouver, et que cela étoit cause que les paroisses étoient mal gouvernées. Il porta aussi ses plaintes de ce qu'il y avoit des cures qui ne pouvoient être conférées qu'à des chanoines réguliers, et que ces réguliers étant eux-mêmes d'une mauvaise conduite, ils ne pouvoient pas conduire saintement les peuples qui leur étoient confiés. Il pressa le souverain-pontife de casser toutes les unions de cures aux collégiales et aux communautés, et d'établir des curés fixes et permanents dans toutes les paroisses ; de permettre aux patrons des abbayes de présenter des séculiers aux cures de leur dépendance, et de lui accorder le pouvoir de supprimer les abbayes de Saint-Père et de Saint-Laurent, pour en appliquer les revenus à la fondation d'un séminaire, suivant les décrets du concile de Trente. C'est ce que j'ai trouvé dans la minute de sa lettre à Urbain VIII. L'estime qu'il fit des prêtres séculiers qui étoient en bien plus grand nombre dans le diocèse que les autres ecclésiastiques, le porta à ne rien conclure dans ses synodes sans avoir ramassé les voix de tous les curés (1). Ayant appris qu'en 1632, les prêtres de la Puisaye avoient formé entre eux une confrérie sous le titre de l'Assomption de la Sainte-Vierge, il leur accorda le pouvoir de la continuer, à condition de n'y admettre aucun laïque, et que le repas du jour de la fête fût frugal. Des prêtres, il passa à la réforme des peuples. La profanation des dimanches et fêtes excita son zèle ; le 22 octobre 1628, il fit un mandement pour défendre de voiturer le bois sur la rivière ou par terre les dimanches et fêtes d'apôtres, avec inhibitions aux meuniers et tous autres ayant charge des ponts, pertuis et chemins, d'en laisser passer par eau ou par terre les mêmes jours ; il fit même de cette transgression un cas réservé, menaçant d'excommunication les voituriers qui contreviendroient. Sa charité pastorale seconda sa vigilance. Environ deux ans après qu'il fut arrivé à Auxerre, on essaya de lever un nouvel impôt sur le vin des habitants. Comme la ville se regardoit enclavée dans la Bourgogne, et que les citoyens, aussi bien que les vignerons, ont toujours eu présentes les promesses que les rois lui ont faites, et entr'autres Louis XI, de la conserver dans ses franchises, il ne manqua pas de se former une émeute éclatante à la première exaction que les

---

(1) Sous son épiscopat, quatre ou cinq ecclésiastiques, les uns chanoines, et les autres simples prêtres de la ville d'Auxerre, après avoir vécu quelque temps en leur particulier avec beaucoup d'édification, poussés du désir d'une plus grande perfection, résolurent en 1626 de demeurer ensemble, et de former une communauté. Ils en dressèrent le plan et le communiquèrent à leur évêque qui loua leur dessein, promit de les protéger, et de leur donner une maison quand ils auroient pris leur dernière résolution. Avant de conclure, ces ecclésiastiques voulurent savoir le sentiment de M. Bourdoise. Ils lui écrivirent pour cela au commencement de l'année 1627, et lui envoyèrent un plan de leur dessein avec les règlements de leur société, lui témoignant beaucoup de confiance et le priant d'y ajouter ou d'en retrancher ce qu'il jugeroit à propos. « Notre prélat, di- » sent-ils, vous en doit parler sitôt qu'il » sera arrivé à Paris ; nous vous prions de » l'entretenir dans la bonne volonté qu'il » nous a témoignée, et de l'exhorter à nous » aider de son crédit et de son bien, afin que » nous puissions surmonter les difficultés » qui s'opposent à notre dessein. » On ne sait si ce projet fut exécuté ; un article des statuts du Chapitre y paroissoit contraire.

étrangers voulurent faire de ce tribut. Le pasteur accourut au bruit pour tâcher de calmer les esprits ; sa présence ni celle du bailli et du lieutenant-général, ne put rien arrêter. La populace, persuadée que le prince ne pouvoit manquer à sa parole, instruite de plus que le roi Henri IV s'étoit même engagé de nouveau, trente-quatre ans auparavant, de conserver les mêmes franchises, ne put être susceptible des raisons qu'on lui alléguoit. Malgré toutes les promesses qu'on put faire aux vignerons, que ce nouveau tribut seroit supprimé comme ne pouvant être de la connoissance du roi, ils en vinrent aux mains, poursuivirent l'exacteur jusques dans l'église des Jacobins où il y eut effusion de sang. L'église fut réconciliée par ce prélat, et la ville répara le dommage que l'irruption populaire y avoit causé (1). Cette émeute étoit la seconde qui arriva sous son épiscopat dans le même quartier. Dès le 29 mars 1626, il en étoit arrivé une autre qui ne fit pas moins d'éclat ; peu s'en fallut que les derniers du peuple ne devinssent maîtres de l'Hôtel-de-Ville (2).

Ce fut pendant l'année 1629 qu'il entreprit la visite de son diocèse pour reconnoître, par lui-même, l'état de chaque église et y ordonner ce qui seroit utile et convenable. On apprend, par les procès-verbaux, qu'alors encore, dans le plus grand nombre des églises, le Saint-Sacrement étoit conservé à une suspense, comme dans l'église cathédrale, et que si, dans quelques-unes, il y avoit des tabernacles destinés pour cela, ils étoient à côté du sanctuaire, de même qu'on en voit en Flandre ; que la coutume commune des églises de la campagne étoit, que les pères de famille laissoient à l'église, en mourant, leur meilleur habit, ce qui, quelques siècles auparavant, se pratiquoit aussi à la ville, comme on lit dans des testaments de ce temps-là ; on ne voit pas que Gilles de Souvré ait improuvé ces usages. Il statua en certaines églises que la *délivrance* de l'image du saint patron des confréries seroit criée au banc de l'œuvre par les fabriciens, et que néanmoins le curé iroit prendre processionnellement cette image à la maison où elle

---

(1) *Regist. urbis* 1629.
(2) Ce qui en est rapporté dans les registres de la ville, se rapporte assez à ce qu'on lit dans une collection de lettres de ce temps-là, imprimées en 1654 par les soins du P. Pintereau, jésuite.

étoit conservée. Il ordonna des amendes pécuniaires contre ceux qui n'assisteroient pas aux processions ordinaires pour la conservation des fruits de la terre, ou qui ne les reconduiroient pas jusqu'à l'église; il fit défense à quelques religieux établis depuis peu à Auxerre, d'aller confesser des malades dans les maisons sans la permission du curé. Il projeta de réunir la paroisse de Saint-Pierre-en-Château d'Auxerre, à celle de Saint-Regnobert; mais cela ne réussit pas, par la raison que les habitants de la première exigeoient que leur église fût réputée l'église matrice. Les chanoines de Clamecy avoient fait, quelques jours après son arrivée à Auxerre, un compromis entre ses mains, touchant leurs difficultés avec le curé de la paroisse. La sentence arbitrale qu'il donna le 5 janvier suivant, assisté de son nombreux conseil, comprend dix-huit articles, dont il n'y en a point qui puisse intéresser la curiosité du lecteur, que le onzième, par lequel on apprend que toutes les fêtes solennelles, la coutume étoit encore à Clamecy que les fidèles offroient du pain et du vin à la grand'messe. L'évêque confirma ce pieux et ancien usage, en adjugeant au curé les deux premières offrandes de cette espèce. En 1631, le promoteur, dans les officialités de Varzy, Cosne et La Charité, se trouvoit être un laïque; il ordonna que dans la suite ce seroit un homme d'église à l'exemple de la cour principale d'Auxerre. Il procura, en 1628, à la nouvelle communauté des Bénédictines de La Charité, les constitutions du Val-de-Grâce que Marguerite d'Arbouze, abbesse, y apporta à sa sollicitation. L'année d'après, l'abbaye de Saint-Germain de la ville d'Auxerre, embrassa la réforme de la Congrégation de Saint-Maur, par les soins de l'abbé Octave de Bellegarde; mais le tumulte qui arriva ce temps-là dans cette église, à une procession de la cathédrale où le prélat assista, fut un spectacle étonnant pour lui et qu'il fit en sorte de ne pas voir une seconde fois. Les religieuses de Sainte-Marie, autrement de la Visitation, demandèrent, en 1630, à être reçues dans Auxerre (1). Il y avoit trop peu de temps qu'on avoit refusé les Jacobines et les Carmélites; ces dernières subirent le même sort.

La relation que Gilles de Souvré avoit avec le pape Urbain VIII ne

---

(1) *Reg. urbis* 1630, 24 *aug.*

fut pas le seul effet du voyage qu'il avoit fait à Rome. Il avoit rapporté de l'Italie une grande estime des usages ecclésiastiques de cette province. Il essaya d'en introduire quelque chose dans son diocèse, avec le manuel qu'il fit imprimer à l'usage des curés. Mais la brièveté de son épiscopat empêcha que les principes ultramontains qui auroient pu s'insinuer par ce moyen, ne fissent impression dans le clergé ; et tous les ecclésiastiques séculiers, qui étoit la plus grande et la plus saine partie de son diocèse, eurent la prudence de supprimer ce qui auroit pu réveiller les anciennes querelles, à l'occasion d'une pièce que l'imprimeur y avoit insérée. Le projet qu'il conçut de réformer les livres ecclésiastiques resta sans exécution. Il avoit établi chez lui une espèce de congrégation de rites, à l'exemple de celle de Rome. Dès les premiers jours de son arrivée, il demanda au Chapitre des commissaires pour la révision du Breviaire (1). On voit, par les registres du Chapitre, que son intention étoit que tout ce qu'on chantoit fût tiré des livres romains réformés sous le pontificat de Pie V (2); mais les chanoines ne voyant point que le concile de Trente eût ordonné l'usage de ces livres, ainsi qu'on vouloit leur persuader, déclarèrent que quoique observateurs exacts des décrets du concile reçu en France, ils ne suivroient point le chant de ces livres, et qu'ils s'en tiendroient aux anciennes cérémonies de l'église (a). Deux ans après, le chantre Gaspard Bargedé, se montrant le plus zélé pour seconder le prélat, fut établi chef du projet de la réformation. On présumoit qu'en vertu de sa dignité il ne consentiroit à aucune innovation qui ne fût un rétablissement de la saine antiquité, ni à aucune suppression, sinon de celle de quelques cérémonies puériles qui avoient eu leur origine dans des siècles peu éclairés. Cependant, toutes ces assemblées n'aboutirent à rien, parce que la matière

(1) *Reg. Capit.* 3 nov. 1626. | (2) *Ibid.* 2 jul. 1626.

(a) Le Chapitre cathédral était, comme le dit l'auteur de la vie manuscrite de M. de Donadieu « *antiquorum rituum ecclesiæ Autissiod. servatorum tenaces,* » aussi éleva-t-il ici les mêmes résistances aux réformes liturgiques que sous ce prélat, qui ne put faire accepter dans son église les livres et les cérémonies romaines.

(*N. d. E.*)

des rites n'avoit pas encore été éclaircie comme elle l'a été depuis. Les réviseurs procédoient, dans cette affaire, assez lentement, et le prélat fut enlevé de ce monde avant qu'on eût rien arrêté. Le Chapitre, qui avoit aussi espéré de cet évêque une suppression de prébendes et d'anniversaires resta, par la même raison, dans son état précédent (a).

Pour ce qui est des honneurs dûs à sa dignité, Gilles de Souvré n'en laissa perdre aucuns qui fussent de sa connoissance, et l'on peut dire qu'il alla même quelquefois à l'excès. C'est ce qui parut à l'égard de Claude Lemuet, élu doyen le 13 décembre 1627, après la mort de François de Lauzon. S'étant fait prêter, par ce nouveau doyen, le serment de fidélité, il ordonna d'insérer dans la formule une extension de cette fidélité, obéissance et révérence, jusqu'envers ses officiers *ac etiam officiariis vestris*. Le Chapitre, surpris de cette nouveauté, pria le prélat d'ôter cette clause, sans quoi le doyen n'auroit pas été reçu (1). Charles de Gonzague, duc de Nevers, lui rendit aussi hommage pour les baronnies de Donzy et de Saint-Verain ; il commit, pour cet effet, Scipion Maréchal, premier président de la chambre des comptes de Nevers, le 14 mai 1629. La même année, le 4 novembre, Charles de Courbon ou de Courlon, chevalier, seigneur de Briague en Saintonge, et Gabrielle d'Agen, sa femme, lui rendirent le même devoir pour la vicomté de Saint-Sauveur. La châtellenie de Beauche ayant été acquise de son temps par Antoine Ruzé, maréchal de France,

---

(1) *Reg. Capit.*

(a) A cette époque, il était encore ordinaire de faire des processions aux lieux où étaient conservées des reliques de saints renommés : à Saint-Bris près d'Auxerre, à Saint-Edme de Pontigny. C'était tantôt pour obtenir de la pluie, tantôt au contraire pour la faire cesser. Ces processions étaient quelquefois très-considérables, tout le clergé de la ville s'y trouvait, le Chapitre cathédral en tête. Le chanoine Bardolat ne voyait pas toujours ces cérémonies avec satisfaction. Il se plaint du désordre et de la confusion qui les accompagnent, et du peu de recueillement qu'on y apporte. La procession du 30 juin 1630, à Pontigny, fut une des plus nombreuses. La chaleur était extrême et les pèlerins arrivés à Pontigny exténués, s'occupèrent plutôt de boire et de manger que du but de leur voyage. Le 9 juillet suivant les Cordeliers firent une procession particulière à Saint-Bris pour le même objet. Il y eut encore du désordre. (*N. d. E.*)

marquis d'Effiat, il en fit faire la saisie, jusqu'à ce qu'il eût satisfait aux droits féodaux, ainsi qu'il paroît par le délai de six mois qu'il accorda, le 17 mars 1631. Il avoit eu occasion de marquer de la vigilance sur son temporel dès le temps même qu'il eut ses bulles. Comme il passa à Paris l'année 1625 et une grande partie de la suivante, le grand jubilé de l'année sainte lui procura la restitution de plusieurs titres qui concernoient l'hôtel épiscopal d'Auxerre, autrefois aliéné par le cardinal de la Bourdaisière; et il prit la résolution de rentrer dans ce bien (1). Ce fut pendant la même année 1626, le 14 mars, qu'il sacra évêque d'Aire, Gilles Boutault, son filleul. Il fit cette cérémonie dans la Sainte-Chapelle dont il étoit trésorier. En 1627, il fut l'un des consécrateurs d'Henri de Barada, évêque de Noyon. Il ne paroît pas que depuis sa prise de possession de l'évêché d'Auxerre, il se fût beaucoup éloigné de son diocèse, jusqu'à l'an 1631 qu'il entreprit le procès pour rentrer dans l'hôtel épiscopal dont je viens de parler. On sait seulement qu'en 1631 il sacra Jean Guérin, évêque de Grasse (2). En 1631, Gaston d'Orléans, frère unique du roi Louis XIII, ayant passé le 15 mars à Toucy et de là à Cravan, prit la route de Bourgogne dans le dessein de se la soumettre; ce qui obligea Louis XIII d'aller à sa suite. Ce prince écrivit d'Etampes, le 14 mars, aux magistrats d'Auxerre, de veiller sur la conservation de leur ville; il y arriva au bout de huit jours, c'est-à-dire le 21, et après avoir été reçu avec toute la magnificence possible, il logea chez l'évêque, et le cardinal de Richelieu à l'abbaye de Saint-Germain. Il y avoit alors environ quatre ans et demi que Gilles de Souvré travailloit à affermir le bon ordre dans son diocèse. C'étoit en vain qu'il avoit tâché plusieurs fois d'entrer dans le monastère de Charentenay pour y visiter la maison. Les religieuses de Saint-Julien d'Auxerre, retirées en ce lieu depuis les guerres de la Ligue, lui avoient toujours refusé la porte. Ses tentatives n'avoient servi qu'à l'obliger de leur passer reconnoissance pour une certaine censive sur sa maison épiscopale et autres redevances à Gy-l'Evêque. Quoiqu'il eût obtenu, en 1629, un arrêt pour les soumettre à sa visite, il n'avoit pu encore le mettre à exécution. Il s'étoit trouvé à Paris le 10 février 1631,

---

(1) Il étoit proche la porte Saint-Michel. | (2) Nov. Gall. chr.

et il y avoit signé la lettre circulaire des évêques contre les propositions de quelques nouveaux livres. Il y retourna pendant l'été pour suivre l'affaire des Bénédictines de Charentenay et celle de l'hôtel épiscopal. Durant le séjour qu'il y fit, il fut l'un des trois prélats à qui Sébastien Zamet, évêque de Langres, et André Frémyot, abbé de Saint-Etienne de Dijon, s'en rapportèrent sur la juridiction. L'abbé fut maintenu dans celle dont il jouissoit, par jugement du 15 juin. Gilles de Souvré fut aussi, le 24 d'août, l'un des deux évêques assistants au sacre de Gaspard de Daillon, évêque d'Albi, fait par François de Gondi, archevêque de Paris, dans l'église des Jésuites. Mais ce fut la dernière cérémonie solennelle où on le vit paroître. Il se donna tant de mouvement pour la réussite de son procès sur l'hôtel d'Auxerre, qu'il contracta une grande fièvre, et après avoir fort regretté de se voir éloigné de son troupeau et de son église, il mourut le vendredi 19 septembre, dans la vigueur de son âge.

Ses entrailles furent enterrées dans l'église qui est sous la Sainte-Chapelle de Paris, son cœur porté à Courtenvault, au diocèse du Mans, et le corps transféré à Auxerre. La ville députa les sieurs Edme Boucherat et Edme Jodon, avocats, pour aller au devant du convoi jusqu'à Régennes, avec grand luminaire ; de sorte qu'il fut vrai de dire que sa rentrée dans la ville, après sa mort, fut plus solennelle que n'avoit été celle qu'il y fit, lorsqu'il vint prendre possession. Il fut inhumé devant le grand autel de la cathédrale, à côté gauche de M. Amyot, le 28 du même mois, en présence du clergé et du peuple. Son oraison funèbre fut prononcée en françois, le lendemain, dans le chœur, après l'évangile, par Nicolas Le Cointre, bénédictin de Saint-Florent de Saumur (1). Paul Gara, jacobin, natif de Toulouse, que ce prélat avoit connu à Comminges, et qu'il avoit attiré à Auxerre pour y prêcher et enseigner la philosophie, composa depuis une autre oraison funèbre dans laquelle il fait un détail de quelques ouvrages de Gilles de Souvré, qui ne sont point venus à notre connoissance (2). Il est facile de se persuader que

---

(1) Ce religieux prit pour texte un passage de saint Paul qu'on feroit scrupule, de nos jours, d'employer pour faire l'éloge d'un évêque canonisé. *Talis decebat ut nobis esset Pontifex sanctus, innocens, impollutus.*

(2) *Ex Catal. Lud. Jocob. Carmeliti. Cabilon.*

ce prélat, qui aimoit l'étude et les ecclésiastiques studieux, s'occupoit à quelques ouvrages dignes de lui. Mais c'est sans preuve que quelques-uns firent courir le bruit qu'il souffroit chez lui qu'on approfondit les secrets de la chimie, et que c'est ce qui lui fut fatal. On sait seulement qu'un ecclésiastique appelé Maurice, qui avoit d'abord servi Urbain de Saint-Gelais de Lansac, évêque de Comminges, en qualité de médecin et d'herboriste, composa un livre herbier magnifique, qu'après la mort d'Urbain de Saint-Gelais, cet ecclésiastique s'attacha à Gilles de Souvré qui se plaisoit avec les gens curieux, et le suivit à Auxerre. Tel a été le fondement de ce bruit que la malice des hommes exagéra au désavantage de ce prélat. Il est bien plus certain que Gilles de Souvré aima et protégea beaucoup Luc Holstein, protestant d'Hambourg, nouvellement converti; qu'il le retint longtemps dans son palais épiscopal à Auxerre (1); qu'il le présenta au cardinal Barberin, qui l'emmena à Rome où il devint dans la suite bibliothécaire du Vatican et chanoine de Saint-Pierre. Le plus célèbre personnage qu'il employa à Auxerre, pour le spirituel, fut Germain Bardolat, natif d'Entrains, au même diocèse, qui étoit déjà chanoine et lecteur dans la cathédrale, aussi bien qu'official avant son épiscopat; il l'établit son vicaire-général. L'official de La Charité fut François Rapine, prieur de Saint-Pierre-le-Moutier, homme d'une grande sévérité. Son bailli, à Auxerre, fut Jean Naudet, avocat d'une grande intégrité. Il ne se trouva aucune preuve que cet évêque eût demandé un anniversaire ni qu'il eût fait de fondation. On lit seulement qu'il avoit chargé, en 1629, les Augustins de Cosne de célébrer son obit à perpétuité, en reconnoissance de ce qu'il ne prit aucuns droits seigneuriaux pour les places qu'ils acquirent à Cosne peu de temps après leur établissement. François de Donadieu, ancien évêque d'Auxerre, étant informé de sa mort à Comminges, y fit célébrer un service où il voulut officier. On pourroit joindre aux illustres bénéficiers du diocèse d'Auxerre, sous son épiscopat, le fameux Edmond Richer, professeur de Sorbonne, qui eut le prieuré de Saissy-les-Bois, s'il n'étoit notoire que la ville d'Auxerre s'opposa à

---

(1) Lettres orig. de Luc Hostein, et Mémoires de ceux qui l'ont vu à Auxerre.

ce qu'il possédât ce bénéfice (1). Une autre personne assez célèbre, dont le clergé d'Auxerre lui eut obligation, fut André Percheron, du diocèse du Mans, docteur de la maison de Navarre, qu'il fit chanoine et grand-archidiacre. Ce fut lui qui, impatient de ce que la famille de Souvré n'érigeoit pas de monument à la mémoire de son bienfaiteur, composa une épitaphe qu'il fit graver sur sa tombe et qu'on y lit encore aujourd'hui. Gilles de Souvré avoit aussi pourvu, en 1629, d'un canonicat de la même église, François Hennequin, clerc parisien (2); mais cet ecclésiastique ne garda pas le bénéfice. La maison de Souvré donna à la cathédrale d'Auxerre, quelques années après la mort du prélat, un ornement de damas vert; cet évêque avoit payé, durant tout le temps de son épiscopat, deux mille livres de pension à son frère, chevalier de Malte.

CHAPITRE VIII.

DOMINIQUE SÉGUIER, XCIX^e ÉVÊQUE D'AUXERRE.

Dominique Séguier, qui eut le brevet de nomination de Louis XIII pour remplir le siége d'Auxerre après la mort de Gilles de Souvré, étoit seulement prêtre, mais il possédoit plusieurs dignités, et avoit déjà refusé plusieurs évêchés et même un archevêché. Il étoit né à Saint-Denys-en-France, l'an 1593, le second jour d'août, de Jean Séguier, lieutenant civil de Paris, fils de Pierre, président en la cour, et de Marie-Tudert, fille de Claude, seigneur de la Bournalière et de Nicole Hennequin. Il eut le nom de Dominique au baptême, parce qu'il étoit venu au monde après un vœu fait à saint Dominique; et même en conséquence on lui en avoit fait porter l'habit pendant les six premières années de sa vie. Il fut envoyé à l'âge de onze ans, à Dijon, avec Pierre, son frère aîné, chez M. Brulart, conseiller au parlement; il y fit ses premières études chez les Jésuites, pendant les années 1604, 1605 et

---

(1) *Reg. urbis*, 2 nov. 1629. | (2) *Reg. Capit.*

1606. Il continua les trois années suivantes à Paris, au collége du cardinal Le Moine, et fut fait alors chanoine de Notre-Dame de Paris. Il alla ensuite étudier en philosophie au collége de La Flèche, d'où, étant de retour à Paris, il fréquenta les écoles de théologie et celles de droit jusqu'en 1616, qu'il fut reçu conseiller-clerc au parlement de Paris. Le doyenné de la cathédrale du Mans ayant vaqué, en 1621, les chanoines envoyèrent à Paris pour le lui présenter. Il ne garda cette dignité que jusqu'à l'an 1623, auquel le Chapitre de Paris le choisit pareillement pour doyen; et en même temps qu'il cessa de l'être au Mans, il eut dans le même pays une abbaye de l'Ordre de Saint-Augustin. Il eut aussi, environ dans ce même temps, le prieuré d'Auneau. Les infirmités et affaires de l'archevêque de Paris ne lui ayant pas permis d'officier à toutes les cérémonies extraordinaires, le doyen s'en acquitta avec tant de grâce et de majesté, que Louis XIII l'admira en plusieurs occasions; et lorsqu'en 1631 il fut fait son premier aumônier, le prince consentit en sa faveur que, dans la suite, le premier aumônier pût exercer son office en quelque temps que ce fût. Le même prince obtint pour lui, du pape Urbain VIII, le titre d'archevêque de Corinthe, et le destina ensuite à l'évêché de Boulogne, vacant par la promotion de Victor Bouteiller à l'archevêché de Tours (1). Mais comme celui d'Auxerre vaqua presque dans le même temps, il lui fut donné le 6 octobre 1631, avant même qu'il eût reçu ses bulles de l'archevêché de Corinthe. Quoiqu'il pût, après l'arrivée de ces bulles, se faire sacrer archevêque pour avoir le pas sur les évêques, il aima mieux attendre l'expédition de celles de l'évêché d'Auxerre, et ne se faire sacrer qu'en qualité d'évêque. Il le fut, en 1632, par l'archevêque de Paris assisté des évêques de Châlons et d'Orléans. Ce sacre fut fait dans l'église des Carmélites, à cause que sa mère s'étoit retirée dans cette maison. On varie sur le jour; les uns marquant que ce fut le 18 janvier, d'autres le 23 juin. Quoiqu'il en soit, il vint à Sens le troisième jour d'août pour y faire sa profession de foi entre les mains de l'archevêque, suivant la teneur de ses bulles,

---

(1) En 1631, le sieur A. du Fousteau lui dédia les Singularités de France, in-12. Il le qualifie doyen de Paris, premier aumônier de sa majesté, nommé à l'évêché de Boulogne.

et il prêta en même temps le serment ordinaire de soumission et obéissance. Pendant le même mois, il fit savoir aux quatre barons qu'ils eussent à se trouver à son entrée solennelle au mois de septembre. Cependant, lorsque le jour assigné fut venu, il ne fit point exécuter l'ancien cérémonial, pour ne pas se compromettre avec le procureur-général, et il ne garda d'autre forme d'entrée sinon que le lendemain de son arrivée, qui étoit le jeudi 16 septembre, il alla, sur les neuf heures, du palais épiscopal à Notre-Dame-de-la-Cité, où il se revêtit de ses habits pontificaux, et il fut ensuite conduit de cette église à la cathédrale, par André Percheron, grand-archidiacre d'Auxerre, Edme Berault et Etienne de la Faye, chanoines de la même église, chargés de la procuration de Charles Prévôt, grand-archidiacre de Sens. Etant arrivé à la grande porte de la cathédrale qui étoit fermée, il y prêta le serment accoutumé entre les mains du même archidiacre d'Auxerre, représentant alors le doyen, et étant ensuite introduit dans l'église, le même dignitaire lui fit une harangue latine, le conduisit au chœur, le mit en possession avec toutes les cérémonies que les archidiacres de Sens ont coutume d'observer. Après le *Te Deum* il donna la bénédiction ; et, s'étant déshabillé, il revint entendre la messe du chœur dans sa stalle ; le même jour, il donna un repas à tout le Chapitre, tant chanoines que tortiers et chapelains, et quelques jours après à tous les corps de la ville successivement.

Tous ces témoignages de joie inséparables de sa nouvelle réception, ne l'occupèrent point de telle sorte qu'il ne se livrât aussitôt à l'exercice des fonctions épiscopales. Le samedi suivant, qui étoit celui des Quatre-Temps, il conféra les Ordres. Le mardi d'après, vingt et un jour de septembre, étant au couvent des Cordeliers, il y fit la bénédiction solennelle de la pyramide élevée au milieu du préau du grand cloître (1).

Il eut, dans le mois suivant, un sujet d'affliction. Il avoit amené, à sa prise de possession, sa sœur Charlotte Séguier, femme de Jean de Ligny, maître des requêtes, avec sa fille, nouvellement mariée à M. de Brandon. Cette jeune dame mourut à Auxerre le 18 octobre. Cette perte fut fort sensible à Dominique Séguier, qui fit déposer son corps

(1) *Necrol. Franciscanor. Autiss.*

1631 à 1637. dans la crypte située sous la chapelle épiscopale, où elle fut conservée dans un cercueil de plomb jusqu'au mois d'octobre 1637, que M. de Brandon envoya deux prêtres pour l'amener et la conduire dans le tombeau de ses ancêtres (1). Ce fut à cette occasion que le Chapitre cut de la famille des Séguier un ornement noir, connu depuis sous le nom de la dame de Brandon, qui fut comme une préparation à tous les présents dont Dominique Séguier devoit combler son église (a). Je crois pouvoir commencer son éloge par cet article, parce qu'en effet il forme un article essentiel de l'histoire de ce prélat, et qu'il est d'autant plus digne de remarque qu'il succédoit à un autre, lequel, pour avoir trop tardé à donner son ornement, fut prévenu par la mort. M. Séguier commença par un ciboire considérable d'argent doré, pour mettre sous le pavillon du grand autel, une croix de même matière et deux grandes burettes qu'il fit présenter, le 21 mars 1633 (2). Quatre mois après, il envoya un ornement complet de velours cramoisi, parsemé de fleurs d'or avec les courtines de damas rouge, pour mettre entre les colonnes de cuivre du sanctuaire. Le surcroît de chapes fit aussitôt rétablir l'ancienne coutume par laquelle les dignités et chanoines invités de chanter les répons et les alleluia des grandes fêtes, alloient se revêtir auparavant de chapes à la sacristie, ce qui avoit été interrompu depuis que les calvinistes avoient emporté les chapes (3). Ayant appris, dès sa jeunesse que la ville de Saint-Denys possédoit dans l'église de l'abbaye la plus grande partie du corps de saint Pélerin, premier évêque d'Auxerre, et que son église cathédrale n'en avoit plus aucune relique, il en demanda au P. Cyprien, le Clerc prieur du monastère, et à toute la communauté. Sa demande lui fut facilement accordée, non-seule-

---

(1) *Reg. Capit.* 19 oct. 1631, 1 et 5 *aug.*
(2) *Reg. Cap.* 1633, 1 et 5 *aug.*
(3) Il donna aussi un instrument de paix très-magnifique, mais ce fut en échange d'une conque précieuse, qui venoit de François de Dinteville.

(a) L'évêque partit alors pour Paris, et envoya de cette ville un ordre de destitution pour les officiers de ses terres. Les officiaux de Cosne et de La Charité furent également révoqués et personne ne réclama. L'office de bailli et juge-gruyer de Varzy fut donné à M. André Dupin, avocat à Auxerre. — Mémorial de Bardolat, Arch. de l'Yonne. (*N. d. E.*)

ment parce qu'il étoit successeur de ce saint, mais encore parce qu'il avoit été l'un des commissaires que le roi avoit nommés, en 1633, pour introduire dans cette illustre maison la réforme de la congrégation de Saint-Maur. Ayant donc obtenu, le 27 mars 1634, environ la moitié d'un des os fémur de l'apôtre d'Auxerre, il fit faire un reliquaire d'argent doré, de la valeur de deux mille livres, où cet ossement fut enfermé (1), le fit déposer dans la chapelle de Notre-Dame-de-Lorette, proche sa ville épiscopale, d'où il fut apporté processionnellement à la cathédrale par le clergé de toute la ville et faubourgs, le mardi de Pâques de l'an 1636 (2). Il officia pontificalement à cette cérémonie, et renferma dans la châsse l'acte de la donation qu'il faisoit de la relique, signé à Paris, le 12 février précédent. La dévotion qu'il avoit envers les reliques des saints du pays, le porta à ne pas souffrir que les débris des châsses que les calvinistes avoient pillées en 1567, restassent plus longtemps renfermés dans le trésor de la cathédrale, sans être exposés à la vénération des fidèles. Il les déposa dans une grande châsse de bois doré (3) dont il fit présent à l'église, le 26 du mois d'octobre 1636. Les principales de ces reliques étoient la tête de saint Amatre et quelques ossements principaux de son corps, quelques fragments de la tête de saint Just, enfant martyr, les habits de saint Germain (4). Il y joignit l'os du bras du saint Saturnin, célèbre martyr de Rome, que le cardinal Pellevé avoit envoyé à l'évêque Amyot, qui étoit resté dans un tuyau de fer blanc sans être enchâssé, une mâchoire de saint Julien, martyr, que Pierre Séguier, son frère, nouvellement fait chancelier, lui avoit donnée avec d'autres reliques moins connues. On continua, du temps de cet évêque, la révision du Bréviaire commencée sous son prédécesseur, mais elle resta encore imparfaite. L'utilité qui revint au Chapitre, des conférences que l'on tint à ce sujet, fut la réduction des anniversaires qu'il accorda par acte du 5 juillet 1634 (a). Il approuva

---

(1) *Voy.* les Preuves, an 1634, t. IV.
(2) C'est en mémoire de cette réception qu'on continue tous les ans, le mardi de Pâques, de porter ce reliquaire en procession.
(3) *Reg. Capit.* 24 oct. 1636.
(4) *Voy.* les Preuves, an 1636.

(a) Les anniversaires étaient devenus trop considérables, on les réduisit à un par semaine. (*N. d. E.*)

aussi, la même année, l'usage par lequel, en son absence, le dignitaire le plus qualifié où le chanoine le plus ancien donne la bénédiction au prédicateur, et il reconnut l'antiquité de cet usage.

Son caractère bienfaisant se manifesta dans les visites de son diocèse. Il eut soin d'y répandre de bons livres qui traitoient de l'administration des sacrements et des livres d'instruction chrétienne en forme de catéchisme. Il enrichit un grand nombre de pauvres paroisses de vases nécessaires en argenterie, entr'autres d'un ciboire, sans cependant les astreindre à quitter l'ancien usage de conserver le Saint-Sacrement à côté du sanctuaire. Mais on remarqua que les prédicateurs étrangers qu'il mena dans ces visites, n'eurent rien qui les distinguât dans le talent de la chaire et qu'il eût pu trouver parmi les curés d'aussi habiles gens (a). On le blâma aussi de ce qu'il n'imita point son prédécesseur dans la confection des statuts et qu'il les proposa tout dressés dans son premier synode. Les plus éclairés attribuèrent ce nouvel usage à quelques-uns de son conseil, dont les principes étoient plus despotiques que les siens. Ces premiers statuts, publiés le 5 avril 1633, rouloient sur le mariage. Il y en avoit contre les mariages clandestins; dans d'autres, il étoit défendu de marier le jour de Saint-Joseph, quand il tomboit en carême. Le reste étoit sur les dispositions aux Ordres. Son attention ne s'étendit pas seulement sur le besoin qu'avoient les églises de vases sacrés et sur celui que les peuples avoient d'être instruits; il prit encore un soin particulier des nécessités corporelles de ses diocésains; il fit habiller à neuf quantité de pauvres honteux, assigna la dot à plusieurs filles, et donna pour faire apprendre un métier aux pauvres garçons. Pendant les premières années de son épiscopat, il y eut des maladies contagieuses qui augmentèrent le nombre des indigents (b). C'est pourquoi, au lieu de faire distribuer deux fois par

---

(a) Cette allusion s'applique sans doute aux PP. jésuites, Blandin et Marguenat qui l'accompagnaient dans sa visite des paroisses de la Loire, au printemps de 1633. Dans cette visite, il consacra l'église des Récollets de La Charité le jour de l'Ascension.—*Voy.* Mémorial du chanoine Bardolat; Arch. de l'Yonne, p. 68. (*N. d. E.*)

(b) Au mois d'octobre 1631, on fit des prières publiques et extraordinaires à l'occasion de la peste qui commençait à infester la ville d'Auxerre.—Reg. Bardolat.

(*N. d. E.*)

semaine du pain à la porte de son palais, à tous les pauvres qui se présentoient, il ordonna qu'on le fît trois fois ; outre les aumônes qu'il répandoit secrètement par les mains des curés, religieux et dames de charité. S'il témoigna ainsi son amour pour les pauvres, il n'oublia pas non plus d'aider de son crédit les personnes affligées ou qui étoient mal dans leurs affaires, surtout celles qui étoient de la ville. Il interposa souvent pour cela l'autorité de son frère devenu garde-des-sceaux en 1633 et chancelier en 1635. Le clergé diocésain, connoissant son inclination à rendre service, le pria de lui être utile dans les assemblées du clergé de France, et la communauté des habitants le supplia souvent de parler pour elle au conseil du roi. La confiance qu'elle avoit en lui la porta même à le choisir (1) pour arbitre dans une affaire purement temporelle qu'elle avoit contre les courtiers de vin (2). Entre les choses qu'il obtint à l'assemblée du clergé, tenue à Paris l'an 1635, une des plus utiles pour son diocèse fut que l'évêque de Bethléem auroit du clergé de France une pension de cinq cents livres, moyennant quoi il ne célébreroit plus d'ordination dans la chapelle de l'hôpital de ce nom, au faubourg de Clamecy. Le clergé se porta à cette gratification, sur les plaintes que l'évêque d'Auxerre fit d'André de Sosée, titulaire de cet évêché, qu'il accusa de recevoir des présents de ceux qu'il ordonnoit. La déroute qui arriva la même année à Dôle, en Franche-Comté, troubla un peu sa joie ; mais, heureusement, les frayeurs ne furent pas de longue durée. On voit, par les mémoires de ce temps-là, que l'évêque d'Auxerre n'eut pas plutôt appris le retour de M. d'Orléans de Flandre, qu'il consentit avec plaisir qu'on fît un feu d'artifice au-dessous de ses fenêtres, sur la rivière d'Yonne, le 21 octobre, et qu'il en fut spectateur.

Depuis longtemps il n'y avoit eu de dédicace d'église dans le diocèse. Le nouveau prélat en fit deux dans ses visites de l'an 1634. Celle de l'église du village de Saint-Privé, à l'instance d'Edme Berault, chanoine, qui en étoit curé, et celle de l'église des Récollets de Clamecy. Comme le goût de l'antiquité ecclésiastique n'étoit pas entièrement perdu, l'autel qu'on le pria de consacrer à Saint-Privé, consistoit en

---

(1) 22 febr. 1635.   (2) Ou Couratiers.

une seule table de pierre sous laquelle on avoit laissé une espèce de tombeau pour y renfermer une petite capse de reliques de martyrs (1). Deux mois avant cette cérémonie, notre prélat avoit été à Nevers, où il avoit sacré Eustache de Chéry, chanoine trésorier de Nevers, en qualité d'évêque de Philadelphie, pour servir de coadjuteur à son oncle, évêque du lieu. Ce que Dominique Séguier fit à Auxerre, dans l'église de Saint-Germain, les années 1634 et 1636, fut bien aussi solennel qu'une dédicace et qu'une consécration d'évêque ; je veux parler de l'ouverture de tous les tombeaux de cette église, que dom Georges Viole, prieur du monastère, le pria de faire, afin de confirmer l'opinion où le public étoit dans Auxerre, que les huguenots n'avoient point ôté les ossements des tombeaux de pierre, qu'ils ne les avoient pas profanés, mais qu'ils s'étoient contentés de jeter par terre ceux des saints qui étoient enchâssés précieusement pour emporter le métal des châsses. Comme le procès-verbal de cette visite a été imprimé en 1714, au bout de l'histoire des cryptes de cette église, je n'en dirai rien davantage. On peut y voir les distractions qu'il fit alors de quelques ossements de ces saints. Aussi zélé pour la réforme des maisons religieuses que pour la régularité des ecclésiastiques séculiers de son diocèse, il introduisit, l'an 1635, la réforme des chanoines réguliers de Sainte-Geneviève dans l'abbaye de Saint-Père d'Auxerre (a), et il transféra, suivant l'intention du Concile de Trente, les religieuses Cis-

---

(1) Les choses étoient ainsi selon les anciennes règles, et persistèrent d'y être jusqu'en l'an 1710, qu'un missionnaire, plus pieux qu'éclairé, changea la forme de cet autel, fit ôter la capse de plomb, et substitua au-dessus de la véritable table de l'autel une petite table portative.

(a) Depuis les guerres civiles, l'état des monastères avait été en décadence de plus en plus. Une réforme profonde y était devenue nécessaire. L'abbaye de Saint-Germain, dont la réputation était très-compromise, reçut la réforme des Bénédictins de Saint-Maur par les soins de son abbé O. de Bellegarde, en 1629. Celle de Saint-Père où restait un très-petit nombre de moines dissolus, fut restaurée comme le rapporte Lebeuf. Un auteur manuscrit, probablement moine à Saint-Père, raconte en gémissant que l'on y commettait des excès si effroyables et des crimes si énormes, que les cheveux se hérissaient à y penser seulement. (*N. d. E.*)

terciennes de l'abbaye des Iles, dans la ville, le 25 août 1636 (a). Il auroit bien souhaité faire revenir les Bénédictines de Saint-Julien dans leur ancien monastère du faubourg d'Auxerre; mais comme cette maison n'étoit pas encore remise en état depuis les dernières guerres civiles, il se contenta de visiter leur maison de Charentenay, où elles étoient retirées, et il y confirma les règlements de François de Donadieu, son prédécesseur. La communauté des Ursulines, instituée dans Auxerre du temps du même prélat, alloit toujours en augmentant sous l'épiscopat de Dominique Séguier. Le plan ayant été arrêté pour leur bâtir une église, il y fit mettre la première pierre par André Percheron, son vicaire-général, le 4 mars 1636. Voulant inspirer de l'émulation dans le nouveau collége établi depuis douze à treize ans, il ne refusa pas d'assister à une tragédie de saint Maurille d'Angers, qui y fut représentée l'an 1635, le 4 septembre, et le même jour il fit lui même la distribution des prix. C'est ainsi que cet évêque se prêtoit à tout. Il ne se fit aucun nouvel établissement de religieux mendiants sous son épiscopat. On sait seulement qu'il avoit résolu d'établir des Jacobins à Briare; mais sa translation, à Meaux, renversa ce dessein. Parmi les collégiales de son diocèse, aucune ne produit de règlements faits de son autorité, que celle de Gien dont il éteignit les sept chapellenies, qui étoient presque toutes abandonnées, pour les réunir à perpétuité à la mense capitulaire, à condition que le Chapitre en accompliroit les charges, et que le revenu seroit appliqué à l'entretien d'un maître des enfants de chœur. On a vu ci-dessus (1) que, pour une semblable union de bénéfices, faite en 1456 à la même collégiale, il fut besoin du consentement du Chapitre de la cathédrale. Ici il ne parut qu'une simple requête des chanoines de Gien et une enquête signée par le curé de

---

(1) Page 68.

(a) Les religieuses de Gien, établies en 1629, obtinrent en 1636 des lettres-patentes de confirmation.—Arch. de l'Yonne. $\frac{2\,G}{16}$.

A partir de cette époque le couvent prit une importance réelle. Il y avait 28 religieuses en 1644 quoique les bâtiments ne fussent pas achevés. Le couvent sortait de celui d'Auxerre et l'évêque en était le supérieur. (N. d. E.)

Gien-le-Viel, et, en conséquence de ces deux pièces, le prélat fit la suppression le 13 avril 1633. Etant allé l'année suivante visiter la même église collégiale, il y fit quelques statuts par lesquels on apprend entr'autres que l'usage de l'église cathédrale étoit alors de ne prendre les habits d'hiver qu'aux matines du second jour de novembre. On y voit aussi qu'il y avoit eu des fonts baptismaux dans la même église collégiale jusqu'à l'an 1561 ou environ, que les calvinistes les détruisirent. Ces règlements sont du 13 septembre 1634.

Dans le peu de temps qu'il posséda l'évêché d'Auxerre, il ne laissa pas d'y faire quelques changements dans les bâtiments qui en dépendent. Outre son palais épiscopal d'Auxerre, il voulut toujours avoir deux châteaux en état de le loger, savoir : Régennes et Varzy. Tout étoit chez lui d'une propreté qu'on n'avoit point encore vue sous les évêques précédents ; et pour l'entretenir, il se donnoit la peine de visiter chaque jour tout son palais épiscopal. Son château de Varzy ne lui fut pas plus indifférent qu'un autre ; il alla y résider quelque temps en l'an 1633, et il conféra les Ordres dans l'église du lieu. Cette terre lui produisit, la même année, une somme très-considérable, par la vente qu'il fit d'un bois de haute-futaie (1) ; mais comme il avoit suivi en ce point un nouveau plan, et que non-seulement il n'en avoit point donné avis à ceux avec qui les anciens évêques conféroient en pareil cas, mais même que cette vente avoit été faite par un de ses domestiques à l'insu des officiers du roi, il fut obligé, neuf ans après, à rendre une partie des profits à son successeur. Il aima cependant Régennes plus que tous les autres endroits de son évêché ; il y renouvela et augmenta les allées d'arbres que son prédécesseur avoit plantées, fit élargir le fossé de l'entrée, fit faire les passages de communication des chambres basses au jardin, et remettre en bon état l'appartement qu'avoit bâti le cardinal de Lenoncourt. La première réparation qu'il ordonna dans son palais épiscopal d'Auxerre, fut blâmée avec raison. A la persuasion d'un chanoine, il fit détruire, en 1633, la chapelle du titre de Saint-Nicolas, que Gui de Mello avoit fait bâtir près de quatre cents ans

---

(1) Cette vente fit dire alors en commun proverbe : *que l'évêque d'Auxerre entendoit* *fort bien à jouer du haut-bois.*

auparavant (1), et il fit pratiquer, au dedans de cette chapelle, différentes chambres et cabinets. Mais la seconde réparation fut généralement approuvée. Il aimoit les fleurs jusqu'à vouloir avoir des roses de dix-huit façons. Le jardin de l'évêché étoit trop petit; il songea à l'agrandir, et il fit faire à neuf les terrasses en 1636. Ayant eu besoin pour cela d'acheter quelques maisons, le Chapitre lui en céda une pour plusieurs arpents de prés situés proche Auxerre, qu'il donna en échange. La même année, il reçut à foi et hommage Jeanne Chevalier, pour le fief d'Alligny. C'est le seul acte de cette nature qui soit venu à ma connoissance. Il jouissoit alors de l'abbaye de Saint-Jean d'Amiens, que le roi lui avoit conférée après la mort d'Antoine Séguier, conseiller au parlement de Paris, son cousin germain, arrivée le 17 août 1635. mais quoiqu'il eût rendu le palais épiscopal d'Auxerre très-agréable, deux ans après, il se détacha de cette demeure, comme on verra ci-dessous.

Tout le commencement de l'année 1637 se passa avec des démonstrations de son attachement ordinaire pour le clergé et le peuple d'Auxerre. Dès le mois d'octobre 1636, il avoit résolu de faire élever un trône pontifical dans le côté gauche du sanctuaire de la cathédrale (2), à l'opposite de l'ancienne chaire renouvelée par Jacques Amyot. Mais comme le Chapitre laissa le tout à sa disposition, au lieu d'ériger ce nouveau trône, il fit transporter, en 1637, celui de l'évêque Amyot, du côté droit au côté gauche, se contentant qu'on l'élevât un peu plus qu'il n'étoit, et qu'on en ôtât la balustrade; et depuis qu'il eût fait cette translation du trône, ce prélat ne monta pas une seule fois dedans. C'étoit de son temps qu'on avoit orné de nouvelles statues et autres sculptures la chapelle de Notre-Dame-des-Vertus, proche la cathédrale; et il y avoit contribué considérablement. Après avoir favorisé l'établissement d'une confrérie dans cette chapelle, par les indulgences qu'il obtint d'Urbain VIII, en 1635, et par la publication qu'il en ordonna dans tout son diocèse, il consentit à la suppression de celle de

---

(1) On peut juger qu'elle étoit très-belle et très-éclairée par le reste gothique des pierres sculptées qui soutenoient le vitrage qu'on voit encore du côté de l'orient, à côté de la grande salle.
(2) *Reg. Capit.* 17 *oct.* 1636.

saint Alexandre, qui étoit établie depuis quelques siècles dans la chapelle du fond de la même église. Il ordonna, au mois de mars 1637, que cette dernière confrérie ne subsisteroit plus que dans les seuls enfants de chœur (1). Il témoigna à cette occasion le désir qu'il avoit d'augmenter le nombre de ces enfants (2), et il offrit même pour cela une rente annuelle outre leur habillement. Ce fut aussi peu de temps après (3) qu'il donna un dais à l'église, et qu'il témoigna le dessein qu'il avoit de faire une dépense considérable au grand autel. Toutes ces marques d'affection envers le Chapitre achevèrent en ce temps-là de lui en gagner la confiance ; de sorte qu'au mois de mai on le prit pour arbitre de plusieurs procès que le corps avoit contre quelques particuliers. Un chanoine très-zélé pour le rétablissement de la bibliothèque du Chapitre, entièrement dissipée par les calvinistes, avoit obtenu, l'année précédente, permission d'employer la salle du petit chapitre à ce rétablissement (4), et il se flattoit d'être secondé du crédit du prélat auprès du chancelier, son frère, grand amateur des livres et des savants. Peut-être même que la bibliothèque de l'évêque, qui contenoit déjà beaucoup de volumes de celle du chancelier, auroit été un jour réunie à celle-là, et que le petit chapitre se trouvant bientôt trop étroit pour contenir les livres, on auroit cédé la grande salle qui auroit formé un vaisseau de bibliothèque magnifique. Mais tous ces beaux desseins s'évanouirent dès la fin de l'été 1637. Le bruit se répandit au commencement du mois de septembre, que le roi tiroit Dominique Séguier de l'église d'Auxerre pour le transférer à Meaux. Il en donna lui-même avis au Chapitre par sa lettre datée de Paris le 4 septembre, ajoutant qu'il ignoroit quel seroit son successeur. Comme il resta alors à Paris, il y assista au sacre d'Alain de Solminihac, évêque de Cahors (5), fait à Sainte-Geneviève, le 27 septembre ; et il fut l'un des coopérateurs. On ne sait pas si sa translation à Meaux avoit été fort de son goût; mais il parut, par la suite, qu'il n'en étoit pas trop content. Il lui fut facile de se consoler par le voisinage de Paris, par celui de la cour où sa qualité

---

(1) *Reg. Capit.* 9 *martii* 1637.
(2) *Ibid* 27 *febr. et* 6 *martii.*
(3) *Ibid.* 15 *maii.*

(4) *Reg. Cap.* 1636, 26 *sept* — *Voy.* les Preuves, t. IV.
(5) *Gall. Chr. nova.*

de premier aumônier le demandoit souvent, et par l'honneur qu'il avoit de voir facilement le roi au château de Monceaux, à deux lieues de Meaux. Quoiqu'il en soit de la cause de cette translation à laquelle il donna peut-être lui-même occasion, la lettre qu'il écrivit au Chapitre d'Auxerre portoit expressément que le changement d'église ne changeroit jamais son affection envers la compagnie. En effet, il aima toujours l'église d'Auxerre quoiqu'il en fût éloigné, et il imita en ce point M. de Donadieu.

Il quitta donc Auxerre au grand regret du clergé et des habitants, et principalement de ceux qu'il avoit mis en place. Le plus considérable fut Pierre le Venier, prêtre du diocèse du Mans, qui avoit été fait pénitencier de son temps, et qui depuis composa son épitaphe telle qu'on la lit dans la cathédrale de Meaux. Quelques-uns ont aussi cru qu'il avoit eu beaucoup de part à attirer à Auxerre Edme Amyot, docteur de Sorbonne, qui fut reçu doyen en 1632 et chanoine en 1633. Mais c'est une chose douteuse. Il est certain qu'il estima ce doyen, qui vécut d'une manière paisible sous son épiscopat. Comme Dominique Séguier aimoit les cérémonies d'église, il en avoit chargé spécialement un nommé Martin Marinel, prêtre du diocèse de Coutances, ci-devant aumônier de François de Gondi, archevêque de Paris, qu'il fit chanoine de Notre-Dame-de-la-Cité, puis de la cathédrale. Ce fut lui qui procura l'édition du pontifical romain pour les ordinations sans aucun renvoi. Cependant, le prélat ne négligea point le pontifical auxerrois de François de Dinteville, dans les cérémonies publiques, ni dans celles où le Chapitre assistoit.

On peut lire, dans la nouvelle Histoire de l'Église de Meaux, ce qu'il fit pendant les vingt-deux années qu'il en tint le siége épiscopal. Ce fut en cette ville qu'il signa, en 1642, le 29 avril, le procès-verbal de la visite qu'il avoit faite des tombeaux et des reliques de l'abbaye de Saint-Germain.

Il mourut à Paris, l'an 1659, le seizième mai, jour de la fête du premier évêque d'Auxerre, auquel il avoit toujours eu une singulière dévotion aussi bien qu'à saint Germain. Les chanoines d'Auxerre, informés de sa mort, conclurent, le 23 du même mois, de faire un service magnifique pour le repos de son âme, et il fut célébré au mois de juin suivant (1), avec convocation des corps et oraison funèbre qui fut prononcée par Dom Gabriel Sonyn, prieur de l'abbaye de Saint-Germain.

CHAPITRE IX.

PIERRE DE BROC, Cᵉ ÉVÊQUE D'AUXERRE.

Le cardinal de Richelieu n'eut pas plus tôt appris du roi Louis XIII, qu'il venoit de donner l'évêché de Meaux à Dominique Séguier, que voyant l'évêché d'Auxerre vacant, il pria le roi d'y nommer Pierre de Broc, alors connu sous le nom d'abbé de Saint-Mars, lequel étoit alors à Richelieu. Cette nomination ayant été faite suivant le désir du cardinal qui souhaitoit récompenser cet abbé, le clergé et la ville d'Auxerre en furent aussitôt informés. Le Chapitre créa, le 5 octobre, ses officiers pour le temps de la vacance du siége, sur l'avis et le consentement de l'évêque précédent, et la ville députa Nicolas Tribolé, lieutenant criminel et maire, pour l'aller saluer en qualité d'évêque nommé (2). Mais ni les uns, ni les autres n'eurent point l'avantage de le voir sitôt à Auxerre, puisqu'il n'obtint ses bulles qu'au mois de janvier 1639. Quoique le siége épiscopal fût vacant assez longtemps, il ne se passa, dans le diocèse, aucun acte concernant le spirituel qui mérite d'être remarqué, si ce n'est le mandement que les vicaires-généraux donnèrent, le 8 décembre 1637, pour faire dans le prône des prières pour la paix demandées par le roi, et un autre pour en faire le jour de l'Assomption, que le même prince avoit demandées par ses lettres du 10 février 1638. Ils donnèrent, de plus, un ordre de faire des prières contre les maladies contagieuses qui coururent pendant l'été suivant, et

(1) *Reg. Capit.* | (2) *Reg. de la ville*, 15 sept.

publièrent un mandement pour remercier Dieu de la naissance du dauphin. On peut ajouter à cela le projet d'établissement des religieuses Urbanistes dans l'hôpital d'Entrains, en vertu du consentement des habitants, donné le 3 avril 1638, de la permission des duchesses de Nivernois, dames temporelles du lieu, du 12 juin, et celle des vicaires-généraux du diocèse (a); celui des hospitalières de La Charité-sur-Loire, qui est de l'an 1639; l'empêchement qu'on apporta à celui que les Augustins prétendoient faire à Saint-Fargeau sans l'autorité du Chapitre (1), et enfin la citation solennelle des curés de la ville et faubourgs par devant l'official, pour n'avoir pas assisté à des processions générales (2). A l'égard du temporel de l'évêché et des droits honorifiques dévolus au Chapitre le siége vacant, on trouve entr'autres actes celui de foi et hommage qu'un particulier d'Auxerre vint rendre au Chapitre, le 10 mai 1638, d'un fief et autres biens situés à Appoigny, comme relevant de l'évêché; on lit aussi que le corps de ville pria le Chapitre (3) de nommer un d'entre eux pour mettre le feu à l'artifice que la ville fit préparer au sujet de la naissance du dauphin (b).

Plusieurs se sont trompés sur le lieu de la naissance de Pierre de Broc. Quelques-uns ont assuré qu'il étoit né au diocèse d'Angers, et d'autres qu'il étoit du diocèse de Tours. Mais ses bulles, qui sont la première pièce authentique de son épiscopat, le qualifient prêtre du

---

(1) *Reg. Capit.* 2 mai 1639.
(2) *Reg. Capit.* 3 juin 1639.

(3) *Reg. Capit.*

(a) Cette communauté, autorisée par lettres-patentes, en 1642, prit possession de l'hôpital qui était appauvri et sans valeur. On projeta aussi d'y joindre le prieuré de Saint-Nicolas de Reveillon et l'église Saint-Sulpice d'Entrains. Mais ces deux bâtiments étaient complètement ruinés. Cette maison ne prospéra guère; en 1678, il lui était défendu de recevoir des novices, et, dix ans après, elle fut réunie à l'abbaye des Iles d'Auxerre. — *Voy.* Arch. de l'Yonne. (*N. d. E.*)

(b) Il faut ajouter les procès-verbaux faits contre les Bénédictins de Saint-Germain, en mai et juin 1639. Ces Pères étaient sortis en procession de leur monastère, l'officiant portant le bonnet carré, des gants aux mains, et un bâton cantoral au haut duquel il y avait un évêque; deux religieux l'accompagnaient, et tous trois étaient revêtus de chapes et d'aubes, et assistés des prêtres de l'église paroissiale

diocèse de Chartres et docteur ès-lois. Il étoit fils de François de Broc, baron de Saint-Mars de la Pile, de Lizardière et Chemiré ; et sa mère étoit Françoise de Montmorency de Fosseux, fille de Pierre de Montmorency, premier du nom, marquis de Tury, et de Jacqueline d'Avaugour. Il étudia les humanités au collége de La Flèche, et la philosophie à Orléans. Le premier bénéfice qu'il eut à simple tonsure, fut le prieuré de la Magdeleine de Broc en Anjou, à une lieue de Lude, qui est une dépendance de l'abbaye de Saint-Aubin d'Angers. Il eut ensuite l'abbaye de Ressons, au diocèse de Rouen, Ordre de Prémontré, et celle de Fontenelle, Ordre de Saint-Augustin, au diocèse de Luçon. Cette dernière abbaye lui fut donnée à la recommandation du cardinal de Richelieu, dont il étoit camérier avec le sieur de Beauvau. Il ne fut pas longtemps sans devenir maître de chambre de ce cardinal, et agent du clergé de France. Ce fut ce dernier emploi qui l'empêcha de se rendre à son église d'Auxerre, aussitôt après la réception de ses bulles qui lui avoient été expédiées gratis. Au bout d'un an, il se fit sacrer dans l'église des Bernardins de Paris, le second dimanche de carême, qui étoit le 4 mars en l'année 1640, par Léonore d'Etampes, évêque de Chartres, assisté de Dominique Séguier, évêque de Meaux, et de Léonore de Matignon, évêque de Coutances. Tous les évêques de France, présents à Paris, s'y trouvèrent au nombre de dix-huit, sans compter les abbés de considération qui y étoient encore en plus grand nombre. Quatre jours après, il prêta le serment de fidélité au roi, dans la chapelle du vieux château de Saint-Germain-en-Laye, dont l'évêque de Meaux, premier aumônier, lui donna le certificat ordinaire. Avant la fin du carême il fit son entrée à Auxerre ; mais au lieu de prendre pour cela un jour de joie tels que sont les dimanches, il choisit l'après-midi du jeudi-saint. L'ancien cérémonial y fut observé en partie. Il alla à

---

de Saint-Loup. Le Chapitre regarda cela comme une entreprise manifeste contre les droits de l'évêque et les siens. Dans le même temps, le Chapitre jugea encore à propos de dresser un procès-verbal contre les mêmes religieux qui, étant à la procession du Saint-Sacrement, entrèrent dans le chœur de leur église pendant que le Chapitre y chantait la dernière antienne et s'emparèrent du pupitre, ce qui obligea le Chapitre de sortir du chœur. — Arch. de l'Yonne, Invent. des droits honorif. du Chapitre, p. 273.   (*N. d. E.*)

l'abbaye de Saint-Germain et y resta environ une heure. Après quoi les personnes chargées de la procuration du roi et des trois anciens barons, l'accompagnèrent depuis cette église jusqu'en la cathédrale, portant proche lui la chaise sur laquelle il auroit dû être assis. Il fut reçu et complimenté par le doyen, à l'entrée de la cathédrale, au son de la grosse cloche ; et, après les cérémonies ordinaires, il entra dans l'église, revêtu de ses habits pontificaux, tenant la crosse à la main. L'archidiacre de Sens le conduisit à l'autel. La cérémonie finit par le *Te Deum*, après lequel s'étant déshabillé, il rentra au chœur, assista à l'office de la nuit du vendredi appelé *Ténèbres*, et le finit par l'oraison *Respice*.

L'année de la prise de possession ne fut pas celle dans laquelle il fut le plus occupé des fonctions de son ministère. Dès le mois d'avril, il fut bien aise de se mettre au fait du privilége qu'a le Chapitre de gouverner le temporel comme le spirituel de l'évêché, pendant la vacance du siége. Il venoit de ressentir les avantages de ce gouvernement singulier, par le moyen des sommes que les économes lui avoient remises. Ce revenu inespéré servit à augmenter sa reconnoissance envers le roi qui l'avoit nommé à une église revêtue d'une si considérable prérogative. Il se comporta, en effet, dès la même année, comme un évêque qui est persuadé que l'Eglise fait partie de l'Etat ; et il alla de grand cœur rendre ses services au roi pour le siége de la ville d'Arras. Il y fut envoyé en qualité de garde du trésor royal ; ce qui marque l'extrême confiance qu'avoit en lui le cardinal de Richelieu. Son âge, qui étoit de cinquante ans ou environ, pouvoit imprimer du respect, aussi bien que tout son extérieur qui étoit de belle apparence (*a*). Tout cela joint à l'expérience qu'il avoit eue dans le service du cardinal, paroissoit supposer en lui l'aptitude nécessaire pour veiller de près sur les intérêts du roi. Ainsi, pendant que revêtu de la cuirasse sous le manteau, il gardoit avec deux ecclésiastiques le trésor qui lui avoit été confié, il faisoit part au cardinal de tout ce qui se passoit ; il recevoit ensuite de lui les ordres nécessaires qu'il communiquoit aux maréchaux Chastillon

---

(*a*) Bargedé dit de lui que c'était le prélat de son temps qui avait la meilleure mine et la plus belle prestance de France. (*N. d. E.*)

et Gassion ; de sorte que sans blesser personne ni être blessé, il empêcha que les troupes auxiliaires du duc de Lorraine, venues pour faire lever le siége, n'approchassent de la ville. Cette place étant prise au mois d'août, il se transporta aussitôt à la cathédrale, et revêtu de ses ornements pontificaux, il y entonna le *Te Deum*. Etant ainsi occupé aux affaires du roi, il ne put aller la même année à Sens pour le serment d'obéissance ; mais il s'acquitta de ce devoir le 28 janvier 1641, et signa la formule ordinaire en présence d'Octave de Bellegarde, archevêque métropolitain (*a*).

Pendant que les affaires du royaume prospéroient, celles du Chapitre d'Auxerre commencèrent à se brouiller. Une conclusion que le doyen, qui étoit vicaire-général de l'évêque, fit faire le 29 octobre 1640, fut l'occasion de tous ces troubles. Elle portoit que tous les chanoines cesseroient d'avoir une bordure de petit gris à la tête du camail. Et ce qui ne paroissoit qu'une bagatelle dans les commencements, eut par la suite des conséquences infinies (*b*). Quelques-uns imputèrent aussi à la foiblesse du nouvel évêque ce qui se passa au préjudice du clergé, dans l'assemblée de Mantes de l'an 1641, dans laquelle il ne crut pas pouvoir se dispenser d'exécuter ce qui lui étoit prescrit de la part de son bienfaiteur (1). Etant sorti de cette charge, il reçut, l'année suivante, ordre du roi et du ministre de conduire des troupes dans les Etats du duc de Lorraine et jusqu'auprès de Nancy. Il y attaqua Dieuse,

---

(1) Il y a là-dessus des anecdotes qu'on peut voir dans l'histoire manuscrite de cette assemblée.

(*a*) A cette époque, le 28 avril 1640, plusieurs chanoines de Saint-Etienne se réunirent en communauté pour faire entre eux leurs dévotions, par opposition à la congrégation qui s'établissait chez les P. Jésuites. Mais, à son arrivée, l'évêque, prévenu par le doyen Amyot, accueillit mal cette communauté (V. Mémorial de Bardolat). (*N. d. E.*)

(*b*) Cette affaire, que Lebeuf qualifie avec raison de bagatelle, devint très-sérieuse. Suivant le Mémorial du chanoine Bardolat, le doyen Amyot commença, en 1638, de proposer la suppression du bord de fourrure du camail, parce que cela échauffait trop la tête. Les chanoines accueillirent d'abord cette idée en plaisantant, et l'ajournèrent ; mais le doyen persista et obtint une conclusion pour la suppression de ce

qui étoit une place appartenant à ce duc (1); mais les digues des étangs de Lindre et du lac voisin ayant été rompues par ordre de ce prince, la petite ville se trouva entourée d'eau si promptement, que Pierre de Broc fut obligé de se retirer bien vite de ce lieu avec tous ses équipages. Il revint donc dans son diocèse, dont il ne s'éloigna plus pour de semblables affaires, parce que le cardinal-ministre ne survécut pas de beaucoup à cet événement.

Les premières démarches, dans le temps qu'il commença à résider et à gouverner par lui-même son diocèse, parurent un peu hasardées et donnèrent à connoître qu'il n'étoit pas encore au fait sur le pouvoir qu'ont les Chapitres de cathédrales lorsque le siége épiscopal est vacant (a). Dans d'autres matières, il procéda avec plus de maturité. Dans les premières années de son épiscopat, il tint les synodes très-exactement au jour accoutumé, c'est-à-dire le mardi après le second dimanche du temps pascal; et même l'une des années que ce jour tomba le 2 mai, entre deux fêtes commandées, il fit un mandement exprès (2) pour en ordonner la translation à un autre temps, sans interrompre pour cela l'usage par lequel les curés devoient en personne venir prendre les saintes-huiles à Auxerre; car il leur enjoignit de le faire sous peine d'une amende applicable à la fabrique de la cathédrale et à l'Hôtel-Dieu d'Auxerre. Quoique dans sa jeunesse il n'eût point eu d'occasion d'annoncer la parole de Dieu, il ne laissa pas de prononcer un discours à l'assemblée des curés dans la salle épiscopale, et

---

(1) On peut voir pour la description de ce lieu le livre du *Briquetage de Marsal*.

(2) Mandement imprimé du 13 avril 1645.

bord qui était en *petit-gris*. Les anciens s'y étaient opposés vivement, en 1639; mais l'année suivante, aux grandes assemblées d'octobre, la majorité se rangea définitivement du côté du doyen. Alors quinze chanoines en appelèrent au parlement. Le procès, après avoir duré de longues années, entre les bordés et les débordés, et avoir coûté 80,000 livres, fut jugé en faveur de ces derniers. (*N. d. E.*)

(a) Le Chapitre refusa d'approuver son projet d'union d'une prébende à la trésorerie, les uns, dit Bardolat, étant mécontents de ce que l'évêque avait demandé prébende entière pour ses deux commensaux; les autres parce qu'il n'avait pas voulu sanctionner l'établissement de la communauté des chanoines. (*N. d. E.*)

il prêcha aussi quelquefois son peuple dans la chaire de la cathédrale. Mais il suivit, dans la tenue du synode, le plan de son prédécesseur, et non celui de Gilles de Souvré qui demandoit les suffrages des présents. Il publia quelques ordonnances dans celui qu'il tint l'an 1642, le sixième jour de mai. Dans un article, il commande aux curés de se servir, pour l'explication de l'oraison dominicale, etc., du cathéchisme composé par le cardinal de Richelieu, lorsqu'il étoit évêque de Luçon. Dans un autre statut, il défend la chasse aux ecclésiastiques. On voit, par le sixième article, que l'usage des calices d'étain, pour le saint-sacrifice, étoit encore permis : ce qui marque la pauvreté de certaines églises. Le quinzième nous apprend qu'à la vérité on avoit aboli l'usage de délivrer les bâtons des confrairies pendant les vêpres, à certains versets du *Magnificat*, mais qu'en remettant la cérémonie après l'office, on recommençoit de nouveau le *Magnificat*, pour ôter le bâton des mains de l'ancien possesseur au verset *Deposuit*, et le donner à un autre au verset *Suscepit*. Le prélat condamna cet usage et ordonna de chanter en place quelque antienne en l'honneur du saint de la confrérie. Les visites qu'il fit dans le diocèse nous remettent aussi certaines pratiques qui doivent leur origine à la simplicité des gens de la campagne; une entr'autres, par laquelle les pères et mères faisoient tourner les enfants par-dessous les autels, et mettoient au tour des arbres de la paille trempée dans l'eau bénite (1). Il empêcha, en certaines paroisses de la ville, les cris que faisoient les enfants du mot *Noël*, entremêlé de paroles profanes, au sortir de l'office, depuis le commencement de l'Avent jusqu'au Carême. Il défendit de célébrer des messes de confréries, avec eau bénite et pain bénit, les jours de dimanches, dans les chapelles de commanderie et autres. Comme il ne visita pas toutes les églises de son diocèse, il fit faire des missions, sur la fin de son épiscopat, dans les paroisses qu'il n'avoit pu visiter. De ce nombre furent celles qui étoient à la nomination du prieur de La Charité, pour laquelle il employa les Pères de l'Oratoire à l'instance de Nicolas Colbert, prieur de ce monastère (2). Quelques années après, d'autres missionnaires, du nombre desquels étoit l'évêque d'Héliopolis, procu-

---

(1) Ordon. à Chevannes, 10 juin 1665. | (2) En 1667.

rèrent le même bien dans un autre canton du diocèse, aux dépens du marquis de Seignelay. Il réussit, en 1644, au sujet de trois cures unies au Chapitre de Varzy, dans l'entreprise que François de Dinteville, premier du nom, avoit tentée en vain; c'est-à-dire qu'il désunit de la mense de ce Chapitre les cures de Saint-Pierre de Varzy, de Saint-Pierre du Mont, et celle de Brugnon et diminua en même temps le nombre des chanoines de cette collégiale. Il augmenta le nombre des cures de son diocèse par l'érection qu'il fit de la chapelle de Pontchevron (1) en église paroissiale, à la sollicitation du seigneur de ce lieu, malgré l'opposition du curé d'Ouzoir dans le territoire duquel elle étoit située. Il disposa des archiprêtrés, comme s'ils eussent été amovibles. Il supprima les trois officialités de Varzy, La Charité et Cosne, à l'instance d'Edme Amyot, official d'Auxerre, et de Germain de la Faye, chanoine promoteur (2). Il donna les mains à plusieurs nouveaux établissements de religieux et de religieuses, et l'on peut dire que jamais on n'en avoit vu un si grand nombre durant la vie d'un seul évêque. Il consomma, dès la seconde année, celui des Cordelières Urbanistes à Entrains; il voulut qu'elles fussent soumises à sa juridiction et non à celle des Cordeliers, et que le visiteur qu'elles choisiroient tous les trois ans fût approuvé par lui; ce que le pape Innocent X confirma par une bulle du mois de février de l'an 1648. Ce fut aussi la seconde année de son épiscopat qu'il permit aux Augustins de la province de Bourges de s'établir à Saint-Fargeau, à l'instance de Roger de Bellegarde, gouverneur de Bourgogne, alors retiré dans la Puisaye, et du P. André Boullenger, religieux de cet Ordre; et en 1649, il introduisit des religieuses Bénédictines dans l'hôpital de la même ville. Il permit, l'an 1644, le 8 avril, à une colonie d'Ursulines du couvent d'Avallon, de venir s'établir dans la ville de Crevan (*a*). Sollicité par le seigneur de Guerchy, il consentit à la vente que la communauté des habitants de Donzy fit du bâtiment de l'hôpital, pour y placer une communauté des

---

(1) 1665 ou 1666.   (2) En 1641.

(*a*) Il leur donna un règlement en 1664.   (*N. d. E.*)

religieuses de la congrégation du P. de Matincour, dont les premières furent tirées de la maison du même Ordre, établie à Laon, en Picardie ; alors l'hôpital fut transféré dans un bâtiment voisin (a). Il confirma, en 1646, l'introduction des religieuses hospitalières de l'Ordre de Saint-Augustin, dans la ville de La Charité, et dix ans après il approuva qu'elles s'établissent dans l'hôpital de Gien. Il donna, l'an 1654, permission à Joachim de Saint-Denis, religieux brigittin, de former une communauté de son Ordre, dans un lieu de la paroisse de Ciez, nommé Le Plessis (b). Dans la ville d'Auxerre seule on compte jusqu'à quatre nouveaux établissements faits de son temps et par ses soins ; premièrement, celui des chanoines réguliers de la congrégation de Sainte-Geneviève, dans le prieuré de Saint-Eusèbe, l'an 1654 ; secondement, l'introduction des religieuses hospitalières de l'Ordre de Saint-Augustin, dans l'Hôtel-Dieu, en 1657 (c) ; et l'établissement des religieuses de la Visitation, en 1659. Ce prélat voulut même officier en personne dans la nouvelle chapelle de ces dernières. Elles étoient alors en la paroisse de Saint-Eusèbe. Ce ne fut que l'année suivante que le sieur Jacques Desloges, son neveu, les conduisit processionnellement dans le territoire de la paroisse de Notre-Dame-la-d'Hors, où elles sont restées (d). Enfin furent reçus à Auxerre, avec sa permission, les Augustins déchaussés, l'an 1662. On les logea aussi d'abord sur le territoire de Saint-Eusèbe, et de là dans celui où

(a) En 1664, sa veuve, dame Lucie de Brichanteau, fut déclarée fondatrice de l'établissement. — La même année, M. de Broc suspendit l'établissement que les Récollets de La Charité vouloient faire à Donzy, jusqu'à ce qu'il eût reçu l'adhésion des échevins. — Reg. de l'évêché. — En 1666, il avait approuvé la translation de l'office paroissial dans l'église du Chapitre de Saint-Caradeu, vu l'éloignement de l'église mère du Pré, ce qui fut cause de beaucoup de procès entre le Chapitre et le curé. (N. d. E.)

(b) Cette maison fut supprimée par arrêt du parlement en 1689, à raison de la conduite des Pères. (N. d. E.)

(c) Ce prélat leur donna des statuts le 30 janvier 1664. — Archives de l'Yonne, Reg. de l'évêché. (N. d. E.)

(d) Ces religieuses venaient de la maison de Montargis, qui s'engagea à donner 20,000 liv. pour leur établissement. Les bâtiments qu'elles occupaient appartiennent aujourd'hui au séminaire. Ils furent construits, en 1664, par le sieur Delestre, architecte, moyennant 25,000 liv. — Archives de l'Yonne. — Visitand. (N. d. E.)

on les voit à présent (a). A l'égard des Bénédictines, il ne les introduisit point à Auxerre ; mais, les ayant fait revenir, en 1649, de Charentenay, leur maison de campagne où elles étoient depuis les guerres de la Ligue, il les engagea de prendre la réforme du Val-de-Grâce en même temps qu'elles rentrèrent dans leur monastère de St.-Julien (1), qui venoit d'être rebâti à neuf et auquel il avoit mis la première pierre le 8 mai 1647 (b). Une des religieuses, qui avoit le plus contribué à cette réforme, établit peu de temps après une communauté soumise à la même règle, au faubourg de Cosne, sous les auspices du prélat. Vers l'an 1653, il soumit à sa juridiction les religieuses de l'abbaye des Iles qui, auparavant ne connoissoient que celle de l'abbé de Citeaux. Il obtint aussi par arrêt, en 1654, que les religieuses de

---

(1) Voyez le livre imprimé in-12 sur cette réforme.

(2) En 1658.

(a) Ils durent leur première dotation à un bourgeois de Paris nommé Etienne Arthus, qui leur donna 8,000 liv. pour acheter une maison à Auxerre, en 1662. Mais ils ne purent s'établir qu'avec le consentement des échevins de la ville, et même lorsqu'ils firent entériner au parlement les lettres-patentes que le roi leur avait accordées, les trois autres ordres mendiants, déjà existants à Auxerre, formèrent opposition, mais le parlement passa outre.   (N. d. E.)

(b) On trouve dans la conduite de l'abbesse des Bénédictines, Gabrielle de la Magdelaine, vis-à-vis de l'évêque, un caractère d'indépendance singulier. Ainsi, au mois de novembre 1644, M. de Broc, frappé de l'irrégularité de la vie des religieuses qui observaient peu la clôture à Charentenay depuis longtemps, avait ordonné que l'abbesse se retirerait dans six mois à Auxerre. Le conseil privé sanctionna cette décision, mais lorsque les officiers du bailliage d'Auxerre se présentèrent à Charentenay pour la contraindre à obéir, ils éprouvèrent le refus le plus net. Cependant, les religieuses réformées de La Fermeté s'étaient installées à Auxerre dès 1645 (Voy. Preuves, t. IV, n° 470), et elles amenèrent l'abbesse à une transaction et rétablirent la régularité à Auxerre. Mais Mme de la Magdelaine, avec trois vieilles sœurs, demeurèrent à Charentenay. L'abbesse ne céda pas volontiers à tous les projets de l'évêque ; car, en mars 1651, M. de Broc, dans sa visite à Charentenay, ayant voulu l'obliger à signer une procuration par laquelle elle devait laisser à la communauté d'Auxerre tous les biens situés au comté de Joigny, elle s'y refusa ; et comme l'évêque la menaça de la faire enlever de sa maison et de la mettre en lieu étroit en la ville de Paris, elle protesta devant notaire. L'évêque, lassé de ces tracasseries, finit par la laisser terminer sa vieillesse en repos.

(N. d. E.)

1640 à 1671. l'abbaye de Crisenon fussent sujettes à sa juridiction (a). C'est ainsi qu'il se soumit toutes les communautés de filles de son diocèse.

Voulant vivre en paix avec le Chapitre de la cathédrale, conformément au serment qu'il avoit fait à sa réception, il n'en attaqua jamais la juridiction. Il avoit reconnu, dès l'an 1642, l'erreur de ceux qui avoient voulu lui persuader de faire une défense générale aux curés d'admettre aucun prêtre à dire la messe sans son approbation ou celle de ses vicaires-généraux et il tomba d'accord que les chanoines de la cathédrale peuvent dire la messe partout le diocèse, au moins par dévotion. Il ne refusa le paiement d'aucuns des droits dus par l'évêque à la cathédrale, mais les dépenses de sa maison l'obligèrent d'apporter quelques délais à l'acquit de ce devoir. La chapelle d'ornements qu'il avoit promise de vive voix à sa prise de possession et dont il ratifia par écrit la promesse cinq ans après, fut apportée l'an 1651, le sixième jour d'octobre. C'étoit un velours vert à fleurs pailletées d'argent qui conserve encore assez son premier éclat. Etant informé que l'archevêque de Sens avoit été condamné, par arrêt, à augmenter considérablement la contribution annuelle pour l'entretien du bâtiment de l'église métropolitaine, il consentit pareillement à une augmentation du droit annuel envers la fabrique de la cathédrale d'Auxerre, par transaction de l'an 1665. Il donna aussi alors une bonne partie de ce qui fut nécessaire pour refaire à neuf le pavé du chœur, dont les tombes épiscopales avoient été défigurées et brisées dans les guerres de la religion. Les distributions de vin que le Chapitre avoit droit de recevoir dans le cellier épiscopal, aux cinq des principales fêtes de l'année, s'étant trouvées sujettes à plusieurs inconvénients, il consentit à l'évaluation que le Chapitre en fit en argent; et depuis ce temps-là cette commutation a toujours eu lieu. Le Chapitre, de son côté, lui laissa introduire certaines nouveautés (1) qui ne blessoient en rien les droits de

---

(1) Quelques mémoires du temps marquent qu'il y eut en 1643 des thèses publiques et imprimées où il fut qualifié comte d'Auxerre. On ajoute aussi que ce fut lui qui fit le premier porter sa crosse par un ecclésiastique en surplis.

(a) En 1664, il rendit une ordonnance pour rétablir la discipline qui était fort peu régulière dans cette maison. — Arch. de l'Yonne, Reg. de l'évêché. (*N. d. E*).

la compagnie. Mais il n'en fut pas de même lorsqu'il voulut changer quelque chose dans le cérémonial, sur la bénédiction épiscopale. Au reste, la bonne intelligence dans laquelle on vouloit vivre avec lui avoit été marquée, dès les premières années de son épiscopat, tant par les prières solennelles que le Chapitre fit en 1641, après la mort de sa mère, que par la facilité qu'on lui donna, au mois de décembre 1642, pour faire faire célébrer avec magnificence le service du cardinal de Richelieu, son bienfaiteur (1). Dans l'intervalle de temps qui se trouva entre ces deux cérémonies, le même corps lui porta des plaintes du P. André Boullenger, augustin, qu'il avoit choisi pour prêcher le carême (2), et il fut conclu qu'il en seroit dressé procès-verbal pour le maintien de la dignité de la chaire. Comme le caractère de ce prédicateur a été très-connu dans le royaume, il n'est pas besoin de prouver ici que le prélat n'avoit aucune part à ce qui parut répréhensible dans ses discours (a). Pierre de Broc rendit, vers le milieu de son épiscopat, d'importants services au Chapitre de la cathédrale (3); il imita aussi son prédécesseur dans le don qu'il fit à la même église, de quelques reliques des saints du pays. Sachant qu'il y avoit dans l'église du village de Saints-en-Puisaye plusieurs châsses de bois pleines des ossements des compagnons de saint Prix, il résolut d'en donner une partie à la reine Anne d'Autriche, pour l'église du Val-de-Grâce, qu'elle faisoit bâtir et qu'elle vouloit enrichir du plus grand nombre qu'elle

---

(1) *Reg. Capit.* 1641, 21 *déc.*; 1642, 12 *déc.*
(2) *Ibid.* 24 mars, 28 avril, 26 sept.
(3) *Reg. Cap.* 1653.

(a) Il arrivait quelquefois de singuliers événements à propos de prédicateurs. En 1657, au mois de décembre, un P. Jésuite, nommé Marlot, ayant été autorisé par l'évêque à prêcher à Clamecy, avait commencé l'Avent lorsqu'une foule de peuple s'opposa violemment à ce qu'il continuât et voulut qu'il cédât la chaire à un P. Jacobin. Celui-ci, au dire du Chapitre, aurait cabalé parmi les gens du peuple, flotteurs, etc., et une véritable émeute eut lieu au pied de la chaire. Les échevins avaient pris parti pour le P. Jacobin et appuyaient les mécontents, se plaignant de ce qu'au mépris d'un compromis passé avec le Chapitre, en attendant que l'on sût lequel des deux prédicateurs devait être autorisé par l'évêque, le P. Jésuite continuait seul à prêcher. Le peuple avait été consulté là-dessus en assemblée générale. — Arch. de l'Yonne $\frac{2\,G.}{19}$ (*N. d. E.*)

pourroit de reliques. Les anciennes châsses commençant à être caduques, madame d'Orléans, duchesse de Montpensier et de Saint-Fargeau, en fournit une nouvelle, et les paroissiens une autre dans lesquelles l'évêque fit la translation le dimanche 5 novembre 1662 (1). Et comme les ossements ne purent être contenus dans les nouvelles châsses, il en retint pour lui, pour la reine, pour la duchesse de Montpensier, pour l'église cathédrale et pour celle de Saint-Germain. Le procès-verbal marque qu'il célébra la grand'messe en cette cérémonie et qu'il y prêcha. L'ossement tibial, qu'il destina pour la cathédrale, fut déposé dans l'église de Saint-Amatre, et transféré processionnellement le dimanche suivant, 12 novembre, de cette église du faubourg en celle de Saint-Étienne, en présence du même prélat, accompagné de François Fouquet, archevêque de Narbonne, alors retiré à Auxerre. Cette relique fut ensuite enfermée dans la châsse de verre où l'on avoit mis, en 1650, celles que Nicolas Housset, chanoine et sous-chantre, avoit apportées à son retour de Rome. Il enrichit aussi deux des églises paroissiales d'Auxerre des ossements de saints qu'il tira du trésor de Sainte-Eugénie de Varzy. Faisant la visite de cette collégiale le 3 juin 1642, il tira de la châsse d'argent de saint Regnobert, évêque de Bayeux, un os de la jambe de ce saint, qu'il fit déposer au faubourg d'Auxerre, dans la même église de Saint-Amatre, d'où la relique, après avoir été enchâssée par le prélat, fut portée processionnellement, le dimanche 19 avril 1643, par tout le clergé de la cathédrale et de la ville, en l'église paroissiale de Saint-Regnobert, où il célébra la messe pontificalement. Il tira encore du trésor de la même collégiale, le 25 février 1654, à la prière du clergé et des habitants de la paroisse de Saint-Eusèbe, un ossement du nom de saint Paul, un du nom de saint Eusèbe, et un fragment du crâne de saint Cot, martyr, qui furent depuis déposés à Auxerre, dans la même église. Ce fut lui qui commença, en 1645, la vérification du chef de saint Pèlerin, trouvé à Bouy avec quelques vertèbres du col. Comme on étoit persuadé que ces vertèbres procédoient du même corps que le chef, il les porta à l'abbaye de Saint-Denys, le 13 juillet 1647, et par le procès-verbal

---

(1) *Voy.* Preuves, t. IV, 1662.

qu'il fit dresser de la comparaison de ces ossements avec ceux de la châsse, en présence des religieux et d'un habile médecin, il enseigna à la postérité que le peuple de Bouy avoit été bien fondé à croire qu'il y avoit des reliques de ce saint sous l'autel de la paroisse. Quelques-uns ont aussi assuré que Pierre de Broc avoit visité le dedans des tombeaux de l'abbaye de Saint-Germain, mais seulement en secret et sans en dresser de procès-verbal.

Dans quelques actes cet évêque est qualifié baron de Nully, en Champagne. Il avoit acquis cette seigneurie la seconde année de son épiscopat; mais il ne la réunit point à l'évêché d'Auxerre, et il en fit un échange au bout de quelques années. Il reçut aussi, la seconde année depuis sa prise de possession, la foi et hommage que lui prêta Pierre Camus, bailli d'Auxerre, pour les fiefs de Cervan, Montifault, La Villote et Beauche, en partie détachés du comté d'Auxerre, et le 14 décembre, Jean Jacob, écuyer, pour les fiefs d'Ougny et Ceponse en Nivernois. La vente de la baronnie de Toucy, faite par décret en 1643, lui produisit les droits de quint et de requint. Il fit des découvertes notables sur les dépendances de la baronnie de Donzy, par la communication qu'il eut, en 1649, des terriers et lettres de comptes qui restoient négligés à Varzy, et nonobstant la levée de la saisie féodale ordonnée en 1650, par arrêt du parlement en faveur du duc de Nevers, il fut reconnu seigneur suzerain, en 1651, d'une manière authentique et qui lui fut utile. Il ajouta aussi au domaine épiscopal de Varzy, beaucoup de biens situés dans le voisinage de cette terre. Quoiqu'il allât quelquefois la visiter, sa résidence la plus ordinaire lorsqu'il n'étoit point à Paris fut à Régennes, où il fit mettre ses armoiries dans les endroits les plus apparents, aussi bien que celles du cardinal de Richelieu. Il donna à l'église du lieu, c'est-à-dire Appoigny, un ornement de drap d'or (1).

Il acheta une maison à Cosne pour s'y retirer aussi quelquefois, et jouir des agréments du rivage de la Loire. Mais il ne réunit point ce

---

(1) Quelques personnes, qui se disent bien informées, prétendent que cet ornement avoit été acheté d'une somme qu'un prince avoit chargé ce prélat de restituer aux habitants de cette paroisse par un article de son testament.

fond au domaine de l'évêché, non plus qu'il n'y fit point revenir l'hôtel épiscopal d'Auxerre, situé à Paris, quoiqu'il se le fût proposé. Il avoit plus fait que M. de Souvré, qui mourut en poursuivant cette prétention. Il voulut en savoir le produit par lui-même en rendant visite au P. Bernard, dit *le pauvre prêtre*, qui logeoit dans un appartement de cette maison ; mais étant informé de la manière dont le cardinal de la Bourdaisière avoit fait la vente, et du nom des personnes intéressées, il se désista de ses poursuites, content de retirer ses frais. Cette maison a depuis été changée de nature (1). Il s'en falloit beaucoup qu'il eût autant fait de démarches pour la recouvrance de la terre de Gien. Il souhaita seulement être éclairci sur la liaison qu'avoit la mouvance de cette seigneurie avec le droit de régale. Le Chapitre n'étant pas moins attentif que lui sur cet ancien fief de l'église d'Auxerre, à cause du cierge de cent livres dont cette terre est chargée envers la trésorerie, renouvela de son temps ses oppositions à la vente.

Il possédoit, quand il fut nommé évêque, les abbayes de Ressons et de Fontenelles ; mais il permuta la dernière dès l'an 1645, pour l'abbaye de Toussaints d'Angers ; et il en prit possession en personne au mois de mai 1646, se retenant mille livres de pension sur l'autre. Dans le même temps, il fit quelques tentatives pour une prébende de la cathédrale de Saint-Maurice d'Angers ; il ne put cependant y réussir à cause des difficultés qui se présentèrent au sujet de la stalle qu'il occuperoit au chœur et de la place qu'il auroit en Chapitre. Les chanoines de Saint-Martin de Tours ayant un cérémonial réglé pour ceux d'entre les évêques qui sont chanoines honoraires de leur église, l'admirent au chœur comme leur confrère, lorsqu'il les eut salués en qualité d'évêque d'Auxerre, et même reçurent de lui la bénédiction à la fin de la messe. Outre les deux abbayes ci-dessus nommées qu'il possédoit, il espéra en vain avoir celle de Lanney en Beauvoisis, après la mort de l'abbé de Montmorency, arrivée en 1650. Il fit à Paris deux cérémonies funèbres en 1649 et 1651 ; la première fut l'enterrement de madame de Montmorency, qu'il inhuma, par ordre du prince de Condé, dans le cimetière des religieuses Carmélites de Notre-Dame-des-Champs. La

---

(1) Elle est à la place de S. Michel.

seconde fut le service que les prélats de l'assemblée du clergé firent célébrer dans l'église des Augustins, pour Léonore d'Estampes, archevêque de Reims. Il fut l'un des évêques qui sacrèrent à Paris, dans l'église des Jésuites, Jean de Lingendes, évêque de Sarlat. Dès les premières années de son épiscopat, Urbain VIII l'avoit chargé d'une commission au sujet de l'Ordre de Citeaux, avec l'archevêque de Sens et l'évêque d'Uzez. Dans cette négociation il fut favorable à Claude Vaussin, religieux de Clairvaux, prieur de Fontenet, contre les conventuels que le cardinal de Richelieu avoit réformés. Enfin, on lit qu'il présida à quelques séances de l'assemblée du clergé, l'an 1661, et qu'il tâcha d'y maintenir tout en paix.

Il reçut deux fois à Auxerre le roi Louis XIV dans son palais épiscopal. Premièrement, l'an 1650, lorsqu'il y arriva le onzième jour de mars avec la reine sa mère, le duc d'Anjou et le cardinal Mazarin ; la seconde fois fut l'an 1661. Deux ans après, le roi lui donna une marque sensible de sa protection. Le présidial d'Auxerre se rendant aux remontrances du procureur du roi, touchant la résidence des évêques, marquée par les ordonnances du prince, et voyant qu'il étoit de notoriété publique, que l'évêque d'Auxerre n'y satisfaisoit point, et que les pauvres crioient contre lui, avoit ordonné, le vingtième jour de mai 1663, que ce prélat seroit averti et invité de résider dans un mois et de faire l'aumône, sous peine de saisie de son temporel, et que l'ordonnance seroit signifiée à ses vicaires-généraux afin qu'il en eût connoissance. Le prélat, qui ne savoit pas que c'étoit son neveu, doyen du Chapitre, qui avoit fait naître la querelle, se pourvut aussitôt au conseil privé, où par arrêt il fut dit que cette ordonnance seroit biffée des registres comme injurieuse, et que l'arrêt seroit publié dans Auxerre à son de trompe. Ce qui fut exécuté par un huissier de la chaîne envoyé exprès de Paris (a).

(a) L'abbé Lebeuf a omis de parler des mesures prises par M. de Broc pour faire exécuter la décision de l'assemblée générale du clergé de France de 1657, au sujet de la signature du *formulaire*, prescrite par les constitutions des papes Alexandre VII en 1653, et Innocent XI en 1656. On sait que ce formulaire condamnait les erreurs contenues dans cinq propositions du docteur Jansénius. Le 16 juillet 1664, M. de Broc ordonna, par un mandement, à tout son clergé, sécu-

Pierre de Broc, qui ne se croyoit pas un profond théologien, maintint assez la paix dans son diocèse, par l'usage où il fut d'avoir des vicaires-généraux au gré de tout le monde. Il consentit volontiers en faisant travailler à une nouvelle édition du bréviaire d'Auxerre, que ce fussent les plus habiles du Chapitre dans la connoissance de l'antiquité qui y missent la main; et comme alors on n'avoit pas devant soi les beaux modèles qui ont paru depuis, il fut publié l'an 1670, plutôt sous le nom modeste d'*essai*, que comme un bréviaire véritablement exact et à l'abri de la critique (1). Il vit de son temps la cérémonie de l'année séculaire depuis la délivrance d'Auxerre de la main des Calvinistes, qui fut l'an 1668, c'est-à-dire la célèbre procession en mémoire de ce bienfait (a). Commençant alors à résider plus exactement, et témoignant de plus en plus son amitié aux chanoines de son église, il se

---

(1) Voyez la lettre pastorale.

lier et régulier, et aux régents, professeurs et maîtres d'école, de souscrire le formulaire dans un mois, à partir de ce jour, à peine de poursuites. Il donna lui-même l'exemple en le signant sur le registre de l'évêché. Un sergent royal alla ensuite notifier l'ordonnance dans tout le diocèse et fit son rapport. Le 4 novembre, sur la requête du promoteur, il fut constaté que 40 curés ou prieurs, les abbés de Saint-Marien, Saint-Germain, Reigny et ses moines, Saint-Laurent de Cosne, les Bénédictins de La Charité, les chanoines et les moines de Gien, l'abbé de Roches, les Cordeliers d'Auxerre et un maître d'école de cette ville avaient négligé ou refusé de signer le formulaire. — On ne voit pas quelle suite eut cette première affaire. (*N. d. E.*)

(a) Le pape Clément IX accorda, à l'occasion de l'établissement de cet anniversaire, une bulle d'indulgences du 28 février 1668. Bargedé, dans son histoire manuscrite, fait une description pompeuse de cette cérémonie à laquelle assistèrent les nombreuses communautés religieuses de la ville et tous les corps constitués. Il en fut si émerveillé qu'il s'écrie : « Le matin de cette célèbre journée, le soleil se cacha dans les nuées, honteux qu'il estoit de se voir surmonté par de si superbes appareils.... et plus loin, cent nonettes marchoient sur les pas des bannières, vêtues de blanc, marque de leur chasteté, et avec une telle modestie et gravité, que si les anges avoient eu des corps ils se seroient trompés à leur figure, n'y remarquant rien d'humain. »

On devait ériger, en mémoire de l'expulsion des Huguenots, une pyramide de bronze; mais les dépenses d'un tel projet le firent ajourner indéfiniment.

(*N. d. E.*)

trouva avec eux au Chapitre les dernières années de sa vie, à la cérémonie du soir du jeudi-saint, où l'évêque est tenu de fournir le vin de la cène, tandis que les chanoines réguliers de Saint-Eusèbe servent de leur côté des pains azymes à tous ceux du corps, tant chanoines que tortiers. On remarque que sous son épiscopat, le Chapitre, loin de se relâcher sur l'attachement qu'il avoit pour l'antiquité, fit au contraire plusieurs réglements pour rétablir dans leur premier état des rits changés assez légèrement sous les trois épiscopats précédents. On en fut redevable à l'attention qu'eurent quelques chanoines de consulter les anciens monuments. Mais ces chanoines ne purent réussir en tout. On peut juger de la connoissance qu'avoient de la saine antiquité ceux qui se mêloient de proposer les changements par le mémoire qu'ils envoyèrent, en 1670, à M. de Sainte-Beuve, et que ce docteur réfuta solidement par sa délibération du 17 août (1). Il étoit question d'introduire, à la fin des grand'messes, la bénédiction par le célébrant avant de quitter l'autel. On ne voyoit encore, au commencement de son épiscopat, que deux ou trois chanoines porter la perruque, dont le plus ancien étoit Germain Bardolat, qui la prit par nécessité. Cette nouvelle mode prit tellement cours malgré la soumission qu'on étoit obligé de faire au Chapitre pour en obtenir la permission, que vers l'an 1670 il n'y avoit plus qu'un ou deux chanoines qui continuoient de paroître au chœur avec leurs cheveux.

Pierre de Broc plaça dans le clergé de la cathédrale quelques-uns de ses neveux. Le premier fut Pierre Fricour de Fénouillet, natif du diocèse de Tours, prieur de Juvigny, à qui il conféra le canonicat et la trésorerie, dont Claude Leclerc, depuis archidiacre, s'étoit démis en 1640. Il n'étoit encore alors que simple clerc. Le second fut Jacques des Loges, fils de Catherine de Broc, né en la paroisse des Loges, au diocèse du Mans, en 1627, qui fut fait chanoine en 1659, et fut depuis prieur de Saint-Melaine et de Saint-Venerand, et chanoine du cimetière de Laval. Le troisième, Charles Testu de Pierre-Basse du diocèse d'Angers, fils d'Antoinette de Broc, sa sœur jumelle, qui n'étant encore que sous-diacre et chanoine depuis quinze jours, fut élu doyen

---

(1) Cas de conscience, tome I, cas 9 et 10.

le 17 octobre 1661. Ce neveu fut ordonné diacre et prêtre *extra tempora* par son oncle, qu'il soulagea dans les dernières années de son épiscopat en qualité de vicaire-général. Il lui succéda aussi dans l'abbaye de Toussaints d'Angers. Pierre de Broc, averti vers ce temps-là qu'il avoit contracté beaucoup de dettes, forma une sincère résolution de les acquitter. Il retrancha pour cela les deux tiers de sa dépense ; et il seroit venu à bout de les acquitter toutes si la mort ne l'avoit prévenu (*a*). Etant tombé malade au château de Régennes les premiers jours de juillet de l'année 1671, le doyen d'Auxerre lui administra le saint viatique ; le curé de la paroisse lui conféra le sacrement de l'extrême-onction, et il mourut le septième jour du même mois. Son corps, apporté à Auxerre, fut placé, après les obsèques, dans une chapelle des grottes de la cathédrale, auprès de celui de sa sœur Antoinette, épouse de M. de Pierre-Basse, qui y reposoit depuis huit ans. Un Jacobin, nommé Gauthier, fit son oraison funèbre le trentième jour après celui de sa mort, en présence de tous les corps de la ville. On ne sait pour quelle raison le Chapitre différa jusqu'au mois de novembre à ordonner à chaque collégiale, monastère, communautés et curés, qu'ils fissent un service pour le repos de son âme. Le mandement qui fut signé du doyen au nom de la compagnie, est du 18 de ce mois, et donne au défunt évêque les épithètes « de bon, bienfaisant et dont la mémoire sera à jamais chère dans le diocèse. » On célébra encore dans la cathédrale, au bout de l'an, un service solennel auquel son successeur officia pontificalement.

Comme son corps et celui de sa sœur étoient restés simplement dans des cercueils de plomb élevés sur des tréteaux sans être renfermés en terre ; ils furent tirés de ce lieu le samedi 16 septembre 1730, après complies, et portés dans la nef de l'église où on les descendit dans le caveau de MM. de Dinteville, dont les corps occupoient très-peu d'es-

---

(*a*) Les grandes dépenses que M. de Broc avait faites lorsqu'il était au service du roi, dans la poursuite de plusieurs procès de son église et pour l'entretien de sa maison, avaient gravement compromis sa fortune. Il fut obligé, en 1669, d'abandonner à ses créanciers tout son revenu, moyennant 15,000 liv. qu'on lui laissa par an. (*N. d. E.*)

pace. Celui de l'évêque fut mis à droite, et celui de sa sœur à gauche.

Il reste quelques exemplaires d'un petit livre dédié à Pierre de Broc, qui a été imprimé à Auxerre, chez Jacques Bouquet, in-12, l'an 1643, intitulé : l'Entretien des Musiciens, par le sieur Gantez, prieur de la Magdeleine en Provence, chanoine sémiprébendé et maître des enfants de chœur et de la musique de l'église cathédrale d'Auxerre. L'épître dédicatoire et tout l'ouvrage prouvent combien ce prélat étoit bon et facile. L'auteur reconnoît que c'étoit de lui qu'il tenoit sa sémiprébende, et il lui en fait hommage dans l'année même. On trouve, en effet, dans les registres du Chapitre, au 27 juin 1643, la réception d'Annibal Gantez, prêtre du diocèse de Marseille. L'écrivain ne balance point de dire à l'évêque qu'il lui a semblé ne pouvoir rencontrer un meilleur protecteur de son livre, « parce que, dit-il, vous avez un si grand amour pour les musiciens, que presque toute votre maison en est composée. » Au moins, il est certain que ce prélat avoit été si charmé de l'organiste qui avoit touché au *Te Deum*, entonné par lui dans la cathédrale d'Arras, après la prise de la ville, qu'il l'emmena avec lui, le présenta au cardinal ministre, et le fit ensuite venir à Auxerre pour demeurer chez lui. Il se nommoit Antoine Doresmieux (1).

CHAPITRE X.

NICOLAS COLBERT, CI^e ÉVÊQUE D'AUXERRE.

L'évêché d'Auxerre ne fut pas plus tôt vacant par la mort de Pierre de Broc, que Jean-Baptiste Colbert, ministre d'Etat, qui avoit une terre considérable proche cette ville, sachant que l'air de celle de Luçon

---

(1) On lui dédia pendant son épiscopat un volume in-12 qui étoit la traduction d'un Traité du Président d'Espagnet, fameux chercheur de la pierre philosophale.

Ce fut aussi sous son épiscopat, en 1664, que plusieurs chanoines et autres firent entre eux une association pour tenir par chaque semaine une conférence spirituelle. Ces cha-

étoit contraire à la santé de son frère, qui en étoit évêque, obtint du roi Louis XIV, sa nomination à cet évêché. Mais ce prélat, bien instruit des canons qui défendent les translations, différa longtemps à accepter cette nomination. Pendant ces délais, le Chapitre entra en possession du gouvernement spirituel et temporel. Ayant fait mettre le scellé au palais épiscopal et au château de Régennes, il gouverna le temporel de l'évêque futur par trois économes, et il exerça en corps ce qui concernoit l'autorité spirituelle. L'évêque de Luçon, qui se nommoit Nicolas Colbert, se détermina pendant ce temps-là sur les raisons que le Père de Sainte-Marthe, général de l'Oratoire, lui allégua. On lui représenta les besoins du diocèse d'Auxerre, que son frère avoit connu par les missions qu'il y avoit fait faire. On lui promit que le roi lui donneroit un successeur à Luçon, riche et charitable, qui enchériroit sur le bien qu'il y avoit procuré (1). Ces raisons le portèrent à croire qu'il y avoit de l'utilité à espérer, s'il recommençoit de nouveau les travaux de l'épiscopat, et il se soumit à accepter un bénéfice qu'il n'avoit ni demandé ni désiré. Le célèbre casuiste, M. de Sainte-Beuve, fut informé des premiers que Nicolas Colbert s'étoit déterminé malgré lui à cette translation et qu'on ne lui avoit pas donné le temps d'attendre sa décision sur ce cas; mais, quoiqu'il ne fût pas dans la disposition d'autoriser ces sortes de translations, il ne put s'empêcher d'en apprendre avec joie la nouvelle à des citoyens d'Auxerre qui étoient venus lui apporter une consultation, et il leur dit que « pour le coup ils avoient un évêque. » Ce n'est pas qu'il voulût leur apprendre simplement que le siége épiscopal étoit rempli, mais son dessein étoit de leur faire entendre qu'il étoit rempli par un prélat en qui se réunissoient toutes les éminentes qualités qui forment un véritable évêque. La nouvelle nomination faite par le roi avoit déjà réjoui universellement le diocèse d'Auxerre; mais le jugement porté par M. de Sainte-Beuve étant

---

noines n'étoient d'abord que quatre, savoir : Gervais Housset, chantre, chez qui elle se tenoit; Nicolas Housset, sous-chantre; Claude Barrault, et Edme de Rigny, tous prêtres. Ils admirent depuis quatre autres chanoines qui étoient, Nicolas Berault, Melchior Brunet, Claude Brunet, et Guy Forestier. Ces assemblées dont plusieurs furent publiques et ouvertes à tout le monde, ne cessèrent que vers l'an 1680.

(1) L'auteur d'un livre qui traite de la ville de Luçon, et qui fut composé pendant qu'il en étoit évêque, assure qu'il a été abbé de Saint-Sauveur-de-Vertus.

bientôt répandu dans le public, y augmenta encore davantage la joie des ecclésiastiques et des fidèles. Il y auroit eu de quoi former un volume par quiconque auroit entrepris d'écrire au long la vie que le prélat mena, tant à Luçon qu'à Auxerre. Mais comme il a fallu me borner dans cette collection, je me contenterai de produire ici ce qui m'a été fourni par plusieurs pieux et savants personnages qui l'ont connu particulièrement, et par d'autres qui l'ont vu en différentes occasions, à quoi j'ai ajouté ce que j'ai trouvé par mes recherches particulières.

La patrie de ce prélat étoit la ville de Reims. Il y étoit né l'an 1628. Il y avoit commencé ses études, les avoit continuées à Paris, où il avoit reçu le bonnet de docteur au sortir de la licence dont il avoit été prieur; ensuite de quoi, étant bibliothécaire du roi (1), il avoit été élevé, l'an 1661, à l'évêché de Luçon, où il avoit fait des biens infinis. Ayant donc succombé aux instances de sa famille, qui craignoit pour sa santé, il se disposa à subir le nouveau fardeau qui alloit lui être imposé. Il se retira à Reims, où sa principale occupation après la prière, la lecture et ses lettres écrites, fut de visiter les lieux de piété et les sanctuaires de la ville. A la prière du Chapitre, il officia pontificalement aux grandes fêtes qui se rencontrèrent pendant le reste de l'année 1671. Il fit plusieurs fonctions épiscopales à la réquisition des vicaires-généraux du cardinal Antoine Barberin, archevêque; il anima à l'étude et à la piété quantité de jeunes ecclésiastiques, et montra partout une modestie et un recueillement que tous les fidèles admirèrent et firent remarquer à leurs enfants, afin que la mémoire s'en perpétuât.

Les bulles de sa translation étant arrivées, il prit congé de sa famille et se hâta de se rendre à Auxerre, où l'on étoit prévenu avec justice en sa faveur et plein d'espérance d'avoir en lui un pasteur selon le cœur de Dieu et un protecteur en cour. Le Chapitre de la cathédrale députa six du corps pour aller jusqu'à Joigny au devant de lui et l'accompagner jusqu'à Auxerre; il fut reçu dans la ville le 27 janvier, comme on auroit reçu le roi ou le gouverneur de la province; c'est-à-dire que le maire et les échevins, avec toute la bourgeoisie en armes, étoient allés

---

(1) L'histoire de la Bibliothèque du roi dit qu'il fut bibliothécaire depuis l'an 1656 jusqu'à sa mort.

bien loin hors de la ville au devant de lui, où ceux qui représentoient la communauté des habitants lui firent leur harangue. Mais comme il ne fut point curieux de se faire porter par les quatre barons, depuis l'église de Saint-Germain jusqu'à la cathédrale, il se rendit droit au palais épiscopal, où il se prépara pendant deux jours de recueillement à sa prise de possession. Le 29, il passa de son palais à la cathédrale par la porte de communication, qui est derrière le chœur, et alla dans la chapelle de Notre-Dame-des-Vertus, située à côté du grand portail; là, s'étant habillé pontificalement, il se présenta à la grande porte de l'église pour y être reçu. Le doyen, à la tête des chanoines, tous revêtus des plus belles chapes, lui ayant fait un discours, lui présenta le livre des évangiles pour prêter le serment suivant la formule ancienne qui y est écrite. Comme ce serment fait mention des droits et immunités de l'église d'Auxerre, il fit réponse qu'il s'y conformeroit lorsqu'il les auroit vus, et de là il avança au chœur qui étoit orné de tapisseries nouvelles, et il y fut intrônisé à la manière accoutumée. Le Chapitre lui fit ensuite les présents ordinaires de pain et de vin pour sa nouvelle venue, et dès le même jour ou le lendemain il offrit à la cathédrale quelques-uns de ses ornements pontificaux. Mais il ne donna aucun repas, réservant tout ce qu'il avoit d'argent pour les pauvres qu'il savoit être en grand nombre et dans un grand besoin (1).

A peine étoit-il en possession et avoit-il reçu les harangues des différents corps de la ville, qu'ayant appris qu'il n'y avoit point encore de séminaire érigé pour l'instruction des jeunes ecclésiastiques, et que son prédécesseur n'avoit point fait d'attention à cet article des bulles, il prit les moyens d'en établir un sans aucun délai. Il destina d'abord pour cela tout le bas du palais épiscopal où il fit faire de petites chambres. Il donna un mandement le 5 mai, par lequel il faisoit savoir que ceux qui se disposoient aux ordres pourroient se présenter dès le 18 du même mois; et, après avoir réuni un nombre d'ecclésiastiques des plus vertueux, il leur donna pour supérieur Louis Habert, docteur de

---

(1) J'ai vu une lettre en original du P. Duneau, jésuite francois, résidant à Rome, du 19 avril 1672, à un chanoine d'Auxerre, qui contient cet éloge de Nicolas Colbert : « Je commencerai en me conjoüissant avec » vous et avec toute la ville d'Auxerre, d'a- » voir un évêque si pieux et si homme de » bien qu'est le vôtre. »

Sorbonne, natif de Blois. L'année d'après il acheta pour la même fin un grand corps de logis situé dans la paroisse de Saint-Loup, qui avoit appartenu à M. Pierre Camus, bailli d'Auxerre. Depuis ce temps-là on l'y vit souvent aller pour y prendre ses repas, y donner des avis salutaires et y pratiquer l'humilité. Persuadé que la réforme d'un diocèse dépend des nouveaux prêtres qu'on y met en place, il prit dès lors toutes les précautions possibles pour n'imposer les mains qu'à de bons sujets et bien éprouvés ; et, afin de n'y être pas trompé, il se prépara à chaque ordination par un jour de retraite au tombeau de saint Germain ; il s'y rendoit le vendredi, à sept heures du matin, restoit ou à genoux dans les grottes, ou debout dans le chœur, chantant l'office avec les religieux, et vers les sept heures du soir, quelques domestiques revenoient vers lui pour l'accompagner lorsqu'il retourneroit à l'évêché où on lui servoit à manger pour la première et unique fois de ce jour-là.

Il fut aisé de reconnoître, à ce premier trait, que ce prélat étoit un homme de prières et de mortification. Mais ce qu'on lui vit faire à Auxerre étoit ce qu'il avoit pratiqué à Luçon pendant dix ans. Dans toute sa conduite, son régime de vie et son domestique, il n'innova rien en passant d'une église à l'autre, que sur un seul article ; encore le fit-il à la sollicitation de sa famille. Ce fut qu'au lieu que jusqu'alors il n'avoit point eu de vaisselle d'argent, mais seulement d'étain, il commença à en avoir d'argent à Auxerre, à cause que la ville est située sur une route où passent souvent des personnes du premier rang. Il se levoit à cinq heures et ne se retiroit qu'après neuf heures du soir. Loin de mener une vie de fantaisie, de caprice, et sans règles, il récitoit l'office divin, autant qu'il le pouvoit, aux heures de l'église. Il assistoit à l'office entier de la cathédrale les dimanches et fêtes chômées. Chaque dimanche, après matines, il passoit derrière le grand autel ; là on lui ôtoit son camail, il quittoit son rochet, et aussitôt il se mettoit à genoux et se confessoit à la vue de tout le monde ; ensuite il célébroit la messe. Il s'assujettissoit chez lui à une suite uniforme d'occupations, à moins qu'une affaire extraordinaire ou quelque bien supérieur ne l'obligeât de s'en écarter. Ainsi, s'il donnoit ses audiences à des heures réglées, c'étoit sans s'y astreindre nécessairement. Quoique son abord fût un peu froid, il recevoit un chacun avec un visage égal, et un air de bonté qui inspiroit de la confiance, toujours cependant avec les distinctions qui sont dues. Ceux qui sortoient de son audience où ils n'étoient entrés qu'en tremblant, étoient charmés des douceurs de sa charité, et publioient par tout qu'ils venoient de parler à un saint. Ses chevaux étoient d'un prix médiocre et des plus simples ; ses meubles n'avoient rien qui frappât les yeux ou qui fût affecté. On ne servoit à sa table, à dîner, après la soupe, qu'une entrée et le bouilli avec quelques fruits, à moins qu'il n'y eût une personne de distinction ; durant tout le repas, on faisoit la lecture. En un mot tout étoit chez lui comme le prescrit le quatrième concile de Carthage, et la régularité y étoit si grande qu'on vit un gentilhomme choisir son palais épiscopal pour y faire une retraite spirituelle. Lorsqu'il alloit par la ville, c'étoit toujours à pied et accompagné d'un ecclésiastique ; ayant pour maxime qu'un évêque ne doit point sortir sans avoir un clerc pour témoin de ses actions. Jamais il ne mangea de viandes délicates, comme perdrix, levreaux, etc., quoiqu'on en servît sur sa table dans les cas extraordinaires. Il usoit si peu de vin qu'il ne faisoit que rougir son eau, et le plus souvent il la buvoit pure. On ne savoit ce qu'il aimoit le mieux, ne demandant jamais rien pour soi. Les jours de jeûne, il ne faisoit qu'un seul repas à sept heures du soir. La semaine sainte, il s'abstenoit de poisson et n'usoit que de légumes, quoiqu'il travaillât toute la journée. En ces jours-là il sortoit de chez lui à l'heure de midi, lorsque sa famille se mettoit à table, et alloit passer au tombeau de saint Germain une grande partie de la soirée, jusqu'à ce qu'un de ses domestiques vint le reprendre à l'heure qu'il avoit marquée. Ses habits étoient fort simples, mais avec la bienséance convenable à son état ; il ne vouloit pas que ses chemises fussent amples ni de toile fine. Sa maison n'étoit composée que des personnes absolument nécessaires pour son service et celui de son diocèse. Il n'y admettoit que des domestiques de bonnes mœurs, n'avoit que deux laquais seulement, un postillon et un portier. Un des ecclésiastiques étoit chargé de veiller sur eux, et tous vivoient en paix et sans avoir jamais aucun démêlé. Il avoit quitté les livrées de sa famille avant le mariage du marquis de Seignelay, craignant d'être obligé d'en prendre de trop magnifiques, et il fit habiller ses domestiques de violet. Toutes les expéditions d'actes se faisoient gratuitement à l'évêché. Il vouloit que ses domestiques fussent exempts de tout soupçon d'avarice; il n'en auroit souffert aucun qui eût été convaincu d'avoir reçu quelque présent. Il donnoit aussi *gratis* toutes les charges de ses terres, et seulement à la considération du mérite; jamais il ne se qualifia évêque à la tête des actes publics, autrement que *par la permission divine*.

Son amour pour la prière ne se bornoit point à réciter l'office divin ou à y assister; il se levoit encore la nuit, donnant ordre de l'éveiller s'il ne l'étoit pas; et il passoit un long espace de temps à prier ou au pied de son crucifix, dans sa chambre, ou dans l'église cathédrale dont il gardoit une clé. Ceux qui ont été témoins des prières qu'il y faisoit le jour devant le saint-sacrement, ont assuré que la ferveur de son oraison et la modestie qu'il y observoit, touchoient les cœurs des plus grands libertins et les portoient à la dévotion. Il s'y tenoit deux heures entières, la tête nue et sans remuer en aucune manière, tant l'âme étoit absorbée en Dieu. Quoique la modestie fût naturellement peinte sur son visage, elle éclatoit encore plus singulièrement pendant les offices divins; en sorte qu'il portoit tous ceux qui le regardoient à la révérence envers les saints mystères; et lorsqu'il célébroit lui même le sacrifice, son recueillement et sa gravité ordinaires augmentoient encore davantage; il étoit tellement pénétré de la grandeur du mystère et de la majesté divine, qu'il souffroit plutôt les piqûres les plus violentes des insectes que de lever la main pour les chasser. La prière publique ne lui étoit pas moins chère que l'oraison mentale. Outre qu'il assistoit à tout l'office, tant de nuit que de jour, les dimanches et fêtes, il ne se dispensoit d'aucune des prières qui ont été instituées pour les nécessités publiques, et il assistoit même aux trois processions des Rogations, qui sont les plus longues de toute l'année, surtout le troisième jour, où le Chapitre partant à six heures ne revient que vers le midi, et cela à jeun, sans avoir pris aucune nourriture. Comme il tâchoit d'être dans le chœur un modèle parfait à tout le clergé, et qu'il ne s'y occupoit que de l'office qu'on célébroit actuellement, il ne permettoit pas que les chanoines se comportassent d'une autre manière, ni qu'ils récitassent l'office en particulier au lieu de chanter; bien moins encore qu'ils prévinssent l'office public par des récitations particulières du même office, ni même qu'on lût des livres de piété pendant la messe. Il fit dire un jour au Chapitre, par un chanoine, que s'il se trouvoit des particuliers qui violassent ces règles fondées sur les saints canons, on ne trouvât pas mauvais qu'il envoyât son aumônier pour avertir ces personnes de fermer leurs livres ou leur bréviaire et de s'unir au chœur. L'église de la ville, où sa dévotion l'attiroit davantage après l'église cathédrale, fut celle de Saint-Germain, au tombeau duquel il alloit, au moins une fois par semaine, célébrer les saints mystères ; il ne revenoit jamais de ce saint lieu qu'il ne sentit son zèle enflammé de nouveau.

Après l'établissement du séminaire, Nicolas Colbert prit toutes les autres voies nécessaires pour faire fleurir l'ancienne discipline dans le clergé de son diocèse (a). Visites des églises, synodes, conférences, rien ne fut oublié. Ne trouvant point, dans le commencement de son épiscopat, des sujets du diocèse assez formés pour être employés, il attira d'excellents prêtres d'ailleurs pour remplir les cures qui vaquoient. Il recueillit, à l'exemple de deux autres évêques, quelques sujets de mérite qui, par respect et obéissance pour l'autorité épiscopale, quittèrent la congrégation de la Doctrine chrétienne, afin de se donner tout entier au service de ses peuples. Il publia, dans son synode de l'an 1674, quelques statuts ; mais de crainte d'effrayer les anciens curés par l'idée d'un nouveau joug, il fit remarquer à son clergé que, pour ce qui regardoit la conduite, ce n'étoit pas de nouvelles ordonnances qu'il présentoit et qu'il ne faisoit que suivre les anciennes. En effet, il n'y prescrivoit rien sur ce qui concerne les mœurs des ecclésiastiques, qui ne fût dans les canons ou dans les ordonnances des évêques précédents ; et comme dans le petit volume qu'il fit imprimer il ne pouvoit leur prescrire tout ce qui parut nécessaire pour l'administration du sacrement de pénitence, il fit distribuer séparément les avis de saint Charles aux confesseurs, enjoignant, par un article spécial de ses ordonnances, à tous les confesseurs du diocèse de les avoir, de les lire et de les mettre en pratique. Le duel ayant été oublié parmi les cas

---

(a) Le correcteur des Minimes de Gien ayant refusé de subir un examen sur sa capacité, il interdit à la communauté de faire des prédications aux fidèles jusqu'à obéissance. — Arch. de l'Yonne, $\frac{2\,G}{16}$. (*N. d. E.*)

réservés imprimés à la tête du bréviaire qui paroissoit depuis l'an 1670, il l'y fit ajouter (1).

Les deux autres docteurs qu'il avoit amenés à Auxerre, outre M. Habert, étoient M. Barré et M. François Louis (2). Il fit le premier des deux official du diocèse; il retint le second auprès de lui et parut lui donner sa plus intime confiance. Tous les trois étoient parfaitement au fait du gouvernement d'un diocèse; ils venoient de celui de Luçon où ils avoient travaillé sous ses ordres. Mais quoiqu'il fût bien persuadé de la science profonde de ces trois personnages, jamais on ne l'accusa de se laisser gouverner. Il avoit tout le discernement nécessaire pour ne pas prendre, dans les délibérations de son conseil, l'apparent pour le vrai, l'incertain pour le certain. Quand il lui restoit quelques difficultés, il avoit recours à ceux qu'il connoissoit les plus éclairés à Paris. Il avoit de grandes liaisons avec M. de Gondrin, son métropolitain. Cependant, il ne crut pas que le diocèse d'Auxerre fût en état d'admettre le réglement que ce prélat lui conseilloit d'y faire ; et il paroit, par un des articles de ses ordonnances concernant les ecclésiastiques, qu'il ne s'astreignit point à suivre la décision que M. de Sainte-Beuve avoit faite sur cette matière (3). Il étoit inexorable pour les grâces qu'on lui demandoit, quand les sujets n'avoient pas les dispositions. C'étoit une maxime générale dont il ne se départit pas même à l'égard de ceux qui appartenoient à ses principaux officiers. La crainte de succomber ne l'empêchoit point d'entreprendre ce qui étoit nécessaire pour corriger un pécheur ; les embarras ne lui inspiroient point de timidité, la dépense ne l'arrêtoit pas. Il étoit éloigné de ces foiblesses, parce qu'il avoit un vrai zèle pour le salut de ses diocésains. Il étoit, au reste, bien persuadé que l'élévation des évêques au-dessus des prêtres, n'est pas à la manière de la domination séculière qui commande despotiquement. Méditant souvent le commandement de J.-C. sur l'humilité, il ne souffrit jamais qu'on lui fît des harangues dans les sermons, et il ne laissa jamais un prêtre découvert en sa présence. Il parloit à tous

---

(1) Ordonnances Syn. pag. 2.
(2) Ce dernier étoit du diocèse de Rouen, et avoit été reçu chanoine d'Auxerre le 1 février 1672.
(3) Tome 1, cas 199.

ceux qui étoient revêtus du sacerdoce avec toute l'affabilité possible. Quand il désiroit quelque chose d'eux, il s'expliquoit en termes si humbles et en même temps si pressants, qu'il falloit être bien rebelle pour ne pas obéir à ses volontés. Il n'abusa point de son crédit pour réduire par des voies de fait les curés ou autres bénéficiers, coupables ou incapables, à abandonner leurs postes. Il ne s'arrêtoit pas non plus aux premières plaintes; il suspendoit son jugement jusqu'à ce qu'il eût tout approfondi. Il considéroit de qui on lui parloit, qui étoit celui qui se plaignoit, examinoit si ce n'étoit point par vengeance ou par opposition à la discipline de l'Église; et quand même il connoissoit avec certitude les défauts de quelques pasteurs, il ne s'armoit point aussitôt pour les châtier, mais il usoit de charitables remontrances pour les porter à changer de vie; il les menaçoit ensuite, s'il en étoit besoin, et il ne faisoit commencer leur procès que lorsqu'il y avoit absolument nécessité, et c'étoit toujours de manière à n'être pas obligé de l'achever, tant il avoit soin que ces ecclésiastiques déréglés se convainquissent eux-mêmes du tort qu'ils avoient et qu'une résistance opiniâtre leur seroit inutile. Souvent on en a vu qui venoient le trouver et lui avouoient ingénument leurs fautes; il pardonnoit à ceux-là, leur disant : « Mon frère, allez, travaillez, il ne faut plus penser au passé, mais à mieux vivre dans la suite et à faire des fruits dignes de pénitence. » A l'égard de ceux qui vouloient entrer dans des cures par présentations de patron ou par provisions de cour de Rome, il les examinoit lui-même, et son secrétaire présent rédigeoit le procès-verbal de ses demandes et de leurs réponses, sur lequel, après l'avis de son conseil et quelques délais accordés, s'il étoit convenable, il les déterminoit d'ordinaire avec autant de force que de douceur, à renoncer à des droits dont ils n'étoient pas dignes. Sa fermeté, en ces occasions, lui attira des injures et même des menaces; mais sa religion le faisoit mettre au-dessus de tout ce qui échappoit à ces ecclésiastiques qui lui paroissoient mal appelés ou peu propres au ministère. Quoiqu'il fût d'un tempérament sec et chaud, bien loin de défendre sa réputation au préjudice de celle des autres, il l'exposoit souvent pour cacher leurs fautes. Il lui auroit été facile d'empêcher la censure qu'on faisoit quelquefois de ses actions et d'obvier aux murmures : il suffisoit pour cela qu'on en dît les raisons; mais parce qu'il ne le pouvoit faire sans donner atteinte à la réputation des coupables, il aimoit mieux garder un secret impénétrable en leur faveur, et souffrir avec humilité que le blâme qu'ils avoient mérité retombât sur lui.

Mais si ce prélat souffroit avec une grande patience les injures qui étoient faites à sa personne et même les médisances, il avoit un grand zèle pour punir celles qui étoient faites aux curés, surtout si c'étoit dans les exercices de leur ministère. Il ne pouvoit souffrir qu'on parlât mal en public de ceux qui étoient en place, mais il aimoit au contraire à en entendre dire tout le bien possible, pourvu que ce ne fût pas en leur présence. Un jour qu'un des premiers de la cathédrale loua hautement un curé présent qui avoit prêché devant lui, il garda un profond silence, corrigeant par là celui qui louoit excessivement, et préservant celui qui étoit loué du péché de vaine gloire. Les bons prêtres étoient reçus chez lui avec honneur et il les admettoit à sa table. Il les aidoit même de son argent lorsqu'il étoit informé que le revenu de leur cure ne suffisoit pas pour les faire subsister selon leur condition. Il y en eut un d'auprès de Coulanges-sur-Yonne qu'il trouva mal vêtu lorsqu'il vint le voir à Auxerre, le bon prélat se dépouilla à l'instant de ses propres habits et lui en fit présent. Il donna souvent à d'autres des chemises de toile commune, telles qu'il les portoit.

Assistant de ses biens les pauvres ecclésiastiques, il n'eut pas moins d'attention envers le reste du troupeau qui pouvoit être dans la misère; il prit soin des pauvres honteux et de tous les autres misérables. Avant qu'il fût venu à bout d'établir un hôpital, il ordonna qu'on distribuât du pain trois ou quatre fois la semaine dans son palais épiscopal; et avant cette distribution, un de ses aumôniers faisoit aux pauvres assemblés un petit discours de piété. L'hôpital étant établi en conséquence d'une assemblée de ville tenue à l'évêché et avec la participation de l'intendant, il fit confirmer cet établissement par des lettres-patentes du mois de mars de l'an 1675 (1). Tous les mardis, quittant ses emplois les plus sérieux, il se trouvoit aux assemblées qui se tenoient

---

(1) Cet hôpital fut d'abord dans la paroisse de Saint-Père au lieu où étoit l'hôtellerie du Panier-verd à la porte du Pont, et porta le nom de Saint-Nicolas.

chez lui avec huit administrateurs, tant ecclésiastiques que laïques, dont il avoit fait choix. Ce n'étoit pas assez qu'il eût trouvé un corps de logis pour placer les pauvres, il entretenoit cette maison de blé, de vin, de bois ; et comme cet hôpital étoit uniquement pour les pauvres de la ville et des faubourgs, s'il en faisoit entrer qui fussent de quelques-unes des terres du temporel de l'évêché, il donnoit pour eux une somme d'argent réglée. Bien souvent il alla visiter les pauvres de ce lieu pour connoître l'état de la maison. Il ne dédaigna pas de servir à manger aux infirmes de l'Hôtel-Dieu. On le vit, sans répugnance, exhorter un agonisant, le visage penché contre celui du moribond. Mais comme il remarqua qu'à cause de ces visites de l'Hôtel-Dieu on avoit conçu une haute estime de sa charité, il s'abstint d'y aller davantage ; et même longtemps après, comme un de ses docteurs lui représentoit les besoins spirituels qui manquoient dans les prisons, il dit qu'il s'abstenoit d'aller dans ces sortes de lieux, parce qu'il craignoit d'acheter la réputation de saint à trop bon marché. Un hiver ayant été fâcheux, il fit acheter de la viande que l'on distribuoit trois fois la semaine à Auxerre, à Régennes et dans ses autres terres. Les pauvres honteux ne recevoient pas moins de secours de sa bonté paternelle, et toujours avec prudence. Il y avoit dans Auxerre un certain nombre de familles qu'il entretenoit de ses charités, les faisant par lui-même, suivant la connoissance qu'il avoit de leurs besoins. Il alloit à pied dans ces maisons, accompagné seulement d'un jeune clerc qui portoit la bourse, et suivi d'un ou deux domestiques. Mais lorsqu'il approchoit le coin de la rue, il ordonnoit à ses gens de ne point passer outre, afin qu'ils ne vissent pas chez qui il entroit. Il observoit, même étant dans la rue, de s'arrêter auprès de quelques personnes auxquelles on ne pouvoit pas soupçonner qu'il eût à faire l'aumône, et lorsqu'il s'apercevoit qu'on ne le regardoit plus, il entroit promptement dans ces maisons, et le jeune ecclésiastique lui remettoit sa bourse dont il faisoit usage en peu de temps (1). Sachant un jour qu'un notable bourgeois peu accommodé avoit des filles qui n'osoient sortir à cause qu'elles étoient mal vêtues, il envoya un habit qui convenoit au père, mais dont

---

(1) J'ai su ce fait d'un des chanoines qui avoit porté quelquefois cette bourse.

les poches contenoient une somme d'argent destinée pour l'usage le plus pressant de cette famille. Il nourrit et entretint, durant son épiscopat, la maison d'un gentilhomme de son diocèse qui avoit perdu tout son bien, dans la vue d'empêcher que ses filles ne tombassent en quelque malheur. Outre les aumônes qu'il faisoit par lui-même, il y avoit quatre personnes de la ville chargées d'en faire aux pauvres honteux de leur connoissance, savoir : deux chanoines, un avocat (1) et la supérieure d'une communauté non cloîtrée (2); et, non content de faire d'abondantes aumônes dans son diocèse, il faisoit encore tenir, par an, trois mille livres aux missionnaires qui étoient dans les pays étrangers. Il arriva de son temps que la ville de Coulanges-la-Vineuse fut presque réduite en cendres, et l'église même se ressentit de l'incendie (a). Cette triste nouvelle lui ayant été mandée à Paris, il y fit une quête, revint ensuite promptement à son diocèse, alla visiter le mal qu'il trouva bien plus grand qu'on ne lui avoit écrit, et ajouta, à ce qu'il avoit trouvé à Paris, tout ce qui lui restoit alors d'argent pour soulager plus promptement les habitants de cette petite ville. La communauté des Ursulines de Crevan étant dans un grand besoin, se ressentit aussi très-particulièrement de ses libéralités. Il leur faisoit tenir tous les ans six cents livres, outre le blé, le sel, etc., qu'il leur fournissoit. On ne peut compter les sommes qu'il fit distribuer à la campagne dans chaque paroisse qu'il visitoit.

Après le soin des pauvres, l'instruction des gens de la campagne fut une des choses qui exercèrent le plus sa vigilance. Ce fut pour

---

(1) Jacques Richer.   (2) De la Providence.

(a) L'incendie prit le matin du 17 mai 1676, et se propagea rapidement par l'impétuosité du vent, si bien que le feu éclata en même temps en plus de dix endroits à la fois. Il y eut plus de 170 maisons brûlées, 22 pressoirs et une grande partie de l'église. Les habitants perdirent tout leur mobilier et furent réduits à la misère. Trente personnes furent atteintes par le feu et plus ou moins maltraitées. Sans l'assistance de Mme de Villefranche, dame de Coulanges, qui fit défoncer et jeter sur le feu trente feuillettes de vin, le reste du pays brûlait. On sait qu'il n'y avait pas à cette époque de fontaines à Coulanges. — Procès-verbal de l'incendie, Arch. de l'Yonne, pièces historiques.   (N. d. E.)

1672 à 1676. prendre connoissance de leurs besoins spirituels qu'il entreprit la visite générale de son diocèse presque aussitôt qu'il fut arrivé ; mais il ne s'acquitta pas de ce devoir avec rapidité ni superficiellement. Il ne visitoit qu'une paroisse en un jour, et il y employoit tout le temps nécessaire ; si elle étoit peu éloignée de son château de Varzy ou de quelque autre lieu de sa résidence, il s'y transportoit à pied. Le matin, après les cérémonies ordinaires, il célébroit la messe où il y avoit souvent une communion générale, puis se faisoit la prédication à laquelle il vouloit toujours assister, afin d'y mieux rassembler le peuple et de l'y tenir plus attentif. Il visitoit les fonts baptismaux, soit avant, soit après la prédication ; il y parloit longtemps sur la sainteté du baptême et sur la manière de l'administrer. Après le dîner on faisoit une instruction pour préparer au sacrement de confirmation à laquelle il n'assistoit pas. Elle duroit jusqu'à ce qu'il retournât à l'église, où il prenoit connoissance de l'état de la paroisse, et autant qu'il y avoit de sujets de plainte sur les défauts que le curé remarquoit dans sa paroisse, c'étoit matière à autant de discours que l'évêque prononçoit avec zèle. Il usoit d'un expédient très-utile pour augmenter la confiance des peuples dans leur curé. Comme les habitants de certains lieux étoient sujets à murmurer contre leur pasteur sans en avoir occasion et uniquement par habitude, il engagea les curés qui avoient de la sincérité et de l'amour pour le bien à prévenir ces plaintes. Ainsi, lorsque l'évêque se présentoit pour entendre les paroissiens, les curés représentoient eux-mêmes publiquement que les paroissiens *retenus par trop de considération*, s'étoient abstenus de parler de telle et telle chose qui les choquoit dans sa conduite ; que cela étoit vrai, mais qu'ils étoient prêts de s'en corriger, si l'évêque y trouvoit à redire. Cela suffisoit pour donner occasion au prélat de confirmer le bien que les curés tâchoient d'établir ; et cela rendoit les paroissiens plus soumis à leurs pasteurs, en leur faisant entendre qu'ils seroient blâmables s'ils se conduisoient autrement. L'enquête faite, on lisoit les ordonnances, et la visite finissoit par l'administration du sacrement de confirmation ; après quoi il faisoit distribuer aux pauvres les aumônes dont j'ai parlé. Et comme souvent les curés n'ont pas soin de faire exécuter les ordonnances de visite, et que quelquefois même ils ne les lisent pas, on les avertissoit par des lettres-circulaires, d'envoyer à l'évêché des copies de ces ordonnances, avec des apostilles aux articles exécutés ou non exécutés ; ce qui faisoit que les curés s'empressoient de faire exécuter ce qui ne l'étoit pas, afin d'éviter le blâme de leur évêque. Si quelque curé étoit négligent sur ce point, on envoyoit une copie où l'on ne voyoit presque rien d'exécuté ; celui qui étoit chargé de la recevoir, la lui renvoyoit, lui marquant qu'il n'avoit pas voulu la communiquer au prélat, afin de lui épargner la confusion d'une telle négligence et de lui donner le temps de la réparer. Ainsi changeoit peu à peu la face du diocèse par le moyen des visites ; de sorte que l'évêque étoit assuré qu'en visitant une paroisse pour la seconde fois, il y trouveroit tout en bon ordre. Quand il prévoyoit qu'il y avoit de grandes plaintes à entendre contre un curé, il ne permettoit pas qu'on les lui fît publiquement ; il se retiroit dans sa sacristie ou dans un autre lieu commode, et y entendoit séparément les témoins ; mais comme il vouloit aussi que le curé connût son tort, il ne logeoit point chez lui et n'y faisoit point porter ce qu'il avoit à manger, mais chez les juges du lieu ou à l'auberge, telle qu'elle se trouvoit. S'il lui arrivoit d'interrompre le cours de ses visites un jour ou deux, ce n'étoit pas pour demeurer oisif ; c'étoit seulement un changement d'occupation pour le service de son troupeau. Il donnoit audience à toutes les heures qu'on se présentoit sans faire attendre personne, surtout les curés qui venoient de loin ; et il recevoit les ecclésiastiques avec une cordialité et une tendresse paternelle. Tous, grands et petits, avoient la consolation de parler à leur évêque quand ils vouloient, et s'en retournoient charmés de sa charité. Il ne se plaignoit que des visites inutiles et de pure civilité, que lui rendoient quelques gentilshommes, parce qu'elles étoient quelquefois trop longues. S'il recevoit des visites dans le lieu de sa station, il en rendoit aussi ; mais c'étoit aux malades, à ceux qui étoient dans l'affliction, qu'il avoit soin de consoler et de soulager ; il réconcilioit ceux qui étoient en inimitié et accommodoit les procès le plus qu'il pouvoit. Comme il étoit un jour à Saint-Fargeau, on y amena trois criminels arrêtés dans les bois de Varzy, qu'on conduisoit aux prisons d'une autre ville ; il en fut informé, les alla visiter, et leur ayant dit quelques paroles de consolation, il recommanda aux conducteurs d'avoir pour eux de l'humanité, disant :

« Ce sont nos frères, et ils peuvent être associés à celui qui fut justicié en croix, s'ils prennent en patience ce qui leur arrive. » Ayant trouvé en quelque paroisse qu'on faisoit souvent des exorcismes sur des prétendues possédées, il se réserva le droit de le permettre; et quand ces femmes lui demandoient la permission de se faire exorciser, il leur répondoit qu'il falloit qu'elles allassent auparavant passer un mois ou deux dans l'hôpital-général d'Auxerre, au pain et à l'eau, et qu'il y auroit peine afflictive pour elles au cas qu'elles fussent rebelles. Ces dernières paroles, répétées trois ou quatre fois dans les différents lieux où ces femmes se présentèrent à lui, chassèrent plus de démons en six mois que n'avoient fait tous les exorcismes permis par son prédécesseur, pendant quarante ans.

Il étoit convenu, avec M. l'évêque d'Autun, d'entretenir ensemble une compagnie de missionnaires tirés de Lyon, qu'on appelle les prêtres de Saint-Joseph, pour travailler alternativement dans leurs diocèses. Ces missionnaires commencèrent la première année dans le diocèse d'Auxerre; ils y firent tant de fruit qu'il prit la résolution de ne les en pas laisser sortir, et il les retint entièrement pour son diocèse. Il se transportoit dans les lieux où ils étoient, pour les autoriser de sa présence, suppléer par ses exhortations, et il administroit le sacrement de confirmation à ceux qu'ils avoient instruits et disposés; et afin qu'on fût plus fidèle à conserver le bien qu'ils y avoient opéré, un missionnaire ou deux retournoient de temps en temps dans la paroisse où la mission s'étoit faite, et y restoient encore pendant quelques mois.

La visite qu'il fit des communautés de filles, fut toujours avec une discrétion et une patience qui ne peuvent s'exprimer, mais qui étoient propres à faire respecter sa fermeté, particulièrement sur l'article de la clôture et sur la désappropriation (a). Il y avoit deux de ces couvents où la régularité étoit beaucoup affoiblie; comme il ne trouva point de

---

(a) Il ne réussissait pas toujours à se faire obéir. En février 1674, les Clarisses de Gien, averties de la visite épiscopale, s'y refusèrent formellement, alléguant qu'elles ne devaient obéissance qu'aux supérieurs de leur ordre. M. de Colbert les somma à trois reprises de lui obéir, les menaçant, à la fin, de l'excommunication. Elles mandèrent un notaire et lui firent dresser procès-verbal des motifs de leur refus, en disant qu'elles s'exposeraient à être punies par leurs supérieurs, comme elles

sujets capables de la rétablir, il en fit venir de Paris ; il ne regardoit point à la dépense, quand elle étoit nécessaire pour procurer le salut des âmes. Ce fut de Saint-Denis qu'il tira celles qu'il plaça dans la maison des Ursulines de Crevan ; ce furent aussi celles qu'il visita le plus souvent et qu'il soulagea d'aumônes plus abondantes. Il fit aussi fermer de hautes murailles le monastère des Bénédictines de Cône, et leur envoya de temps en temps de quoi les faire subsister. Il établit à Auxerre une communauté de filles de la Providence, de même qu'il avoit fait à Luçon (a). Dans le temps qu'on attendoit son arrivée à Auxerre, trois ou quatre religieuses d'une abbaye de son diocèse, trompées par le bruit qui s'étoit répandu que Nicolas Colbert étoit un prélat rigide et sans miséricorde envers les coupables, crurent avoir une occasion favorable d'exécuter le mauvais dessein qu'elles avoient contre leur abbesse dont elles ne pouvoient supporter la régularité, et l'accusèrent auprès de lui de crimes très-honteux. Le prélat tint l'accusation secrète et prit des mesures si sages et si sûres pour éclaircir le fait, que les accusatrices prévoyant que leur calomnie seroit découverte, prévinrent le jugement et se jetèrent aux pieds de leur abbesse pour lui demander pardon (b).

Il n'est pas étonnant qu'un prélat si attaché à faire l'aumône, n'eût fait aucune acquisition temporelle pour son évêché. Mais si, de ce côté-

---

l'avaient été déjà pour avoir permis à M. de Broc, qui visitait leur maison, d'y faire une petite exhortation. Elles en appelèrent à Dieu, au pape et au roi, de la vexation que l'évêque leur faisait éprouver. L'évêque fut obligé de céder, et il leur accorda jusqu'à Pâques pour consulter leurs supérieurs. Le grand Colbert se donna la peine de dire son avis à son frère sur cette question, et lui signala l'embarras dans lequel le texte du concile de Trente mettait les évêques en France. Le Père gardien des Cordeliers de la ville, confesseur des Clarisses et qui les appuyait dans leur résistance, ayant été tancé par le prélat, lui répondit par une lettre fort hardie qui dut bien le contrarier. On présume que l'affaire n'a pas tourné au profit de l'évêque. — Arch. de l'Yonne, $\frac{2.G}{16.}$ (*N. d. E.*)

(a) Les Bénédictines de La Charité étaient relâchées depuis quelque temps. En 1674 il remit en vigueur les statuts du Val-de-Grâce qui étaient tombés en désuétude. — Arch. de l'Yonne, $\frac{2.G}{17.}$ (*N. d. E.*)

(b) En 1673 il donna son approbation à l'établissement des Bénédictines de Saint-Fargeau déjà fondées depuis 1651. (*N. d. E.*)

là il ne fut d'aucune utilité à ses successeurs, c'est à lui qu'ils ont l'obligation de ce qu'ils peuvent rentrer aux Etats de Bourgogne. Nicolas Colbert se servit, dès le commencement de son épiscopat, de la protection du ministre, son frère, pour rétablir les évêques d'Auxerre dans la possession de ce droit, qui avoit été interrompue depuis plus de cent ans. Il obtint, par le même moyen, une décharge considérable des impôts dont les Auxerrois étoient accablés ; mais il ne la sollicita qu'après en avoir mûrement délibéré avec son conseil, et avoir reconnu qu'il le pouvoit à l'exemple de saint Grégoire, pape, et de saint Germain, le plus illustre de ses prédécesseurs ; cependant, pour être plus sûr de ne rien faire contre les règles de la justice, il demanda aux Etats un commissaire qui vint faire la visite. Il procura un semblable soulagement à la ville de Varzy, qui étoit aussi surchargée et accablée. Il n'entreprit aucun procès, soit pour faire revivre des droits douteux, soit pour réformer des abus. Il étoit ennemi de la procédure ; et loin de songer à former des contestations ou difficultés, il travailloit à accommoder les personnes qui en avoient les unes contre les autres.

Quand Louis XIV passa par Auxerre pour aller commander le siége de Besançon, le prélat reçut un accueil très-favorable de ce grand prince, qui lui dit en l'abordant : « Monsieur d'Auxerre, il faut bien vous venir voir, puisqu'on ne vous voit point à la cour. » Lui, de son côté, n'épargna rien pour faire au roi une réception digne de sa personne, et il se conforma à tout le cérémonial requis en pareil cas. Il n'oublia point cependant, en cette occasion, qu'il étoit évêque, et en voici la preuve. Sortant de l'appartement du roi, après s'être trouvé à son lever parmi ses courtisans, lorsqu'il passoit dans la cour de l'évêché pour retourner à la maison du bourgeois où il s'étoit retiré, il se trouva dans une circonstance très-délicate et embarrassante. On ne sait pas positivement s'il conféra alors avec son frère, le ministre, sur ce qui étoit arrivé. On présume seulement que ce fut ce qui donna lieu à ce ministre de lui conseiller de s'absenter, lorsqu'on sut que le roi devoit repasser par Auxerre et loger encore chez lui. Quand ce temps-là fut venu, il prit la route d'Orléans, et alla visiter le prieuré qu'il avoit à Nogent-le-Rotrou, au diocèse de Chartres. Il reçut aussi, une autre fois, M. le prince de Condé, qu'il traita d'une manière si splendide, qu'on s'aperçut qu'il étoit aussi magnifique dans les occasions extraordinaires, qu'il étoit économe et frugal dans sa dépense courante. Il ne pouvoit cependant s'empêcher de témoigner à ses amis qu'il auroit mieux aimé voir employer, aux besoins des pauvres, les sommes que lui coûtèrent ces passages ; et il proféroit à cette occasion cette sentence d'un psaume : *De necessitatibus meis eripe me, Domine.*

Le prieuré de Nogent, dont je viens de parler, fut le seul bénéfice qu'il garda avec son évêché ; mais il n'en retiroit rien, parce que tout le revenu étoit employé à relever les bâtiments ; et il faut savoir qu'il ne s'étoit réservé aucun bien de patrimoine. Il s'étoit défait du prieuré de La Charité-sur-Loire en faveur de l'abbé Colbert, son neveu ; et il y avait longtemps qu'il ne possédoit plus l'abbaye de Landais, en Berri, ni celle de Saint-Sauveur de Vertus, en Champagne. Le voyage qu'il fit au prieuré de Nogent, et celui de Paris, à l'assemblée du clergé à laquelle il fut envoyé par la province de Sens, l'an 1675, et un autre qu'il fit sur la fin du printemps de l'an 1676, sont les seules fois qu'il s'absenta de son diocèse pendant qu'il en fut évêque. Mais comme il avoit des vicaires-généraux très-vigilants, le diocèse ne souffrit aucunement de ces absences.

Entre les abus qu'il fit cesser durant son épiscopat, on doit compter la désertion générale où étoient les paroisses de la ville (*a*). Dès que le prélat eut parlé, on commença à fréquenter les églises paroissiales, non-seulement pendant la quinzaine de Pâques, mais encore pendant le reste de l'année. Il défendit les processions nocturnes et celles qui se faisoient dans des endroits éloignés de plus d'une lieue (1) de celui d'où l'on partoit, aussi bien que l'usage de sonner dans les églises durant toute la nuit, la veille de saint Jean et celle des Trépassés. On

---

(1) Ordon. Synod. 1674, pag. 28, 29.

(*a*) La cause de cet abandon des églises paroissiales venait des nombreuses confréries établies dans les communautés religieuses et de ce que les moines disaient des messes les dimanches et fêtes. Une note du temps, d'abus à corriger, qui existe dans les papiers de l'évêché, nous révèle ce fait. L'auteur ajoute sur un autre point : « Un deuxième abus est la devotion aisée et de fantaisie. C'est un genre de

doit encore mettre dans le rang des choses qu'il abolit sagement, la coutume par laquelle on souffroit à Auxerre, le dimanche de Quasimodo, une multitude innombrable de jeunes filles de douze à quinze ans, habillées en religieuses ou nonnes, qui précédoient la procession solennelle de ce jour, en chantant des cantiques de toute espèce. Etant informé de l'abus qui s'étoit glissé dans cet usage, il le retrancha entièrement. Il fit déclarer une guerre ouverte à l'usure qu'il avoit trouvée trop communément tolérée dans son diocèse. Cathérinot de Bourges fait mention, dans son Traité du prêt gratuit imprimé en 1679 (1), des brouilleries que cette matière causa dans le diocèse d'Auxerre. Cependant, on apprend, par une des décisions de M. de Sainte-Beuve (2), qu'il y eut certain cas où les missionnaires qu'il avoit employés, n'étoient pas outrés et qu'ils excusoient quelquefois les pénitents. Après les articles de foi, il ne croyoit aucun sentiment plus certain que celui qui enseigne que les chrétiens sont obligés de rapporter à Dieu toutes leurs actions par quelque mouvement de son amour. Il en étoit de même de la nécessité de l'amour de Dieu dans le sacrement de pénitence. Il refusoit ses pouvoirs à tous ceux qui croyoient l'attrition purement servile et sans amour de Dieu, suffisante pour convertir le pécheur et le réconcilier dans le sacrement. On a encore les informations qu'il fit faire contre un prédicateur qui osa débiter dans la cathédrale, en 1673, une doctrine relâchée sur cette matière. Sur la fin de sa vie, il fit un mandement contre les serments exécrables que les charbonniers, bûcherons, fendeurs de bois et mineurs, faisoient entre eux pour empêcher que leur profession ne devînt commune (a). Il n'y eut

---

(1) Pag. 88. | (2) Tome 2, cas 219.

vie du sexe féminin qui, pour se nourrir dans son humeur, passe une grande partie des matinées dans les églises pour éviter le travail quotidien... La cause vient que la plupart des réguliers estans ennuiez dans leur chambre, ou d'humeur à deviser avec le sexe, le nourrit dans cet esprit, sans faire qu'il le corrige d'une imperfection en dix ans. » N. d. E.)

(a) Les ouvriers travaillant dans les forêts étaient autrefois unis entre eux par des associations secrètes analogues au compagnonnage qui lie encore aujourd'hui les ouvriers d'art des villes, mais dont le caractère mystérieux devenait

qu'une seule chose à laquelle il ne put apporter de remède durant les quatre années de son épiscopat, savoir : les causeries et immodesties dans les églises. Il songea toujours aux moyens de les empêcher ; il en conféra même avec les curés dans le dernier synode qu'il tint ; mais quelque expédient qu'il eût pris, Dieu se contenta de sa bonne volonté.

Il avoit résolu de changer les chanoines réguliers de deux communautés d'Auxerre, quoiqu'il y en eût une des deux dont la réforme étoit toute récente. Mais voyant les obstacles qui se présentèrent à quelques pieuses tentatives, il laissa le reste à la providence divine. Ayant appris que sur la fin de l'épiscopat de Pierre de Broc, le magistrat séculier s'étoit ingéré de connoitre du fait des comptes de fabrique d'une des paroisses de la ville, il fit présenter, par le promoteur de son officialité, une requête au conseil privé du roi, qui cassa et annula le jugement du lieutenant-général d'Auxerre du 2 septembre 1670, et ordonna que les comptes des fabriques de tout le diocèse seroient examinés, clos et arrêtés par l'évêque ou par ses vicaires-géné-

---

redoutable par l'isolement de leur genre de vie et la situation écartée des lieux où ils travaillaient. Ils pouvaient, par le moyen de leur coalition, faire la loi aux propriétaires et aux marchands, commettre impunément des délits dans les bois, et assurer le secret le plus absolu à tous leurs méfaits. Ils avaient pour cimenter leur association des serments redoutables qu'un des adeptes n'eût pas violés sans punition exemplaire ; des signaux et des cris de ralliement à l'émission desquels chaqun d'eux devait marcher. Encore aujourd'hui il reste quelque chose de ces associations mystérieuses dans les grandes forêts, comme celles de Villert-Coterets et de Fontainebleau. Les bûcherons y ont encore une manière de frapper sur une douve de bois, de façon à se faire entendre de leurs frères la nuit à la distance d'une lieue, et à ce bruit tous accourent comme au tocsin. La trace de ces sociétés paraît être perdue dans notre département ; cependant la tradition en existe encore dans quelques communes de la Puysaie. Les associations secrètes que la politique a formée depuis trente ans en Italie et France sous le nom de charbonnerie avaient emprunté aux associations de bûcherons non-seulement leur nom, mais aussi leurs serments mystérieux et terribles et leur redoutable organisation.

Il faut remarquer sur le texte du mandement de Nicolas Colbert qui s'adresse aux mineurs comme aux autres ouvriers des forêts, qu'à cette époque (1673) subsistait encore dans le diocèse l'industrie métallurgique qui a laissé tant de ferriers dans nos bois et qui est aujourd'hui presque complètement éteinte dans cette contrée. (*N. d. E.*)

raux, archidiacres, official ou autres ecclésiastiques, avec défenses à tous juges royaux d'en connoitre, conformément aux déclarations de Charles IX, Henri III, Henri IV et Louis XIII.

Quoiqu'il eût visité une grande partie des reliques du diocèse, et particulièrement le trésor de l'église collégiale de Varzy qui en est richement fournie, on ne voit point qu'il en ait fait aucune translation d'une église en une autre, ni aucune distraction ; il laissoit les ossements des saints dans l'état où il les trouvoit, se contentant de les honorer, de les invoquer, et d'imiter leurs vertus autant qu'il pouvoit, réservant son revenu plutôt pour fournir des habits aux pauvres, que pour couvrir de feuilles d'argent ou autre matière précieuse les ossements qu'il trouvoit assez décemment renfermés. On sait que, bien loin d'avoir fait sortir hors du diocèse des reliques des saints tutélaires, il y en a apporté d'ailleurs, et qu'il employa dans les autels portatifs qu'il bénit en grand nombre les reliques des martyrs de Reims, dont on lui avoit fait présent lorsqu'il alla en cette ville sur la fin de l'an 1671. S'il ne fit distribution d'aucunes reliques des saints du diocèse d'Auxerre, qui soit venue à notre connoissance, il n'en supprima aussi aucune de celles qu'on lui présenta enchâssées avec décence, dans les églises où subsistoient encore les tombeaux des saints ou quelque autre titre de cette nature ; et il étoit trop instruit pour exiger des procès-verbaux ou autres attestations juridiques à l'égard des siècles où la coutume n'étoit pas encore d'en dresser.

Lorsqu'il arriva à Auxerre, il n'y avoit qu'un an que le diocèse étoit pourvu d'un nouveau bréviaire qu'on avoit été près de trente ans à composer. Il ordonna, par un des articles de ses statuts synodaux, qu'on s'en servit et que l'on se conformât au chant et cérémonies de la cathédrale, autant que faire se pourroit. Il avoit commencé à travailler lui-même à l'édition du missel qu'il se proposoit de publier ; et pour cet effet, il recherchoit à son temps de loisir l'origine des différences du missel d'Auxerre d'avec le romain, recherche nécessaire pour ne pas prendre le change. Il médita aussi une collection de statuts synodaux du diocèse, qui auroit paru sous le nom de *Synodicon*, en commençant par ceux de saint Aunaire et continuant jusqu'à son temps. Mais sa mauvaise santé et ses occupations ne lui permirent pas d'avancer extrêmement ces sortes d'ouvrages. Un chanoine sous-diacre, qui étoit en possession de prêcher et à qui le prélat avoit fait défense de continuer, à moins qu'il ne prit le diaconat, crut devoir s'éclaircir vers M. de Sainte-Beuve, touchant le droit qu'ont les diacres de prêcher au-dessus des sous-diacres, et en même temps il lui demanda ce qu'il pensoit d'une des cérémonies de la cathédrale d'Auxerre. Le docteur consulté, évita de donner une solution satisfaisante sur la cérémonie ; mais il approuva entièrement la démarche du prélat contre le sous-diacre (1). Il y eut aussi, de son temps, quelques chanoines qui essayèrent d'introduire des nouveautés dans les cérémonies de l'office, et tentèrent pour cela le suffrage du même docteur ; mais ce fut inutilement, on étoit alors très-attaché à l'observation des usages louables ; et si l'on ne pouvoit réformer les pratiques nouvelles introduites sous les trois ou quatre évêques précédents, on ne vit rien proposer de sa part qui fût de cette espèce. Son séminaire étant sur le pied des anciennes communautés, aucun des sujets qui en sortoit, n'étoit porté à introduire le changement dans les églises où il étoit bénéficier ; et l'on ne vit de son temps, ni supprimer les offices attachés aux bénéfices, ni placer aucunes parties de l'office canonial à des heures indues.

Voyant, en 1676, que depuis quatre ans qu'il étoit évêque, il n'avoit pas encore visité toutes les paroisses du diocèse d'Auxerre (a), qui ne montent qu'au nombre de deux cent dix ou douze, il résolut, après Pâques, d'avancer cette année-là l'œuvre de Dieu et de le mettre à sa perfection. Le carême qu'il avoit fait à l'ordinaire (2) l'avoit telle-

---

(1) Cas de conscience, t. 3, cas 141, 11 août 1672.
(2) Quelques-uns ajoutent ici la circonstance de la violence qu'il fut obligé de se faire au sujet d'un curé qui le quitta en le menaçant.

(a) L'évêque visitant à cette époque (1675) l'abbaye Saint-Laurent-lez-Cosne, la trouva dans un état complet de décadence. Quatre religieux la composaient, ils savaient à peine la règle de saint Augustin sous laquelle ils vivaient, et ne pratiquaient plus la communauté. L'église était en mauvais état, la nef et les deux ailes étant entièrement ruinées ; ce que les moines attribuaient aux guerres du temps de Charles VII. L'abbé commandataire, M. de Phelipeaux, s'étant plaint au prélat de leurs dérèglements, avait enfin obtenu qu'ils seraient obligés à l'observance de leur règle ; mais ce fut encore sans succès. — Arch. de l'Yonne, $\frac{2\ G}{13}$. (*N. d. E.*)

1672 à 1676. ment échauffé qu'il lui revenoit de temps en temps une hémorrhagie par le nez. On eut beau à lui représenter que ses forces diminuoient et que les chaleurs de l'été l'incommoderoient encore plus qu'il ne l'étoit, s'il entreprenoit la pénible fonction qu'il s'étoit proposée, il répondit qu'il étoit évêque et qu'il fallait persévérer dans le travail jusqu'à la fin ; de sorte que ses ecclésiastiques se virent obligés de seconder son zèle, et dire comme on lit dans les actes : « Cum ei suadere non possemus, quievimus dicentes : Domini voluntas fiat. » Il se ressentit de ses incommodités plus fortement qu'à l'ordinaire, dans un petit voyage qu'il fit à Paris, immédiatement après Pâques. En étant de retour, il ne se donna pas le loisir de reprendre ses forces, et il partit aussitôt pour ses visites. Une des premières fut celle de la ville de Coulanges-la-Vineuse, dont j'ai déjà parlé, où il distribua ce qui lui étoit resté d'argent. Il avoit eu un érésipèle à la tête dont il n'étoit pas encore entièrement guéri ; mais les besoins de son diocèse l'appelant du côté de La Charité-sur-Loire, il y fit renaître son mal par la fatigue qu'il essuya dans le voyage. Après qu'il eut passé les plus grandes chaleurs de l'été dans les fonctions apostoliques, la Providence divine le conduisit à Varzy pour s'y reposer et essayer d'y guérir son érésipèle. Il travailla d'abord à y établir un collége (a), et une communauté de filles pour l'éducation de la jeunesse. Pendant ce temps-là, l'insomnie augmenta, et il sentit que ses forces diminuoient de plus en plus. Un de ses curés l'étant venu voir alors, l'évêque se jeta à ses pieds, lui demanda d'être écouté en confession, alla ensuite lui chercher un siége, un surplis, et il commença, dès-lors, à se préparer au sacrifice de sa vie, quoique toutes ses actions précédentes eussent été autant de préparations à ce terrible passage. Les dames de Varzy souhaitèrent ardemment de s'employer tout entières au soulagement de leur pasteur et seigneur ; mais il refusa cette assistance pour mourir en l'unique

---

(a) On ignore sur quoi Lebeuf base ce qu'il avance de l'établissement d'un collége à Varzy par M. Colbert. On a vu, à la vie de M. de Donadieu, que cette institution existait déjà. — Une lettre de M. Chaseray, de l'an 1674, montre que l'évêque projetait alors une semblable institution pour la ville de Gien.—Archives de l'Yonne, $\frac{2\ G}{16}$ n° 2. (*N. d. E.*)

présence de Dieu. Une fièvre violente étant survenue, il fit sa dernière confession à deux d'entre les docteurs de Sorbonne qu'il avoit avec lui, qu'il pria de l'interroger parce qu'ils le connoissoient assez et qu'ils savoient ses devoirs, et il usa de cette voie à cause que la douleur de la tête l'empêchoit de s'appliquer autant qu'il auroit souhaité ; il les pria de ne le point épargner et voulut qu'ils lui déclarassent toutes les choses dans lesquelles il pouvoit avoir manqué pendant sa vie aux devoirs de son ministère. Après une telle revue de sa conscience, M. Louis, l'un des deux, qui étoit son confesseur ordinaire, lui donna l'absolution, et aussitôt il ébaucha un testament par lequel il léguoit à l'hôpital-général d'Auxerre les deux tiers de sa vaisselle d'argent, et l'autre tiers à l'hôpital des malades, et tous ses autres meubles à ses domestiques. Ensuite, voulant garder la bienséance sans affectation, il déclara de vive voix qu'à l'égard de sa sépulture il ne vouloit rien de trop simple ni rien de superflu ; mais il ne put achever ni signer ce testament. Son frère, le ministre, envoya un médecin de Paris qui ne put arriver assez tôt pour prévenir la suite de la maladie. Le médecin du pays assurant que le moment étoit précieux pour lui donner un remède, et que c'étoit l'abandonner que de différer, on ne put lui administrer le saint viatique. Le danger paroissant ensuite sans ressources et la guérison désespérée, ses domestiques entrèrent dans sa chambre, et s'étant mis à genoux autour de son lit, ils le prièrent de leur donner sa bénédiction, à quoi il répondit avec les sentiments les plus vifs d'humilité : « Comment oserai-je donner la bénédiction qu'on me demande, moi qui suis sur le point de subir le terrible jugement de Dieu, où je suis en danger de recevoir sa malédiction. » Un des chanoines, député du Chapitre de la cathédrale, pour lui témoigner la part que la compagnie prenoit à sa maladie, s'étant servi, dans son compliment, de termes tirés de l'histoire de la vie de saint Martin et attribués à ce prélat agonisant, il releva modestement la comparaison dont usoit ce député : « Monsieur, répondit-il, à Dieu ne plaise que j'ose me comparer à un si grand évêque, il faut être saint Martin pour parler comme lui. » On ne différa point de lui administrer le sacrement de l'extrême-onction, pendant qu'il avoit encore une pleine connoissance. Il déclara, au commencement de cette cérémonie, que s'il avoit su sa fin si proche, il se seroit bien mieux disposé à la consommer dans l'amour de Dieu ; et il ne pouvoit s'empêcher d'avoir toujours des reproches à se faire, disant qu'il est écrit : « Que celui qui est saint se sanctifie encore. » Après la réception du sacrement des infirmes, les convulsions survinrent, ses forces diminuèrent plus visiblement ; mais son visage ne fit rien paroître de chagrin pendant ses douleurs, on ne vit aucun mouvement déréglé pendant ses convulsions, et il proféra encore quelques paroles qui marquoient sa patience extrême et sa sagesse. Son agonie dura pendant près de douze heures, sans qu'on aperçût aucune posture ni aucun geste qui sentît l'impatience, et il mourut ainsi comme un autre Moïse dans le baiser du Seigneur, le samedi, cinquième jour de septembre, à neuf heures du matin, à l'âge de 48 ans.

Ce qu'on lui trouva d'argent à sa mort, n'alloit qu'à cent ou deux cents livres. Au lieu d'une somme plus considérable, on trouva dans son cabinet plusieurs instruments de pénitence. Alors, les personnes qu'il avoit obligées au secret, commencèrent à parler et à raconter ses aumônes secrètes et les différents genres de mortification dont il usoit. La ville d'Auxerre fut dans la consternation lorsqu'elle eut appris sa mort, et elle ne trouva matière de consolation qu'en ce qu'elle apprit que son corps seroit rapporté dans son enceinte comme avoit été celui de saint Germain. Le clergé alla processionnellement au devant du convoi jusqu'à la porte de la ville. Le charriot ayant été déchargé à l'entrée de l'église, il fut porté par les chanoines tortriers, chapelains et sacristains. Il fut inhumé, le 11 du mois, aux pieds des deux tombes qui sont au milieu du sanctuaire. On sent assez quelle perte ce fut pour l'Église, et quelle affliction pour son diocèse qu'une mort arrivée sitôt ; et ce fut avec bien de la raison que le docteur de Paris, qui fit son oraison funèbre le jour de son enterrement, appliqua au peuple d'Auxerre ce que saint Grégoire, pape, avoit dit de la ville de Syracuse : « Infelix plebs, quæ tantum pastorem diu habere non meruit. » Il y eut encore une seconde oraison funèbre, prononcée le 22 octobre suivant, dans la cathédrale, par le trésorier de la même église, et jamais on ne vit tant d'affluence qu'il y en eut pour entendre le panégyrique de ce saint prélat. On ne voit point de tombe sur sa sépulture ; mais, en 1713, M. Colbert, marquis de Torcy, son neveu, fit ériger le mausolée qui est au côté droit du sanctuaire, et l'a orné de l'épitaphe suivante :

« ÆTERNÆ MEMORIÆ

» Nicolai Colberti Autissiodorensis episcopi pastoris optimi et vigi-
» lantissimi. Is a pueritia Ecclesiæ dicatus, post humanarum litterarum
» studia scientiam sanctorum unice coluit. Inter delegatos cleri galli-
» cani, curam, industriam, peritiam suam omnibus probavit. Biblio-
» thecæ Regiæ custos, eam primus in meliorem formam reduxit. Ad
» episcopatum Lucionensem vocatus, aulæ, urbi, familiæ, amicis
» renuntiavit; sola pastorali sollicitudine occupatus, forma gregis
» factus, clerum et plebem exemplo, et verbi divini dispensatione, ad
» christianam vitam informavit; ad ecclesiam Autissiodorensem reluc-
» tans translatus, sui semper similis, non mundo, non suis, non sibi,
» sed Ecclesiæ et pauperibus vixit. Omnibus carus, in flore ætatis
» raptus, magnum sui desiderium gregi sibi commisso rarum sancti-
» moniæ episcopalis exemplum posteris reliquit. Obiit anno salutis
» MDCLXXVI. V. mensis septembris anno ætatis XLIX.

» Joannes-Baptista Colbertus, marchio Torciaci et Sabolii, regi a
» sanctioribus consiliis, actis et epistolis, ordinis Sancti-Spiritus can-
» larius, publici cursus magister, ex Carolo fratre nepos, patruo
» optimo et desideratissimo.

» P. C. »

FIN DE LA CINQUIÈME PARTIE.

MÉMOIRES

HISTORIQUES

SUR

LES ÉVÊQUES D'AUXERRE.

SIXIÈME ET SEPTIÈME PARTIES.

AVANT-PROPOS DES ÉDITEURS.

Le *Gesta Pontificum*, cette mine précieuse de l'Histoire ecclésiastique du diocèse d'Auxerre, s'est arrêté à la vie de M. Nicolas Colbert. L'abbé Lebeuf, par des raisons particulières, n'a pas écrit la vie du successeur de ce prélat. Les chanoines qui continuaient, à la mort de chaque évêque, la série chronologique des biographies d'après le *Gesta*, avaient aussi cessé d'y travailler. Ce n'est qu'en 1772 que M. Potel, docte chanoine de la cathédrale, écrivit la vie de messire André Colbert. M. de Caylus, dont l'épiscopat se passa presqu'en entier à combattre pour le jansénisme, reçut, après sa mort, l'honneur d'une histoire en deux volumes (1). L'épiscopat de M. de Condorcet fut raconté, en 1770, par un anonyme. Ces travaux nous ont servi de base. L'esprit dont ils sont imbus est évidemment partial; cependant les faits qu'ils renferment n'en sont pas moins intéressants. En y appliquant une critique impartiale dégagée de toute préoccupation des querelles qui ont tant divisé nos pères, nous avons pu, nous l'espérons, en extraire tout ce qu'ils contenaient de vrai et d'intéressant (2).

(1) Par M. l'abbé Dettey.
(2) Les chanoines ne perdaient pas de vue le projet de continuer le *Gesta*, on en parla notamment en 1702 et en 1772.
En septembre 1789, M. Frappier qui avait rédigé les biographies de MM. A. Colbert et de Caylus, remit, à six commissaires du Chapitre, parmi

Les Archives de l'Yonne, qui contiennent de nombreux documents sur l'Histoire ecclésiastique de l'Auxerrois, et les mandements de M. de Caylus, nous ont mis à portée de compléter ce que laissaient dans l'ombre les Mémoires dont nous parlons.

M. de Cicé, moins heureux que ses prédécesseurs, n'a pas eu de biographie. Cette lacune regrettable sera comblée, autant que possible, par les rares documents des archives publiques.

Après le rétablissement du culte, en 1801, le diocèse fut divisé en deux parties : l'une passa au diocèse de Nevers, l'autre à celui de Troyes. Nous laisserons de côté la première, qui s'étend dans le département de la Nièvre, pour suivre les vicissitudes de la seconde, qui est comprise aujourd'hui dans l'arrondissement d'Auxerre. Les mémoires du temps, et quelques renseignements officiels ou particuliers, nous ont servi à la composition de courtes notices sur les prélats qui ont successivement gouverné les débris de notre diocèse jusqu'à 1830.

---

lesquels se trouvaient MM. Vaultier et Arrault, un cahier de parchemin contenant ce travail et destiné à faire suite au *Gesta*.

Le registre des conclusions, qui parle de ce fait, ajoute que ces vies, et notamment celle de M. de Caylus, n'étaient pas approuvées par le Chapitre. On peut douter que les examinateurs aient exécuté leur mission, car la révolution ne leur en laissa guère le temps.

MÉMOIRES
HISTORIQUES
SUR
LES ÉVÊQUES D'AUXERRE.

SIXIÈME PARTIE,

Qui contient les actions des quatre derniers Évêques d'Auxerre, qui siégèrent depuis l'an 1676 jusqu'en 1801.

CHAPITRE Ier.

ANDRÉ COLBERT, CII^e ÉVÊQUE D'AUXERRE.

Peu de jours après la mort de Nicolas Colbert, on apprit que cet illustre prélat avait pour successeur M. André Colbert. 1676 à 1704.

André Colbert était fils de Charles Colbert, président au présidial de Reims, et de Marguerite de Mévilliers. Il était né dans cette ville en 1647. Dès l'âge de sept ans, ses parents voyant ses goûts pieux, lui firent embrasser la carrière ecclésiastique. En 1663 il fut pourvu d'un canonicat dans l'église de Reims. Après avoir fait de brillantes études à Paris, il fut reçu docteur en Sorbonne, le 5 novembre 1669.

L'évêque Nicolas Colbert, dont il était parent, l'appela auprès de lui et lui conféra une prébende dans la collégiale d'Appoigny. Nommé ensuite archidiacre d'Auxerre, il se distingua par ses prédications dans les paroisses de Molême et de Treigny. Le clergé du diocèse l'ayant élu pour son représentant à l'assemblée provinciale de Sens, en 1675, il y fut nommé député à l'assemblée générale du clergé.

Le diocèse ayant perdu son premier pasteur, l'abbé de Pierre-Basse, neveu de l'évêque P. de Broc, se mit sur les rangs pour lui succéder. Mais la réputation de savoir que s'était acquise l'abbé Colbert, jointe à l'appui du grand ministre du même nom, lui valut le siége d'Auxerre, et le roi l'y nomma le 15 septembre 1676. Les évêchés étaient alors une ressource dans la main des rois. Louis XIV, en donnant celui d'Auxerre à M. Colbert, le greva de plusieurs pensions et particulièrement d'une de 1,500 livres pour le docte abbé Baluze, qui était conservateur de la bibliothèque Colbertine (1).

A la mort de Nicolas Colbert, le Chapitre cathédral avait voulu exercer son droit d'administration pendant la vacance, en vertu de l'exemption de la régale.

Il avait pourvu aux services temporels et spirituels du diocèse, et, à cet effet, il avait nommé trois économes. Les dispositions prises par le Chapitre déplurent au nouvel évêque. Il fit signifier à la compagnie que le roi l'avait gratifié de l'économat. Le Chapitre fit des remontrances. Cependant l'évêque avait ordonné à M⁰ Panier, son homme d'affaires, de ne pas faire d'actes qui fussent trop hostiles au Chapitre. Mais la résistance de ce corps le mécontenta, et il obtint deux lettres de cachet pour trancher les difficultés. M⁰ Panier fut adjoint aux économes du Chapitre.

M. Colbert demeura jusqu'au mois de juillet 1678 à attendre ses bulles pour prendre possession. Pendant ce temps, les vicaires-généraux du Chapitre gouvernèrent le diocèse. Le 7 août 1677, ils lancèrent un monitoire à la requête des maire et échevins d'Auxerre, contre

---

(1) L'abbé touchait encore cette pension en 1703, suivant la mention qui est faite « d'une traite de 833 liv. au profit de l'abbé Baluze » dans l'inventaire après décès de M. de Colbert. — Archives de l'Yonne. $\frac{2\,G}{96}$.

certains malfaiteurs qui, depuis quelques années et notamment celle-là, commettaient des désordres dans la ville, couraient les rues pendant la nuit, escaladaient les jardins, brisaient les arbres et volaient les fruits et les fleurs.

Les bulles de M. André Colbert étant enfin arrivées de Rome, il fut sacré dans la chapelle de la Sorbonne, où il demeurait depuis deux ans, par M. de Harlay, archevêque de Paris, le 18 juillet 1678 (1).

Le 3 septembre suivant, on annonça à Auxerre l'arrivée du prélat. Il n'avait pas négligé les cérémonies ordinaires de prise de possession. Les quatre barons avaient été assignés pour faire foi et hommage, et pour porter l'évêque depuis l'église Saint-Germain jusqu'à la cathédrale. M. Louis de Boulainvilliers, chargé de la procuration de madame la maréchale de la Mothe, née Marie-Louise de Prie, se présenta pour prêter foi et hommage de la baronnie de Toucy. Il fut dispensé du portage. Le comte d'Auxerre, le baron de Saint-Verain, et M. de Colbert, baron de Seignelay, n'ayant comparu ni en personne ni par procureur, l'évêque fit toutes protestations pardevant notaires, pour la conservation de ses droits.

Malgré la prière faite par M. Colbert aux habitants d'Auxerre, de ne point le recevoir avec solennité, la milice bourgeoise, au nombre de 12 à 1,500 hommes, s'était mise sous les armes et formait la haie hors de la ville depuis la porte de Saint-Siméon. Les magistrats et le corps de ville reçurent le prélat en dehors des barrières. On remarquait à cette cérémonie le comte César-Philippe de Chastellux, qui, en sa qualité de chanoine héréditaire de la cathédrale, avait revêtu son costume historique (2).

A peine M. Colbert fut-il installé dans son siége épiscopal, qu'il voulut continuer l'œuvre de son prédécesseur pour la réforme des graves abus qui s'étaient introduits dans le diocèse. Le 15 décembre 1678, il adressa au clergé un mandement où il déclarait qu'il voulait connaître la capacité de tous ceux qui seraient employés dans le saint ministère. Il prescrivit, en conséquence, à tous les prêtres

---

(1) Il ne prêta serment de fidélité au métropolitain que le 25 septembre 1679.
(2) 5 et 6 sept. 1678.

de se présenter devant lui pour recevoir ses ordres, révoquant en même temps toutes les permissions de prêcher et de confesser qu'ils avaient pu obtenir jusque-là. Dans un synode ouvert le 18 avril 1679 il renouvela les ordonnances de son prédécesseur, et on y arrêta les bases d'un règlement sur l'administration des sacrements.

Cette assemblée élut alors M. Chrétien, grand-vicaire de l'évêque, en qualité de député à la chambre ecclésiastique (1), et M. Marpon, prieur-curé de Saint-Amatre, comme syndic du clergé.

Peu de temps après, M. Colbert confirma l'élection, qu'avait faite le Chapitre, de M. Toussaint Leclerc, chanoine-diacre, à la dignité de chantre de l'église cathédrale.

Les états de Bourgogne ayant été convoqués le 14 août 1699, M. Colbert y fut choisi pour l'élu du clergé.

C'est pendant la tenue de cette assemblée que l'évêque d'Autun fit exécuter l'arrêt du Conseil du 8 avril 1658, qui l'avait maintenu dans le droit de présider les Etats et d'y précéder tous les évêques qui y avaient entrée, quoique plus anciens en sacre. Nicolas Colbert avait bien protesté, mais cette fois l'évêque d'Autun fit observer que l'arrêt avait été exécuté pendant plus de vingt ans sans réclamations. M. André Colbert garda le silence, et la prérogative des évêques d'Autun fut consacrée jusqu'à la révolution.

M. Colbert, nommé élu du clergé dans l'assemblée générale tenue à Saint-Germain-en-Laye, au mois de mai 1680, fut chargé de faire, à Louis XIV, des représentations sur l'état des affaires religieuses. On était alors vivement divisé sur les questions du jansénisme et des libertés gallicanes. Le prélat, après avoir assuré le roi du dévouement du clergé, lui parla de la nécessité des conciles provinciaux pour la réforme de la discipline et des mœurs. Il lui rappela encore qu'il était le bras de l'Eglise, l'instrument temporel de la volonté divine.

---

(1) M. Chrétien, qui avait obtenu par son mérite toute la confiance de l'évêque et était devenu archidiacre de Puisaye, encourut plus tard sa disgrâce et fut exilé à Tréguier par lettre de cachet. M. Potel dit que cet exil fut pour M. Chrétien une espèce de triomphe. D'un autre côté, le Chapitre protesta en refusant de suppléer l'office d'archidiacre lorsque l'évêque officiait.

Louis XIV, alors tout puissant, avait déclaré que le droit de régale lui appartenait dans tous les évêchés du royaume. Un petit nombre d'évêques réclamèrent. Ils furent soutenus vigoureusement par le pape qui accusa le roi de violer les droits de l'Eglise. L'assemblée du clergé de 1682, à qui l'affaire avait été renvoyée, s'empressa de proclamer les droits du roi et consentit à l'extinction de la régale partout. L'évêque d'Auxerre céda alors, sans réclamer, une des plus belles prérogatives de son église.

Les dispositions, si favorables aux intentions du roi, de l'assemblée du clergé de 1682, se révélèrent encore mieux par la fameuse déclaration des quatre articles devenus célèbres dans l'histoire. M. Colbert y donna son adhésion entière.

Il ne paraît pas avoir pris une part active aux affaires générales après l'assemblée de 1682. Il se concentra dans les soins de l'administration de son diocèse et s'y dévoua tout à fait. La suite de l'histoire de son épiscopat est tout entière dans les mesures qu'il ne cessa de prendre pour l'amélioration de ses ouailles et la discipline de son clergé.

Esprit fin et délicat, M. Colbert avait une connaissance solide de l'histoire, et l'auteur de sa vie (1) nous le dépeint comme un amateur éclairé des lettres et des beaux-arts. Il goûtait surtout la musique (2). Il était somptueux et magnifique dans l'occasion, quoique vivant ordinairement d'une façon fort réglée. Ses manières distinguées donnaient à sa réception le meilleur air. Son goût pour la bâtisse le porta à embellir son palais épiscopal et son château de Régennes (3).

Lorsque Louis XIV passa à Auxerre, le dimanche 30 mai 1683,

---

(1) L'abbé Potel.
(2) Santeuil était souvent reçu dans son palais.
(3) On voit par l'inventaire dressé à sa mort, en 1704, que le palais épiscopal était richement meublé et décoré de tapisseries. Il y avait dans les écuries six chevaux de carosse et trois de selle, et dans les remises deux carosses garnis. Le jardin était orné, entr'autres arbustes, de 26 caisses de lauriers blancs et roses, et de 33 orangers. — Archives de l'Yonne $\frac{2\ G}{36}$.

pour aller au camp de la Saône, M. Colbert trouva l'occasion de montrer sa magnificence, et le roi lui en fit compliment. Il reçut le prince avec toute sa suite ; parmi les dames qui accompagnaient la reine, on voyait mesdames de Montespan et de Maintenon. Pendant la réception faite au roi et à laquelle assistait le Chapitre, ce prince fut frappé du costume singulier que portait l'un des chanoines, M. de Chastellux, revêtu de son costume mi-parti militaire et ecclésiastique. Les courtisans, comme le roi lui-même, étaient fort intrigués de ce qu'ils voyaient. Louis XIV s'étant fait expliquer la raison de cet usage, apprit que c'était un souvenir de la concession d'un canonicat accordé par le Chapitre à Claude de Beauvoir, en 1423, lorsqu'il eut rendu à l'église d'Auxerre la ville de Cravan qu'il avait reprise pour le duc de Bourgogne et défendue ensuite dans un long siège contre les troupes de Charles VII.

On rapporte que Louis XIV complimenta M. de Chastellux sur la prérogative dont il jouissait, et qu'il répondit aux courtisans qui plaisantaient : « Ne badinez pas, Messieurs, il n'y a aucun de vous qui ne » dût se faire honneur d'un pareil titre. »

Le lendemain le roi quitta Auxerre après avoir entendu la messe dans la cathédrale.

Peu de mois après, la mort vint frapper cruellement deux des hôtes qu'avait reçus M. Colbert. La reine mourut le 30 juillet, après trois jours de maladie. Le grand Colbert succomba également le 6 septembre, à l'âge de 64 ans. Des services solennels furent célébrés en l'honneur des illustres morts. L'abbesse des Bernardines, sœur de M. de Colbert, fut la première à lui payer le tribut de sa douleur et de son affection, par un service auquel assistèrent toutes les autorités, le 10 et 11 septembre.

Nous avons dit que M. André Colbert avait consacré sa vie à l'amélioration de ses diocésains. Ses nombreuses visites des paroisses et des monastères nous apprennent l'état du diocèse à cette époque.

Parmi les usages superstitieux qui subsistaient encore, l'abbé Potel parle de la vénération qu'on attachait dans certains lieux à des vases de cuivre conservés dans les églises comme des reliquaires. On trouvait aussi, dans quelques paroisses, des pintes d'étain et des verres qui servaient aux ablutions des communiants. Les mariages étaient souvent l'objet de cérémonies burlesques. Les invités allaient offrir des présents à la mariée qui les recevait dans un fauteuil, tenant un cierge à la main ; et tout se terminait par un salut que chacun lui faisait aux dépens de la pudeur.

Les funérailles étaient aussi l'occasion de pratiques étranges et contraires à l'esprit de l'Eglise. Les sorciers étaient encore l'objet de la croyance populaire. En 1696, deux hommes et trois femmes de Montigny, accusés de sorcellerie par leurs concitoyens, se soumirent à l'épreuve de l'eau pour se purger de cette imputation. Acte fut dressé pardevant notaire, en présence de plus de deux cents personnes des villages voisins. On plongea les accusés dans le Serain, au-dessus du gué du Bas-des-Pierres, près de l'abbaye de Pontigny, les mains et les pieds liés. Trois d'entre eux enfoncèrent dans l'eau et les deux autres surnagèrent ; ce qui fut gravement constaté par le notaire (1).

M. Colbert proscrivit, par zèle pieux, toutes les statues de saint Martin et de saint Georges à cheval et les fit remplacer par un tableau de la résurrection. Cette tendance anti-archéologique, qui se développa de plus en plus pendant le xviiie siècle, causa la destruction de beaucoup d'antiquités curieuses. L'intention morale qui dictait ces proscriptions était bonne sans doute, mais on doit en regretter les excès.

Les fêtes et les processions servaient de prétexte à des scènes qui rappelaient le moyen-âge. A Clamecy, les individus qui avaient fait le voyage de Saint-Jacques-de-Compostelle assistaient à la procession de la Fête-Dieu en habit de pèlerin avec le roquet et le bourdon.

A Varzy, on voyait encore dans cette même fête les douze apôtres que figuraient autant de personnages revêtus d'aubes et d'ornements d'église (2).

M. Colbert supprima ces usages ridicules, et donna une meilleure direction à la piété des populations.

Il savait que plus le peuple est éclairé, mieux il comprend

---

(1) *Voy.* aux Preuves de ces Mémoires, t. iv, n° 476.
(2) Cet usage qui remontait au moyen-âge était très-répandu dans les paroisses.

le respect dû aux choses saintes. Dans le synode de 1683, il recommanda particulièrement à son clergé l'instruction de la jeunesse et surtout celle des pauvres et des bergers, qu'il exhortait les curés d'aller chercher dans les champs s'ils négligeaient de se rendre aux leçons. Beaucoup de paroisses de la campagne manquaient de maîtres d'école ; il mit tous ses soins à en augmenter le nombre (1). Les ordonnances publiées dans le synode de 1689 sont empreintes d'un grand esprit de sagesse. L'évêque y prescrit des règles pour la célébration des mariages, l'emploi des deniers des fabriques, l'observation du dimanche, l'instruction religieuse à donner par les curés. Il leur recommande la réserve dans les fêtes paroissiales. Il proscrit certains abus superstitieux comme de porter le saint-sacrement aux incendies, de donner le baptême aux enfants morts-nés. Dans l'assemblée du clergé de 1695, furent arrêtées définitivement les ordonnances synodales préparées dans les réunions antérieures. Elles ont été observées jusqu'à celles que fit M. de Caylus en 1738.

Le roi voulait faire disparaître toute trace du calvinisme dans ses états : poussé dans cette voie par madame de Maintenon, il ordonna, par une déclaration du 13 décembre 1698, qu'il serait établi partout des maîtres d'école catholiques. Le questionnaire adressé à ce sujet par l'évêque aux curés nous révèle l'état peu avancé du diocèse sous ce rapport. Sur 67 paroisses, 30 seulement sont pourvues d'instituteurs (2).

Le zèle de M. Colbert pour la conversion des réformés n'avait pas attendu les ordres officiels du roi. Dès l'année 1679, il consultait, à Paris, un M. Peu sur ce projet. Celui-ci lui répond très-sagement : « que c'est un ouvrage de Dieu des plus difficiles ; pour y réussir, il » faut que la réputation soit bien établie pour la piété et l'érudition et » beaucoup de charité. » Il conseille à l'évêque d'aller résider lui-même sur les lieux et d'y appeler des ouvriers sages et doctes ; et quoique

---

(1) On voit qu'à cette époque il était défendu de tenir des écoles privées ou publiques sans la permission de l'évêque. — Arch. de l'Yonne 2 G L. 19, n. 3.

(2) Les réponses des curés ne sont pas toutes parvenues à l'évêché, puisque sur 210 paroisses 67 seulement figurent dans le dossier.

l'opiniâtreté paraisse fort grande, il attirera la bénédiction de Dieu sur ses travaux (1).

Dès ce moment, la conversion des protestants des villes de la Loire fut la préoccupation de M. Colbert. Au mois de septembre 1683, il adressa, par ordre du roi, à ceux de La Charité, l'avertissement pastoral fait par l'assemblée générale du clergé. Les réformés étaient réunis au Crot-Guillot où se tenait le consistoire (2). Le ministre Boju reçut poliment les envoyés parmi lesquels étaient le prieur de l'abbaye Saint-Père d'Auxerre, le curé de Sainte-Croix de La Charité, l'intendant d'Orléans et deux notaires. La lecture de l'avertissement pastoral fut écoutée en silence, après que le ministre eut protesté de son profond respect pour le roi, et de l'injustice des persécutions dont les réformés étaient l'objet. Le ministre répondit ensuite : « Ce » que nous avons à dire maintenant, c'est que les conversions sont » l'ouvrage du Saint-Esprit, c'est du ciel qu'il faut les attendre, nous » espérons de la bonté du roi qu'il ne nous obligera jamais à des choses » contre notre conscience. »

Après la révocation de l'édit de Nantes, en 1685, les mesures prises pour la conversion des réformés, affectèrent une forme officielle et administrative qui était loin de la charité évangélique (3). En vertu de l'édit, on démolit les temples, l'exercice de la religion réformée fut défendu ; les prédicants refusant d'abjurer furent exilés. Les écoles des réformés furent abolies et leurs enfants baptisés et élevés dans l'église romaine. On voulut bien leur permettre encore la liberté de conscience jusqu'à ce qu'il plût à Dieu de les éclairer.

Cependant, il ne paraît pas que M. Colbert ait usé de la rigueur qu'on reproche avec raison au gouvernement de Louis XIV. Les

---

(1) Arch. de l'Yonne, pièces sur les réformés.

(2) Suivant un mémoire du XVIIe siècle, le Crot-Guillot, situé à une lieue de La Charité, sur la terre de Passy, n'aurait commencé à servir de prêche qu'après l'édit de Nantes. Les réformés s'assemblèrent d'abord sous un arbre, puis dans une grange, et ils ne firent bâtir leur temple qu'en 1653.

(3) En 1687, l'intendant d'Orléans payait les missionnaires aux frais du roi, mais d'une manière si mesquine que quelques-uns n'avaient que 20 sous par jour. — Arch. de l'Yonne $\frac{2\ G}{L.\ 5,\ n.\ 1}$.

mesures qu'il avait prises dès avant l'édit royal l'en dispensèrent.

L'histoire de sa vie nous apprend qu'il travaillait lui-même à ramener les réformés dans le sein de l'Église. Des familles entières abjuraient. Les villes de Cosne, Gien, La Charité, n'oublieront jamais qu'elles sont redevables à M. Colbert de la réunion de la plupart de leurs citoyens (1). Parmi ses coopérateurs les plus dévoués, on cite MM. Marie, son grand-vicaire, pénitencier de la cathédrale (2), et l'abbé Jegou de Kervilio, qui fut depuis évêque de Quimper.

Cependant, on voit bien par la physionomie des rapports faits à l'évêque sur l'état des esprits, que les *nouveaux convertis*, comme on appelait les réformés qui avaient abjuré, n'avaient pas toujours renoncé du fond du cœur à leur foi première. Quelques-uns disent même « que leur abjuration n'a pas été volontaire et qu'ils la considèrent » comme un grand péché. » Ceux de Gien ne pratiquaient pas leurs devoirs religieux et conservaient des rapports avec les réformés émigrés.

M. Colbert ne négligeait pas, d'un autre côté, la surveillance des monastères ou des églises collégiales de son diocèse. Ses nombreuses visites étaient marquées par des mesures d'ordre et des améliorations que réclamait l'état des maisons religieuses, régulières ou séculières.

Son Chapitre lui offrit tout particulièrement l'occasion de se prononcer sur une question importante. Il existait, depuis la fin du xive siècle (3), une institution de douze prêtres qu'on appelait chanoines tortriers et dont les fonctions étaient de suppléer les grands chanoines, soit au chœur, soit à la lecture des leçons. Les prérogatives de ces chanoines étaient bien moindres que celles des autres. Ils devaient résider continuellement et ne pouvaient s'absenter plus d'un mois sans la permission du Chapitre. Ils n'avaient aucune part aux délibérations capitulaires. Ils n'accompagnaient pas le Chapitre lors des visites aux princes et autres personnes de considération. Leur part, dans les distributions, était de moitié moindre que celle des grands chanoines, etc.

---

(1) L'abbé Potel, p. 44.
(2) M. Marie prononça, dans la cathédrale, l'oraison funèbre de la reine Marie-Thérèse d'Autriche, le 2 octobre 1683 (M[ss] bibl. d'Auxerre, n. 76).
(3) *Voy.* ci-dessus à la vie de G. d'Estouteville, p. 7.

Cependant, en 1649, un sieur Filey, semi-prébendé, éleva des prétentions contraires au sujet de l'obligation de la desserte, et demanda la réunion des douze semi-prébendes en six, attendu la médiocrité des revenus de son canonicat. D'incidents en incidents, le procès porté au parlement dura jusqu'en 1686 ; alors l'évêque nommé commissaire pour prononcer en dernier ressort, condamna le sieur Filey sur tous les points, et maintint le Chapitre dans tous ses droits, conformément à la bulle du pape Clément VII, de l'an 1384 (1).

En 1682, il régla les différends qui existaient depuis longtemps entre les chanoines de Gien et le curé de Saint-Laurent de la même ville, au sujet de la portion congrue et de l'autorité du Chapitre. Les droits des chanoines furent maintenus, mais ils durent payer la portion congrue au curé et à son vicaire, attendu que les biens de la cure avaient été réunis au Chapitre en 1669. Les collégiales de Donzy (1683) et de Clamecy (1684), reçurent également de nouveaux statuts dans un article desquels il leur était recommandé de se conformer aux usages de la cathédrale. Il en donna à celle de Gien en 1699.

La collégiale de Saint-Laurent de Cosne jouissait d'un revenu modique. Déjà, en 1640, M. de Broc avait réduit de 12 à 10 le nombre des prébendes, et en 1653 lui avait donné des statuts nouveaux. M. Colbert supprima encore deux prébendes le 1ᵉʳ juillet 1683. Il visita alors le couvent des Bénédictines de Cosne. A la demande des directeurs du canal de Briare, il érigea, la même année, en cure, l'église de Champoulet, en faisant distraction à cet effet d'une partie de la paroisse de Batilly.

Les chanoines de Varzy tenaient une conduite peu édifiante et tracassaient le curé. M. Colbert fit une information contre eux en 1684. L'abbaye de Crisenon n'avait pas non plus, à la fin du XVIIᵉ siècle, une ré-

---

(1) Mém. sur l'origine des semi-prébendés, par M. Viart. — On voit encore qu'il était défendu aux semi-prébendés de porter des aumusses grises, et que les leurs devaient être d'un gris plus uni et plus marqué de roux. Le côté blanc herminé devait être barré et mêlé de pointes de petit gris de 9 à 10 pouces de long sur 4 de large. Ils ne devaient point avoir de bandes de velours ou d'autres étoffes sur le devant de leurs chapes d'hiver, non plus qu'en aucun temps la soutane violette.

putation bien exemplaire. L'abbesse, Mme de Romainval, avec une religieuse bénédictine de Nantes nommée Mme d'Hairval, menaient la vie la plus scandaleuse. Les plaintes adressées à l'évêque par de vieilles religieuses désolées de ces désordres, nous révèlent des mœurs honteuses (1). Les Urbanistes d'Entrains, qui n'étaient plus que quatre, furent supprimées en 1688, et leur maison fut réunie à l'abbaye des Isles.

Les institutions de charité prenaient à cette époque un développement plus considérable que jamais. M. Colbert favorisa de tout son pouvoir ces tendances dans son diocèse. Il institua ou approuva les confréries des dames de charité dont le but était le soulagement des pauvres et des malades, notamment à Clamecy (1684), La Charité et Donzy (1688), Gien (1693). La paroisse de Saint-Père d'Auxerre que le curé dépeint comme la retraite ordinaire des indigents et comme renfermant un grand nombre de pauvres gens « souffrant de grandes disettes, pour ne pas dire qu'ils meurent quasi de faim faute de secours » (2), reçut aussi sous son épiscopat cette utile création. Ces confréries, qui remplaçaient plus utilement d'autres associations de métiers dites des *bâtons* (3), étaient devenues nécessaires dans ces temps malheureux où l'excès des tailles avait ruiné les populations. La religion prenait sous son patronage ces pieuses fondations qui s'accomplissaient par des dames veuves ou des demoiselles âgées pour lesquelles c'était une espèce de profession religieuse.

Les hôtels-dieu et les maladeries avaient éprouvé, en 1672, une grave atteinte dans leur existence. Le roi étant informé qu'un très-grand nombre de ces maisons étaient mal gérées et servaient plutôt à faire vivre des parasites qu'à subvenir aux besoins des pauvres et des malades, les réunit à l'Ordre de Notre-Dame du Mont-Carmel, qui devait être chargé de leur administration. De nombreuses réclamations

---

(1) Arch. de l'Yonne $\frac{2\ G}{}$

(2) Arch. de l'Yonne $\frac{2\ G}{L.\ 20.}$

(3) La statue du saint patron était, dans le moyen âge, portée au bout d'un bâton dans une niche ornée. C'est ce qui fit donner à ces associations le surnom de *bâtons*. On adjugeait les bâtons aux enchères, le jour de la fête du saint; ce qui donnait lieu à de grands abus.

s'élevèrent contre cette mesure qui nuisait aux hôpitaux et aux pauvres ; enfin, en 1693, un édit modifia cet état de choses.

Dans chaque intendance, des fermiers furent provisoirement chargés de la gestion des biens. En ce qui concerne le diocèse d'Auxerre, la réorganisation du service de charité eut lieu peu après (1). Une déclaration du roi, du 12 décembre 1698, avait prescrit la formation dans chaque hôtel-dieu, d'un bureau de direction qui devait être composé des premières autorités judiciaires et municipales; le curé en faisait partie de droit. Les habitants élisaient aussi un certain nombre de membres tous les trois ans. L'évêque étant à La Charité, le 17 juillet 1699, fit procéder, par l'assemblée générale des habitants, au choix des membres éligibles du bureau de l'hôtel-dieu. Le 25 novembre suivant, il opéra de même à Varzy. L'hôtel-dieu de cette ville avait été rétabli par édit du 10 septembre 1695, avec union des maladeries de Varzy et d'Entrains. L'hôpital de Clamecy fut alors restauré, dans le faubourg de Bethléem, par les habitants et le Chapitre de la ville. Cette maison avait plus de six cents ans d'existence. On y réunit, en 1695 les maladeries de Clamecy, de Druyes et de Corvol. L'hôtel-dieu de La Charité fut aussi, en 1690, transféré dans les nouveaux bâtiments construits aux frais des habitants. L'ancien était au-dessus du grenier à sel et ne se composait que d'une seule salle où les malades étaient plusieurs dans chaque lit.

L'hôpital de Coulanges-les-Vineuses fut rétabli par arrêt du conseil privé du 4 mai 1697. On y réunit les biens des maladeries de Mailly-le-Château, Mailly-la-Ville, Cravan et Saint-Cyr. L'évêque avait fait un travail pour proposer la réunion des maladeries et léproseries devenues inutiles aux hôpitaux les plus voisins. Cette mesure fut exécutée en grande partie. Les hôtels-dieu étaient obligés de recevoir les malades des lieux où il y avait des maladeries, à proportion des revenus de ces établissements (2). En 1690, M. Colbert autorisa la dédicace de la cha-

---

(1) Cette mesure ne tarda pas à être très-nécessaire, car la misère devint si grande dans la campagne au printemps de 1699, que les paysans étaient réduits à vivre de racines et de son. — Reg. du Chapitre d'Auxerre, mélanges divers, II, 84.

(2) *Voy.* Preuves, t. iv, n° 475.

pelle du nouvel hôtel-dieu de La Charité. Cette maison venait d'être reconstruite par les habitants.

L'organisation complète de l'hôpital général d'Auxerre fut une œuvre qui occupa beaucoup la sollicitude de M. Colbert. Fondé par son prédécesseur avec le concours de la ville qui l'avait prié d'en prendre l'administration, cet établissement, ouvert en 1673, n'était pas dans un lieu convenable (1). L'évêque, qui assistait très-souvent aux réunions du bureau d'administration tenues dans son palais, fit tous ses efforts pour obtenir sa translation sur un emplacement plus spacieux. Des terrains voisins de la chapelle Notre-Dame-de-Lorette, située hors de la porte Saint-Siméon, furent achetés. Les bâtiments furent construits en deux années et coûtèrent 16,200 liv. Le 23 juin 1686, M. Colbert fit la bénédiction solennelle du nouvel hôpital dans lequel les pauvres avaient été transférés la veille. Le prélat, qui avait fait bâtir à ses frais le portail de la maison, désirait y placer les armes du roi et celles de la ville. Sur le bruit de ce projet, le maire d'Auxerre, M. Billard, provoqua une délibération du corps municipal, pour faire mettre aussi une inscription portant ces mots : *Hôpital général fondé par la ville d'Auxerre.* L'évêque et le bureau d'administration s'y opposèrent. L'affaire prit des proportions considérables ; le duc d'Enghien, gouverneur de Bourgogne, à qui on avait demandé la permission de placer aussi ses armes sur le portail, et qui écoutait volontiers M. Billard, penchait pour son projet. Enfin, après de longs pourparlers, il fut décidé qu'on placerait au milieu du portail les armes du roi, celles de la ville au-dessous, et sur une plaque de marbre qui existe encore, les mots *hôpital général*. Les armes du duc furent mises sur les deux côtés du portail, et, un peu au-dessous, celles des deux évêques du nom de Colbert (2). M. André Colbert, quand il mourut, donna encore une nouvelle marque de son intérêt pour cet établissement, en lui léguant une somme de 8,000 liv.

---

(1) Il occupait une maison dans la rue du Pont. Les pauvres, entassés dans des chambres mal aérées, avaient contracté le scorbut en 1679. On avait voulu envoyer les malades dans une maison du faubourg Saint-Julien. Alors les habitants du quartier s'ameutèrent et jetèrent violemment les meubles dehors. Il fallut l'intervention du bailliage pour rétablir l'ordre.

(2) Arch. de l'Yonne, Reg. de l'hôpital général.

Le séminaire diocésain fondé par M. Nicolas Colbert et qui fut dirigé jusqu'en 1682 par M. Habert, docteur en Sorbonne, reçut une nouvelle institution. Les Pères de la Mission en furent chargés et l'évêque leur donna la maison où était le séminaire, dans la paroisse de Saint-Loup. Le clergé du diocèse contribuait alors annuellement pour 3,000 liv. aux dépenses du séminaire.

Les registres des ordonnances épiscopales nous apprennent encore plusieurs faits d'administration qu'il ne faut pas passer sous silence. Pendant la visite de l'année 1693, M. Colbert fit à Gien la dédicace de la nouvelle église paroissiale de Saint-Louis, construite par les habitants, partie avec les matériaux du temple des protestants démoli après la révocation de l'édit de Nantes, et partie avec l'argent provenant des revenus du consistoire de Gien. Il réserva, cependant, à l'ancienne église de Saint-Pierre, son titre de primauté, et voulut que le curé de Saint-Louis y célébrât à certains jours l'office divin. Il fit aussi, dans cette même année, le jour de l'Ascension, la dédicace de l'église de Saint-Pierre-en-Vallée d'Auxerre. Ce monument, bâti aux frais des habitants de la paroisse, quoique achevé du temps du cardinal Richelieu, n'avait pas encore reçu la consécration.

Les reliques de saint Prix, conservées dans l'église de Saints-en-Puisaye, furent l'objet de plusieurs ordonnances. Après une translation faite le 9 juin 1686, l'évêque approuva la distraction de quelques portions d'ossements en faveur de Frères-Mineurs de Paris; (juin 1687) et du curé de Fontainebleau, (30 janvier 1688).

Le 1er août 1688, l'évêque se transporta à Pontigny pour bénir le nouvel abbé, frère Oronce Finé de Brianville. Le 25 septembre de l'année suivante, il consacra sa sœur Hélène Colbert en qualité d'abbesse de l'abbaye des Isles. Les Providenciennes d'Auxerre, d'abord appelées Filles de l'Union, dont l'origine remontait à 1655 (1), obtinrent sous M. Colbert des lettres-patentes. Elles étaient vouées à

---

(1) Deux dames pieuses, Anne Petit et Marie Gautier, se vouèrent alors à recueillir les pauvres filles d'Auxerre, pour les sauver de l'oisiveté et les former à la piété. Elles agrandirent peu à peu leur maison et reçurent des demoiselles pauvres et orphelines, puis elles formèrent une école pour les enfants de la ville. Leur but

l'instruction des jeunes filles. M. Colbert leur donna un règlement fort étendu.

Le Chapitre cathédral, ce corps antique et puissant, gardien né des traditions de l'église d'Auxerre, avait eu avec M. Colbert, au commencement de son épiscopat, des difficultés pour l'exercice de ses droits de régale. En 1687, l'omission, dans un mandement, de la formule *après en avoir conféré avec nos vénérables confrères*, avait failli amener une grave perturbation dans les bons rapports qui régnaient entre le prélat et le Chapitre. Les représentations du Chapitre éclairèrent l'évêque sur l'irrégularité de sa prétention et l'omission fut réparée. L'année suivante, autre obstacle à propos d'une cérémonie dans la cathédrale, où l'évêque fut encore obligé de céder aux vieux usages. On peut supposer toutefois, sans aller trop loin, que M. Colbert avait gardé souvenir de ces discussions, lorsqu'en 1693 il obtint, du conseil d'Etat, un arrêt qui interdisait au Chapitre d'ordonner aucune cérémonie religieuse sans l'assentiment de l'évêque ou de ses grands-vicaires. De plus, le Chapitre fut condamné à lui faire des excuses, par une députation de douze de ses membres, de ce qu'il avait prescrit plusieurs processions sans l'en informer.

Cette affaire jeta de la froideur entre l'évêque et le Chapitre. L'auteur de sa vie, chanoine de la cathédrale, blâme, bien entendu, la conduite de M. Colbert. Il accuse son entourage de l'avoir poussé à porter atteinte aux usages et à la juridiction du Chapitre, et met sur le compte de sa vivacité la persistance qu'il montra dans ces affaires. Ses projets de composer un nouveau bréviaire et un missel, furent, par suite de ses relations avec le Chapitre, indéfiniment ajournés. Ce corps renfermait alors des hommes éminents, car les Pères Cordeliers, tenant leur Chapitre général à Auxerre, en 1690, lui demandèrent la permission de lui dédier une thèse qui serait soutenue par un de leurs docteurs, ce qu'il accepta. Et, pour reconnaître cette déférence, le Chapitre envoya cent livres aux frères mendiants (1). Le Chapitre

fut toujours l'enseignement gratuit. Les filles des *nouveaux convertis* étaient placées dans cette maison. Les Providenciennes avaient des succursales dans plusieurs villes du diocèse, à Vermanton, à Clamecy, à Cravan.

(1) Arch. de l'Yonne, Reg. de divers recueils du Chapitre, t. II, 198.

fit enregistrer à la chancellerie royale (1697) ses armoiries qui sont d'azur à trois cailloux d'argent (1). Elles existaient déjà sous cette forme au seizième siècle, et sont figurées sur la tour sud de la cathédrale.

M. de Colbert visita pour la dernière fois son diocèse pendant l'année 1699. Il donna alors de nouveaux statuts aux religieux du monastère de Saint-Laurent-lez-Cosne, qui étaient réduits à quatre. La discipline y était tout à fait perdue et les mœurs des moines étaient très-déréglées (2). L'évêque, étant à Paris l'année suivante, tomba dangereusement malade et ne se rétablit jamais entièrement. Il languit encore pendant plusieurs années et perdit peu à peu ses forces. Les derniers actes qu'il signa furent une approbation de reliques envoyées de Rome au curé de Seignelay, (5 avril 1704), et la provision d'un canonicat de Clamecy, le 7 juillet suivant. Il mourut le 19 du même mois.

Son testament, daté du 7 mai 1704, respire la piété la plus vive et la plus noble. Il déclare mourir dans des sentiments tout à fait conformes à ceux de l'Église catholique, apostolique et romaine. Il demande pardon des sujets de plainte qu'il a pu donner et pardonne lui-même à tous ceux dont il a pu recevoir quelque déplaisir ou quelques injures.

Ses dispositions testamentaires sont marquées au coin de la libéralité. Après avoir rendu à sa famille les 30 mille livres qu'il en avait reçues, il répartit le reste de ses biens entre les pauvres et les établissements religieux et charitables. Son Chapitre reçut, outre divers ornements, la somme de 12,000 liv.; l'hôtel-dieu d'Auxerre, 4,000 liv.; l'hôpital-général, 8,000 liv.; les Jésuites, 3,000 liv.; les charités des paroisses, 1,200 liv. Les pauvres des seigneuries épiscopales ne furent pas non plus oubliés. Après avoir employé en legs la plus grande partie de sa fortune, il disposa du reste en faveur de son séminaire; il donna ainsi plus de 70,000 livres.

Le Chapitre cathédral, malgré les déclarations du roi, se mit en

---

(1) Reg de divers Recueils, t. II.
(2) Arch. de l'Yonne 2 G.

1676 à 1704. possession d'exercer son antique droit de régale à la mort de M. Colbert. Il nomma trois chanoines-économes pour régir le temporel de l'évêché et trois autres en qualité de grands-vicaires. Il ne paraît pas que ces mesures aient souffert de difficulté et que les officiers du bailliage s'y soient opposés.

CHAPITRE II.

M. DE CAYLUS, CIII^e ÉVÊQUE D'AUXERRE.

1704 à 1754. M. de Caylus a joué pendant si longtemps un rôle considérable dans l'église de France et dans les querelles jansénistes, que sa vie est amplement connue. Ses ouvrages, ses mandements forment une suite de dix volumes. L'abbé Dettey, chanoine d'Auxerre, a écrit sa vie ou plutôt son panégyrique en 2 vol. in-12 (1). Les matériaux ne manquent donc pas pour composer la suite des Mémoires sur le diocèse pendant la première moitié du xviiie siècle (2) ; mais la difficulté gît dans le choix à faire et dans une saine appréciation. Le parti janséniste a peint M. de Caylus comme un grand prélat et comme un saint ; tous ses actes sont marqués au coin de la plus pure doctrine ; c'était en un mot le modèle des évêques.

(1) Cet ouvrage a été imprimé sans nom d'auteur à Amsterdam en 1765. Il fut composé sur les papiers de l'évêque qu'on avait été obligé de cacher. — Ces papiers n'existent plus. M. Pierre-Jacques Dettey était prêtre du diocèse d'Autun. En 1734, il obtint le prieuré simple de Baulches et devint commensal de l'évêque l'année suivante. Il fut ensuite prieur de Bois-d'Arcy.

(2) Il y a cependant une lacune singulière dans les documents historiques; on remarque, aux archives de la préfecture de l'Yonne, que les registres des délibérations du Chapitre cathédral manquent complètement pendant tout l'épiscopat de M. de Caylus.

Ses adversaires, et il n'en manqua pas, contredisent un peu ces éloges. M. Languet, archevêque de Sens, son supérieur, a longtemps combattu ses opinions; son successeur n'épargna guère sa mémoire ni sa personne (1); le Saint-Siége l'a condamné plus d'une fois. Quoique notre but soit moins d'entrer dans de longs détails sur les querelles religieuses du dernier siècle que de tracer l'histoire diocésaine, nous ne pouvons cependant nous dispenser de parler de quelques-uns des faits généraux du temps, auxquels M. de Caylus prit une si grande part. Nous tâcherons, au milieu de ce dédale, d'être exacts et véridiques. Les tendances jansénistes ont été réprouvées par l'Église catholique; vouloir les réhabiliter dans un ouvrage de notre temps serait folie. Les faits parleront et le lecteur en déduira les conséquences naturelles.

Daniel-Charles-Gabriel de Thubières de Caylus était fils de messire de Thubières de Grimoard, de Pestel, de Lévy, marquis de Caylus, et de dame Claude de Fabert, fille du maréchal de ce nom. Il appartenait donc à une des plus grandes familles de France. Il naquit le 20 avril 1669. Ses premières années d'études se passèrent chez les Pères Jésuites, au collége Louis-le-Grand. Il devait singulièrement payer plus tard cette dette de l'enfance. Sorti des Jésuites, il fit sa philosophie au collége du Plessis, entra au séminaire de Saint-Sulpice et y reçut les ordres jusqu'au diaconat. Il ne négligea pas non plus d'obtenir ses grades et les couronna par le titre de docteur en théologie. On lui donna alors la charge d'aumônier du roi. Ses relations avec Bossuet, évêque de Meaux, développèrent son esprit et son jugement. Louis XIV avait pour M. de Caylus une bienveillance marquée et aimait beaucoup

---

(1) M. de Caylus avait une figure noble et enjouée, comme le montrent ses portraits gravés; mais il paraît qu'il était disgracié de la nature. M. de Condorcet, qui plaisanta un jour sur cette infirmité, s'attira ces vers qu'on trouve dans le recueil manuscrit du chanoine Blonde.

> D'où sais-tu Condorcet, que Caylus fut bossu,
> Oses-tu te vanter de l'avoir jamais vu?
> Après mille combats et blanchi de victoires,
> Les armes à la main il mourut plein de gloire.
> Il faisoit face à tout; cet illustre héros,
> Jamais aux ennemis ne découvrit son dos.

à le questionner, lorsque son service d'aumônier l'appelait auprès de lui.

M. de Noailles, archevêque de Paris, en fit son grand-vicaire et lui confia la direction du collége des *Hibernois*, appelé les Lombards. C'est en accompagnant son supérieur dans ses visites diocésaines qu'il prit ce goût des recherches et des détails d'administration qu'on remarque dans ses registres diocésains. En 1704, les évêchés de Meaux et de Toul lui furent successivement destinés, et il en fut écarté pour différentes raisons. Enfin, celui d'Auxerre étant venu à vaquer par la mort de M. André Colbert, M. de Caylus y fut nommé par le roi le 18 août de la même année. Sa consécration eut lieu à Paris, le 1er mars 1705, après qu'il eut obtenu du pape des bulles exemptes de presque tous les droits, attendu sa parenté avec Guillaume de Grimoard, pape, en 1362, sous le nom d'Urbain V (1). Le 22 du même mois, il prit solennellement possession de son siége épiscopal avec les cérémonies d'usage. Une compagnie de jeunes gens à cheval alla au devant de lui jusqu'à Régennes. Mais il ne voulut pas exercer le droit de portage dû par les quatre barons du diocèse. Il se rappelait sans doute les plaisanteries qu'on avait faites à la cour sur son prédécesseur, au sujet de Mme de Ventadour (2). Les deux derniers évêques d'Auxerre laissèrent aussi tomber cet usage féodal en désuétude. Le 28 avril suivant, il prêta serment d'obéissance à son métropolitain, sur le grand pontifical de Sens.

M. de Caylus modifia, à son entrée en fonctions, la coutume de suspendre tous les pouvoirs donnés par le Chapitre pendant la vacance. Il était, à plus forte raison, loin de vouloir étendre cette interdiction aux autres prêtres, comme l'avaient fait plusieurs de ses prédécesseurs. Cependant, deux ans après, l'union qui régnait entre le prélat et son Chapitre faillit être détruite par la conduite du doyen qui, lui ayant promis de renvoyer un sieur Lalouat, confesseur du Chapitre, ne le fit pas. M. de Caylus, qui vit dans cet acte une atteinte à la discipline, résolut de révoquer les douze confesseurs que le Chapitre était dans

---

(1) Il était de règle, à Rome, que les évêques qui avaient eu quelque parent pape fussent exempts de payer les droits de bulles.

(2) Cette dame se plaignit au roi que M. Colbert voulait qu'elle le portât.

l'usage de se nommer, indépendamment de l'évêque, chaque année, le jeudi-saint.

Les chanoines, redoutant la suite des ordres du prélat, firent en corps une démarche auprès de lui, mais en vain. Les choses en étaient arrivées à ce point qu'on allait plaider, lorsqu'enfin il y eut un accommodement verbal portant qu'à l'avenir l'évêque approuverait, la veille du jeudi-saint, un certain nombre de confesseurs parmi lesquels le Chapitre se choisirait les siens. L'année suivante, les chanoines, à l'instigation du sieur Herson, chantre, essayèrent de décliner l'engagement pris, mais M. de la Vrillière ministre d'État les invita nettement à obéir et l'affaire s'assoupit.

Le gouvernement du diocèse attira tout d'abord l'attention de M. de Caylus ; il résolut d'en visiter successivement toutes les paroisses. Comprenant toute l'importance de cette opération, il fit dresser un registre imprimé en forme de questionnaire, destiné à recevoir des réponses succinctes mais précises sur l'état de l'église paroissiale, les vases sacrés, autels et ornements, sur le service divin, les fêtes et confréries, l'état des bâtiments, des presbytère et cimetière, des chapelles isolées, la conservation des titres des fabriques, etc. Sa sollicitude se porta particulièrement sur les prêtres ou les vicaires de la paroisse, sur les maîtres et les maîtresses d'école et les sages-femmes, enfin sur le nombre des communiants.

Il commença sa visite, le 29 novembre 1705, par la ville d'Auxerre ; mais, détourné de temps en temps de ce travail par d'autres occupations, il ne l'acheva qu'en 1712. L'état du diocèse, sous le rapport de l'instruction primaire, était encore bien peu satisfaisant. Il n'y avait de maîtres d'école que dans trente-sept gros bourgs ou petites villes (1), et plusieurs d'entr'eux n'étaient pas approuvés de l'évêché. Dans quatorze de ces paroisses on fait mention de maîtresses d'école pour les filles. Il faut compter dans ce nombre quelques congrégations de sœurs de la Providence. Dans la plupart des lieux ce sont les femmes ou les filles des instituteurs qui remplissent ces fonctions. L'évêque redou-

---

(1) Il n'y en avait que trente sous M. A. Colbert. La déclaration du roi, de 1698, ne paraît pas avoir été exécutée bien sérieusement.

tant le danger de la réunion des deux sexes dans l'école, répète souvent la défense de les enseigner collectivement. Il exhorte en vain les habitants des nombreuses paroisses privées de maîtres d'école, à faire les fonds pour s'en pourvoir. La misère des temps en empêchait souvent, et plusieurs fois des instituteurs ont été obligés de quitter leurs paroisses qui ne pouvaient plus les nourrir. Le curé ou son vicaire devaient suppléer à l'absence de l'instituteur ; l'évêque leur recommande surtout d'instruire les enfants, qui paraissent souvent peu éclairés sur les vérités de la religion.

Les ordonnances qui terminent la visite de chaque paroisse révèlent l'administrateur ferme et sage. M. de Caylus ne traduisait plus publiquement devant lui le curé de la paroisse, afin de recevoir de ses ouailles les plaintes qu'elles auraient à faire contre lui. Ce moyen entraînait trop souvent des débats scandaleux. Mais il recevait les plaintes en particulier et n'hésitait pas à punir lorsque le curé avait manqué gravement. Une retraite de quelques mois au séminaire était le moyen ordinaire employé pour rappeler le coupable dans le droit chemin.

Le cruel hiver de 1709, qui fit tant de victimes et détruisit tout espoir de récoltes, exerça noblement la charité de M. de Caylus, et son clergé ne demeura pas indifférent dans cette circonstance. Le bureau de la chambre ecclésiastique s'assembla au palais épiscopal et dressa le rôle des pauvres de la ville auxquels le clergé devait fournir du pain pendant la deuxième quinzaine de janvier. L'évêque fut taxé à 75 pauvres par jour, son Chapitre à 50, l'abbaye Saint-Julien à 45, etc. ; en somme, il y avait alors 528 personnes à nourrir ; au mois de juin on en comptait encore 344 (1). Les ressources de M. de Caylus étant épuisées, il vendit sa vaisselle d'argent pour continuer à secourir ses malheureux diocésains, et depuis ce temps, dit l'abbé Dettey, il n'eut plus sur sa table que des assiettes et des plats de terre (2).

L'évêque ne se contentait pas de faire l'aumône aux malheureux : par ses exhortations et ses mandements il redoublait d'instances auprès

---

(1) Un Reg. d'éphémérides de l'abbaye Saint-Germain porte à 3,000 le nombre des pauvres de la ville d'Auxerre.
(2) Vie de M. de Caylus, I, p. 32.

de ses diocésains. « Ouvrez vos cœurs, leur disait-il, à la misère des
» pauvres. Tout ce qui n'est pas nécessaire à votre subsistance leur est
» dû ; ce n'est pas une grâce que vous leur faites, c'est une dette que
» vous acquittez. » (1).

Le diocèse était, comme le reste de la France, décimé par la famine.
Partout on ne rencontrait sur les chemins que des mourants ou des
morts. L'évêque souffrait profondément de tant de misère. On rapporte qu'à Gien surtout il fut frappé de la multitude de pauvres qui
entouraient sa voiture à son départ. Ces malheureux ne venaient plus
demander l'aumône, mais remercier le prélat qui, touché de cette démonstration, en parlait souvent (2). Des ecclésiastiques étrangers, M. de
Pardiac et un autre, vinrent offrir à M. de Caylus leur concours et leur
bourse dans cette crise. Il les accueillit avec empressement et les envoya à Vermanton et à Cravan pour y distribuer des potages. Les
Jésuites d'Auxerre virent, à ce qu'il paraît, avec défiance les allures de
ces personnages qu'ils accusèrent de jansénisme. M. de Caylus, craignant de les perdre, en écrivit à Mme de Maintenon dont la réponse
mérite d'être transcrite littéralement : « Si le diable, avec ses sept

---

(1) Mandement du 23 juin 1709. Etant à Vincelles le 5 octobre 1709, il s'exprime
ainsi dans son ordonnance de visite : « Exhortons le sieur curé et les officiers de
justice de se conformer aux arrêts du parlement rendus en faveur des pauvres....
et leur déclarons que faute par eux d'avoir satisfait à des règlements si pleins de
sagesse et d'équité, ils seront responsables devant Dieu et les hommes de ceux
qui périront par le défaut des secours qu'ils leur doivent procurer. »

Le fléau de la famine décima alors la population d'une manière épouvantable.
Pour ne citer qu'un fait on lit dans un relevé des morts de la paroisse de Chichery
pendant l'année 1709 que le nombre s'en est élevé à 78, tandis que les naissances
de l'année avaient été de 18 ! La population de cette paroisse ne produisait dans ce
temps-là que 350 communiants.

(2) Les habitants de Clamecy reconnaissants de la fervente charité de M. de
Caylus, lui firent ce compliment dans sa visite pastorale du mois de novembre 1709:

> Quel doute me vient en pensée !
> Croyant voir aujourd'hui Caylus,
> Ne serait-ce point Barromée ?
> Oui, c'est lui, je n'en doute plus :
> J'en convaincrois toute la terre.
> Je n'aurois pour cela qu'à montrer les vertus
> De Charles de Milan et de Charles d'Auxerre.

» cornes, venait dans votre diocèse pour y distribuer des potages et
» des nouveaux testaments, vous devriez, Monsieur, aller au devant
» de lui avec la croix et la bannière (1). »

La conversion des réformés qui était une des grandes préoccupations de Louis XIV, prit sur la fin de son règne une allure nouvelle. La résistance des Camisards dans les Cévennes poussa aux mesures extrêmes, et l'on vit, chose inouïe, appuyer par la force la prédication d'une religion de charité. Le diocèse d'Auxerre ne fut pas le théâtre d'événements aussi terribles, mais les poursuites, les détentions des nouveaux convertis ou soupçonnés coupables de rechute eurent lieu en grand nombre. Les villes de la Loire furent surtout l'objet de cette persécution. On convertissait alors administrativement. La correspondance du gouvernement avec M. de Caylus, pendant les douze premières années de son épiscopat, apprend comment on jetait en exil à Auxerre, à Saint-Fargeau ou ailleurs, sur une lettre de cachet, les parents qui n'envoyaient pas leurs enfants au cathéchisme. Les femmes étaient détenues dans les couvents. Les Visitandines d'Auxerre, les Clarisses de Gien entr'autres servaient à cet usage. La détention ou l'exil duraient plus ou moins longtemps, selon les dispositions que montrait le suspect ; c'était au moins pendant deux ou trois mois. L'inquisition administrative et religieuse de ce gouvernement qui avait si longtemps bravé les foudres du Vatican a quelque chose d'étrange. Il semblait qu'il voulût faire oublier sa conduite passée par l'exagération de son zèle.

Le 5 juin 1707, M. de Pontchartrain écrit à l'évêque que les femmes qui refusent de se convertir « seront enfermées dans quelqu'hôpital ou » autre lieu pour être oubliées. » Le cruel exécuteur des volontés royales, félicitant M. de Caylus du zèle qu'il déployait pour ramener les nouveaux catholiques de La Charité à leur devoir, par ses fréquentes exhortations depuis qu'il était dans cette ville, ne trouvait pas encore que le prélat employât tous les moyens nécessaires, car il ajoute : « Mais » supposé que cela ne produisit pas tout l'effet que vous devez en » attendre, il faudra alors les exciter à faire leur devoir par la crainte

---

(1) Vie de M. de Caylus, par l'abbé Dettey, t. 1.

» de l'exil. » Voilà où en était arrivé le ministre ; il voulait enseigner aux évêques le moyen de convertir les hérétiques par l'intimidation et la violence.

En 1712, on dit à l'évêque d'envoyer les noms des habitants de Gien et de La Charité qu'il croit qu'on doit renfermer. Une veuve Duchemin de Gien, soupçonnée de vouloir sortir du royaume, est conduite chez les Providenciennes d'Auxerre, où elle reste trois mois. On recherche les mauvais livres chez les nouveaux convertis ; on les empêche de se marier entre eux ; (1714). Cette inquisition finit enfin à la mort de Louis XIV.

M. de Caylus désirant être utile aux habitants de la ville de La Charité leur avait proposé pendant une de ses visites paroissiales, en 1712, de fonder avec leur concours un collége où l'on enseignerait gratuitement les humanités jusqu'à la philosophie. Trois prêtres chanoines réguliers de Saint-Augustin devaient prendre la maison du maître d'école et jouir d'un traitement de 800 liv. Cette offre, très-favorable à l'éducation des enfants du pays, fut accueillie avec empressement par les principaux habitants. On ne voit pas dans les documents la suite de ce projet.

Le Chapitre cathédral avait fait naître de nouveau, vers ce temps, des causes de mésintelligence avec son évêque. En 1711 et 1712, le doyen nommé Moreau avait eu de vives contestations, pour la présidence du bureau d'administration de l'hôtel-Dieu d'Auxerre, avec M. Baudesson, maire de la ville. Le Chapitre avait soutenu son doyen et l'avait réélu membre du bureau, malgré les règlements qui empêchaient que le même chanoine fût plus de deux fois en charge sans interruption, mais l'évêque reconnaissant l'injustice de ces prétentions, voulut arrêter cette affaire qui prit des proportions considérables. Le bailliage ayant donné gain de cause au corps municipal, le Chapitre en référa au parlement qui ratifia la sentence et condamna l'abbé Moreau aux dépens ; (3 août 1713). M. de Caylus s'était plaint à M. de la Vrillière, de la conduite du doyen et du Chapitre. L'abbé Moreau, averti, fit des excuses à l'évêque et le Chapitre suivit cet exemple quelque temps après (octobre 1713).

L'année 1714 fut consacrée, par M. de Caylus, à la visite du diocèse. Il avait publié, par son mandement du 28 mars, la constitution *Unigenitus* donnée par le pape Clément XI, pour condamner le livre des *Réflexions morales* du P. Quesnel qui tendait à justifier les cinq propositions du Jansénisme. On verra, plus loin, comment il fut amené à protester ensuite contre cette bulle et à changer complètement de conduite.

Les religieuses de la Visitation d'Auxerre firent terminer, dans cette même année, la construction de la jolie chapelle qui sert aujourd'hui d'oratoire au séminaire. C'est le seul édifice religieux moderne de quelque valeur qui subsiste encore à Auxerre avec la chapelle du collége, autrefois le séminaire. Elle leur coûta plus de cinquante mille écus et fut consacrée, en 1715, par M. de Caylus.

Ce prélat voulant prévenir le retour de la misère, ou au moins la rendre plus supportable, créa en 1715 une institution qu'il désigna sous le nom d'*Aumône générale* et qui avait pour but de régulariser pour les indigents la distribution des dons et aumônes destinés au soulagement des pauvres. Le bureau d'administration fut composé de chanoines de la cathédrale, de curés, d'officiers du bailliage et de l'hôtel-de-ville; il s'assemblait à l'évêché plusieurs fois par mois. Des quêtes alimentaient la caisse. Cette institution subsista jusqu'en 1790 (1), et fut rétablie après le concordat.

Nous placerons encore ici, avant de parler des grandes affaires du jansénisme, la reconnaissance de l'authenticité des reliques de saint Pélerin, le premier apôtre du diocèse, trouvées sous le grand autel de l'église de Bouhy, le 23 novembre 1645. Elles se composaient de la

---

(1) L'auteur de la vie de M. de Caylus nous apprend comment se faisait la distribution des secours. — « L'objet du bureau est de procurer du pain aux pauvres de la ville, dont chaque curé donne un état détaillé pour sa paroisse. Les pauvres compris dans l'état se trouvent tous les dimanches dans une chapelle près la cathédrale, où le chanoine préposé leur dit la messe, leur fait une instruction et leur distribue la quantité de pain fixée par le bureau; on leur donne du bois en hiver. » La quête avait lieu quatre fois par an. Les pauvres honteux y avait une part réservée. Outre l'aumône générale, chaque paroisse de la ville avait sa *charité*, dont l'objet était de secourir les femmes en couches et les petits enfants. Des dames dites *de charité* étaient chargées de cette mission.

tête et des vertèbres; le reste du corps ayant été emporté à Saint-Denys au viie ou viiie siècle. M. de Caylus, accompagné de ses archidiacres et de l'abbé Lebeuf, déjà connu dans le monde savant, de M. Housset, médecin, et de plusieurs autres personnes, se rendit à Bouhy le 1er mai 1716. On reconnut, comme l'avait déjà fait M. de Broc, que la tête avait été séparée du tronc avec violence et que les traces du martyre étaient évidentes. M. de Caylus déclara alors la relique authentique et digne de la vénération des fidèles (1).

Nous sommes arrivés à l'époque où éclate dans le diocèse d'Auxerre la division due au parti janséniste, division que la puissance et la haute réputation de piété de M. de Caylus firent durer si longtemps. Le prélat avait d'abord accepté pleinement la bulle du pape Pie V contre Baïus, puisqu'il avait publié en 1711 une lettre pastorale contre une thèse soutenue par un des bénédictins de La Charité, qui renouvelait les erreurs censurées par cette bulle. Il se félicitait alors grandement de l'union qui régnait dans son diocèse, où le nom même de parti était inconnu. Il avait ensuite persisté énergiquement dans cette voie, par son remarquable mandement du 26 mars 1714.

Les menées et les intrigues que cette affaire avait fait naître à la cour, la résistance de la Sorbonne et d'un certain nombre d'évêques à l'acceptation de la bulle, et surtout les rapports intimes qui le liaient avec M. de Noailles, archevêque de Paris, le chef des appelants, l'ébranlèrent. Il suivit ce prélat, demanda d'abord comme lui des explications à la bulle, et déclara, dans une requête présentée au régent en 1716, et signée par seize évêques, que l'intention de l'assemblée de 1714 avait été de lier l'acceptation de la bulle avec les explications contenues dans l'instruction pastorale; voyant enfin que ces conditions étaient repoussées à Rome et que plusieurs évêques prétendaient qu'on n'avait pas entendu l'acceptation de cette manière, il résolut de suspendre l'effet de cet acte et de la publication de la Constitution dans son diocèse.

(1) Il avait au préalable consulté les Bollandistes dont la science agiographique faisait déjà autorité. — On a conservé à Bouhy une tradition qui attribue à la terre du trou qu'on regarde comme le lieu du martyre de saint Pèlerin, la vertu de guérir certaines maladies, de chasser les serpents des maisons où cette terre est répandue, etc. Cette superstition a son origine dans la légende de saint Pèlerin.

C'est au nom de la charité et de l'union qu'il prit cette mesure au mois d'avril 1717. Il y avait été poussé aussi par un coup hardi du doyen du Chapitre, l'abbé Moreau, et de quelques chanoines qui, de concert avec les Jésuites du collége d'Auxerre, avaient publié une lettre-circulaire, sous le nom de l'église d'Auxerre, adressée à tous les Chapitres du royaume, et annonçant que leur Chapitre avait accepté la bulle. Il n'en était rien, puisque, lors de l'annonce de la lecture de la bulle, la plus grande partie des chanoines s'était retirée. Le procureur-général fit saisir les exemplaires de la lettre.

Enfin, le 24 mai 1717, M. de Caylus interjeta appel de la Constitution *Unigenitus*, au pape mieux informé et au futur concile. Cette déclaration ne vit le jour qu'au mois d'octobre de l'année suivante; elle fut solennellement enregistrée à l'officialité.

La rupture était définitive avec le souverain pontife, et cependant voici comment l'évêque justifiait sa conduite : « C'est pour la décharge de sa conscience qu'il a appelé; pour rétablir, autant qu'il est en lui, la paix et la tranquillité de l'Eglise; dans la seule vue de conserver sans altération les maximes du royaume, les libertés de l'église gallicane, les droits sacrés de l'épiscopat, les règles de la discipline et de la morale, le langage de la tradition, etc. » (1). En entrant dans cette voie, M. de Caylus allait avoir à engager bien des luttes, et bien des combats à livrer chaque jour pour ce qu'il regardait comme la véritable doctrine. Le gouvernement, qui était alors le bras droit de l'Eglise, se mêlait forcément à tous ces débats. Le régent, effrayé des proportions que prenait la querelle, fit rendre par le roi une déclaration pour imposer silence sur la Constitution (7 octobre 1717). Des actes de ce genre se renouvelèrent plusieurs fois, mais sans succès.

Plus tard, le roi, mécontent de l'agitation qu'entretenait le jansénisme dans le royaume, et ne pouvant obtenir du parlement des arrêts pour condamner les mandements des évêques appelants, les faisait interdire par son conseil privé.

L'exemple de M. de Caylus fut suivi aussitôt dans son diocèse par un certain nombre de communautés et de prêtres. L'abbé Lebeuf

---

(1) Vie de M. de Caylus, I, 104.

joua un grand rôle dans cette affaire (1). Un acte d'appel collectif fut signé par vingt chanoines de la cathédrale, et déposé au greffe de l'officialité le 16 novembre 1718. On remarque parmi les adhérents MM. Delagoute, grand-archidiacre ; Deschamps, trésorier ; Créthé ; Mignot, depuis grand-chantre ; Grasset ; Lebeuf ; Leclerc, etc. L'abbé Lebeuf mit au service des appelants toute son érudition. Il dressa de sa main la minute de l'appel des religieux Bénédictins de Saint-Germain et des chanoines réguliers de Saint-Eusèbe. Aux premiers, il fait dire : « Enfants du grand saint Germain, élèves de l'école qu'il a fondée, disciples d'un si grand maître, pourrions-nous, sans nous rendre prévaricateurs et déchoir de la noblesse de notre origine, voir dans quelque danger la grâce de J.-C. qu'il a défendue, et ne pas faire tous nos efforts pour la soutenir. Ce saint docteur, devenu l'organe de l'Eglise, revêtu de toute l'autorité qu'un concile étoit capable de lui donner, animé de tout le zèle que demandoit une importante commission, passe les mers, s'expose à une infinité de dangers, combat l'ennemi jusque dans ses derniers retranchements, et arrache, s'il avoit été possible, du champ de l'Église jusques aux racines, une hérésie qui ne tendoit à rien moins qu'à nous enlever tout d'un coup le mérite du sang et de la mort de J.-C. » (2).

Il continue pendant quatorze pages à exposer de cette manière les doctrines des saints et des savants docteurs Auxerrois, de Rémi, d'Héric (3), de R. Glaber, et finit en protestant de son respect au saint-siége et au pape ; reconnaissant néanmoins avec Raoul Glaber « que quoique l'évêque de l'église de Rome soit plus respectable que chacun de ceux qui sont répandus dans le monde à cause de la dignité du siége apostolique, il ne lui est cependant pas permis, dans aucun cas, d'aller au-delà des bornes qui ont été marquées et fixées par les canons (Glaber, l. II, cap. 4).... Pourquoi le prieur de Saint-Germain réitère

---

(1) *Voy.* des recueils manuscrits de pièces sur les affaires ecclésiastiques au XVIIIe siècle. — Arch. de l'Yonne.

(2) Lebeuf fait allusion à la lutte de saint Germain contre les Pélagiens.

(3) Il fait aussi mention d'un Ebrard, moine de Saint-Germain au IXe siècle, qui rédigea alors un homéliaire dans lequel il puise plusieurs arguments en faveur des propositions condamnées.

l'appel que sa communauté a interjeté au futur concile de la Constitution *Unigenitus* (1). »

Le prieur de Saint-Eusèbe s'appuie sur des textes de Hugues de Saint-Victor, pour justifier son appel.

Les religieux de l'abbaye de Saint-Père, les chanoines de Saint-Fargeau et de Toucy, et les Dominicains d'Auxerre, déposèrent aussi leurs actes d'appel. Plusieurs curés de l'archidiaconé de Puisaye appelèrent également de la bulle, mais ils furent peu nombreux dans le diocèse. Le clergé y était encore soumis à l'église romaine. Cet état de choses amena une scission profonde à Auxerre comme ailleurs. Les pamphlets et les mémoires se multipliaient pour et contre l'acceptation de la Constitution. M. de Caylus redoubla d'activité pour la défense de l'appel et pour réfuter ses adversaires. On remarqua surtout parmi eux l'évêque d'Agde, qui lui reprocha d'avoir accepté, en 1713, une bulle qu'il rejetait en 1718. M. de Caylus lui répondit fort longuement; mais, malgré l'adresse avec laquelle il colore son changement d'opinion, la contradiction ne peut être effacée. M. Chardon, qui fait cette remarque, ajoute que les uns y virent une preuve de légèreté, les autres un acte de conscience et de courage produit par de mûres réflexions.

Cependant M. de Caylus ne tarda pas à être abandonné par M. de Noailles. Ce prélat fit son accommodement avec le pape, à la demande du régent qui avait, dans toute cette affaire, des vues politiques et qui avait fait rédiger par des docteurs compétents un corps de doctrine explicatif de l'acceptation de la bulle qui devait lever tous les scrupules des appelants. En effet, cent évêques y adhérèrent; l'évêque d'Auxerre résista et avec lui un petit nombre des appelants (2).

---

(1) Le 10 avril 1717, le prieur et les religieux, au nombre de quinze, exhortés par le P. Général à recevoir la Constitution, s'y étaient refusés unanimement. Cette conduite les mit en suspicion pendant longtemps, et ils furent exclus, par ordre du roi, du droit d'envoyer des députés à la diète provinciale. D. Vidal, l'auteur des fameuses lettres contre les reliques de saint Germain, était au nombre des appelants.

(2) Il aima mieux quitter Paris sans prendre congé du cardinal de Noailles que de céder; et il lui adressa une lettre où il déclare que, s'il eût suivi son exemple, c'eût été par complaisance et non par conviction.

Il n'en demeura pas moins ferme dans sa ligne et attentif à tout ce que publiaient les évêques soumis à la bulle. M. de Soissons, qui devait plus tard, comme son supérieur, lui causer bien des inquiétudes, fut un des premiers avec lequel il joûta, dès 1721, et quelquefois avec succès.

De retour dans son diocèse, après l'éclatant changement de M. de Noailles, l'évêque d'Auxerre voulut faire payer aux Jésuites du collége l'échec qu'il éprouvait. Leur adhésion entière et sans restriction au saint-siége lui parut un obstacle au développement des doctrines des appelants. Il projetait dès-lors de changer complètement l'esprit de son clergé. Il résolut d'établir, près de son palais, un petit séminaire qui serait tout-à-fait animé de son esprit. Les pères de famille furent invités à y amener leurs enfants. Soit crainte, soit conviction, le séminaire eut bientôt les trois quarts des écoliers (1).

En 1725, M. de Caylus saisit une occasion de frapper les Jésuites d'une manière considérable et la mit à profit. Des propositions avancées par le P. Lemoine, régent de philosophie au collége d'Auxerre, lui parurent, ainsi qu'à ses théologiens, contraires à la doctrine chrétienne (2). Il voulut en obtenir rétractation. Sur le refus formel du régent, il retira à tous les Jésuites d'Auxerre le pouvoir de prêcher et de confesser dans son diocèse. Cette proscription dura jusqu'à sa mort. Non content de cela, il lança une ordonnance contre les Pères

---

(1) Le régent, à qui il avait demandé son approbation, lui avait fait répondre qu'il l'invitait à différer cet établissement; mais il passa outre. $\frac{2 \text{ G.}}{\text{IV}}$

(2) Voici quelques-unes des propositions attaquées par M. de Caylus :

« Un chrétien agissant délibérément n'est pas toujours obligé d'agir pour une fin surnaturelle; donc un homme agissant délibérément n'est pas toujours obligé d'agir pour une fin honnête.

» Afin qu'une action soit volontaire et libre, il faut qu'elle soit faite avec la connaissance de toutes les choses qui détourneroient de la faire.

» La loi naturelle, il est vrai, enseigne qu'il ne faut point mentir; mais cette même loi ordonne de suivre la conscience qui, par une ignorance invincible, peut enseigner qu'on peut mentir.»—D'où le professeur conclut qu'un homme qui croit que le mensonge officieux est permis ou même ordonné, obéit en le commettant à la loi naturelle et est exempt de péché.

qui lui attira deux répliques fort vives devant lesquelles, selon son habitude, il ne demeura pas court.

L'influence de M. de Caylus, sur son Chapitre, se révéla aussi d'une manière positive. Dans une séance du jeudi-saint de l'année 1723, la discussion étant tombée sur les affaires du temps, l'abbé Monnot s'écria qu'il ne reconnaissait pour bons catholiques que ceux qui se soumettaient aux décisions de l'Eglise. Ces paroles soulevèrent dans l'assemblée une vive rumeur à la suite de laquelle l'abbé fut condamné à se rétracter sinon à être exclus du Chapitre pendant un an. Le doyen, M. Moreau, dont la vivacité était bien connue, partageait l'opinion de l'abbé Monnot. Voulant empêcher qu'on ne consignât par écrit la sentence portée contre ce dernier, il s'empara du registre; on le lui arracha bientôt : alors il prit l'encrier et l'emporta ; mais cette malice n'empêcha pas l'exécution de l'affaire. Le Chapitre se plaignit au ministre qui ne répondit pas, et le chanoine, cause de tout ce bruit, fut obligé de se démettre de son canonicat (1).

La longue suite des années de l'épiscopat de M. de Caylus va s'écouler ainsi dans des luttes continuelles, avec des alternatives de succès et de revers. Battu à Paris par le conseil-privé, et condamné à Rome par le pape, il était soutenu par le parlement, dont il représentait pleinement les doctrines gallicanes (2), et il demeura le maître dans son diocèse, où il ne trouva plus que quelques curés comme ceux de Gien, de Charentenay, de Bessy, qui résistèrent à son autorité.

Le Conseil de conscience, qui avait alors la haute direction des affaires religieuses, était devenu très-sévère sur les actes suspects de

(1) Ce fut dans cette année, 1723, que M. de Caylus accrut le nombre des religieuses de l'hôtel-Dieu d'Auxerre, et de douze qu'il était depuis M. de Broc, le porta à quatorze. Les administrateurs bâtirent alors une salle destinée à contenir 30 lits pour les hommes. Auparavant, l'hôtel-Dieu ne contenait pas plus de 15 lits pour chaque sexe. On recevait alors une vingtaine d'enfants-trouvés. — En 1761, M. Potel rapporte qu'il y en avait 150.

(2) Lors de la canonisation du pape Grégoire VII, en 1723, il lança le premier un mandement contre l'office du saint qu'il défendit dans son diocèse, comme attentatoire aux droits du roi et aux quatre articles de la déclaration de 1682. Le pape foudroya le mandement par un bref qui fut imprimé. M. de Caylus essaya, mais sans succès, d'intéresser le roi et l'assemblée du clergé à cette affaire.

jansénisme. Les lettres de cachet ne se faisaient pas attendre. En 1723, le juge de Clamecy fut exilé à Nevers pour avoir rendu une ordonnance par laquelle il était défendu aux Récollets et à tous autres d'enseigner la jeunesse sans la permission de l'évêque. La sœur Daulne, supérieure de l'hôpital de Clamecy, qui avait reçu de l'évêque l'ordre de se retirer dans son couvent de Gien, s'y refusa. Elle était soutenue par le curé, qui menaça les administrateurs de lettres de cachet, s'ils se prêtaient à l'exécution de cet ordre. Ceux-ci ne purent que dresser procès-verbal et l'envoyèrent à M. de Caylus, mais ce fut sans succès. Un maître d'école du même lieu en fut expulsé, avec défense d'y professer désormais, ainsi qu'en aucun autre endroit du royaume, pour avoir enseigné à ses écoliers la nécessité de l'amour de Dieu. Des habitants de Gien s'étant plaints que M. de Caylus leur envoyait des prêtres appelants, M. de Maurepas l'invita à y mettre sérieusement ordre (3 octobre 1726).

Après la mort du régent, le diocèse d'Auxerre fut assez calme sous le ministère du duc de Bourbon. Ce fut cependant à cette époque qu'eut lieu la saisie du livre de la *Prise d'Auxerre* de l'abbé Lebeuf, épisode que nous avons raconté dans sa biographie.

Au milieu de ses préoccupations, M. de Caylus ne perdait pas de vue les projets qu'il méditait pour le succès du jansénisme. La réforme des livres liturgiques était un des plus décisifs. Il commença par la publication d'un nouveau bréviaire qui était presque la reproduction de celui de Sens. L'abbé Dettey nous apprend que les Saintes-Ecritures en font toute la substance, et que c'est un des ouvrages de ce genre les mieux exécutés. Il ne reproche au prélat que d'avoir adopté presque toutes les homélies du bréviaire romain (1726). Deux ans après il voulut publier un rituel plus complet que les anciens, mais il éprouva un refus formel du garde-des-sceaux, lorsqu'il demanda la permission de l'imprimer. Cette mesure, qui n'était que la conséquence de l'état de dépendance où se trouvait l'église de France vis-à-vis du pouvoir politique, le révolta. Après de longues réclamations, il fut obligé de se passer de la permission. Quelques années après (1732), ce fut le tour du nouveau missel. Le cardinal Fleury, à qui M. de Caylus l'avait personnellement confié, voulut bien l'examiner lui-même en détail. Sa critique porta surtout sur ce qu'il s'éloignait trop du romain, principalement par les collectes, les épîtres et les évangiles. Après de longs pourparlers, l'autorisation fut refusée. On reprit cependant la négociation sur un autre terrain. Le garde-des-sceaux, à qui un censeur fut demandé par un chanoine d'Auxerre qui était alors à Paris, désigna M. Thierry, chancelier de Notre-Dame, et l'approbation fut enfin accordée. L'ouvrage parut, en 1737, au grand contentement du Chapitre.

Il faut dire que M. de Caylus était alors tout à fait mal en cour. Il avait attaqué la décision du concile d'Embrun, qui avait suspendu de ses fonctions l'évêque de Senez, M. Soanen, à cause d'un écrit intitulé : *Testament spirituel*, dans lequel il réfutait les dispositions de la bulle ; cela valut à M. de Caylus l'exil dans son diocèse (1). Il avait fait de son palais un séminaire spécial, où il avait emmené tous les élèves du grand séminaire et les faisait enseigner par des professeurs de son choix, attendu que ceux de cet établissement étaient opposés à ses opinions. Il avait entrepris de nouveau les Jésuites, d'abord en s'opposant, par requête au parlement (2 août 1726), à l'enregistrement des lettres-patentes obtenues par les échevins de Clamecy, pour l'établissement des frères de la compagnie de Jésus dans les écoles chrétiennes. Les partisans des Jésuites étaient alors très-nombreux à Auxerre (1728). Ces Pères enlevaient aux curés de la ville la plupart de leurs ouailles et formaient des associations, non-seulement d'écoliers, mais encore des personnes les plus considérables, de sorte que les instructions paroissiales restaient sans auditeurs. L'évêque voulut empêcher ces congrégations, et faire exécuter rigoureusement ses défenses au sujet de la pratique de la confession, mais il fut menacé d'une lettre de cachet et s'arrêta.

(1) M. de Maurepas lui écrivit alors une lettre très-verte dans laquelle on remarque les passages suivants : « S. M. ne peut que blâmer une association d'évêques faite à son insu et sans sa permission ; et elle a été d'autant plus surprise du parti que vous avez pris, que, dans l'affaire dont s'agit, vous avez préféré les plaintes d'un seul évêque accusé au jugement de quatorze ou quinze prélats qui l'ont unanimement condamné. — Arch. de l'Yonne. $\frac{2 \text{ G.}}{1 \text{ n. 4.}}$

C'est à M. de Caylus qu'on doit aussi l'établissement des écoles gratuites d'Auxerre, dites de Saint-Charles. Il fit venir, en 1729, de la maison des Frères Saint-Charles de Paris, un maître qui fut payé et entretenu par lui. En 1746, les écoles avaient pris un tel développement, qu'il y fallait quatre Frères.

M. de Caylus avait été invité, en 1730, à assister aux états de Bourgogne; mais on lui avait fait dire en même temps que l'intention du roi était qu'il ne s'y rendît pas. Il saisit cette occasion pour achever de gagner l'abbé Moreau, doyen de sa cathédrale, en le faisant nommer élu du clergé dans cette assemblée. Il mit à sa disposition ses officiers pour la réception qu'il était tenu de faire à Dijon; il l'aida même à composer les discours qu'il aurait à prononcer. Le doyen, charmé, finit par céder et devint un des amis les plus dévoués du prélat, d'adversaire passionné qu'il était auparavant.

Dans une visite que l'évêque fit à La Charité, le 26 novembre 1730, il consacra l'église des Bénédictines du Mont-de-Piété, dont la construction avait été autorisée par M. Colbert, en 1702.

La mort de M. de Chavigny, archevêque de Sens, et la nomination de M. Languet à sa place (1), furent deux coups forts sensibles à M. de Caylus. Il perdait un ami et trouvait dans son nouveau supérieur un antagoniste avec lequel il avait déjà soutenu plus d'un débat. Les instructions pastorales, les mandements, furent pendant longtemps les moyens de correspondance employés entre les deux prélats. M. Languet, dont le zèle anti-janséniste était connu, devint le protecteur-né des curés du diocèse d'Auxerre qui refusaient de suivre leur évêque. Ils étaient restés peu nombreux, mais la petite troupe tenait bon. Une *Lettre de plusieurs chanoines, curés, etc., du diocèse d'Auxerre à MM. les chanoines, curés, etc., du diocèse de Sens*, commença la guerre. M. Languet l'envoya à M. de Caylus, à Noël 1732, en lui disant qu'il y avait trouvé la réfutation la plus complète de sa *Lettre pastorale* et qu'il se dispenserait d'y répondre lui-même. La pièce n'était pas signée. M. de Caylus, stupéfait, chercha partout les coupables. Il recueillit de presque tous les membres de son clergé la déclaration qu'ils ne connaissaient pas la

---

(1) 1730.

pièce en question et parut répondre victorieusement à M. Languet (1). Mais ce succès fut bientôt mêlé de revers. Un certain nombre de curés désirèrent connaître la fameuse lettre, et après l'avoir lue, ils écrivirent à M. de Caylus qu'ils partageaient entièrement l'opinion de l'auteur. Ceci résulte de pièces trouvées dans les papiers de M. Languet et qui montrent la part qu'il prenait aux affaires du diocèse. (2). Le recteur du collége des Jésuites lui servait d'intermédiaire dans toutes ces querelles. Il était l'auteur de la lettre.

De nouveaux désagréments allaient naître. Le monde janséniste était agité par les miracles du diacre Pâris, mort à Paris en 1727 et inhumé dans le petit cimetière de Saint-Médard. Les dévôts du parti se livraient aux excentricités les plus singulières. Une fille de Seignelay, atteinte de paralysie, invoqua Dieu par l'intercession du bienheureux Pâris, et l'on raconta qu'elle avait obtenu sa guérison après une neuvaine pendant laquelle on lui frottait les yeux, les bras et les jambes d'une eau dans laquelle était délayée de la terre du tombeau du diacre Pâris et de la sciure du bois de son lit. M. de Caylus eut la faiblesse de croire à cette prétendue guérison miraculeuse et se transporta à Seignelay pour rendre grâce à Dieu d'un événement si consolant. Il publia ensuite sur cette affaire un mandement où il fit le panégyrique de M. Pâris (1733). Les libelles anonymes accueillirent le mandement qui fut condamné par le pape. Trois curés en appelèrent à l'archevêque de Sens ainsi que du miracle (3). Mais M. Languet redoutait, de la part de M. d'Auxerre, un appel au parlement, qui aurait peut-être soutenu le miracle, comme il le fit en interdisant la publication de la sentence du pape. Il se fit donc inviter par M. de Maurepas à suspendre la procédure de l'appel des trois curés, jusqu'à ce que le

---

(1) Il paraît cependant que l'évêque éprouva un refus complet auprès des chanoines de Cosne et du curé d'Ouanne.

(2) Arch. de l'Yonne.

(3) C'étaient les sieurs Paintandre, curé de Montigny; Germon, curé de Cuncy-lès-Varzy; et Graillot, curé de Saint-Laurent de Gien. Ce dernier, prêtre éminent, très-attaché à la Constitution, eut souvent maille à partir avec M. de Caylus. Il venait de sortir du séminaire où il avait fait un séjour de deux mois en punition de sa résistance. Son retour à Gien fut célébré comme un triomphe.

roi fût informé de cette affaire. M. de Caylus reçut également l'avis d'interrompre toute poursuite.

« Au moyen de cet arrangement de prudence, dit M. Languet, vous n'aurez aucun démêlé avec le parlement et rien ne pourra être traduit devant lui. Cependant, l'instance liée par devant moi sera toujours un commencement d'échec donné à la publication du miracle, et d'autres circonstances viendront qui nous faciliteront d'en manifester la fausseté sans risques. » (1). L'affaire fut ainsi étouffée (2).

Après ce débat il en surgit un autre. M. de Caylus venait de publier un nouveau catéchisme en 1735. Cinq curés et un prêtre lui adressèrent de très-humbles remontrances qui portaient surtout sur certains points de doctrine, tels que celui de la définition de l'Eglise où le catéchisme disait que c'est l'assemblée des fidèles placés sous la conduite des pasteurs légitimes, et qui ne font qu'un seul corps dont J.-C. est le chef. Ils lui reprochèrent d'avoir effacé le nom du pape, le chef visible, dont parlaient ses catéchismes précédents.

M. de Caylus fut très-irrité de cette nouvelle attaque et voulut en poursuivre les auteurs. Mais ceux-ci se pourvurent encore devant l'archevêque de Sens. Le roi demanda à examiner l'affaire ; et, au milieu de ce débat, il survint un arrêt du conseil qui supprima le catéchisme et les remontrances des curés (3).

C'était ainsi que le gouvernement terminait alors les questions embarrassantes.

Après une autre querelle, M. Languet laissa M. de Caylus en repos jusqu'en 1750. Il y eut même entre eux échange de courtoisies, et M. de Caylus, passant à Sens en 1742, lui rendit visite au grand éton-

_____

(1) Arch. de l'Yonne.

(2) On essaya encore de trouver du miracle dans la guérison d'une femme de Vermanton, atteinte d'un cancer au sein, et qui aurait obtenu une guérison presque complète par l'invocation du diacre Pâris. M. Belin des Tournelles écrivit à Auxerre pour qu'on fît constater le miracle. — Rec de divers mém. du Chapitre, t. III, 510, an 1729.

(3) Cet arrêt reçut à Saint-Privé une singulière exécution. Un particulier brûla publiquement le catéchisme, disant que c'était de la part du roi, et qu'il fallait brûler ainsi, sous peine d'être pendu, tous les catéchismes qui n'étaient pas approuvés du roi.

nement de l'archevêque qui s'empressa de lui faire le plus bel accueil (1).

En 1737, M. de Caylus avait résolu de réunir son clergé en synode pour renouveler les ordonnances diocésaines. Le ministre lui en avait accordé la permission; le jour était fixé, lorsqu'il arriva un contre-ordre du cardinal Fleury. Ce fut en vain que M. de Caylus lui remontra l'impossibilité où il était de prévenir les curés des paroisses éloignées d'Auxerre; il fut obligé de renvoyer chez eux plus des trois quarts des prêtres qui s'étaient rendus à sa convocation. Il fut plus heureux l'année suivante, et l'assemblée du clergé rédigea les nouvelles ordonnances qui devaient régir le diocèse. Elles furent homologuées en parlement le 3 mai 1741 (2).

M. de Caylus avait entrepris, en 1734, de soumettre les Ursulines d'Auxerre à son influence. Cette maison était considérable et comptait soixante religieuses. La division éclata parmi elles, mais bientôt après un ordre du roi expulsa le confesseur qu'y avait mis l'évêque, et la supérieure écrivit à celui-ci fort irrévérencieusement. Le prieur des Augustins fut ensuite nommé confesseur, mais l'interdiction de tout son couvent prononcée par M. de Caylus, pour un sermon du P. Hyacinthe sur l'Immaculée Conception, où Baïus était fort maltraité, exposa encore les religieuses à tomber dans le Jansénisme. C'est dans ce sens que l'archevêque de Sens était informé de l'affaire dont on ignore la suite.

La vie de M. de Caylus se passait ainsi dans une activité continuelle. Son séjour le plus ordinaire était le château de Régennes, qu'on nommait l'*Ile enchantée*, à cause de sa situation charmante dans une presqu'île formée par la rivière d'Yonne. M. de Caylus y recevait ses hôtes

---

(1) On rapporte que cette visite fut amenée par l'opinion favorable que M. Languet exprima un jour devant le marquis de Guerchy sur M. de Caylus; et, comme ce seigneur s'empressa d'en faire part à l'évêque d'Auxerre, celui-ci ne voulut pas demeurer en reste avec son supérieur.

(2) M. de Caylus eut encore de longues discussions au sujet du couvent des Filles-du-Calvaire dont il était un des supérieurs; lorsque le pape Clément XII nomma de nouveaux chefs à cette congrégation, il la soutint dans sa résistance et ne voulut pas lui-même céder au bref qui le révoquait (1739). La dispersion des religieuses mit fin à cette opposition.

avec une grâce qui augmentait encore le charme de ce séjour. Il obtint, en 1740, la permission d'aller à Paris consulter pour sa santé. On lui fit la réception la plus honorable. Il visita alors le cardinal Fleury qui était fort âgé, et en reçut les plus belles protestations de bienveillance. Le vieux ministre l'entreprit au sujet de la bulle, mais sans succès. Il renouvela tout aussi infructueusement ses instances les années suivantes, ainsi que plusieurs autres prélats. M. de Caylus resta inflexible, ayant devant les yeux l'exemple de l'évêque de Senez qui venait de mourir dans la persévérance de ses convictions jansénistes.

Cependant, sa résistance le laissait dans un isolement déplorable. Les anciens appelants étaient morts successivement et il se trouvait le dernier évêque qui eût persisté dans son appel. Au cardinal de Fleury avait succédé, pour le département des affaires ecclésiastiques, l'ancien évêque de Mirepoix, qui redoubla d'ardeur contre les jansénistes et contre M. de Caylus en particulier. On le frappait dans ses coopérateurs, puisqu'on ne pouvait l'atteindre lui-même.

La ville de Gien était divisée en deux partis, et le curé de Saint-Laurent qui était bien soutenu en cour se jouait des ordres de l'évêque. M. Terrasson, curé de Treigny, qui était détenu à Vincennes depuis neuf ans, donna sa démission en 1743, renonça à l'appel et fut mis en liberté. Son compagnon de captivité, M. Fleury, curé de Ronchères, résista mieux et préféra rester en prison plutôt que d'obtenir sa liberté par sa démission. Il ne sortit de Vincennes qu'en 1758 (1).

M. de Caylus avait, depuis longues années, peuplé son diocèse de prêtres de talent, mais tous *appelants* et repoussés par les autres évêques. Il accueillait aussi les plus célèbres prédicateurs qui étaient inter-

---

(1) Les curés de Treigny et de Ronchères avaient été emprisonnés à raison de ce qu'ils avaient imprimé clandestinement un journal janséniste sous le titre de : *Nouvelles ecclésiastiques*. Ce journal se publiait d'abord à Auxerre, où la police parvint bientôt à le dépister. Alors on transporta une imprimerie dans les forêts de la Puysaie et on l'y établit dans une loge de charbonnier, sur la paroisse de Ronchères. C'est de là que pendant plus d'un an partit cette feuille qui faisait une rude guerre aux partisans de la bulle et au ministère qui la soutenait. La police battit longtemps en tous sens le diocèse d'Auxerre sans pouvoir rien découvrir. Nous avons entendu raconter à des vieillards que le lieutenant de police étant venu en personne à

dits ailleurs. C'est ce que l'abbé Dettey appelle profiter des dépouilles des autres églises (1). En 1747, M. de Mirepoix défendit à tous les supérieurs ou généraux d'ordres ou de congrégations, de laisser venir dans le diocèse d'Auxerre aucun de leurs subordonnés. M. de Caylus s'empressa de parer à la privation que ce coup portait aux prédications. Huit chanoines se partagèrent entre eux les stations de l'Avent et du Carême, et cela dura pendant cinq années de suite. La mort du doyen du Chapitre, en 1746, fut encore une occasion pour M. de Mirepoix, d'entraver M. de Caylus. Il fit expédier un ordre du roi portant défense de lui donner un successeur. Le Chapitre obéit. Le P. Sirugue, jacobin, confesseur de l'évêque depuis trente ans, quoique non appelant, fut aussi frappé et envoyé dans le couvent de Mâcon.

La sévérité déployée contre les Jansénistes affectait amèrement M. de Caylus, qui avançait en âge et approchait de 82 ans. M. Archambauld, archidiacre de Puisaye, qui s'était retiré près de Paris, mourut appelant, et le curé de Rueil lui refusa les sacrements. M. de Caylus redoubla de zèle contre cette recrudescence de sévérité. En 1750, il vit supprimer son mandement du carême, qui maltraitait un peu trop les Jésuites, et où il rappelait encore sa fameuse querelle de 1725, contre le P. Lemoine. Ce mandement est écrit avec un ton de conviction inébranlable et digne du prélat qui, depuis plus de trente ans, combattait pour le Jansénisme. A le lire, on croirait que jamais il ne s'était séparé de l'Eglise. Il assure que le schisme n'a point pénétré dans son diocèse et que la paix y règne entièrement. Il recommença alors à se brouiller avec M. Languet, que le mandement avait indigné. Les Jésuites, qui avaient toujours lutté contre ses tendances, se sentaient plus forts de jour en jour. Ne pouvant agir ouvertement dans le dio-

---

Treigny, dirigea de là des recherches en pure perte dans tous les environs, et qu'au moment où il revenait harassé et furieux de l'inutilité de ses courses, il trouva dans sa voiture une édition tout entière de la gazette sortant des presses et encore tout humide. Cette bravade perdit les auteurs de la publication. Car le magistrat partit en laissant des agents secrets qui firent tant qu'enfin la cachette fut découverte, et les deux curés de Treigny et de Ronchères furent arrêtés comme coupables de ce délit.

(1) T. II, 281.

cèse d'Auxerre, ils établirent des missions tout autour des frontières et notamment dans les paroisses du diocèse d'Autun voisines de Clamecy ; ce qui donna beaucoup d'inquiétude à M. de Caylus, parce que le peuple de cette ville s'y rendait en foule. Le jour de la fête-Dieu de l'an 1751, il se fit un grand tumulte, à propos d'une statue de la sainte Vierge, que l'on empêcha de porter à la procession dans cette ville. Les suites furent assez graves pour que le subdélégué qui avait favorisé cette démonstration fût exilé à Orléans, les officiers municipaux changés et quelques tapageurs mis en prison pour plusieurs jours.

La publication du Martyrologe auxerrois eut lieu en 1751 par les soins de M. de Caylus; il avait chargé de sa composition MM. Mignot, Grasset et Potel. L'abbé Lebeuf, qui avait quitté Auxerre depuis 1735, avait révisé le travail de ses trois anciens confrères. Cet ouvrage est très-remarquable dans toutes ses parties; on s'accorde à juste titre à le considérer comme un chef-d'œuvre de discernement et d'érudition.

L'abbé Lebeuf poursuivait depuis vingt ans le projet de faire reconnaître, pour appartenir à saint Germain, les reliques qu'il avait trouvées dans la bibliothèque de l'abbaye Saint-Marien, en 1718 (1). Les Bollandistes auxquels il avait adressé, en 1728, un long mémoire à l'appui de son opinion, mémoire qu'ils ont inséré dans le t. VII du mois de juillet de leur collection, n'avaient pas adopté ses conclusions et en avaient même fait une critique assez sévère.

Cependant le docte abbé ne perdit pas courage. En 1751 il se fit adresser par M. Buffard, chanoine de Bayeux, une lettre où la question était reprise très-sérieusement. M. de Caylus, frappé peut-être des raisons qu'on y exposait, ordonna alors qu'une commission examinerait les ossements découverts par l'abbé Lebeuf, et vérifierait juridiquement les preuves sur lesquelles on se basait pour assurer que c'étaient les véritables reliques de saint Germain, que la tradition croyait avoir été brûlées par les Huguenots. L'enquête suivit son cours, mais il s'éleva bientôt des contradictions. Les moines de Saint-Germain, qui ne pouvaient souffrir qu'on crût que les reliques de leur saint patron

---

(1) *Voy.* le 1er volume de ces Mémoires, p. 83.

eussent été ainsi abandonnées par eux pendant deux cents ans (1), résolurent de réfuter les lettres écrites en faveur du projet de Lebeuf. Dom Vidal fut, pour le savant abbé, un rude adversaire (2). Il reprocha à Lebeuf de l'ingratitude envers l'Ordre de Saint-Benoît en général, et l'abbaye de Saint-Germain en particulier, parce que, disait-il, c'était dans les manuscrits de D. Viole, qu'il avait puisé la plupart des documents de ses Mémoires sur le diocèse d'Auxerre. Sa critique, qui nous révèle une fois de plus l'antagonisme de la cathédrale et de Saint-Germain, s'appuyait sur des faits si péremptoires, le débat laissait les opinions si incertaines, que M. de Caylus suspendit son jugement, et la mort l'empêcha de se prononcer. Ses successeurs ont aussi hésité, et la question en est restée là.

A cette époque le clergé auxerrois comptait dans ses rangs bon nombre d'hommes amis des lettres. Quatre chanoines, MM. Potel, Mignot, Moreau et Dulérains, résolurent, au mois d'avril 1749, de concert avec cinq laïques, MM. Berryat, médecin; Robinet de la Coudre, conseiller; Lepère, directeur de la poste aux lettres; Silvestre de Sacy, bourgeois; et Mérat, apothicaire, de fonder une *Société des sciences et belles-lettres*. M. de Caylus approuva de tout son concours leurs intentions. La Société tint sa première séance publique au mois de janvier 1750 (3).

Les derniers actes importants qui signalèrent l'épiscopat de M. de Caylus, sont consignés dans les registres d'administration diocésaine. Il supprima, par décret du 23 janvier 1749, les Ursulines de Cravan ruinées par leur mauvaise gestion économique, et ordonna que les biens qui resteraient libres de dettes serviraient à l'entretien de deux filles régentes chargées de l'instruction des jeunes

---

(1) Les défenseurs des reliques, et Lebeuf le premier, expliquaient leur translation dans l'abbaye de Saint-Marien, par cela qu'à la fin du XVIe siècle les mœurs scandaleuses des moines de Saint-Germain avaient éloigné les personnes pieuses qui en étaient dépositaires, de les exposer à une nouvelle profanation en les remettant aux Bénédictins. *Inde iræ.*

(2) Les critiques ont été jusqu'à avancer que les ossements étaient ceux d'une femme.

(3) Elle avait été autorisée par une lettre du ministre du 11 juillet 1749.

filles et du soin des pauvres malades. Le 16 novembre 1749, il consacra solennellement le nouveau maître-autel de l'abbaye de Pontigny, et procéda à la translation des reliques du corps de saint Edme, dont la situation fut décrite minutieusement. L'année suivante il donna des constitutions aux Bénédictines de Cosne qui étaient au nombre de dix-huit sœurs de chœur et cinq converses. Dès 1691, elles avaient prié M. Colbert de leur donner des statuts. La même année, une ordonnance épiscopale du 11 juin, supprima les Ursulines de Gien et réunit leurs biens à la communauté des Hospitalières. Il y avait déjà huit ans qu'on n'y recevait plus de novices par ordre du roi. Les Bénédictines de Saint-Fargeau reçurent, en 1751, des constitutions qui résumèrent les règles du couvent depuis sa fondation.

L'évêque adressa, au mois de septembre 1751, à l'abbesse des Bernardines des Isles d'Auxerre, une lettre sévère dans laquelle il se plaint de la légèreté avec laquelle on y communiquait au dehors. Il prescrit, au contraire, la clôture la plus rigoureuse et ne permet l'entrée du monastère qu'aux médecins, aux confesseurs et aux ouvriers de la maison. Les Bénédictines de Saint-Julien de la même ville avaient aussi éprouvé son autorité, au sujet des mariages de leurs domestiques que l'abbesse laissait faire dans son église, malgré les droits du curé de la paroisse. Le prélat avait été fort rude dans son blâme ; mais lorsque l'abbesse lui eut justifié des droits anciens de son monastère, il se radoucit et écrivit, en 1746, une lettre très-convenable. Il résultait, en effet, d'une charte de 1269, qu'à quatre fêtes de l'année, le curé de Saint-Martin devait conduire ses paroissiens à la messe de l'église de Saint-Julien, alors de Notre-Dame, et en outre que si les serviteurs du couvent prenaient femmes, la bénédiction nuptiale avait lieu dans cette église. M. de Caylus, qui n'avait aucune autorité sur les Visitandines d'Auxerre, voulut cependant, par respect pour le pape Benoît XIV, célébrer solennellement dans leur église la béatification de leur fondatrice sainte Chantal. Il fit cette cérémonie au mois de juillet 1752, par une chaleur excessive, malgré ses 83 ans. Le mandement du carême de 1753, *sur la mort* et celui de janvier 1754, *sur le bonheur des saints dans le ciel,* furent les adieux de M. de Caylus à ses ouailles. Il voulut encore aller à Auxerre le samedi de la Passion de cette année, pour faire l'ordination comme il avait coutume. Le froid qu'il éprouva en route et pendant la cérémonie l'indisposa gravement et il mourut peu de jours après, le 3 avril, dans son château de Régennes. Son corps, transporté à Auxerre, fut exposé à la vénération publique, dans le palais épiscopal, jusqu'au 9, jour où son Chapitre célébra ses obsèques avec la plus grande solennité. Un mandement capitulaire annonça aux fidèles la mort de leur pasteur. Cette pièce, qui est un panégyrique de M. de Caylus, le qualifie d'*ange tutélaire du diocèse* (1). On devait prononcer l'oraison funèbre du défunt dans le service qui fut célébré le 5 septembre, mais des défenses venues de la cour en empêchèrent. Le Chapitre se contenta de faire dans son mandement l'éloge le plus magnifique du prélat défunt.

M. de Caylus mort, l'opinion janséniste perdait son plus ferme appui dans le diocèse. Ses successeurs ne furent pas choisis de manière à la relever. Cependant elle avait poussé de si profondes racines dans le pays, qu'elle ne devait pas céder le terrain sans de grands combats. Toute la préoccupation des évêques sera, jusqu'à la révolution, de l'amoindrir et de la neutraliser. Leurs rapports avec le grand Chapitre seront difficiles et susciteront, surtout à M. de Condorcet, de violents orages.

Avant d'entrer dans cette nouvelle phase, reprenons quelques faits que la rapidité du récit nous a forcés de négliger.

Le grand Chapitre cathédral, dont l'influence était si considérable dans le diocèse, s'est montré, pendant le cours de l'épiscopat de M. de Caylus, à la hauteur de son passé. Sa sollicitude pour ses vassaux de Cravan se révèle, en 1710, par une ordonnance sur la vente du pain. Il fit défense aux officiers de police de la même ville de mettre aucune entrave à ce que les boulangers forains y vinssent vendre du pain en payant les droits. Il voulut aussi que les boulangers réduisissent leurs prix au niveau de ceux des forains, car la misère du peuple était grande alors.

---

(1) C'était le chanoine Moreau qui l'avait composé. Un M. Millelot, des académies d'Auxerre et d'Orléans, s'exerça sur ce sujet, en 1755, dans une longue pièce de vers fort insipides. — Arch. de l'Yonne, Recueil de divers écrits, chap. d'Auxerre, t. III.

En 1729, le P. gardien des Cordeliers d'Auxerre proféra dans un sermon des paroles injurieuses contre le Chapitre qui porta aussitôt plainte à l'évêque. Le prélat prit l'affaire à cœur et donna au Chapitre des témoignages non équivoques de sa haute estime. Il obligea en définitive le P. gardien à rétractation.

On avait, au Chapitre, négligé de porter la soutane violette dans les fêtes solennelles. Sur l'invitation de M. de Caylus, ce corps décida, par une délibération du 12 décembre 1724, que tout nouveau chanoine prendrait possession en soutane de cette couleur et serait tenu d'en avoir une à lui trois mois après. Ce règlement fut confirmé par conclusions de 1737 et 1746. M. de Caylus reconnut, au mois de mai 1739, le droit de semonce dû au Chapitre et qui consistait, dans l'origine, en une certaine quantité de vin, laquelle avait été convertie, en 1703, en une somme de 534 liv. 10 s.

Le Chapitre suivait à la lettre ses statuts en matière d'amendes comme on le voit envers l'abbé Lebeuf qui, s'étant absenté au-delà des délais, en 1735, fut privé des revenus éventuels de l'année. Cela lui parut dur, d'autant plus que son voyage n'avait été que de 15 jours et avait eu pour but d'aller à Soissons recevoir le prix que l'académie de cette ville lui avait décerné pour son ouvrage sur le Soissonnois. Il le fit sentir, dans une lettre de remerciement adressée au Chapitre pour l'intérêt que la compagnie lui avait témoigné au sujet de ce livre ; « d'autant, ajoute-t-il, que la cause m'avoit paru, et à beaucoup d'autres personnes, bien favorable et assez singulière pour surmonter la rigueur de la discipline ; et la seule attention qu'il n'y va en cela que d'un intérêt personnel, me fait accepter cette légère disgrâce avec résignation. »

M. Mignot, grand-chantre, qui était dans le même cas que l'abbé Lebeuf, voulait en appeler au parlement. On ne voit pas ce qu'est devenue cette affaire.

M. Moreau, doyen, étant mort en 1746, le Chapitre reçut de la cour l'ordre ne pas procéder à l'élection de son successeur. On voulait punir par là ce corps dont l'union avec M. de Caylus rendait la résistance de ce prélat si durable.

En 1729, le 4 juin, eut lieu à Auxerre le baptême d'un jeune sauvage amené de la Louisiane par le sieur Guenot, seigneur de Tréfontaines. Il s'appelait, dit-on, Palimingot et était fils d'un chef des Chitimachas, près la Nouvelle-Orléans. Le curé de Notre-Dame-la-d'Hors fit son instruction religieuse et l'évêque le baptisa solennellement. Il mourut trois ans après (1).

Les évêques de Bethléem, depuis près d'un siècle, avaient respecté la situation que leur avait faite l'assemblée du clergé (2) ; mais en 1729 le possesseur de ce siége, profitant de la situation difficile où était placé M. de Caylus, voulut empiéter sur ses prérogatives. Il poussa successivement les Récollets de Clamecy et le curé d'Armes, son vicaire-général, à exercer les droits curiaux dans le faubourg de Bethléem. Ce dernier alla même fort loin, au dire des partisans de l'évêque d'Auxerre, et commit des excentricités, par exemple en faisant conduire, le jour de la Fête-Dieu, la procession au son des violons et des tambours. La ville était très-divisée : les uns prenaient parti pour leur évêque, les autres défendaient l'autorité de M. de Caylus. Une requête fut adressée au conseil du roi, en 1732, par M. Louis Lebel, évêque de Bethléem, pour faire établir sa juridiction. Le conseil, fort embarrassé, renvoya l'affaire au bureau ecclésiastique qui la communiqua à M. de Caylus. On ne voit pas qu'on y ait apporté de solution sous ce prélat, que l'on aimait en haut lieu à voir entouré de difficultés.

CHAPITRE III.

M. DE CONDORCET, CIVe ÉVÊQUE D'AUXERRE.

A la mort de M. de Caylus le Chapitre nomma, en vertu de son droit de régale et suivant la disposition des saints canons, six vicaires-généraux, MM. Charles Huet, grand-archidiacre ; Jean-André Mignot,

---

(1) Reg. de l'évêché, n. 26. En 1753 M. de Caylus baptisa solennellement un jeune nègre acheté 12 liv., en Asie, par M. de Lamarre.
(2) Voy. ci-dessus à la vie de M. Séguier, p. 235.

chantre ; Jean-Baptiste Albéric Chevalier, pénitencier ; Fr. Grasset (1), 1751 à 1760. Etienne Housset et Robert Viel, prêtres et chanoines. Cependant, le conseil d'Etat avait ordonné, par provision, que les scellés seraient apposés par le lieutenant-général du bailliage. Le Chapitre forma opposition, mais le procès ne se vida que sous M. de Cicé.

Pendant la vacance, le Chapitre prit différentes mesures d'administration. Il pourvut à l'entretien des écoles gratuites de plusieurs lieux, et principalement de celles de la ville d'Auxerre, fondées par M. de Caylus. Sa sévérité s'effraya de l'apparition d'une troupe de comédiens dans la ville épiscopale, et il lança contre eux un mandement menaçant qu'ils avaient provoqué un peu, du reste, en apposant leurs affiches jusque sur les portes de la cathédrale. Il ordonna aux religieuses hospitalières de Gien qui avaient été depuis peu transférées dans la maison des Ursulines, et qui n'avaient pas tardé de l'abandonner à cause de son insalubrité, de rentrer dans cette même maison en y transportant les malades et les meubles de l'hôtel-dieu. Les sœurs réclamèrent avec instance et les médecins attestèrent la vérité de leurs dires. Cependant, en 1770, sur de nouvelles enquêtes, la translation fut ordonnée par M. de Cicé.

Le roi, las des tiraillements intérieurs que les querelles religieuses causaient à son gouvernement, résolut d'y couper court une fois pour toutes. Le clergé de Paris refusait aux jansénistes malades les derniers sacrements s'ils ne présentaient pas de billets de confession. Et comme pour en obtenir des curés il fallait adhérer à la bulle, grand était l'embarras pour les appelants. Le parlement, chose étrange à notre point de vue, fit emprisonner un curé qui avait cru devoir refuser l'ex-

---

(1) La famille Grasset est fort ancienne dans le diocèse d'Auxerre. On la trouve à Auxerre dès le commencement du xiii° siècle ; mais à coup sûr à partir de 1523, suivant la coutume de cette ville. M. Esaü Grasset était alors seigneur de Corbelain, en Nivernais. Ses descendants, très-nombreux, ont occupé des fonctions judiciaires et ecclésiastiques dans le diocèse et le comté d'Auxerre, jusqu'à la fin du dernier siècle. M. François Grasset, chanoine de la cathédrale et l'un des vicaires-généraux chargés de régir le diocèse après la mort de M. de Caylus, était né en 1690. Il prit une grande part à la composition des livres liturgiques ordonnée par M. de Caylus, et se signala aussi par son dévouement comme administrateur de l'hôtel-dieu. Il est mort en 1764.

trême-onction; on vit d'autres fois les exempts escorter le saint-sacrement qu'on portait par arrêt aux malades. La résistance de ce corps, aux ordres du roi sur ce point, causa son exil. Cependant, Louis XV espérant le ramener par la douceur, consentit à son rappel et donna, en même temps, le 2 septembre 1754, une déclaration qui devint célèbre et par laquelle il annula toutes les poursuites commencées au sujet de la bulle. Le bailliage d'Auxerre enregistra cet acte le 12 du même mois et le fit afficher dans la ville.

M. Jacques-Marie de Caritat de Condorcet, évêque de Gap, ancien officier de cavalerie, neveu de M. d'Yse de Saléon, évêque de Rhodez, fut choisi par l'ancien évêque de Mirepoix pour succéder à M. de Caylus. C'était tout l'opposé de ce dernier. M. de Condorcet, d'un commerce fort agréable et d'une exquise politesse dans les relations ordinaires, aimant un peu trop l'apparat, selon un historien (1), était connu par son obéissance, militaire pour ainsi dire, à la bulle. Son zèle était ardent et ne connaissait point d'obstacles. Mais le clergé de son nouveau diocèse allait lui en créer de sérieux.

Nommé à l'évêché d'Auxerre au mois de juin 1754, il reçut du Chapitre une lettre pleine de déférence où ce corps l'assurait qu'il avait confiance que Dieu lui donnerait, en sa personne, un évêque selon son cœur. M. de Condorcet répondit de manière à satisfaire le Chapitre. Ce ne fut cependant que plus de six mois après, le 28 janvier 1755, que le Chapitre reçut avis de l'arrivée du prélat. Il annonçait qu'il envoyait l'abbé de l'Isle pour prendre possession de l'église d'Auxerre en son nom. En effet, le lendemain l'abbé présenta au Chapitre les bulles de translation de M. de Condorcet, de l'évêché de Gap à celui d'Auxerre, et prit possession à l'issue de vêpres. Deux heures après, M. de Condorcet descendait à l'évêché. Le Chapitre, informé de son arrivée et conduit par M. Huet, grand archidiacre, à défaut d'un doyen, dont il était privé depuis 1746, se rendit au palais le 30. La réception fut assez embarrassée : aux protestations de dévouement du Chapitre, l'évêque répondit assez froidement, tout en assurant de ses bonnes intentions et de ses désirs de bonne harmonie. La céré-

---

(1) Mémoires sur Gap.

monie d'intronisation eut lieu le dimanche suivant, 2 février, par
M. de Villebreuil, grand-archidiacre de Sens, accompagné de deux
chanoines de la métropole. Le 8 avril, M. de Condorcet prêta en personne serment d'obéissance à son métropolitain. Le premier soin de
M. de Condorcet avait été de se débarrasser des soucis de la régie et des
détails de l'administration de son temporel. Dans cette vue, il avait fait
un bail général des revenus de l'évêché, le 20 janvier 1755, lorsqu'il était
encore à Paris.

On ne tarda pas à pressentir les dispositions religieuses du nouvel
évêque. Il refusa d'abord, sous prétexte qu'il n'avait pas encore d'habit de chœur, c'est-à-dire la chape et le camail, d'assister à l'office de
la Purification dans la cathédrale. Il passa le carême et les fêtes de
Pâques à Auxerre sans entrer dans son église, affectant d'être malade
le jour de cette dernière solennité. Les prétextes pour ne pas communiquer avec ses chanoines, qu'il regardait tous, à l'exception de deux
ou trois, comme hérétiques à cause de leur appel de la Constitution,
n'étaient pas difficiles à trouver. Il se retrancha surtout sur ce que le
Chapitre ne lui communiquait pas le cérémonial qu'il devait observer
à son égard. Cet état de choses devait empirer de plus en plus.

M. de Condorcet se voyant entouré de toutes parts d'un clergé janséniste et dans un diocèse qu'on appelait le *refuge des pécheurs* (1),
s'irrita et ne sut pas toujours garder de mesure dans ses actes. La résistance qu'il rencontra redoubla encore son impatience et le poussa à
des efforts qui marquaient plus de zèle que de prudence.

L'abbé de l'Isle, abbé de Cloissone au diocèse de Gap, et doyen de
la cathédrale de cette ville, nommé son vicaire-général dès le surlendemain de son arrivée, servit activement ses projets. L'historien de
l'épiscopat de M. de Condorcet, le dépeint sous des couleurs fort
noires et l'accuse d'être d'un caractère dur et inflexible, voulant tout
faire plier sous sa domination. L'établissement d'un registre pour la
souscription du *Formulaire*, parut au nouvel évêque une des premières
choses à faire pour empêcher les progrès du jansénisme dans le clergé.

---

(1) Les prêtres exilés ou qui abandonnaient les diocèses où le Jansénisme était
persécuté, s'étaient retirés en grand nombre dans celui d'Auxerre.

Mais, comme on le pense bien, les chanoines, pas plus que les curés de la ville, ne vinrent y apposer leur signature. Les Jansénistes, renommés par la pureté de leurs mœurs et la sévérité de leurs principes, étaient loin d'être disposés à céder à un prélat qui voulait détruire tout d'un coup l'œuvre de son prédécesseur qu'ils avaient appris à vénérer pendant un demi-siècle. Leur entêtement d'ailleurs était d'autant plus grand qu'ils étaient plus comprimés.

Il y avait en exil, à Auxerre, douze vieux prêtres jansénistes qu'il reçut fort mal lorsqu'ils vinrent lui rendre visite, et il voulut les faire partir de son diocèse. Ils obtinrent cependant du ministre la permission de rester dans cette ville.

Il tenta d'éloigner son Chapitre de l'office annuel de l'Aumône générale, institution charitable et pieuse, fondée, comme nous l'avons vu, par M. de Caylus. L'office se faisait alternativement un dimanche dans l'église Notre-Dame-la-d'Hors, et le dimanche suivant dans celle de Saint-Eusèbe, en présence du bureau de l'aumône générale. C'était alors le tour de l'église Notre-Dame; M. de Condorcet fit célébrer l'office par l'abbé de l'Isle, assisté de prêtres et de clercs de son séminaire, ce qui scandalisa beaucoup. L'année suivante on rétablit l'ancien usage, mais l'évêque n'y parut pas.

Après cela ce fut le tour des curés des paroisses d'être mis à l'index. L'évêque fit annoncer des catéchismes dans la chapelle du séminaire, qui devaient être suivis de communions. Les curés, qui se voyaient enlever un de leurs plus beaux droits, en appelèrent comme d'abus et obtinrent un arrêt favorable (1).

La révocation, dans le délai de deux mois, des pouvoirs de confesser donnés par M. de Condorcet à des prêtres du diocèse d'Auxerre, bouleversa surtout les paroisses de la ville. Les PP. Jésuites et des moines d'Ordres mendiants remplacèrent les confesseurs ordinaires. Cette mesure est l'objet de longues lamentations de la part de l'auteur de la vie du prélat qui y est tout à fait opposé. Les chanoines qu'elle atteignait le plus directement firent part à l'évêque des plaintes des fidèles.

---

(1) Les curés de la ville publièrent, à ce sujet, des remontrances à l'évêque où leur résistance est nettement caractérisée.

Il voulut voir les confesseurs; « car, disait-il avec raison, on ne doit pas trouver mauvais que je connaisse ceux que je dois approuver. »

Deux de ces chanoines s'étant rendus avec assez de peine à l'évêché, la conférence ne fut pas longue, le prélat leur demanda s'ils voulaient démentir la Gazette de Hollande qui avait dit que tous les chanoines de la cathédrale d'Auxerre étaient appelants à l'exception de trois seulement. Comme ils refusèrent pour leur compte, l'évêque ouvrit brusquement la porte et les congédia.

Nous ne reproduirons pas tous les procès que suscita l'esprit réformateur de M. de Condorcet et de l'abbé de l'Isle. Leur objet a bien diminué d'importance pour nous. Ils révèlent cependant dans le corps du bailliage et dans les hautes classes de la société la présence d'un parti opposé au Jansénisme qui va s'accroître peu à peu, de manière à diviser plus tard la ville d'Auxerre en deux camps presque égaux.

Un fait de ce genre montrera encore l'espèce de relations qui existait entre l'évêque et son Chapitre. On venait de publier, sans nom d'auteur, les œuvres de M. de Caylus, qui étaient une protestation contre les actes de son successeur. Aussitôt après parut un volume intitulé *Supplément aux œuvres de M. de Caylus*. On y avait réuni tout ce que le prélat avait composé dans le commencement de son épiscopat, en faveur de l'adhésion à la bulle *Unigenitus*. On y trouvait aussi la conclusion attribuée au Chapitre sur le même sujet, en 1717. C'était une rude réponse. Aussitôt le Chapitre porta plainte au bailliage contre la publication de la conclusion qui semblait émaner du corps entier, tandis qu'il avait été reconnu dans le temps que c'était l'œuvre d'un petit nombre de chanoines. Le bailliage prenant la chose au grand sérieux, ordonna, le 26 mai 1755, la suppression de la pièce et qu'il serait informé contre ses auteurs, « attendu qu'il s'agit de délit contre » l'ordre public et de contravention à la déclaration du 2 septembre » 1754. »

De plus, sept conseillers durent se transporter, séance tenante, au Chapitre pour faire enregistrer la susdite déclaration.

Voici un échantillon des aménités qui s'échangeaient entre l'évêque et le Chapitre. M. d'Aymard ayant été nommé pénitencier en 1755, le Chapitre dut insérer ses provisions dans son registre, le 25 juillet, mais il eut soin d'y ajouter qu'il protestait contre les clauses insolites qui y étaient contenues et qui concernaient le serment prêté au formulaire d'Alexandre VI, etc. Les protestations sont écrites de la main de M. Frappier et signées Potel, Mignot, Leroy, Jodon et autres. L'appel fut donc suivi, mais bientôt après un arrêt du conseil du 21 août, transcrit sur le registre par l'huissier Vassal, ordonna que ces protestations seraient biffées.

Un mandement pour le carême de 1756 amena de nouveau la guerre entre l'évêque et son clergé. M. de Condorcet y disait aux fidèles : « Gardez l'unité, demeurez inviolablement attachés aux successeurs » de Pierre et au corps des premiers pasteurs, en ce qui concerne la » religion n'écoutez que leur voix. » Les curés, *pasteurs du second ordre*, se regardèrent comme offensés du silence que l'évêque affectait à leur égard. Ils refusèrent de publier le mandement et présentèrent requête au bailliage qui leur donna acte de leur appel comme d'abus. Le parlement, à qui l'affaire fut déférée, déclara le mandement abusif et ordonna que son arrêt serait affiché dans tout le diocèse; ce qui fut exécuté.

L'appel comme d'abus avait lieu à chaque affaire où le Chapitre et l'évêque se trouvaient en présence. C'est ce qu'on vit encore à propos des prières publiques demandées par la ville d'Auxerre pour obtenir un temps favorable aux biens de la terre. L'évêque n'avait pas, comme il était d'usage, consulté son Chapitre avant de donner son consentement. Il fallut de longs pourparlers avant d'obtenir une solution.

M. de Condorcet essaya aussi de réformer la manière de dire la secrète et le canon de la messe que plusieurs prêtres lisaient assez haut pour être entendus des fidèles assis dans le chœur. Le Chapitre vit dans cette ordonnance une atteinte aux rubriques du missel auxerrois et la repoussa : nouvel arrêt intervint qui condamna les prétentions épiscopales.

L'évêque entreprit alors de supprimer le catéchisme de M. de Caylus qui était en usage depuis 30 ans. Nouvelle résistance du clergé qui porta plainte contre les PP. jésuites, dont M. de Condorcet favorisait les missions de tout son pouvoir, pour contrebalancer l'influence des prêtres jansénistes dont la sévérité éloignait des sacrements. Les appels comme d'abus surgissaient de tous côtés, le bailliage et le parlement retentissaient sans cesse des plaintes du clergé auxerrois. L'historien janséniste de l'épiscopat de M. de Condorcet lui reproche la destruction du collége de Varzy qui, dit-il, était florissant sous la direction des professeurs qu'y avait mis M. de Caylus et comptait plus de 50 pensionnaires. Peu de temps après l'intronisation de M. de Condorcet, ce changement de professeurs fut exécuté, et le collége tomba bientôt à rien.

M. de Condorcet persistait à ne pas avoir de rapports avec son Chapitre lorsqu'une lettre du roi, du mois de juillet 1756, l'invitant à célébrer un *Te Deum* d'actions de grâces de la prise du Port-Mahon, le jeta dans un grand embarras. Il ne s'en tira qu'en partant brusquement de Régennes pour Montélimart, d'où il ne revint que le 26 octobre suivant.

A son retour, le Chapitre alla en corps le complimenter, et M. Mignot porta la parole pour lui présenter l'office de la Toussaint. Son discours roula surtout sur le bonheur qu'aurait le Chapitre de recevoir son évêque dans son église et sur l'ardent désir qu'il avait de voir l'union régner entre eux. M. de Condorcet accueillit très-bien les députés, mais il ne céda pas. Cependant, le jour de l'octave de la fête, il annonça qu'il assisterait à l'office et qu'il voulait prononcer le sermon. La foule accourut aussitôt. Après un exorde sur les principes de la foi et la soumission due à l'Eglise, il attaqua vivement « la conduite des parlements qui envahissent le sanctuaire et portent la témérité jusqu'à faire donner les sacrements aux réfractaires. » Il blâma amèrement ceux qui avaient recours aux tribunaux séculiers pour se faire administrer les sacrements; enfin il conclut par une excommunication *ipso facto* contre ceux qui composeraient ou liraient des écrits contraires à la soumission due à la bulle, contre les magistrats qui rendraient des jugements pour faire donner les sacrements, et contre ceux qui auraient recours à cette voie pour les obtenir (1).

Nos principes de liberté des cultes nous font juger aujourd'hui que

---

(1) Procès-verbal des notaires Duplessis et Heuvrard, du 7 novembre.

le droit était là du côté de l'évêque. Mais en 1756 on ne voyait pas partout de même. Le Chapitre scandalisé se retira et protesta contre le mandement épiscopal. Il en appela au bailliage tout en protestant de son respect pour son évêque. Le bailliage défendit absolument l'impression du mandement, et sa publication n'eut pas lieu. Le parlement, informé, reçut l'appel comme d'abus, et le Chapitre, de son côté, écrivit au ministre d'Etat, M. de Saint-Florentin (1).

Le gouvernement voulait bien que les Jansénistes fussent retenus dans leurs écarts, mais il n'aimait ni le bruit, ni l'éclat. Les procès continuels que M. de Condorcet soulevait à chaque pas lui valurent une lettre de cachet avec invitation de se rendre à l'abbaye de Vauluisant. Il y fut conduit par un exempt de la prévôté de l'Hôtel. La politesse obligeait le Chapitre de lui faire ses compliments de condoléance, le prélat les reçut pour ce qu'ils valaient.

L'exil de M. de Condorcet laissa au clergé du diocèse un peu de repos. L'abbé de l'Isle, son grand vicaire, n'osait plus prendre sur lui des mesures qui auraient amené de nouveaux débats. Quelques discussions, à propos d'un sermon contre la prédestination du P. Aubert, jésuite, principal du collége, occupèrent l'année 1757. Après une année d'exil environ, M. de Condorcet revint à Auxerre (6 décembre). Le Chapitre, ponctuel dans l'observation des formes, alla lui rendre visite et le complimenter. Après vint le bailliage auquel il devait une

---

(1) Les querelles, sans nombre, de l'évêque avec son Chapitre, donnèrent lieu à une foule de pamphlets. Il y en avait un fort long en vers, sur le mauvais ménage de Jacques (allusion au prénom de M. de Condorcet) et de sa femme. L'auteur y exposait l'objet des débats et finissait, comme de raison, par donner tort à Jacques qui, disait-on, battait sa femme. Il finissait par cette strophe :

> Il a menti le faiseur d'épigramme,
> Quand il nous dit que Jacques bat sa femme ;
> Il ne se peut, en voici la raison :
> C'est que pour battre il faut être en présence,
> Et celui-ci, depuis son alliance,
> N'est point entré dans la maison ;
> Ils font grand bruit, mais ce n'est pas merveille.
> La cause, au vrai, s'en découvre en un mot :
> Ici l'épouse à son ménage veille,
> Tandis qu'au loin monsieur mange sa dot.

bonne part de son exil. Il fallut de part et d'autre, dit avec raison M. Chardon (1), toutes les ressources du bon ton et de la politesse pour dissimuler l'embarras dans lequel on se trouvait.

La conférence avec le Chapitre n'amena aucun résultat, chacun restant sur son terrain. Le Chapitre essaya encore, la veille de Noël, de déterminer l'évêque à venir dans son église. Mais, après une nouvelle audience où M. de Condorcet s'exprima avec sévérité sur la conduite du Chapitre et surtout contre la mémoire de M. de Caylus, ce qui souleva de la part des chanoines un murmure général, le Chapitre se retira sans plus de succès que la première fois (2).

Le reste de l'épiscopat de M. de Condorcet se passa dans un état de lutte sourde, mais continuelle. Les PP. Jésuites travaillaient avec ardeur, mais non sans obstacles, dans certaines parties du diocèse, à ramener les fidèles dans la voie de l'Eglise (3). Les Jansénistes leur reprochaient leur grande indulgence approuvée par l'évêque lui-même (4), et les cérémonies populaires par lesquelles ils frappaient l'esprit des habitants des campagnes. La ville de Gien, où le curé de Saint-Laurent les accueillait favorablement, fut surtout agitée par leurs

(1) Hist. d'Auxerre.

(2) V. Recueil de Lettres du Chapitre à Mgr l'évêque d'Auxerre, in-12, Bibliot. d'Auxerre, n. 3032.

(3) A Etais et dans d'autres villages de la Puysaie. En 1756, les curés d'Entrains, de Treigny, Lainsecq, etc., les assignèrent au bailliage comme ayant entrepris sur les droits des curés, en faisant faire des premières communions. Il parut en cette année des *Lettres à un ami*, au sujet du mandement de l'évêque pour les missions dans son diocèse. L'auteur y traite les travaux des jésuites de scandaleux, et voit un grand danger dans leur propagation.

(4) On fit, au sujet de la facilité avec laquelle on prétendait que M. de Condorcet accordait les ordres, pourvu qu'on signât le formulaire, les mauvais vers suivants :

> Heureuse église, Auxerre, lieu charmant,
> De ton prélat l'adresse peu commune,
> Rendra bientôt ton pays florissant.
> Il ne faut plus, pour y faire fortune,
> Que deux outils, la plume et le rasoir,
> En griffonnant sa simple signature,
> Tout aspirant y prouve son savoir
> Et les barbiers y donnent la tonsure.

— (V. Ms du chanoine Blonde).

prédications. La majorité des chanoines de la collégiale étant opposée aux Jésuites, il éclata une division déplorable. La ville de Donzy, qui venait de perdre son curé, fut également exposée au scandale. On vit un nouveau pasteur refuser les sacrements à une dame. Le bailliage d'Auxerre y décréta de prise de corps un vicaire; le même fait eut lieu à Varzy.

En 1760, M. de Condorcet fit la visite des paroisses de son diocèse. Il essaya encore de déraciner l'esprit janséniste si bien implanté par M. de Caylus. Mais les curés lui opposèrent une force d'inertie invincible. On rapporte qu'étant à Gien et visitant l'église Saint-Louis, il reçut, de la part de quelques habitants, des plaintes contre leur curé. Les partisans de celui-ci voulurent le défendre. De là grand bruit qui obligea l'évêque à se retirer tout effrayé du tumulte.

Le chanoine Blonde, dans son recueil resté manuscrit, raconte fort en détail la réception que fit le prélat aux curés de Fouronnes et de Fontenailles, lorsqu'ils conduisirent à Courson, pour être confirmées, quelques-unes de leurs ouailles seulement, tandis que le curé de Courson en amena plus de 300. « Voyons ce petit nombre d'élus de Fontenailles », dit ironiquement l'évêque. Il continua dans cette disposition à interroger les néophytes, et tança vertement le curé de Fouronnes, qui soutenait selon lui des erreurs condamnées par l'Eglise. A Vermanton ce fut encore pis. Le curé, qui était zélé janséniste, fut rudement mené, ainsi que le maître et la maîtresse d'école.

Cette tournée fut la visite d'adieu de M. de Condorcet. Désespérant de faire aucun bien dans le diocèse, il songea à quitter Auxerre pour le siége de Lisieux. Cette affaire fut traitée dans le plus grand secret. Le 1ᵉʳ décembre 1760, un arrangement fut signé entre lui et M. de Cicé, évêque de Troyes, qui devait lui succéder. Le ministre y donna son approbation. Ce ne fut toutefois qu'au mois de mars suivant que le changement fut connu. On verra dans le chapitre suivant comment son successeur fut installé.

Il se passa dans le diocèse, pendant le court épiscopat de M. de Condorcet, peu de faits intéressants concernant les communautés religieuses. Le 30 juillet 1757, le Chapitre cathédral députa quatre chanoines pour assister à la pose de la première pierre du pont de Cravan.

Les frais de cette cérémonie coûtèrent 305 liv. Ce corps, qui ne perdait de vue aucun de ses droits, fit encore respecter sa juridiction dans le cloître, lorsqu'en 1759 les officiers municipaux voulurent y exercer la leur. Ce fut dans cette même année qu'eut lieu la pose de la première pierre de la nouvelle église du monastère de Reigny. Il y avait déjà longtemps que l'ancienne avait été ruinée par les reitres du duc de Bouillon. On y avait fait quelques réparations depuis, mais l'infiltration des eaux de la Cure l'avait complètement dégradée.

CHAPITRE IV.

M. DE CICÉ, CVᵉ ÉVÊQUE D'AUXERRE.

Jean-Baptiste-Marie Champion de Cicé, né à Rennes, le 10 février 1725, était fils d'un membre du parlement de Bretagne. Destiné à la carrière ecclésiastique, il fit ses études à Paris, où il prit ses grades successifs jusqu'à celui de docteur en théologie. Le cardinal de La Rochefoucaud le choisit ensuite pour son vicaire-général. En 1758 il obtint du roi l'évêché de Troyes.

On a vu, dans le chapitre précédent, comment M. de Condorcet quitta le siége d'Auxerre, d'accord avec M. de Cicé. Le pape, par une bulle du 14 des calendes de mars 1760, avait nommé M. de Cicé à Auxerre. Il prit possession le 2 mars 1761. Le Chapitre cathédral n'avait été prévenu de rien. Lorsqu'on apprit que le nouvel évêque était arrivé vers midi, au palais épiscopal, accompagné du grand archidiacre de Sens, de plusieurs chanoines de cette église, de l'abbé d'Osmond et d'un notaire, l'émoi fut grand. Cependant, le grand-archidiacre convoqua le Chapitre pour entendre la lecture de la bulle qui préconisait M. de Cicé en qualité d'évêque d'Auxerre. La manière bienveillante avec laquelle l'abbé d'Osmond s'exprima envers le Chapitre fit une impression favorable. Après que l'abbé se fut retiré, on délibéra longtemps. Les vieux chanoines jansénistes se révoltaient des procédés qu'on avait mis dans cette affaire; mais c'était la suite de l'état de suspicion dans lequel le Chapitre était à la cour depuis longtemps. Cependant M. de Cicé était en règle et paraissait disposé à faire constater le refus qu'on pourrait lui opposer. Les plus tenaces voulaient un ajournement, à cause du manque d'une bulle particulière que les papes étaient dans l'usage d'adresser aux Chapitres, pour leur annoncer la préconisation d'un nouvel évêque. M. de Cicé promettait cependant de s'en pourvoir ultérieurement. Enfin, le Chapitre se résolut, sur les instances de M. Clément, trésorier, à l'obéissance aux ordres du roi et du pape. L'intronisation eut lieu avec les cérémonies usitées (1). Le serment d'obéissance dû à l'archevêque, comme métropolitain, fut prêté par M. de Cicé, le 29e du mois même de son installation; il paya 400 livres pour le droit de chapes (2).

Le clergé du diocèse, formé avec amour par M. de Caylus dans l'esprit janséniste, avait été fort attaqué par M. de Condorcet qui avait fini par renoncer à la lutte. M. de Cicé va s'y prendre plus adroitement pour arriver à désunir et à amoindrir ce corps compact et puissant dont le Chapitre était la tête. Doué de beaucoup d'esprit et de finesse, M. de Cicé agissait toujours avec la plus grande prudence. L'histoire des principales mesures prises sous son épiscopat en est la preuve. Il savait se faire des partisans par son affabilité et ne tarda pas ainsi à pouvoir lutter d'influence avec le parti janséniste.

Les vieux jansénistes qui étaient sur leurs gardes s'aperçurent de ce changement de manœuvre et n'en furent pas dupes. Il courut alors

---

(1) Chardon, t. II, 500.
(2) Voici le texte du serment prêté par l'évêque et écrit de sa main sur le précieux pontifical métropolitain qui servait à cet usage depuis le xiiie siècle :

« Ego N. Deo et sanctæ matri ecclesiæ Senon. et tibi E. ac R. P. Paulo d'Albert de Luynes, S. R. E. cardinalis Senonensis archiepiscopo, tuisque successoribus debitam subjectionem et obedientiam, ore promitto et manu propria confirmo. Actum Senonis super altare majus ejusdem ecclesiæ, anno Domini 1761, die vero mensis martii 29.

» J. B. Episc. Autiss. »

Ce manuscrit, qui se trouvait en 1849 dans la collection Tarbé, a été acheté par M. de Salis de Metz et emporté du pays sans qu'on ait fait d'efforts pour l'acquérir.

une certaine fable des *deux chats*, dédiée au Chapitre d'Auxerre, qui peignait bien les procédés sans ménagement et aussi infructueux de M. de Condorcet, auxquels avaient succédé les avances doucereuses de M. de Cicé, qui menaçaient bien davantage l'indépendance du clergé.

La morale de la fable était ainsi conçue :

> Cecy s'adresse à vous, prêtres peu clairvoyans,
> De Condorcet l'humeur atrabilaire
> Vous rendit circonspects, sages et prévoyans :
> Mais de Cicé la douceur mensongère
> Vous charme, vous enchante et vous asservira.
> Ce que dans sa fureur le premier n'a pu faire,
> En vous flattant le second le fera (1).

Cependant, dès le commencement de son épiscopat, il perdit dans la communauté des Jésuites, un levier bien puissant sur les populations. Ce corps, qui luttait depuis un siècle, avec des alternatives de succès et de défaites, contre les parlements et les jansénistes leurs protégés, fut atteint dans son existence par deux arrêts du 6 août 1762, de manière à ne pouvoir s'en relever. La passion exalta ses ennemis, et l'on est surpris, lorsqu'on lit les considérants qui précèdent sa proscription, de l'étrangeté de quelques-uns des motifs donnés pour le condamner. Quoiqu'il en soit, on exécuta à Auxerre l'arrêt du parlement qui expulsait les Jésuites des maisons d'éducation. Mais il surgit de cette question une cause de discorde, entre l'évêque et le parti janséniste, qui dura plus de douze années. La commission chargée de rendre compte au corps municipal de l'état du collége, conclut en demandant la réunion de tous les biens des Jésuites à cet établissement nouveau, attendu que les Pères ayant fait vœu de pauvreté, n'avaient pu acquérir que pour la maison. Les revenus étaient estimés à 7,669 liv. Le mémoire critique sévèrement le mode d'enseigner des Jésuites qui, dit-on, en sont encore aux rêveries d'Aristote pour la philosophie. Leurs principes d'obéissance absolue à l'église romaine, sont l'objet de réflexions peu favorables, et l'on reconnaît, dans cette pièce, que ses auteurs étaient de fervents élèves de M. de Caylus. La commission conclut à ce que le collége soit remis entre les mains de professeurs séculiers, ce

---

(1) Extr. du Recueil du chanoine Blonde.

qui fut adopté. Le parlement autorisa, par arrêt du 26 février, le corps municipal à traiter en conséquence. Peu de temps après, le 3 avril, l'abbé Magne, ancien oratorien, prit possession du collége avec le titre de principal. Il avait avec lui un sous-principal et six professeurs de son choix et qui étaient soumis à l'agrément du corps municipal. Leur traitement s'élevait à 5,450 liv. par an.

Toute cette affaire s'était traitée en l'absence de l'évêque dont on craignait l'opposition, déjà manifestée par des remontrances de son vicaire-général, l'abbé de Cicé.

Lorsque le prélat fut arrivé, il jugea de suite qu'il aurait affaire à forte partie. Il offrit de faire diriger le collége par les Oratoriens ou par les Doctrinaires, auxquels il donnerait six prébendes, si le Chapitre y consentait.

Mais le corps municipal repoussa ses propositions, maintint le concordat fait avec l'abbé Magne et en fit ordonner l'exécution provisoire par le bailliage, le 20 avril. Il arrêta, en outre, qu'à l'avenir, tous les professeurs et le principal lui-même, seraient pris parmi les maîtres-ès-arts de toutes les universités du royaume.

M. de Cicé ne se tint pas pour battu et tourna les difficultés qu'il rencontrait, en obtenant d'abord du roi un édit du mois de février 1763, qui réglait l'administration des colléges. L'article 6 qui s'appliquait à Auxerre et aux autres villes où il n'existait pas de parlement, portait que les colléges dirigés par des séculiers seraient administrés par un bureau composé de l'évêque président, du premier officier de la justice royale, du procureur du roi, de deux officiers municipaux, de deux notables et du principal du collége. Le nouveau bureau, après examen du concordat passé avec l'abbé Magne, l'approuva malgré les efforts de M. de Cicé et l'adressa au procureur-général. Les lettres-patentes, du 10 novembre suivant, qui confirmaient le nouvel établissement du collége, montrèrent par leurs dispositions que l'influence de M. de Cicé les avait dictées. En effet, en vertu de l'article 10, le principal et les professeurs devaient être maîtres-ès-arts de l'Université de Paris. Cette condition sapait par sa base le concordat qui régissait le collége, car il n'y avait que le principal qui eût le grade exigé. Mais le parlement, bien renseigné sur le but qu'on se proposait, ayant refusé l'enregistrement, il fallut en référer au roi qui, ayant appris les motifs du refus, les approuva et ordonna que les lettres-patentes ne seraient appliquées, dans la clause relative aux grades, qu'à mesure des extinctions.

Le séminaire, qui était devenu entre les mains de M. de Caylus une pépinière janséniste, fut rétabli comme il était dans son origine, et la direction fut rendue aux Lazaristes. L'évêque complétait ainsi les mesures qu'il prenait sans bruit contre le clergé janséniste.

L'année 1762 vit M. de Cicé participer à plusieurs actes intéressants (1). Il consacra solennellement la chapelle du collége de Clamecy. Il témoigna de sa sollicitude pour le bien des pauvres en faisant accorder à l'hôpital-général d'Auxerre une somme de 4,800 liv., sur le revenu annuel de la fondation de M. le président Cochet de Saint-Valier, pour les diocèses du royaume et pour l'objet le plus utile. Il fit affecter ce don au paiement des travaux de l'église qui s'élevait sur l'emplacement de la chapelle de Notre-Dame-de-Lorette et qui fut consacrée le 28 juillet 1764. La Société des Sciences d'Auxerre tenait souvent des séances dans son palais et en sa présence. Pendant l'une de ces réunions, l'évêque annonça l'intention de faire reconstruire le palais épiscopal et d'en affecter une partie à l'usage de la Société. Mais le projet ne fut pas exécuté (2).

Il avait promis, dès la première visite que lui fit la compagnie, de la faire ériger en académie royale; mais les divisions qui s'élevèrent entre lui et les principaux membres, MM. Mignot, Potel, Moreau et autres, tous anciens partisans de M. de Caylus, lui firent ajourner indéfiniment sa promesse. La Société, qui s'était adjoint comme membre correspondant M. de Livry, premier commis du ministère de la

---

(1) L'année précédente, il avait sévèrement réprimandé la supérieure des Bénédictines de Saint-Fargeau, pour sa désobéissance au sujet d'un confesseur qu'il avait retiré à sa communauté et qu'il avait remplacé par M. Brulé, doyen de Saint-Fargeau. Après une admonestation solennelle où les sœurs sollicitèrent à genoux le pardon de leur supérieure, il accorda la grâce de cette dernière. — Arch. de l'Yonne 1761.

(2) M. de Cicé fit reconstruire, au commencement de son épiscopat, le château de Régennes dont il ne reste plus de vestiges. C'était un vaste bâtiment flanqué de deux ailes. — *Voy.* l'Annuaire de l'Yonne de 1840.

maison du roi, comptait sur sa protection pour obtenir le titre qu'elle sollicitait; mais le crédit de M. de Cicé empêcha le succès, et au commencement de 1772, la Société, au milieu des grands débats que suscita dans la ville l'édit du 31 mai 1765, sur l'organisation des municipalités, se vit frappée de suspension par ordre du roi. Ses séances n'ont pas été reprises.

La division la plus grande régnait alors dans la ville d'Auxerre.

Les querelles religieuses entre les jansénistes et les partisans des jésuites s'étaient transportées sur le terrain civil. Les premiers, défenseurs des doctrines de M. de Caylus et soutiens du parlement, avaient encore une grande majorité dans le corps municipal et dans le bailliage; ils avaient reçu le surnom de *Latins*. Les autres, gagnés par M. de Cicé, suivaient les ordres de la cour dans sa lutte contre les parlementaires; on les avait surnommés les *Grecs*. L'occasion leur parut belle lors du changement de la loi qui réglementait les municipalités, pour expulser leurs adversaires de l'hôtel-de-ville où ils trônaient depuis longtemps.

On verra, dans l'histoire civile, le récit de ces débats auxquels M. de Cicé dut prendre une grande part, sous peine de voir l'antique autorité de l'évêque disparaître dans sa ville capitale.

En 1765, le sieur Crespin, prédicateur du sermon du lundi de Pâques, dans la cathédrale, fut la cause d'un débat entre l'évêque et son Chapitre. Il s'agissait d'opinions émises sur la nécessité de la fréquente communion. Le Chapitre n'y entendait pas raillerie. L'évêque soutint son prédicateur, poussa le Chapitre et se plaignit, dans une visite que lui firent des députés, de la conduite de leurs confrères. Il voulut qu'ils lui laissassent par écrit ce qu'ils étaient chargés de lui dire; mais ils s'y refusèrent. L'évêque donna à M. Crespin un certificat sur l'orthodoxie de son sermon. Celui-ci en demanda l'insertion dans les registres du Chapitre qui s'y opposa; mais il résulte, des discussions que cette affaire souleva, que l'évêque avait acquis dans ce corps un certain nombre de partisans.

L'affaire de la régale, reprise et abandonnée tour à tour par les officiers du roi, qui ne perdaient pas volontiers de leurs prérogatives, avait été l'objet de nouvelles instances à la mort de M. de Caylus.

Malgré les arrêts du 23 mars 1513 et du 16 janvier 1555, qui établissaient le droit du Chapitre, le parlement avait reçu, le 18 février 1762, l'opposition du procureur-général. L'évêque et le Chapitre, appuyés sur une consultation de six avocats célèbres du parlement, se pourvoient en cassation. Alors le conseil d'état, par arrêt du 21 mars 1763, ordonne, sans avoir égard aux procédures, que les parties plaideront directement à la grande-chambre comme avant l'arrêt. L'instance continua ainsi jusqu'en 1766, où, après plusieurs remises, l'affaire fut enfin retirée du rôle, et l'église d'Auxerre est demeurée en possession de son droit qui était jadis très-important, mais dont l'exercice ne devait plus avoir lieu.

Le 15 janvier 1766, M. de Cicé célébra un service solennel pour le dauphin, auquel il invita tous les corps constitués. Les frais de cette cérémonie furent supportés par la ville, ainsi que cela avait déjà eu lieu, en 1711, pour le grand-dauphin, et en 1715 pour Louis XIV (1). Le 13 novembre de la même année, il consacra Mme Henriette de Thyard, en qualité d'abbesse des Bernardines des Iles.

Le Chapitre, qui venait de faire faire, avec sept médailles d'or léguées par l'abbé Lebeuf, une châsse pour les reliques de saint Germain, avait appris avec un vif intérêt l'intention où était M. de Cicé, de faire procéder à la vérification des reliques du saint qui étaient toujours sous les scellés. Sept commissaires, parmi lesquels étaient MM. Clément et Potel, furent députés auprès de l'évêque, pour lui témoigner du grand désir du Chapitre sur cet objet (1767). On ne voit pas que cela ait abouti à une solution quelconque, soit que l'évêque ait hésité de crainte d'erreur, soit autrement.

Il a été question plusieurs fois, dans le cours de ces Mémoires, des tentatives d'usurpation de pouvoirs, faites par les évêques de Bethléem. En 1769, M. de Quélen, alors titulaire de cet évêché *in partibus*, entreprit, après quatorze années d'épiscopat, de ressusciter les anciennes prétentions à la juridiction ecclésiastique dans la chapelle et le bourg de Pantenor ou de Bethléem à Clamecy. Il s'y rendit au mois de mai, accompagné de cinq ecclésiastiques, en institua un grand-archidiacre et

---

(1) Reg. du Chapitre, 1766.

vicaire-général et un autre secrétaire de son évêché. Il fit ensuite deux ordinations et annonça qu'il viendrait l'année suivante ordiner ceux qui se présenteraient régulièrement. L'évêque d'Auxerre ne pouvait laisser passer cet empiètement sans protester. Ce fut l'objet d'une instance dont la suite ne nous est pas connue (1).

M. de Cicé avait compté avec raison sur le temps pour triompher du parti janséniste. A mesure que la mort le délivrait des principaux chefs du Chapitre, il renouvelait par des éléments anti-jansénistes ce corps puissant par ses lumières et ses richesses. M. Mignot, grand-chantre, mourut le 11 mai 1770. C'était un des plus marquants des chanoines et des collaborateurs de M. de Caylus. Il légua au Chapitre sa bibliothèque, composée de 3,000 volumes. Le choix de son successeur souleva des difficultés sans nombre. L'abbé Letellier, élu, ne voulut signer le formulaire qu'avec des réserves subtiles, et en promettant seulement une soumission de respect et de discipline par rapport au fait de l'attribution des cinq propositions au livre de Jansénius. De là refus de l'évêque d'approuver l'élection. Douze chanoines avaient même protesté contre ce choix (2). M. de Cicé nomme de son chef M. Gaudet à la dignité de chantre. Le Chapitre refuse de l'installer. Deux notaires y suppléent et le parlement Maupeou l'y maintient par arrêt, malgré les protestations du Chapitre.

M. Vaultier avait été pourvu du lectorat, en 1769, après la mort de M. Créthé. M. Lorieux remplaça M. Carrouge, sous-chantre, en 1771. L'archidiacre de Puysaie, M. Dettey, le panégyriste de M. de Caylus, mourut en 1775, et M. Huet, grand-archidiacre, en 1779. Il y avait toujours un point grave qui demeurait depuis 1746 sans solution, c'était l'élection du doyen. A la prise de possession de M. de Cicé, le Chapitre avait fait des instances auprès de lui pour qu'il sollicitât la levée de l'interdit porté par la cour. Dans les premières années du règne de Louis XVI, la question fut remise sur le tapis. En 1778, M. Frappier proposa d'adresser un mémoire au ministre. Le Chapitre ajourna ce projet qui fut repris en 1780. Il faisait valoir, auprès de M. Amelot

---

(1) Arch de l'Yonne, $\frac{2\ G}{11}$, évêché de Bethléem.

(2) M. Frappier fit à ce sujet un discours qui fut imprimé.

et de M. de Maurepas, les inconvénients de l'état de choses où il se trouvait et la nécessité où il était d'avoir un chef stable, le Chapitre étant composé de six dignitaires et de cinquante-deux chanoines. M. de Cicé appuya la requête, et la défense d'élire un doyen fut enfin levée. L'élection de ce chef du Chapitre était une grande affaire; elle dura trois jours, et M. de Robien, chanoine d'Auxerre et prêtre breton, l'emporta enfin sur M. Delard, son concurrent. L'évêque ayant mis dans l'acte de confirmation quelques mots qui déplurent au Chapitre, on y fit des réserves.

Les vicissitudes que la politique et les intrigues locales apportaient dans le personnel du corps municipal d'Auxerre, devaient se refléter singulièrement sur le bureau d'administration du collége qui était à sa nomination. En 1772, les Grecs ayant triomphé dans la municipalité, changèrent le bureau et atteignirent cinq des professeurs que la déclaration du parlement de 1764 avait protégés jusque-là. Ils eurent le sort des Jésuites et furent évincés avec une mince indemnité. Ne pouvant expulser les autres maîtres et notamment l'abbé Leroi, principal, on résolut de s'en défaire par un procès criminel. Leur esprit janséniste fut la cause principale de leur proscription. On les accusa de faire lire à leurs élèves de mauvais livres, tels que l'histoire de Port-Royal, la vie du diacre Pâris, les Nouvelles ecclésiastiques, etc. On ajouta qu'ils tenaient des assemblées nocturnes et avaient introduit des femmes dans le collége. Le bailliage, renouvelé depuis peu, après la création du parlement Maupeou, accueillit avec passion les dénonciations anonymes portées contre ces professeurs. Deux d'entre eux, les sieurs Hautefage, sous-principal, et Lefranc, maître de quartier, furent décrétés de prise de corps, et le principal, l'abbé Leroi, assigné pour être ouï. Le parlement, renchérit sur ces préliminaires, décréta tous les accusés de prise de corps et y comprit encore deux des professeurs renvoyés par le bureau précédent.

Les accusés prirent la fuite, et la procédure suivie contre eux fut poussée activement. Le 14 août 1772, il intervint une sentence du bailliage qui déclara tous les accusés « véhementement suspects d'avoir,
» par une association criminelle, combiné un plan d'éducation
» dangereuse et pernicieuse, tendant à former, dans la jeunesse cou-

» fiée à leurs soins, un esprit d'insubordination et de révolte contre » toute autorité; » et en conséquence, et après l'énoncé des crimes imputés particulièrement à chacun, condamna les sieurs Hautefage et Lefranc au fouet, à la marque et aux galères à perpétuité, et l'abbé Leroi au bannissement perpétuel et à la confiscation de ses biens. Trois autres professeurs furent également atteints plus ou moins gravement par la sentence. L'exécution eut lieu en effigie, par la main du bourreau qui attacha la sentence sur un écriteau planté au milieu de la place des Fontaines, et les sergents la publièrent dans tout le ressort du bailliage.

Un contemporain de cet événement rapporte qu'à cette nouvelle la consternation fut générale. En effet, la vengeance du parti grec était atroce et rien ne peut la justifier. M. Chardon essaie d'en atténuer la cruauté en expliquant la situation des juges qui condamnaient des contumaces et qui étaient à cette époque trop servilement attachés à l'axiôme des criminalistes : *fuga fugientem condemnat*. Mais ce moyen ne peut être accepté quand on connaît l'esprit de parti qui dirigeait le bailliage dans cette affaire. M. de Cicé ne fut nécessairement pas étranger à la poursuite des professeurs du collége. Il avait la présidence du bureau d'administration, et les coups qui leur étaient portés n'auraient eu aucune force sans l'avis de ce corps.

Le changement des professeurs ne se restreignit pas à Auxerre seulement. M. de Cicé profita de la circonstance pour remplacer ceux des petits colléges de Varzy, Clamecy et La Charité. Il prit aussi à cette époque des mesures pour la surveillance des écoles primaires. Une sentence du bailliage d'Auxerre, du 14 août 1773, homologua un réglement sur cet objet. Il fut défendu à toutes personnes d'enseigner sans approbation et sans en avoir justifié devant les officiers de justice. Le parlement confirma d'abord cette sentence le 25 février 1774, puis l'annula le 15 janvier 1776.

L'heure de la réparation ne tarda pas à sonner pour les victimes de la vengeance du bailliage et du parti grec. Deux des professeurs, MM. Ricard et Gendrot, les moins maltraités, avaient déjà obtenu leur acquittement du parlement Maupeou. Lorsqu'à la mort de Louis XV, au mois de novembre 1774, ce corps fut renversé et l'ancien parlement rétabli, les autres professeurs purgèrent leur contumace et obtinrent, le 20 juillet 1775, une sentence du bailliage du palais qui déclara fausses et calomnieuses les accusations portées contre eux. Le parlement confirma ce jugement le 28 janvier suivant et autorisa les accusés à prendre à partie M. Marie de Saint-Georges, procureur du roi, pour avoir donné les conclusions adoptées dans la sentence de 1773, ainsi que les sept juges qui l'avaient signée; MM. Leroi et Navier furent rétablis dans leurs fonctions; et tout ce qui avait été fait au collège, fut regardé comme nul.

Le Chapitre, qui n'avait pas vu d'un bon œil toutes ces persécutions, rendit à MM. Leroi, prébendé, et Hautefage, semi-prébendé, les fruits de leurs bénéfices. L'abbé Leroi reprit aussi possession du collège.

Cependant le triomphe du parti latin ne fut pas de longue durée. M. de Cicé, n'ayant pu se rendre maître de la direction du collège, obtint du ministre un changement considérable dans sa destination. Au moment de la rentrée des classes de l'année 1776, parut une déclaration du roi qui l'érigeait en école royale militaire, et peu de jours après une deuxième déclaration en confia la direction aux Bénédictins de la congrégation de Saint-Maur, à compter du 1er décembre 1777. Ces Pères firent revivre les antiques écoles de Saint-Germain et organisèrent des cours complets d'études. Soixante élèves y étaient entretenus aux frais du trésor royal, et sous leur administration il se forma des sujets qui devaient être un jour la gloire de leur pays (1).

La nécessité du récit nous a obligés de négliger plusieurs faits d'administration épiscopale que nous allons réunir ici.

En 1768 fut célébré solennellement l'anniversaire séculaire de l'expulsion des Huguenots de la ville d'Auxerre. Le journal de Verdun, du mois de mars 1769, rapporte qu'après la procession il y eut à l'hôtel de ville un souper de 40 couverts, auquel assista M. le comte de Sparre, maréchal de camp, qui fixait sa résidence dans cette ville (2).

---

(1) Fourier, secrétaire perpétuel de l'Académie des sciences, Davoust, prince d'Ekmuhl, ont fait leurs études à l'école militaire.

(2) C'est lui qui fit construire, en 1764, dans le faubourg Saint-Gervais, la jolie maison qui porte son nom.

Le Chapitre fit distribuer 800 livres de pain aux pauvres. Il y vint un concours immense des pays voisins, et l'on porta à 25,000 le nombre des assistants à la cérémonie.

M. de Cicé nomma, en 1779, M. l'abbé de Polignac, chanoine de la cathédrale, son vicaire-général (Il devint évêque de Meaux en 1779). La translation du titre du prieuré de Saint-Nicolas de Reveillon, paroisse de Saint-Cyr-lès-Entrains, dans l'église paroissiale de cette ville, eut lieu la même année.

Les registres de l'évêché nous apprennent que M. Vaultier, vicaire-général, fit, le 3 janvier 1777, la translation des reliques de saint Marien et des autres saints renfermés dans les cryptes de l'église Saint-Germain. Le procès-verbal du 30 juillet 1663, qui s'y trouva, servit de guide. Le 20 avril suivant, il visita la châsse de saint Vigile qui était intacte. Il y avait alors 19 ossements. En 1779, M. de Cicé ayant obtenu de la libéralité du roi la commande de l'abbaye de Molesme, le Chapitre lui envoya faire compliment. Le 2 novembre 1781, la chapelle de Bois-d'Arcy fut érigée en succursale sur la demande des habitants trop éloignés d'Arcy, leur paroisse primitive. Cette même année, M. de Cicé avait chargé le curé de Breugnon de s'entendre avec les autorités de la ville de Clamecy pour remédier aux abus des processions. Mais ce dernier répondit qu'il différait cette réforme, à cause de la discorde qui régnait dans la ville (1). La translation du titre du prieuré de Saint-Sauveur eut lieu par M. de Cicé, en la chapelle de la Vierge de l'église paroissiale, le 26 août 1783. L'état malsain et humide de l'ancienne église du prieuré avait forcé D. Rosman, abbé de Saint-Germain, à demander ce changement. On interdit la chapelle de Duenne l'année suivante.

Les relations de l'évêque avec son Chapitre avaient toujours quelque chose de froid et de contraint. M. de Cicé n'assistait pas souvent aux offices de la cathédrale pendant les grandes fêtes. Son absence de la fête de Noël 1781 détermina le Chapitre à l'inviter très-instamment, mais très-respectueusement à s'y rendre à l'avenir. Il ne donna qu'en

---

(1) $\frac{2\ G}{12}$ Arch. de l'Yonne.

1784 l'ornement complet qu'il devait à son église, et après de longs pourparlers.

Pendant les premières années de l'épiscopat de M. de Cicé, le Chapitre cathédral occupa l'activité de ses principaux membres à des choses plus utiles et plus durables que les misérables querelles qui l'agitaient sous M. de Condorcet. On dressa alors la quatrième collection des Statuts capitulaires, qui résumait les précédentes, et qui fut homologuée par le parlement le 13 février 1766.

Dès 1744, frappé des difformités considérables que les constructions parasites causaient dans son église, le Chapitre avait fait abattre le grand jubé qui coupait la vue du chœur, et l'avait remplacé par deux petits ambons placés de chaque côté des piliers d'angle. Le projet de décorer le sanctuaire de la cathédrale dans le goût moderne, était depuis longtemps dans l'esprit des chanoines. M. de Cicé, consulté, y avait donné son approbation. Après de mûres délibérations, on adopta un plan général de décorations fait par M. Ledoux, architecte. Tout en détruisant plusieurs monuments d'antiquité regrettables (1), et notamment plusieurs tombeaux, nous devons louer le Chapitre de la sobriété et de la simplicité qui présida aux travaux exécutés de 1767 à 1772. On éleva alors les belles grilles du chœur et des bas-côtés, le maître-autel et l'autel des fériés qui est derrière. Les anges qui portent les candélabres du maître-autel furent l'objet de longs et vifs débats. M. Clément, trésorier, qui résidait à Paris, s'employa longtemps auprès des artistes chargés des sculptures. M. de Cicé consacra solennellement le maître-autel et celui des fériés, le 21 avril 1772. Il plaça dans le premier une partie du devant de la tête de S. Jacques-le-Mineur, que J. Amyot y avait mise en 1576, et dans le second, qu'il dédia à S. Pélerin, une parcelle de la tête de ce saint, rapportée de Bouhy en 1716.

Les chapelles des transepts furent également restaurées, et on y

---

(1) On vendit en 1776 les magnifiques tapisseries données au seizième siècle par l'évêque Baillet, et que Louis XIV avait admirées. Elles ne servaient plus depuis les nouvelles dispositions du chœur. Elles furent achetées par l'Hôtel-Dieu qui les possède encore.

plaça deux tableaux, de S. Michel et de S. Jean-Baptiste, qu'on y voit encore (1).

Le Chapitre avait fait démolir aussi, en 1768, l'énorme statue de S. Christophe qui s'élevait à l'entrée de la nef. Tous ces grands travaux n'avaient pu s'exécuter qu'à l'aide de ressources extraordinaires. On y dépensa 160,000 livres produites par la vente des coupes de la forêt de Merry-Vaux.

Tandis que le Chapitre faisait ainsi travailler dans sa cathédrale, l'église de Saint-Germain tombait en ruines. Le 9 mai 1770, le portail qui formait une masse considérable, s'écroula par suite de l'affaissement de la voûte intérieure. On répara assez mal ce dommage. Sept ans après, les moines firent reconstruire le bas-côté nord de la nef par M. Albespeyre.

Les écoles de Saint-Charles d'Auxerre n'avaient pas la sympathie de M. de Cicé; mais le Chapitre, et notamment son trésorier et plusieurs curés jansénistes, les soutenaient par des sacrifices personnels et à l'aide des souscriptions de cette association que dès lors la malignité publique avait désignée sous le nom de la *boîte à Perrette*. En 1763, ces écoles s'étaient étendues dans les divers quartiers; elles formaient trois classes dirigées par huit frères, et recevaient 400 enfants. Elles se soutinrent de cette manière jusqu'à la révolution, pendant laquelle elles furent supprimées.

En 1771, le Chapitre trouvant l'occasion de témoigner de la sympathie au parlement, envoya MM. Frappier et Moreau visiter deux conseillers, MM. d'Outremont et Dupuis exilés, l'un à Cravan, et l'autre à Saint-Bris.

Trois ans après, la situation équivoque où demeuraient bon nombre des chanoines leur valut un compliment à double sens de la part de l'archevêque de Sens, que le Chapitre en corps avait été visiter à l'évêché, le 19 avril 1774. Le prélat exhorta la compagnie à la paix et à la soumission envers l'Église. Les chanoines entachés de jansénisme se récrièrent comme on le pense bien. M. Frappier surtout alla loin. Cependant, après beaucoup de paroles, et sur l'attestation de

---

(1) Le second tableau est de M. Lagrenée jeune. — Regist. Cap., année 1787.

M. Vaultier, vicaire général de M. de Cicé, que son supérieur, quoique présent, avait été étranger à la réponse, le Chapitre se calma.

Différents symptômes montraient de temps en temps que si les jansénistes avaient perdu du terrain au Chapitre, ils y avaient encore de l'autorité. Si d'un côté M. Ducreux adressait de la part de M. Hautefage l'édition nouvelle qu'il venait de faire des OEuvres complètes d'Arnaud « que le Chapitre acceptait avec reconnaissance (1782) » M. Poitevin, chanoine, donnait pour la bibliothèque la deuxième partie de l'histoire du peuple de Dieu du P. Berruyer, à quoi M. Frappier répondait par les instructions de Mgr l'évêque de Soissons et par le bref du pape Clément XIII, qui condamnent ce livre. A cette époque la bibliothèque du Chapitre, formée dès le temps de Lebeuf, enrichie successivement par les dons de MM. Potel, Huet et autres chanoines, avait pris un grand développement. Un chanoine était spécialement préposé à sa conservation et au prêt des livres (1).

Mais d'un autre côté, l'esprit de désordre s'était glissé dans le Chapitre. Le sieur Parisot, sous-chantre, entré dans les ordres malgré lui, se livrait à des écarts fâcheux pour la discipline (2). Plusieurs autres jeunes chanoines suivaient cet exemple. Un semi-prébendé, nommé Monteix, originaire d'Auvergne, après quelques années d'exercice, renouvelant les vieilles prétentions de quelques-uns de ses devanciers, s'avisa d'attaquer les priviléges et prérogatives des hauts chanoines, et publia en 1786 un mémoire virulent contre ce qu'il appelait leurs usurpations. Après un long procès le bailliage et le parlement lui donnèrent gain de cause. Ces contrariétés occupèrent sérieusement le Chapitre. Mais l'orage, qui grondait depuis longtemps sur la société ancienne, allait bientôt faire disparaître tous ces petits débats dans un danger commun. L'ordre religieux, ébranlé par l'esprit du siècle, avait contribué lui-même à sa ruine. Malgré les efforts de quelques prêtres, animés du véritable esprit catholique, on voyait s'étendre dans les

---

(1) Elle était de plus de 6,000 volumes.
(2) Il racheta plus tard ce que sa conduite avait eu de regrettable dans sa jeunesse. L'exil le retrempa. Il mourut dans une tempête sur les côtes d'Irlande, en revenant en France sous le directoire.

corps religieux ce mouvement de décadence, indice évident d'un mal profond.

Le clergé du diocèse d'Auxerre n'y était pas étranger; nous venons de le voir par le grand Chapitre. Le clergé régulier était également frappé de cette maladie. Depuis deux siècles que la plupart des abbayes d'hommes étaient données en commande, et servaient de dotation aux cadets des grandes familles entrés dans les ordres, le nombre des moines diminuait, la règle s'y affaiblissait. Pontigny était devenu célèbre à la fin du dix-huitième siècle par l'élégance, la galanterie et les prodigalités de son avant-dernier abbé, D. Chanlatte, qui mourut en 1788, en laissant le monastère endetté de 400,000 livres. Le zèle religieux était bien refroidi, et le temps était loin où l'on comptait les moines de Pontigny parmi les plus savants des enfants de S. Bernard.

Le noviciat ne donnait plus qu'un petit nombre de candidats, même dans les plus grands monastères. Un édit du mois de mars 1768, réglementaire des ordres religieux, entreprit leur réforme matérielle. Les maisons durent être composées dorénavant de quinze religieux au moins pour les monastères non réunis en congrégations, et de huit pour les autres. Il fut interdit au même Ordre de conserver plus d'un monastère dans chaque ville ou bourg, à moins que toutes les maisons de l'Ordre ne fussent au complet, ou que ce ne fût par la permission du roi. L'édit, provoqué à cet effet par M. Loménie de Brienne, archevêque de Toulouse, puis de Sens, amena peu de résultats. Les réformes administratives, en matière religieuse, n'ont jamais rien produit.

Les principales maisons religieuses du diocèse suivaient, comme nous l'avons dit, le courant de la décadence. On ne comptait, de 1780 à 1790, à Pontigny, que douze à quinze moines, le même nombre St-Germain, à Reigny sept, à Saint-Laurent deux; les Ordres mendiants étaient aussi peu nombreux.

L'abbaye Saint-Germain avait seule montré un peu de distinction dans cet abaissement. Le cours de philosophie créé en 1693 pour douze novices, s'était augmenté, dix ans après, de l'étude de la théologie. Des jeunes gens de la ville, qui voulaient s'initier à cette haute science, s'y faisaient inscrire. C'était comme un souvenir lointain des anciennes écoles de Saint-Germain. D. Viole, D. Fournier, D. Bastide, D. Vidal marquèrent pendant les deux derniers siècles parmi leurs confrères. Ils furent suivis par les professeurs de l'école militaire, à la tête desquels fut placé le digne D. Rosman. Quelques collégiales n'étaient pas non plus dans un état financier très prospère. Dès 1779, M. de Cicé projetait de réunir au séminaire celle de Cosne, qui n'avait plus que 2,000 liv. de revenus, ce qui ne pouvait suffire aux chanoines. La pauvreté du Chapitre de la Cité d'Auxerre ne lui permettait pas de relever son église; ses chanoines voulaient transférer leur office dans la chapelle de Notre-Dame-des-Vertus, ruinée en 1780, mais que le grand Chapitre devait faire rebâtir. Ce projet ne fut pas exécuté, non plus que celui de M. de Cicé, qui voulait les loger sous la voûte de l'entrée du palais épiscopal. Les chanoines de Gien, tombés, par suite de nombreux procès, dans un état de gêne irrémédiable, étaient menacés d'une saisie générale de leurs revenus. L'évêque étant à Paris, les autorisa à emprunter 15,000 liv. pour faire face à leurs dettes.

Les grandes abbayes de femmes se soutenaient mieux. En 1780 Saint-Julien comptait 25 religieuses, les Bernardines des Isles 19, Crisenon 13, les Clarisses de Gien 29. Les communautés, fondées depuis le xviie siècle avec un but d'utilité sociale déterminé, étaient remplies de ferveur. Dans les unes on se livrait à l'éducation des filles pauvres et au soulagement des malades; dans les autres, on recevait les demoiselles de grandes maisons. A Auxerre, les Ursulines, les Visitandines comptaient chacune plus de 30 religieuses; les Providenciennes, 12; les Bénédictines de Saint-Fargeau étaient encore 13.

Néanmoins, il régnait dans plusieurs de ces maisons un défaut d'ordre matériel qui tendait peu à peu à amener leur ruine. Les supérieures dépensaient, à l'envi de leurs devancières, les ressources du couvent. Les recettes étaient toujours dépassées; les travaux de bâtisse étaient le défaut favori de ces dames. La chambre générale du clergé avait reconnu le mal et voulait y porter remède en supprimant certaines maisons pour en relever d'autres plus utiles. C'est ainsi que celle de Crisenon fut très-menacée, en 1776, par M. de Cicé qui voulait (1) la

---

(1) On rapporte que lors de la visite de l'évêque à Crisenon dans laquelle il interdit de recevoir des novices, une des anciennes, la sœur Thérèse, se jeta à ses pieds

réunir à celle des Isles dont la gêne était grande. La dernière abbesse, Mme du Mouchet, parvint à la restaurer.

La situation financière des corporations religieuses du diocèse présente, au moment de la révolution, un chiffre instructif. Le pouillé de 1781, formé d'après les déclarations généralement amoindries ou déjà un peu anciennes des établissements (1), porte les revenus à 572,000 liv., sur quoi il y a 109,000 liv. de charges. On peut croire ce dernier chiffre exact. Mettons le premier au double : ce sera donc un million de rente que possédaient les corps religieux des deux sexes, dans le diocèse, à la fin du dernier siècle. Il faudrait y ajouter le revenu de l'Ordre de Malte, qui n'avait qu'un commandeur à Auxerre, et celui des 210 curés pour avoir un aperçu du total des revenus du clergé. Le don gratuit, ainsi que d'autres impositions prélevées sur tout le clergé, n'avait pas varié depuis un siècle et s'élevait, en 1780, à 59,560 liv., suivant le compte-rendu de l'évêque au bureau de la chambre ecclésiastique (2).

Les dernières années de l'épiscopat réel de M. de Cicé furent marquées par plusieurs faits importants, indices des grandes réformes qu'il voulait opérer. En 1783, sur la demande du Chapitre, il réduisit le nombre des fondations qui était considérable et sans proportion avec les revenus qui y étaient attribués. En 1634, M. Séguier les avait déjà

---

et lui dit : « Mgr vous ne nous quitterez pas sans nous dire comme Dieu à nos premier parents : *crescite et multiplicamini.* » Je m'en garderai bien, ma chère sœur! s'écria M. de Cicé.

(1) Nous avons comparé les états de revenus présentés aux districts en 1790, pour servir à dresser les pensions des religieuses, avec l'estimation du pouillé, et nous avons reconnu que certaines maisons n'avaient pas déguisé le chiffre de leurs revenus en 1781; pour d'autres il y a différence d'un tiers ou de moitié : ce qui tient peut-être, comme nous l'avons dit, à la date déjà ancienne des déclarations.

(2) Une remarque qu'on n'a pas assez faite à l'égard des richesses des communautés religieuses, c'est que leurs rentes en argent ont toujours été en diminuant de valeur à mesure qu'on se rapprochait des temps modernes, et que par là leurs ressources se sont réduites à proportion. Ainsi, beaucoup de communautés avaient, au xive et au xve siècle, donné leurs biens à rentes perpétuelles, souvent, dans les villes, à charge d'y bâtir. Or, la valeur de l'argent ayant successivement diminué d'une manière sensible, une livre de rente qui, au pouvoir de l'argent valait 400 francs au xive siècle, ne représentait plus que deux francs au xviiie.

diminuées et les avait réglées à une seule par semaine non empêchée et à une messe basse. En 1762, il y avait 57 anniversaires. Le tableau de réduction n'en porte plus que 39 parmi lesquels on en reconnaît de fort anciens, tels que ceux de Robert Abolanz, de la maison de Courtenay, de Bargedé et de plusieurs évêques.

Le Chapitre de Gien se plaignant aussi de ses fondations, M. Arrault, chanoine, fut chargé d'examiner sa réclamation (1786).

Un acte d'administration publique auquel M. de Cicé contribua efficacement, fut l'interdiction des anciens cimetières de la ville d'Auxerre. Le 7 décembre 1784, il ordonna la suppression immédiate de ceux des paroisses Notre-Dame-la-d'Hors, Saint-Loup et Saint-Pélerin ; ceux de Saint-Pierre-en-Château, Saint-Eusèbe et Saint-Pierre-en-Vallée, durent servir encore jusqu'au 1er janvier 1786. L'insuffisance de ces cimetières était reconnue depuis longtemps.

Pendant le cours de sa visite pastorale, au mois d'août 1785, l'évêque ordonna, sur la demande du Chapitre Sainte-Eugénie et des officiers municipaux de Varzy, que la treizième prébende de cette collégiale, vacante par la mort du titulaire, serait attribuée au principal du collége, conformément à l'ordonnance d'Orléans. Jusque-là, par un abus toléré mal-à-propos, le principal ne jouissait pas de cette prébende ; seulement, les treize chanoines s'imposaient de manière à lui faire un équivalent. En 1787, pour pourvoir au traitement du curé et des vicaires perpétuels qui desservaient la paroisse depuis 1644, le Chapitre de Varzy, vu la modicité de son revenu, obtint de l'évêque l'extinction de la trésorerie devenue vacante et l'union de la moitié des revenus à la cure.

— Cette loi inévitable s'est encore fait sentir aussi directement sur les dotations en rentes en argent, faites au XIIe et au XIIIe siècle, par les nobles qui plaçaient leurs filles dans les monastères, ou qui y fondaient leur anniversaire.

Telle rente de 5 liv. qui représentait 500 fr. au XIIIe siècle ne comptait plus que pour sa valeur nominale en 1780. Les censives ont suivi le même décroissement. Les guerres civiles du XVIe siècle ont aussi appauvri beaucoup de maisons. Il n'y a donc que celles qui, comme Pontigny, Saint-Germain, le grand Chapitre, avaient leurs dotations en biens-fonds considérables, qui ont vu grandir leurs richesses en raison même du progrès des temps ; de manière que ce qu'elles perdaient d'un côté elles le retrouvaient de l'autre.

Le Chapitre cathédral, qui éprouvait depuis quelques années des tracasseries de la part des semi-prébendés, lesquels s'absentaient souvent et faisaient mal leur service, avait résolu de les remplacer par des prêtres habitués. On décida la conversion du titre de semi-prébendé en commissions simples et révocables. Ce changement considérable, essayé en 1784 et auquel M. de Cicé était très-disposé, ne fut pas définitivement réalisé.

M. le comte de Chastellux devait, à la Toussaint de l'année 1786, prendre possession de son canonicat. L'évêque en avait été prévenu et le Chapitre préparait le cérémonial accoutumé, lorsqu'on apprit que la maladie de Mme de Civrac, sa belle-mère, lui faisait ajourner son projet.

Une affaire de peu d'intérêt en apparence, mais qui révèle la situation des partis religieux, se passa en 1787. M. Villetard, chanoine résignataire de la trésorerie du grand Chapitre, de la part de M. Clément, dernier titulaire, n'avait pu obtenir à Rome ses provisions, à cause de son refus de signer le formulaire. Il en appela comme d'abus au parlement qui ordonna à l'évêque de lui délivrer ses titres. Refus de M. Closet, vicaire-général. Deux notaires constatèrent le fait et ont conservé les dires de M. Villetard, « qui s'étonne qu'on veuille encore lui faire donner une signature non exigée, même pour l'expédition des brevets des bénéfices à la nomination du roi ; » mais ce fut en vain qu'il réclama, l'évêque n'était pas disposé à céder devant l'entêtement du parti (1).

Au mois d'avril 1788, la mort de M. Salomon, curé de Saint-Renobert, qui était regardé comme un saint par les jansénistes, leur

---

(1) Les Jansénistes avaient encore de fidèles soutiens; voici un exemple qui prouvera jusqu'à quel point des hommes sensés poussaient la ténacité et la conviction. L'abbé Dupuy, qui mourut directeur de l'hôpital général en 1791, fit son testament en 1766 à l'âge de 53 ans, et n'y changea pas un mot depuis. Il y proteste au nom de Dieu «contre le monstrueux décret surpris au premier de ses vicaires, le 8 septembre 1713.» Il déclare en avoir appelé au conseil œcuménique. Il confesse les miracles du diacre Pâris, de plusieurs desquels il assure avoir été lui-même témoin et il finit en témoignant de son dévouement au Saint-Siège. — Archiv. de l'Hôtel-Dieu d'Auxerre, § II, L. 2.

donna occasion de faire ce qu'on appelle aujourd'hui une démonstration. On porta le corps en procession dans l'enceinte de sa paroisse et il fut ensuite conduit au grand cimetière.

L'administration du diocèse était ainsi exposée de temps en temps à des débats, lorsque la réunion des états-généraux vint ouvrir une nouvelle ère.

Le clergé du diocèse s'émut diversement dans cette circonstance. Le règlement du 24 janvier 1789, en accordant aux simples bénéficiers le droit de suffrage personnel, tandis que les chanoines des églises cathédrales et collégiales, et les religieux n'étaient représentés que par un sur dix ou sur vingt, souleva les réclamations du Chapitre de la cathédrale qui, tout en s'y soumettant, crut devoir adresser des remontrances au roi.

Mais les curés jansénistes, hostiles à l'évêque, saisirent avec empressement cette circonstance pour organiser l'opposition qu'ils voulaient lui faire à l'élection. Dans l'assemblée des trois Ordres, ils attaquèrent les chanoines qui se présentaient en qualité de titulaires de bénéfices et firent réduire le nombre des délégués du grand Chapitre. Le bailli d'Auxerre eut fort à faire pour concilier leurs prétentions. Ils agirent de même à l'égard des titulaires des prieurés. On vit aussi M. Villetard, chanoine, proposer à la chambre du clergé d'insérer dans son cahier la demande de la résidence des évêques, afin d'empêcher la validité de l'élection de M. de Cicé. Celle-ci sentit le piège et refusa. M. de Cicé était désigné comme le candidat du clergé du bailliage; les curés lui opposèrent M. Marcellot, curé de Saint-Gervais d'Auxerre. Après toutes les éliminations, l'assemblée se trouva composée de 234 électeurs. La majorité fut acquise à M. de Cicé, mais à un petit nombre de voix. M. de Robien, doyen, fut nommé député-adjoint, et le Trésorier-curé de la collégiale de Toucy, suppléant. Cette opération eut lieu le 7 avril et jours suivants. Les pamphlets les plus violents furent publiés contre le Chapitre cathédral après l'élection. MM. Pasquier, curé de Saint-Amatre, et Carré, curé de Sainte-Pallaye, se signalèrent dans cette circonstance et maltraitèrent ce corps impitoyablement, lui reprochant son orgueil et ses prétentions ambitieuses.

M. de Cicé, en partant pour se rendre à l'assemblée nationale, nomma M. Viart son vicaire-général (1). Ce chanoine lui était très-dévoué et devint son correspondant lorsqu'il fut contraint de s'exiler (2).

Cependant la révolution marchait rapidement et sapait par sa base l'antique société française déjà si caduque. Le décret du 13 février 1790, sur la suppression des Ordres religieux, abattait une des colonnes de l'église catholique. Il fut exécuté sans obstacle dans le diocèse pendant l'année. Le petit nombre des moines qui habitaient les monastères se dispersèrent de divers côtés, emportant à peine de leur humble cellule les quelques meubles qu'elle renfermait. On fut même sévère pour ceux de Pontigny, à qui l'on refusa le couvert d'argent qu'ils avaient apporté dans la maison (3). Quelques-uns devinrent curés de paroisses après la promulgation de la constitution civile du clergé, d'autres aumôniers des bataillons de volontaires.

En s'emparant des biens des moines, l'assemblée nationale voulut au moins assurer leur existence. Une pension modeste, proportionnée aux revenus du couvent, leur fut accordée. Ils la touchèrent tant bien que mal. Les religieuses, rendues au monde qu'elles avaient oublié, se retirèrent humblement dans leurs familles ; la plupart demeurèrent fidèles à leurs vœux et vécurent obscurément. On cite cependant quelques apostasies ; mais leur petit nombre fit ressortir davantage la conduite de la majorité.

Nous venons de parler de la constitution civile du clergé qui jeta une perturbation profonde dans l'Eglise de France. OEuvre de Camus et des autres membres du comité ecclésiastique de l'assemblée nationale, animés de l'esprit janséniste, la constitution avait pour but de rendre le clergé français indépendant du saint-siége. On bouleversa de fond en comble l'organisation de l'Eglise de France, pour l'accommoder aux nouvelles

---

(1) M. Viart est né à Auxerre en 1750.

(2) Le dernier acte signé par M. de Cicé sur les registres diocésains est du 17 avril 1789. C'est la nomination de M. Valleray, en qualité d'archiprêtre de Varzy. Les vicaires généraux continuèrent encore de signer quelques actes jusqu'au 15 août suivant. S'il y eut un registre postérieur il a disparu.

(3) Arrêté du département du 9 septembre au soir.

divisions territoriales. Chaque département devint le centre d'un évêché dont il prit le nom et qui fut formé en modifiant les anciennes limites des diocèses, sans avoir aucunement égard aux traditions. Toute la partie du diocèse d'Auxerre comprise dans les archiprêtrés de Saint-Bris et d'Auxerre et une portion de celui de Puisaye, furent englobées dans la nouvelle circonscription qui se composait en même temps d'un démembrement du diocèse de Sens. L'archiprêtré de Varzy et presque tout le reste de celui de Puisaye, échurent à l'évêque de Nevers, M. Tollet, curé de Vandenesse, sacré en 1791, et qui donna sa démission en 1801. La circonscription des départements entraînait celle des diocèses, de même qu'aux temps primitifs les cités romaines devinrent les chefs-lieux des nouveaux centres ecclésiastiques; à cette différence près, cependant, qu'au IIIe et au IVe siècle c'était le pouvoir spirituel qui marquait, sur la carte des Gaules, l'emplacement et l'étendue des églises, tandis qu'en 1790 c'était le pouvoir temporel.

Le spirituel ne fut pas plus respecté que le temporel. La constitution interdit de reconnaître l'autorité d'aucun évêque ou d'aucun métropolitain étranger. Les rapports entre les évêques et le pape ne furent plus que de simple communion, sans reconnaissance de suprématie, l'institution canonique devant avoir lieu par le métropolitain ou par le plus ancien évêque de la province. Les Chapitres des cathédrales et des collégiales furent supprimés; l'évêque n'eut plus qu'un conseil formé des vicaires de la paroisse principale de sa ville épiscopale dont il était lui-même le curé. L'élection des évêques et des curés fut confiée aux citoyens, et les curés purent choisir eux-mêmes leurs vicaires parmi les prêtres du diocèse, sans avoir besoin de la confirmation épiscopale.

Le roi, après de longues hésitations, avait fini par donner son approbation à la constitution civile du clergé; mais bientôt une réprobation solennelle, lancée par le pape Pie VI, vint avertir les catholiques du danger que courait leur foi. Trente évêques de la Constituante publièrent une *Exposition des principes* dans laquelle les règles traditionnelles de l'Eglise furent mises au jour, pour servir de guide dans l'embarras où se trouvait placé le clergé. Beaucoup d'évêques y adhérèrent; M. de Cicé ne fut pas des derniers.

L'heure de la destruction définitive de l'église d'Auxerre avait sonné.

On allait briser du même coup le grand pouvoir du Chapitre cathédral comme celui de la plus mince collégiale. Au mois de septembre 1789, les chanoines, soit prévision du sort qui leur était réservé, soit au contraire profonde sécurité, avaient ordonné de rédiger la biographie de M. de Condorcet, pour, après approbation, être insérée à la suite du *Gesta Pontificum*. M. Frappier venait de leur soumettre celles de MM. André Colbert et de Caylus, qui furent renvoyées à l'examen de six commissaires, parmi lesquels étaient MM. Vaultier et Arrault.

Les cérémonies religieuses, que demandaient de temps à autre les citoyens, ne soulevaient plus dans le Chapitre des questions de prérogatives menacées, de droits violés ; on les leur accordait avec empressement. C'était, un jour, une messe solennelle pour la fédération, un autre, la bénédiction des drapeaux de la légion auxerroise ou des arquebusiers.

Un fait singulier, qui ne doit cependant étonner qu'à demi, c'est qu'en 1790 les députés de la ville vinrent encore au Chapitre demander, selon l'usage, une procession générale pour célébrer l'anniversaire de la délivrance des huguenots.

Les électeurs du département, réunis à Auxerre, le 12 avril 1790, ayant résolu de tenir leur assemblée dans la cathédrale, parce qu'ils étaient trop à l'étroit dans la nef de Saint-Germain, le Chapitre s'émut de la longue interruption que cela allait apporter dans ses cérémonies. Il résolut de faire des représentations ; puis, ayant appris indirectement que, malgré tout, l'assemblée persistait à se rassembler dans la cathédrale, il se résigna, changea seulement ses heures d'offices, et la grande grille du chœur fut fermée.

Lorsque l'administration du district d'Auxerre fut installée aux Jacobins, au mois de juin 1790, le Chapitre lui envoya une députation pour la complimenter. M. Viart portait la parole ; il essaya de paraphraser quelques-unes des idées à l'ordre du jour sur les réformes et les travaux de l'assemblée ; mais on voyait qu'il ne parlait que du bout des lèvres.

L'administration du département commença, le 13 novembre 1790, à mettre à exécution définitive la constitution civile du clergé, en annonçant officiellement aux municipalités que le département ne formait plus qu'un seul diocèse dont l'évêque siégeait à Sens. Elle défendit en même temps à ses administrés de s'adresser à tout autre évêque, et décida que le nouveau titulaire serait invité à procéder incessamment à l'organisation de son clergé et à l'établissement d'un séminaire, suivant le mode déterminé par la loi.

Le 26 novembre eut lieu la dernière assemblée légale du Chapitre cathédral. Il acceptait, avec résignation, depuis le commencement de la révolution, tous les coups que l'on portait à l'antique hiérarchie.

Cependant, il avait eu, un instant, au mois de mai 1790, l'intention d'envoyer une adhésion à la déclaration d'une partie de l'assemblée nationale, au sujet de la religion. Puis il fut décidé qu'on attendrait une occasion favorable de « manifester les vrais principes qui animaient le » Chapitre sur ce qui se passe relativement à l'état actuel de la religion » catholique, apostolique et romaine (1). »

Le département, continuant d'exécuter la loi nouvelle, résolut de faire fermer tous les chapitres et collégiales du département qui attendaient de jour en jour leur sort. Un arrêté du 29 novembre, signifié au Chapitre cathédral le lendemain par MM. Bourasset et Martin, administrateurs du district, et Soufflot, procureur-syndic, mit fin à son existence. M. Vaultier, qui présidait les chanoines en l'absence du doyen, reçut les députés et leur répondit par ces nobles paroles :

« Messieurs,

« Quoique les ordres qui nous sont intimés soient très-affligeants
» pour nous, nous ne perdrons cependant jamais de vue que les minis-
» tres des saints autels doivent l'exemple de la soumission.

» Chargés par état des augustes fonctions de la prière publique,
» du précieux dépôt de la tradition de cette ancienne église, conseillers-
» nés des pontifes, et exerçant leur juridiction pendant la vacance du
» siége, nous ne cesserons de satisfaire à ce concours d'obligations que
» par l'impossibilité où nous allons être réduits de les remplir.

» Si, cependant, il pouvait nous être permis de vaquer à la prière

---

(1) Reg. de délibérations. — Archives de l'Yonne.

» publique, nous continuerions ce saint exercice en vue de la gloire de
» Dieu, du bonheur de l'Etat, de la sanctification des peuples, et pour
» notre propre consolation.

» Nous vous prions de vouloir bien consigner notre vœu, à cet
» égard, dans votre procès-verbal, comme un monument de notre atta-
» chement le plus fidèle à nos devoirs, et de notre reconnaissance
» envers les fondateurs de cette église.

» Nous vous prions encore d'y faire mention de la déclaration so-
» lennelle que nous faisons tous, aujourd'hui, de professer jusqu'au
» dernier soupir la foi catholique, apostolique et romaine, et d'être
» inviolablement attachés à l'Eglise, à ses principes, à ses pasteurs et à
» son chef. »

Cette profession de foi, qui termine l'histoire du Chapitre, montre que ce corps pensait bien différemment alors qu'en 1750.

Ainsi finit le Chapitre cathédral de Saint-Etienne d'Auxerre, et avec lui l'église de ce diocèse. Fondée au IIIe siècle, elle avait vécu quinze cents ans et fourni à la France un grand nombre de prélats distingués qui par leurs travaux et leurs services ont acquis des droits éternels à la reconnaissance du pays.

Les mêmes scènes se répétèrent à Toucy, à Saint-Fargeau, à Varzy, à Gien, à Clamecy. Toutes les collégiales furent fermées et le diocèse d'Auxerre fut effacé de la carte officielle de la France ecclésiastique.

Un décret du 27 novembre venait de donner le dernier coup à ce qui restait encore d'anciennes institutions religieuses, en ordonnant que tous les évêques et curés qui, dans la huitaine, n'auraient pas fait le serment de fidélité à la constitution civile du clergé, seraient regardés comme démissionnaires.

M. de Cicé qui, à l'Assemblée nationale, était dans le parti de l'opposition, ne pouvait prêter les mains à ce décret; il fut donc déchu de fait de son autorité épiscopale ; mais son clergé, du moins pour la grande majorité, ne le suivit pas dans sa résistance et prêta serment. Il apprit cette conduite aux eaux d'Ems où il s'était rendu, en vertu d'un congé qu'il avait obtenu le 14 mai 1790. En lisant le *Moniteur* du 22 février 1791, il put voir notamment ce que M. Lepeletier annonçait à l'Assemblée nationale, que tous les ecclésiastiques fonctionnaires du district de Saint-Fargeau avait prêté le serment(1).

A Auxerre, le serment fut demandé au clergé avec appareil et cérémonie. Le maire et les officiers municipaux, escortés de gardes nationaux, se transportèrent à cet effet chez les curés. Très-peu d'entre eux le refusèrent. Leur exemple fut suivi par les Bénédictins professeurs du collége (2).

A la nouvelle de ces coups répétés dont était frappée l'Eglise de France, le pape Pie VI fulmina, le 10 mars et le 13 avril 1791, deux brefs adressés, le premier aux évêques de l'Assemblée constituante, le deuxième à tout le clergé et aux catholiques de France. Il y signalait tous les vices de la constitution civile du clergé et flétrissait les nouvelles élections des évêques qu'il déclarait illégitimes et schismatiques, et il ordonnait à tous les ecclésiastiques qui avaient prêté le serment, de le rétracter dans les quarante jours sous peine d'être suspens de l'exercice de tous Ordres.

M. de Cicé attendait ces actes du souverain pontife pour s'opposer publiquement, dans son diocèse, à l'empiètement commis par M. de Loménie, qui avait été élu évêque dans le département de l'Yonne. Il envoya à ses ouailles une ordonnance datée des eaux d'Aix-la-Chapelle, le 4 juin 1791, dans laquelle il reproduit les brefs du pape et déclare les accepter entièrement ; et en conséquence « il rappelle à
» l'obéissance les ecclésiastiques de son diocèse qui ont eu le malheur
» de consentir une prestation pure et simple du serment, et ceux qui,
» ne se bornant pas à cette première contradiction, se seraient ingérés
» dans la charge des âmes, sans une mission expresse des dépositaires de
» de l'autorité spirituelle. »

M. Viart reçut cette ordonnance et la distribua de son mieux dans les

---

(1) Il en fut de même dans le Donziois, où la plupart des curés se soumirent à la Constitution.

(2) Il se passa alors à Saint-Fargeau un fait qui montre dans quelle disposition d'esprit étaient beaucoup de gens sur les questions religieuses. Les Bénédictines devant procéder à l'élection d'une supérieure et d'une économe, ce fut un officier municipal qui présida l'opération et qui déclara canoniquement élues les nouvelles dignitaires. (28 mars 1791. — Archives de l'Yonne. Relig. Bénédictines.)

paroisses. Elle fit rétracter quelques prêtres de bonne foi. Cependant onze curés du district d'Auxerre, avaient refusé le serment ou étaient démissionnaires. Six l'avaient prêté avec réserves, 66 purement et simplement, ainsi que 15 vicaires. L'administration du district, en signalant cette situation le 31 mars 1791, décide que les défaillants seront invités par les maires à se mettre en règle, sous peine de destitution, et que les curés démissionnaires seront remplacés. Un arrêté du département du 20 janvier précédent avait suspendu le paiement du traitement des prêtres non assermentés. L'Assemblée constituante avait voulu, en faisant élire les prêtres des paroisses par les citoyens, en revenir à la primitive église; mais l'imitation ne réussit pas : il y avait trop peu de foi dans les hautes classes, et le mode nouveau paraissait entaché de simonie, puisque l'autorité spirituelle au nom de laquelle on disait agir protestait de tout son pouvoir.

Il est temps de parler du nouvel évêque du département, M. Loménie de Brienne, né à Paris en 1727, successivement évêque de Condom (1761), archevêque de Toulouse (1763), et enfin archevêque de Sens (1788), et cardinal. Il s'était montré très-partisan des idées nouvelles. En 1787 étant entré au ministère, il présenta l'édit qui accordait l'état civil aux protestants. Il adhéra, lui quatrième des évêques de France, à la constitution civile du clergé, et fut élu évêque du département de l'Yonne par les citoyens, vers la fin de 1790.

Il changea alors son ancien titre (1). En prenant la direction de ce nouveau diocèse, il désigna pour son vicaire général, à Auxerre, un génovéfin dont nous avons parlé plus haut, M. Pasquier, prieur de Saint-Amatre, qui avait fait beaucoup de bruit dans le pays, en 1786, par ses prétentions à percevoir la dîme sur les vignes de sa paroisse. Les douze paroisses de la ville avaient été réduites à quatre : celles de Saint-Etienne, de Saint-Père, de Saint-Eusèbe et de Notre-Dame-la-d'Hors.

---

(1) M. de Loménie, en conséquence des principes qu'il venait d'adopter, avait, le 28 avril 1790, prêté le serment civique entre les mains des officiers municipaux de Sens. Il profita de cette occasion pour faire connaître ses sentiments qui, dit-il, sont tous inspirés par la soumission à la puissance publique, l'amour de la paix et le maintien de l'ordre et de la tranquillité.

Les trois premières subsistent encore aujourd'hui (1). M. Julien, curé de Saint-Loup, fut élu par 57 citoyens pour curé de la paroisse de Saint-Etienne, ci-devant cathédrale (15 mai 1791). Les autres églises, dont les pasteurs avaient refusé le serment, furent pourvues de la même manière. L'autorité administrative proclamait les noms des élus et un *Te Deum* chanté à la suite de l'élection leur servait de consécration (2). L'évêque avait, au mois de février 1791, recommandé au nom de la charité l'acceptation de la constitution. Il essaya au mois d'avril d'organiser un séminaire diocésain. Il en soumit le plan à l'administration départementale qui arrêta la création d'un vicaire supérieur et de trois vicaires directeurs de la maison, pour la conduite et l'instruction des élèves. Trois mille livres furent votées pour cet établissement.

Le pape, en apprenant la conduite de M. de Loménie, n'avait pas tardé à le blâmer sévèrement par un bref qu'il lui adressa et dont des copies coururent la ville de Sens dans le mois de mars 1791. En lui reprochant son adhésion à la constitution civile du clergé, Pie VI lui dit qu'il était la honte de la dignité archiépiscopale et du cardinalat, que son immixtion dans le gouvernement d'un diocèse étranger sur la simple autorisation de la loi civile, était un crime détestable qui devait être expié ou par une prompte rétractation ou par une dégradation éclatante (3). Le prélat, cruellement mortifié, abdiqua avec éclat le cardinalat, persista tout à fait dans la voie où il était entré, et renvoya au pape le chapeau, marque de sa dignité.

Cependant, l'administration civile continuait à pratiquer officiellement le culte catholique, et l'on ne peut révoquer en doute la bonne foi des administrateurs qui étaient alors à la tête du district d'Auxerre et du département. Le district d'Auxerre décida, au mois de juillet 1791, qu'une messe solennelle serait célébrée à l'église Saint-Etienne, pour

---

(1) Par arrêté du département du 28 brumaire an II, les trois dernières paroisses furent supprimées et réunies à celle de Saint-Etienne qui fut maintenue provisoirement.

(2) Il ne fallait quelquefois qu'un bien petit nombre d'électeurs pour choisir le curé. Celui de Lalande fut élu par 23 suffrages dans une assemblée présidée par M. de La Bergerie, à Saint-Fargeau. — Archives de l'Yonne. Elections.

(3) Bref du Pape.

l'anniversaire de la fédération du 14 juillet de l'année précédente. On fit encore, le 15 août suivant, à Auxerre, la procession pour l'accomplissement du vœu de Louis XIII. Le 14 octobre, une messe d'actions de grâces réunit toutes les autorités pour remercier Dieu de la proclamation de la constitution. Ces usages religieux continuèrent en 1792, et l'on vit encore les prêtres constitutionnels prêter leur concours à toutes les fêtes populaires. Plusieurs d'entr'eux étaient des hommes distingués. On cite le curé Tingault, de Coulanges-la-Vineuse, qui fut longtemps maire ; le curé Carré, de Sainte-Palaye ; Dhumigny, curé de Cravan, etc. Mais leur influence religieuse était généralement nulle sur les vrais croyants, et malgré l'entêtement janséniste de certaines paroisses, les brefs du pape avaient fait reculer bien des fidèles. D'ailleurs, l'autorité de M. de Cicé n'était pas entièrement disparue. Quelques prêtres, qui l'avaient rejoint à Ems, l'aidaient de leurs conseils pour le gouvernement de son troupeau dispersé. M. Viart, demeuré à Auxerre, le représentait et avait tous ses pouvoirs spirituels. Pendant quelque temps on lui envoya encore une partie des revenus de l'évêché, mais cette ressource ne tarda pas à manquer (1). Signalé comme émigré par la municipalité d'Auxerre, le 29 avril 1792, ses biens furent séquestrés et bientôt après vendus. M. de Cicé avait pour compagne dans son exil Mlle Elisabeth de Cicé, sa sœur. Cette famille eut d'étranges vicissitudes pendant la révolution. Jérôme, frère de l'évêque d'Auxerre, archevêque de Bordeaux, émigra en Angleterre ; Augustin, son troisième frère, qui s'était réfugié à Hambourg, y forma un petit commerce d'épicerie, tandis que sa femme travaillait à la couture ; enfin, Adélaïde de Cicé, autre sœur de notre évêque, se trouva impliquée dans le procès de la machine infernale qui éclata au passage du premier consul, en l'an VIII. MM. Delart et Closet, deux chanoines, disaient à Auxerre

---

(1) L'abbé Digard, chargé de sa procuration, réclama au directoire du département, au mois de février 1792, le reliquat du compte de l'évêché de 1790 et 15,000 l. pour les trois premiers trimestres de la pension de M. de Cicé en 1791, enfin 5,000 l. pour le premier trimestre de 1792. Sa requête fut repoussée complètement, attendu, disait-on, que le pétitionnaire ne remplissait aucune des conditions des lois, qu'il prenait des qualités proscrites (celle d'évêque d'Auxerre), et qu'il était absent de France depuis plus de six mois.

la messe aux catholiques. Les paroisses de la campagne, dont les prêtres avaient prêté le serment, demeurèrent quelque temps dans le calme, mais il n'en fut pas de même dans celles où les anciens curés avaient été remplacés. L'irritation commença à diviser les citoyens et fut le prélude de plusieurs des malheurs qui allaient souiller la révolution.

A Chevannes, par exemple, on vit le curé Letellier s'opposer énergiquement en chaire à la prise de possession de son successeur constitutionnel. Il l'accusa d'être un intrus, d'être un loup dévorant qui s'introduisait dans la bergerie pour dévorer les brebis, et de n'avoir aucun pouvoir légitime. Il écrivit au district d'Auxerre une lettre où on lisait ce passage : « Quand vous enverrez votre élu, je serai chez moi, je lui céderai ce que j'ai reçu de la nation, le presbytère, l'église de pierre et mon traitement; je garderai ce que j'ai reçu de l'Eglise, les brebis et l'autorité nécessaire pour les conduire dans le silence et la retraite (1). »

Son vicaire avait adhéré à cette déclaration; ils furent déférés tous deux au tribunal correctionnel.

A Toucy, le curé Jaillard avait, ainsi que son vicaire, prêté le serment sous condition. Ils furent tous deux accusés de fomenter des troubles. Le premier s'était éloigné de Toucy, mais il entretenait une active correspondance avec son vicaire et des dames du pays. La municipalité intercepta les lettres et dénonça l'affaire au Département qui la renvoya devant l'accusateur public, au mois de février 1792.

Mais la conviction qui animait les prêtres constitutionnels au commencement de la révolution, paraît les abandonner en 1792. Une lettre de M. de Loménie à l'administration du département, à la date du 1er juin, lui signale avec regret les rétractations qui commençaient à avoir lieu, de la part, dit l'évêque, d'ecclésiastiques qu'on n'aurait pas dû soupçonner (2). Il devenait fort embarrassant de remplacer les *rétrac-*

---

(1) Lettre du 12 mai 1791. — Registre du département, arrêté du 5 novembre suivant.

(2) Un prêtre qui avait pris une part active aux premiers événements, le curé Carré, de Sainte-Palaye, écrivant à l'administration du district d'Auxerre, au mois

tataires (1) qui, demeurant sur les lieux, avaient un parti-prêt à lutter contre le nouveau titulaire. C'est surtout la pénurie de sujets qui préoccupe M. de Loménie ; il annonce que le séminaire en fournira très-peu et que la disette va devenir de plus en plus grande. L'administration ne vit pas plus de moyens d'y pourvoir que lui ; et, préoccupée de questions instantes, elle ne tarda pas à perdre celle-là de vue (2). Néanmoins elle opéra un bien dont il faut lui savoir gré dans l'intérêt des sciences et des lettres. Lorsque le docte P. Laire (3), que la révolution surprenait au milieu de ses livres, offrit au conseil-général du département, présidé par M. Lepeletier de Saint-Fargeau, ses services pour la conservation et la classification des ouvrages provenant des maisons religieuses, il fut bien accueilli, et on le chargea de la formation des catalogues de toutes les bibliothèques qui étaient déjà entassées dans les chefs-lieux des districts. C'est à lui qu'on dut, plus tard, la réunion à Auxerre d'une grande partie des richesses bibliographiques du département.

La situation déplorable dans laquelle était placée la foi religieuse, faisait naître chaque jour des agitations nouvelles qui poussèrent l'assemblée législative à décréter la déportation des prêtres non assermentés. Louis XVI mit son *veto* à cette mesure, ce qui amena la journée du 20 juin 1792. L'administration du département, qui jusque-là n'avait pas pris chaudement parti contre les prêtres réfractaires, et n'avait sévi que comme à regret, et sur les plaintes des sociétés populaires, l'administration entra dans une phase de rigueurs contre cette classe de proscrits. Par un arrêté du 18 juillet, signé Lepeletier, Maure aîné et Foacier, elle ordonna aux municipalités de signaler aux districts les prêtres réfractaires, de les priver de leur traitement, de surveiller leur conduite

---

de juillet 1792, était bien désillusionné. Il se plaint de la défiance qui s'élève contre les prêtres et la religion chrétienne, que des esprits exaltés et ennemis du calme veulent proscrire, avec les abus dont on demandait depuis des siècles la réforme. Les prêtres, dit-il, s'interdisent même entre eux toutes visites de bienséance ou d'amitié, pour éloigner tout ombrage.

(1) Mot créé pour la circonstance.

(2) Archives de l'Yonne, administration ecclésiastique.

(3) M. Laire, un des plus savants bibliophiles du dernier siècle, se trouvait bibliothécaire de M. de Loménie, à Sens, au moment de la révolution.

et de dénoncer leurs manœuvres qui tendaient à provoquer des troubles. Les citoyens furent également invités à dénoncer les actes séditieux que les prêtres pourraient commettre. On voulut bien, toutefois, rappeler encore le respect qui leur était dû comme citoyens, et que l'on ne devait menacer ni leur liberté ni leur sécurité (1).

Jusque-là la répression n'atteignait les réfractaires que dans leurs ressources, mais les événements se pressaient. Le décret du 26 août ordonna leur sortie du royaume sous quinzaine, sous peine d'être déportés à la Guyane. Les moines, prêtres ou non, furent compris dans cette mesure. Les sexagénaires et les infirmes en furent seuls exempts ; on les réunit dans des maisons de réclusion. Le décret ne fut pas tout d'abord exécuté à la lettre ; mais, après la mort de Louis XVI, les autorités du département ayant été renouvelées, on sévit rigoureusement. Au mois d'avril 1793, sur des plaintes survenues contre les menées des prêtres réfractaires, qu'ils appellent des fanatiques et des êtres malfaisants, les commissaires de la Convention, Garnier et Turreau, prescrivent la stricte exécution de la loi du 26 août. Les visites domiciliaires chez les prêtres furent ordonnées (2) et des maisons de réclusion furent établies dans tous les lieux un peu importants.

Trente-sept prêtres furent mis à la fois en réclusion à Auxerre, dans la maison des Visitandines, (aujourd'hui le séminaire). Parmi eux étaient les chanoines Viart, Bobée, Digard et Delart, que leurs relations avec M. de Cicé rendaient plus suspects. Ils restèrent en prison jusqu'au 21 juillet et furent mis en liberté, sauf à être gardés dans leur domicile jusqu'à la fête de la fédération du 10 août ; ce qui eut lieu en effet.

A mesure que la révolution devenait plus violente, le clergé était exposé à de nouvelles persécutions. Les prêtres détenus au séminaire d'Auxerre ne pouvaient recevoir de lettres sans qu'un membre du

---

(1) Reg. du conseil général du département.
(2) L'hôpital général d'Auxerre, que dirigeait l'abbé Duplessis, servit d'asile à l'un d'eux, et l'on assure que le culte catholique y fut toujours pratiqué malgré la Terreur. L'abbé célébrait extérieurement dans la maison les fêtes décadaires, mais en dépit des menaces, il ouvrait en secret aux fidèles la chapelle, dont la nef était remplie de foin, et qui cachait l'autel aux yeux des malveillants.

comité de salut public n'assistât à leur ouverture (1). Les prêtres constitutionnels, eux-mêmes, ne furent pas épargnés.

Une loi du 20 septembre 1792 avait interdit au clergé de recevoir les actes de l'état civil des citoyens. L'évêque du département n'avait pas tenu sérieusement la main à l'exécution du décret, et l'administration le dénonça pour ce fait. Au mois de mars suivant, d'expresses recommandations furent faites pour l'application de cette loi qui enlevait au clergé une des prérogatives auxquelles il tenait le plus.

Les saturnales de la déesse Raison vinrent ensuite mettre le comble aux désastres du culte. Prêtres assermentés ou non, tout fut enveloppé dans la ruine universelle. La loi du 20 brumaire an II (10 novembre 1793) établit le culte de la Raison et proscrivit tout signe extérieur de la religion catholique. Un arrêté du maire d'Auxerre ordonna la fermeture de la cathédrale et la cessation du culte à compter du 1er janvier 1794. Mais cette mesure ne s'accomplit pas sans résistance. Le peuple ameuté força encore les prêtres constitutionnels à célébrer la messe dans cet antique sanctuaire, le jour de la Circoncision. Mais, à partir de ce moment, la cathédrale, qui servait depuis quelque temps aux séances publiques des sociétés populaires, devint le théâtre d'ignobles scènes que la plume se refuse de retracer. La frénésie fut portée à ce point que l'infâme Marat y reçut des hommages qui n'étaient dus qu'à la Divinité.

M. de Loménie devait, à la vue de tout ce qui se passait, éprouver de secrets remords de l'adhésion qu'il avait donnée à l'organisation nouvelle du clergé. Son orgueil de grand seigneur et sa fierté de prélat se révoltaient. Cependant, il courba encore la tête devant le décret du 5 octobre 1793, qui abolit l'ère vulgaire et établit l'ère républicaine. Il publia donc, au mois de brumaire, un *Avertissement aux citoyens curés du département*, en leur adressant le bref républicain qu'ils auraient à suivre dans la célébration de l'office divin. Il y justifie le nouveau calendrier du reproche d'être en opposition avec la religion. Il ne trouve aucune difficulté pour la translation de l'office du dimanche aux jours

---

(1) On vit cependant, au mois de mars 1793, l'administration faire un acte de condescendance envers les prêtres reclus. Elle leur accorda quelques ornements pour le service divin.

des décades; cependant, à cause des obstacles matériels d'exécution, il s'en tient provisoirement à l'ancien état de choses. Mettant les lois civiles au-dessus des lois religieuses, il déclare que le repos prescrit pour certains jours n'est pas un précepte divin, mais une loi de l'Eglise qui n'oblige même les dimanches que hors le cas de nécessité. Ses concessions sur le jeûne et l'abstinence du carême, sur la juridiction, le costume des prêtres, vont aussi loin que possible, et il ne reconnaît plus d'autre autorité dans l'ordre religieux que la puissance temporelle.

Cette triste palinodie ne dut pas même faire échapper M. de Loménie à la mort. Arrêté au mois d'août 1793, il fut jeté en prison, puis relâché pour être repris bientôt après, et il mourut d'une façon lamentable le 16 février 1794 (1). Son coadjuteur, Martial de Loménie, arrêté comme lui, périt sur l'échafaud le même jour que ~~la reine Marie-Antoinette~~. Mad*e* Elisabeth.

Tandis que le chef-lieu du département était le théâtre de scènes inqualifiables, certains villages exploités par des fanatiques de matérialisme ne furent pas mieux traités. Ces furieux commirent dans les églises des actes de vandalisme inouï, décapitant les statues des saints, brisant les vitraux, violant les tombeaux des anciens seigneurs. Mais généralement ils étaient regardés avec horreur par la population chez laquelle l'enthousiasme patriotique n'excluait pas le sentiment religieux.

Il y eut alors des prêtres constitutionnels qui faiblirent devant le danger. Neuf curés, presque tous jeunes, du district de Saint-Fargeau, s'étaient mariés; beaucoup de prêtres abdiquèrent leurs fonctions et déposèrent leurs lettres de prêtrise, espérant apaiser la Terreur par ce sacrifice (2).

(1) Il succomba, dit-on, à une attaque d'apoplexie foudroyante déterminée par les mauvais traitements que lui firent éprouver les soldats chargés de l'arrêter. Ces misérables lui ayant donné jusqu'au lendemain pour le conduire en prison, passèrent la nuit à boire chez lui. Echauffés par le vin, il leur prit fantaisie d'aller réveiller l'évêque pour le faire manger avec eux. M. de Loménie se leva et malgré sa répugnance il fut obligé de céder au caprice de cette soldatesque qui le maltraita ensuite. La peur et les coups qu'il avait reçus, joints au travail d'une digestion pénible, lui occasionnèrent une attaque d'apoplexie dont la mort fut la suite. — *Biographie universelle.*

(2) Arch. de l'Yonne, administration ecclésiastique.

Cependant une telle anarchie morale ne pouvait durer. Déjà une première réaction s'était opérée, lorsque Robespierre eût écrasé Chaumette et le parti des matérialistes dans la Convention. La liberté des cultes fut de nouveau reconnue dans la loi. Quoique cette déclaration fût à peu près illusoire, elle devint néanmoins dans les provinces un frein légal contre les démagogues.

Au commencement de l'an III (1795), on vit reparaître l'abbé Viart et ses fidèles compagnons, dont l'activité savait profiter de toutes les circonstances favorables. Le décret du 30 mai 1795, qui autorisait les habitants des paroisses à reprendre pour l'exercice de leur culte les églises qui n'avaient pas été aliénées, en permit le rétablissement. La cathédrale d'Auxerre fut nettoyée, et le 27 juin on rendit grâces à Dieu, par une messe solennelle, de la liberté dont on recommençait à jouir.

Mais cette liberté ne fut pas de longue durée : dès le mois de janvier 1796, la persécution recommença rigoureusement, et la réclusion fut de nouveau décrétée contre les prêtres réfractaires. On vit alors dans les campagnes quel contraste régnait entre l'esprit des autorités et celui des populations. Les premières, inspirées par le paganisme du Directoire, célébraient gravement les fêtes de la Jeunesse, de l'Agriculture, des Époux et de la Vieillesse, lisant aux jours des décades les lois et les instructions du gouvernement, tandis que le peuple, qui ne comprenait rien aux variations continuelles qu'il avait sous les yeux, restait étranger à ces cérémonies et se reportait avec ardeur vers le culte de ses pères.

A défaut de prêtre, un ancien chantre lisait les psaumes dans l'église ; les cloches étaient-elles enlevées, on battait le tambour dans les rues du village pour convoquer les fidèles. L'autorité faisait-elle fermer les portes de l'église, on arrachait la serrure ; la résistance répondait à la persécution.

L'expérience des faits montrait chaque jour combien l'esprit des campagnes était demeuré religieux au milieu des saturnales du temps. Lors de la promulgation de la loi de l'an III qui rétablissait la liberté des cultes, les prêtres constitutionnels, remplissant les formalités voulues, avaient repris l'exercice de la religion, et les habitants ayant également fait leur déclaration de s'assembler à l'effet de pratiquer le culte catholique, il avait bien fallu les tolérer. Cela avait eu lieu à Courson où une émeute de femmes menaçait l'agent national ; à Diges où les habitants privés de curé faisaient néanmoins l'office « à l'ex-manière », dit l'agent ; à Mailly-Château où l'on avait en vain scellé les portes de l'église avec des crampons de fer ; à Saint-Bris où le peuple s'opposait vivement à la fermeture de l'église, et n'assistait pas aux décades. En l'an IV, les prêtres du canton de Saint-Fargeau, constitutionnels ou non, s'étaient tous mis en règle pour reprendre leurs fonctions. Il en fut de même dans tout le canton de Toucy et dans celui de Vermanton.

Mais bientôt, comme nous venons de le dire tout à l'heure, le gouvernement inquiet, du mouvement des esprits et de l'abandon des fêtes décadaires, remit en vigueur les lois sur la déportation des prêtres et la suppression des signes extérieurs du culte. Les croix des églises et des champs, qui étaient restées debout pendant la Terreur, furent abattues en détail. L'administration du département mit un soin particulier à faire exécuter sur ce dernier objet, non sans de graves résistances en plus d'un lieu, la loi du 7 vendémiaire an IV (sept. 1795). La vente des presbytères devint aussi le motif de vives agitations. A Sacy, en l'an V, les femmes du village arrachèrent les portes et les croisées de la maison ; à Lain il fallut des gendarmes pour mettre l'acquéreur en possession. Le pays ne se soumettait pas du tout, en matière de culte, au régime qu'on voulait lui imposer. L'administration du département se plaignait au commencement de fructidor an IV, que les lois sur la police des cultes étaient mal exécutées, que les émeutes à l'occasion des prêtres réfractaires « qui travaillent sourdement contre l'État » se renouvelaient de plus en plus.

Cette situation étrange d'un gouvernement tout au moins sceptique, persécutant la religion de la majorité des citoyens, dura de l'an VI à l'an VIII. La maison de réclusion d'Auxerre reçut de nouveaux prêtres prisonniers, dont plusieurs prirent le chemin de l'exil (1). Parmi les victimes de cette réaction on cite M. Hilarion, curé de Saint-Bris, qui

---

(1) C'est par suite de l'esprit tracassier qui animait alors le Directoire, qu'on vit arriver à Auxerre, à la fin de l'an VII, trente-quatre prêtres de l'Alsace. Ils étaient en réclusion ou en surveillance, et accusés d'avoir provoqué à la rébellion et à la

avait caché les reliques de saint Prix, et qui fut conduit à Sinnamary. D'autres furent emmenés à l'île de Rhé.

En 1799, la persécution devint encore plus active ; il semblait que le Directoire redoublait d'autant plus d'efforts qu'il se sentait plus près de sa chute. Bon nombre d'églises furent encore fermées comme en 93. Champs, Courgis, Courson, Héry, Mailly-Château, Saint-Bris, etc., se signalent par leur résistance au fanatisme persécuteur.

C'était surtout, comme le disaient les agents nationaux, les jours de fêtes patronales qui soulevaient les populations. On employa en vain la force armée à Chevannes, en l'an VI, pour empêcher la célébration de la fête de saint Pierre, le jour où elle tombait dans l'ancien calendrier. A Irancy, même chose arriva le jour de Saint-Germain ; à Héry, l'année suivante, l'agent municipal demanda des gendarmes pour empêcher la fête de saint Loup. Les agents nationaux eux-mêmes, accusés de violer les lois sur l'observation des fêtes décadaires ou de laisser célébrer les anciennes fêtes ou apports, étaient frappés de suspensions.

En même temps les théophilanthropes, protégés par un des membres du gouvernement directorial, ambitionnaient la succession catholique. Ils professaient une sorte de déisme mitigé qui eut à Auxerre quelques rares sectateurs, dont les réunions se tenaient dans l'église Saint-Eusèbe. Il y en avait aussi à Saint-Fargeau et à Migé (1).

Les débris de l'église constitutionnelle avaient entrepris de se relever en 1795. Un concile fut assemblé à Paris au mois d'août. M. Frappier, ancien chanoine d'Auxerre, y assistait. On connaît l'inutilité des efforts de cette espèce de concile pour la restauration de l'église nationale (2). Elle fut dissoute par le fait de l'accord du premier consul avec le pape Pie VII.

---

contre-révolution dans leur pays. Ils furent détenus jusqu'au mois de floréal an VIII époque où le premier consul les fit mettre en liberté. Ils étaient tous plus que sexagénaires, et quelques-uns même octogénaires.

(1) En l'an VIII, les théophilanthropes d'Auxerre donnèrent beaucoup d'embarras au préfet par leurs mauvais procédés envers les catholiques, dans l'église Saint-Eusèbe. Ils s'étaient emparés de l'autel de ces derniers et occupaient une place démesurée dans l'église.

(2) Il circula dans les campagnes, en germinal an VI, une brochure imprimée des

Le concordat entre le gouvernement français et le souverain-pontife fut signé le 15 juillet 1801. Ce fut le commencement de la rénovation du culte catholique en France. Les églises se rouvrirent, les prêtres exilés rentrèrent et retrouvèrent leurs ouailles heureuses de leur retour.

Le département de l'Yonne était demeuré sans évêque depuis la mort de M. de Loménie, car on ne peut donner ce nom à un M. Ponsignon, qui parut en cette qualité au concile de 1801 et qui se fit mettre sur la liste des évêques démissionnaires. M. de Cicé habitait toujours à Halberstadt, où il achevait tristement sa carrière, qu'un hasard fâcheux vint encore tourmenter. Sa sœur Adélaïde fut impliquée dans le procès de la machine infernale par suite de quelques rapports indifférents qu'elle avait eus avec Limoelan, l'un des conspirateurs. On trouva chez elle des lettres de son frère, du moment même de l'évènement; elles concernaient les affaires de son diocèse, mais elles étaient conçues dans une forme vague et déguisée qui pouvait faire naître des soupçons.

Le nom du petit P. François V. s'y rencontrait avec éloge et comme le *facteur le plus assidu et l'agent principal de la boutique*. Ce fut une cause d'erreur pour la justice qui crut y reconnaître le préparateur de la machine infernale qu'on nommait le petit François. Ce rapprochement de noms tout fortuit en lui-même, car l'évêque parlait de François Viart, son zélé vicaire-général, devint un grave motif d'accusation contre Mlle de Cicé. Cependant, grâce à M. Bellart, son éloquent défenseur, elle fut reconnue innocente.

Lorsque le pape demanda aux évêques leur démission pour pouvoir organiser les nouveaux diocèses avec le premier consul, M. de Cicé, qui était très-âgé, ne voulut pas abandonner son titre (1). Cependant, il ne fit aucune opposition, et concéda aux évêques que le pape mit en

---

constitutionnels d'Auxerre, annonçant le rétablissement du culte et ayant pour titre : *Lettre pastorale du presbytère d'Auxerre à tous les curés, vicaires, etc., et à tous les fidèles du département.* — Archives, pièces sur la révolution.

(1) Il paraît que des tentatives avaient eu lieu par M. Viart, dans le diocèse, pour demander sa radiation de la liste des émigrés. Le commissaire du canton de Thury signale le curé comme colportant une circulaire imprimée tendant à solliciter les signatures des fidèles dans cette intention. — Archives, floréal an VIII.

possession des diverses parties de son diocèse, les pouvoirs nécessaires pour les administrer.

Le département de l'Yonne fut, par le concordat, compris dans le diocèse de Troyes, dont M. de Noé devint titulaire. Le reste de l'ancien diocèse d'Auxerre demeura presqu'en entier au diocèse de Nevers, comme nous l'avons dit plus haut.

Le dernier souvenir du pauvre évêque exilé à son troupeau mérite d'être conservé à la fin de sa biographie. Le village de Gy-l'Evêque avait été dévasté par une inondation ; M. de Cicé l'apprit dans sa retraite, et envoya aux habitants, dans le mois d'août 1800, vingt louis d'or pris sur ses modiques ressources, en leur exprimant le regret de ne pouvoir faire davantage (1). Il mourut dans l'émigration, le 16 novembre 1805, à Halberstadt, en Prusse, dans le couvent des Franciscains où il fut enterré. Il était dans sa quatre-vingt-unième année.

Ainsi finit le dernier évêque d'Auxerre. Remarquable par la prudence

---

(1) Voici sa lettre, telle qu'elle est publiée dans le plaidoyer de M. Bellart pour Mlle A. de Cicé.   3 août 1800.

« Chers habitants,

»J'ai appris avec douleur, par les gazettes, l'affreux ravage que l'ouragan et l'inondation du 9 juillet ont causé dans les villages de Gy-l'Evêque et de Vallan. Pendant longtemps j'ai joui d'une portion des revenus de l'évêché dans votre paroisse que je n'ai jamais cessé d'aimer. On n'y doute pas sûrement que si je m'en étais trouvé à portée je n'y fusse promptement accouru pour régler avec vous les divers soulagements qu'il m'eût été possible de vous offrir et pour tâcher de retenir dans votre sein les familles qui ont le plus souffert.

» Dans mon éloignement, après toutes les pertes et les différents malheurs que j'ai éprouvés, les faibles ressources qui me font subsister ne me permettent pas de rassembler actuellement plus de 20 louis d'or de France pour les joindre à la masse des secours à distribuer parmi vous dans la proportion des pertes et des besoins. Sûrement nos bons habitants d'Auxerre et des environs se sont empressés de venir à votre secours avec le zèle qu'ils ont toujours eu pour soulager l'infortune et qu'ils ont montré depuis longtemps contre le fléau de la mendicité. C'est une consolation pour moi de m'associer encore aujourd'hui pour vous à l'œuvre de leur charité. Bientôt je ne pourrai plus en exercer aucune ; et quoique ma santé, grâces à Dieu, soit meilleure que je n'eusse dû l'espérer, mon âge de soixante-quinze ans m'avertit que dans peu je n'aurai plus pour moi-même d'autres besoins que ceux des prières qu'on voudra bien faire pour mon éternel repos. Je me recommande aux vôtres avec confiance, etc. »

et l'élévation de son esprit, M. de Cicé avait entrepris dans son diocèse le rétablissement de l'autorité du saint-siège compromise par le jansénisme. Les événements ne lui permirent pas d'atteindre son but, mais ils donnèrent raison à ses prévisions (1). Il put voir de sa retraite le courage d'une partie de son clergé et la faiblesse de l'autre. La persécution épura son troupeau; quoique la leçon fût cruelle, elle dut lui paraître comme à beaucoup de bons esprits une épreuve de la Providence.

Voici le texte de l'inscription que les Franciscains d'Halberstadt placèrent sur sa tombe :

« Anno ab incarnatione Domini 1805, die 16 novembris, hora
» 12ma meridiana et dimidia, sanctis ecclesiæ sacramentis munitus,
» piè in Domino obiit, anno ætatis suæ 81mo.

» ILL. AC REV. IN CHRISTO PATER D. D. JOANNES-BAPTISTA-MARIA

» CHAMPION DE CICÉ, AUTISSIODORENSIS EPISCOPUS.

» Hic in sedem suam pontificalem inthronisatus die 2da martii anno
» 1761, Gregem sibi commissum verbo pavit et exemplo, magnâ
» morum integritate, sincero religionis amore, fide purâ, paterno in
» clerum sibi subditum affectu, providentiâ ergà pauperes, singulari
» in omnes affabilitate conspicuus. E Galliâ profugus posteà quam
» fugerat ex unâ civitate in aliam, Halberstadium advenit; ubi, edifi-
» catis per totum decennium exemplo virtutum suarum fidelibus,
» complevit peregrinationis suæ dies, in ecclesia Franciscanorum

---

(1) La manière de voir de M. de Cicé, en politique, était inspirée par les besoins du temps. Il disait, en 1789, à l'assemblée des trois Ordres réunis à Auxerre : « Remercions Dieu d'avoir inspiré au cœur de notre monarque le projet salutaire des états généraux. Un monarque ne rend jamais son autorité plus sacrée qu'en conservant les libertés nationales. Jamais aussi les peuples n'assurent mieux leurs droits qu'en respectant ceux du souverain.

« C'est rendre à la couronne son véritable lustre ; c'est servir les bonnes et justes intentions de S. M. que de nous réunir, j'ose le dire, avec elle contre le torrent des abus qui font gémir depuis si longtemps tant de citoyens de tous les ordres, surtout dans les classes les moins aisées, accablées sous le poids de leurs charges. »
— Arch. de l'Yonne, documents historiques.

» sepultus. Enixè rogantur sacerdotes et fideles, ut piè defuncto
» sacrificiis ac precibus succurrant, quatenùs, si quæ terrenæ ei adhæ-
» serunt maculæ, citò divinæ propitiationis gratiâ deleantur, et cui non
» licuit in terrestrem patriam remeare, pateat aditus in Jerusalem cœ-
» lestem, et Ecclesiam primitivorum qui conscripti sunt in cœlis.

» REQUIESCAT IN PACE. »

P. P. FRANCISCANI CONVENTUS
HALBERSTADIENSIS.

FIN DE LA SIXIÈME PARTIE.

MÉMOIRES

HISTORIQUES

SUR

LES ÉVÊQUES D'AUXERRE.

SEPTIÈME PARTIE,

Contenant la continuation de l'Histoire Ecclésiastique, depuis 1802 à 1830.

CHAPITRE Ier.

M. DE NOÉ, ÉVÊQUE DE TROYES.

M. de Noé (Marc-Antoine), né en 1724 dans le diocèse de La Rochelle, évêque de Lescar en 1763, et premier baron des états de Béarn, premier conseiller d'honneur au parlement de Navarre, avait été choisi par le premier consul pour occuper le nouveau siége épiscopal de Troyes qui comprenait, comme nous l'avons vu, le département de l'Yonne. Sa nomination date du mois de floréal an x (9 avril 1802).

Sa réputation d'homme éclairé, de prédicateur éloquent et de prêtre éminent par ses vertus l'avait désigné au choix du gouvernement. Il avait fort à faire pour restaurer le culte dans son diocèse et notamment dans l'arrondissement d'Auxerre. Les églises étaient tombées en ruines par défaut de soin et par les atteintes brutales dont elles avaient été l'objet pendant les dix années qui venaient de s'écouler. Le personnel du clergé avait éprouvé de grandes vicissitudes.

M. de Noé publia tout d'abord, aux mois de prairial et de messidor an x (mai et juin 1802), des ordonnances sur la réduction des fêtes, sur la sonnerie des cloches et les cérémonies extérieures du culte, découlant des nouveaux principes posés dans le concordat. Le préfet de l'Yonne autorisa la publication de ces actes dans son département (1).

La première ordonnance est basée sur un indult du légat. L'évêque la fait précéder de cette pieuse déclaration : « Que si certaines fêtes » sont célébrées d'une manière moins obligatoire pour tous les fidèles, » il ne sera cependant rien changé aux offices et aux rites observés » jusqu'à ce jour pour leur célébration ; les églises seront témoins » des mêmes solennités, les voûtes sacrées retentiront des mêmes » chants, vos prêtres offriront les mêmes sacrifices, la piété qui ne » sera point retenue par des obligations et des devoirs domestiques » retrouvera dans nos églises tout ce qui lui est cher, etc. »

Il fixe ensuite le mode de célébration des fêtes.

Le règlement pour la sonnerie des cloches n'était pas alors une chose indifférente. Il n'y avait pas longtemps encore que cet usage était proscrit par la loi de l'an III. Il fallait donc fixer les circonstances religieuses dans lesquelles la sonnerie serait pratiquée.

M. de Noé établit par un autre décret du 27 thermidor an x (15 août 1802), un certain nombre de cures dont le ressort était aussi étendu que celui des justices de paix. On trouvait dans l'ancien diocèse d'Auxerre, les cures de Saint-Etienne de la même ville, de Coulanges-la-Vineuse, Coulanges-sur-Yonne, Courson, Saint-Sauveur, Toucy, Vermanton, Bléneau et Saint-Fargeau. Le premier consul ratifia cet acte le 16 fructidor suivant. Ce fut la base du nouvel ordre de choses. Les succursales furent établies ultérieurement.

---

(1) Le fait peut paraître singulier aujourd'hui, mais il n'en est pas moins exact.

Le 18 vendémiaire an XI, tous les curés du département se réunirent à Auxerre et prêtèrent serment entre les mains du préfet pendant la messe paroissiale de Saint-Étienne, conformément au nouveau concordat (1).

1802.

Les théophilanthropes furent définitivement privés des églises et des autres édifices nationaux par ordre du ministre de la police générale du 17 vendémiaire an X (9 septembre 1801). Le préfet prit des mesures en conséquence : ceux d'Auxerre virent disparaître les emblêmes qui remplissaient une partie de l'église Saint-Eusèbe et l'on n'entendit plus parler de ces mystiques.

Certaines paroisses furent encore, dans les premiers temps du rétablissement de l'ordre, agitées par des débats entre le curé constitutionnel qui avait conservé ses partisans et l'ancien curé qui rentrait de l'exil ou sortait de sa retraite.

La paroisse de Treigny fut particulièrement divisée pendant longtemps sur ce point. Un sieur Chabrol, prêtre du diocèse de Vaison, marié pendant la Terreur, qui s'était installé à Treigny en l'an IV, y avait de nombreux partisans, lorsque revint le curé Pautrat, qui était envoyé légalement par M. Viart. Le débat aigrissant les esprits, M. de la Bergerie, alors préfet prit, le 18 thermidor an IX, un arrêté qui ordonnait l'expulsion de M. Pautrat. Cependant, le ministre des cultes Portalis, informé, fit au préfet des observations sur la moralité de son protégé. M. de la Bergerie avoua qu'il en était peu édifié, mais il se retrancha derrière des apparences de légalité. L'organisation régulière du diocèse par M. de Noé mit fin à ces désordres et M. Pautrat fut rétabli dans sa cure, qu'il desservit jusqu'à ces dernières années.

A peine le diocèse commençait-il à se réorganiser que la mort vint frapper son illustre chef, pour qui le premier consul avait demandé au pape le chapeau de cardinal. M. de Noé mourut le 22 septembre 1802.

---

(1) La formule du serment avait été arrêtée de concert entre les deux autorités civile et religieuse.

CHAPITRE II.

M. DE LA TOUR-DU-PIN, ARCHEVÊQUE-ÉVÊQUE
DE TROYES ET D'AUXERRE.

1802 à 1807.   M. de la Tour-du-Pin (Louis-Apollinaire), ancien évêque de Nancy, puis archevêque d'Auch, né en 1744, avait donné sa démission en 1801, sur l'invitation du souverain-pontife. Il succéda à M. de Noé dans le siége de Troyes, fut nommé le 1er octobre 1802 et prit possession le 6 février suivant. Il prenait le titre d'archevêque-évêque de Troyes et d'Auxerre.

M. Leduc, nommé vicaire général du diocèse de Troyes par l'archevêque de Paris, métropolitain, continua quelque temps encore après la promotion de M. de la Tour-du-Pin, et à cause de son absence, à exercer les pouvoirs épiscopaux.

Cependant le nouveau prélat parvint enfin, après quelques difficultés administratives, à organiser le personnel de son clergé dans le département et il annonça sa visite pour le 12 floréal an XI (2 mai 1803). Le préfet en en prévenant les sous-préfets de Sens et de Joigny leur écrivait : « Je vous recommande de lui rendre et de lui faire rendre, par
» les maires des principales villes où passera l'évêque, tous les hon-
» neurs qui lui sont dus. A Auxerre, tout est disposé pour faire, à ce
» prélat respectable, la réception la plus honorable. »

Il y avait longtemps qu'on n'avait entendu rien de semblable. M. de la Bergerie, empressé de se conformer aux dispositions du gouvernement, s'était mis à l'unisson du nouveau langage officiel.

Lorsque M. de la Tour-du-Pin arriva à Auxerre, il y fut, en effet, accueilli avec beaucoup d'empressement. Sa présence était un gage du rétablissement complet du culte. Le 5 prairial (25 mai), les curés-desservants réunis dans la grande salle de la préfecture prêtèrent devant le préfet le serment prescrit. Ce magistrat leur adressa ensuite une allocution, où après avoir tracé le tableau des malheurs qu'ils venaient de traverser, des persécutions qu'ils avaient éprouvées, il les invita à l'oubli, à la charité et à la paix. Il règne dans toute cette pièce un air de respect pour la religion et pour ses ministres, un ton de vérité et d'élévation remarquable. On y trouve ces passages :

« Le département de l'Yonne est signalé par le gouvernement
» comme un de ceux où le schisme a disparu, où toutes les dissidences
» d'opinions sont fondues et se rattachent au concordat, où règne entre
» les ministres du culte, les magistrats et les administrés, une harmonie
» parfaite.

» Faites donc tous vos efforts, MM. les curés, dans vos communes
» respectives, pour concourir à l'exécution des lois et des mesures du
» gouvernement, pour reconnaître les bienfaits que vous devez, avec la
» France, au héros qui a donné la paix au continent ; etc. »

Quelques jours auparavant le prélat recommanda à son clergé et aux fidèles une nouvelle institution due à M. de la Bergerie, celle d'une caisse de secours pour les incendiés. Déjà en 1790, M. de Loménie avait proposé aux administrateurs du département d'étendre cet établissement à tout le ressort, tel qu'il existait dans son ancien diocèse.

M. de la Tour-du-Pin, entreprit de réaliser l'œuvre réparatrice à peine ébauchée par M. de Noé. Le prélat rendit, le 1er août 1803, une ordonnance pour le rétablissement de la discipline ecclésiastique. Il y révoqua les pouvoirs extraordinaires qui avaient été accordés à cause de la difficulté des temps et prescrivit instamment aux desservants de se rendre dans leurs paroisses et d'y résider. Il recommanda à son clergé la prudence et la modération, le soin de l'instruction des pauvres et des domestiques et donna des règlements sur les cérémonies du mariage, l'administration des fabriques, etc.

Il y interdit expressément aux laïques de remplir les fonctions sacerdotales dans les paroisses où il n'y avait pas encore de curés « à cause du
» petit nombre de prêtres dont on peut disposer ; » il déclare que c'est là, non un culte, mais un simulacre de culte religieux et un grave abus.

L'arrondissement d'Auxerre forma alors un vaste doyenné lequel fut dévolu à M. Viart, qui avait été nommé curé d'Auxerre. On voulut ainsi honorer les travaux apostoliques du digne vicaire de M. de Cicé, son zèle et son dévouement pour la foi pendant la terrible époque qu'on venait de traverser. Il continua, comme nous le verrons, d'exercer les pouvoirs d'administrateur de cette partie de l'ancien diocèse d'Auxerre sous les successeurs de M. de la Tour-du-Pin.

Les mandements épiscopaux de ce temps révèlent l'état déplorable dans lequel était l'Église de France. M. de la Tour-du-Pin, pour en préparer le remède, autant qu'il était en son pouvoir, établit un séminaire dans sa ville épiscopale de Troyes, pour l'entretien duquel il convia les fidèles par son mandement du 5 mai 1804. Les départements chargés par la loi de contribuer à l'entretien de la cathédrale et de l'évêché (1) ne faisaient rien alors pour cette institution. Cependant, à partir de 1806 et pendant tout le temps de l'empire, le conseil-général de l'Yonne « convaincu des heureux effets que produira la » renaissance de la religion » lui accorda annuellement 2,400 fr. (2). Chaque année les mandements se renouvelèrent pour recommander le séminaire qui reçut quarante jeunes gens la première année. Mais qu'était ce chiffre en face des trois cents paroisses dépourvues de pasteurs !

La mort vint surprendre M. de la Tour-du-Pin au milieu de ses travaux et arrêta ses projets. Un mandement des chanoines et Chapitre de Troyes pour l'administration du diocèse, le siége épiscopal vacant, l'annonça aux fidèles. Le prélat avait succombé le 28 novembre 1807. Les chanoines faisaient dans cette pièce le panégyrique de M. de la Tour-du-Pin, qu'on appelait le *saint archevêque*.

Les édifices les plus importants du diocèse, comme l'ancienne cathédrale d'Auxerre, commencent en 1806 à attirer l'intérêt du conseil-général du département. On n'avait fait aucune réparation dans ce vaisseau pendant la révolution de sorte qu'il était dans un état déplorable. Le conseil accorda 6,000 fr. en 1806, « regrettant, par des motifs d'économie, de ne pouvoir faire davantage pour ce précieux

---

(1) Depuis l'an x jusqu'à 1820, le département de l'Yonne contribua pour des sommes notables à l'entretien de la cathédrale de Troyes et du palais épiscopal.
(2) Procès-verbaux du conseil général.

monument » dit M. Olivier Chardon, secrétaire de l'assemblée. Chaque année on fit des instances auprès du gouvernement en faveur de cette basilique, mais sans succès.

L'église Saint-Germain de la même ville, ce vénérable monument qui renferme les tombeaux des saints du diocèse, après avoir été condamnée à la démolition, y échappa, et, sur une réclamation de l'évêque et des habitants catholiques de la ville, fut conservée pour servir d'oratoire (1).

Pendant que le pape rétablissait pleinement son autorité sur l'Église de France, les débris des jansénistes essayèrent de se reconstituer. Mais comme leur nombre avait sensiblement diminué ils ne formèrent plus qu'une petite église. La ville d'Auxerre en posséda une chapelle dont les rares sectateurs passèrent presque inaperçus jusqu'à nous.

M. J.-B. Villetard, ancien chanoine de la cathédrale, qui avait survécu aux orages révolutionnaires, en était le représentant. Au moment de sa mort, en 1805, il était en train de rétablir les écoles de Saint-Charles, fondées par M. de Caylus et que la révolution avait fermées. Il transmit ce devoir, par son testament, à M. Bourgoin l'aîné et à trois autres personnes honorables d'Auxerre, en même temps que la dotation importante attachée à ces écoles qui existent encore aujourd'hui (2).

CHAPITRE III.

M. DE BOULLOGNE, ÉVÊQUE DE TROYES, DE CHALONS ET D'AUXERRE.

Le diocèse de Troyes demeura vacant pendant quelque temps après la mort de M. de la Tour-du-Pin, et le Chapitre cathédral fut chargé

---

(1) La décision du gouvernement sur cet objet, est du 18 floréal an XII.
(2) M. Villetard pria son neveu, M. Hay, conseiller de préfecture, de le faire enterrer au pied d'un reste de bâtiment élevé par saint Germain et où avait été fondée depuis l'abbaye St-Marien (V. son testam. des 12 et 28 germ. an XIII, reçu Duplessis.)

de l'administration. Il publia, en cette qualité, plusieurs mandements et ordonnances, particulièrement le 7 août 1808, pour rappeler l'exécution de l'indult du 9 avril 1802 sur la translation des fêtes de l'Épiphanie, de la Fête-Dieu, des apôtres saints Pierre et Paul, et des saints Patrons des paroisses, au dimanche le plus proche du jour où elles tombent. L'inobservance de ces prescriptions jetait du désordre dans l'administration du diocèse.

M. de Boullogne (Étienne-Antoine), né à Avignon en 1747, fut nommé évêque de Troyes à la fin de 1807. Il fut préconisé à Rome dans le consistoire du 11 juillet 1808, et sacré le 2 février 1809 ; mais il ne vint prendre possession de son siége qu'un peu plus tard, par des causes indépendantes de sa volonté. Sa première lettre pastorale est du 20 mars 1809. Il y prend les titres d'évêque de Troyes, de Châlons-sur-Marne et d'Auxerre, baron de l'empire, aumônier ordinaire de S. M. l'empereur et roi. Sa réputation bien méritée d'orateur éloquent lui avait valu depuis longtemps des succès dans le monde. Il avait prêché à la cour de Louis XVI dès 1785. En 1784, l'évêque de Châlons le nomma archidiacre et chanoine de sa cathédrale. Élu en 1789 député de Paris à l'Assemblée constituante, il avait refusé le serment à la constitution du clergé. Détenu, puis mis en liberté jusqu'à trois fois pendant la Terreur, il échappa heureusement à une mort certaine. M. de Boullogne se livra ensuite à la rédaction des *Annales religieuses* qui devinrent les *Annales catholiques*, où il prit souvent à partie les constitutionnels. Le rétablissement du culte lui rouvrit la chaire, dans laquelle il brilla d'un nouvel éclat. L'empereur, frappé de son talent, le nomma au nombre de ses chapelains. Après avoir été promu à un siége d'Italie, qu'il refusa parce qu'il ne connaissait pas la langue de ce pays, il fut choisi pour celui de Troyes.

L'élévation des pensées et la profondeur qui distinguent le premier mandement de M. de Boullogne promettaient un prélat destiné à raviver l'esprit chrétien dans le diocèse de Troyes. Il y signale l'état des populations des campagnes que menace la corruption, parce qu'elles sont privées de pasteurs. En effet, sur plus de 800 paroisses dont se composait alors son vaste diocèse, le tiers était sans curés. Aussi s'écrie-t-il : « La morale se perd faute de culture et d'éducation chrétienne. Exem-

» ple trop sensible, qui démontre aux moins clairvoyants qu'il n'y
» a point de religion sans pasteurs, et point de mœurs sans religion.
» En vain les sages du siècle voudraient, à force d'art, obscurcir cette
» vérité ; toujours il sera vrai de dire que rien ne pourra jamais suppléer
» aux douces insinuations de l'autorité pastorale, qu'elle peut seule
» simplifier les opérations si pénibles et si compliquées du gouverne-
» ment, et que partout où les ministres de la charité disparaîtront, il
» faudra nécessairement multiplier les ministres de la justice. »

L'indifférence qui animait déjà les peuples est aussi l'objet des regrets du prélat ; cependant il compte beaucoup sur le rétablissement des écoles chrétiennes et sur l'Université nouvellement organisée, pour obtenir, après un certain temps, de meilleurs résultats.

La confiance de M. de Boullogne dans le gouvernement impérial, inspirée sans doute un peu par la reconnaissance et aussi par le désir de fortifier l'autorité renaissante, lui dicte souvent dans ses mandements de pompeux éloges. La grande victoire de Wagram, la paix avec l'Autriche, inspirent sa plume féconde. Le mandement sur la naissance du roi de Rome est un modèle du genre. Ses souhaits de perpétuité pour la nouvelle dynastie se mêlent agréablement aux chants de triomphe et de gloire. La ville d'Auxerre vit une seule fois dans ses murs M. de Boullogne au mois de juillet 1809 ; encore ne fit-il qu'y passer rapidement et presque incognito, de sorte que la réception qu'on se proposait de lui faire n'eut pas lieu.

Quelques jours après la naissance du roi de Rome, il vint à Paris assister au concile national convoqué par l'empereur pour remédier aux difficultés qui subsistaient entre le pape et lui. Napoléon avait violemment annihilé la résistance de Pie VII au système continental. La politique l'emporta sur le respect dû au vicaire de Jésus-Christ, et le pape se vit successivement déposséder de ses états, et emmener prisonnier à Savonne. Mais ces actes de force matérielle ne pouvaient rien sur le spirituel ; le pape refusait de confirmer les évêques nommés par l'empereur, et nombre de diocèses demeuraient sans pasteurs.

C'était pour remédier à cet état de choses, qui devenait inquiétant, qu'un concile était convoqué à Paris, le 17 juin 1811. M. de Boullogne y prononça le discours d'ouverture, où il examina l'*influence de la religion catholique sur l'ordre social et le bonheur des empires.* L'empereur, dit-on, vit ce discours d'un mauvais œil. M. de Boullogne, qui fit ensuite partie de la commission chargée de la réponse au message de Napoléon au concile, avait composé la rédaction de cette pièce, dans laquelle on déclarait que l'on demanderait la permission d'envoyer au pape une députation qui lui exposât l'état déplorable des églises. L'empereur propose un décret pour couper court à tout, et demande que dans le cas où le pape n'aurait pas, dans les six mois, confirmé les nouveaux évêques, ce droit serait dévolu au métropolitain. La commission décide qu'on soumettra le projet de décret au pape : alors l'empereur irrité casse le concile le soir même, 10 juillet, et fait arrêter et conduire à Vincennes l'évêque de Troyes, ainsi que les évêques de Gand et de Tournay.

Au mois de novembre, M. de Boullogne est obligé de remettre sa démission et une promesse par écrit de ne plus se mêler des affaires de son diocèse et de n'y entretenir aucune correspondance. C'était la condition de sa mise en liberté. Il fut ensuite envoyé en surveillance à Falaise. Alors il s'éleva dans le diocèse de Troyes une division qui prenait sa source dans l'illégalité de la mesure dont était frappé M. de Boullogne. Une partie du clergé regardant sa démission comme forcée, envoya consulter le pape qui répondit, en effet, que les droits de l'évêque étaient entiers et que le Chapitre n'avait aucune autorité. M. de Boullogne, lui-même, pressé de se prononcer, avait dit « que dans la situation rigoureuse où
» il se trouvait, il ne pouvait rien répondre. »

Alors l'abbé Arvisenet qui, jusqu'au mois de juin 1813, avait signé les mandements comme vicaire général du Chapitre, collectivement avec M. Treffort, se refusa à continuer et publia sa rétractation. L'éclat de cette démarche, qui acquérait beaucoup de poids par la considération dont jouissait son auteur, décida le gouvernement à demander à M. de Boullogne une nouvelle démission. Celui-ci ayant refusé de la donner, fut encore jeté dans les prisons de Vincennes, le 27 novembre 1813.

M. Alexandre de Cussy fut nommé alors au siége de Troyes, et le Chapitre, du moins en partie, le reconnut; et, dans un mandement aux curés du diocèse, en date du 10 novembre 1813, ce corps entreprit de se justifier des accusations de schisme dont on le frappait pour avoir usurpé l'autorité de M. de Boullogne captif. M. Viart fut soupçonné de fomenter la résistance dans son doyenné, et la police veillait activement sur ses démarches; mais tout se passa sans éclat.

La chute de l'Empire rendit M. de Boullogne à son troupeau. La persécution qu'il avait éprouvée le grandit encore aux yeux du nouveau gouvernement, dont il épousa chaudement les intérêts.

Son mandement du 10 mai 1814, qui prescrit un *Te Deum* solennel en action de grâces du rétablissement de la maison des Bourbons, commence en ces termes :

« Enfin, nos très-chers frères, après trois années environ d'exil ou
» de captivité, où nous retenoit la plus injuste tyrannie, pour avoir dé-
» fendu de tout notre pouvoir les droits du saint-siége inséparables de
» ceux des évêques, et ensuite pour n'avoir pas voulu souscrire à des
» propositions non moins contraires à notre honneur qu'à notre cons-
» cience, il nous est permis de faire entendre notre voix à ce troupeau
» chéri dont on a pu nous séparer par la violence, mais que rien n'a
» pu nous faire oublier. »

Son retour dans son diocèse y fut accueilli avec joie; cependant, le parti qui s'était prononcé pour le Chapitre ne se résigna que quelque temps après à la soumission. L'évêque prit alors des mesures pour annuler les actes d'usurpation commis pendant son exil, mais sans bruit et sans initier le public à ces détails d'intérieur.

L'ancien Auxerrois, faible portion du vaste diocèse de Troyes, ne recevait que le contre-coup de ces mouvements. M. Viart continuait de le régir suivant les anciennes traditions. La vaste étendue du pays soumis à l'autorité de M. de Boullogne ne lui permettait pas de tout voir par lui-même, et il s'en rapportait à M. Viart pour tout ce qui concernait son doyenné (1).

---

(1) Sous l'Empire, M. Viart n'était pas toujours d'accord avec le préfet. M. de la Bergerie, qui lui reconnaissait toutes les qualités d'un bon prêtre, l'accusait cependant de pécher par excès de zèle. Il se plaignit même à M. de Boullogne de la vivacité extrême que montrait, dans ses sermons, ce vénérable abbé, contre les jansénistes et l'indifférence des fonctionnaires publics à l'égard de la religion.

D'ailleurs, la politique absorbait presque tout son temps, et il datait la plupart de ses mandements de Paris. Son zèle nouveau pour la royauté légitime respire dans tous ses écrits et proclame cette union de l'autel et du trône qui était le rêve des hommes de ce temps.

Les frais du culte entrent sous la Restauration pour une plus grande part dans le budget du département. Le conseil général, dans sa session de 1816, prit une délibération qui augmenta le chiffre de ce chapitre de son budget. Il demanda en même temps l'établissement d'un séminaire dans le département, afin de faciliter, par son rapprochement des administrés, l'augmentation du nombre des ecclésiastiques. Il offrit, à cet effet, une somme de 15,000 f. pour aider aux frais de première installation.

Ce corps était animé de vues très-religieuses. Il voyait avec inquiétude diminuer le nombre des prêtres, sans qu'on fît rien pour y remédier. En 1819, M. le comte de Chastellux, rapporteur d'une commission du conseil, fit décider l'adoption d'un projet du préfet tendant à contribuer de 30,000 f. pour les établissements ecclésiastiques qu'on s'attendait à voir fonder.

M. de Boullogne avait été appelé à l'archevêché de Vienne lors du concordat de 1817. Mais les circonstances empêchèrent l'exécution de cette mesure; toutefois l'archevêque élu publia alors un mandement aux fidèles de son diocèse de Troyes, où il fit l'historique des actes illégaux commis par son Chapitre et des réparations qu'il en avait faites, afin de laisser, dans les archives de l'église de Troyes, une protestation solennelle pour la conservation des vrais principes (1).

Nommé pair de France, en 1822, M. de Boullogne nous devint étranger. Il passait la plus grande partie de son temps à Paris où il soutenait ardemment les priviléges de l'Eglise et les lois tendant à leur main-

---

(1) Il dit dans son mandement du 17 janvier 1818 : « Nous avons ordonné que tous
» les actes illégaux qui pouvoient se trouver dans les registres de notre Chapitre en
» disparussent et qu'il n'y restât plus de trace de ces délibérations plus qu'irrégu-
» lières. Nous avons déclaré nuls et de nul effet tous les pouvoirs quelconques qui
» auroient pu être donnés par les envahisseurs de notre juridiction, et les avons fait
» également disparaître des registres de notre secrétariat, et néanmoins nous avons

tien. Il consacrait les loisirs que lui laissait la session à composer des discours très-goûtés. Il mourut d'une attaque d'apoplexie cérébrale dans la nuit du 13 mai 1825. Ses restes furent déposés au Mont-Valérien (1).

L'établissement du siége archiépiscopal de Sens va commencer une nouvelle série de prélats.

CHAPITRE IV.

M. DE LA FARE, ARCHEVÊQUE DE SENS ET ÉVÊQUE D'AUXERRE.

Le concordat de 1817, qui augmenta le nombre des évêchés et le mit plus en proportion avec les besoins des populations, rendit à l'antique siége de Sens son titre primitif d'archevêché; mais il ne fut pas immédiatement exécuté. Cependant le pape Pie VII, par sa bulle du 3 octobre 1817, conféra la dignité archiépiscopale de Sens à M. de La Fare (Anne-Louis-Henri), ancien évêque de Nancy, aumônier de madame la duchesse d'Angoulême, nommé à ce siége par le roi Louis XVIII. Les limites du nouveau diocèse ne furent déterminées que le 4 septembre 1821, par un bref spécial du pape, qui lui assigna l'étendue du département de l'Yonne; c'est alors seulement, le 31 octobre suivant, que M. de La Fare prit possession solennelle par le ministère de M. de Launay de Vaudricourt, son vicaire général (2).

» validé ces pouvoirs pour la tranquillité des fidèles dont la bonne foi formoit pour
» eux ce que l'Église appelle un *titre coloré*. Enfin, nous avons ordonné que toutes
» les provisions aux curés et desservants, ainsi que toutes les lettres d'ordination et
» permission quelconques portant le sceau d'une vacance imaginaire et non revê-
» tues de notre signature, nous fussent renvoyées pour en donner de nouvelles, ce
» qui a été exécuté. »

(1) Feller, Picot, mandements de M. de Boullogne, etc. — On a recueilli les ouvrages de ce prélat, en 8 vol. in-8°. 1826 et années suivantes.

(2) M. de La Fare portait pour armoiries *d'azur à trois flambeaux allumés*, et sa devise était : LUX NOSTRIS HOSTIBUS IGNIS.

De ce moment toute autre juridiction ecclésiastique cessa sur le département de l'Yonne. Un acte du 10 novembre 1821 établit M. Viart, doyen de l'église paroissiale d'Auxerre, comme vicaire-général de l'archevêque. M. Viart continua d'administrer son doyenné comme auparavant, conservant ses habitudes, dirigeant les choses à sa manière pour le plus grand bien ; de sorte que les changements successifs d'autorité ecclésiastique ne se faisaient que faiblement sentir dans l'ancien Auxerrois. Cet état de choses dura jusqu'à M. de Cosnac.

M. de La Fare, attaché à la duchesse d'Angoulême par son service de premier aumônier, devait nécessairement négliger son diocèse. Cependant il s'empressa d'en visiter tout d'abord les principales villes. Il arriva à Auxerre, le 10 décembre 1821, descendit à l'Hôtel-de-Ville, puis se rendit en grande cérémonie à la cathédrale. M. Viart lui adressa dans son église un discours où l'éloge du passé du prélat se mêlait à l'espoir que l'avenir réservait à l'église d'Auxerre.

D'autres allocutions furent également prononcées par différents fonctionnaires de la ville. On y remarque surtout un ton de critique pour le régime précédent qui semble malheureusement être de tous les temps.

Le 1er novembre 1821, M. Dupont qui avait toute la confiance de l'archevêque fut nommé son secrétaire-général. Le même jour, le Chapitre métropolitain fut installé. M. de La Fare nomma cinq archidiacres portant le titre de chacun des arrondissements du département.

Ce n'était rien que de créer les titres et les nouvelles fonctions destinées aux services généraux, il fallait pourvoir aux besoins de plus en plus urgents des paroisses qui allaient bientôt manquer de pasteurs. Les prêtres qui avaient échappé à la persécution se faisaient vieux ; beaucoup d'entre eux étaient plus que sexagénaires. La création de séminaires pouvait seule après quelques années remédier à cet état fâcheux. Aussi dès le 3 décembre 1821 l'archevêque publia un mandement pour intéresser les fidèles à cet établissement. Le conseil général du département, dans sa session de 1822, déclarait qu'il manquait plus de la moitié des desservants nécessaires aux besoins du culte. Un tiers des autres, disait-il, est dans un âge très-avancé, qui menace dans peu de voir vaquer un grand nombre de paroisses. Il approuva alors l'offre faite par la ville d'Auxerre des bâtiments dits de Sainte-Marie pour un petit séminaire diocésain. La fondation eut lieu en conséquence et fut autorisée par ordonnance royale du 26 mars 1823 (1).

Dix bourses de 5,000 fr. furent fondées par le conseil général, à partager par moitié entre le grand et le petit séminaire. Les candidats étaient à la présentation du préfet. Mais les résultats de cette nouvelle institution ne devaient être efficaces qu'après un certain nombre d'années. Aussi le chiffre des églises où la desserte se faisait par binage, qui était de 98 en 1818, était de 111 en 1822, et de 128 en 1828.

En 1823, M. de La Fare, obligé de partir pour Rome afin d'assister au conclave, en sa qualité de cardinal, emmena avec lui M. Dupont, pour son conclaviste.

L'année 1823 est remarquable pour notre ancien diocèse d'Auxerre, par la publication de la bulle du pape (2) qui réunit le titre d'évêché d'Auxerre à l'archevêché de Sens. Cet acte eut lieu le 23 juillet. Le conseil municipal d'Auxerre, justement préoccupé de la perte de l'antique siége épiscopal, avait sollicité la conservation du titre de l'évêché et son union à l'église archiépiscopale de Sens, et le roi avait accueilli favorablement sa requête.

M. Dupont, nommé évêque de Samosate *in partibus infidelium*, devint, à partir de 1824, comme le coadjuteur de M. de La Fare et le remplaça dans la visite de son diocèse qu'il ne pouvait pas faire lui-même.

Vers la fin de cette année, des missionnaires furent envoyés à Auxerre par M. de La Fare, pour ramener les esprits aux croyances religieuses. Mais la prévention d'une partie de la population fut si grande contre eux qu'ils quittèrent la ville sans avoir obtenu tout le succès qu'ils avaient espéré.

Parmi les mesures générales d'administration que prit M. de La Fare, nous citerons notamment l'ordonnance sur les fêtes, du 28 mars 1822, par laquelle sont maintenus les règlements antérieurs et spécialement celui du 1er août 1803. Par cette ordonnance les fêtes de l'Épi-

---

(1) La ville fit abandon des bâtiments à condition qu'ils seraient à perpétuité affectés à un séminaire.

(2) Du 3 juin 1823.— *Voy.* Preuves, t. IV n. 477.

phanie, de saint Pierre et saint Paul et celles des saints Patrons de chaque paroisse furent transférées, et durent être célébrées le dimanche le plus proche des jours où elles étaient chômées jadis.

L'archevêque étant à Paris, le 9 septembre 1824, publia une ordonnance considérable sur la discipline générale du clergé, sur le service divin et sur les devoirs des ecclésiastiques. Le 18 août 1826 parut une autre ordonnance pour l'enseignement du cathéchisme de Sens, grand et petit, dans tout le diocèse, à l'exclusion de tous autres. C'était l'ancien catéchisme de l'archevêque de Luynes. Bientôt après (20 mars 1827), une circulaire d'un vicaire-général annonça le projet d'établir partout la liturgie sénonaise. On y donnait pour motifs le besoin d'uniformité dans la liturgie, la dégradation des anciens livres et l'impossibilité de les faire réimprimer sans de grands frais, etc. Mais ce projet n'eut pas de suite. Les prêtres de l'Auxerrois s'unirent pour conserver leur belle liturgie qui avait eu l'illustre Lebeuf pour parrain et il ne fut plus question de rien. Cette tentative montrait bien qu'il y avait sur ce point une grande réforme à opérer, mais le temps n'était pas venu et elle devait arriver de plus haut.

Parmi les paroisses de l'ancien diocèse d'Auxerre qui éprouvèrent des modifications dans leur titre, sous l'épiscopat de M. de La Fare, on trouve en 1822, l'église Saint-Eusèbe d'Auxerre, qui obtint le rang de cure. L'église Saint-Pierre de la même ville, fut alors érigée en cure de 3ᵉ classe. Jusqu'alors il n'y avait eu à Auxerre qu'une cure, celle de Saint-Etienne dont le bénéficiaire, M. Viart, se qualifiait curé d'Auxerre (1).

Le 1ᵉʳ janvier 1825 eut lieu l'érection de l'église de Cravan en cure ; la succursale de Beaumont date du mois de novembre 1826.

---

(1) M. Viart avait pris, comme on l'a déjà vu, des allures d'indépendance qu'autorisaient jusqu'à un certain point son âge, ses longs services et sa grande influence dans tout l'ancien diocèse d'Auxerre. M. de La Fare, qui n'aimait pas le titre d'évêque d'Auxerre que le pape avait ajouté à celui de son siége, ne signait jamais qu'archevêque de Sens et d'Auxerre. Mais M. Viart avait grand soin, lorsque des pièces de ce genre lui arrivaient de l'archevêché, d'ajouter après le mot Sens « *et évêque d'Auxerre*, » et de ne les publier qu'avec cette rectification.

Les Ursulines de Vermanton qui étaient venues de Troyes furent autorisées le 1ᵉʳ juillet 1825. _{1821 à 1829.}

La mort de M. de La Fare arriva le 10 décembre 1829. Cet événement fut annoncé au diocèse par les vicaires-généraux élus par le Chapitre.

Nous terminerons ici la suite des Mémoires ecclésiastiques sur le diocèse d'Auxerre. L'épiscopat de M. de Cosnac et celui de son vénérable successeur ne sont pas encore entrés dans le domaine de l'histoire.

FIN DE LA SEPTIÈME PARTIE.

MÉMOIRES

HISTORIQUES

SUR

LES ÉVÊQUES D'AUXERRE.

HUITIÈME PARTIE,

Contenant les listes des Dignitaires de la cathédrale et des Abbés ou Prieurs de plusieurs communautés de la ville d'Auxerre.

Nota. Nous avons dû ajouter dans cette partie les derniers Dignitaires du xviie et du xviiie siècle, qui n'étaient point donnés par l'abbé Lebeuf. Un astérisque placé au commencement de la ligne indiquera ces adjonctions.

CORÉVÊQUES ET PRÉVOTS DE L'ÉGLISE D'AUXERRE.

Quoique le diocèse d'Auxerre ait été peu nombreux en paroisses dans son origine, puisqu'au vi[e] siècle il n'y en avoit que trente-sept dans la campagne, ainsi qu'on a vu par la vie de saint Aunaire, dix-huitième évêque, rapportée ci-dessus (1), il était cependant, dès-lors, de la même étendue qu'il est aujourd'hui, c'est-à-dire qu'il s'étendoit jusqu'à 19 lieues d'Auxerre du côté d'Orléans, et jusqu'à 19 ou 20 du côté de Nevers. C'est ce qui me fait croire que dans les moyens siècles, je veux

(1) T. I, p. 124.

dire ceux auxquels le zèle pastoral commençoit à diminuer, quelques évêques d'Auxerre, soit par infirmité ou parce qu'ils avoient d'autres occupations qui partageoient leur soins, auront permis à des évêques régionaires de s'établir vers l'une ou l'autre de ces extrémités, comme on en a des exemples dans d'autres diocèses. Ces évêques, espèce de grands-vicaires, avoient des pouvoirs limités et ne se qualifioient jamais évêques du diocèse où ils rendoient service.

Le Nécrologe de l'église d'Auxerre écrit dans le XIe siècle, où sont nommés tous les morts remarquables depuis le temps de Charles-Martel ou environ, n'en marque qu'un seul qui mourut le 10 décembre. On y lit cette annonce à la tête de ce jour : *Obiit Wadimirus corepiscopus.*

Les prévôts furent plus connus dans l'église d'Auxerre que les corévêques.

Par leur charge, ils devoient prendre soin du temporel des chanoines, et cette sollicitude leur produisoit un grand revenu. C'étoit donc au prévôt à fournir la nourriture aux chanoines dans le temps qu'ils observèrent la règle du concile d'Aix-la-Chapelle (1), et même depuis qu'ils cessèrent de la pratiquer toute l'année. Ce soin général du temporel, qui l'obligeoit à connoître les terres de l'église, fit que les évêques lui laissoient le soin de pourvoir aux cures de ces lieux du consentement du Chapitre ; c'est dont il y a un vestige dans la vie de Guy, évêque d'Auxerre (2).

Cette dignité étoit conférée par l'évêque de l'avis et du consentement des chanoines, comme il paroît par une lettre où Pascal II remercie l'évêque Humbaud d'en avoir gratifié le chanoine Ilger.

Dans les actes, il étoit nommé le premier avant le doyen, même dans ceux qui émanoient du Chapitre.

L'autorité de ce dignitaire ne fut pas toujours goûtée à Auxerre. L'évêque Robert de Nevers promit de l'éteindre. Un autre évêque eut la même intention ; et, enfin, Alain la réunit au Chapitre, lorsqu'elle eut vaqué, en 1177, par la promotion de Gui de Noyers à l'archevêché de Sens.

---

(1) Vie d'Angelelme, Héribald, Wala, etc. | (2) *Voy.* t. I, page 237.

Les prévôts les plus anciens de l'église d'Auxerre, à en juger par le Nécrologe du xi° siècle, sont : Ermembert, prêtre, qui y est au 16 février ; David, au 27 avril ; Ermenfroy, au 7 août. Il donna des terres situées sur le ruisseau de Beauche, et d'autres à Vaux ou dans la vallée, et à Bassou en Sénonois. Adémard, prêtre au 9 novembre, Etienne, prêtre au 4 décembre, et Ermembert, diacre au 5 du même mois.

Valdric, qui les suivit, est au 1er mars ; Robert est au 31 octobre ; ces deux précédèrent ceux que je vais nommer, dont on sait le temps positivement.

Hugues, prévôt de l'église d'Auxerre, neveu de l'évêque Geoffroy de Champaleman, fut élu évêque de Nevers vers l'an 1060.

Hugues II est nommé dans un titre de 1076, concernant la fondation du Chapitre de Clamecy en 1076 (1). Il pourroit être le même que le nécrologe dit au 5 août être mort dans le voyage de la Terre-Sainte. Dans le catalogue des chanoines, écrit vers l'an 1000, il n'est que parmi les sous-diacres.

Ingelbold, qui rebâtit Crevan, Accolay et Villeneuve, est dans le nécrologe, au 12 novembre, du caractère du xii° siècle. Ainsi, il doit être ici ou après Ilger.

Emelbert, prévôt de l'église d'Auxerre, signa, en 1109, un accord entre Etienne, abbé de Bèze, et Hugues, abbé de Saint-Germain d'Auxerre.

Ilger ou Ulger fut fait prévôt par l'évêque Humbaud, son oncle, sur la fin de son épiscopat, vers l'an 1112 ou 1113. Il eut quelques suffrages pour lui succéder. Il fut de son temps le modèle des chanoines, et sur la fin de sa vie il se fit religieux. Il donna un moulin du côté d'Aigleny, pour l'anniversaire de son oncle, bien de l'argenterie et des livres.

Etienne, prévôt, vivoit en 1151.

Hervé, en 1157.

Gui de Noyers est qualifié prévôt en plusieurs titres, depuis l'an

---

(1) *Voy.* Preuves, t. iv,

1168 jusqu'en 1177, qu'il fut élu archevêque de Sens. Il écrivit à la tête du Chapitre au roi Louis-le-Jeune, pour le prier de prendre la défense des terres du Chapitre contre le comte de Nevers (1).

DOYENS DE L'ÉGLISE D'AUXERRE.

Le nom de doyen ne se trouve employé, pour désigner un titre honorifique parmi les clercs ou chanoines, que depuis le concile d'Aix-la-Chapelle tenu sous Louis-le-Débonnaire. Plus anciennement, il étoit d'usage parmi les moines, comme il paroit par les règles. Il est même employé dans saint Jérôme et dans saint Augustin. Les fonctions des doyens étoient purement spirituelles. C'étoit à eux à veiller à l'observation de la règle ; cependant, le doyen à Auxerre n'étoit pas le premier du Chapitre, et il ne le devint que lorsque la prévôté fut supprimée.

Ce doyen jouissoit autrefois de plusieurs beaux droits : il avoit juridiction dans la ville et faubourgs d'Auxerre, excepté la paroisse de Saint-Loup (2). Il avoit un official et une cour où se passoient des actes solennels. Ces droits commencèrent à être combattus par Guillaume de Seignelay, fait évêque en 1207 (a).

La dignité de doyen est celle qui a fourni un plus grand nombre d'évêques à l'église d'Auxerre. Elle est élective par le Chapitre, et on doit appeler à l'élection du doyen même les chanoines absents. Sa place est la première en entrant au chœur à main droite. Ce dignitaire porte le rochet sous son surplis ou sous son camail.

Le premier monument qui fournisse le nom des doyens de l'église d'Auxerre, est le Nécrologe qui se trouve écrit d'un caractère d'environ le commencement du XIe siècle.

---

(1) Duchène, t. IV. | (2) *Voy.* la vie de Guill. de Seignelay.

(a) Au XIIe siècle, Hervé de Chitry prenait le titre de *Dei gratia decanus.*
                    (*N. d. E.*)

Voici les noms des plus anciens, rangés selon les jours des mois qu'ils sont décédés :

Adoyn, mort le 27 janvier. Rotfrid, le 1er mars. Valchaire, prêtre et doyen au 18 mars. Aigulphe, prêtre et doyen, le 29 avril. Salomon, chanoine et doyen, le 9 août. Ingebaud, prêtre et doyen, le 8 septembre. Gauzon, prêtre et doyen, le 19 octobre. Il légua aux chanoines son domaine de Crevan. Vital, doyen, mourut le 1er décembre. Acclevert, prêtre et doyen, mourut le 13 du même mois. Benoît, Geoffroy, Aganon et Hugues n'ont vécu qu'après tous ceux-là, et sont morts durant le cours du xi° siècle, le 4 et 16 janvier, le 11 mars et le 30 avril.

Voici les noms de ceux qu'on connoît depuis la fin du même siècle.

HUMBAUD, issu d'une famille d'Auxerre. Il souscrivit aux lettres de fondation du Chapitre de Clamecy, en 1076, et fut depuis évêque d'Auxerre en 1087.

FRODON, doyen, signa en 1110 l'accord fait par l'évêque Humbaud, entre Létheric, abbé de Saint-Benoît-sur-Loire, et les seigneurs de Toucy, touchant les coutumes de Villiers-Saint-Benoît.

ETIENNE, doyen, est nommé en plusieurs actes. Dans un titre du monastère de Molême, de 1123 ; dans un autre de la même année, qui regarde la donation de l'église de Saint-Fargeau, faite par Hugues, évêque d'Auxerre, à Gervais, abbé de Saint-Germain. On le trouve pareillement à l'an 1126, dans le cartulaire de Crisenon ; et il souscrivit, en 1128, à la donation faite de l'église d'Augy aux chanoines de Saint-Père, par l'évêque ci-dessus nommé.

GOSSELIN, doyen, souscrivit en 1136 à la donation de quatre églises faite au Chapitre d'Auxerre (1), par l'évêque Hugues, et, en 1143, à celle de l'église Saint-Pèlerin faite aux religieux de Saint-Père. On lit dans les additions au premier Nécrologe, au 25 novembre, jour de sa mort, qu'il donna au Chapitre sa maison avec des vignes, qu'il fonda un chapelain à l'autel de Saint-Clément, qu'il donna des ornements à

---

(1) *Spicil.*, t. XIII.

l'église et un calice accompagné de tuyaux d'argent, pour la communion du sang. Il est aussi dans l'Obituaire de l'an 1250, sous le nom de Jocelin.

Miles Ier du nom signa, comme témoin, le titre des donations que le comte Guillaume fit au monastère de Saint-Marien en 1140. Il mourut le 21 avril, selon un nécrologe de cette maison vu par Dom Viole. Je trouve dans un obituaire du prieuré de Notre-Dame-la-d'Hors, dépendant de Saint-Marien, au 13 mai, d'une main d'environ l'an 1400 : *Commemoratio Milonis decani Autiss. pro quo habemus iij sol. super terram de Campo-Regis.*

Guillaume Ier du nom est nommé dans le cartulaire de Crisenon, à l'an 1159. Il est présent à la vente de deux hommes de Venoy, faite à l'abbé de Saint-Germain, en 1160 (1). En 1166, il assista à l'acte de la suppression de la prévôté du Chapitre ; en 1176, à une confirmation du droit du prieuré de Saint-Eusèbe, sur les prébendes vacantes. La chronique de la cathédrale écrite en marge du cycle pascal, met à l'an 1163 : *De vinea Willelmi de Prune, annus iste primus.* Il pourroit être ce Guillaume doyen, dont l'annonce de l'obit marqué au 16 octobre, est conçue en ces termes : « Obitus Guillelmi de Pruneto presbyteri et
» decani xl. s. super vineam de Poriaco que fuit Milonis de Tremunt
» militis fratris ejus (a). »

Hugues de Noyers. Il fut doyen peu de temps, mais on est assuré qu'il le fut avant que d'être élu évêque d'Auxerre, l'an 1182.

Hervé de Chitry, succéda à Hugues de Noyers. Il est nommé dans des actes de 1186 (2) ; dans le testament du chanoine Abbon de l'an 1191 ; dans la confirmation du don de Pierre *de Chistriaco* son frère, de la même année ; dans un acte de 1193, touchant une maison de la paroisse de Saint-Pèlerin, et dans le cartulaire de Reigny, à l'an 1194.

---

(1) *Cart. S. Germ.* | (2) *Voy.* Preuves, n° 82.

(a) Il approuva en 1178 le don du cours d'eau, fait par Hervé Cellerier, de Saint-Etienne à l'abbaye de Saint-Marien. — Arch. de l'Yonne, fonds Saint-Marien.

(*N. d. E.*)

et canonicus qui dedit vineam, etc. C'est mal à propos que quelques modernes ont placé ici, parmi les doyens, un Bernard de la Bruile, qui étoit vicomte d'Auxerre et qui mourut en 1261.

ÉRARD DE LÉSIGNES maintint les droits de sa dignité contre Guy de Mello, son oncle, évêque d'Auxerre, auquel il succéda en 1270.

HUGUES DE SULLY est nommé dans le cartulaire de Crisenon, en 1273. Il est à la tête de la charte sur l'ordre de conférer les bénéfices à la nomination du Chapitre, donnée en 1276, et dans celle de la même année qui regarde le droit de justice dans les maisons canoniales. Il présida, en 1278, à l'élection de Guillaume des Grez. En 1281, il fit un échange d'hommes avec Humbert de Beaujeu, sire de Saint-Maurice-Tirouaille (1). En 1283, il fut uni à Jean, seigneur de Seignelay, dans un même compromis (2). On croit que ce seigneur étoit de ses parents. En 1285, il transigea avec les moines de Flavigny, pour des biens qu'il tenoit d'eux à Massingy, et parut dans le traité fait avec l'abbaye de Saint-Laurent, pour le droit des prébendes d'Auxerre. En 1286, il répondit avec le Chapitre aux chanoines de Nevers sur les Tortriers (3); et en 1289, il consentit à la donation que fit Guillaume des Grez de la chapelle de Pontchevron à l'abbaye de Saint-Laurent. L'année de sa mort est aussi 1289, suivant l'inscription de sa tombe qui est dans la nef de l'abbaye de Saint-Germain, devant la porte du chœur.

GEOFFROY II. Il fut présent, en 1291, dans l'abbaye de Saint-Julien, lorsque Jean, comte de Joigny, y confirma les dons faits par ses prédécesseurs; et, en 1296, à l'hommage que Louis, comte de Nevers, fit à l'évêque d'Auxerre. En 1297, il ratifia une sentence portée au sujet de la justice d'Appoigny (4). Il se trouve depuis nommé dans un concordat de l'évêque Pierre, de l'an 1304, avec l'abbaye de Saint-Germain, touchant la correction de moines. De plus, dans un autre titre de 1305, sur les droits du Chapitre dans l'église Saint-Aubin d'Oisy, et dans un titre de la pénitencerie du mois d'octobre 1307 (5).

---

(1) *Cart. Cap.*, fol. 408.
(2) *Ibid.*, fol. 428.
(3) Preuves, t. IV, n. 360.
(4) *Cart. Capit.*, f. 43.

(5) Le sieur Bargedé, assesseur, dans sa liste des doyens d'Auxerre, a attribué une partie des faits qui regardent ce Geoffroy, à un Guillaume qu'il surnomme Chauderon;

Guillaume surnommé en latin *Catini*. Il est apparemment le même Guillaume Catini qui étoit lecteur et pénitencier en 1304. Quoi qu'il en soit, il ne paroît en qualité de doyen que depuis 1312. Cette année là, il fut le premier député pour les partitions des prébendes. L'année suivante, au mois de mai, il se trouve nommé dans une enquête et jugement au profit de Durand, prieur de Saint-Eusèbe, et il avoit alors 70 ans et 30 ans au moins de canonicat. Il est aussi à la tête du consentement que le Chapitre donna en décembre à l'érection des archiprêtrés en titres perpétuels. En 1315, il signa l'acte de confraternité du Chapitre d'Auxerre avec celui de Saint-Martin de Tours. Enfin, il reste de lui une sentence qu'il porta en 1316, au mois de juillet, contre Jean, baron de Seignelay.

Jean de Melun, issu des vicomtes de ce nom. Il est connu par la dispense de résider qu'il obtint en 1318 du pape Jean XXII ; ce qui dura plusieurs années, puisqu'en 1330 le Chapitre se crut obligé d'en venir aux sommations.

Jean de Saint-Germain. Il n'est connu que par l'acte de la réception du suivant, qui est dit lui avoir succédé (a).

Dreux Jourdain fut reçu en vertu de sa nomination en cour de Rome l'an 1345, au mois de novembre, en place de Jean de Saint-Germain (1), dont la dignité vaquoit par mort. Il obtint, le 7 janvier suivant, de l'évêque Pierre de Villaines, la permission de fonder la chapelle de Sainte-

---

mais ce doyen ne fut pas sitôt en place qu'il l'a cru. C'est vraisemblablement le même que le suivant : le nom de *Catini* le laisse à penser (b).

(1) *Statuta antiqua circa finem.*

(a) C'est probablement le même dont fait mention un acte de 1391, par lequel les moines de Saint-Germain donnent à rente une vigne en Boivin, laquelle avait tenue Jehan Feny, jadis doyen d'Auxerre. — Fonds de Saint-Germain, vignes.

(*N. d. E.*)

(b) Bargedé n'avait pas tort de placer parmi les doyens un Chauderons, seulement, au lieu de l'appeler Guillaume, il faut le nommer Geoffroy, (*Gaufridus dictus Chauderons*) et il devient le même que Geoffroy II. C'est ce qui résulte d'un bail de 1293 de l'abbaye Saint-Julien, $\frac{70\,H}{XIV}$ qui relate une donation faite par ce Geoffroy *nunc decanus Autissiodorensis*. (*N. d. E.*)

Marguerite en l'église paroissiale de Saint-Mamert. Il fonda aussi deux chapellenies dans la cathédrale à l'autel de Saint-André, à condition que la collation en appartiendrait au doyen. Hugues d'Arsi, évêque de Laon, le nomma dans son testament pour un de ses exécuteurs. Jean de Challon, comte d'Auxerre, fait mention de lui dans ses lettres de quittance du 6 février 1347 (a).

JEAN GERMAIN, natif de Dimon au diocèse de Sens, étoit doyen d'Auxerre, lorsqu'à la recommandation de la reine, il fut fait évêque de Chalon-sur-Saône l'an 1357.

JEAN LE MERCIER, auxerrois, de la paroisse Notre-Dame-la-d'Hors étoit doyen en 1358, lorque la ville d'Auxerre fut prise par les Anglois, et il s'obligea avec le clergé et les habitants envers les religieux de Saint-Germain pour les joyaux de leur église engagés à ces mêmes Anglois en 1359 ; son nom paroit en d'autres actes qui se rapportent à cet événement. Il avoit été official et vicaire-général de l'évêque. Il homologua en sa première qualité, l'an 1355, un traité fait avec les habitants de Montigny-le-Roi. Il établit vers l'an 1360 sous le titre de fondation, que le verset *Te ergo quæsumus* se diroit deux fois dans le *Te Deum*. Il fonda l'autel de Sainte-Catherine dans la nef, le dotant d'une maison qu'il avoit achetée le 27 novembre 1373. Ce qui fut approuvé par l'évêque en 1378.

PIERRE DE CHISSY. Après avoir résidé en qualité de simple ecclésiastique à la cour des papes à Avignon, où il rendit service aux moines de Saint-Germain d'Auxerre en 1360, il fut fait curé d'Ecan au diocèse d'Auxerre. Urbain V l'avoit député dès l'an 1364, pour aller à Fleury-sur-Loire recevoir des reliques de Saint-Benoit (1), pour la nouvelle église de Montpellier. On le voit comme notaire à la fin de l'acte du don des reliques de Saint-Thibaud fait en 1381 aux habitants de Provins. Il fut aussi archidiacre de Puisaye avant que d'être doyen (2). Mais il

---

(1) *Bibl. Floriac.,* p. 248.   (2) Preuves. t IV, n. 328.

(a) Ce Dreux Jourdain fut en 1308 l'un des deux députés envoyés par la ville d'Auxerre aux états de Tours.—*Voy.* t. I, p. 496, Note sur les Templiers. (*N. d. E.*)

étoit élevé au décanat au moins en 1389 qu'il paroît dans un acte de l'évêque Ferric, qui concerne la terre de Sassy. En 1397, le 15 juin, le Chapitre le priva de voix capitulaire, pour avoir dit des injures à un chanoine. En 1402, il soutint procès contre l'évêque au sujet de sa juridiction. Etant devenu sourd on choisit pour présider au Chapitre en sa place maître Renaud de Fontaines, chanoine, le 1er décembre 1410. Il mourut en 1412, le 26 octobre, s'étant démis du doyenné.

PIERRE MICHEL (ou Micheau), auxerrois, licencié ès-lois, fut pourvu du doyenné du vivant de Pierre de Chissy. On le dispensa en 1415 d'une partie de son stage, à cause que la ville le députa à Paris avec Jean l'Usurier, citoyen, pour réprimer les pillages des gens de guerre. Philippe des Essarts, évêque d'Auxerre, le déclara excommunié en 1414 contre le bon droit. Il fut élu chambrier de Crevan en 1417, quoiqu'il le fût déjà d'Auxerre et d'Oisy. Il mourut en 1420 avant le 12 août.

HUGUES DES NOES, chanoine d'Auxerre et trésorier de Toucy, fut élu doyen le 2 septembre 1420. L'évêque Philippe des Essarts lui fit défendre par un arrêt du parlement du 14 juillet 1423, de porter le rochet qu'en certains jours. Il fit les funérailles du même évêque en 1426. Il étoit l'un des gouverneurs de l'Hôtel-de-Ville en 1431. Il assista au concile de Bâle en 1432. Il fut élu l'année d'après évêque d'Auxerre par le Chapitre, et essaya de faire valoir son droit contre Laurent Pinon, jacobin. Il vivoit encore au mois de juin 1439, étant nommé présent à l'accord du curé de Seignelay avec l'archiprêtre (a).

PIERRE DE LONGUEIL, chanoine d'Auxerre, élu doyen en 1439, prêta serment de fidélité entre les mains de l'abbé de Saint-Marien, commis par l'évêque Laurent Pinon, le 9 septembre. Dans les registres de la ville du 11 janvier 1448, il se qualifie doyen d'Auxerre et conseiller au parlement de Paris. Il fut fait évêque d'Auxerre en 1449.

LOUIS RAGUIER, conseiller clerc au parlement de Paris, fit le serment ordinaire des doyens d'Auxerre entre les mains de Jean Mauvoisin, trésorier, commis par l'évêque. Il ne tint cette dignité que durant deux

---

(a) Il est mort le 30 août 1439. (N. d. E.)

ans ou environ, ayant été fait président en la cour des aides puis évêque de Troyes.

THOMAS DE LA PLOTE étoit doyen d'Auxerre dès l'an 1451, auquel il a cette qualité aussi bien que celle de gouverneur de l'Hôtel-de-Ville dans un registre de cet hôtel. Il eut vers ce temps-là de fréquentes délégations pour les affaires de la communauté des habitants, tant en Flandre qu'à Paris (a). Le Chapitre d'Auxerre le députa aussi au concile provincial de Sens, le 13 février 1460, et ceux de la ville l'envoyèrent ensuite à Dijon, pour leurs intérêts. Il étoit en 1469, archidiacre d'Etampes dans l'église de Sens. Il paroît avoir été parent d'un Pierre de la Plote, gouverneur de l'Hôtel-de-Ville d'Auxerre en 1431, et de Denis de la Plotte, avocat du roi à Sens. Il étoit encore doyen en 1473, lorsqu'on apprit à Auxerre la mort de Pierre de Longueil, évêque. J'ai rapporté sous cet évêque les démêlés de ce doyen.

GUILLAUME ARBALESTE, qualifié clerc du diocèse d'Autun, dans sa réception à un canonicat, le 28 octobre 1470; on ne le trouve sous le titre de doyen, que dans des actes depuis l'an 1489 (b). Dans les titres de l'Hôtel-de-Ville il est qualifié premier gouverneur pendant les années 1495, 1496 et 1497. Il eut une commission du pape, le 9 juillet 1502, en faveur d'un religieux de Tonnerre. Le livre du sous-chantre marquait son obit le 28 avril. Il mourut en 1511 ou 1512, puisque c'est dans les comptes de fabrique de 1512 qu'on trouve la réception de Nicolas Arbaleste à son canonicat.

LAURENT LE ROUTIER. On ne sait rien de lui sinon qu'il prêta serment de fidélité à Jean Baillet, évêque, le 21 décembre 1510 (1) (c). Il pouvait être parent d'Edme le Routier alors gouverneur d'Auxerre (2).

---

(1) *Cartul. novum Ep. Autiss.*
(2) Quelques-uns ont placé ici un Simon le Charpentier. Son nom n'est point inconnu dans ce siècle là parmi les bienfaiteurs de l'église d'Auxerre; mais rien ne prouve qu'il ait été doyen. Pour ce qui est de Guillaume de Prunai, marqué ici dans le *Gallia Christiana*, il est ci-dessus à sa véritable place.

(a) Il fut député, en 1452, auprès du duc Jean, pour la question des limites du comté d'Auxerre. (N. d. E.)
(b) Il fut député aux États de Beaune, en 1494. (N. d. E.)
(c) *La Gallia Christiana*, t. XII, n'est pas d'accord avec Lebeuf. Elle le fait prêter serment en qualité de doyen dès le 27 août 1480. (N. d. E.)

Jean Sauljot, né à Cosne au diocèse d'Auxerre, licencié ès-lois, chanoine et pénitencier dès l'an 1495, quitta la pénitencerie au bout de 18 ans. Il paroît comme doyen à la tête de la convocation des chanoines faite en 1513, le 5 décembre pour choisir un successeur à l'évêque Jean Baillet. Il mourut le 28 septembre 1528 selon l'obituaire de Saint-Laurent de Cosne, et les registres du chapitre d'Auxerre.

François de Dinteville, nommé évêque de Riez, accepta le doyenné d'Auxerre en 1528, pour être plus près de son oncle, l'évêque, auquel il succéda en 1530.

François du Bourg, clerc du diocèse de Clermont, résignataire du précédent, fut reçu le 7 décembre 1530 (1). Il étudioit encore à Orléans en 1533, le 2 octobre (2), et avoit pour vicaire Guillaume Duru chargé de conférer les chapelles de sa dépendance. Il mourut en 1534.

Florent de la Barre, reçu chanoine le 2 juin 1534, fut aussi reconnu doyen le même jour par résignation de François du Bourg. Il étoit issu des sieurs de la Barre proche La Charité-sur-Loire. Dès l'an 1535, il obtint monitoire contre ceux qui retenoient les papiers concernant sa dignité. Il étoit gouverneur de l'Hôtel-de-Ville en 1537. Il résigna son canonicat en 1551; mais il ne mourut qu'en 1555, le 29 octobre, selon le registre capitulaire.

Nicolas Blanchard et Pierre du Broc furent pourvus du doyenné; mais sans effet et sans prise de possession. Le dernier dont le droit étoit mieux fondé le céda à François de la Barre, qui d'ailleurs étoit pourvu en cour de Rome.

François de la Barre, neveu de Florent, fut installé le 17 avril 1556 par Pierre Pean, sous-chantre. Il garda avec cette dignité les cures de Saint-Siméon de Nanvigne, et de Saint-Germain de Chasnay. Il est nommé dans le procès-verbal de la coutume en 1561. Ses armoiries jointes à l'image de saint François, se voient au bas du vitrage dans le fond du sanctuaire, pour avoir contribué à la réparation des vitres du chœur après le ravage des calvinistes. Il mourut le 20 janvier 1588.

Sébastien le Royer, docteur en droit, fut reçu doyen le 3 juin 1588.

(1) *Ex Comput. Fabr.*   (2) *Ex Reg. 16 maii.*

Il avoit été reçu chanoine dès l'an 1571, par permutation pour le prieuré d'Andrie, et dans cette première réception il est dit clerc sénonois. En quelques actes il est surnommé De-la-Motte (1). De son temps arrivèrent les épineuses affaires qui furent suscitées à Jacques Amyot, évêque. Il résigna son doyenné au suivant en 1595, par permutation pour la cure de Chichery.

Guillaume de Rigny fut reçu doyen le 20 mars 1595. Il étoit de Bar-sur-Seine, selon son épitaphe rapportée dans le *Gallia Christiana*. Il fut à différents temps gouverneur de l'Hôtel-de-Ville. Il s'acquitta aussi de la charge de vicaire-général pour l'abbé de Saint-Germain ; il eut en commende l'abbaye d'Oigny en Bourgogne, et il venoit d'être pourvu du prieuré de Saint-Florentin, lorsqu'il fut frappé d'apoplexie. Il mourut le 4 novembre 1610 et fut inhumé dans la chapelle de Saint-Georges, sous laquelle on a construit depuis une crypte.

Erard de Rochefort, abbé de Vézelay, fut élu doyen d'Auxerre en 1610 ; l'élection de Pierre le Clerc n'ayant pas eu lieu. Il ne fut reçu chanoine qu'en 1613, le 1er février. Il permuta son canonicat et son doyenné avec le suivant l'an 1622.

François de Lauzon, prêtre du diocèse de Paris, aumônier du roi, prieur commendataire de Sainte-Marie-de-Dieu-Lidon, au diocèse de Saintes, installé le 29 avril 1622. Il fut fort inquiété sur ce qu'un autre chanoine demeuroit avec lui dans la même maison contre la défense des statuts. Il mourut à Crevan, le 21 novembre 1627.

Claude Lemuet fut pourvu du doyenné le 13 décembre 1627. Il étoit auparavant grand-archidiacre. Il prêta serment de fidélité à l'évêque Gilles de Souvré fort solennellement. Il fut depuis doyen de Vézelay. M. Gaud, archidiacre d'Amiens, n'ayant point fini sa permutation avec lui, il se trouva un successeur dans Claude Seguenot, fameux Père de l'Oratoire qui, avant que d'avoir pris possession, céda son droit à Edme Amiot, n'ayant pas réussi dans les vues qu'il avoit eues pour le célèbre Morin son confrère.

Edme Amiot ayant eu le doyenné par la cession de Claude Seguenot,

---

(1) En févr. 1587.

en prit possession le 19 octobre 1632 (a). Il étoit né à Villemer au diocèse de Sens, ou à Saint-Aubin-Château-neuf du même diocèse. Il avoit étudié à Auxerre, de là à Nevers où il prit l'habit de récollet. Mais l'amour de l'étude l'avoit engagé à s'y remettre à Paris, en quittant cet Ordre. Pendant qu'il continuoit la théologie demeurant au collége des Grassins, il fut fait curé de Villemer. Il devint par la suite docteur de Paris, après avoir professé la philosophie au collége du cardinal Le Moine, puis curé de Champignelles au diocèse de Sens, après cela de Château-neuf au même diocèse. Etant procureur de Sorbonne, il fut fait doyen d'Auxerre, et son résignataire fut pourvu du doyenné de Saint-Fergeau. Les différents postes de ce personnage avoient été soigneusement remarqués depuis qu'il mit la division dans le Chapitre d'Auxerre, en voulant changer l'usage du capuchon d'hiver, par un procès qui coûta des sommes immenses. Au bout de 18 ans il résigna son doyenné, et eut encore différents postes à Paris. Il n'étoit ni allié, ni parent à l'évêque Jacques Amyot. Il en avoit adopté les armoiries, et les fit mettre à des ornements de velours rouge qu'il donna à la cathédrale (b).

JEAN FOUDRIAT fut doyen par permutation du prieuré de Saint-Sidroine, proche Joigny, le 15 juillet 1650. Il étoit fils d'un président au présidial d'Auxerre, et frère de Palamèdes Foudriat, lieutenant-général de Sens. Il avoit été capucin à Paris au faubourg Saint-Jacques, et ensuite de l'Oratoire dont les supérieurs l'avoient fait professeur de philosophie à Nantes. Pierre de Broc l'établit son official et son vicaire général. Il fut aussi gouverneur ecclésiastique de l'Hôtel-de-Ville. Il mourut le 19 septembre 1661, âgé de 46 ans, et fut inhumé dans la nef sous une

---

(a) Il ne fut pas reçu sans opposition. Lemuet, qui vouloit permuter avec M. Malo, archidiacre de Puisaye, protesta par l'intermédiaire de ce dernier. Mais le Chapitre passa outre, à l'exception de quatre chanoines. — Reg. capitul. de 1632.

(N. d. E.)

(b) Suivant le chanoine Bardolat, c'était un esprit léger et novateur, qui traitait les affaires du Chapitre sans consulter ses confrères et qui éprouva bien des échecs dans ses propositions. Il ajoute qu'il ne s'oubliait pas lorsqu'il trouvait l'occasion de faire ses affaires. — Mémorial du chanoine Bardolat, archives de l'Yonne.

(N. d. E.)

tombe qui est aujourd'hui changée de place. En 1657, Robert Luyt, chanoine de Tonnerre, fit imprimer à Sens une Vie de Saint-Micomer, prétendu chanoine d'Auxerre et prévôt, dans laquelle il paroît y avoir une peinture du premier du Chapitre d'Auxerre, alors en place.

CHARLES TESTU DE PIERRE-BASSE fut élu doyen en 1661, n'étant encore que sous-diacre, et il fut installé le 27 octobre. Il étoit neveu de Pierre de Broc alors évêque. Il fut fait chanoine quelques jours après. Il eut aussi en commende l'abbaye de Toussaints d'Angers et de Roches au diocèse d'Auxerre. Il résigna au suivant le doyenné l'an 1704.

GASPARD MOREAU, docteur en théologie de la maison de Navarre, posséda le doyenné depuis le 10 mars 1704.

Il fut élu général des Etats de Bourgogne en 1730. Il est mort en 1746. Après sa mort le roi fit défendre au Chapitre de procéder à l'élection de son successeur. Le Chapitre ne fit point de représentations et resta privé de chef pendant 35 ans.

ADRIEN DE ROBIEN, prêtre du diocèse de Vannes, natif d'Hennebond, fut élu le 8-10 janvier 1781. Il ferma la liste des doyens.

GRANDS ARCHIDIACRES DE L'ÉGLISE D'AUXERRE.

La dignité d'archidiacre est si ancienne et si connue dans toutes les églises, qu'il est inutile d'en rien dire ici (a). On voit plusieurs de ses fonctions marquées dans les canons du concile tenu à Auxerre vers l'an 580. Comme il n'y avoit alors que 37 cures dans le diocèse, un seul archidiacre pouvoit y surveiller ; mais au XIIIe siècle les paroisses étant multipliées et devenues en nombre égal à peu près à ce qu'elles sont aujourd'hui, on créa un second archidiacre. Ce qui fut fait à Nevers à

(a) Selon M. Guérard (Polyptique d'Irminon), l'institution des archidiaconés paraît remonter au temps de Charlemagne. Il ont été composés en grande partie avec les *pagi minores*, ceux des subdivisions d'une cité, dont ils représentent assez bien la circonscription ancienne.   (*N. d. E.*)

l'exemple d'Auxerre. Les archidiacres avoient droit d'officialité durant la vacance du siége épiscopal, ainsi que je l'ai vu par des actes de 1308, 1356 et 1426. C'étoit aussi à l'archidiacre à conférer la scolastique et la lectorie ; mais l'évêque Guillaume de Seignelay ayant doté de nouveau ces deux offices, l'archidiacre lui en céda l'institution. L'évêque d'Auxerre nomme et confére l'archidiaconné. Sa place est la première en entrant au chœur du côté gauche.

Voici les noms de ceux qui ont possédé cette dignité.

SAINT CORCODOME, diacre, ordonné à Rome, étant venu à Auxerre prêcher la foi avec saint Pèlerin, en fut le premier archidiacre.

SAINT AMATRE, ordonné diacre par saint Elade.

LICINIUS, archidiacre du temps de saint Amatre.

SEGETIUS, archidiacre de saint Germain, qui apporta de sa part des eulogies à sainte Geneviève vers l'an 448.

SAINT MARIN, archidiacre de saint Didier, évêque, et qui l'aida à construire l'église de Saint-Gervais, vers l'an 610.

ANDEGISE, diacre, que saint Pallade, son évêque, choisit pour défenseur de son nouveau monastère de Saint-Julien.

RAGENFREDUS ou RAINFROY, qui assassina saint Tetrice son évêque vers l'an 707. Il y a un canton proche Auxerre, à l'orient, que les titres appellent *Mons Rainfredi*, et que le peuple nomme Morinfroy pour Mont-Rainfroy.

Plusieurs archidiacres du VIIIe, IXe et Xe siècle sont nommés au jour de leur obit dans l'ancien Nécrologe écrit vers l'an 1007; mais on ne peut pas décider quels sont les plus anciens.

Il y a ABLENUS, mort le 3 janvier. *Hictarius sacerdos et archidiaconus* au 10 du même mois.

GISLARUS au 23 mars.

VALTERIUS au 14 octobre.

SIGLIVERTUS au 25.

ELISEUS au 20 décembre.

GUY le Sénonois, fut archidiacre sous l'épiscopat d'Hérifride.

JEAN d'Auxerre, docteur célèbre, puis évêque d'Auxerre en 996.

Arduin, archidiacre qui est nommé dans la vie de Hugues de Chalon, évêque d'Auxerre.

Godefroy, signa en qualité d'archidiacre d'Auxerre, l'acte de la fondation du prieuré de La Charité-sur-Loire faite en 1056. Il fut aussi abbé de Saint-Eusèbe (1).

Hervé, nommé dans un acte qui concerne la fondation des chanoines de Clamecy en 1076.

Rotfridus, vers l'an 1100, selon la seconde colonne de la matricule sous l'évêque Humbaud (2).

Ingelbaudus présent à la transaction entre Letheric, abbé de Fleury, et les seigneurs de Toucy, en 1110.

Roger, fut présent aux lettres d'amortissement données en 1120 par le trésorier à l'abbé de Pontigny, pour des terres qui relevoient de son domaine, et quand Hugues de Montaigu donna l'église de Saint-Fergeau à l'abbé de Saint-Germain, et celle d'Augy à l'église de Saint-Père, en 1123 (3).

Renaud, dans les titres de Saint-Marien, depuis l'an 1142, et dans d'autres en 1143, 1145, 1147, 1148, et même jusqu'à l'an 1163, car rien n'autorise à mettre un second Renaud depuis l'an 1159, ni à le distinguer d'un Richard qu'on trouve dans un acte de 1157. Les écrivains des chartes s'étant souvent contentés de la lettre initiale, qui a été depuis différemment interprétée. L'Obituaire de la cathédrale écrit vers 1250, ne nomme qu'un seul Renaud, archidiacre. Son obit y est au 25 février. Dans celui de l'abbaye de Saint-Laurent un peu plus récent, on lit au 24 février : « Obiit Regnaudus Autiss. Archid. et Nivernensis thesau-
» rarius. »

Pierre (a), présent à la suppression de la prévôté de la cathédrale, en 1166 (4).

---

(1) *Voy.* Necrol. 6 avril.
(2) *Voy.* les Preuves, t. IV, n. 5.
(3) Preuves, n° 22.
(4) Preuves, n. 59.

(a) Le nom de cet archidiacre est *Presbyter* et non Pierre, suivant une charte de donations faite à Pontigny en 1166. (N. d. E.)

B. (que l'on a rendu par Barthelemi) en 1166 (1), est dans les titres de Saint-Marien en 1168, dans ceux de Regny en 1169. Quelques-uns l'ont appelé Bernard.

Girard est nommé dans les titres de Saint-Marien en 1170, et dans ceux de Saint-Eusèbe en 1180. Il paroît qu'il fut ami ou parent de Hugues de Noyers, évêque. L'Obituaire de 1250 au 4 février : « Obitus » Girardi Archid. et Levite xl sol quos D. Hugo quondam Ep. Autiss. » dedit et assignavit Capitulo annuatim reddendos in hoc anniv. super » Ecclesiam de Vermentone (2). » Il est au même jour dans celui de Saint-Laurent-l'Abbaye.

Deimbert de Pierre-Pertuise, fils d'Etienne seigneur de Pierre-Pertuise, proche Vezelay, et frère utérin de Guy de Noyers, archevêque de Sens. Il fut aussi, selon quelques-uns, trésorier de l'église de Sens. Il est sûr qu'il fut sacriste de Nevers. Il est nommé archidiacre d'Auxerre dans un titre de Saint-Marien (1185). L'Obituaire de 1250 au 19 mai : « Ob. Dainberti Archid. xl. sol. Pro eo dedit nobis venerabilis Hugo » ejusdem cognatus xxx s. censuales in Ecclesia de Sementeron, et in » Ecclesia de Lano. » Le Nécrologe de l'abbaye de Saint-Laurent au 18 mai : « Obit Dainbertus sacrista Nivern. et Archid. Autiss. »

Manassès de Seignelay fut archidiacre d'Auxerre depuis l'an 1202, jusqu'en 1208 qu'il fut fait évêque d'Orléans.

Hugues (de Aula) prit possession du château de Mailly pour l'évêque en 1210, et lui céda en 1213 le droit d'instituer le lecteur. Il lui avoit aussi permis en 1212 d'unir la cure de Nusy au Chapitre de Cosne. L'Obituaire de 1250 au 4 janvier : « Ob. Hugonis de Aula Presbyteri et » Archid. pro quo habemus xv sol. quos debent Guillelmus de Fonte- » neto Miles et heredes ejus, reddendos annuatim in Octava omnium » SS. camerario Capituli pro duabus partibus decime de Fonteneto quas » dedit nobis. » Il est aussi au nécrologe de la Chartreuse de Bellary.

Philippe, nommé dans une sentence de l'an 1217 en faveur de l'abbaye de Saint-Marien.

---

(1) *Voy.* Preuves, n. 58.   (2) *Item Cartul. Capit.*, fol. 51.

André, parent de l'évêque Guillaume de Seignelay, étoit archidiacre en 1220 (1). Il fut arbitre en 1222 touchant des biens du prieuré de Nitry. Il est nommé dans le cartulaire du Chapitre à l'an 1223, sur des biens qu'Etienne de Basso avoit à Chichery (2). Il accorda vers ce temps-là le chapelain de Saint-Pierre de Gien-le-Viel avec la collégiale. Il se défit de son archidiaconé quelques années avant sa mort, comme on l'apprend par son testament, auquel il apposa son sceau quoiqu'il ne fût plus archidiacre (a). Il mourut apparemment du côté de Nevers, puisque l'obituaire de la cathédrale marque ainsi son décès au 8 août : « Obiit » Andreas Archidiaconus Autiss. juvenis bone memorie et bone in- » dolis, anno MCCXXVI. »

Etienne de Cudot. Ce fut lui apparemment qui succéda à André dès l'an 1223. Les titres des châsses de Château-Rainard, au diocèse de Sens, marquent que ce fut lui qui y fit en 1224 la translation des reliques des saints Pavace et Liboire, évêques du Mans et Armel (3). L'Obituaire d'Auxerre de l'an 1250 fait de lui cet éloge au 22 novembre : « Ob. Stephani de Cudoto, hujus Ecclesie venerabilis Archidiaconi » qui spretis hujus mundi honoribus et divitiis, in domo Vallis-Scolarium » sub religione in pace vitam finivit ; qui dedit nobis xxx libras quas » posuimus in emptione salvamenti de Merriaco, pro quibus, etc. »

Bernard de Sully est nommé dans un titre de Saint-Marien, en 1226. Dans un autre de 1229 au cartulaire du Chapitre. En 1231, Miles de Noyers le choisit pour l'un des exécuteurs de son testament. Il fut élu évêque d'Auxerre en 1234.

Herbert nommé dans un arbitrage, concernant l'abbaye de Régny en 1237. Il assista en 1241 aux funérailles de saint Edme, faites à Pontigny sur la fin du mois de novembre, et il est cité comme témoin d'un

---

(1) *Cartul. Cap. fol. 49, verso et in carta de Brenchiis.*

(2) *Fol. 374, v.*

(3) *Voy. Bolland, ad 24 julii.*

(a) André était encore archidiacre en janvier 1225 (1226), selon une charte de la commanderie de Saint-Marc pour les dîmes d'Ancy-le-Franc. — Archiv. de l'Yonne.

(N. d. E.)

miracle qui s'y opéra (1). Il est nommé comme présent dans des chartes de Saint-Germain des années 1242 et 1244. C'est lui qui vraisemblablement devint doyen vers l'an 1246.

Miles de Varzy, archidiacre, fut choisi par Jean, baron de Toucy, qui alloit à la Terre-Sainte en 1248, pour l'un des exécuteurs de son testament. En 1250, Adeline la Maréchale lui quitta en sa qualité de curé de Nannai les dîmes des vignes nouvelles situées en la paroisse de Nannai. Dans le détail des comptes d'anniversaires (2), écrit vers 1250, à la tête de l'obituaire, il y a « Milo Archid. lx. sol. pro vinea de Monte « defenso... que continet circiter ij arp. et dimidium. » Ce même archidiacre se fit jacobin vers ce temps-là. Les additions à l'Obituaire de 1250, marquent au 21 septembre : « Obiit Milo de Varziaco hujus Ec- » clesie Archidiaconus, postea factus de Ordine Predicatorum ; pro » cujus anniv. dividinis vi libras in bursa Capituli assignatas pro lxx » libris tur. de venta domus sue, quas posuimus in emptione nemoris » Guidonis de Merriaco quondam majoris apud Merriacum. » L'obituaire de la collégiale de Varzy marque simplement : « Obiit Frater Milo » Archid. Autissiod. »

Ce fut de son temps que l'archidiaconé fut divisé en deux.

H. ou R., archidiacre, légua en 1253 une petite rente à l'abbaye Saint-Germain sur un clos assis proche la fontaine Saint-Amatre. Ce qui me détermine à prendre la lettre initiale pour un R, c'est qu'il y a dans une seconde copie du Nécrologe de la cathédrale écrit au plus tard vers 1260 : « Obiit Regnaudus de Barris Archidiaconus Autissiod. et Diaconus. » C'est au 4 d'août.

Jean, archidiacre d'Auxerre, est mentionné dans un titre de La Charité-sur-Loire en 1264. Les additions au Nécrologe de 1250 mettent au 6 octobre : « Item obiit Johannes Archidiaconus ; » et le Nécrologe de Notre-Dame de la Cité qui le place au 7, l'appelle « Johannes de « Sancto Lupo... »

Guillaume de Guigneville qui avoit été sacriste dans les années 1260 et 1262, parut en différents actes comme archidiacre d'Auxerre

---

(1) *Thes. anecdot.*, t. iii. Col. 1890. | (2) *Ex Vidimus*, 1256.

depuis l'an 1270 jusqu'en 1290 ou environ, qu'il fit un legs de 78 livres au Chapitre, pour l'augmentation des distributions à matines, par son testament, dont Hugues de Hermant son successeur fut exécuteur (1).

Hugues d'Hermant, chanoine dès l'an 1286, est qualifié archidiacre dans un titre de Saint-Marien de l'an 1290. Girard de Ville-sur-Arce, chanoine d'Auxerre, le nomma en 1296 exécuteur de son testament (2). Les titres sur Nannai en font mention à la même année (3). En 1304, il prononça jugement touchant les oblations de la chapelle de Saint-Aubin d'Oisy, et les adjugea au Chapitre.

R... de Vaux (*de Vallibus*), est connu par un acte par lequel il subrogea en 1308 Jean Chopiles, clerc, pour les 123 livres que le Chapitre lui devoit. Le 15 décembre 1309 il étoit nouvellement mort, suivant un acte que j'ai vu en original, du temps de l'évêque Pierre des Grez.

Jean de la Mote étoit archidiacre dès l'an 1313 qu'il plaidoit devant l'official de Cosne, pour les droits de la cure de Nannai. Il fut l'un des témoins à la visite que le même évêque Pierre des Grez fit, en 1320, de la châsse de Saint-Amatre en sa cathédrale. Il est aussi nommé en 1325 dans un grand acte françois du Chapitre d'Auxerre, qui regarde des gens de Beauvoir.

Thibaud de Semur, archidiacre d'Auxerre, est nommé parmi les gens du duc de Bourgogne (4) qui rendirent compte à Paris en la chambre des comptes, le 1er juillet 1334.

Guillaume d'Anlesy, issu des seigneurs de ce nom en Nivernois, étoit au Chapitre le 9 août 1340, lorsque Guillaume, abbé de Pontigny, y prêta serment à l'église d'Auxerre (5). Il reçut au Chapitre le doyen Dreux Jourdain à sa nouvelle arrivée en novembre 1345. Etant à Nannai en 1349, il admit la fondation d'une messe par an, pour une vigne que Guillaume Moquars habitant du lieu, lui donna. Ayant logé en ce voyage chez les Chartreux de Basseville, il leur laissa en partant un billet comme il n'avoit chez eux aucun droit de visite. Il signa en 1259 la

---

(1) *Voy.* Preuves, t. IV, n. 224, 228.
(2) *Voy.* Preuves, n° 246.
(3) *Cartul.*, fol. 225.

(4) *Ex collectaneis de Camera comp.*
(5) *Ex antiq. statut.*

transaction du clergé et habitants d'Auxerre, touchant l'engagement des reliquaires de Saint-Germain pour la rançon de la ville, et une procuration pour le même sujet en 1360.

Guillaume Insard, natif de Corbigny. Il accorda en 1368 le procès qu'il avoit avec les Chartreux de Bellary, sur le tonneau de vin qu'ils lui devaient, à cause de la cure de Nannai annexée à sa dignité : au lieu de quoi ils lui donnèrent quinze arpents de vignes et deux pièces de prés. On le trouve nommé en 1383 dans une quittance de décimes. Il est présent en 1389 à la donation d'un bien de Sassy, faite à la cathédrale par l'évêque Ferric Cassinel (1). Il mourut au mois de janvier 1398. Il avoit obtenu du Chapitre dès le 18 mars 1397, que sa sépulture fût devant le crucifix hors le chœur.

Jean du Pont eut des provisions de l'archidiaconé, dès le 22 janvier 1398. Il étoit dès-lors vicaire-général de Michel de Creney, évêque d'Auxerre; on lui donne ces deux qualités à la clôture d'un compte de l'hôtel-de-ville rendu en 1400. Il fut présent, en 1410, à l'intronisation de l'évêque Philippe des Essarts. Il mourut le 2 octobre 1413. Nicolas du Pont et ses autres héritiers ayant donné à l'église, le 3 novembre suivant, un reliquaire magnifique qui renfermoit une mâchoire de saint Laurent, le Chapitre alla le même jour la prendre processionnellement. Cette relique est la dernière du catalogue de celles de la cathédrale d'Auxerre, qui fut écrit vers l'an 1420 (2). Cet archidiacre avoit son obit dans l'abbaye de Preuilly, au diocèse de Sens (3).

Pierre Paterne, chanoine, qui étoit muni d'une grâce expectative de la cour de Rome, se fit recevoir archidiacre dès le jour de la mort de Jean du Pont.

Pierre le Clerc reçu à la prébende du précédent, le 13 octobre 1413, prit possession de son archidiaconé le 16. Il eut un procès à soutenir contre Jean de Chaumont, qui se fit recevoir aux mêmes bénéfices le 21 juillet 1424; il fut reçu de nouveau à l'archidiaconé le 4 décembre 1417, après avoir gagné son procès, et on lui donna les

---

(1) Preuves, n° 333.
(2) *Voy.* Preuves, n. 228.

(3) *Ex Necrol. loci.*

sceaux des cours de l'officialité d'Auxerre, de Cosne et de Varzy, pour s'en servir si le siége épiscopal venoit à vaquer. Mais il mourut avant le commencement de l'année 1420, c'est-à-dire au Carême de l'an 1419.

Guillaume Ovo, conseiller de la comtesse de Nevers, déjà chanoine, fut pourvu du grand-archidiaconé par l'évêque qui étoit à Varzy, le 12 mars 1419, et s'y fit recevoir le 24 avril 1420.

Etienne Vivien, qui avoit des provisions du pape pour l'archidiaconé, s'y fit recevoir le 1er avril 1421, avant Pâques. Il étoit Auxerrois. Il fut déclaré excommunié par le Chapitre, le 31 mai 1425, pour avoir maltraité, dans l'église, le pénitencier qui encensoit le jour de la Pentecôte (1). Le 5 du même mois, il avoit fait un accord avec le Chapitre. Paradin dit, dans ses *Annales de Bourgogne*, que maître Etienne Vivien, étant allé en 1433 prendre possession de l'évêché de Tournay pour Jean Chevrot, fut injurié et mis en prison par le parti de France (2).

Jean Paillard fut reçu archidiacre en 1439 (3). Il est nommé témoin dans des titres du prieur de Joux, des années 1445, 1449. Il avoit un successeur dès l'an 1454. L'épitaphe d'Etiennette de Paillard, dame de Neumoutier-en-Brie, au diocèse de Paris, que j'ai vue dans l'église du lieu, m'a appris que cet archidiacre avoit été seigneur de cette paroisse. Un de ses héritiers pour un tiers fut Christophe Paillard, comme on voit aux registres du Chapitre d'Auxerre, 11 octobre. Cette famille auxerroise a été illustre.

Guillaume de Loncueil fut reçu en 1454 (4). Il résida assez exactement. Il signa, en 1458, une transaction passée entre Pierre de Longueil, son frère, évêque d'Auxerre, et le Chapitre ; il est nommé ici, dans les Preuves, n. 386, à l'an 1469. En 1473, il encourut les censures pour avoir maltraité Etienne Gerbaud, chanoine prêtre, dont il fut absous le 15 mai. Il étoit aussi curé d'Irancy et traita en cette qualité, l'an 1474, avec les religieux de Saint-Germain. Il céda, le 27 avril

---

(1) *Ex Regist.*
(2) Pag. 737.
(3) *Comp. Fab.*
(4) *Comp. Calend. Maii* 1444.

1482, son archidiaconé à Pierre de Longueil, son neveu, qui étoit chanoine et archidiacre de Puisaye. Michel de la Grange, aussi chanoine d'Auxerre en 1482, étoit pareillement son neveu. Il légua en mourant au Chapitre sa vigne de la Chièvre. Son décès arriva le 31 janvier 1483

PIERRE DE LONGUEIL, reçu en 1482, mourut l'année suivante.

JEAN ODRY, de l'ancienne famille auxerroise, dont une branche a fondé à Paris l'hôpital des Odriettes, fut chanoine et official de Jean Baillet, évêque d'Auxerre. Il fut pourvu de l'archidiaconé par cet évêque, puis par Enguerrand Signard, ancien évêque d'Auxerre, et par son vicaire-général. Il prit possession le 1er août 1483. J'ai vu son nom signé Odry dans les papiers de la ville, et non pas Audry. C'est la quittance qu'il donna le 15 mars 1495 du reste des gages de Jean Chevalier, chantre d'Auxerre, gouverneur de l'hôtel-de-ville, dont il étoit oncle. Il fut aussi chantre et curé de Clamecy, selon l'obituaire de cette collégiale, qui marque son décès au 9 juillet 1497. Il fut inhumé au chœur de la cathédrale, vis-à-vis sa place. *(Ex lib. succentoris).*

JEAN HENNEQUIN, neveu de l'évêque Jean Baillet, fut reçu en 1497. Il est présent, en décembre 1513, à la convocation des chanoines pour l'élection d'un évêque (1). Il étoit à Troyes en sa maison claustrale durant l'été 1515, pendant que la peste régnoit à Auxerre. Le procès-verbal de Robert Thiboust, de l'an 1523, sur le ressort du bailliage d'Auxerre, le qualifie aussi prieur et seigneur d'Andrie. Il apporta au Chapitre, la même année, le 9 mai, le missel de M. Baillet. Un titre du prieuré de Saint-Amatre donne le nom de Jean du Pont à celui qui étoit archidiacre d'Auxerre en 1506. Il peut se faire que ce fût un des noms de celui-ci.

MAURICE DE GIÉ, prêtre licencié-ès-lois, fut reçu le 6 septembre 1530 (2), en vertu de provisions de l'archevêque de Sens, légat, par permutation avec le précédent. Il ne résida point à son bénéfice ; il le permuta, en 1550, pour le prieuré-cure de Venousse et Rouvret son secours. Il avoit été fait chanoine le 8 février 1536, par permutation

---

1, *Ex Comp. Cal. Maii.*   (2) *Comp. Fabr.*

avec Aubin des Avenelles (1). Il eut pour compétiteur Jean de la Planche, prêtre, qui fut pourvu de l'archidiaconé, le 23 juillet 1531, par Louis Bride, vicaire-général de l'évêque (2).

Laurent Petitfou eut ses provisions le 22 mars 1550, en vertu de la permutation qu'il fit du prieuré de Venousse, et il fut installé le 26. Il fut aussi abbé commendataire de Saint-Père. Il obtint, le 22 mars 1554, de François de Dinteville, évêque, que Jean Barat, chanoine, fît les visites des cures pour lui (3).

Achille de Harlay, conseiller clerc au parlement de Paris, fut reçu à l'archidiaconé le 26 juin 1559 (4). Il étoit pourvu par le cardinal Trivulce, légat, en vertu de permutation pour le prieuré-curé de Saint-Loup de Cézy, au diocèse de Sens. M. Petitfou, se repentant de sa permutation, demanda à rentrer dans son archidiaconé, quoiqu'il fût déjà résigné à Charles de Harlay. Les parties étant tombées d'accord, intervint sentence de Gaspard Damy, official, du 20 février 1565, qui remit les choses comme elles étoient auparavant.

Laurent Petitfou pour la seconde fois. Il garde sa dignité jusqu'à sa mort arrivée le 3 février 1595.

Laurent Fauchot, chanoine, du 25 septembre 1579, fut reçu grand-archidiacre le 7 janvier 1595, comme résignataire de Laurent Petitfou, son oncle, et pourvu par l'archevêque de Bourges, en conséquence d'un arrêt du parlement, le siége épiscopal étant vacant. Il mourut le 30 mai 1608. L'oncle et le neveu sont enterrés à Saint-Père, sous la même tombe.

Jean Dassier, natif du diocèse de Couserans, étant chanoine, avoit été gouverneur de l'hôtel-de-ville, en 1596. Il fut pourvu de l'archidiaconé par François de Donadieu, évêque, et reçu en 1608. Il fut aussi conseiller clerc au présidial, en place de... Leprince. Il fit, en 1613, la visite solennelle de l'abbaye de Saint-Laurent, dont j'ai vu le procès-verbal. Il obtint, le 12 janvier 1615, un arrêt du conseil-privé, qui porte que les procureurs fabriciers de Clamecy rendront compte

---

(1) *Ex Regist.*
(2) *Ex Regist.* Grillet, *secretarii.*
(3) *Regist.* Duchié.
(4) *Ex Comp. Fabr.*

devant l'archidiacre faisant sa visite, et non devant les élus. Cet arrêt a été imprimé à Auxerre, en 1622, chez Denis Vatard. J. Dassier mourut dans l'automne 1616, à La Ferté-Bernard. Il étoit aussi prieur d'Ouges.

Simon de Montereul, reçu le 14 décembre 1616 à l'archidiaconé et canonicat du sieur Dassier, est qualifié dans l'acte de sous-diacre parisien et bachelier en théologie. Les provisions de l'évêque sont du 28 octobre. Il étoit frère de l'avocat de cet évêque ; mais ayant été fait peu de temps après curé de Saint-Sulpice à Paris, ou selon d'autres de Poincy proche Meaux, il résigna son archidiaconé à son frère qui le permuta avec le suivant.

Claude Lemuet, chanoine, permuta sa chapelle de Sainte-Apolline de Montputois, paroisse d'Ouanne, pour l'archidiaconé auquel il fut installé par Denis Chappu, sous-chantre, le 30 septembre 1619. Il fut fait doyen en 1627.

André Percheron, prêtre du diocèse du Mans, docteur en théologie, pourvu le 11 novembre 1630 de l'archidiaconé, sur la démission de C. Lemuet, fut reçu le 17 avril 1631. Il quitta depuis cette dignité pour l'archidiaconé de Puisaye, dont Pierre de Broc le pourvut à la mort de Claude Leclerc arrivée le 28 août 1646.

Guillaume Fernier posséda le grand archidiaconé depuis l'an 1647 ou environ, étant chanoine dès l'an 1640. Il fut gouverneur ecclésiastique de l'hôtel-de-ville. Il étoit docteur de Sorbonne et grand prédicateur (1). Il est décédé le 12 septembre 1682, comme on lit sur sa tombe au bas d'une épitaphe magnifique.

Jean-Baptiste Delagoute, natif d'Auxerre, a été archidiacre depuis le 17 novembre 1682, jusqu'à sa mort arrivée en 1739.

Charles Huet, natif de Paris a été reçu archidiacre le 23 mai 1740. Il est mort dans ses fonctions le 12 février 1779.

Louis-François Regnard, principal du collége de Montaigu à Paris, fut le dernier grand archidiacre. Il prit possession de sa dignité et d'un canonicat le 24 février 1779.

(1) *Menagiana.*

CHANTRES DE L'EGLISE D'AUXERRE

On peut dire que la fonction de chantre est aussi ancienne que l'établissement de l'office divin ; mais ce n'est que peu à peu qu'il s'est formé dans des églises une dignité de celui qui étoit le premier des chantres. De là vint qu'en quelques pays on l'appela *Præcentor* ou *Archichorus*, pendant que dans la plupart on lui donna le simple nom de *Cantor*. Il y a des ordinaires romains très-anciens qui le qualifient *Archiparaphonista*.

A Auxerre, le chantre est la troisième dignité, et est élective par le Chapitre. Sa place au chœur est proche celle de l'évêque vers l'extrémité des stalles du côté droit en approchant du sanctuaire. C'est la première qui ait fourni un évêque au diocèse dans la personne d'Aidulfe au viiie siècle. Il y a eu quelques variations dans les charges et priviléges du chantre de l'église d'Auxerre qu'il est inutile d'expliquer ici (1). Son bâton cantoral surmonté d'un oiseau qu'il porte avec les gants et l'anneau au doigt, ne paroît singulier, que depuis que dans la plupart des églises, on a donné une espèce de lanterne pour couronnement à ce bâton. Voici les noms des chantres d'Auxerre.

AIDULFE, qui fut fait évêque après avoir été chantre : *Ex Cantore Episcopus*, vers le temps de Charles-Martel.

On ne peut faire une suite de ses successeurs, d'autant qu'il n'y en a que quatre mentionnés dans le Nécrologe de 1007. Savoir :

BERALDUS au 13 novembre, *Sacerdos et perfectus Cantor*.

INGO au 2 décembre, *Canonicus et Cantor eximius*.

LESCINCUS au 12 décembre, *Levita et perfectus Cantor*.

Il y avait aussi au 7 janvier un chantre, mais le nom a été effacé.

GIRALD ou GIRARD, est le premier qui puisse commencer un catalogue suivi. Il est nommé dans un titre de l'an 1076, qui regarde la

---

(1) *Voy.* Preuves, t. IV, n. 412, 413.

fondation du Chapitre de Clamecy, et dans la matricule des chanoines sous l'évêque Humbaud. Sa mort arriva le 20 décembre.

Hugues, que j'ai trouvé nommé dans un titre de Saint-Père d'Auxerre vers l'an 1112, a son obit marqué par addition, dans l'obitier de 1007 au 8 novembre en ces termes : « Obiit Hugo levita et canonicus, S. » Marie Prepositus, hujus etiam Ecclesie Cantor eximius. »

Jean, prêtre et chanoine, présent à l'accord fait vers l'an 1110 entre le baron de Toucy et l'abbé de Saint-Benoît-sur-Loire. Il donna au Chapitre ses maisons situées à Accolay. *(V. Necrol. ad 27 nov.)*

Godefroi Capel (ou Chapeau), de l'ancienne famille auxerroise de ce nom, paroît dans plusieurs titres de Pontigny, Regny, Crisenon depuis l'an 1120 jusqu'en 1147 ; entr'autres dans l'accord passé par saint Bernard entre l'évêque et le comte d'Auxerre en 1145. L'obituaire de l'an 1250 met au 7 janvier : *Ob. Gaufredi Cantoris. ij den.*

Guillaume. Il souscrivit au traité fait entre Alain, évêque d'Auxerre, et le comte Guillaume en 1157.

Etienne étoit chantre d'Auxerre en 1163 et 1166, selon les titres de ces années-là (1). Il fut aussi en même temps curé de Saint-Loup dans la ville. En 1171 il fut élu évêque d'Autun. Sa mort arriva en 1189 le 29 mai, auquel jour elle est ainsi annoncée dans l'Obituaire de la cathédrale d'Auxerre écrit en 1250. « Obitus Stephani Eduensis » episcopi. ij d. et unam quartam vini. Dedit nobis unam vineam in » Poriaco et aliam in Monte-defenso. »

Hugues paroît comme chantre dans différents cartulaires, aux années 1172, 1175, 1176 et 1180. Il étoit de la famille de Toucy, neveu de l'évêque Guillaume de ce nom. Il fut aussi archidiacre de Sens. Il ne prit point la prêtrise. L'Obitier de 1250 marque au 20 mai : « Ob. Hu- » gonis Cantoris et levite. lx sol. super redditus de Montigniaco. »

Jacques de Tonnerre. Ce chantre est marqué au 11 mai dans l'Obituaire de l'an 1250 en ces termes : « Ob. Jacobi de Tornodoro Cantoris » et levite xl sol. pro xlv lib. Tur. quas habuit Capitulum de denariis

---

(1) *Voy.* Preuves, n°⁸ 58, 59.

» suis que assignate fuerunt super terram de Draciaco versus Au-
» giacum in qua de novo plantata est vinea et salicetum. » Il ne peut
avoir vécu plus tard que vers la fin du XIIe siècle, parce que la place est
remplie par ceux qui suivent. Un titre de 1236 le suppose mort depuis
longtemps.

GAUTIER, chantre d'Auxerre au moins dès l'an 1198 qu'il fut présent
à un titre d'Héloïse, abbesse de Saint-Julien, contre l'évêque Hugues de
Troyes. En 1202, il fut arbitre avec Arnoul, abbé de Saint-Père (1) et
Robert, lecteur, sur une difficulté élevée entre le curé de Palay, diocèse
de Sens, et les chanoines de Saint-Pierre dans la métropolitaine. En
1203, il fut encore arbitre entre le Chapitre de Sens et celui d'Auxerre,
touchant des droits de main-morte. Il légua en 1209 une maison au
monastère de Saint-Marien. Le cartulaire du Chapitre rapporte à l'an
1221, la charte de Jean, abbé de Sainte-Geneviève de Paris où ce chantre
est nommé comme déjà mort. L'Obituaire de 1250 marque au 28 juillet : « Ob. Galteri Cantoris et levite c. sol. Dedit nobis duo operato-
» ria in Draperia et domum ibidem sitam et pratum super Belcam. »

BRICE, chantre en 1212, fut depuis élu doyen vers l'an 1219.

HENRI DE VILLENEUVE proche Saint-Cloud au diocèse de Paris, fut
chanoine et chantre quelque temps, puis élu évêque en 1220.

ROBERT, est qualifié chantre dans un traité du Chapitre d'Auxerre avec
Dreux de Mello de l'an 1223, et dans un titre de Saint-Marien de 1226.
L'Obitier de 1250 marque son décès au 15 juillet, et le qualifie lévite.
Celui de Notre-Dame de la Cité dit qu'il s'appeloit Robert de Corbeil,
qu'il donna à ce Chapitre un arpent et demi de vigne *in Brunello*. A un
autre jour on y lit qu'il avoit eu un frère nommé Jean de Corbeil.

FÉLIX, chantre d'Auxerre est nommé l'un des exécuteurs du testament
de Miles, seigneur de Noyers, en 1231.

ROBERT II, est nommé dans la fondation de Simon, archidiacre de
Langres, chanoine d'Auxerre de l'an 1233. Il est pareillement fait mention de lui dans une transaction de 1233 sur les marguilliers. Il fut ar-

(1) *Ex Cartul. can. S. Petri Senon.*

bitre en 1237 entre Bernard de Sully, évêque, et Hugues, seigneur de Neuvoy touchant le droit de présentation à une chapelle fondée dans la collégiale de Gien.

Philippe, chantre de l'église d'Auxerre, jugea en 1238 comme arbitre une difficulté faite aux moines de Saint-Germain touchant un bois. On lit dans l'Obitier de 1250 au 13 août, mais d'une main un peu plus nouvelle : « Obiit Philippus hujus Ecclesie Cantor eximius, etc. »

Jean de Damas, de l'illustre maison de ce nom, chantre et official, avoit rendu avant l'an 1253 un jugement contre Guillaume de Noes et autres bourgeois de Saint-Sauveur, au sujet du droit de minage qu'ils refusoient de payer à la dame sénéchale du lieu. Il fut fait évêque de Mâcon en 1263, et mourut l'année d'après (1). L'obituaire de Notre-Dame de la Cité fait mention de lui au 19 décembre.

Guillaume de Jaligni, fils de Hugues, seigneur de Châtillon-en-Bazois. Il paroit qu'il étoit chantre dès l'an 1260, selon des lettres de cette année (et non de 1209) rapportées dans l'Histoire des Cardinaux françois (2), où il est fait mention du différend qui étoit entre lui et Renaud, comte de Forès au sujet de la terre de Poimier. Il faut aussi voir Duchêne Histoire de Bourgogne (3) environ l'an 1260 (4), où est rapporté un arrêt du parlement au sujet du château de Bussy-en-Paële. Dans les lettres d'Erard, évêque d'Auxerre de l'an 1276, on voit ce chantre d'Auxerre s'engager pour le mariage de sa nièce. Il fut fait depuis évêque de Laon. Son testament de l'an 1284 rapporté par Baluze, apprend qu'il étoit neveu de Gui de Mello, évêque d'Auxerre. Il s'y ressouvient de l'église d'Auxerrre en ces termes ; « Item Ecclesie beati » Stephani Altisiodor. in qua fui Cantor xxv libras annui redditus assi- » dendas in terra mea de « Chasels » et de Donnapetra. »

N..., proto-notaire et domestique du pape, obtint vers l'an 1300 le cantorat vacant en cour de Rome, comme il est porté dans un jugement rendu en faveur du prieur de Saint-Eusèbe. Ce même chantre dont on ignore le nom, mourut en cour de Rome.

---

(1) *Gallia christ. nova.*
(2) Lib. 3. C. 75.
(3) Preuves de l'Hist. d'Auvergne.
(4) *Ibid.*, pag. 202.

GUILLAUME MESCHIN, étoit vice-camerier, chapelain et domestique de Clément V, qui lui donna le cantorat d'Auxerre après la mort du précédent arrivée en cour de Rome. Il fut condamné à payer le droit annuel de sa prébende au prieur de Saint-Eusèbe, par sentence arbitrale de Guillaume de la Ripe et Guillaume Periti, chanoines d'Auxerre, prononcée dans le chœur de la même église le 23 mai 1313. Peu de temps après il fut élu évêque de Pampelune, et ensuite de Troyes en 1316.

PONCE ETIENNE. Il fut présent en 1340 à l'évêché, lorsque Guillaume, abbé de Pontigny y prêta serment de fidélité à l'évêque Jean de Blangy et à l'église d'Auxerre.

REGNAUD DE PRÉGILBERT. Le nom de ce chantre d'Auxerre se trouve au 25 ou 26 septembre dans les Nécrologes de Notre-Dame de la Cité, de Regny, de Bellary. Il mourut à Paris en 1353 le 25 septembre, et fut inhumé dans la grande chapelle de Notre-Dame au cloître de Sainte-Geneviève, où son épithaphe se lit sur le cuivre en ces termes : « Hic » jacet vir magne discretionis et prudentie, Magister Reginaldus de » Prato Gilberti, quondam Presidens in Camera inquestarum Domini » Regis, cantor et canonicus Autissiodor. canonicus Senonensis et » capelle Regalis Parisiensis, qui obiit anno Domini M CCC LIII, 25 » die septembris. » Il est représenté tenant un bâton qui finit en tau et l'aumuce en tête (a); ce que Dom de Vert a observé dans son ouvrage sur les anciens habits d'église. (T. 2. *ubi de almutiis*).

PIERRE D'AUXY ou d'AUXOIS, *de Auxeio*, chapelain d'Urbain V et auditeur du sacré palais selon un rescrit de ce pape du 24 septembre 1363 en faveur de l'abbaye de Saint-Germain d'Auxerre, est qualifié chantre de la cathédrale en 1369, et comme tel envoyé par le Chapitre pour consulter à Paris sur quelques affaires, d'où il rapporta des lettres royaux. En 1375, il tenoit à bail du Chapitre la grange de Monétau,

---

(a) Cette forme de bâton rappelait l'ancien usage de célébrer les offices debout, appuyé seulement par tolérance sur des bâtons, dont la crosse en forme de potence, se plaçait sous les aisselles.— *Voy.* Stalles de la Cathédrale d'Amiens, par M. Jourdain.   (*N. d. E.*)

moyennant la redevance annuelle de 12 livres (1). Il fut élu évêque de Tournai en 1378 (2).

Nicolas d'Epone. Ce chantre d'Auxerre dont le surnom latin est *de Spedona* est mentionné dans un titre de 1381. Je le crois le même que Nicolas de Bondeville, qualifié chantre dans une quittance de paiement des décimes apostoliques de l'an 1383.

Denis Lopin qui avoit été chanoine tortrier selon un titre de 1360, fut chantre après le précédent, mais fort peu de temps, puisqu'il mourut en 1384 le 9 janvier, comme il se lit sur sa tombe qui a été transportée proche l'entrée du Chapitre où il est représenté en chasuble tenant son bâton cantoral. Il avoit fondé une messe de Saint-Eustache (3).

Bertrand Cassinel, frère de Ferric Cassinel, évêque d'Auxerre et chanoine, fut fait chantre en 1385. Il est nommé en différents actes jusqu'à l'an 1397. Il fut aussi chapelain de la léproserie de Toucy. Voyez le reste de ce qui peut le regarder à l'article de l'évêque son frère. Voyez aussi son testament (4). Duchêne parle de lui en sa maison de Châtillon. Selon le Nécrologe de Notre-Dame de la Cité, il ne fut jamais que sous-diacre.

Jean Chanteprime. Quoiqu'il paroisse que dès le 15 octobre Jean de Molins se fût fait recevoir chantre en vertu d'une grâce expectative, néanmoins il est certain par des actes postérieurs que ce fut Jean Chanteprime qui jouit de cette dignité jusqu'à l'an 1402 qu'il fut fait doyen de Paris. Il avoit été élu le 16 juillet 1399 d'une voix unanime (5).

Jean de Molins succéda à Jean Chanteprime, nonobstant l'élection solennelle faite de Jean Alepté, en 1402 (6). Il était docteur en médecine (7); mais il n'avoit pas la facilité de lire dans les livres d'église; d'où il arriva des disputes. Il conserva cependant sa dignité jusqu'en 1422 (8). Il donna en 1413 pour la construction du portail septentrional de la croisée, six vingts écus d'or. Il mourut en 1422 le 21 janvier, et fut inhumé dans la chapelle de Saint-Pierre et de tous les saints, dite au-

---

(1) *Ex compot.*
(2) *Ibid.*
(3) *Ex compot. xv. Sæculi.*
(4) *Voy.* Preuves, n° 538.
(5) *Reg. Capit.*
(6) *Voy.* Preuves, n° 543.
(7) *Reg. Capit.* 1408, 5 maii.
(8) *Reg.* 24 julii.

jourd'hui de Saint-Sébastien. Il légua à la bibliothèque du Chapitre tous ses livres de médecine, entr'autres Avicenne (1). Il avoit eu en 1420 un procès contre l'abbaye de Saint-Père sur la censive, et l'avoit perdu.

Jean Vivien, d'une famille auxerroise qui s'établit à Paris, et y produisit des hommes illustres, étoit absent de son canonicat d'Auxerre, lorsqu'il fut élu chantre le 5 février 1422. Il se fit recevoir le 28 septembre 1423 par procureur, parce qu'il résidoit à la cour romaine. Il étoit aussi prévôt de Chablis. Il fut depuis élu évêque d'Auxerre, mais sans succès. On l'appelait Jean Vivien le Jeune, pour le distinguer d'un autre de même nom. Il eut pour frère Etienne Vivien, grand archidiacre.

Hugues de Villemer fut reçu chantre par procuration, n'étant que sous-diacre le 21 mai 1427, et placé en personne le 26 juillet 1409 dans les basses stalles. Il jouissoit encore de cette dignité en 1453, puisqu'il paya le droit de son antienne O.

Jean Henriet, possédoit la chantrerie au moins dès l'an 1457 qu'il jouissoit d'un privilége accordé par le légat. Dans les partitions de 1458, il étoit placé à Oisy. Ce chantre résida très-peu. Il est nommé comme absent dans l'acte d'élection d'Enguerrand Signard en 1483; il fonda en 1481 son obit, et le service de l'Invention de Saint-Vincent. Il mourut en 1492, comme il paroît par la vente de sa maison. Il fut inhumé au bas des degrés du sanctuaire du côté gauche.

Jean Chevalier, licencié en décrets, chanoine d'Auxerre et chantre de Clamecy dès l'an 1484, fut reçu chantre en 1492, et mourut le 25 mars 1494. Il étoit frère d'Antoine, chevalier, grenetier (2) d'Auxerre, et oncle de Renaud, chevalier, lieutenant-général (3).

Olivier Michel fut reçu chantre en 1495 et mourut en 1512. Il est nommé dans un titre de Regny en 1511. Il avait la prébende théologale à laquelle Nicolas Belin fut reçu le 24 juillet 1512. Il fut inhumé proche

---

(1) *Reg. Febr.*
(2) C'est-à-dire receveur du grenier à sel.
(3) *Compot. Cal. Maii.*

la grande porte de l'église. Sa tombe levée de ce lieu, sert aujourd'hui d'autel à la chapelle de Notre-Dame des Vertus, et j'y ai lu ce reste à l'épitaphe : « Michel, docteur en théologie, en son vivant chantre et cha-
» noine de l'église d'Auxerre, natif de Saint-Pierre.... »

JEAN DE NOYON prit possession de la chantrerie le 16 septembre 1512. Il est nommé dans la conclusion du 5 décembre 1513, pour l'élection d'un évêque. Il mourut de peste au mois de juillet 1515. Après sa mort, Hugues de la Vault, chanoine, fut député pour aller convoquer les absents à la future élection indiquée au 3 novembre à Auxerre, et si la peste y étoit encore, au lieu de Crevan. Il y avoit plus de vingt chanoines retirés ailleurs, savoir à Joigny, à Sens, à Paris, à Orléans, à Troyes, à Saulieu.

JEAN LE ROY. Sa réception est marquée au 14 mai 1516 dans un compte du temps. Il est nommé dans un titre de 1515 21 janvier, concernant Parly. On lit dans les registres de 1524, 20 décembre, que M. le chantre pour sa prébende de chanoine, fera l'office d'évêque le jour de Saint-Etienne, excepté la mître qu'il n'aura pas. Il décéda le 11 janvier 1534, et fut inhumé suivant son désir « ante magnum portale juxta sepulturam » D. Oliverii Michaëlis jam dudum Cantoris. »

ARNOUL GONTIER. On peut lire ci-dessus (1) les difficultés qui s'élevèrent sur l'élection d'un chantre, après la mort de Jean le Roy. Arnoul Gontier fut celui qui resta en place. Il avoit été reçu le 10 janvier 1535, étant au droit de ceux qui avoient eu des provisions. Il étoit fils de Louis Gontier, et de Radegonde Donet. Il fut aussi abbé de Saint-Marien et l'étoit dès 1540 (a). Il mourut le 10 juin 1553 selon l'obitier de la paroisse de Saint-Renobert.

LAURENT ROBERT, chanoine, fut élu par la voix du Saint-Esprit après la mort du précédent. L'acte de confirmation par l'évêque est du 7 août 1553. Il avoit eu communication des papiers du sieur Laurent Bretel,

---

(1) P. 121.

(a) C'est ce qui résulte d'une pièce qui est aux archives de l'Yonne, fonds Saint-Marien, collation d'ordres. (*N. d. E.*)

secrétaire de Jean Baillet, évêque, et c'est de lui que j'ai tiré le pouillé du diocèse imprimé parmi les Preuves de ces mémoires. Il mourut le 22 octobre 1557, et fut inhumé proche l'autel de Saint-Laurent, qui étoit alors où est celui de Saint-Michel.

Edme Thevenon. Son élection se fit le 4 décembre 1557 (1). Il est nommé au procès-verbal de la coutume de l'an 1451. Après la dispersion des chanoines du temps de la prise d'Auxerre par les calvinistes en 1567, il fut l'un des premiers qui retournèrent à l'église (2). Il donna en 1580 un bâton cantoral d'argent. Il résigna au suivant en 1585, et eut une place de chanoine honoraire suivant les registres au 26 septembre 1587 (3). Il repose devant l'autel Saint-Michel.

Jacques Magnen qui avoit été chapelain-clerc d'un chanoine en 1552, puis chanoine tortrier en 1567, greffier du Chapitre depuis l'an 1577, et qui étoit curé de Saint-Renobert en 1584, prit possession de la chantrerie d'Auxerre durant le mois de juin 1586 au plus tard. Il ne la conserva que jusqu'en 1596 qu'il la permuta avec le suivant.

Pierre Berault, chanoine dès l'an 1558, fut reçu chantre le 1er octobre 1596 par permutation pour la cure de Gurgy. Il mourut en 1610 le 8 janvier âge de 67 ans. Mais il avoit résigné la chantrerie dès l'an 1606. Il a eu une épitaphe en prose latine outre celle en vers qui commençoit ainsi :

> Munere Beraldus triplici dum viveret auctus.

Gaspard Bargedé, fils de Nicolas Bargedé, président au présidial d'Auxerre et de Marie Houbelin, fut installé chantre le 18 décembre 1606, comme résignataire de Pierre Berault. Il fut aussi curé de Monéteau, et trésorier de N.-D.-de-la-Cité. Il résigna au suivant en 1641.

Gervais Housset, neveu du précédent du côté de Marie Bargedé sa mère, eut la chantrerie par résignation, et y fut admis le 22 décembre 1631 (a). Il fut aussi trésorier de N.-D.-de-la-Cité. Sur ses

---

(1) *Reg. Capit.*
(2) *Reg.*, 24 nov.
(3) *Ex libro Succent.*

(a) Il était fort vif, car, pendant un office du soir, il voulut mettre lui-même hors

remontrances, on établit, en 1633, l'usage de se revêtir de chapes pour le répons des vêpres et *alleluia*. Ses infirmités l'obligèrent à se démettre de sa dignité, en 1674, en faveur de son frère déjà sous-chantre. Il avoit pris possession de la cure de Courgy le 28 octobre 1662. Il mourut le 2 ou le 4 novembre 1675.

NICOLAS HOUSSET, chanoine et sous-chantre, frère de Gervais et son résignataire en cour de Rome, prit possession du cantorat le 4 novembre 1674. Il conserva cette dignité jusqu'à sa mort, arrivée le 8 juin 1679, au bout de quelques jours d'une maladie qu'il avoit contractée à la procession de la Fête-Dieu. Les deux frères sont inhumés devant la chapelle de S. Martin.

TOUSSAINT LE CLERC, chanoine depuis le 9 août 1659, n'étoit que sous-diacre lorsqu'il fut élu chantre le 28 juin 1679. Il commença à régir le chœur en chape et bâton cantoral à l'Epiphanie 1680, lorsqu'il eut été ordonné diacre. Il mourut le 4 août de l'an 1994.

CLAUDE BRUNET, chanoine, étant absent, fut élu chantre sur la fin du mois d'août 1794, et reçu le 9 septembre. Il mourut à Beaune, sa patrie, le 28 du même mois.

JEAN-BAPTISTE LAUVERJAT, chanoine depuis l'an 1657, fut élu chantre le 22 octobre 1694 et reçu le 9 novembre. Il a fait beaucoup de dons à l'église, et a procuré l'augmentation du degré de la fête de S. Pélerin dans la cathédrale. Il a donné entre autres choses le grand bâton cantoral. Il mourut le 13 juillet 1704.

PIERRE HURSON, natif de Paris, chanoine d'Auxerre depuis longtemps, lui succéda en vertu de l'élection faite le 28 juillet 1704. Il a possédé cette dignité jusqu'au mois de mai 1731 qu'il décéda.

JEAN-ANDRÉ MIGNOT, d'Auxerre, licencié en théologie, chanoine depuis l'an 1710, fut élu le 17 mai 1731.

Il fut le principal rédacteur du Bréviaire diocésain. Il mourut dans ses fonctions le 11 mai 1770.

---

du chœur un semi-prébendé qui, au lieu de chanter, causait avec son voisin. Et, sur son refus, il lui fit violence et fit cesser l'office. Le Chapitre le blâma de cette conduite. — Reg. de Bardolat, au 22 mars 1632. Arch. de l'Yonne. (*N. d. E.*)

· JEAN-CHARLES-JOSEPH GAUDET, du diocèse d'Ypres, nommé chantre par M. de Cicé, le 8 août 1770. Le Chapitre refusa de le reconnaître en cette qualité attendu qu'il avait élu canoniquement M. Letellier. M. Gaudet se fit installer par deux notaires et obtint son maintien par arrêt du parlement « attendu que malgré le droit du Chapitre, l'évêque peut refuser l'élu *ob deffectum capacitatum.* »

M. Letellier étant mort en 1772, toute difficulté fut levée. M. Gaudet devint official de l'évêque en 1776. Mort le 9 avril 1787.

° LOUIS - JEAN VAULTIER, du diocèse de Bayeux, résignataire de M. Gaudet, par acte du 9 mars 1787, fut élu en outre par le Chapitre, le 9 mai suivant. Il continua d'être commensal de l'évêque comme lorsqu'il était lecteur, et devint son vicaire-général le 24 décembre 1768. Il présida jusqu'en 1792 les réunions du Chapitre. Il était aussi chantre de la collégiale de la Cité.

TRÉSORIERS DE L'ÉGLISE D'AUXERRE.

Les dépositaires des vases sacrés, reliquaires, châsses, joyaux, ont eu d'abord assez communément le nom d'*archiclavus* ou *archiclavis* dans les églises cathédrales et dans les célèbres collégiales. Ils ont été depuis appelés *thesaurarius* ou bien *sacrista*. Il est visible que le nom d'*archiclavus* venoit de ce qu'ils étoient chargés des clefs du trésor, de l'argenterie et des ornements, de celles du chœur, du sanctuaire, etc. Ils avoient en plusieurs églises d'amples domaines dont le soin les dispensoit de la résidence, et ils s'en déchargeoient sur un officier inférieur appelé *custos* ou *sacrista*. Leur dignité a été considérée, en certains siècles, comme à demi-séculière, puisqu'ils pouvoient assister à l'office l'oiseau sur le poing, au moins aux fêtes solennelles (1). Étant de puissants seigneurs dans ces siècles reculés, ils faisoient rendre exactement à l'église les tributs de cire que lui devoient les détenteurs

---

(1) *Voy.* Preuves, n° 378.

des fiefs de Château-Chinon (1), d'Odent et de Conches, proche Varzy, et même certaines cures du diocèse. Aussi, dans ces temps-là, se chargeoient-ils de fournir du luminaire tout autour du chœur, au moins les grandes fêtes, comme on le pratique en d'autres églises, et comme on le faisoit encore, en 1695, le jour de l'Invention de saint Etienne. Cette dignité est à la collation de l'évêque. Sa place au chœur est dans le bout vers le sanctuaire à gauche.

Je ne dirai rien ici des archiclaves de l'église d'Auxerre, dont il est parlé dans l'histoire des évêques avant le xe siècle (2), parce que leurs noms n'y sont pas spécifiés. Voici d'abord ceux qui sont nommés dans le Nécrologe écrit vers l'an 1007.

ERIBALD, lévite et archiclave, tué par les ennemis, apparemment les Normands, un huitième jour de septembre. Ce fut vers l'an 911 que les Normands approchèrent plus près d'Auxerre.

ROTFREDUS, prêtre et archiclave, mort le 1er novembre.

HERMOINUS, acolyte et archiclave.

GUI, qui vécut vers l'an 1020 ou 1030, ou quelques années plus tard, et dont on lit dans les additions au Nécrologe, le 6 mai : « Obitus » magistri Guidonis canonici S. Stephani et archiclavi, qui dedit eccle- » sie nostre ex libris suis Passionales duos, Antiphonarium, Gradale, » Hymnarium et Psalterium. »

ÉTIENNE, le premier qui ait été qualifié trésorier, est nommé dans un acte de l'an 1076 ou environ, concernant la fondation du Chapitre de Clamecy.

ROBERT nommé dans la matricule des chanoines d'Auxerre, parmi les prêtres, sous le titre d'*Ædituus*, vers l'an 1090 ou 1100, sous l'évêque Humbaud.

ROGER, qu'on dit nommé dans un titre par lequel Gosbert Capel fait du bien à l'abbaye de Molême du consentement du même évêque.

ÉTIENNE II, qui en 1120, par un acte passé au trésor de la cathé-

---

(1) Le premier 30 liv.; les deux autres chacun 50 liv., sans compter le cierge de Gien qui étoit de 100 livres.
(2) *Hist. Heribaldi et Herifridi.*

drale, ratifia une donation faite à l'abbaye de Pontigny du domaine de Roncenay, mouvant de sa dignité. Il est aussi nommé dans les chartes de la même abbaye, à l'an 1147. Son obit est marqué dans le Nécrologe de 1250, au 24 juillet : *Ob. Stephani thesaurarii ij den. Dedit nobis XX libras ad emendos redditus.*

GRÉGOIRE. Il paroît, par une lettre du pape Eugène III (1), datée de Langres III *kal. maii*, qu'un Grégoire, cardinal diacre, fut en même temps trésorier d'Auxerre vers l'an 1150, et qu'il avoit aussi été chanoine séculier de Sainte-Geneviève de Paris, avant que les réguliers y fussent admis. C'est sans doute au sujet de ce trésorier, que Guichard, second abbé de Pontigny, écrivit à l'abbé Suger une lettre qui est chez Duchêne (2).

RADULPHE ou RAOUL, issu des barons de Toucy, que Robert, dans sa chronique d'Auxerre, représente comme un ecclésiastique très-riche et très-pieux. Il dit qu'il laissa tout son bien aux églises, entre autres à l'abbaye de Saint-Marien, où il se retira pour mourir. Il y fut inhumé dans le sanctuaire, selon le même écrivain qui vivoit alors. J'y fis la découverte de son tombeau sous les ruines de l'église, le 17 février 1716, au côté droit ou méridional du sanctuaire. Les ossements, mêlés de restes d'étoffe d'or, furent portés au prieuré de Notre-Dame-la-d'Hors, dont le prieur les plaça en quelque endroit de son église; et le tombeau fut laissé au même lieu. Le nom de ce trésorier est à la fin de la donation de l'église de Saint-Amatre, faite au monastère de Saint-Satur en 1163, et dans l'acte de la suppression de la prévôté en 1166. Il mourut la même année. Il parait que c'est des serfs de ce même trésorier dont il s'agit dans une lettre que Alexandre III écrivit à Henri, archevêque de Sens (3). L'Obituaire, écrit en 1250 pour la cathédrale d'Auxerre, marque son obit au 8 août, ajoutant qu'il avoit donné à cette église les moulins d'Accolay et fait plusieurs autres biens.

GUILLAUME DE TOUCY fut successeur du précédent, et vraisemblablement il étoit son parent. Robert de Saint-Marien dit qu'il fut trésorier

---

(1) Duchêne, t. IV.
(2) *Ibid.*

(3) Martenne, t. II, pag. 992.

d'Auxerre, et archidiacre de Sens en même temps. Pour ce qui est de la trésorerie, il n'en fut revêtu que durant l'an 1166, puisqu'il fut élu évêque d'Auxerre en 1167.

Hugues de Noyers paraît comme trésorier en des titres des années 1176, 1178 et 1182 dans différentes archives, soit de Saint-Marien, soit du Chapitre d'Auxerre ou de Pontigny. Il fut élu évêque d'Auxerre après la mort de Guillaume de Toucy, arrivée en 1181.

Odon. Ce trésorier n'est connu que par la fondation de son obit, qui est marquée au 26 février dans l'Obituaire de 1250, en ces termes : « Ob. Odonis levite et thesaurarii xxx sol. » Il étoit apparemment d'une famille des environs de Sens, puisque son obit se trouve pareillement dans le Nécrologe de Saint-Pierre-le-Vif de Sens, et dans celui de l'abbaye de Preuilly proche Montereau. Il a dû vivre à la fin du xiie siècle, parce que le commencement de ce siècle est rempli par d'autres.

Guillaume. Il paraît avoir dû succéder à Odon vers l'an 1210 ou 1215. Il est nommé au vingt-huitième feuillet de la collection des anciens statuts du Chapitre (1), dans une charte de l'an 1221 sur les oblations.

Guillain. Son obit se lit ainsi au 17 juillet dans l'Obituaire de 1250: « Ob. Guillani presbyteri et thesaurarii. » Il y est dit qu'il avoit bâti une maison au cloître ; et au 22 mars, qu'il avoit fondé un service pour ses parents. Il doit être le trésorier G. d'un acte de l'an 1223.

Durand. Ce trésorier doit être placé à l'an 1232. On y trouve des actes qui le désignent par un D. Il est aussi nommé en 1233 dans une transaction sur les marguilliers (2). Quelques manuscrits l'appellent Durand Betire. On lit dans l'Obituaire de l'an 1250 au 20 juillet : « Ob. Duranni thesaurarii et levite. » On trouve dans un acte de celui qui suit, que le trésorier Durand avoit donné des vignes à des habitants de Chitry pour en jouir jusqu'à l'extinction de leur lignée, après quoi elles devoient revenir à la trésorerie.

(1) *Voy.* Preuves n. 341, à la fin.   (2) *Voy.* Preuves, n. 165.

THIBAUD, trésorier, est connu par l'acte de 1242, par lequel il donna 40 liv. aux gens de Chitry, avec lesquels son prédécesseur avoit traité pour des vignes. Il fonda son anniversaire moyennant vingt sols de rente sur les mêmes vignes ; ce qu'il fit agréer par l'évêque Bernard. Cet anniversaire est apparemment celui qui, dans quelques livres d'obits, est ainsi désigné au mois de décembre : « Obitus Theobaldi « Odet thesaurarii. » Il est probable que c'est de lui ou de quelqu'un de ses parents de même nom, qu'une des rues de Paris a été dénommée *la rue Thibaud Odé*. Il est aussi marqué dans le Cartulaire du Chapitre aux années 1250, 1253 et 1255, fol. 137 et 139.

JEAN, trésorier, pouvoit être depuis longtemps pourvu de cette dignité, lorsqu'il accompagna, en 1280, Guillaume des Grez, évêque d'Auxerre, qui alloit prêter, à Sens, serment de fidélité (1). Lui et Etienne, sacriste, transigèrent, en 1283, avec Pierre d'Appoigny, chanoine d'Auxerre.

PIERRE DE LA MOTE. Il est nommé simplement Pierre dans l'acte où il parut comme témoin, en 1320, quand le Chapitre donna à l'évêque Pierre des Grez, la tête de saint Amatre pour être enchâssée ; mais il est avec son surnom dans une charte de Philippe, comte de Valois, de l'an 1327, et il y est dit héritier du même Pierre des Grez (2).

JEAN DE DAMEMARIE, trésorier, est nommé dans un titre de l'an 1335, et dans l'acte capitulaire dressé en 1340, lorsque Guillaume, abbé de Pontigny, prêta le serment de fidélité à l'église d'Auxerre.

BEBLIUS DE S. MARIA. On ne trouve ce trésorier que dans un compte latin de l'an 1362 où on lit : « A Beblio de Sancta Maria thesaurario » pro antiphona sua O, XL sol. »

GUILLAUME LE MERCIER, trésorier, paroît dans un titre de 1369.

GUILLAUME NAZARIE est fort célèbre parmi les trésoriers, à l'occasion de la requête présentée à Michel de Creney, évêque d'Auxerre, en 1398, touchant les charges de la trésorerie (3). Il étoit trésorier au moins dès l'an 1389, et il vivoit encore en 1401, étant nommé dans

---

(1) *Ex autographo*.
(2) *Voy*. Preuves, n. 278.

(3) *Voy*. Preuves, n. 339.

la transaction du Chapitre avec l'évêque. Il cessa de gérer la trésorerie l'an 1407.

THIBAUD BOCACEON qui étoit curé de Moulins-Engilbert et chapelain de Sainte-Catherine dans la cathédrale d'Auxerre, permuta avec le précédent et prit possession le 4 juin 1407. Il mourut dès l'année suivante. Ce fut apparemment lui ou Thibaud Odet qui donna au trésor de la cathédrale un tableau de reliques mentionné plusieurs fois dans l'inventaire dressé vers l'an 1420, et qui est parmi le Preuves de ces Mémoires, n. 352. Peut-être celui-ci est-il le trésorier d'Auxerre dont l'Obituaire de la métropolitaine de Bourges de 1514, marque ainsi l'obit au 9 mai : « Anniv. Theobaldi de Chrgiaco thesaurarii » Autiss. et canonici Bitur. »

ÉTIENNE BALAN fut pourvu de la trésorerie après la mort du précédent, et fut reçu le 2 juin 1408. Dès la même année il fit un bail de prés situés à Villefergeau. En 1409 et 1410, il fut gouverneur ecclésiastique de l'Hôtel-de-Ville (1). Etant vicaire-général de l'évêque, en 1425, il donna absolution le 6 juin à Etienne Vivien, archidiacre (2).

PIERRE DE LONGUEIL. Il est qualifié trésorier dans l'un des comptes du Chapitre de l'an 1439. Comme Pierre de Longueil qui a été depuis évêque, résidoit à Auxerre en qualité de vicaire-général dès l'an 1427, il est probable que ce fut lui qui fut revêtu de la trésorerie vers 1430. Au moins les longues absences du trésorier, marquées en 1430 et 1433 dans les comptes à l'article des dépenses communes, s'accordent avec le temps des voyages de Pierre de Longueil vers le duc de Bourgogne (3).

JACQUES VILLEMER, trésorier, fut députe le 2 décembre 1443 avec Jean Comin, pénitencier, pour transiger avec les habitants d'Auxerre. Il ne garda pas cette dignité. Il mourut chanoine au mois de septembre 1456.

JEAN MAUVOISIN, auparavant pénitencier, reçut en 1449 le nouvel

---

(1) *Ex registr.*
(2) Quelques-uns présument qu'il donna à l'église de petites cloches pour les jours or-

dinaires, lesquelles prirent de lui leur nom. Auparavant on les appeloit *Manelli*.
(3) *Voy.* sa vie ci-dessus, pag. 59.

évêque Pierre de Longueil, à la tête du Chapitre (1). Peu après il fut commis par ce prélat, pour recevoir le serment de fidélité de Louis Raguier, fait nouvellement doyen. Il avoit été gouverneur ecclésiastique de l'Hôtel-de-Ville en 1443.

Antoine Thiart, étoit trésorier depuis peu, l'an 1454, selon un compte d'environ ce temps-là. Il permuta sa dignité en 1459, selon l'acte de réception du suivant.

Jacques Juin, dit *Junii* en latin, fut reçu le 21 mars 1461 par permutation, pour la chapelle de Saint-Pierre des Mathurins de Paris. Il étoit prêtre, bachelier en théologie et ès-lois. Il paroit en quelques actes comme conseiller au parlement. Ce fut lui qui, en 1464, rétablit l'ancien usage des trésoriers d'Auxerre (2), de paroître au chœur les fêtes solennelles, l'oiseau de proie sur le poing ; il vivoit encore en 1476 (3).

Jean Garnier fut reçu trésorier en 1495. Il étoit gouverneur ecclésiastique de l'Hôtel-de-Ville en 1497 et 1498. Jean Grillot, chanoine tortrier, fait mention de lui dans l'Ordinaire des usages de la cathédrale qu'il rédigea depuis la reprise de la ville sur les Huguenots (4).

Dreux Picard, noble parisien, chanoine dès l'an 1504, fut aussi reçu à la trésorerie dans le même temps. En 1506 et 1507 il étoit gouverneur de l'Hôtel-de-Ville, Etant encore trésorier en 1517, il entendit le compte de Vincent Souef, chanoine, sur la continuation du bâtiment de l'église (a). Il fut fait chantre en 1524.

Jean Babute, reçu chanoine dès le 4 avril 1506, et qualifié protonotaire, jouit longtemps de la trésorerie. Il y eut en 1532 une enquête sur

---

(1) *Voy.* Preuves, n. 364.
(2) *Voy.* Preuves, n° 378.
(3) Il paroit que c'est ici la place d'Adam de Poigny et de Guillaume Douet ou Donet, que les listes d'anniversaires écrites vers 1530 qualifient de trésoriers.
(4) La notice de ce manuscrit est dans les Preuves de l'Histoire de la prise d'Auxerre, page xxxvi.

(a) Ce Vincent Souef a le titre de « Maistre des œuvres des ouvrages de l'église cathédrale d'Auxerre, pour la réparation de ladite église, » dans un compte de l'évêché de l'an 1515, où il figure pour avoir reçu 120 liv. de l'évêque à cette destination. (N. d. E.)

les droits du poêle des morts qu'il prétendoit avoir, et en 1541 il y eut contre lui une sentence de Laurent Petitfou, abbé de Saint-Père, au sujet de la garde des vases sacrés. Il mourut le 4 août 1551, et fut inhumé proche le grand autel de la cathédrale du côté du septentrion. Son épitaphe en cuivre a été depuis transportée hors du sanctuaire du même côté. Après sa mort, François de Dinteville donna le 10 août des provisions de la trésorerie et de son canonicat, datées de Conflans, au diocèse de Paris, à Godefroy de Cenames, clerc. Ces provisions furent apparemment sans effet, puisque Laurent Robert, prêtre, en avoit été pourvu, et fit démission en faveur du suivant.

Scipion de Popincourt, issu d'une noble et ancienne famille de Picardie, cousin-germain du côté de sa mère de François de Dinteville II, fut reçu à la trésorerie le 17 novembre 1551, sur les provisions expédiées par Florent de la Barre, vicaire-général. Il promit le 19 de se conformer au traité de Nazarie. On le trouve nommé en des actes de 1562 et 1564.

Jean le Sourt, neveu du précédent et natif du diocèse de Meaux, fut reçu trésorier le 7 avril 1567 avant Pâques. On le voit continuer en 1574 et 1580. Il mourut en 1592, le 16 août, après avoir ressenti des affoiblissements d'esprit qui lui avoient fait nommer un curateur.

Claude Jauvart, clerc sénonois, licencié ès-lois, fut reçu trésorier le 28 septembre 1592. Il mourut au mois de mai 1594.

Edme Guillaume du diocèse de Langres, fut pourvu de la trésorerie par le Chapitre « Sede episcopali vacante » le 24 mai 1594 et prit possession le 27. Il remit sa dignité au Chapitre quelques jours après; mais depuis il révoqua sa démission, et le Chapitre le nomma de nouveau le 28 juin 1596. L'année d'après il permuta.

Jean Lordereaux qui étoit abbé de Saint-Marien d'Auxerre, doyen et chanoine de Saint-Mellon de Pontoise, permuta ce dernier bénéfice pour la trésorerie d'Auxerre qu'il avoit en vain essayé d'avoir en 1595 par bulles de Clément VIII, et visa de Claude Arnoul, doyen et grand-vicaire de Sens. Il fut reçu le 31 janvier 1597, et mourut au commencement du mois de juillet 1598.

Pierre le Clerc, auxerrois et chanoine, fut nommé trésorier par le Chapitre le 3 juillet 1598, et installé le 6 par le sieur Chaucuard, sous-chantre. Il passa transaction pour ses charges le 15 juillet 1606. Il y eut deux arrêts du parlement sur le même sujet, en mars 1608 et juin 1609. Il mourut à Paris en 1626, le 4 avril. Son corps, rapporté à Auxerre, fut inhumé dans la chapelle de Notre-Dame de Liesse, qu'il avoit construite au nord de l'église Notre-dame-la-d'Hors. Il avoit été élu doyen en 1610.

Claude le Clerc, neveu du précédent, lui succéda ayant permuté avec lui. Il fut installé dès le 9 avril, deux jours avant la mort de son oncle. Il fut aussi gouverneur ecclésiastique de l'Hôtel-de-Ville. Il fut pourvu en 1638 de l'archidiaconé de Puisaye et quitta la trésorerie.

Pierre Fricour de Fenouillet, clerc du diocèse de Tours et prieur de Juvigny, fut pourvu du canonicat et de la trésorerie, dont Claude le Clerc s'étoit démis entre les mains de l'évêque, et fut reçu à la trésorerie le 30 octobre 1640.

Robert Bastonneau, clerc parisien, reçu chanoine dès l'an 1642, succéda au précédent dans la trésorerie quelques années après. Il passa en 1646 une transaction avec le Chapitre, et en 1652 il y eut une sentence du présidial d'Auxerre au sujet des charges de sa dignité.

Claude Lemuet fut fait trésorier après le précédent, et conserva cette dignité jusqu'à l'an 1674. Il mourut le 29 novembre 1676.

Claude Richer, bachelier de Sorbonne, étoit fils de Pierre Richer avocat à Auxerre. Il fut pourvu en cour de Rome de la trésorerie par résignation de son oncle, et en prit possession n'étant encore que sous-diacre, le 29 janvier 1674.

Robert Poan est qualifié jeune chanoine et trésorier, dans un acte du 29 janvier 1688. Il avoit été reçu le 25 août 1687. Il étoit du diocèse de Soissons.

Prix Deschamps né à Auxerre, a été trésorier depuis le 24 avril 1692 jusqu'en 1722, auquel an il remit cette dignité entre les mains de M. Charles de Caylus, évêque.

Claude-François Breuilot, né à Saint-Sébastien de Plainbois, diocèse de Besançon, fut pourvu de la trésorerie au mois de mai 1722. Il en prit possession le 27 septembre, et s'en démit au commencement de novembre suivant. Cette dignité fut quelques années sans être remplie.

Florent-Louis de Neufville, prêtre du diocèse de Boulogne en Picardie, fut fait trésorier le 4 décembre 1729, et s'en démit le 12 juin 1732.

Claude Foucher, prêtre natif d'Orléans, a été reçu trésorier le 27 juin 1732. * Il est mort en fonctions à la fin de 1751.

* Auguste-Jean-Charles Clément, prêtre du diocèse de Paris, chanoine, fut nommé trésorier en 1752, le 10 décembre. Il fit un voyage en Espagne. Pendant un long séjour à Paris il s'occupa beaucoup des travaux de décoration du chœur de la cathédrale d'Auxerre. Il résigna son bénéfice au suivant.

* Jean-Baptiste Villetard, résignataire de la trésorerie fit signifier au Chapitre l'arrêt du parlement du 31 mars 1787, qui l'envoyait en possession du temporel. Mais il ne reçut pas l'institution canonique par son refus de signer le formulaire. Il fut le dernier trésorier.

ARCHIDIACRES DE PUISAYE EN L'EGLISE D'AUXERRE.

Après que l'on eut partagé le diocèse d'Auxerre en deux parties à peu près égales, on laissa la ville d'Auxerre et le territoire qui s'étend le long des rivières d'Yonne et de Cure au premier archidiacre, qui fut appelé par la suite simplement l'archidiacre d'Auxerre, autrement le grand archidiacre. Le reste qui est borné par la Loire et qui ne renferme aucune rivière considérable, s'appeloit Puisaye, ou Poisaie (1); c'est-à-dire, pays de montagnes par opposition à l'autre. Ce dernier territoire

(1) *Podium* et *Puteus* signifioient anciennement des hauteurs ou élévations.

fut assigné au second archidiacre, lorsqu'en vertu d'une bulle d'Innocent IV de l'an 1249, l'archidiaconé fut divisé en deux. Comme on étoit convenu de réunir à ces deux dignités une prébende dont ils partageroient le revenu, on éteignit celle de Pierre d'Arcueil qui étoit mort le 17 août 1249 : et par la suite l'usage détermina la manière dont ils devoient gagner leur revenus dans la cathédrale (1). Cette dignité est conférée par l'évêque ; elle a sa place dans le chœur auprès du chantre.

Voici les noms de ceux qui furent appelés archidiacres de Puisaye. Le premier fut :

Guillaume surnommé de Dezize, dans le Nécrologe de l'abbaye de Saint-Laurent, au 26 août. Il est déclaré présent dans le testament que la comtesse Mahauld dressa, en 1257 au mois de juillet, à Coulanges-sur-Yonne (2).

Geoffroy, nommé comme archidiacre vivant vers l'an 1260, à la fin des additions faites à un Nécrologe de la cathédrale, touchant la destination des cinquièmes prébendes de la même église.

Michel de Vermenton, est nommé archidiacre de Puisaye dans le cartulaire du Chapitre d'Auxerre, à l'an 1276, dans un titre de Saint-Germain de 1279. « Archidiaconus in ecclesia Autiss. » dans l'acte d'hommage du comte de Flandre en 1281 (3), et enfin dans l'acte par lequel il donna en 1283 des prés à Parly, pour la distribution des heures quotidiennes (4).

Gisles de Sarmoise, archidiacre de Puisaye, nommé en qualité d'arbitre dans des titres de Saint-Père et de Saint-Marien en 1307 (a). Il fut exécuteur du testament de Guillaume de Chailly, chanoine d'Au-

---

(1) *Voy.* les Preuves, n. 341 et 437.
(2) *Voy.* Preuves, t. iv.
(3) *Voy.* Preuves, n° 228.
(4) *Cartul. Capit.*, fol. 111.

(a) Il assiste comme témoin, dès l'an 1304, à la sentence prononcée par arbitres dans le couvent des Frères mineurs d'Auxerre, par laquelle les habitants de Préhy furent obligés à payer un droit de *maréchaussée* sur certaines terres et maisons. — F. Pontigny. Arch. de l'Yonne. (N. d. E.)

xerre. Le Nécrologe de Notre-Dame de la Cité met au 1er juillet : « Obiit magister Ægidius de Sarniesia archid. Autiss. »

Godefroy de Briançon, noble dauphinois, mentionné dans les titres de Pontigny comme archidiacre à Auxerre, les années 1313, 1314 et 1315.

Raoul Chevenau, archidiacre de Puisaye présent, lorsque le Chapitre donna à l'évêque Pierre des Grez la tête de saint Amatre pour l'enchâsser, suivant le billet de ce temps-là qui est dans la châsse derrière le grand-autel. Il est aussi nommé dans le cartulaire à l'an 1322 et 1325 (1). Il présidoit au Chapitre le 15 juillet 1327, lorsqu'on y permit à Pierre de Mortemar, évêque, de couper cent arpents de haute futaie dans les bois de Varzy (2).

Gautier de Rouvré, fut archidiacre de Puisaye pendant sept ans et davantage, qui finirent vers l'an 1340, selon les titres de Pontigny. Ainsi il avoit été pourvu en 1333.

Hugues de Mont-Rieu ou Mont-Rive, étoit archidiacre de Puisaye quand le pape Clément VI l'éleva au cardinalat sous le nom de Saint-Laurent *in Damaso*. Il ne quitta point son archidiaconé, mais il établit pour son vicaire-général Guillaume, curé de Suintille au diocèse de Bayeux, qui eut pour vice-gérant en 1343, Humbert de Salemart, chanoine d'Auxerre. Il mourut le 20 septembre 1360.

Louis Balbet, archidiacre de Puisaye, fut présent à Paris en 1364, à l'hommage de Château-Censoir fait à l'évêque Pierre Aymon par le sieur de Freloy. Il fut aussi présent au chapitre de Saint-Germain, le 3 août 1366, quand on rendit aux religieux les reliquaires engagés depuis sept ans aux Anglois pour la rançon de la ville. Du Tillet le marque la même année, lui ou son vicaire présent, le 23 décembre, au conseil du roi, lorsqu'on traita de modérer l'apanage de Philippe de France, duc d'Orléans.

Pierre de Chissy, qualifié *archidiacre de Puisaye en l'église d'Auxerre*, dans un compte de la ville pour l'an 1375, à l'occasion du don qu'on lui

(1) *Fol.* 306 et 398. | (2) *Voy.* Preuves, n° 277.

fit, à cause des peines qu'il s'étoit données en cour de Rome, pour faire revenir à l'abbaye de Saint-Germain des joyaux emportés dans le temps des guerres. Il est aussi connu par la donation qu'on lui fit, en 1383, d'une vignée située au Boucheau, laquelle il céda depuis à la chapelle de Toussaint dans la cathédrale. Il fut fait doyen en 1390.

Jean de Vitry paroît lui avoir succédé, selon ce qui se lit du suivant. Les registres du Chapitre sont environ vingt ans sans rien fournir sur l'archidiacre de Puisaye, ni même sans en faire mention aux Chapitres généraux, apparemment parce qu'il n'étoit pas chanoine. On y trouve seulement que ce Jean de Vitry prit possession personnelle de son archidiaconé le 3 avril 1399 après Pâques, et même d'un canonicat qu'il abandonna depuis, puisqu'il ne fut reçu que le 26 avril 1413 à celui de Jean de Chanteprime, doyen de Paris. Au 1er octobre 1414, il fut tenu présent *per privil. regis*.

Guillaume Bude qui avoit une expectative de Jean XXIII, fut reçu le 3 juillet 1418 à cette dignité, vacante par la mort de Jean de Vitry, et ne la garda pas deux mois.

Pierre Rebrachien, pourvu par l'évêque, fut admis à la même dignité le 31 août 1418. On le trouve nommé dans un titre de l'an 1427.

Jean de Molins. La perte des registres de plusieurs années, empêche qu'on ne puisse désigner le temps de sa réception. Mais selon un titre, il étoit archidiacre dès l'an 1435. Il est aussi nommé en 1458 dans une transaction du Chapitre avec Pierre de Longueil, évêque. Son testament de l'an 1464 nous apprend qu'il étoit natif de Neuf-Fontaines, proche Monceaux, au diocèse d'Autun. Il mourut le jour de Noël de la même année.

Etienne Gerbaud, déjà chanoine depuis le 9 juin 1464, fut pourvu de l'archidiaconé de Puisaye. Il étoit d'une des plus anciennes familles d'Auxerre. Il résigna au suivant.

Pierre de Longueil, neveu de l'évêque du même nom, fut reçu le 9 novembre 1465 à la dignité d'archidiacre qu'Etienne Gerbaud lui avoit résignée. Il étoit au Chapitre général du 1er octobre 1466 parmi les sous-diacres. Du reste il résida peu : je le trouve au 12 mai 1469 occupé à Paris aux affaires du Chapitre. Il revint à Auxerre à la mort de son oncle en 1473. MM. de Sainte-Marthe se sont fort trompés dans le *Gallia Christiana*, page 325, t. II, en assurant que l'évêque Pierre de Longueil avoit créé l'archidiaconé de Puisaye pour son neveu ci-dessus nommé, puisqu'il y avoit déjà eu avant lui quatorze ou quinze archidiacres de ce nom.

GUILLAUME RAGONNEAU ou RAGONNEL étant chantre de Gien fut reçu chanoine d'Auxerre l'an 1479 (1), et comme il possédoit la cure de Neuvoy, il la permuta en 1482 avec Pierre de Longueil qui tendoit à devenir grand archidiacre. Il fut arbitre, le 4 novembre 1490, dans une affaire qui regardoit les chanoines de Cosne (2). De son temps, c'est-à-dire en 1493, fut donné un arrêt en parlement qui ordonnoit que l'archidiacre de Puisaye entendroit les comptes de fabrique de Gien, et non les officiers du comte (a).

ODARD HENNEQUIN, né à Troyes vers l'an 1484, et frère de Jean Hennequin, grand archidiacre, paroît avoir été reçu archidiacre de Puisaye vers l'an 1505, car dès l'an 1506 il reconnut par devant Masle et Armant, notaires, devoir au Chapitre d'Auxerre 40 sols de rente annuelle, pour le patronage de la cure de Mézilles annexée à sa dignité. Il est nommé, en 1509, dans la publication de la coutume de Troyes, par Thibaud Baillet. Il reçut, le 28 avril 1520, arrivant à Auxerre, les présents de la ville. Le procès-verbal du ressort du bailliage d'Auxerre dressé en 1523 fait mention de lui. Je lis dans un recueil d'actes sous l'évêque Baillet, vers la fin du volume, une saisie du temporel d'Odard Hennequin, archidiacre de Puisaye, parce qu'il ne vouloit pas prêter à cet évêque le serment de fidélité. Il permuta son archidiaconé avec le suivant l'an 1527. La même année il fut nommé à l'évêché de Senlis.

LOUIS DE LA LOUE, ci-devant chapelain de Sainte-Magdeleine dans l'église de Saint-Hippolyte de Bourges, fut reçu archidiacre et chanoine

---

(1) *Ex comp.* | (2) *Ex Cartul. Ep. Autiss.*

(a) Il était encore archidiacre en 1496. (*N. d. E.*)

le 4 mai 1527 (1). Il passa, le 7 mai 1535, par devant Fauchot, reconnoissance des 40 sols dus au Chapitre pour sa cure de Mézilles.

Louis Bride prit possession le 17 avril 1538, en vertu de permutation avec le précédent, et mourut en 1539 au mois de décembre (2). Il fut inhumé sous le portail de la Visitation qu'il avoit fait faire ; c'est celui où est aujourd'hui représentée la Résurrection, proche les orgues.

Charles Grillet fut pourvu par Jean Ferrand, archidiacre de Sens vicaire-général de l'archevêque, le 20 décembre 1540, attendu la trop longue vacance depuis la mort de Louis Bride, et il fut installé le 31. Il est qualifié archidiacre de Puisaye dans la transaction du Chapitre avec les religieux de Saint-Germain, pour les limites de Crevan et d'Irancy, le 5 décembre 1543, et dans le procès-verbal de la coutume d'Auxerre dressé en 1561. Il avoit comparu longtemps auparavant à celui de la coutume de Troyes, comme simple député du Chapitre.

Martin Rousseau du diocèse de Bourges, reçu chanoine dès le 20 septembre 1538, avoit eu comme gradué des provisions de l'archidiaconé de Puisaye, expédiées par le même Jean Ferrand ci-dessus nommé, en date du 5 février 1539, mais il ne s'en étoit point aidé, surtout étant devenu chanoine et chantre de la Sainte-Chapelle du palais. Cependant dans l'été de 1564 il fit valoir son droit, et ayant apporté un arrêt du parlement du 26 mai 1564 qui l'assuroit, et qui invalidoit toutes les conventions que Charles Grillet avoit faites avec lui, il fut reçu et installé.

Mathurin Benard, chanoine, prit possession, le 26 novembre 1569, de l'archidiaconé qui vaquoit par la mort du précédent.

André d'Assigny, clerc auxerrois, fut reçu le 22 mars 1572 au canonicat et à l'archidiaconé de Mathurin Benard, et paya 40 sols pour le patronage de la cure de Mézilles. Il mourut le 14 octobre 1573, et fut inhumé au milieu de la nef de la cathédrale.

Jean de Bourneaux, sénonois, succéda au précédent, et prit possession des deux bénéfices le 8 mars 1574. Il fut fait diacre à Paris le 10 avril suivant, par Pierre de Gondi. Il y étudioit encore en 1577. Il étoit neveu de Jacques Amyot, évêque.

---

(1) *Ex Registr. capituli.*   (2) *Ex Comp. Fabr.*

François Pestele, prêtre du diocèse de Noyon, fut reçu, le 15 septembre 1579, à l'archidiaconé qu'il avoit permuté avec le sieur de Bourneaux, pour le prieuré du château de Merle, diocèse de Laon (1).

Pierre Thion fut reçu archidiacre de Puisaye le 16 décembre 1585 et installé par Droin Chaucuard, sous-chantre. Il est qualifié prêtre senonois, et est dit avoir eu ce bénéfice « per obitum Johannis le Sage. » Il mourut le 3 février 1592, et fut inhumé dans la nef vis-à-vis le crucifix. Il étoit aussi chanoine. Il avoit résigné sa dignité à Pierre Berault, mais cela fut sans effet.

Regnauld Martin, pourvu par l'évêque Amyot dont il étoit secrétaire, et déjà chanoine depuis le 27 novembre 1580, fut reçu le 7 février 1592 à l'archidiaconé de Puisaye. Il étoit du diocèse de Langres et y posséda la cure de Larey. Dans un placet qu'il présenta à Henri III en 1588, pour avoir le canonicat de la cathédrale de Lisieux dû au roi par Jean de Vassey, nouvel évêque, il se qualifie sommelier et clerc de chapelle ordinaire en l'oratoire du roi. Il étoit aussi licencié en médecine. Il quitta sa dignité en 1601. Etant mort fort âgé, à Auxerre, le 29 septembre 1621, il fut inhumé dans la nef de la cathédrale. Il fit faire un des vitrages du fond de la chapelle de Saint-Alexandre où est représentée l'histoire de Job; son nom s'y lit encore.

Gui Cotignon, clerc et chanoine de Nevers, prit possession de l'archidiaconé de Puisaye, et fut installé par le sous-chantre le 22 décembre 1601 (2). Il fit ensuite passer cette dignité à Guillaume Fouquet dont le suivant la tint (a).

Jean Prevost, prêtre parisien, se présenta au Chapitre le 22 février 1613, comme pourvu sur la démission de Guillaume Fouquet.

Barthelemi Malo eut l'archidiaconé par permutation pour un prieuré

---

(1) On trouve dans les registres du Chapitre, au 10 février 1584, qu'un nommé Jean Becdoisy avoit dès lors résigné cette dignité à Jean le Sage. Ces deux derniers possesseurs furent très-peu de temps titulaires, et ne méritent pas d'articles particuliers.

(2) *Ex Registro.*

(a) Il prêcha le carême de l'année 1607, à Tonnerre, et reçut pour cet office 150 liv. d'indemnité. (*N. d. E.*)

de Sainte-Catherine dépendant de Saint-Faron de Meaux. Sa réception se fit le 29 octobre 1618 et son installation par le sous-chantre. Il étoit parisien, docteur de la maison de Navarre (a). Il mourut le 2 octobre 1638, et fut inhumé dans le chœur devant la place des archidiacres de Puisaye, ainsi qu'il l'avoit demandé. Il possédoit aussi la chapelle de Sainte-Agnès.

CLAUDE LE CLERC étant trésorier de l'église cathédrale, fut pourvu de l'archidiaconé de Puisaye et en prit possession dès le 5 octobre 1638. Il eut un compétiteur nommé Georges Jubert, après la mort duquel, arrivée en 1641, il se fit recevoir encore une fois par abondance de droit le 4 de mai ; et il posséda cette dignité jusqu'en 1647 ou environ.

ANDRÉ PERCHERON se trouve qualifié archidiacre de Puisaye dès l'an 1647. Il conserva cette dignité jusqu'à l'an 1680 qu'il mourut âgé de 90 ans. Il étoit manceau, et avoit été auparavant grand archidiacre.

CLAUDE CHRESTIEN, natif d'Auxerre, docteur de Sorbonne et chanoine depuis le 2 août 1660, fut reçu archidiacre le 23 mai 1680. Il est mort le 3 janvier 1712.

AUGUSTIN FERREOL ARCHAMBAULT, natif de Saint-Fergeau, au diocèse d'Auxerre, nommé archiprêtre de Puisaye en 1708, a pris possession de l'archidiaconé le 25 janvier 1712.

* Il fut grand vicaire et official de M. de Caylus. Etant à Paris en 1749, il mourut privé des sacrements, ayant opiniâtrement refusé de se soumettre à la bulle.

* PIERRE JACQUES DETTEY du diocèse d'Autun, prieur de Beauche en 1734, fut nommé archidiacre le 18 juillet 1749.

Il est l'auteur d'une *Vie de M. de Caylus* en 2 volumes in-12. Il est mort dans sa dignité le 9 février 1773.

* DELART DE CAMPAGNOL, licencié en théologie, succéda à M. Dettey le 26 février 1773. Il était encore archidiacre en 1789.

(a) En 1632, il avait voulu permuter avec M. Lemuet, doyen ; mais M. Amyot l'emporta pour le doyenné. — Rég. de délibér. capitul. (*N. d. E*)

SCOLASTIQUES DE L'ÉGLISE D'AUXERRE, DITS DEPUIS PÉNITENCIERS.

Le scolastique ou écolâtre dans les églises cathédrales, étoit le maître des écoles du clergé, autrement dit précepteur. Quoiqu'il y en eût dès le temps de la première race de nos rois, ces maîtres ne devinrent dignes d'une plus grande considération, qu'après que Charlemagne eut établi les écoles dans les monastères mêmes. Pour lors celles d'Auxerre devinrent des plus célèbres, à cause de l'émulation qui se forma entre les maîtres de l'abbaye de Saint-Germain et ceux de la cathédrale. Saint Héribald, évêque sous Louis-le-Débonnaire, fit venir à Auxerre des savants qu'il appela de tous côtés. Charles-le-Chauve envoya au monastère de Saint-Germain son fils Lothaire pour y être élevé sous la discipline du savant Héric. Hugues de Vermandois, fils d'Héribert, comte d'Aquitaine, fut pareillement envoyé dans le siècle suivant aux écoles de l'église d'Auxerre, et il y demeura plusieurs années (1). Le scolastique d'Auxerre fut choisi sur la fin du xe siècle parmi les plus savants hommes pour défendre la cause d'Arnoul, archevêque de Rheims, et même toujours nommé le premier avant les abbés qu'on lui associa. Dans le temps que les évêques cessèrent d'enseigner par eux-mêmes ou de veiller en personne sur leurs écoles, l'archidiacre fut celui sur lequel ils se reposèrent : d'où lui vint la nomination de l'office d'écolâtre ou de précepteur, et celle du lecteur dont les fonctions avoient aussi du rapport avec l'instruction de la jeunesse. Lorsque le revenu en fut diminué, personne ne l'acceptant plus, l'évêque de Seignelay la dota de nouveau vers l'an 1210, s'en retenant la nomination. Gui de Mello lui attacha en 1249 la fonction de chapelain de l'évêque, et lui donna dix livres de revenu sur l'église de Betry, proche Vermenton. Comme parmi ces fonctions étoient celles qui regardent la pénitence et les pénitents, ce fut de là que se forma peu à peu le nom de pénitencier, qui éclipsa celui de

(1) Flodoard, lib. 8, c. 20.

scolastique, d'autant plus facilement que les fonctions du tribunal étoient plus fréquentes que celles de la présidence aux écoles. L'évêque Erard de Lesignes ajouta encore dix livres de revenu à l'écolâtrerie vers l'an 1275. Pierre de Belleperche y réunit en 1307 la chapelle de Saint-Germain. Jusqu'alors le nom de pénitencier n'étoit pas d'usage dans les titres. Il ne fut introduit que dans ceux par lesquels une des cures du diocèse fut unie à ce bénéfice. Les évêques se sont réservé la collation de cette dignité, dont la place dans le chœur est auprès de l'archidiacre de Puisaye.

Alagus est le premier maître de l'église d'Auxerre qui soit connu depuis le rétablissement des écoles fait au ixe siècle. Il vivoit en 875 et 880 : ce fut lui qui, avec le chanoine Rainogala et le moine Héric, rédigea en un corps les gestes des évêques d'Auxerre jusqu'à son temps. Il mourut le onzième jour de janvier où le plus ancien Nécrologe annonce ainsi sa mort : « Obiit Alagus Magister. »

Voici ceux qu'on peut placer après lui, tirés du même Nécrologe :

Arnaud. Il est annoncé dans le Nécrologe au 16 janvier en ces termes : « Obiit Arnaldus Diaconus et Magister. »

Adelbaud est dans le même livre au 3 octobre avec cette annonce : « Obiit Adelbaldus sacerdos et Magister hujus ecclesiæ. »

Jean, scolastique et maître de l'église d'Auxerre, fut le premier des trois défenseurs d'Arnoul de Rheims, dont il est fait mention aux conciles de Saint-Basle et d'Orléans, et dans Flodoard en son Histoire de Rheims ; il vivoit en 990. Il ne se trouve pas marqué en qualité de maître ou de scolastique dans le Nécrologe du onzième siècle d'où je puise les autres, parce qu'il fut fait évêque d'Auxerre l'an 995 et qu'il s'y trouve en cette qualité.

Odon ou Eudes est qualifié précepteur dans le Nécrologe, ce qui est équivalent au titre de maître. On y lit au 16 août : « Ipsa die Odo Præ-
» ceptor S.-Stephani præsentem finivit vitam. »

Girbert paroit être le plus nouveau des maîtres auxerrois marqués dans le Nécrologe primitif. Son article au 4 mai est conçu en ces termes : « Eodem die Girbertus levita et preceptor et abbas S.-Eusebii
» corpus tumulo, animamque reddidit Christo. » En ces temps-là

c'étoit un chanoine de la cathédrale qui étoit abbé de Saint-Eusèbe.

Hugues étoit précepteur dans le Chapitre d'Auxerre l'an 1100, sous l'évêque Humbaud, suivant la matricule des chanoines dressée en ce temps-là (1).

Gislebert étoit dans le clergé d'Auxerre dès l'an 1110, suivant un acte de l'abbaye de Fleury. On infère qu'il fut maître des écoles, de la qualité de *magister* qui lui est toujours attribuée, et de ce qu'outre sa science parfaite dans l'Ecriture sainte, ses autres connoissances lui firent donner le surnom d'*Universalis*. Il avoit aussi été trésorier de Nevers, selon un Nécrologe de cette église. Il fut élu évêque de Londres en 1127. Il y a apparence que ce fut pendant qu'il brilloit à Auxerre, que saint Thomas de Cantorbéry y fit quelques études de droit, comme Jean de Sarisbéry l'a écrit dans la vie de cet archevêque. Il est au Nécrologe par addition au 12 août.

Comme il est très-certain qu'il y avoit longtemps que l'écolâtrerie étoit vacante lorsque Guillaume de Seignelay fut fait évêque au commencement du xiiie siècle, de là vient qu'on ne trouve point de titulaire dans les chartes du xiie siècle.

Humbaud Bastonnier paroît être le premier qui fit revivre le titre de scolastique, lorsque le revenu en eut été augmenté vers l'an 1210. Son obit est marqué le 8 février dans l'Obituaire de 1250. Il y est qualifié diacre et dit avoir donné une maison : « Ob. Humbaudi » Bastonarii, hujus ecclesie scolastici et levite. »

Mathieu de Migny vivoit en 1236, auquel an le Chapitre lui vendit à vie une maison qui venoit de feu Jacques, chantre d'Auxerre (2). Il n'étoit aussi que diacre. Il mourut le 28 décembre. Son obit est ainsi annoncé dans l'Obituaire de 1250 : « Ob. Matthei scolastice et levite, » qui dedit nobis vineam suam de Moreto (3), et prata sua de » Culliaco. »

Étienne de Mez, chanoine et scolastique d'Auxerre, est connu par le testament de Garnier de Saint-Renobert (4), aussi chanoine de la

---

(1) *Voy.* Preuves, n. 17.
(2) *Cartul. Capit.*, fol. 96.
(3) *Moretum*, Morot, près Auxerre et Curly.
(4) *Cart. Cap.*, f. 96.

même église dont il fut exécuteur avec frère Pierre de Mailly, sous-prieur des Jacobins, selon un acte de 1265.

VINCENT, scolastique d'Auxerre, fonda la chapelle de Saint-Vincent, au cloître. Il n'est connu que par là. On ne sait point précisément l'année de cette fondation. Il entra ensuite dans l'Ordre de Saint-Dominique, comme quelques autres dignitaires d'Auxerre (1).

GUILLAUME LE CERF, chanoine d'Auxerre, se trouve présent en 1296, à l'hommage rendu à l'évêque d'Auxerre par Louis, comte de Nevers (2). Il est pareillement témoin, en 1304, à l'abbaye de Saint-Julien-lez-Auxerre, dans l'accord du Chapitre avec les gens de Chichery, dont le même prélat donna acte en ce lieu. Il y est désigné ainsi : *Guillelmus Cervi scolasticus* (3). Sa mort est marquée au 6 novembre dans le Nécrologe de Notre-Dame-de-la-Cité.

GUILLAUME DE LA RIPE, sorti de l'ancienne et noble famille de ce nom, au diocèse d'Auxerre, fut l'un des exécuteurs du testament de Pierre de Mornay, évêque, mort en 1306. Il est qualifié scolastique dans l'acte de réunion de la chapelle de Saint-Germain à l'écolâtrerie de l'an 1307, et l'évêque Pierre de Belleperche l'en investit en lui donnant son anneau. Depuis ce temps-là, il se trouve nommé dans les partitions du Chapitre du 1er mai 1312, aussi bien que dans la procédure du prieuré de Saint-Eusèbe contre Guillaume Meschin, dont il fut arbitre en 1313. De plus, il est nommé dans le registre du dénombrement des fiefs du comté d'Auxerre, aux années 1315 et 1316, pour ce qu'il possédoit à Courson.

MICHEL DE VILLEBREME est qualifié scolastique et chanoine dans un titre du cartulaire du Chapitre de l'an 1324.

JEAN DE VERNOT est mentionné comme scolastique d'Auxerre dans le Nécrologe de Notre-Dame-de-la-Cité. Il vivoit en 1342, selon un acte qui regarde une image du roi Jean (4).

JACQUES CLÉMENT se trouve nommé avec le titre de pénitencier, dans un traité de 1357. C'est l'acte d'accord entre l'évêque Jean d'Auxois et

---

(1) Ci-dessus, pag. 432.
(2) *Voy.* Preuves, n° 247.

(3) *Cartul. Capit.*, fol. 427.
(4) *Voy.* Preuves, t. IV.

le Chapitre, touchant les droits de justice. Ce fut lui que ce prélat en investit au nom du Chapitre. Son anniversaire se célébroit au mois de mai, dès l'an 1369.

Jean L'Asne porte le titre de pénitencier dans un compte de l'an 1369. Un autre monument de l'an 1387 parle de lui comme étant alors décédé. Comme ces titres sont en latin, son nom y est exprimé par *Johannes Asini*, le surnom étant au génitif, selon l'usage de ce temps-là.

Pierre Boileau étoit revêtu du titre de pénitencier au moins dès l'an 1389. Mais il ne vécut pas longtemps après, et il mourut l'année suivante qui est celle de la date de son testament, dont une expédition de 1391 le déclare mort. Il avoit désigné sa sépulture dans la cathédrale, au bas des degrés du chœur qui conduisent à la sacristie ; et il vouloit que le célébrant et ses ministres s'arrêtassent tous les jours sur sa tombe, pour y prier en retournant de l'autel. Il descendoit des Boileau de Paris, déjà connus du temps de saint Louis.

Etienne Maguin ou Mauguin est reconnu pénitencier dans les registres du Chapitre de l'an 1397 (*a*) et 1398, au 18 mars. On lui donne aussi la même qualité à la clôture du compte des deniers publics de la ville, à laquelle il assista en 1400. Il s'adressa au pape Benoît XIII, lui marquant la modicité de son revenu, qui n'alloit pas à 10 livres, outre sa prébende. Ce pape accorda à l'évêque Michel de Creney, en 1409, de lui réserver 100 livres sur quelque bénéfice vacant ou prêt à vaquer. Son mérite le fit choisir la même année pour présider au Chapitre, à cause que le doyen étoit devenu sourd, et il fut installé pour cet effet, entre le doyen et l'archidiacre, le 2 mai. Il mourut le 10 novembre 1412.

Jean Piqueron, se faisant recevoir pénitencier, prétendoit ne point devoir de droit ; ce qui fut réglé par la suite. On le trouve présidant aux Chapitres généraux de l'an 1414, pour l'absence des autres dignités. Il mourut au mois de janvier 1418.

Jean Prevostat fut pourvu, le 19 janvier 1418, de la pénitencerie,

---

(*a*) Il figure dans un acte testamentaire de 1396, de Jean d'Ormoy, ancien chanoine d'Auxerre. (*N. d. E.*)

n'étant que chanoine de Notre-Dame-de-la-Cité, secrétaire et commensal de l'évêque Philippe des Essarts. Il s'étoit mis en règle, avant sa réception, sur le droit qu'il avoit voulu disputer à l'exemple de son prédécesseur ; et il se fit recevoir deux jours après, savoir le 24 juillet 1419. Ce fut lui que l'archidiacre attaqua, en 1425, sur des droits honorifiques. Il mourut pendant l'hiver de l'année 1428, puisqu'au 10 janvier il est fait mention de la vente de sa maison, comme vacante par son décès.

Jean Guesdat fut reçu à la pénitencerie après la mort du précédent, selon un compte de fabrique.

Jean Mauvoisin étoit pénitencier en 1438, selon un bail à vie du 9 novembre, d'un bien dépendant de la chapelle Saint-Germain annexée à sa dignité.

Jean Comin, en qualité de pénitencier et chanoine, signa la reddition d'un compte de la maladrerie de Sainte-Marguerite, proche Auxerre, l'an 1443. Il fut député la même année avec son prédécesseur, qui étoit devenu trésorier, pour faire un traité avec les habitants d'Auxerre. Il fut gouverneur ecclésiastique de l'hôtel-de-ville, en 1446 (1), et paroit cette année à la tête d'un accord des bourgeois avec les vignerons sur les travaux des vignes. Il avoit été autrefois trésorier du Chapitre de Notre-Dame-de-la-Cité.

Jean de Pernant étoit pénitencier dès l'an 1450. Il a cette qualité dans la note du fabricien, au sujet du droit de chape qu'il paya cette année pour sa réception à une prébende canoniale. On lit de lui ce qui suit, dans un compte de la ville (2) : « A Jean Riote sergent xx sols
» pour avoir mis à exécution certain cas de nouvelleté prins et obtenu
» au nom des habitans contre le pénancier d'Aucerre, maître Jehan
» Prenant, à cause de certain droit qu'il vouloit lever et exiger sur les
» enfans étant à l'école dudit Aucerre, contre lequel exploit les doyen
» et Chapitre d'Aucerre se sont opposés, et est le procès pendant par-
» devant le bailli d'Aucerre. » Mandement et quittance, mars 1453. Il quitta la pénitencerie quelques années après, réservant sa prébende sans

(1) *Cartul. Urbis*, fol. 51. | (2) *Comp. Job.* Quoquart, 1453.

résider, ainsi qu'il paroît au 1ᵉʳ octobre 1459, où il est qualifié aumônier du roi. Le Nécrologe de Notre-Dame-de-la-Cité fait de lui un grand éloge au... avril : « Obiit magister Johannes Pernand canonicus eccle- » sie Autiss. confessor et eleemosynarius Domini nostri regis Karoli » VII. » On ajoute qu'il avoit donné 32 écus d'or pour y fonder son anniversaire. Pernand, dont il tiroit son nom, est un village proche Soissons. Il étoit, en 1468, chanoine de Saint-Martin de Tours, et prévôt *de Vacerna* dans cette église, lorsqu'il permuta sa prébende d'Auxerre pour une chapelle dans la collégiale de Saint-Venant de Tours.

Guillaume Pion, natif de Crevan, selon l'acte de sa réception à un canonicat du 9 août 1419, fut fait pénitencier vers l'an 1455 ou 1456. Il paroît sous ce titre dans le traité que le Chapitre fit en 1458, le 8 novembre, avec l'évêque Pierre de Longueil. Il mourut au commencement du mois d'avril 1464.

Pierre des Portes, prêtre, maître ès-arts, bachelier ès-lois et chanoine d'Auxerre, cousin de l'évêque Pierre de Longueil, eut des provisions de la pénitencerie le 22 août 1464, et ne se fit recevoir que durant l'été 1466. Ce qui fit que Pierre de Longueil, évêque, conféra la même année la rectorie des grandes écoles, la pénitencerie étant vacante. Il est qualifié archiprêtre d'Auxerre dans un acte du 26 juin 1454 (1). Il étoit secrétaire de l'évêque ou *scelleur*, en 1455 et 1459 (2) ; il continua de demeurer avec lui comme il paroît par son privilége au 1ᵉʳ octobre de toutes les années suivantes, et fut son exécuteur testamentaire. Il avoit en 1488 un procès touchant un pré dépendant de la cure Saint-Amand attachée à sa dignité, lequel fut réglé par arbitres le 31 juillet. Il vécut apparemment jusqu'en 1495, qui est l'année où on lui trouve un successeur.

Jean Sauljot, natif de Cosne, au diocèse d'Auxerre, fut reçu à une prébende et à la pénitencerie en 1495 (3). Il résigna sa dignité en 1512 au suivant, et fut reçu doyen.

---

(1) *Voy.* Preuves, n. 368.
(2) *Ibid.*, n. 369 et 371.

(3) *Ex Comput.*

Pierre Sauljot, parent du précédent, fut reçu le 25 mai 1512 à la dignité de pénitencier. Par un titre de 1526, il paroît qu'il attaqua Jean le Roy de Prêtre, maître de la petite école de Saint-Père, à cause qu'il ne tenoit pas de lui son institution. Il agissoit le 8 juillet 1528, comme curé de la paroisse de Saint-Amand, annexée à sa dignité contre Pierre de Piles, chanoine et curé de Treigny. Dans l'acte capitulaire qui fait mention de sa mort arrivée le 24 août 1537, il est qualifié curé de Fulvy et annexes, savoir : Villiers-les-Hauts et « Meruriacum. » Il avoit aussi été trésorier de Notre-Dame-de-la-Cité.

Etienne le Muet, prêtre, licencié ès-lois, prit possession du canonicat et de la pénitencerie, avec la cure de Saint-Amand, son annexe, le 4 septembre 1537, par provisions du 24 août, datées de Régennes. Il résida peu sur la fin de sa vie. Il étoit encore pénitencier en 1561, selon le procès-verbal de la coutume. Il fut quelque temps prieur d'Andrie. Il étoit seigneur de Corbelin et autres lieux, et fut l'un des plus riches ecclésiastiques de son temps. J'ai vu des copies de baux qu'il fit en 1539 et 1556, de quelques pièces de vignes situées au finage d'Auxerre, lieu dit *Cry*, dépendantes de la pénitencerie (1). Il mourut le 6 novembre 1566, et fut inhumé devant la chapelle du pénitencier.

Gaspard Damy l'aîné, du diocèse de Châlons, déjà chanoine, official et vicaire-général de l'évêque, quitta la lectorie pour la pénitencerie dont il fut pourvu par M. de Macheco, vicaire général, le 2 décembre, 1566. Il mourut le 6 janvier 1573.

Jacques de la Halle, prêtre du diocèse de Langres, docteur de Paris, déjà chanoine théologal depuis l'an 1550, ou environ, fort connu par ses missions contre les novateurs, fut reçu le 14 février 1773 à la pénitencerie. Il fut aussi curé d'Oisy. J'ai vu la copie d'un titre du 19 novembre 1573, où il est nommé à cause d'une vigne de la pénitencerie située en Morot. Il décéda le 14 décembre 1575. On l'appelait vulgairement *de Aula*, ou notre maître de la Halle (2).

---

(1) *Ex libro* Chaucuard *succent.*
(2) Du Boullay, t. vi, *Hist. Univ. Paris,* p. 942, a remarqué que ce furent ses écoliers, au collége de Navarre, qui lui chan-

ETIENNE BESNIER, prêtre du diocèse du Mans, docteur de Paris, succéda au précédent dans la théologale et pénitencerie, ayant eu des provisions de M. Amyot datées des Quinze-Vingts le 28 décembre 1575, et fut reçu le 18 juin 1576 ; mais il en fit démission dès l'année suivante.

DENIS PERRONNET, natif de Melun, fut le successeur d'Edme Besnier. Etant entré dans l'Ordre des Carmes, il s'étoit fait passer docteur en théologie. Il devint habile prédicateur, et fut théologal à Périgueux, d'où il se retira dans le temps du massacre de l'évêque Pierre Fournier, et vint trouver Jacques Amyot, évêque d'Auxerre, son compatriote, qui le pourvut du canonicat et pénitencerie vacante par la démission du précédent ; il fut reçu le 6 septembre 1577, en exhibant un certificat de M. Arnauld de Pontac, évêque de Bazas, comme c'étoit avec la permission du pape Pie V qu'il étoit sorti de l'Ordre des Carmes. On peut voir ce qui est dit de lui dans l'Histoire de M. Amyot (1) dont il fut vicaire-général. Il demanda en Chapitre, le 22 novembre 1602, que l'on consentît à la désunion de la cure de Saint-Amand de la pénitencerie, pour unir en place celle de Treigny, et il vint à bout de ce changement. Il mourut à Auxerre en 1610. Outre ses sermons qui ont été imprimés à Paris et ailleurs, en plusieurs temps, il fit imprimer à Auxerre en 1609 l'écrit d'Arnold, abbé de Bonneval, sur l'ouvrage des six jours.

EDME THIERRIAT, fils de Gilles Thierriat, prévôt d'Auxerre, eut la pénitencerie par résignation du précédent l'an 1609. Il fut gouverneur ecclésiastique de l'Hôtel-de-Ville en 1613 et 1614. Il posséda aussi quelque temps la chantrerie de Notre-Dame-de-la-Cité. Il quitta la pénitencerie en 1634, et accepta un canonicat de Varzy avec la chantrerie de la même église. Il mourut en avril 1642.

PIERRE ROULÉ, prêtre du diocèse d'Amiens, docteur de Sorbonne

---

gèrent son nom de Bulaluigon en celui de Aula ; et qu'il obtint permission que ce nom lui restât. Baronius le cite en ses Annales sous ce même nom. Sa réputation le fit choisir par le Chapitre d'Auxerre, le 6 septembre 1561, *pour corriger et abréger le Martyrologe particulier de la cathédrale, avant qu'on le récrivît.*

(1) Ci-dessus, p. 180.

parvint à la pénitencerie d'Auxerre par permutation avec le précédent, et fut installé le 1er juillet 1634 (1). Il permuta au bout de deux ans avec celui qui suit.

PIERRE LE VENIER, prêtre natif de Trou, au diocèse du Mans, licencié en droit canon, qui avoit été professeur de rhétorique à Paris au collége de Navarre, étoit titulaire de la cure de Saint-Georges du Rosey dans le Maine, qu'il permuta pour la pénitencerie d'Auxerre, à laquelle il fut admis le 13 septembre 1636. Etant fort dans le goût des embellissements, il fit peindre ainsi qu'on voit aujourd'hui la chapelle où le pénitencier exerce ses fonctions (2). Les nouvelles hymnes du bréviaire d'Auxerre de l'an 1670 étoient de lui. On n'a conservé dans celui de 1726, que celle qui commence par ces mots : « O novam pugnâ stupendâ » martyris victoriam. » Il y a plusieurs de ses poésies dans les Recueils de Mercier, professeur de Navarre. Il mourut à Auxerre le 11 octobre 1669, âgé de 83 ans, léguant à l'église tous ses ornements et vases sacrés dont on se sert encore pour la messe de son anniversaire. Il est inhumé dans la nef devant le crucifix.

JACQUES PAVIN, prêtre, neveu d'André Percheron, archidiacre de Puisaye et natif du diocèse de Tours, eut la pénitencerie aussi bien que le canonicat du précédent par résignation en cour de Rome. Il fut installé le 14 mai 1669. Il décéda en 1694 le 31 juillet.

FRANÇOIS DU PRÉ, prêtre, fut reçu pénitencier le 14 septembre 1694. Il en fit démission l'année suivante.

JEAN MARIE qui étoit lecteur, fut installé pénitencier le 11 août 1695. Il fut aussi vicaire-général d'André Colbert et de son successeur. Il est mort en 1731 au mois de mai.

FRANÇOIS MONNOT DE MANNAY, né à Bagnaux près Donzy, chanoine depuis l'an 1716, prit possession de la pénitencerie le 23 mai 1731, et mourut dans le Berry le.... décembre 1732.

PIERRE DE BOURZES, prêtre du diocèse de Viviers, fut reçu péniten-

---

(1) Le *Menagiana* fait mention de lui.
(2) *Voy.* les Preuves de l'Hist. de la prise d'Auxerre, pag. 54 et 56.

cier le 20 décembre 1732, et est mort le 5 décembre 1739. Il n'a point été chanoine.

Jean Edme Baudouin, prêtre parisien, chanoine de l'an 1735, a été installé pénitencier le 9 décembre 1739. Mort en 1749.

* Jean-Baptiste-Albéric Chevalier, prêtre du diocèse de Paris, licencié en théologie, chanoine, fut pourvu de la pénitencerie par M. de Caylus le 5 juin 1749, sur le refus de M. Contrastin. Il fut pénitencier jusqu'en 1755, année de sa mort.

* Louis-Marcel d'Aymard, prêtre du diocèse d'Orange, nommé pénitencier le 24 juillet 1755 et installé le lendemain. Il fut vicaire-général de l'évêque. Nommé grand-chantre de la cathédrale de Paris en 1773, il fut reçu chanoine honoraire de Saint-Etienne quoiqu'il n'eût pas 20 ans de canonicat.

* De Villiard, prêtre du diocèse de Troyes, bachelier ès-lois, succède à M. d'Aymard le 6 août 1772. Il était encore pénitencier en 1790.

SOUS-CHANTRES DE L'ÉGLISE D'AUXERRE.

Quoique le sous-chantre ne soit pas dignité dans l'église d'Auxerre, mais seulement un personnat titré et non amovible, j'ai cru que je devois placer ici le catalogue de ceux qui l'ont occupé depuis que l'on en a connoissance, parce que cette fonction est celle du chantre même sous une autre dénomination, en sorte même que le sous-chantre d'Auxerre est chargé de presque toutes les fonctions qui sont acquittées dans d'autres églises par le chantre ou pré-chantre : c'est ce qu'il seroit facile de rendre sensible par la comparaison de ce qui se lit dans les anciens missels et graduels, soit manuscrits, soit imprimés, et par plusieurs autres monuments. Aussi à Auxerre son ancien nom étoit *concentor* dont on a fait *succentor* dans le douzième siècle, que quelques écrivains, par inadvertance, ont écrit *subcantor*, ne faisant pas réflexion qu'il n'a jamais été institué ni commandé par le chantre, parce qu'originairement, il chantoit avec le chantre ce que ce dignitaire lui a laissé chanter seul en certains jours. Ce personnat est à la collation de l'évêque; sa place au chœur est à droite, vers le bout qui approche du sanctuaire auprès des dignités. La liste de ceux qui sont qualifiés de l'ancien nom *concentor* est assez courte, mais il n'y a presque point de lacunes dans le catalogue de ceux qu'on a appelés en latin du nom de *succentor*, ainsi qu'on va le voir.

EUDES est le premier de tous. Il est de la première main au Nécrologe écrit vers l'an 1007 au 1er février : « Obiit Eudo sacerdos et con-
» centor. »

ADHELELME. Il vivoit au xe siècle, étant de la première main dans le même Nécrologe au 15 mars, en ces termes : « Obiit Adhelelmus sacer-
» dos et Concentor. »

BERALDUS. Sa mort est au même Nécrologe au 8 avril, en ces termes :
« Obiit Beraldus sacerdos et concentor. »

GIRBERT est le premier qui porte le nom de *Succentor*. Il doit avoir vécu à la fin du xie siècle ou au commencement du xiie. Son obit est ainsi annoncé dans une addition au Nécrologe ci-dessus, au second janvier : « Item obiit Girbertus succentor, levita et canonicus. »

ATTON, prêtre et chanoine, est marqué au même Nécrologe parmi les secondes additions du 27 janvier en ces termes : « Obiit Atto sacerdos
» et canonicus, hujus ecclesie succentor egregius, qui omnibus que
» habebat in eleemosynam datis cum servis, vineis et rebus aliis, ec-
» clesiam honestavit libris suis. »

GERMAIN, sous-chantre, est dit présent dans un acte de l'abbaye de Régny de l'an 1148, et dans l'acte de l'extinction de la prévôté faite l'an 1166 (1).

HERBERT vivoit en 1180. Il est nommé présent à la confirmation que Guillaume de Toucy, évêque d'Auxerre, fit cette année-là au prieur de

---

(1) *Voy.* Preuves, n. 59.

Saint-Eusèbe, du droit accordé par Alain, son prédécesseur. *Herbertus succentor.* Il est aussi mentionné dans un autre acte de 1194. L'Obituaire de l'an 1250 marque ainsi son obit au 6 novembre : « Ob. Her-
» berti succentoris, canonici et presbyteri, IV lib. videlicet, XL sol. super
» vineam de Juglario quam dedit, etc. » Ce climat de vignes étoit proche Monétau.

Nicolas, prêtre et sous-chantre, est qualifié arbitre avec Eustache, sacriste, et maître Bertrand, chanoine d'Auxerre, sur une dîme de Saint-Marien, au mois de juillet 1214, selon les archives de cette abbaye. Il est aussi dit contemporain du doyen Renaud. En 1225, le sous-chantre d'Auxerre, l'official, et maître Brice, furent délégués par le pape au sujet du procès entre le Chapitre de Saint-Germain-l'Auxerrois, et les chanoines de Sainte-Opportune. Nicolas fit du bien à la cathédrale, et son obit fut marqué en ces termes dans le manuscrit de 1250 au 3 août : « Ob. Nicholai presbyteri et succentoris, XL sol. Dedit nobis
» domum suam lapideam juxta furnum B. Marie de civitate, etc. »
Les chanoines de Clamecy ont aussi son nom dans leur Nécrologe au 2 août. Il étoit mort sûrement avant l'an 1228.

Obert de Vézelay, prêtre, chanoine et sous-chantre. Il légua à la cathédrale des prés situés à Pourein et à Beauvoir, dont il est fait mention dans un bail de 1306 (1). L'Obituaire de Notre-Dame-de-la-Cité marque ainsi son décès au 19 décembre : « Obiit Obertus de Virziliaco
» presbyter canonicus, succentor Autiss. pro quo habemus XX sol. »

Pierre de Mailly. Il vivoit encore en 1249 selon des fragments de comptes d'anniversaires ; mais il mourut en 1250 le 7 septembre, comme il se lit dans l'énumération des cinquièmes prébendes. La sienne fut donnée à Vital, official. Les obituaires écrits vers ce temps-là, ont le sien par addition au 7 ou 8 septembre : « Ob. Petri de Malliaco cano-
» nici sacerdotis et succentoris, L sol. super domum suam de claustro
» sitam juxta portam pendentem. » Son obit est au 9 février dans l'Obituaire de Notre-Dame-de-la-d'Hors. Il y eut vers le même temps à Auxerre un autre Pierre de Mailly, mais il étoit sous-prieur des Dominicains, et

---

(1) *Cartul. Capit.*, fol. 357.

il vivoit encore en 1264, où il paroît comme exécuteur du testament de Garnier « de Sancto-Ragnoberto, » chanoine d'Auxerre (1).

Jean le Roux ou *Ruffi* est nommé comme sous-chantre dans le cartulaire du Chapitre (2) à l'an 1250, à l'occasion de son clerc appelé Martin Chataud. Ce sous-chantre fut député en second l'an 1251 avec Guy de Mello, évêque d'Auxerre, pour être conseiller assesseur au jugement que Pierre, évêque d'Herford, porta à Sens dans l'église de Saint-Etienne, sur le mariage d'Henri, roi d'Angleterre, avec Jeanne, fille du comte de Ponthieu (3). Il devint lecteur par la suite et mourut possédant ce personnat (4).

Robert de Compens, sous-chantre d'Auxerre, vivoit en 1255 et 1264, selon le cartulaire du Chapitre (5). Il tiroit son nom de la seigneurie de Compens, paroisse du diocèse de Meaux, dans l'archidiaconé de France. Son parent, Thibaud de Compens, établit vers ce temps-là dans l'église d'Auxerre dont il étoit chanoine (6), le *Salve Regina* des samedis soir. Le Mercure de France a parlé de ce fait, *sept.* 1739, 1er *vol.*, page 1928.

Etienne de Doet ou de Chateaudun, est connu comme sous-chantre d'Auxerre au moins dès l'an 1273, que le Chapitre le députa pour acquérir en son nom certaines vignes en Pied-d'Aloue. Dans un titre de 1275 l'official d'Auxerre le qualifie ainsi : « Vir venerabilis Stephanus » succentor Autiss. magister et provisor generalis domus dei de » claustro Autiss. » Il est présent en différents actes jusqu'environ l'an 1287, entre autres aux hommages faits à l'évêque en 1280 et 1281 (7). Il dota deux chapellenies à l'autel de Saint-Alexandre, qui ont été depuis conférées par ses successeurs, sous le nom de Sainte-Apolline et de Sainte-Eugénie. Il donna, en 1284, des fonds pour fonder dans la cathédrale, la fête de la Transfiguration double, à neuf chandeliers (8). Mais sa principale dévotion fut envers sainte Anne dont il établit la fête au chœur, et parmi les chanoines de Notre-Dame-de-la-Cité, selon leur

---

(1) *Cartul. Capit.*, fol. 96.
(2) *Ibid.* fol. 105.
(3) Rymer, t. I, p. 464.
(4) *Cartul. Capit.*, fol. 264, ad an. 1276.

(5) *Fol.* 115 et 125.
(6) *Ex addit. ad obituar.*, XIII sæculi.
(7) *Gall. Christ.*, pag. 314.
(8) *Voy.* Preuves, n. 242 et 250.

Nécrologe. Il eut aussi quelque dévotion pour sainte Agnès, à la fête de laquelle il établit en 1288 un luminaire distingué (1). Ce fut encore lu qui fit augmenter au calendrier d'Auxerre la fête de la Translation de saint Nicolas, et celle de saint Michel du mois d'octobre. On voit par un titre du xɪɪɪ^e siècle que le lieu de Doet dont il portait le nom, étoit proche Châteaudun. Sa mémoire est marquée dans les Nécrologes de l'abbaye de Saint-Laurent, et dans celui de la Chartreuse de Bellari au mois de juillet (2).

Milon de Rampillon étoit sous-chantre au moins dès l'an 1289 où il est qualifié exécuteur du testament de Pierre de Tournan, chanoine d'Auxerre (3). Il acheta une maison en cette même qualité l'an 1292, et une vigne en 1294 (4). Rampillon est un village de Brie dans le diocèse de Sens. Il avoit pourvu d'une des vicairies de sa dépendance Guillaume de Rampillon, clerc, comme il se voit dans l'acte de 1303, rapporté parmi les Preuves, n. 250.

Adam de Solerre, sous-chantre d'Auxerre, étoit issu des seigneurs de la paroisse de ce nom, dans la Brie, au diocèse de Paris. Il étoit en place dès l'an 1303, puisqu'alors Milon de Rampillon étoit mort. Il est nommé comme diacre dans les partitions de 1312. Il fut aussi présent avec Guillaume Catin, doyen, l'an 1313 aux procédures sur le droit de Saint-Eusèbe. Son nom est au 28 mars dans le Nécrologe de l'abbaye d'Hières, au diocèse de Paris (5), comme ayant donné à cette maison des cens à Solerre : « Obiit Adam canonicus Autissiodor. qui dedit nobis » viij sol. super censu de Solarrio. » Pierre de Belleperche, évêque d'Auxerre, l'avoit nommé à la manière accoutumée, pour mettre le scolastique en possession de la chapelle de Saint-Germain.

Jean Coquard qui étoit professeur ès-lois, en 1309, succéda à Adam de Solerre. Il est nommé dans la lettre de confraternité des chanoines d'Auxerre, avec ceux de Saint-Martin de Tours, en 1315 (6). Il fut arbitre en 1316 avec Guillaume Catin, doyen (7), sur un différend qui

---

(1) *Voy.* les Preuves, 1282, 1284.
(2) Titres des Cordeliers d'Auxerre.
(3) *Cartul. Capit.*, fol. 80.
(4) *Cart. Cap.* fol. 100 et 101.

(5) *Cod. Reg.*, 3883, 5.
(6) *Voy.* Preuves, t. ɪv, n. 263.
(7) *Cartul. Capit.*, fol. 429.

regardoit les seigneurs de Seignelay. Son nom paroît aussi dans des actes de 1318 et 1319, comme chambrier de Pourein (1). Enfin il étoit présent en 1320, lorsqu'on donna à l'évêque Pierre des Grès la tête de saint Pélerin, pour l'enchâsser.

MICHEL D'APPOIGNY est désigné comme sous-chantre d'Auxerre et chanoine dans l'acte d'une fondation de l'année 1324, 22 mars (2). De plus dans les lettres de Pierre de Mortemar, évêque d'Auxerre, de l'an 1327 (3), outre cela il se trouve un acte du 12 août 1329, dans lequel avec sa qualité de sous-chantre, il prend celle de « magister » domus dei B. Stephani Autiss. » Il avoit été reçu en 1321 chanoine de Notre-Dame-du-Val à Provins sur la nomination du roi (4).

ADAM DE CREVAN, sous-chantre, est nommé dans l'acte de réception de Dreux Jourdain au doyenné, en 1345 (5). On ne trouve point de sous-chantre depuis lui jusqu'au suivant.

JEAN GEOFFROY ou *Gaufridi* étoit sous-chantre en 1383, comme il paroît par une quittance du paiement des décimes où il est nommé.

MARC GIBERT paroit avec le titre de sous-chantre comme présent à un don de l'évêque Ferric Cassinel, fait l'an 1389 à son église (6). Bertrand Cassinel, chantre, le fit en 1397 l'un des exécuteurs de son testament. Il avoit la même année un procès criminel dont on ignore la cause. Dans le même temps il soutenoit son droit sur les écoles de chant de la ville d'Auxerre, et sur la nomination des maîtres de ces écoles. Son droit étoit bien établi ; mais il vouloit de plus lever un tribut sur les enfants ; et ce fut ce que la ville y trouva de répréhensible (7). Les registres du Chapitre font foi au reste qu'il n'y comprenoit pas les enfants de chœur, ni les jeunes clercs qui demeuroient chez chaque chanoine (8). Il fut, en 1403, l'un des exécuteurs de la bulle de Benoît XIII sur le traité de Nazarie. Il étoit en 1408 chargé de solliciter les affaires du Chapitre. Il jouissoit d'un privilége de l'Université de Paris. Il mourut sur la fin de la même année vers le milieu du mois de mars.

---

(1) *Ibid.*, fol. 322 et seq.
(2) *Cartul. Capit.*, fol. 512.
(3) *Voy.* Preuves, n° 181.
(4) *Ex Archiv Pruvin.*
(5) *Antiq. Statut.*
(6) *Voy.* Preuves, n°s 333 et 338.
(7) Comptes de la ville, 1397.
(8) *Regist* 1407.

Jean de Cande, chanoine de Sens et d'Auxerre, succéda à Marc Gibert et mourut au bout de quelques mois.

Pierre Charlet, secrétaire de l'évêque Michel de Creney, fut pourvu du canonicat et de la sous-chantrerie, et reçu le 8 juin 1409.

Guillaume du Val-de-Merci fut reçu la même année, le 16 août, aux deux bénéfices du précédent, et mourut peu de temps après (1).

Michel de l'Arc fut pourvu de la sous-chantrerie, et fut réputé présent au 1er octobre 1409, par privilége, parce qu'il étoit chapelain du roi. Il étoit chanoine dès le 21 mars 1408.

Guillaume *Blesi* ou le Bègue prit possession de la sous-chantrerie le 8 mai 1410, et fut installé « a parte dextra in loco succentoris » (2). Il quitta ce personnat au mois d'avril 1415, pour prendre celui du lectorat.

Etienne Moron, chanoine, fut reçu sous-chantre par procureur le 24 avril 1415, et personnellement le 27 mai. Un indult de l'évêque de Bresse le fit tenir présent durant les premières années. Ce fut lui qui, après avoir été guéri par l'intercession des saintes Maries *Jacobi et Salomé*, dont on établit la fête de son temps à la chapelle de Notre-Dame-des-Vertus, au pied de la petite tour, en écrivit la vie et les miracles. Son manuscrit a été inséré dans le lectionnaire de la cathédrale, aujourd'hui conservé à Saint-Germain d'Auxerre. Il décéda chanoine et sous-chantre le 10 octobre 1429.

Simon Bechu fait chanoine dès le 17 septembre 1417 et lecteur en 1423, quitta la lectorie pour la sous-chantrerie (a). Il est qualifié de chanoine et de sous-chantre dans un compte de 1433. Il fut, en 1457, l'un des députés du clergé d'Auxerre à l'assemblée de ville, qui se tint pour régler les travaux des vignerons (3). Il permuta en 1460 avec Philippe Cotet, pour la cure de Saint-Léger-des-Vignes, diocèse de Nevers, et mourut chanoine le 25 mai 1466.

---

(1) *Regist. Capit.*
(2) *Regist. Capit.*

(3) *Voy.* Preuves, n. 370.

(a) En 1423, il était gouverneur des Grandes Charités. (*N. d. E.*)

Philippe Cotet déjà chanoine, devint sous-chantre en vertu de la permutation marquée ci-dessus, et prit possession durant l'automne de l'an 1460. Il étoit licencié en décret. Le Chapitre le fit son official le 2 mai 1464. La même année, le 18 août, fut faite la conclusion en forme d'enquête, qui régla pour la suite une des prérogatives du sous-chantre. Voyez-en la teneur ci-dessous (1). Il fut un de ceux qui s'absentèrent au sujet de la peste des années 1467 et 1468. Il ne mourut, selon les apparences, qu'en 1475.

Pierre Pelaud fut reçu à une prébende et à la sous-chantrerie en 1475, selon un compte de cette année. C'est là tout ce qu'on en sait.

David du Gué prit possession de la sous-chantrerie en 1476. Il fut élu gouverneur ecclésiastique de l'Hôtel-de-Ville pour les années 1481 et 1483. Etienne Naudet, lecteur, le choisit en 1491, pour l'un des exécuteurs de son testament. On ne sait point le temps de sa mort. Il fut inhumé devant l'horloge de l'église.

Jean Sanceaulme, prêtre, fut admis à la sous-chantrerie en 1498, et la posséda très-peu de temps. On voit par le compte de fabrique de 1501 qu'il étoit mort alors.

Guillaume Boisart, prêtre, chanoine et sous-chantre, étoit en même temps fabricien l'an 1503.

Chrestien Maillard, qui avoit été maître des enfants de chœur, en 1497, puis organiste, en 1499, étoit chanoine et sous-chantre au mois de décembre 1513, lorsqu'on indiqua le jour pour choisir un évêque

---

(1) Extractum e registris Capituli Autiss., anni 1464, sabb., 18 augusti. « Quia vertebatur in dubium ab aliquibus Dominis de Capitulo, utrum succentor ecclesie autiss. quod est simplex officium et non dignitas, in tenendo chorum et officiando in ecclesia Autiss. et extra in his que concernunt et ad que tenetur ratione dicte succentorie debet precedere canonicos ecclesie Autiss. ante ipsum receptos, positum fuit in deliberatione per dictum D. decanum, utrum deberet precedere, vel non : Et compertum fuit tam per dictos Dominos capitulantes quam antiquos tortarios ecclesie, quod semper vaderunt temporibus retroactis, quod in iis ad que tenetur dictus succentor in tenendo chorum et officiando in ecclesia Autiss. et extra, ratione dicte succentorie, quod semper precessit quemcumque canonicum etiam antiquiorem. Quapropter fuit declaratum in dicto Capitulo per dictum D. decanum presidentem quod dictus succentor in iis ad que tenetur ratione sue succentorie tam in tenendo chorum quam alias officiando in ecclesia Autiss. et extra de cetero precedet quemcumque canonicum etiam antiquiorem. »

après la mort de Jean Baillet. On le retrouve dans les registres de 1523 et 1524. On croit que Jean Billard, maître des enfants en 1499, reçu chanoine en 1519, lui succéda en 1525 ou 1526, et ne garda pas ce bénéfice.

Pierre Magnen, bachelier en droit, qui avoit été, en 1520, secrétaire de M. de Dinteville, évêque, et fait par lui chanoine, en 1523, eut de lui la sous-chantrerie, et y fut admis le 17 avril 1526 avant Pâques. Il eut, en 1527, un concurrent qui s'appeloit Pierre Richard, pourvu par Antoine Duprat, archevêque de Sens, à Paris, le 22 juillet, et qui se fit recevoir par procureur le 28 septembre. Il fut député, en 1538, pour rédiger un processionnal à l'usage de l'église. Ce fut lui qui, ayant entrepris un procès au sujet de ses droits et de ses charges, consentit à un concordat, qui fut passé en Chapitre, le 14 février 1544, par-devant François Maçon, vice-gérant en officialité de Sens, qui prend la qualité de juge ordinaire en cette partie. Son testament, daté du 10 août 1541, apprend qu'il étoit curé de Couroultre et de Préy. Son codicile est du 9 mai 1547. Il est vraisemblable qu'il mourut la même année.

Laurent Robert. Il n'y a de preuves qu'il fut sous-chantre que par les provisions du suivant, où on lit qu'il avoit eu ce bénéfice de lui par résignation. Il étoit du diocèse d'Auxerre.

Pierre Péan, prêtre du diocèse de Chartres. Les provisions du sous-cantorat que François de Dinteville lui donna, sont du 28 septembre 1549. Il étoit chanoine dès l'année précédente. Il fut reçu à la sous-chantrerie le 1er octobre 1555. On lit dans les registres du Chapitre, au 5 décembre 1557 : « Item fuit prohibitum crucem..... pulsare, » le martinet (gallice), sine permissione succentoris aut sui commissi. » Dans le procès-verbal de la coutume d'Auxerre, rédigé le 16 juin 1561, il est qualifié curé de Gy-l'Évêque. Il quitta la sous-chantrerie en 1564, et mourut chanoine le 27 mars 1566.

Michel Kerver, prêtre du diocèse de Paris, étoit chanoine d'Auxerre au moins dès l'an 1551, et en même temps curé au diocèse de Chartres. Etant devenu par la suite chanoine de Brienon, au diocèse de Sens, il permuta, en 1564, ce dernier canonicat avec la sous-chantrerie d'Auxerre. Il eut son *visa* le 4 décembre et fut installé le 7 (1). Depuis ce temps-là il cessa d'être à gauche dans le Chapitre, et commença à y être assis à droite, comme Pierre Péan et ses prédécesseurs.

MATHIEU MORILLOT, prêtre du diocèse de Langres, chantre de la chapelle du roi, chanoine d'Auxerre dès l'an 1558, permuta la cure de Perroy, au diocèse d'Auxerre, avec Michel Kerver, le 28 septembre 1566, et fut installé sous-chantre le 30. Il mourut le 13 juillet 1568.

PIERRE DE BEAULIEU avoit commencé par être maître des enfants de chœur en 1550. Il fut fait chanoine en 1555, reprit pour la seconde fois le gouvernement des enfants, l'année suivante restant chanoine. Après la mort du précédent, il fut pourvu de la sous-chantrerie par le vicaire-général du cardinal de la Bourdaisière. C'étoit lui qui, deux ans auparavant, avoit obtenu du Chapitre d'Auxerre (2) un morceau de la relique qu'on appeloit *le manteau de saint Martin*, pour l'église de Saint-Martin-d'Olivet, proche Orléans, où il avoit été baptisé. Il mourut sous-chantre, le 16 juillet 1573, et fut inhumé devant la chapelle de Saint-Martin.

LÉONARD HENRION, du diocèse de Sens, premièrement enfant de chœur à Auxerre, puis prêtre, musicien, chanoine tortrier et maître des enfants, fut admis en 1571, le 26 janvier, à un canonicat, puis reçu sous-chantre le 31 août 1573. Il mourut le 6 novembre 1580.

DROIN CHAUCUARD, natif de Colanges-les-Vineuses, au diocèse d'Auxerre, fut reçu chanoine-clerc dès le 27 septembre 1563. Il fut pourvu de la sous-chantrerie par Jacques Amyot, évêque, et installé le 12 novembre 1580. Etant chanoine, il avoit dressé un inventaire des titres, en reconnoissance de quoi le Chapitre lui fit une gratification considérable pour ce temps-là. Il rédigea aussi le livre du sous-chantre, des remarques duquel et de celles de ses successeurs j'ai puisé quelques circonstances qui regardent l'histoire liturgique de l'église d'Auxerre. Ce sous-chantre fut recommandable pour sa piété ; il vécut jusqu'environ l'an 1612. Il avoit été chantre de la collégiale de Notre-

---

(1) *Ex Registris.*

(2) *Regist. capit*, 26 *Martii* 1566 *et* 14 *april.* 1567.

Dame-de-la-Cité. Il posséda aussi la cure de Couroultre et celle de Fulvy. Il fut fort considéré par l'évêque Amyot.

MAGDELEIN JULIEN, du diocèse de Sens, succéda à Droin Chaucuard ; le registre de 1571, 5 janvier, apprend qu'il avoit été enfant de chœur. Il devint chanoine en 1597. Il avoit commencé à intenter procès sur le choix des vins ; mais en 1612, le 15 décembre, le Chapitre général jugea la difficulté en sa faveur, déclarant qu'il choisiroit à son rang d'antiquité, tant comme sous-chantre que comme chanoine. Il résigna six ans après à Denis Chappu.

DENIS CHAPPU, chanoine depuis 1614, fut installé sous-chantre le 29 décembre 1618. Il avoit d'abord été vicaire de Saint-Mamert ; il en devint ensuite curé et conserva ce titre étant sous-chantre jusqu'à l'an 1624. Il résigna son canonicat en 1641 et obtint un canonicat *ad effectum*, pour continuer de jouir des prérogatives du sous-chantre.

JULIEN DAVION, prêtre du diocèse d'Auxerre, chanoine dès l'an 1640, obtint, en 1644, la sous-chantrerie en cour de Rome. Il la garda peu de temps, et la permuta avec le suivant. On a quelques ouvrages imprimés de ce chanoine. Il passoit pour avoir le talent de la prédication.

NICOLAS HOUSSET, chanoine natif d'Auxerre, posséda la sous-chantrerie au moins dès l'an 1647. Il fit, en 1650, le voyage de Rome d'où il rapporta des reliques dont il est parlé ici dans les Preuves (1). Il remit le personnat entre les mains de l'évêque Nicolas Colbert, en 1674, lorsqu'il eût été élu chantre.

CLAUDE BARRAULT, chanoine, né à Auxerre, fut pourvu de la sous-chantrerie, en 1674, après la démission du précédent et fut installé le 6 décembre. Il résigna au suivant.

GERMAIN DRINOT, chanoine et sous-chantre, depuis le mois d'août de l'an 1694 jusqu'en 1712, 29 septembre, jour de son décès.

JEAN LEBEUF, chanoine, né à Auxerre en 1687, pourvu de la sous-chantrerie par M. de Caylus, évêque, en prit possession le 30 septembre 1712. Il donna sa démission en 1743.

---

(1) n° 471.

Monsieur

Votre inquiétude est mal fondée touchant votre dissertation sur Villauxodunum. Elle est dans le 8.ᵉ volume de juin. Je ne me souviens pas si vous m'avez dit de vous demander un exemplaire pour vous; je ne l'ay pas fait de crainte de rebuter ces messieurs qui je vois n'être pas grands donneurs qu'en vers les auteurs déjà connus par de plus amples ouvrages. Cependant vous le voulez je demanderay : ils en conclueront qu'il faudra aussi vous donner celuy où sera votre pièce sur les grands chemins, qui je pense sera aussi être bien tôt imprimé. On a vecu de sens un écrit anonyme, on dit que tout homme non prévenu doit reconnaître dans tel cas

L'ABBÉ LEBEUF A M.ᵉ LETORS D'AVALLON.

pression de César qu'il avoit passé par Sens, et
qu'il en partit apercevoir laissé 2 legions et tout
le bagage. que selon vous il auroit demarqués
qu'il estoit parti du lieu de la assemblée des legats
pour avoir envoyé à Sens les sus d. 2 legions.
2°. Il est faux (dit l'anonyme) que César eut
esté à Rome peu avant cette guerre, il n'alla
que dans ce que nous appellons Lombardie
qui envoie à Rome l'elite fait de luy.
3°. Vous expliquez très mal (dit il) les cinq
heures d'Esté pendant lesquelles un soldat Romain
faisoit grande militair vingt mille pas selon
Vegese. Les heures d'Esté estoient plus longues
chez les Romains que les heures d'hyver. ainsi
dans les Gaules elles avoient près de 80 minutes
celles d'hyver, au contraire n'en avoient pas 60.
Consentez vous qu'on imprime ces sus d. remarques? voyez ce que vous y repondrez.
Les cuiseaux sont sujets à être attaqués. vous
aurez votre réponse toute preste que de la
fin de votre ouvrage, j'oubliois de vous dire

que l'anonyme improuve au fond que vous
traittées, selon l'Itineraire, cõe un ouvrage
de figure et abusé. Il a beau droit à l'être
incertain en doute, ni jugeroit en tiers des
lumieres certaines. cut fini en disant que
parler cõe cela c'est recuser les juges
devant lesquels on est sur de perdre sa cause

J'ay l'honneur d'être avec bien de
respect

Monsieur

Votre tres humble
et tres obeissant serviteur
Lebeuf

a Paris ce 26
juillet 1737.

Avez vous quelque chose de singulier
sur un Canton de Nivernois dit
le Pays des Amognes?
j'ay quelque chose la dessus mais je suis
loin de mes papiers.
Je veux commencer par un volume
de dissertations non encore imprimées, pour
pressentir le public : apres quoy je verray
pour les anciennes.

Dans les Centuries de chartres de Guicheron
il y en a une du Roy Robert en faveur du mon-
stere de Fructuare. Actum Jerusalem anno
Incar. dni M XXIII regnante Roberto XXVII
je croy que vous connoissez cela.
Les Amognes sont les villages au Nord ou Nord est
de Nevers.

A Monsieur

Monsieur le fort Lieutenant
criminel au Bailliage d'Orleans

à Orleans.

* Edme Simon Carouge, nommé sous-chantre le 27 novembre 1743, résigne son office, le 14 février 1764, à M. Davignon.

* M. Davignon succède à M. Carouge, et est maintenu en possession par arrêt du parlement du 17 mars 1768.

* Simon Lorieux, prêtre du diocèse de Blois, chanoine, succède à M. Carouge, après la mort de ce dernier, le 5 mai 1771, le Chapitre l'installe sauf les droits de M. Davignon. Il résigna la sous-chantrerie à M. Parisot.

* André Parisot, né à Varzy, chanoine, fut nommé par M. de Cicé à la sous-chantrerie, le 5 décembre 1781. Il fut souvent réprimandé par le Chapitre pour sa tenue et sa légèreté. Il était encore sous-chantre en 1789.

LECTEURS DE L'ÉGLISE D'AUXERRE.

A considérer le nom de lecteur ou litre dans la simplicité de son origine, cette fonction seroit aussi ancienne, dans l'église d'Auxerre, que l'est celle d'archidiacre, puisque si saint Corcodome, diacre, compagnon de saint Pélerin, put être regardé comme archidiacre; saint Jovinien, à plus forte raison, qui étoit de la même compagnie, dut être considéré comme lecteur dont il portoit le titre. Depuis l'établissement régulier de l'office divin, en même temps qu'il y eut un ou plusieurs chantres préposés pour conduire le chant, il y eut aussi un ecclésiastique constitué pour marquer ce qui devoit être lu aux assemblées des fidèles, soit à la messe, soit à l'office de la nuit. Cet ecclésiastique, chargé de la garde des actes des martyrs, des bibles et des livres d'homélies, devoit montrer à chacun ce qu'il avoit à lire, et souvent lire lui-même le premier, comme les deux chantres principaux devoient inculquer le chant aux psalmistes et aux enfants. Ses fonctions lui assurèrent encore davantage le nom de lecteur, lorsque les biens de l'église furent augmentés. Car ce fut pareillement sous sa garde qu'elle en remit les titres; de sorte que c'étoit lui qui en donnoit communication dans le besoin, qui rédigeoit les nouveaux et qui les écrivoit. De là vint sa dépendance de l'archidiacre qui étoit comme l'intendant du temporel de la mense épiscopale (1). Cet office étoit à sa nomination encore au commencement du XIIIe siècle; mais comme personne ne vouloit l'accepter, l'évêque Guillaume de Seignelay lui annexa une demi-prébende et s'en retint la collation. A mesure que les biens augmentèrent dans les derniers siècles, il se trouva soulagé par ceux qui en gardèrent les nouveaux titres, et l'invention de l'impression ayant rendu les livres communs, les fonctions du lecteur devinrent inutiles. De manière qu'il ne conserve qu'un reste de celles qui sont attribuées ailleurs aux chanceliers, comme de dresser la table des officiants et autres. Les anciens lecteurs du XIe et XIIe siècle prenoient quelquefois le titre de chancelier. La place du lecteur est dans le côté septentrional du chœur, proche la tribune où se chantoient les épîtres et leçons, en mémoire de quoi il a encore en ce lieu un pupitre, de même que le chantre et le sous-chantre en ont chacun un à l'angle opposé et du côté du sanctuaire, où primitivement le chant de la messe s'exécutoit.

SAINT JOVINIEN, lecteur de l'église de Rome, le devint de celle d'Auxerre, en accompagnant saint Pèlerin qui vint la fonder au IIIe siècle.

Les lecteurs sont inconnus depuis lui jusqu'environ le XIe siècle, auquel il faut placer ceux que l'on trouve dans le Nécrologe écrit alors.

JEAN vécut avant le XIIe siècle, paroissant être des premiers ajoutés au Nécrologe dont on vient de parler, en ces termes, au 21 juillet : *Obiit Johannes levita et canonicus, lectorumque magister.*

RODOLPHE écrivit vers l'an 1076 un titre qui regarde la fondation du Chapitre de Clamecy, rapporté dans les Preuves, n. 14, et prend le titre de chancelier.

BLADIN paroit être plus nouveau que Jean et avoir vécu avant ceux

---

(2) *Gloss. Cangii, voce Notarii abbatum.*

qui suivent. Il se trouve dans le Nécrologe susdit. On y lit en second lieu, au 23 août : *Ipsa die obiit Bladinus lector et canonicus.*

Jonas, lecteur, est nommé comme témoin dans la donation que l'évêque Hugues de Montaigu fit, en 1123, de l'église d'Augy aux chanoines de Saint-Père d'Auxerre (1); au lieu que dans la charte par laquelle l'évêque et le Chapitre confirment, en 1120, une donation faite à l'abbaye de Pontigny par Étienne, trésorier, il est qualifié chancelier. Ce qui prouve que les deux titres étoient arbitraires. Voyez encore Preuves, n. 14.

Ildebert fut présent, en qualité de chancelier, quand l'évêque Humbaud accorda, l'an 1110, les seigneurs de Toucy avec l'abbé de Fleury.

Hugues souscrivit, vers l'an 1138, avec l'évêque d'Auxerre, Hugues de Mâcon, à la ratification que fit Gervais, abbé de Saint-Germain, d'un échange entre les clercs de Saint-Florentin et les religieux de Pontigny. Les additions à l'ancien Nécrologe se contentent de marquer au 8 juillet : « Obiit Hugo lector; » mais l'Obituaire de 1250 marque, au même jour, qu'il avoit donné aux chanoines trois arpents de vignes en Montdefois, *in Monte defenso*, et un bâtiment de pierre situé devant l'église, *cameram lapideam ante ecclesiam nostram*, laquelle étoit alors occupée par maître Anselme. Un titre de Molême de l'an 1137, un autre de Clamecy de 1143, Preuves, n. 33, et d'autres, nos 43 et 49, le qualifient de chancelier. Saint Bernard, écrivant, en 1153, au pape Eugène III sur l'élection de l'évêque Alain, lui donne le même titre et le met dans le rang des prêtres. Il vivoit encore en 1159.

Pierre Sevenet. Ce lecteur est connu par le Nécrologe de l'an 1250, où il est de la première main, au 29 août, en ces termes : « Ob. Petri
» Seneveti levite et lectoris hujus ecclesie, lx s. super domum suam
» sitam ante ecclesiam B. Marie in civitate, quam propriis sumptibus
» edificavit et nobis dedit. » Je ne puis guère le placer qu'ici, le reste du siècle et la moitié de l'autre étant remplis par les suivants.

Robert Abolant fut un lecteur très-célèbre qui mit à profit le dépôt

---

(1) *Voy* Preuves, n° 22.

des archives naissantes du Chapitre, dont il étoit chargé. Il composa la Chronique d'Auxerre qu'il acheva à l'abbaye de Saint-Marien, Ordre de Prémontré, où il se fit religieux sur la fin de ses jours. Voyez son testament qui est fort curieux (1). Il avoit fait écrire des volumes de vie des saints, dont il en reste un à l'abbaye de Saint-Germain (2). Son anniversaire est au 21 février dans l'Obituaire de 1250, en ces termes : « Ob. magistri Roberti *Abolant* canonici et presbyteri c. sol. etc., » et il est un de ceux qui n'ont point été compris dans la réduction. Il étoit du clergé de la cathédrale, au moins dès l'an 1180. (3).

A...... Ce lecteur d'Auxerre, dont nous n'avons que la lettre initiale du nom, n'est connu que par une lettre tirée d'un manuscrit de l'abbaye de Preuilly, au diocèse de Sens (4). Il y paroit comme délégué du cardinal Octavien avec Arnaud de Saint-Père d'Auxerre, dans des poursuites touchant les dettes d'un curé de La Celle qui s'étoit fait moine à Barbeau. Il a dû occuper le lectorat d'Auxerre entre l'an 1205 que Robert Abolant le quitta, et l'an 1225 ou environ qu'Arnaud n'étoit plus abbé de Saint-Père (a). Ce fut à lui, en sa qualité de chancelier, ou au suivant, que le pape Innocent III adressa, aussi bien qu'à l'archidiacre, un rescrit en faveur de son légat, contre le grand archidiacre de Chartres qui avoit disposé d'un bénéfice de sa dépendance, quoique avant la vacance ce légat s'en fût réservé la disposition.

BRICE, lecteur d'Auxerre, est qualifié procureur du Chapitre d'Auxerre, dans une sentence de Renaud, official de l'évêque, en 1221 (5).

ROBERT DE DIJON doit avoir ici sa place, parce que l'Obituaire de l'an 1250, marque sa mort. On y lit au 1er juillet : *Ob. Roberti de*

---

(1) *Voy.* Preuves, n° 100.
(2) Celui où sont les légendes de mai, juin, juillet et août.

(3) *Voy.* Preuves, n° 72.
(4) T. I, *Thes. anecd.*, p. 775.
(5) *Cartul. Capit.*, fol. 321.

(a) Il faut placer entre ces deux dates un maître Hervé de Gien, qui porte le titre de lecteur d'Auxerre sur son sceau appendu à une charte de l'abbaye Saint-Marien, de l'an 1223. — Arch. de l'Yonne. Saint-Georges. (*N. d. E.*)

Divione canonici et lectoris. Il avoit légué à l'église deux pièces de vigne du côté du pont.

Guillaume li Boez ou *Boerius*, lecteur, fut fait arbitre, en 1241, avec Hugues, prieur de Saint-Germain, touchant le différent qui étoit entre les chanoines d'Auxerre et la même abbaye, au sujet des chanoines tortriers, et ils prononcèrent leur sentence en 1242. Il vivoit encore en 1250, selon une note de l'Obituaire au 21 mai. Il paroît qu'il mourut l'année suivante, puisque son obit fût ajouté alors à celui du 20 janvier, en ces termes : « Item ob. Guillelmi Boërii lectoris canonici et sacer-
» dotis. »

Jean le Roux, qui étoit chanoine dès l'an 1243, selon un acte d'arbitrage concernant l'abbaye de Saint-Germain, et qui étoit sous-chantre, en 1251, fut par la suite revêtu de la qualité de lecteur ou litre. Il fut délégué sous ce titre, en 1260 et 1263, pour juger le procès de Jean, abbé de Saint-Germain, et Milon, de Saint-Florentin, touchant les coutumes de Villiers-Vineux. Je trouve, dans un Obituaire d'environ ce temps-là, qu'il occupa au cloître la maison d'Etienne de Lésignes, qu'avoit tenu en 1250 Henri Cornut, archidiacre de Chartres. Son obit est, par addition, dans ce même volume à la fin de février (1). Il falloit que ce Jean le Roux fut considéré par Jean de Chanlay, évêque du Mans, puisqu'il donna, au Chapitre de Notre-Dame-de-la-Cité, une rente sur un pré de la rivière de Beauche, pour la fondation de son anniversaire.

Henri de Vézelai, personnage illustre, qui fut aussi trésorier de l'église de Laon. Gui de Mello, évêque d'Auxerre, le choisit, en 1265, pour l'un des exécuteurs de son testament. Saint Louis, roi de France, dont il étoit un des chapelains (2), lui fit le même honneur à l'égard du sien, l'an 1269. Un titre du vendredi d'après l'Epiphanie 1282, le suppose mort chanoine et lecteur d'Auxerre. C'est un bail fait de quelques vignes du territoire d'Accolai, « que fuerunt bone memorie defuncti
» magistri Henrici de Vezeliaco quondam Autiss. canonici et lectoris,
» que ad ipsum magistrum Henricum devenerant ratione excasure. »

---

(1) *Ex Necrol. B. M. in Civ.* | (2) Duchêne, t. v, pag. 440.

GUILLAUME LE BRET, lecteur, n'est connu que par les additions faites aux Obituaires sur la fin du XIIIᵉ siècle. Dans l'une de ces additions, on lit au 20 octobre : « Obitus magistri Guillelmi le Bret quondam lec-
» toris et presbyteri ; » et dans l'autre, au même jour : « Item ob.
» magistri Guillelmi de Diseia lectoris ecclesie Autiss. et sacerdotis. »

GUILLAUME, surnommé en latin *Catini*, est connu comme lecteur de l'église d'Auxerre par deux actes du Cartulaire du Chapitre, l'un de l'an 1300, où il paroit avec Hugues de Herment, en qualité d'exécuteur du testament de Vincent de Mêve ; l'autre, de 1304, est un accord du Chapitre avec les habitants de Chichery, fait par l'évêque Pierre de Mornai, dont il est dit témoin : « G. Catini lector. Vers le même temps, il fut l'un des arbitres sur le différend entre Gilles, abbé de Saint-Père et les paroissiens, touchant les réparations de leur église. Il est encore désigné en sa qualité de lecteur, en 1309, dans des lettres de l'évêque Pierre des Grez (1).

FÉLIX DE COUDUN, qui n'est qualifié que de chanoine-prêtre dans les partitions de 1311 (2), paroit en qualité de lecteur dans l'acte du 23 juin 1315, qui regardoit la confraternité du Chapitre d'Auxerre avec celui de Saint-Martin de Tours (3). Il fut aussi l'un des chanoines qui visitèrent, l'an 1320, la châsse de saint Amatre dans la cathédrale (4). En 1324, ce chanoine-lecteur légua, par testament, à l'Hôtel-Dieu de la cathédrale, tous ses livres, au nombre de seize ou dix-sept volumes, à condition que Gilles de Paisy, son neveu, ecclésiastique, en auroit l'usage sa vie durant (5). Coudun, dont ce lecteur tiroit son surnom, est un village du diocèse de Beauvais, peu éloigné de Compiègne.

PIERRE LE BLANC, appelé *Petrus Albi* dans les titres latins. Il est qualifié professeur ès-lois, clerc du roi et lecteur d'Auxerre, dans l'acte qui le députa pour aller demander, en 1325, à Charles-le-Bel, la permission d'élire un évêque, après la mort de Pierre des Grez. Il prend les mêmes qualités, en 1328, dans la quittance qu'il donne au Cha-

---

(1) *Voy.* Preuves, nº 256.
(2) *Voy.* Preuves, nº 260.
(3) *Voy.* Preuves, nº 263.
(4) *Voy.* Preuves, nº 267.
(5) *Voy.* Preuves, nº 272.

pitre d'Auxerre, de douze livres qu'il lui avoit payées sur les meubles de Guillaume de Lésignes, chanoine, son ancien débiteur.

PIERRE DE DICY, chanoine et lecteur, fonda, en 1340, son anniversaire (1). Il obtint en même temps, à cause de ses fréquentes infirmités, d'être tenu présent à matines, le reste de sa vie, les jours qu'il seroit à Auxerre. De son temps, en 1336, il fut conclu qu'on feroit un recueil de toutes les chartes et titres. V. Preuves, n. 286. Il y a apparence que ce lecteur donna tous ses soins à la confection de ce Cartulaire, parce que comme on lisoit autrefois dans la préface, cela épargnoit au lecteur la peine de recourir aux originaux en y trouvant la copie des actes. Il fonda la chapellenie de Saint-Jacques-le-Majeur, Saint-Michel et Saint-Eloi, auprès de laquelle il est inhumé et où on lisoit autrefois sur sa tombe ce qui suit : « Hic jacet discretus vir » Petrus de Diciaco quondam Autiss. canonicus et lector, qui fundavit » hoc altare in honore Dei et V. M. et Jacobi apostoli, Michaëlis » archangeli, et sancti Eligii conf. ; obiit autem anno domini MCCC- » LVIII die XII mensis maii. » Cette chapelle est celle qu'on appelle aujourd'hui le nouvel autel de saint Michel, proche la porte méridionale de la croisée, au-dessus duquel sont représentés, dans le vitrage, les trois saints nommés dans l'épitaphe, et Pierre de Dici à genoux en soutane violette. Saint Eloi est aussi peint à fresque sur le mur voisin avec une mitre à l'antique.

BERNARD DE PIERRE-LATE, en Dauphiné, ou de Pierre Laye, près Pontoise (2), étoit chanoine et lecteur d'Auxerre, au moins dès l'an 1369, mais il ne résidoit pas, sa prébende et sa lectorie étant dans le rang des bénéfices forains (3). On trouve, dans le testament d'Audoin Albert, cardinal, fait à Avignon, en 1363, ce même Bernard avec le titre de chanoine de Limoges. Il possédoit encore, en 1383, la lectorie, selon une quittance des décimes apostoliques de cette année. Il fonda son anniversaire qui se trouve marqué en février dans les anciens comptes.

---

(1) *Cartul. Capit*, fol. 363.
(2) (*De Lata petra*).

(4) *Comput. hor. annor.*

Jean Camuset étoit lecteur en 1395, mais il résidoit à la cour de Rome. Il donna, en 1398, des ornements à Notre-Dame-des-Vertus. On lui fit grâce, en 1399, d'une partie du stage. Il rédigea son testament le 16 septembre 1400. On y lit qu'il fut curé de Colanges-les-Vineuses et que sa famille étoit d'Auxerre, de la paroisse Notre-Dame-la-d'Hors. Il mourut au mois d'octobre ou de novembre suivant.

Jean de Maray, chanoine dès le 17 mai 1400, fut installé à la lectorie, en personne, le 1er juin 1401. Il est aussi qualifié trésorier de Notre-Dame-de-la-Cité, en février 1401. On conclut de son temps de faire deux sceaux (1), l'un qui seroit de forme ronde pour les actes judiciaires et lettres clauses, qu'il devoit garder par devers soi, *juxta fundationem et consuetudinem sui beneficii*, et l'autre pour les contrats qui devoit rester au trésor.

Guillaume le Bègue ou *Blesi*, chanoine depuis l'an 1401, quitta la sous-chantrerie qu'il avoit tenue pendant cinq ans, et fut reçu à la lectorie le 2 mai 1415, en vertu de lettres du cardinal de Bar, évêque de Porto (2). Le Chapitre fit de son temps une déclaration des charges du lecteur. On croit qu'il mourut en janvier 1423; au moins il est qualifié *défunt*, le 20 de ce mois, lorsqu'il s'agit de la vente de sa maison.

Simon Bechu, du diocèse de Troyes, qui avoit été reçu chanoine le 17 septembre 1417, non sans peine, parce qu'on le croyoit serf, eut la lectorie par grâce apostolique et y fut admis le 23 janvier 1423. Il céda, le 8 novembre 1424, sa maison canoniale à M. de Chastellux, qui en cherchoit une à acheter. Il étoit économe du temporel de l'évêché, *sede vacante*, le 11 mars 1428. Il quitta la lectorie pour devenir sous-chantre à la mort d'Etienne Moron, arrivée le 10 octobre 1429.

Jean Vimont fut reçu lecteur entre la Sainte-Luce 1429 et le 1er mai 1430 (3). Il jouissoit de ce personnat en 1439 et même en 1448 (4).

---

(1) *Regist. Capit.*, 4 mai 1409.
(2) 9 octobre 1416.
(3) *Compot.*
(4) *Ibid.*

Il vivoit encore en 1458. On croit que ce ne fut qu'après sa mort qu'il eut un successeur.

Jean Choin n'est connu comme lecteur que par les provisions de son successeur. Il y a quelque preuve qu'il étoit lecteur en 1458. Les registres marquent, au 13 avril 1460, que ce Jean Choin donna cent livres pour faire des orgues.

Etienne Naudet, chanoine dès l'an 1457, permuta avec Jean Choin, en 1461, son canonicat de Notre-Dame-de-la-Cité, pour le personnat de lecteur dont l'évêque lui fit expédier les provisions à Varzy, et fut installé le 16 octobre. Il exerça l'office de secrétaire des conclusions capitulaires, depuis l'an 1456, au moins, jusqu'à l'an 1473. Il fut élu gouverneur ecclésiastique de l'Hôtel-de-Ville, en 1480. Son testament du 25 janvier 1491, nous apprend qu'il étoit curé de Chasnay. Voyez-en ci-dessous quelques particularités (1). Il vécut vraisemblablement encore quelques années depuis la date de cet acte, puisqu'on ne trouve de réception de lecteur que six ans après. Il fut inhumé au mois d'octobre, au bas des degrés du grand portail.

Guillaume Rousseau fut reçu à une prébende canoniale et au lectorat, en 1497, et mourut en 1500.

Pierre Obbe ne fut lecteur guère plus de temps. Un compte de 1503 le suppose mort.

Michel le Caron, chanoine dès l'an 1493, n'est connu en qualité de lecteur que depuis l'an 1503. Il est présent, en 1515, à la conclusion sur l'élection de l'évêque. Pendant la peste de l'été 1515, le député pour l'élection du chantre le trouva retiré dans sa maison des Chasnées qu'il avoit fait bâtir. Il étoit natif d'une paroisse voisine de

---

(1) Etienne Naudet veut qu'autour de son corps « per quatuor pueros thuribula tene- » antur in quibus fumus thuris semper ema- » neat et appareat durante suo servitio. »
Il lègue 15 sols aux Jacobins, autant aux Cordeliers « proviso quod quilibet conven- » tus tenebitur decantare ante ostium suc » habitationis vigilias defunctorum ad no- » vem lectiones, prout consuetum est.
» Ordinat quod dicta die sui obitus pre- » sentetur omnibus personis .. ad offerto- » rium ire volentibus unum parvum dena- » rium secundum consuetudinem in dicta » dicta Eccl. et civitate Autiss. observari so- » litam. »

Clermont en Beauvoisis, appelée Nointel. Etant expert dans la médecine, il fut appelé à Auxerre dans un temps de peste et établi médecin de la ville. Il fut depuis l'un des médecins du roi Charles VIII. Etant chanoine, il fit construire, dans la cathédrale, l'image d'*Ecce homo* derrière l'autel de la comtesse, et l'arcade qui est au-dessus, où l'on voit ses armes et son emblême : *largesse en vertu*. Par son testament, il voulut être inhumé proche cette image; il demanda qu'on augmentât la fête de saint Cyr et de sainte Julite, et que leur châsse fût descendue la veille. Il donna à l'église de Saint-Bris pour enchâsser en argent le chef de saint Cot; ordonna de garnir une salle séparée à l'hôtel-dieu, pour le temps de peste, et rebâtit plusieurs chambres de la léproserie de Saint-Siméon. On lisoit autrefois sur sa tombe les vers suivants :

>Siste gradus qni curris et hoc mirare cadaver,
>Tertia cui cursu parta corona fuit.
>Consilii medicesque mihi decrevit honorem,
>Tum spes Galliæ, timor Karolus Italiæ;
>At tibi si medici superest cura ulla sepulti,
>Ut mentis curet vulnera, posce Deum (1).

Il étoit mort le 13 mai de l'an 1528.

GUILLAUME CHAUSSON, né à Chablis, fut pourvu de la lectorerie par l'évêque le 14 mai 1528 et mis en place le 15. Il fut vicaire-général de celui qui administroit l'évêché d'Auxerre pendant la résidence de François de Dinteville en Italie. Il mourut en 1548.

NICOLAS DAVY succéda au précédent. On le trouve qualifié lecteur dans le registre de 1550. Il est aussi mommé parmi les chanoines présents, en 1561, à la rédaction de la coutume d'Auxerre. Il mourut durant l'été 1563.

GASPARD DAMY l'aîné, natif de Châlons-sur-Marne, official de l'évêque, fut pourvu le 14 septembre 1563 et reçu le 22 octobre. Il s'en demit en 1566, et Gaspard Damy le jeune, clerc de la même ville de Châlons, fut pourvu par M. de Macheco, vicaire-général.

(1) D'un manuscrit de Burcteau, célestin de Sens, en la bibl du Chap de Sens

Gaspard Damy le jeune prit possession par procureur le 2 décembre 1566, et jouit de ce personnat jusqu'à sa mort arrivée le 20 décembre 1614. Il fut aussi curé de Lindry.

François Pellé, prêtre du diocèse d'Angers et déjà chanoine, fut reçu le 12 janvier 1615, mais il ne posséda ce titre que durant quelques mois, étant mort le 6 avril suivant. Il avoit été secrétaire de M. de Donadieu, évêque.

Charles Thiot, prêtre romain, venu d'Italie avec le cardinal de Lenoncourt, prit possession du lectorat le 15 avril 1615, et mourut le 10 mars 1621.

Germain Bardolat, prêtre du diocèse d'Auxerre, fut reçu le 20 mars 1621. Il quitta, en 1649, et se fit chanoine régulier en l'abbaye de Saint-Père (a).

Laurent Odinet, prêtre auxerrois, fut fait lecteur le 18 mai 1650. Il fut vice-gérant en l'officialité sous l'épiscopat de M. de Broc, et promoteur sous Nicolas Colbert, son successeur.

Edme Odinet commença à posséder la lectorie, le 14 juillet 1682.

Jean Marie, natif d'Auxerre, docteur de la maison et société de Sorbonne, a exercé le lectorat depuis le 1er mars 1686 jusqu'au mois d'août 1696.

Guillaume de la Chasse, reçu chanoine en 1681, fut installé au lectorat le 7 septembre 1696. Il a conservé ce personnat jusqu'à son décès arrivé le 16 avril 1725.

Dominique le Clerc, chanoine depuis l'an 1715, a été installé lecteur le 9 mai 1725. *Il est mort en fonctions en 1755.

*Nicolas Créthé prêtre du diocèse d'Auxerre, fut pourvu du lectorat par lettres de l'évêque du 31 décembre 1755, et installé le 14 mai

---

(a) Il est auteur d'un recueil manuscrit contenant les faits intéressants qui se sont passés dans l'église d'Auxerre, depuis 1626 à 1648. — *Voy.* ci-dessus, note A, p. 216.— Archives de l'Yonne. (N. d. E.)

suivant. A sa mort au mois de novembre 1759, M. Vieil fut chargé du lectorat jusqu'à une nouvelle nomination.

M. Vaultier, pourvu du lectorat, fut installé le 22 décembre 1769. Il donna sa démission en 1787 pour devenir chantre.

Joseph-Marie Closet, prêtre du diocèse de Rouen, chanoine d'Yvetot, pourvu du lectorat le 14 juin 1787. Il étoit aussi official et vicaire-général de l'évêque M. de Cicé, et fit en cette qualité une translation de reliques dans l'abbaye des Isles, le 27 octobre 1789. (Procès-verbal de la petite châsse de saint Just à la cathérale).

CANONICAT DE LA MAISON DE CHASTELLUX DANS L'ÉGLISE D'AUXERRE.

La singularité du canonicat de l'église d'Auxerre, attaché depuis trois cents ans à la maison de Chastellux, m'engage à en dire quelque chose à la fin de ce volume, quoique ce ne soit pas un bénéfice ecclésiastique. Les chanoines d'Auxerre, par reconnoissance de ce que Claude de Chastellux, maréchal de France, leur avoit restitué gratuitement la ville de Crevan dans le temps des guerres des Anglois (1), crurent lui devoir accorder le droit de se placer au chœur parmi eux, en habit partie militaire, partie ecclésiastique, et d'y avoir les distributions qui s'y feroient : de sorte que, depuis ce temps-là, celui de ses descendants qui possède la terre de Chastellux (2) s'étant présenté en Chapitre et y ayant prêté serment de défendre les droits, terres et possessions des chanoines, se revêt ensuite des habits dont je viens de parler ; et étant botté, éperonné, couvert d'un surplis, le baudrier avec l'épée par dessus, ganté

---

(1) *Voy.* les Preuves, t. IV, an 1423.
(2) Cette terre est au diocèse d'Autun, à trois lieues d'Avallon, du côté du midi. La paroisse est du titre de saint Germain, évêque d'Auxerre.

des deux mains, ayant sur le bras gauche une aumusse, et sur le poing un oiseau de proie, tenant de la main droite un chapeau bordé, couvert de plume blanche, est conduit depuis la grande porte du chœur et installé dans les hautes chaires du côté droit, où il reste pendant l'office. L'incommodité de cet habit fait que le possesseur du canonicat n'assiste pas souvent au chœur ; et comme sa prébende n'est point à la collation de l'Ordinaire, mais héréditaire dans la maison de Chastellux, il s'écoule souvent plusieurs années, sans qu'elle soit remplie. Ainsi, lorsque dans la famille du possesseur de la seigneurie de Chastellux, les aînés étoient occupés à l'armée ou ailleurs, la prébende restoit vacante jusqu'à ce que la suite des temps pût déterminer quelqu'un à venir en prendre possession. Voilà pourquoi depuis trois siècles qu'elle est créée, celui qui en jouit aujourd'hui n'est que le huitième du nom. Il semble au reste que ce qui fut prescrit pour le cérémoniel des sieurs de Chastellux n'étoit qu'une imitation de ce que pratiquoit déjà le trésorier de l'église d'Auxerre (1), comme un vestige du privilége dont jouissoient les anciens protecteurs des biens du Chapitre. Il falloit même que cela fût alors assez commun dans les cathédrales, puisque dans plusieurs statuts on trouvoit quelque chose de semblable à ce qui se lit dans ceux du Chapitre de Toul, de 1491, en ces termes : « Nobiles scutiferi et mi-
» lites, specialiter hujus ecclesie vassalli cum intrant chorum, admitti
» debent portare calcaria et arma, et collocantur inter archidiaconos et
» canonicos, quia defensores sunt ecclesie pro debito sue nobilitatis.
» Et si eo tempore intraverint quo fit distributio... offerri debet eis gra-
» tuita portio juxta discretionem officiarii. » La place de M. de Chastellux, dans le chœur de Saint-Etienne d'Auxerre, est entre la stalle du pénitencier et celle du sous-chantre. Outre le Glossaire de Ducange, au mot *Canonicus*, on peut voir, sur le droit de MM. de Chastellux, les *Mercures* des années 1683, 1701 septembre, 1732 juin, 1738 mars et avril.

(1) *Voy.* Preuves, n° 354.

SEIGNEURS DE CHASTELLUX, CHANOINES D'AUXERRE (a).

CLAUDE DE BEAUVOIR, seigneur de Chastellux, Mont-Saint-Jean, Beauvoir, Basoche, etc., vicomte d'Avallon, maréchal de France, fut pourvu de la prébende honoraire dans l'église d'Auxerre, en 1423, pour la raison que j'ai apportée (1). Il étoit fils de Guillaume de Beauvoir, capitaine de cinquante hommes d'armes et chambellan du roi, qui mourut en 1401 et qui fut inhumé chez les Cordeliers de Vézelay. Sa mère s'appeloit Jeanne de Saint-Verain. Ce chanoine laïque fut si sensible au don que le Chapitre d'Auxerre lui fit, que, pour être plus à portée d'assister à l'office de la cathédrale, il demanda à acheter une maison du cloître pour sa vie seulement; ce qui lui fut accordé en 1424 en payant le droit d'entrée comme les autres. En 1429, il parcourut le diocèse d'Auxerre pour les intérêts du duc de Bourgogne (2); mais une preuve que la ville d'Auxerre ne devint point pour cela le lieu de sa résidence ordinaire, est qu'y étant passé durant l'été de l'an 1437, le Chapitre lui fit les présents qu'il avoit coutume d'offrir aux seigneurs qui ne résident point. Et quoiqu'on voie, par un acte de 1444, que lui et Marie de Savoisy, son épouse, payoient chacun an au Chapitre cent sols, pour la maison qu'ils avoient louée proche la porte Pendante, c'est-à-dire la dernière du cloître, sur la rue qui conduit à Saint-Loup (b), les

---

(1) *Voy.* les Mémoires pour l'Histoire civile d'Auxerre, à l'an 1423.

(2) Mémoire pour l'Histoire de Bourges, pag. 213.

(a) La maison de Chastellux est l'une des plus anciennes de France. Elle établit par des chartes de 1147 son existence et son illustration. Artaud de Chastellux, au moment de partir pour la Terre-Sainte, avec Louis-le-Jeune, fit son testament en faveur de l'abbaye de Régny.

Il est superflu de s'étendre longuement sur l'histoire de cette Maison, qui se trouve dans les Grands officiers de la couronne du Père Anselme et dans les autres recueils généraux. (*N. d. E.*)

(b) Cet acte indique qu'il n'avait pas encore payé la rente, car le Chapitre lui fait remise de vingt années.

La maison est possédée à présent par Mme Baille, et fait l'angle de la rue du Département et de celle des Grands-Jardins. (*N. d. E.*)

comptes de l'hôtel-de-ville d'Auxerre de la même année, marquent qu'il résidoit quelquefois à Colanges-les-Vineuses, et notamment l'été 1444. Après sa mort, son corps fut inhumé dans un lieu dont on a perdu le souvenir. On verra ci-après en quel temps il fut transféré dans la chapelle de saint Alexandre.

Jean de Chastellux, vicomte d'Avallon, seigneur de Bazerne et de Coulanges-les-Vineuses, est qualifié fils de Claude dans l'acte de sa réception marqué au 2 février 1469, dans les registres du Chapitre d'Auxerre. Il étoit né de son troisième mariage avec Marie de Savoisy. Il fut aussi chambellan du roi. Son épouse s'appeloit Jeanne d'Aulnay. Dans un acte de la ville d'Auxerre, du 12 avril 1467, il est dit sire de Chastellux et de Courson ; et dans un compte de 1472, il est dit avoir été en garnison au mois d'août dans Auxerre, pour le duc de Bourgogne. Un fragment du registre capitulaire de 1483, au 30 mai, apprend qu'il demanda aux chanoines d'Auxerre une maison claustrale aux mêmes conditions que Claude, son père, et on lui accorda celle de défunt Gérard Rotier, maître en théologie. Le même jour, il demanda à la compagnie que le corps de son père fût mis dans la chapelle de saint Alexandre et que le sien y fût pareillement inhumé après sa mort ; ce qui lui fut accordé. C'est ce qui me fait croire que c'est lui et non pas Georges de Chastellux qui est représenté avec Claude, dans le mausolée refait il y a environ cinquante ans, quoique l'inscription récente marque que c'est la figure de Georges, amiral de France. Jean mourut avant l'an 1490, suivant les Mémoires de la maison de Chastellux.

Philippe de Chastellux étoit né de Jean de Chastellux et de Jeanne d'Aulnay, vers l'an 1480 ou environ, et fut nourri enfant d'honneur du roi Charles VIII. Il étoit marié dès l'an 1502, en secondes noces, à Barbe de Hochberg. Ce fut sans doute après ce second mariage et lorsqu'il se vit quelques enfants mâles, qu'il prit possession du canonicat d'Auxerre ; mais la perte des registres du Chapitre empêche qu'on n'en puisse fixer le jour ni l'année. Au reste, ce ne peut point être lui qui se fit recevoir en 1534. On ne voit pas quelle raison il auroit eu d'attendre pour cela l'âge de 54 ou 55 ans. Il fut aussi seigneur de Coulanges, vicomte d'Avallon, etc.

PHILIPPE DE CHASTELLUX, fils de Philippe et de Barbe de Hochberg, fille du marquis de Rothelin, se fit recevoir chanoine d'Auxerre le 18 juillet 1534, avant que les partages de la maison de Chastellux fussent faits. Il fut depuis seigneur de Bazerne, Prégilbert et Sainte-Pallaie. Quoique dans la généalogie imprimée chez Moreri, on ne le dise marié pour la première fois qu'en 1560, je trouve que son épouse mourut à Bazerne dès le mois de janvier 1537, puisqu'il demanda alors au Chapitre d'Auxerre des ornements à emprunter *pro faciendo servitio defunctæ-suæ uxoris* (1). Il eut de son troisième mariage, avec Marthe de Culan, Antoine de Chastellux, qui essaya, l'an 1582, de se faire recevoir en sa qualité de fils du précédent possesseur de la prébende; mais qui ne le put, à cause qu'il ne possédoit pas la terre de Chastellux. On ignore le temps de la mort de Philippe. Louis, son cadet, auquel la seigneurie de Chastellux étoit échue ne se fit pas recevoir chanoine. Il mourut vicomte d'Avallon, seigneur de Chastellux, Carrée, etc.

OLIVIER DE CHASTELLUX, après la mort de son oncle Philippe, seigneur de Bazerne, et celle de Louis, seigneur de Chastellux, son père, se présenta au Chapitre, le samedi 20 octobre 1582, et fut admis à la prébende par préférence à Antoine de Chastellux, seigneur de Bazerne, dont le droit étoit moins établi : il fut installé le lendemain dimanche « au » chœur de ladite église, aux chaises hautes du côté dextre, par discrete » personne maitre Droin Chaucuard chanoine et souchantre de ladite » église, pendant les heures canoniales de Tierces : » ce sont les termes de l'acte de sa réception (3). Il épousa, en 1583, Marguerite d'Amboise dont il eut Hercule, César, Alexandre, etc., et mourut en 1617. Il fut inhumé à Carrée. J'ai vu un acte de présentation qu'il signa en 1569, pour l'hôpital de Coulanges. Son attachement à Henri IV fit que, lorsque la ville de Crevan fut réduite sous son obéissance en 1594, il en fut établi gouverneur (a).

(1) *Regist. Capit*, 8 *Jan.*
(2) *Voy.* les Preuves.
(3) *Ex Archiv. D.*, De Chastellux.

(a) Il en fit la remise au Chapitre d'Auxerre le 18 février 1598. — Archives de l'Yonne. (*N. d. E.*)

HERCULES DE CHASTELLUX, fils aîné d'Olivier, se présenta au Chapitre d'Auxerre le 31 octobre 1622, fut reçu et installé le même jour par Denis Chappu, sous-chantre. Ce fut lui qui fit ériger en comté la seigneurie de Chastellux. Il avoit épousé, en 1612, Charlotte le Genevois dont il eut plusieurs fils. Ayant un procès contre Paul de Remigny, seigneur de Jou, en 1642, il pria le Chapitre d'Auxerre d'intervenir; ce qui lui fut accordé le 6 juin.

CÉSAR-PHILIPPE DE CHASTELLUX, troisième fils d'Hercule, devint comte de Chastellux par la mort de ses deux frères tués au service du roi avant l'an 1648. Il prit, la même année 1648, possession de sa prébende héréditaire à l'âge de 25 ans. En 1649, on lui donna une attestation de sa qualité de chanoine d'Auxerre, afin qu'il se fît reconnaître à Tours comme confrère, par MM. du Chapitre de Saint-Martin. Il se trouva présent avec ses habits singuliers, lorsque André Colbert fit son entrée au siège épiscopal, le 3 septembre 1678; il réitéra le dimanche 30 mai 1683 et le lendemain, lorsque Louis XIV arriva à Auxerre, allant visiter son camp de la Saône; ce qui attira l'attention de ce grand prince. Il mourut le 8 juillet 1695.

GUILLAUME-ANTOINE DE CHASTELLUX, né du second mariage de César-Philippe avec Judith Barillon, ayant survécu à ses frères, est devenu comte de Chastellux. Il a épousé, le 16 février 1722, Claire-Thérèse Daguesseau, fille d'Henri-François Daguesseau, chancelier de France. Le canonicat héréditaire n'ayant point été rempli depuis l'an 1695, il en a pris possession aux fêtes de la Pentecôte 1732, de la manière qui est rapportée dans le Mercure de France du mois de juin de la même année.

Sa longue carrière militaire depuis 1703, époque où il entra aux mousquetaires, jusqu'à sa mort le 13 avril 1742, fut marquée par une suite de travaux glorieux. Il combattit à Hochstedt, à Oudenarde en 1708, à Malplaquet en 1709, où il fut blessé. Il fut plusieurs fois employé à l'armée du Rhin. Il assista au siège de Philisbourg en 1734, et obtint le grade de maréchal le 1er août de la même année. Le roi le nomma lieutenant-général le 1er mars 1738, et il obtint la lieutenance générale du gouvernement de Roussillon et le commandement dans la province, par provisions et commission du 9 décembre 1739.

* César-François, comte de Chastellux, fils du précédent, naquit en 1723. Immédiatement après la mort de son père, on obtint pour lui le gouvernement de Seyne, et peu de temps après, le commandement du régiment d'Auvergne et le grade de brigadier. Il ne prit pas possession de son canonicat à la cathédrale. Il mourut à Fresnes, chez son aïeul le chancelier d'Aguesseau, en 1749. Il avait épousé, en 1745, Olympe-Elisabeth du Thil.

* Henri-Georges-César de Chastellux, fils du précédent, naquit à Paris le 18 octobre 1746. Il entra dans les mousquetaires de la garde en 1763, et devint successivement capitaine-commandant au régiment de Royal-Piémont cavalerie, en 1765, colonel du régiment de Lyonnais le 18 mai 1772, puis passa au même titre au régiment de Beaujolais en 1774. Il fut créé chevalier de Saint-Louis en 1781, brigadier d'infanterie le 5 décembre de la même année, et maréchal de camp le 9 mars 1788.

Il avait épousé, en 1775, Victoire de Durfort-Civrac, fille de M. le duc de Civrac, chevalier d'honneur de Madame Victoire, tante du roi. Il devint lui-même titulaire de cet emploi en 1787. Le comte de Chastellux a été en qualité d'élu général de la noblesse, administrateur des Etats de Bourgogne depuis 1784 jusqu'en 1787.

Il assista à l'assemblée des notables à Versailles en 1786 et 1787.

Sous son administration et celle de ses deux collégues, MM. l'abbé de La Fare et Noirot, maire de Châlons, la Bourgogne reçut de grandes améliorations dans ses finances et dans ses travaux publics. Aussi en 1787, les Etats voulurent-ils témoigner hautement leur reconnaissance aux trois élus sortants, en leur votant à l'unanimité un décret de remerciement pour tous les résultats et les succès de leur administration.

M. de Chastellux manifesta, en 1787, l'intention de prendre possession de son canonicat; mais, comme nous l'avons vu précédemment (1), ce projet ne fut pas réalisé.

---

(1) *Voy.* ci-dessus, p. 368.

M. de Chastellux accompagna pendant la révolution Mesdames tantes du roi, dans les différents lieux qui leur servirent de retraite. Il rentra en France en 1810, et mourut à Paris en 1814, au moment de l'entrée des alliés dans cette ville.

CONFRATERNITÉS DU CHAPITRE D'AUXERRE,

AVEC DIVERSES ÉGLISES DU ROYAUME.

Les confraternités ou associations entre les Chapitres des églises cathédrales, qui sont éloignés les uns des autres, et qui ne sont pas de la même province ecclésiastique, sont ordinairement établies à l'occasion de quelque saint qui aura vécu ou qui sera mort dans un pays, et dont les reliques auront été transportées dans un autre. Le clergé de ces deux provinces éloignées honorant le même saint, a cru se devoir de mutuelles marques d'amitié. Ces marques consistent ou dans une association de prières, ou dans la participation des honneurs, et séance au chœur de l'une et l'autre église, et souvent dans ces deux choses ensemble.

Le Chapitre de l'église d'Auxerre se trouve lié de confraternité de temps immémorial avec ceux des cathédrales de Beauvais et de Bayeux et celui de Saint-Martin de Tours (a). Il paroit par son Nécrologe du xie siècle qu'il étoit alors en relation de prières pour les morts avec les chanoines de Langres; car c'est d'eux qu'il faut entendre ce qui est dit des chanoines de Saint-Mammès au 29 et 30 avril, et 8 novembre. Mais

(a) Le Chapitre avait également des rapports de confraternité avec les Chapitres des autres églises de la province. Ce fut en 1645 que l'on proposa pour la première fois cette institution. La confraternité avec l'église de Troyes fut conclue le 4 juillet 1704. En 1725, MM. Leclerc et Grasset, chanoines, étant à Sens, pour l'impression du Bréviaire d'Auxerre, furent reçus dans le chœur de la cathédrale par le Chapitre. En 1783, même honneur fut fait à un chanoine de Nevers. — *Voy.* Reg. des droits honorifiques du Chapitre. Arch. de l'Yonne. (*N. d. E.*)

cette société, si jamais c'en fut une, ne continua point dans les siècles suivants. Il n'y a que les trois autres églises, de la confraternité desquelles on trouve plus de vestiges. Je ne m'arrêterai point à décider quelle est la plus ancienne de ces trois associations. Elles sont fondées chacune sur le motif dont j'ai parlé. Celle de Saint-Martin de Tours vient de ce que le corps du grand saint Martin fut réfugié à Auxerre durant les guerres des Normands, à la fin du ixe siècle ; et de ce que le clergé de Saint-Martin vint le reprendre solennellement au monastère de Saint-Germain où il étoit en dépôt. Celle du Chapitre de Bayeux doit son origine au transport des corps de saint Renobert, célèbre évêque de Bayeux, et de saint Zenon, son diacre, dans la ville d'Auxerre, à l'occasion des mêmes guerres des Normands. Les ossements de ces saints, commis à la garde de l'évêque d'Auxerre, furent réfugiés dans son château de Varzy, excepté une partie qu'on transporta en Franche-Comté. La portion de reliques restée à Varzy dans un cercueil de pierre, fournit ce qui servit à la dédicace de la nouvelle paroisse, érigée dans la cité d'Auxerre au commencement du xiiie siècle, sous l'invocation de saint Renobert, sur le territoire de laquelle est une bonne partie du cloître du Chapitre. La confraternité des chanoines d'Auxerre avec ceux de Beauvais, a pour fondement les reliques de saint Just, enfant d'Auxerre, qui à son retour d'Amiens où son père l'avoit mené, lorsqu'il alla racheter un de ses parents captif, fut martyrisé dans le diocèse de Beauvais, en un lieu dit depuis *Saint-Just*. Son corps fut dans la suite transféré en la cathédrale de Beauvais, excepté la tête qui avoit été rapportée à Auxerre, et mise dans la basilique de Saint-Amatre, et dont le reste des fragments est conservé aujourd'hui dans la cathédrale (a).

Le plus ancien monument que j'ai découvert sur ces trois confraternités regarde celle de Saint-Martin de Tours. Il paroit par une lettre du Chapitre d'Auxerre au Chapitre de Saint-Martin, de l'an 1315, que les deux Chapitres renouvelèrent alors cette association, qui avoit été apparemment un peu négligée. L'évêque d'Auxerre a aussi une place dans l'église de Saint-Martin, comme plusieurs autres prélats : ce qui est

---

(a) *Voy.* Preuves. Nécrologe de la cathédrale au 18 octobre. — Saint-Just est encore aujourd'hui un des principaux saints du Beauvaisis. (*N. d. E.*)

fondé sur l'histoire de la Translation du corps de saint Martin dont j'ai parlé. Dans l'église d'Auxerre on fait chaque année un service pour les chanoines de Saint-Martin de Tours décédés. On peut voir dans les Preuves de ces Mémoires la lettre de 1315.

Je n'ai point trouvé de semblable lettre d'union du Chapitre de Bayeux avec celui d'Auxerre ; mais les comptes de dépense du Chapitre d'Auxerre au XIVe, XVe et XVIe siècles supposent cette confraternité. Pour rendre ces Mémoires plus complets, je crois devoir en rapporter ici les articles. On y verra que les chanoines de Bayeux ont eu non-seulement les présents d'honneur en passant par Auxerre, mais encore qu'ils ont perçu les distributions des chanoines tant dans le chœur de Saint-Etienne que dehors, en leur qualité de chanoines de Bayeux.

Ex Compoto kalendarum maii 1362 : « Computat (camerarius) tra-
» didisse de precepto Capituli duobus canonicis Bajocensibus cuilibet
» v solidos pro distributionibus suis. »

» Item eisdem pro sex panibus Capituli, scilicet cuilibet tres panes.
» Valent IV sol. »

Ex Compoto anni 1398. « Pro enceniis factis... Magistro Johanni de
» Monte deserti canonico Bajocensi XXI die februarii de septem pintis
» vini rubei, pro qualibet pinta XV denarii, et septem pintis vini albi,
» pro qualibet pinta VIII denarii, capti in taberna Guillelmi Mariette.
» Valent XIII s. v den.

Ex Compoto anni 1412. « Die jovis post Pentecosten pro XIII pintis
» vini confessori regis presentatis, pro qualibet x den. Valent x s. x
» den.

» Item eidem tanquam canonico Bajocensi pro suis distributionibus,
» v sol.

» Item dicta die pro sex pintis vini magistro Jo. (Daguy), presen-
» tatis ad x den.

» Item eidem tanquam canonico Bajocensi pro distributionibus per
» dictos duos dies, x sol. »

Ex Compoto anni 1493. « Domino canonico Bajocensi in vino eidem
» presentato ex parte Capituli solvi v. s. »

Ex Compoto anni 1520. « Pro vino presentato dominis canonicis
» Bajocensibus transeuntibus III sol. IV den. »

Ex Compoto anni 1521. « Pro vino presentato Domino (Chanvraux),
» canonico Bajocensi viii sol. »

En 1537 Guillaume Andrault, chanoine d'Auxerre, voulant se faire
reconnoître à Bayeux, demanda qu'on cherchât au trésor l'acte de la
confraternité qu'on disoit y être ; et on conclut sur cela le lundi d'après
le dimanche *Judica*, en ces termes : « Duplum collationis canoni-
» catus et præbendæ Bajocensis quod est in thesauro ut fertur, de
» confraternitate inter canonicos præbendatos ejusdem ecclesiæ Bajo-
» censis et canonicos præbendatos hujus ecclesiæ Autissiodorensis
» fiet, et deliberabitur domino (Andrault) pro sibi serviendo prout
» juris fuerit et rationis (1). » Aussi Jean Grillot, chanoine tortrier,
redigeant l'ordinaire de la cathédrale d'Auxerre vers l'an 1575, a-t-il
intitulé ainsi l'un des articles : « De confratriis quas habemus cum cano-
» nicis ecclesiæ S. Martini Turonensis et Bajocensis. »

Le sieur Hermant, auteur de la nouvelle Histoire du diocèse de
Bayeux (2), fait mention de la même confraternité en parlant de saint
Exupère, premier évêque de Bayeux. « La mémoire de saint Exupère,
» dit-il, est aussi en grande vénération à Auxerre, parce qu'on y tient
» par tradition, qu'en venant d'Italie il passa par cette ville, et que ses
» habitants en reçurent de grands biens. C'est de là qu'est venu l'union
» qui est entre l'église d'Auxerre et celle de Bayeux, qui fut renouvelée
» le 22 octobre de l'an 1520, par un chanoine d'Auxerre, député de
» son Chapitre, et qui reçut dans l'église de Bayeux les mêmes hon-
» neurs et les mêmes prérogatives dont jouissent ces chanoines. »
Mais cet écrivain se trompe sur l'origine de la confraternité des deux
Chapitres. Il n'y a aucune tradition à Auxerre sur saint Exupère, et on
n'y a même jamais célébré sa mémoire, quoiqu'on croie qu'il y a passé ;
au lieu que le culte de saint Renobert y a toujours été fort célèbre au
moins depuis le commencement du treizième siècle.

Pour ce qui est de la confraternité avec l'église de Beauvais, elle paraissoit avoir souffert quelque interruption, lorsque vers l'an 1630,
M. Duchaigne, chanoine de Beauvais, passant par Auxerre, y fut reçu

---

(1) *Regist. Capit.* | (2) *In sacrist. S. Capellæ Paris.*

comme un confrère par le Chapitre, avec place au chœur en habit canonial. En 1639 les mémoires sur saint Just que M. Louvet, historiographe de Beauvais, fit demander aux chanoines d'Auxerre, procurèrent au Chapitre de Beauvais une lettre de celui d'Auxerre, où les souhaits de renouvellement de l'ancienne confraternité ne furent point oubliés. Les chanoines de Beauvais acceptèrent la proposition et déférèrent à ceux d'Auxerre l'honneur de dresser les articles de cette alliance (1). Pour la réaliser, le Chapitre de Beauvais, à l'occasion d'une lettre du sieur Noel, chanoine d'Auxerre, conclut, le 16 juin 1646, que si le souschantre ou autre chanoine d'Auxerre venoit à Beauvais pour la fête de saint Pierre, on lui rendroit les mêmes honneurs qui avoient été faits au sieur Duchaigne (2). Un autre article de l'association fut les suffrages pour les morts, et il se pratique encore exactement, c'est-à-dire, qu'après le décès connu d'un chanoine de Beauvais, on chante dans l'église d'Auxerre une grand'messe pour le repos de son âme ; ce que dans celle de Beauvais on fait réciproquement à la mort des chanoines d'Auxerre.

Je n'ai point parlé de celle qui est avec le Chapitre de Troyes, attendu qu'elle est très-nouvelle et formée presque de nos jours.

L'ÉGLISE COLLÉGIALE DE NOTRE-DAME-DE-LA-CITÉ.

Autrefois il n'y avoit guère d'église cathédrale qui n'eût un autel sous l'invocation de la sainte Vierge. Par la suite le terrain de ces églises s'étant étendu, on bâtit plusieurs édifices contigus, qui formoient tous ensemble la cathédrale, quoiqu'il n'y en eût qu'une seule, savoir la plus grande, où fut la chaire de l'évêque. Pour l'ordinaire ces édifices sacrés étoient du titre de Notre-Dame, de Saint-Jean-Baptiste, et de quelque apôtre ou martyr. A l'égard de l'arrangement, il ne fut pas toujours le même, car quelquefois l'église de Notre-Dame étoit au

---

(1) *Voy.* aux Preuves la lettre de M. Manguelen, chanoine de Beauvais.

(2) *Voy.* au même lieu la conclusion du Chap. de Beauvais.

milieu des trois, et quelquefois elle étoit la première du côté du septentrion, en sorte que celle de Saint-Jean tenoit le milieu, et celle du martyr étoit du côté du midi. C'est de cette manière que les trois bâtiments étoient disposés à Auxerre. L'édifice de Saint-Etienne fut celui qui put plus facilement souffrir des accroissements, à cause qu'il étoit moins voisin des rues publiques, et ayant été toujours en augmentant il éclipsa presque entièrement au xv⁰ siècle l'église ronde de Saint-Jean : mais celle de Notre-Dame qui étoit plus éloignée subsista, et elle resta dans son ancienne petitesse, parce qu'elle bordoit le chemin qui conduisoit du haut de la cité à la porte pendante d'où l'on alloit à la rivière.

Angelelme, xxxiv⁰ évêque d'Auxerre, en avoit fait revêtir l'autel de tables d'argent vers l'an 820, et Héribald, son successeur, répara les lambris, les peintures et les vitres : ayant été brûlée sur la fin du même siècle, l'évêque Hérifrid la rebâtit et voulut y être inhumé. Cent ans après lui, Héribert, aussi évêque, y eut pareillement sa sépulture. Ayant été brûlée sous le règne du roi Robert et sous celui de Henri son fils, l'évêque Hugues de Châlon commença à la construire de nouveau : l'ouvrage étant resté imparfait à cause de sa mort arrivée en 1039, ne fut consommé que par l'évêque Humbaud sur la fin du même siècle, et en attribuant à Notre-Dame-la-Ronde, la dédicace marquée au 18 janvier, dans l'ancien martyrologe d'Auxerre, il faut dire que la dédicace de celle-ci fût faite le 29 avril. Quelquefois, en parlant de l'église cathédrale d'Auxerre, les écrivains se sont servi de ces expressions *Sancta Maria et Sanctus Stephanus*, parce qu'il ne convenoit pas qu'en exprimant les deux titulaires, le saint martyr fût nommé avant la sainte Vierge. Cela est ainsi dans un titre de l'évêque Alain de l'an 1157; et j'en ai vu un de l'an 1127, qui regardoit l'église de Sens, où le même ordre est observé. L'église de Notre-Dame d'Auxerre étoit tellement regardée comme faisant partie de la cathédrale, qu'elle étoit gouvernée avant le xii⁰ siècle par un prévôt qualifié chanoine-diacre de Saint-Etienne. Le Nécrologe en fournit deux, Valterius au 4 mai, et Hugues au 8 novembre.

On ne sait pas si alors il y avoit dans cette église des chanoines différents de ceux de Saint-Etienne, et qui fissent une mense séparée. On voit seulement qu'il existoit un Chapitre sous l'épiscopat de Guillaume de Touci qui commença l'an 1167, puisque ce prélat donna à ces chanoines l'église de Merry-Sec et des droits sur celle de Blaineau (1). Hugues de Noyers, qui lui succéda en 1183, fit agrandir le bâtiment de cette collégiale, et en augmenta les chanoines et le revenu. En 1212, l'évêque Guillaume de Seignelay régla leurs usages par rapport à l'église cathédrale, touchant la croix et touchant leurs semaines, les fonctions de diacres et sous-diacres aux grandes fêtes, l'article de leur inhumation et du serment qu'ils doivent au Chapitre. L'auteur de la vie du même évêque, parlant à l'an 1218 du danger qu'il y eut de rester dans l'église de Saint-Etienne, dont on abattoit alors les vieilles tours situées environ à l'endroit où est aujourd'hui la croisée, dit qu'on alla faire l'office à Notre-Dame, « que de appenditiis ecclesie majoris existiit. »

Le bâtiment actuel de cette église est en plus grande partie un reste de ce qui avoit été construit sous Hugues de Noyers, excepté le portail qui est plus nouveau, et le fond ou rond-point qui n'est que du commencement du dernier siècle. Les Calvinistes ayant abattu les voûtes de cette église, et ruiné absolument le sanctuaire et le chœur, on prit ce qui étoit resté de la nef pour servir d'église, et on abandonna la place de l'ancien chœur qui sert aujourd'hui de passage. Samson-le-Fort, chantre et chanoine, avec Droin Chaucuard, chanoine, firent ce retranchement. De sorte qu'il y a grande apparence que les tombeaux des évêques d'Auxerre, Hérifrid et Héribert I, sont encore sous les décombres (2). Entre les chapelles de cette église qui ne subsistent plus, du côté du septentrion, il faut compter celle qui fut construite sur la sépulture de l'ecclésiastique que le prévôt de la ville avoit fait pendre contre les règles (3), et que Guy de Mello, évêque, ordonna de bâtir.

Il y avoit aussi anciennement à Notre-Dame-de-la-Cité une chapelle de Saint-Jean l'évangéliste, dont les revenus sont unis à la mense.

Pour ce qui est de celle de Sainte-Anne, la dévotion d'Etienne de Doet, sous-chantre d'Auxerre à la fin du XIII° siècle, y donna occasion (4). Il s'y établit depuis une confrérie qui subsistoit dès la fin du XIV° siècle.

---

(1) *Chron. Roberti S. Mariani.*
(2) *Voy.* t. I de ces Mém., p. 218 et 247.
(3) *Ex Codicillo*

(4) *Voy.* son article au catalogue des sous-chantres.

Les Trinitaires ou Mathurins de Paris avoient aussi formé au dernier siècle en cette église, une confrérie en l'honneur de la Trinité. Elle fut admise par Jean Foudriat, vicaire-général de l'évêque Pierre de Broc ; mais quelques différends qui s'élevèrent entre ce prélat et les chanoines de la cathédrale qui en étoient directeurs, la firent supprimer. Il n'en est resté que le tableau qui se voit dans la nef proche la porte du chœur.

Il n'y a point d'église dans Auxerre où le clergé de la cathédrale aille plus fréquemment en procession que dans celle-ci , et même autrefois il y alloit encore plus souvent. Premièrement on devoit y aller tous les dimanches de l'année, excepté pendant les octaves de certaines fêtes. 2° Le matin du jour de Noël pour y chanter la messe de l'aurore. 3° Aux fêtes de la sainte Vierge, et plus particulièrement à celle de l'Annonciation qui étoit la plus grande fête, et à laquelle la cathédrale y chantoit la grand'messe. 4° Le jour de Pâques et toute la semaine, à vêpres (1).

Quoique les chanoines de cette église ne fussent chargés dès leur origine que du petit office de la Vierge, ils observoient en tout ce qu'ils pouvoient les rits et cérémonies de la cathédrale, jusqu'à placer même de grands chandeliers de cuivre sur le bord du sanctuaire, ainsi que je l'ai appris par la copie d'un fragment de leur Nécrologe où j'ai lu ce qui suit : « Hac die S. Gregorii anno 1387 Ego Stephanus Bizoncii pres-
» byter oriundus de Oysiaco capellanus capellanie s. Clementis, cano-
» nicus tortrarius et canonicus hujus ecclesie dedi huic ecclesie B.
» Marie quinque magna candelabra cuprea gallice de coivre unius simi-
» litudinis... empta Parisius... xxv francis. » Et pour ornement devant le portail, il y avoit à l'exemple de la cathédrale un grand orme, à l'ombre duquel on tenoit certaines assemblées, comme faisoient les chanoines de la cathédrale sous le leur (a).

---

(1) *Regist. Capit.*, 22 *April* 1471, *et vetera Process.*

(a) Au xvie siècle, les clercs du chœur de la cathédrale tenaient leurs assemblées dans l'église Notre-Dame sous la présidence d'un grand chanoine. En 1548, il y avait dix-neuf prêtres clercs et choriaux du chœur.   (*N. d. E.*)

Cette collégiale est composée de vingt chanoines à la tête desquels sont le chantre et le trésorier, qui sont dignités, et dont j'ai cru pouvoir insérer ici la liste autant que j'ai pu les découvrir.

TRÉSORIERS
DE NOTRE-DAME-DE-LA-CITÉ.

Boniface(a), mort vers l'an 1250, selon l'Obituaire de la cathédrale, où son anniversaire est au 27 novembre, pour avoir légué un étau à draperie.

Hubert vivoit en 1287, selon le Cartulaire de la cathédrale.

Lambert de Balène, l'un des exécuteurs du testament de l'évêque Pierre de Mornay, mort en 1306.

Charles Givart est nommé dans un titre de 1359.

Jean de Farselles, chantre, nommé dans une commission sur le traité de Nazarie, trésorier de la cathédrale en 1397, 25 juillet, et 1398.

Jean Commin, en 1431, suivant un titre de Saint-Marien, où il est dit commis par le Saint-Siége avec Hugues de Noes, doyen. Ses provisions de Rome étoient de la dixième année de Martin V.

Adam Bohier mort en 1471. Un article de son testament excita de grands troubles entre les deux Chapitres, au sujet du luminaire.

CHANTRES
DE NOTRE-DAME-DE-LA-CITÉ.

Isembard, mort avant l'an 1250, puisque son anniversaire est dans l'obituaire écrit alors, au 24 décembre.

Amaury vivoit en 1250. *Nécrol. cath. 4 déc.*

Robert de Monétau. Il étoit mort avant l'an 1257, selon un acte du cartulaire de la cathédrale *fol.* 176. Son anniversaire est dans l'obituaire de 1250, par addition au 10 septembre.

Jacques, trésorier de Notre-Dame et vicaire de l'autel Saint-Eloi en l'église d'Auxerre, vendit en 1255 au Chapitre de la cathédrale, du consentement de l'évêque, une place située sur la paroisse de Saint-Renobert, qui appartenoit à sa chapelle. *Cartul. cathed. f.* 124.

Thomas Charsalée donna en 1276 à l'abbaye Saint-Germain, six arpents de vigne situés à Orgy. Il étoit décédé en 1285. *Cart. cathed. fol.* 55.

Mathieu de Monceaux étoit trésorier en 1300.

Hugues Pilleavoine vivoit en 1338. *Sent. arbitr. sur les tortriers.*

(a) Philippe est nommé chantre dans une charte de l'an 1222 en faveur de Pontigny. — Venouse. (*N. d. E.*)

qu'il auroit voulu qu'on partageât, et qui fut entièrement pour la cathédrale.

Raoul, Chef-de-ville, l'étoit en 1507 et 1515.

Denis Cassin, en 1522, et mourut en 1539.

Claude Liron, en 1543.

Etienne Deschamps, en 1558. Il étoit secrétaire de M. de Lenoncourt, évêque.

Jean Paydet, mort le 24 février 1594. Il étoit Châlonois. Après sa mort, le Chapitre, *sede vacante*, nomme le sous-chantre de la cathédrale qui refusa.

Samson Lefort, natif de Joigny, mort en 1607. Il est inhumé au sanctuaire.

Droin Chaucuard fut reçu le 23 novembre 1606.

Edme Thierriat. Il permuta avec le suivant.

Godefroy de Lucenay, oncle (a).

Jean de Blois, en 1356, selon un titre que j'ai vu.

Guillaume Mouton. Il étoit mort avant l'an 1400.

Jean de Maray vivoit en 1401.

Renaud de Fontaine, professeur en théologie. *Ex Necrol. B. Mariæ 14 oct.*

Jean Sauljot, en 1514 et 1527.

Pierre Tournemotte, chanoine de la cathédrale, étoit trésorier le 3 septembre 1548. *Reg. cathed.*

Jean Sevin, aussi chanoine de la cathédrale en 1552 et 1556.

Laurent Normand, en 1566 et 1575.

Pierre Thion, en 1588.

Edme Guillaume. Il fit faire la nouvelle abside de l'église avec les autres ci-dessus nommés. Il mourut en 1607. Il est inhumé proche la sacristie.

Guillaume de Marende, 1612.

Edme de Rigny, 1626.

Gaspard Bargedé, en 1632, et résigne au suivant.

(a) C'est au premier des deux Lucenay qu'il faut attribuer la tombe qui se trouve dans le bas-côté méridional du chœur de la cathédrale d'Auxerre. On y lit cette épitaphe en jeux de mots :

GODEFRIDVS DE LVCENAY
DE LVCE NATVS
QVI CVM FILIVS LVCIS NOMINE
FVISSET NASCENDO
PATRI LVMINVM LVCEM EMISIT
MORIENDO.
SIC VITA TENEBRIS CARVIT
QVE MAGIS AC MAGIS
IN LVCE CLARIVT
LVX PERPETVA LVCEAT EI
QVI CANON. FVIT ECCLESIÆ
ET B. MARIÆ CIVITATE CANTOR
OBIIT ID. MART. ANNO.
M. DC. LVII.

(*N. d. E.*)

Godefroi de Lucenay, neveu et résignataire du précédent, meurt en 1703.

François Chazeray de Gien, (1714, 1729), résigne au suivant.

Claude de Maulnorry, écuyer de Paris, reçu en 1732. Mort en 1762.

* Claude Doré, en 1762, démissionnaire en 1766.

* Louis-Jean Vaultier, de 1766 à 1787.

Gervais Housset résigne au suivant.

Laurent Frappé reçu en 1676, mort curé de Saint-Renobert le 2 octobre 1699.

* JeanMarie, vicaire-général, reçu en 1684, démissionnaire, 1685.

* Joachim Cleriault, nommé le 19 janvier 1686.

Laurent le Seurre, en 1703, décédé le 26 juillet 1711.

Jean-Baptiste Taveault de Beaune, mort en 1743.

* Etienne Leroy, chanoine de St-Étienne, succède au précédent. Ducrot, de 1768 à 1789.

SUR LES QUATRE ÉGLISES ET COMMUNAUTÉS D'AUXERRE,

APPELÉES COMMUNÉMENT LES QUATRE FILLES DE LA CATHÉDRALE.

Il est assez commun dans les villes épiscopales de voir certaines églises plus particulièrement liées avec la cathédrale; et même il y en a plusieurs où l'on donne le nom de filles à ces églises, parce qu'elles sont censées être émanées de l'église-mère, qui est la cathédrale et principale de la ville. L'église d'Auxerre en a quatre, desquelles je me suis proposé de parler en particulier. Ces quatre églises n'ont pas toujours été desservies par des chanoines réguliers, ainsi qu'on a pu voir dans l'histoire des évêques : aussi un chanoine de la cathédrale en étoit-il abbé ou prévôt, à peu près comme on voit encore de ces sortes d'abbés subsister en certaines villes épiscopales, et de la nature des abbés de quelques collégiales (1), qui sont encore existants. Mais il faut observer que les évêques d'Auxerre y plaçant des chanoines réguliers, les tirèrent de quatre maisons d'observances ou constitutions différentes, quoique toutes de l'ordre de Saint-Augustin, savoir de l'abbaye de Prémontré,

(1) Château-Censoir. Cervon.

de celles de Saint-Victor de Paris, de Saint-Satur du Berry, et de Saint-Laurent proche Cosne, voulant apparemment connoître quels seroient les plus réguliers, et exciter parmi eux quelque sorte d'émulation.

Comme toute supériorité exige certains devoirs, les chanoines des quatre communautés soumises à la cathédrale, sont tenus d'assister aux processions que l'église-mère fait, et ils marchent à la tête du clergé, excepté dans une partie des processions des Rogations, où dans le temps qu'ils chantent seuls ils sont placés à l'extrémité de la procession, afin d'être à portée du peuple qui répond à leurs litanies, le clergé de la cathédrale gardant alors le silence. Ce livre n'étant point un cérémonial, je me borne à ce trait du processionnel qui peut paroître singulier.

Avant que de rapporter ce que j'ai à dire sur chacune des quatre communautés, je dois m'excuser de ce que je ne donne point dans ce présent ouvrage d'article particulier de l'abbaye de Saint-Germain. J'ai cru pouvoir m'en dispenser, parce que ce monastère sur lequel la matière est abondante, est plus connu que les églises dont je vais parler: ayant produit des religieux qui ont fourni au public des mémoires sur son antiquité, comme don Georges Viole en sa Vie de saint Germain imprimée en 1656, et don Dominique Fournier en sa Description des Grottes de la même église qui a été publiée en 1714, sans compter ce qui en est répandu en différents endroits des œuvres du père Mabillon; au lieu qu'il n'a jamais rien paru, au moins en notre langue, sur les églises de Saint-Marien, de Saint-Père, de Saint-Amatre et de Saint-Eusèbe, qui sont les quatre filles de la cathédrale d'Auxerre.

DE L'ABBAYE DE SAINT-MARIEN.

Cette abbaye est regardée comme la première fille de la cathédrale d'Auxerre (a), avec d'autant plus de raison qu'elle représente le plus ancien monastère du diocèse. Il ne faut, pour s'en convaincre, que la

---

(a) Malgré cela les abbés du xve siècle s'intitulent fièrement « subgetz sans moyen au Saint-Siège de Rome. » — Arch. de Saint-Marien, préfecture de l'Yonne.

(N. d. E.)

considérer dès son origine. Saint Germain est le premier de nos évêques qui bâtit un monastère. Cette maison étoit située presque sous ses yeux, vis-à-vis l'angle de la cité romaine, de l'autre côté de la rivière. Saint Aloge qu'il y établit abbé, eut pour successeur saint Mamertin, dit Mamert par abréviation ; et sous ces deux abbés s'y sanctifia saint Marien, qui veilloit sur le temporel du monastère, lequel porta depuis son nom en place de celui de saint Côme. Cette abbaye étoit tombée sous Charles-Martel entre les mains des laïques ; mais Charlemagne la restitua à l'évêque Aaron. Comme les guerres des Normands firent craindre pour tout ce qui étoit situé hors les murs de la cité d'Auxerre, ou hors du château de Saint-Germain, il y a apparence que ce fut alors que les religieux se retirèrent au monastère de Saint-Germain avec le corps de saint Marien, et que l'évêque fit transporter en sa cathédrale celui de saint Mamert. Ce lieu, sanctifié par les retraites de saint Germain, et par la demeure de tant de saints (1), comme saint Patrice, saint Savin, saint Valery, etc., n'étoit plus connu au XIIe siècle que par une petite chapelle ou autel du titre de Saint-Germain qui restoit parmi les débris, lorsque Ithier, clerc de la cathédrale, entreprit de relever ce monastère. Il en vint à bout, et le pape Innocent II s'étant trouvé à Auxerre en consacra l'autel, et prit pour texte du discours qu'il y fit, ces paroles : « Vere locus iste sanctus est, et ego nesciebam. » Mais les bâtiments nécessaires pour y remettre des religieux, ne furent achevés qu'en 1138. Alors Guillaume, comte d'Auxerre, pressé par l'évêque Hugues et par Ithier, obtint de Hugues, successeur immédiat de saint Norbert dans l'abbaye de Prémontré, une colonie de religieux de ce nouvel Ordre, qui fut conduite par Rainier, prieur de la maison.

L'évêque d'Auxerre leur avoit donné entr'autres choses l'église de Saint-Martin, reste d'un ancien monastère de filles ; mais quoiqu'ils en fussent fort voisins, ils ne purent d'abord s'étendre jusque-là, parce qu'on ne vouloit pas les accommoder du terrain d'entre deux. Le même évêque, du consentement de son Chapitre, leur donna l'église de Notre-Dame hors les murs, dite alors Notre-Dame-la-Ronde, où il y avoit des chanoines séculiers, et ils s'y retirèrent croyant être plus au large :

---

(1) *Vita Patritii Hibern. V. Savii. Pictav. Valar. Leucon Abb.*

durant le séjour qu'ils y firent, ils transportèrent les lieux réguliers du côté méridional au côté du septentrion (1). Pendant qu'ils étoient en ce lieu, ils vinrent à bout de se bâtir tout à neuf et fort au large, à l'endroit où étoit l'église de Saint-Martin, en quoi ils furent aidés du comte qui leur procura le terrain nécessaire.

Ce troisième monastère étant presque achevé en 1169 (2), ils s'y rendirent en procession, laissant seulement quelques-uns d'entr'eux dans celui de Notre-Dame-la-Ronde, pour gouverner le peuple, qui dès lors y formoit une paroisse ; et pour ce qui est du petit nombre d'habitants voisins du monastère de Saint-Marien, ils eurent leur autel dans la nef de la nouvelle église. Ce fut en ce dernier monastère que se retira Rodulfe, riche trésorier de la cathédrale. Il fut le premier inhumé dans l'église au côté droit du sanctuaire. L'évêque Guillaume de Touci ayant voulu mourir parmi ces religieux, qui étoient dans leur première ferveur, fut inhumé en 1181 de l'autre côté. Robert Abolant, savant lecteur de la cathédrale, y prit l'habit en 1205 (3), et y finit la chronique qu'il avoit commencée pendant qu'il avoit les archives du Chapitre en sa garde. On peut voir dans les Preuves, (4) à combien d'inondations ce monastère fut sujet.

Ces accidents n'obligèrent point ces religieux d'en sortir. Mais les guerres des Anglois étant survenues en 1358, ils se retirèrent dans leur prieuré de Notre-Dame-la-Ronde, que l'on continuoit d'appeler Notre-Dame hors les murs, quoiqu'il fût enfermé dans les murs bâtis depuis deux cents ans. Ils y demeurèrent jusqu'en 1373, puis retournèrent dans leur grande maison, qui restoit seule au-delà de l'eau, parce que la petite rebâtie par Ithier avoit été abattue, de crainte que les Anglois ne s'en servissent de retraite pour assiéger la ville (5).

Ce petit monastère des Prémontrés, situé vis-à-vis la fontaine de Saint-Germain, ne fut plus reconnoissable que par une petite chapelle du titre de Saint-Côme et de Saint-Marien, proche laquelle étoit un verger dont l'abbaye fit un bail le 2 juin 1479. Un autre bail du 5 avril

---

(1) *Voy.* ceci plus au long à l'article de saint Vigile, p. 159 et 160, t. 1.
(2) *Chron. Roberti.*
(3) *Voy.* Preuves, n° 100.
(4) N° 98.
(5) *Epitome Episc. Autiss. in S. Desiderio.*

1530 fait mention « d'un jardin situé au champ Saint-Côme et ancienne
» situation du monastère, tenant d'un long à la chapelle Saint-Adrien,
» et par devant à la rivière. » En 1547, le derrière de ce jardin con-
finoit à une maison qu'Etienne Gerbault tenoit de l'abbaye de Saint-
Marien. Ce particulier, receveur pour le roi à Auxerre ayant fait une
plus ample acquisition le long de la ruelle Saint-Côme, y fit bâtir un
château qui fut appelé *la Basse-Maison*, duquel Belleforêt a donné la
représentation en la *Cosmographie*. Il en est aussi parlé dans les registres du Chapitre (1). Mais elle fut détruite du temps des guerres de la
Ligue, en sorte que le nom de Gerbault n'est resté qu'à la place appelée *le Port-Gerbault*, proche laquelle les anciens ont vu les restes de la
chapelle de Saint-Adrien, et devant laquelle la rivière fit découvrir
beaucoup de tombeaux l'an 1697. De temps immémorial la cathédrale
ayant passé le pont le mardi des Rogations, se rendoit au monastère de
Saint-Marien, primitivement à l'ancien où saint Germain a demeuré,
et depuis au nouveau Saint-Marien; et de là on alloit à Saint-Gervais par
la ruelle Saint-Côme.

Les Prémontrés ayant quitté leur grand monastère du temps de l'irruption des Calvinistes, se retirèrent à Notre-Dame-la-d'Hors, et comme
ce qui en étoit resté pouvoit encore préjudicier à la sûreté de la ville,
on les obligea de l'abandonner entièrement vers l'an 1590 (a), et on
le fit sauter avec la poudre, ne laissant pour mémorial que l'arcade
du sanctuaire (2). La demeure fixe des religieux de Saint-Marien au
prieuré de Notre-Dame-la-d'Hors, lui donna quelquefois depuis le nom
de *Saint-Marien*. Ils employèrent une partie des démolitions du grand
monastère pour se bâtir ; en jetant les fondements du dortoir, l'an
1668, on trouva le cercueil d'un payen dont la tête étoit toute entourée de lampes sépulcrales (3).

---

(1) 22 mai 1767, 15 mai 1589.
(2) *Ex relatu* P. Thevenon *testis oculati.*

(3) *Ex P. Steph.* Chancy.

(a) C'est en 1570 et non en 1590 que cette destruction eut lieu. C'est ce qui résulte d'une délibération des habitants d'Auxerre du 13 février 1570, ordonnant que
les bâtiments et murailles de l'abbaye de Saint-Marien seront rasés et abattus dans
quatre jours de délai. — Arch. de l'Yonne, fonds Saint-Marien.   (*N. d. E.*)

L'abbé et la communauté de Saint-Marien, jouissent d'une prébende dans l'église cathédrale, qui leur fut donnée par l'évêque Hugues de Mâcon, en sorte qu'ils sont tenus, étant intabulés pour leur semaine et avertis par les enfants de chœur, d'envoyer un d'entr'eux pour la grand'-messe du chœur. Ils ont outre cela des messes à acquitter à l'autel de la comtesse pendant une bonne partie de l'année. La place des religieux aux jours des processions et autres assemblées, est dans les stalles basses du côté droit. Leur tour, pour soulager le clergé de la cathédrale dans le chant des litanies aux Rogations, est le mercredi, jour auquel la procession est plus longue et plus solennelle.

ABBÉS DE SAINT-MARIEN (a).

Le B. Rainier, disciple de saint Norbert, envoyé en 1139 à Auxerre, gouverna la nouvelle maison de son Ordre, tant au bord de l'Yonne qu'à Notre-Dame-la-Ronde pendant six ans et quelques mois. Il mourut en 1146, à Provins, le 28 février, retournant de Prémontré.

Bertolde, originaire de Cologne, mourut au commencement de février 1147.

Osbert ayant été huit ans abbé, abdiqua cette dignité en 1155.

Milon de Trainel. Voyez sa vie écrite par l'auteur de la Chronique, son contemporain (1). Ce fut lui qui fit bâtir le grand monastère de Saint-

---

(1) *Voy.* Preuves.

(a) L'abbaye de Saint-Marien, protégée par les comtes d'Auxerre, obtint dès le XIIe siècle de nombreux priviléges. Le roi Louis-le-Jeune lui accorda en 1163 une exemption générale d'impositions et de taxes sur les marchandises, excepté le sel et les cuirs. Charles VIII confirme cette charte en 1484. Les religieux profitant de cette facilité faisaient conduire et menaient eux-mêmes, au XIVe et au XVe siècle, leurs produits à Paris, tels que les vins, les bestiaux, les huiles, le lard salé, etc., et les vendaient en gros et même en détail sans payer de droits.

L'abbaye avait droit de basse justice dans l'enceinte du monastère et aux alentours. Elle avait au XVIIe siècle un bailli général pour la justice de toutes les terres.

(*N. d. E.*)

Marien sur les ruines de l'ancienne église de Saint-Martin, et qui commença à y former une bibliothèque. Il écrivit à Louis VII au sujet de la ville neuve, que ce prince faisoit bâtir en partie sur leur domaine, entre Sens et Joigny (1), c'est-à-dire, sur celui qui dépendoit des sœurs de leur Ordre qu'il avoit établies à Val-Profonde dans la forêt d'Othe. Il mourut le 17 mars 1203.

Bernoal, prieur de la maison, fut fait abbé et ne siégea que trois ans neuf mois.

Norbert fut élu au mois de décembre 1209, et siégea jusqu'en 1222. Parmi les lettres de Gervais, abbé de Prémontré, la 67ᵉ fait mention de lui (2). On y lit que la maison de Saint-Marien passoit pour être endettée, et que mal à propos quelques-uns vouloient qu'avant d'acquitter les dettes, on bâtit le réfectoire des convers. La 126ᵉ lettre marque que J., sous-prieur de Saint-Marien, refusoit d'accepter l'élection faite de sa personne, pour abbé du Lieu-Dieu-en-Jard au diocèse de Poitiers, maintenant de Luçon. Voyez aussi la 68ᵉ. Norbert régla en 1220 avec l'abbé de Saint-Laurent, que les maisons de la rue de la porte d'Egleny ne seroient plus alternativement de Notre-Dame et de Saint-Eusèbe, mais que tout un côté seroit de Saint-Eusèbe et l'autre de Notre-Dame.

Rainier II fut présent en 1223 à une sentence rendue à Saint-Fergeau contre Dreux de Mello, en faveur de la cathédrale.

Hulderus est nommé en 1239 dans une charte de Gauthier, archevêque de Sens, touchant l'accord des habitants de Bassou avec le curé de Bonart (3). Quelques-uns l'appellent Hugues.

Guillaume vendit au Chapitre d'Auxerre, en 1246, une maison au-dessous des murs de la cité (4).

Etienne, abbé de Saint-Paul de Sens, fut élu abbé de Saint-Marien,

---

(1) *Voy.* Preuves, p. 32, col. 1, p. 34, col. 1. Duchène, t. iv. Il s'agit de Villeneuve-le-

(2) *Script. Ord. Præm. apud Hugo.*
(3) *Archiv. S. Mar.*
(4) *Cartul. Capit. et ad an.* 1247.

et présenté à l'évêque Gui de Mello, en 1250 (1). Il fit en 1257 remise d'une petite rente que le trésorier de la cathédrale devoit sur deux places (2).

GUERRIC, bourguignon de naissance, étoit abbé en 1264. Il assista cette année avec Gui de Mello, évêque d'Auxerre, à la vérification des reliques de sainte Marie de Béthanie qu'on regardoit comme la Magdeleine, faite alors à Vézelay en présence de saint Louis (3). On le trouve en des titres différents jusqu'à l'an 1269 qu'il fut élu abbé de Prémontré (4).

JEAN est nommé dans des actes de 1288, sur les habitants de Beaumont. Il fut présent en 1281 à l'hommage du comte de Flandre (5). Il est aussi au cartulaire du Chapitre en 1287.

HENRI fut élu en 1291.

MARTIN est nommé dans un arbitrage pour le Chapitre d'Auxerre en 1302 (6).

HENRI II assista, en 1305, au Chapitre général de Prémontré, où il obtint de l'abbé Adam un logis pour lui et ses successeurs.

HERVÉ fit en 1311 un échange avec le Chapitre d'Auxerre (7).

MARTIN fut témoin, en 1320, de la visite que l'évêque Pierre des Grès fit de la châsse de Saint-Amatre. (8).

FRANÇOIS fut choisi, en 1322, pour arbitre dans une affaire du seigneur de Mello.

ETIENNE II fut l'un des principaux du clergé qui s'obligea avec les habitants d'Auxerre, en 1358, envers les religieux de Saint-Germain, pour la rançon de la ville. Item en 1360 sur la même affaire, le couvent étant alors retiré à Notre-Dame-la-d'Hors.

JEAN II transigea, en 1364, avec Etienne de Chitry, abbé de Saint-Germain. On le trouve dans des actes de 1369 et 1372. En 1380, l'abbaye de Saint-Marien transigea avec le Chapitre d'Auxerre, sur la rede-

---

(1) *Archiv. Epis.*
(2) *Cartul. Capit.*
(3) De Launoy. *Disq. de Magd.*
(4) Hist. de Meaux, pag. 463.
(5) *Voy.* Preuves, n° 228.
(6) *Cartul. Capit.*
(7) *Cartul. Capit.*, f. 37.
(8) *Voy.* Preuves, t. IV, n. 94.

vance du pain à chanter. Je pense qu'il est le même dont on découvrit la tombe sous les ruines de l'église en 1704, dans le côté méridional de la croisée qui séparoit le chœur d'avec le sanctuaire. J'y lus alors cette inscription : « Hic jacet Dominus Johannes (Col d'argent), abbas hujus » monasterii qui recte et laudabiliter rexit istam ecclesiam, et obiit » anno m cccc secundo, duodecimo die februarii. » Au milieu de la tombe étoit figurée une main droite tenant une crosse. Cette tombe est aujourd'hui dans le chœur de la petite paroisse de Saint-Marien.

RICHARD COLAS, curé de Notre-Dame-la-d'Hors, fut béni abbé de Saint-Marien en 1402, par l'évêque Michel de Creney, dont il y eut acte du 2 avril (a). Il garda encore un an sa cure que son successeur voulut démembrer de Saint-Marien. En 1410, le 25 janvier, il étoit au Chapitre d'Auxerre pour l'élection d'un gouverneur ecclésiastique de l'Hôtel-de-Ville. Il fut élu pour l'être, et le fut réellement en 1411 et 1412 (1). Il fut présent, le 5 mai 1406, lorsqu'on mit des reliques au haut du superbe clocher, qui étoit alors à Notre-Dame-la-d'Hors. Il mourut le 13 novembre 1419, selon le Nécrologe de la même église. Sa tombe fut retrouvée sous les ruines, en 1713, devant la chapelle la plus méridionale de la croisée, et portée à Saint-Martin, où on lit encore ce qui suit : « Continet hæc tumba venerabilis ossa Richardi Colassi » pastor istius Ecclesiæ. Qui fuit et vixit per denos.... Qua die eccle- » siæ sacra dicatio fit. » La tombe de Jeanne, sa mère, est aussi dans la même église.

PIERRE AURARD fut excommunié par l'évêque Philippe des Essarts, pour n'avoir pas comparu au synode de l'an 1423, et fut absous *ad cautelam* quelques années après par l'abbé de Sainte-Geneviève, conservateur des priviléges de l'Ordre de Prémontré. En 1433, il fournit des hommes et des chevaux pour le siége de Brienon formé par Philibert

---

(1) *Voy.* Preuves, t. IV, n. 98.

(a) Il eut de grands débats avec ses moines, et fut même excommunié par le commissaire du pape en 1405. — Arch. de l'Yonne, fonds Saint-Marien.

(*N. d. E.*)

de Vaudré, gouverneur d'Auxerre (1). Il assista en 1449 à l'entrée de l'évêque Pierre de Longueil. J'ai découvert le 11 mars 1716 sa tombe sur les ruines de la croisée méridionale devant la chapelle la plus proche du sanctuaire, et j'y ai lu ces dix vers autour de la figure qui le représente en chasuble avec le calice et la crosse.

> Egregie fame duro sub silice dormit
> Vir Petrus Aurardi moribus ingenuus.
> Annis trigenta septem quondam fuit iste
> Archimandrites istius Ecclesie.
> Mille quadringenti quinquaginta quoque seni
> Martis et ipse dies ordine vicesimus.
> Hac sub humo Petrum gelida clausere sepultum
> Dum mors in thalamo poscit amara suo.
> Claustrali sancte quem dat sua cura Marie
> Spiritus in celis gaudeat empireis. Amen.

Ainsi il mourut le 20 mars 1456.

JEAN VERAUDAT, natif d'Appoigny, parvint au siége abbatial en 1457. En 1461, il demanda au Chapitre d'Auxerre d'être exempt de venir, cette année, à la procession de la Fête-Dieu (2) ; il lui fut répondu qu'il n'y avoit que dans le cas des inondations et du mauvais temps qu'il en étoit dispensé. Il fonda en 1468 l'office de sacristain. En 1470, Simon, abbé de Prémontré, accorda les prières de l'Ordre à ceux qui contribueroient à la réparation de Saint-Marien (3). L'abbé Jean afferma les dimes de Notre-Dame-la-d'Hors, par un acte fort détaillé, où il est dit que du côté de Saint-Georges, vers Villefergeau, elles approchoient d'un vieux chemin ou fossé, au lieu dit la *Fontaine salée*. Il fit en 1472 un traité avec les habitants de Notre-Dame-la-d'Hors, touchant les usages de la paroisse, les charges et dépenses, etc. (4) Il fut commis, en 1476, pour indiquer aux religieux de Dilo le jour de l'élection d'un abbé, après la mort de Jean Adenet. Il fut gouverneur ecclésiastique de l'Hôtel-de-Ville, en 1477 et 1478. Il mourut le 15 août 1479. Sa tombe qui étoit au milieu de la croisée de l'église, vis-à-vis le grand autel, est aujourd'hui à Notre-Dame-la-d'Hors, proche la porte qui

---

(1) *Comp. Urbis Autiss.*
(2) *Regist. Capit.*

(3) *Cod. Reg. Suec. 228, in Vatic.*
(4) *Ex autographo.*

conduit au cloître, où son épitaphe en prose est très-lisible et sa représentation bien conservée.

Jean Bourgeois, sous-prieur, fut élu abbé le 31 août 1479, et béni à Paris, par l'évêque d'Auxerre Jean Baillet, le 24 octobre. Il assista en 1485 au concile provincial de Sens (1). Se sentant infirme en 1496, il se fit choisir un coadjuteur le 2 mars, et il mourut six jours après. Il fut inhumé proche la grande porte du chœur de Saint-Marien, en entrant à main droite, où sa tombe a été trouvée brisée en deux sous les ruines, l'an 1733 Voici ce que j'y pus lire autour de la figure, qui le représente en habits pontificaux, la tête nue. : « Hic jacet Rev. in Christo pater
» Johannes..... is tranquillus moribus, amansque quietis ; corripiens,
» oleum vino miscebat, eratque sub pietate gravis, sub gravitate pius,
» qui hoc cenobium spatio septemdecim annorum cum dimidio lauda-
» biliter pieque rexit ; Obiit anno MCCCC nonagesimo sexto, die vero
» viiij martii. »

Nicolas Joannis, d'une ancienne famille d'Auxerre, étoit sous-prieur lorsqu'il fut choisi pour coadjuteur et successeur du précédent. Comme il fut fort zélé pour la règle, le Chapitre général de 1498 et l'abbé de Prémontré, en l'an 1511, l'établirent réformateur d'un très-grand nombre de maisons. Il fut gouverneur ecclésiastique de l'Hôtel-de-Ville, en 1518. Il mourut le 31 octobre 1542, ainsi que l'écrivent ceux qui l'ont lu sur sa tombe qui ne se voit plus maintenant (2).

Arnoul Gonthier étoit sûrement qualifié abbé de Saint-Marien, dès l'an 1540 ; et il y a apparence que Nicolas Joannis s'en étoit démis en sa faveur avec l'agrément du roi. Il fut le premier abbé commendataire ; mais les Prémontré l'affilièrent à leur Ordre le 26 avril 1551. Il fut aussi chantre et chanoine de la cathédrale. Son frère Palamèdes fut trésorier de Bretagne. Il résigna au suivant et fit son testament en 1553.

Pierre Fournier, noble auvergnat, chanoine de Notre-Dame de Paris, étoit abbé de Saint-Marien dès l'an 1552. Il fut fait évêque de Périgueux en 1561. Dans le traité qu'il fit avec le sieur Antoine

---

(1) En 1486, il fit une association de prières avec l'abbaye Saint-Laurent. *Ex martyrol.* m' *S. Laur. ad calcem.*

(2) G. Viole.

Dapechon, pour ce bénéfice et autres, le temporel de l'abbaye de Saint-Marien n'étoit estimé que 1,700 livres.

MICHEL DE CLUGNY eut apparemment l'abbaye par accommodement avec le sieur Dapechon qui ne prit point possession. Il en jouissoit en 1564-1567, * et attesta, le 7 janvier de la première année, la remise de reliquaires faite aux moines par le receveur de l'abbaye.

FRANÇOIS GUERRY, du pays d'Alby, aumônier du roi en 1571 (a), et résigna au suivant en 1579.

JEAN LOURDEREAUX, du diocèse d'Auxerre, aumônier du roi Henri III, garda l'abbaye jusqu'en 1583 qu'il la résigna au suivant.

JEAN LOURDEREAUX, frère du précédent, précepteur de Nicolas de Neufville d'Alincourt, chanoine d'Auxerre en 1573, puis abbé de la Madeleine de Châteaudun, devint abbé de Saint-Marien en 1583, trésorier de la cathédrale en 1597. Il eut toute la confiance du Chapitre durant la vacance du siége, et les députations les plus honorables. Il étoit en voie d'avoir l'évêché d'Auxerre, lorsqu'il mourut, revenant de Paris, en 1598. Il étoit aussi prieur de Sezane et abbé de Saint-Just en Beauvoisis. Ce dernier bénéfice échut à Germain Lourdereaux qui fut son héritier, le prieuré de Sezane à Edme Lourdereaux, son neveu, et l'abbaye de Saint-Marien à Edme Martin, son autre neveu. Il avoit commencé à écrire en latin l'histoire de ses prédécesseurs. On voit par le catalogue de ses livres, écrit de la main de son successeur, qu'il avoit une bibliothèque assez curieuse pour ces temps-là.

EDME MARTIN, natif d'Auxerre, religieux profès de l'abbaye de Saint-Just, Ordre de Prémontré, aumônier du roi en qualité d'abbé régulier. Il fit avec succès, en 1610, l'oraison funèbre de Henri IV en la cathédrale. En 1616, il obtint arrêt au sujet de la prébende de la même église, attachée à l'abbaye. Il reste à Saint-Marien un portefeuille d'écritures à ce sujet, la plupart de sa main. Le malheur qui arriva à l'église de Notre-Dame, par la chute subite du magnifique clocher le 22 septembre 1627, lui avança les jours. La piété et la régularité de cet abbé le rendirent très-recommandable et lui méritèrent la confiance des

---

(a) Il était chantre de Sainte-Eugénie de Varzy en 1574. (*N. d. E.*)

âmes pieuses. Après sa mort, arrivée le 6 décembre 1627, il se fit une espèce de miracle au sujet de la fosse qu'on lui avoit préparée dans le cimetière, selon sa demande; ce qui fut cause qu'on l'inhuma dans le chœur, proche le tombeau de saint Vigile.

Nicolas de Castille, fils de Pierre de Castille, contrôleur-général, jouit onze ans de l'abbaye, c'est-à-dire depuis 1628 jusqu'en 1639 (a).

Henri de Castille, frère du précédent, lui succéda et vécut jusqu'en 1670 ou 1671.

Henri de Baraille prit possession le 24 août 1671, âgé de 13 ans. Il a été théologal de Mortain, au diocèse d'Avranches, et est décédé vers le commencement de l'année 1719. * Il ne jouit pas tranquillement de son abbaye ni de sa prébende de Mortain, tous ses revenus ayant été saisis par ses créanciers, et notamment par l'architecte qui avait bâti son logis abbatial.

Nicolas-Joseph Racine, conseiller au parlement de Paris, fils de Michel Racine, secrétaire du roi, fut nommé à l'abbaye le 13 février 1719. Il est mort à Paris, le 6 août 1735, âgé d'environ 59 ans. Il légua à l'Hôtel-Dieu d'Auxerre 400 liv. de rente, pendant vingt ans, par son testament du 22 juin 1735.

Jérôme Le Febvre de Laubrière, vicaire-général de François de Laubrière, évêque de Soissons, son frère, fut nommé à l'abbaye le 8 octobre 1735 et en prit possession au mois d'avril 1736. Il est aujourd'hui doyen de la cathédrale de Nantes. * Mort en 1746.

* Dubreil de Pontbriand, ecclésiastique vertueux et bienfaisant, instituteur des Savoyards et étrangers à Paris, nommé le 29 octobre 1746, mort en 1771.

* René Clémenceau, dernier abbé de Saint-Marien, nommé en 1771. Il était de l'Ordre des Jésuites. Il fut impliqué dans le procès de La Chalotais. Le célèbre Linguet le justifia de l'accusation de tentative d'empoisonnement, et il obtint ensuite pour compensation de sa prison l'abbaye de Saint-Marien. (Mémoires de Linguet.)

(a) Par acte du 19 juin 1629, il nomma Me Henri Bonissant, prêtre, comme son vicaire-général pour administrer l'abbaye, ainsi que ses prieurés de Saint-Vivant-sous-Vergy et de Vignory. — Arch. de l'Yonne, fonds Saint-Marien. (N. d. E.)

DE L'ABBAYE DE SAINT-PÈRE.

On n'est pas si bien informé de l'origine de l'abbaye de Saint-Père d'Auxerre que de celle de Saint-Marien dont je viens de parler, et il n'y a pas apparence d'en pouvoir faire remonter la fondation au-delà du vi[e] siècle. La vie de saint Aunaire est le premier monument qui en fasse mention. Cet évêque assigne à la basilique de saint Pierre, apôtre, comme aux autres églises de son diocèse, un jour et des calendes pour les prières qu'il avoit indiquées, ainsi qu'on peut voir ci-dessus (1). Il pourroit lui-même en être cru le fondateur, s'il suffisoit, pour le prouver, de dire qu'il exposa au pape qu'il y avoit dans son diocèse plusieurs nouvelles églises, et qu'à cause de cela il le supplioit de lui envoyer des reliques de saint Pierre. Mais il pouvoit aussi avoir en vue les églises d'Eppoigny, de Crevic ou Cravan, et tant d'autres qui sont sous l'invocation du même apôtre. Saint Didier, son successeur, fit mention dans son testament de la basilique de Saint-Pierre et Saint-Paul, située au-dessous de la ville d'Auxerre, et lui légua le village de Breteau vers l'an 620. Saint Tétrique, vers l'an 700, lui donna simplement le nom de basilique de Saint-Pierre, dans la description de son diocèse. On est ensuite un temps considérable sans trouver rien qui parle de cette église ; car il ne faut aucunement ajouter foi à la tradition moderne que Gérard de Roussillon, le même seigneur qui sous Charles-le-Chauve a fondé Pothières au diocèse de Langres, et Vézelay au diocèse d'Autun, est aussi fondateur de l'abbaye de Saint-Père d'Auxerre, puisque cela n'est appuyé que sur un roman qu'on a composé depuis quelques siècles, et où l'on a inséré quantité de faits insoutenables. En sorte que l'autorité du Nécrologe de cette maison, où l'on trouvoit cette tradition au 5 octobre, n'est d'aucun poids, parce qu'elle étoit prise du roman, et que d'ailleurs cet Obituaire faisoit mourir ce Gérard plus de cent cinquante ans avant Charles-le-Chauve.

(1) T. I, p. 127.

Il faut donc plutôt consulter l'ancien Nécrologe de la cathédrale, pour retrouver quelque chose sur l'église de Saint-Père. On y apprend que cette église, dans le xi⁰ siècle, étoit un Chapitre séculier dont un chanoine de la cathédrale étoit doyen. On y lit, au 18 février : « Obiit » Robertus sacerdos et canonicus atque decanus S. Petri ; » au 21 du même mois : « Obiit Goffridus canonicus S. Stephani et decanus S. » Petri (1) ; » et au 23 mai : « Obiit Walo sacerdos atque decanus S. » Petri. »

Humbaud, qui fut fait évêque d'Auxerre en 1084, établit en 1107, dans cette église, des chanoines réguliers (2) qui, comme les précédents, avoient à leur tête un doyen ; et, après qu'on y eut vu quatre ou cinq doyens, Guillaume de Toucy, fait évêque en 1167, changea le doyenné en abbaye.

Les doyens réguliers furent :

ULRIC, sous lequel fut donnée à sa communauté, l'an 1123, l'église d'Augy. On les appeloit alors les chanoines de Saint-Pierre-du-Pont, pour distinguer leur église de celle de Saint-Pierre-en-Château (a).

HUGUES est nommé en des actes de 1130 et 1136. Il obtint de Henri-le-Sanglier, archevêque de Sens, l'église de Cézy au-dessous de Joigny.

DURAND ; il obtint, en 1143, de l'évêque Hugues de Mâcon, l'église de Saint-Pélerin, auparavant annexée à l'évêché, promettant de payer chaque année 10 livres de cire, et de continuer aux chanoines de la cathédrale leur droit pour la station de la fête de saint Pélerin.

AMIC obtint de Godefroy, évêque de Langres, des églises de son diocèse ; ce qui fut confirmé en 1149 (3).

GUÉRIN obtint d'Alexandre III, étant à Sens en 1165, confirmation de quelques droits, entre autres de celui de l'hôpital de Saint-Père.

Je donnerai ci-après le catalogue des abbés.

---

(1) Il faut lire *Decanus* et non *Canonicus*, comme on a mis par erreur dans l'imprimé.

(2) Labb. Bibl., t. I.

(3) *Voy.* Preuves, n. 26 et 27.

(a) Il l'était encore en 1137, suivant les chartes de Pontigny. (*N. d. E.*)

La relation de cette abbaye avec la cathédrale consiste dans les stations que la cathédrale y va faire : 1° Le dimanche des Rameaux où les chanoines réguliers reçoivent le Chapitre au chant d'une antienne, qui étoit autrefois *Occurrunt;* 2° le lundi de Pâques ; 3° le mardi des Rogations où les mêmes chantent *Agne Dei;* et autres stations marquées dans les Processionaux et titres, telles que celles de la Saint-Pierre, etc. Le jour qu'ils sont tenus de chanter les litanies à la procession de la cathédrale, est le lundi des Rogations ; leur place au chœur de la même église est aux stalles basses du côté gauche. On peut consulter, pour le surplus de l'histoire de cette maison, l'article des Vicomtes (1). On ne sait pour quelle raison aucun des évêques ne s'y est fait inhumer. Il n'y a de reliques remarquables que quelque chose de saint Edme, archevêque de Cantorbéry.

ABBÉS DE SAINT-PÈRE.

Odon fut le premier abbé de Saint-Père d'Auxerre. Il obtint d'Alexandre III une bulle de l'an 1174. Comme la tradition étoit anciennement que c'étoit de Saint-Victor de Paris qu'avoient été tirés les Réguliers mis à Saint-Père (2), il y a lieu de croire que cet Odon est le même chanoine de Saint-Victor, dont il y a des lettres au 2e tome du Spicilége.

Godefroy. Il est connu par la bulle de 1178 qu'il obtint d'Alexandre III, touchant les biens du monastère, où est comprise la dîme des raisins du clos du Vicomte. C'est ce que les actes des derniers temps ont appelé la *Cour des Vents* au lieu des *Veans.* On croit qu'il vivoit encore en 1193 (a).

Arnoul est nommé en une infinité d'actes, depuis l'an 1195 jus-

---

(1) T. III de cette Histoire.

(2) Belleforêt le dit en sa Cosmographie.

(a) On trouve Gauthier en 1180, et Hugues en 1189. (*N. d. E.*)

qu'en 1222. Sa science le fit choisir pour arbitre en beaucoup d'affaires. V. *Thes. anecdot*, t. I, col. 775, *Hist. Univ. Paris sæc. XIII*, 12. Il mit sa maison en société avec l'abbaye de Molême.

BARTHÉLEMY. Son nom paroît dans des actes, depuis 1233 jusqu'en 1267. Il déclara, en 1255, quels étoient les droits que l'abbaye de Saint-Germain a le jour de certaines fêtes dans l'église de Rouvret (1). En 1258, son monastère se trouva si appauvri, à cause de la poursuite du procès sur l'église de Cézy, qu'il fut obligé de vendre de ses rentes à l'abbaye de Saint-Jean de Sens.

JEAN se trouva présent, en 1281, à l'hommage de Robert de Flandre rendu à l'évêque d'Auxerre (2). En 1295, on fit don à lui et à son église d'une place proche les Filles-Dieu, paroisse de Saint-Pélerin.

GILLES est nommé dans des titres depuis 1300 jusqu'en 1308. Il fut en difficulté avec les paroissiens pour la réparation de l'église.

JEAN II étoit abbé en 1312.

ROBERT fut présent, en 1320, à la visite de la châsse de saint Amatre dans la cathédrale. En 1321 il fit un échange de biens.

GIBAUD D'ESTRISI étoit abbé depuis longtemps en 1338. En 1350, il y eut mandement du roi Jean adressé à lui comme commissaire, sur le fait des lombards et usuriers, qui déclaroit que leurs débiteurs seroient quittes en portant le sort principal au trésor royal (3). Il est le premier du clergé nommé parmi ceux qui s'obligèrent, en 1359, pour la rançon de la ville envers l'abbaye de Saint-Germain. Il mourut en 1368 (a).

JEAN DE NOYERS. Il obtint du pape Grégoire XI, en 1375, l'union pour un temps du prieuré de Cézy à son abbaye qui étoit devenue fort

---

(1) *Voy.* Preuves, t. IV.
(2) *Voy.* Preuves, n° 228.

(3) Ord. des Rois, XIe vol.

(a) On trouve Jean d'Asserty, comme abbé, en 1360. (*N. d. E.*)

pauvre (1). Il associa son monastère avec celui de Saint-Laurent, en 1378 (2). On croit qu'il vivoit encore en 1397; mais en 1398 le siége étoit vacant, lorsque Marie, reine de Sicile demanda pour cette maison l'union perpétuelle du prieuré de Cézy.

Nicolas, prieur de Château-Renard, étoit devenu abbé en 1398.

Guillaume Vivien, auxerrois, étoit abbé dès l'an 1401, qu'il assista à l'entrée de l'évêque Michel de Creney. On le trouve en des titres de 1404. Il fit soumission au Chapitre d'Auxerre, le 1er octobre 1407, au sujet du ban rompu par ses gens à Monétau (3).

Jean Damade est dans des actes de 1426 et 1427.

Jean Assert. Cet abbé fut déclaré excommunié au mois d'octobre 1430, pour avoir persisté à refuser les droits dus à Hugues de Villemer, archiprêtre de Saint-Bris, après la mort des curés de Venousse et de Quéne. Il fut présent, en 1449, à l'entrée de l'évêque Pierre de Longueil (4).

Pierre le Masle, auxerrois, fut député en 1455 avec le sous-chantre de la cathédrale, pour aller solliciter à Paris le procès que la ville avoit contre les vignerons. Il assista, en 1480, à l'élévation du corps de saint Cot faite à Saint-Bris.

Jean de Baugis fut apparemment peu de temps abbé, puisqu'il avoit un successeur dès 1486. Sa mort est marquée au 28 mai dans l'Obituaire de Saint-Laurent.

Hugues de Boulangiers étoit abbé dès le 20 novembre 1485. Il obtint, en 1501, de l'évêque Jean Baillet, la confirmation des statuts de la nouvelle confrairie de la Trinité pour les paroisses d'Auxerre. Il est nommé au procès-verbal de la coutume de 1507. Il résigna en 1513 au suivant. Son sceau, que j'ai retrouvé avec cette inscription : *S. Hugonis abbatis monasterii S.-Petri Autiss.*, contient en bas les armoiries qui sont trois *crénaux surmontés d'une étoile.*

Laurent Petitfou fut le dernier abbé régulier jusqu'en 1542, qu'il

---

(1) *Voy.* Preuves, t. iv.
(2) *Ex Necrol. S. Laur.*
(3) *Regist. Capit.*
(4) *Voy.* Preuves, t. iv, n. 364.

fit passer son abbaye en commende pour en gratifier son neveu. Comme il vivoit encore en 1571, selon des titres que l'on a, c'est lui que Joseph Panier a eu en vue dans son mémoire sur la prise d'Auxerre, en 1567, par les Calvinistes, et non son prédécesseur. Outre que Hugues de Boulangiers auroit eu plus de cent ans en 1567, il se seroit trouvé alors à Saint-Père trois abbés, deux anciens outre le nouveau. J. Panier ne parle que du vieux abbé régulier qui devoit être celui-ci. Ceci est pour réformer ce que j'ai écrit pages 126 et 127 de l'Histoire de la prise de la ville, trompé par les écrits du P. Viole.

LAURENT PETITFOU, neveu du précédent, fut le premier abbé commendataire de Saint-Père, et l'étoit en 1542. Il fut aussi chanoine de la cathédrale et grand-archidiacre. V. l'article des archidiacres. Il mourut en 1595.

LAURENT FAUCHOT, second abbé commendataire, étoit neveu du précédent. Il mourut de la peste en 1608.

HENRI DE LAMBERT, filleul de Henri IV, fut le troisième abbé commendataire jusqu'à l'an 1646, qu'il décéda le 4 mars. La réforme de la congrégation de Sainte-Geneviève fut introduite de son temps. On rebâtissoit aussi alors l'église.

ROGER DE HARLAI fut nommé à l'abbaye de Saint-Père par Louis XIV, et en prit possession au mois de novembre 1646. Il fut fait depuis évêque de Lodève.

ROGER, PRINCE DE COURTENAY, neveu du précédent abbé, eut l'abbaye par sa résignation et en prit possession au mois de février 1659. Il étoit aussi abbé des Escharlis. Après sa mort a été nommé pour lui succéder M. de la Chabrerie, prêtre, qui en a fait peu de temps après démission pure et simple (1).

JEAN HARDOIN, prêtre-chanoine de l'église métropolitaine de Sens, a été nommé à cette abbaye au mois de juillet 1737.

JOSEPH DE CALVIÈRE DE BEAUCOIRAN fut nommé par le roi au mois de juin 1743. Il mourut le 8 juin 1768.

---

(1) Mercure, juin 1737, p. 1455.

* M. DE SAINT-HILAIRE, vicaire-général du diocèse de Meaux, ne fut qu'un instant titulaire de l'abbaye Saint-Père et se démit à la fin de 1768.

* M. DE MAUROY, chantre de l'église collégiale de Melun, succéda à M. de Saint-Hilaire le 3 décembre 1768. Il était encore titulaire en 1790.

DE L'ABBAYE DE SAINT-AMATRE, DEPUIS RÉDUITE EN PRIEURÉ.

Cette église a pris le nom de son fondateur, qui l'avoit dédiée sous l'invocation de saint Syphorien, célèbre martyr d'Autun, dont il avoit eu quelques reliques. Sa situation a fait conserver dans le pays l'ancien nom dont a été formé celui d'Auxerre. On a toujours dit, dans l'antiquité, que la basilique de saint Amatre étoit située *in monte Autrico*, parce qu'elle est située à la naissance de la montagne au bas de laquelle étoit la prairie de Vallan, qui, quoique petite, étoit opulente. Dans l'ancien langage, Autric signifioit prairie. C'étoit donc sur le coteau occidental de cette prairie que fut placée la basilique de saint Syphorien, au milieu des sépultures du peu de chrétiens qu'il y avoit eus jusqu'alors à Auxerre. Saint Amatre, qui y fut inhumé, y opéra tant de miracles que son nom fit disparoître dès le même siècle celui de saint Syphorien, et que toute la ville voulut être inhumée autour de la basilique qui le renfermoit. De là se forma ce nombre infini de sépultures entre cette église et la cité d'Auxerre. Il est parlé de cette église dans l'histoire de la conversion de saint Mamert. Saint Urse avoit mené une vie solitaire, proche la même basilique, vers l'an 500, avant que d'être élevé à l'épiscopat. Elle étoit devenue si célèbre, qu'après la cathédrale elle ne le cédoit qu'à l'église de Saint-Germain pour le rang. En effet, saint Aunaire la nomme la seconde, et saint Tétrique pareillement, dans le catalogue que l'un et l'autre ont donné des églises de leur diocèse au VIe et VIIIe siècle. Saint Didier, successeur immédiat de saint Aunaire, donna à la basilique de saint Amatre une terre appelée Talon, qu'on croit avoir été aux environs de Saint-Fergeau ou à Pourain. C'est la première fois qu'il est parlé de biens légués à cette église. Apparemment qu'elle ne commença qu'alors, c'est-à-dire vers l'an 620, à être desservie par quelques ecclésiastiques.

Il faut croire qu'elle possédoit des biens assez considérables au VIIIe siècle, puisqu'alors elle passa comme les autres églises qui avoient des fonds, dans les mains des laïques, dont elle ne sortit que sous l'épiscopat de Gui, vers le milieu du Xe; après quoi un évêque l'ayant donnée à un seigneur par forme de bénéfice, elle étoit passée entre les mains de l'évêque d'Autun, d'où Geoffroy de Champaleman la retira vers l'an 1060, au bout de six-vingts ans ou environ; et ce fut probablement en ce temps-là qu'il commença à y avoir un clergé réglé, dont un chanoine de la cathédrale étoit abbé. Cependant, entre tous ces abbés, nous ne connoissons que celui qui est nommé dans le catalogue des chanoines d'Auxerre, rédigé sous l'évêque Humbaud, vers l'an 1090 ou 1100 (1), dans lequel Jean, abbé de Saint-Amatre, est le dernier des prêtres du côté gauche. Mais, pour preuve qu'il y avoit en effet une petite communauté en ce lieu, c'est ce qu'on lit au Nécrologe de la cathédrale, dans le rang des additions de la fin du XIe siècle ou du commencement du XIIe, au 16 mai : « Obiit Fulco S. Amatoris » canonicus et sacerdos, qui pro salute anime sue domum suam petri- » nam fratribus dedit. »

L'évêque Hugues de Montaigu, à l'exemple de ce qui se pratiquoit parmi les Cluniciens où il avoit été élevé, changea le titre d'abbaye en prieuré, en y mettant des chanoines réguliers, l'an 1131, et Alain, autre évêque tiré du cloître, y fit venir en 1164 des religieux de l'abbaye de Saint-Satur en Berry, avec lesquels il y eut des règlements pour les droits temporels dont il est fait mention ci-dessus, pages 320 et 387. Guillaume de Seignelay leur donna depuis les églises marquées aussi ci-dessus, page 387. Quoique, du temps des guerres du roi Robert ou autres, le corps de saint Amatre eût été tiré de cette église pour être réfugié dans la cathédrale ou avec d'autres reliques, les cha-

(1) *Voy.* Preuves, t. IV, n. 17.

noines réguliers prétendirent, vers l'an 1319, le posséder encore, sous prétexte qu'ils avoient son tombeau et des châsses ; mais l'ouverture solennelle qui fut faite, en 1320 (1), de la châsse de la cathédrale, en présence de tout le clergé, les détrompa.

De temps immémorial il y avoit eu concours au tombeau de ce saint, et quoique le corps ne fût plus dans son église, la foire des calendes de mai ne laissa pas de durer huit jours, tant dans le champ de l'Indict, qui étoit au-dessous du cimetière public, que dans la place dite de Chalendemai. Il ne reste plus de vestiges de cet ancien concours à Saint-Amatre, que les petites vigiles que la cathédrale y vient chanter la veille des calendes de mai, avec la grand'messe le lendemain. Cette basilique étoit après saint Germain, celle où le même clergé se rendoit autrefois plus fréquemment, surtout le Carême. Ces stations se firent par la suite dans le cimetière de Montartre, canton de la paroisse de Saint-Amatre renfermé dans la ville, parce que le reste se trouvant dehors, étoit exposé aux incursions des ennemis dans le temps des guerres. La cathédrale va encore faire à Saint-Amatre la station du dimanche des Rameaux, où le prieur fournit le buis et le distribue à tout le clergé, et celle des litanies du 25 avril. Le prieur de cette même maison reçoit encore le Chapitre de la cathédrale, le mercredi des Rogations, en chantant *Agne Dei*, et il chante le même jour les litanies du peuple avec un chanoine de Saint-Marien, depuis la porte d'Eglény jusqu'à l'église de Saint-Georges. Sa place, au chœur de Saint-Etienne, est dans les basses stalles du côté droit.

Nous connoissons trop peu de prieurs de Saint-Amatre pour en former une liste.

OLRIC paroît avoir été le premier. Innocent II l'appelle Hurric, dans sa bulle du 24 septembre 1131 (a). Il fut présent en 1136, quand l'évêque Hugues de Montaigu donna à son Chapitre les dîmes d'Oisi, etc., t, XII *Spicil.*

---

(1) *Voy.* Preuves, n° 267.

(a) Il porte le même nom dans une charte de 1144 sur les moulins de Charentenay. (*N. d. E.*)

Engisbaud doit avoir aussi été prieur de Saint-Amatre, avant que cette maison fût soumise à l'abbaye de Saint-Satur. Le Nécrologe de saint Laurent marque qu'il en avoit été tiré. On y lit, au 11 juin : « Obiit Engisbaudus prior S.-Amatoris, noster canonicus. »

Voici une liste de quelques prieurs (a) :

Willelmus, en 1236.

Frère Jean, 1286, 1297.

Jean Boguier, 1335.

Guillaume Burcadellus, 1382.

Jacques Cujat l'étoit en 1431 et dès 1404. « Ex computis Urbis. »

Pierre Eviat, 1405.

Humbert Catin, dit le Miot, 1466.

Bertrand Fijat, licencié en décret, 1498.

Pierre de Lux, en 1521. « Ex quodam arresto Parlamenti. »

Robert de Lux l'étoit en 1428.

Martial Richard lui succéda en 1529. Encore titulaire en 1552.

Huet, 1568, 1576.

Hector Vigneron, prieur, de 1587 à 1598.

Jean Garnot, en 1597.

Jean Garnot le Jeune succéda à son parent en 1619. Il résigna son bénéfice en 1649. Il avoit eu une mauvaise affaire en 1625 et étoit accusé d'assassinat.

Antoine de Certaines, clerc du diocèse d'Autun, nommé en 1649, mourut en 1668.

Pierre Marpon, de Saint-Satur, en Berry, lui succéda, mais résigna son bénéfice l'année suivante à son frère Nicolas. Celui-ci étoit encore prieur en 1686.

Pierre Marpon, de Saint-Satur, en Berry, mort le 31 décembre 1720.

.... Gobin, de Saint-Satur, réforme de Bosc-Achard.

(a) Les noms des prieurs qui ne se trouvent pas dans la première édition de cet ouvrage ont été puisés dans les archives du prieuré Saint-Amatre. (N. d. E.)

GERMAIN CAROUGE, de la congrégation des chanoines de Sainte-Geneviève, prieur en 1737, mourut en 1742.

RAOUL BRIQUET lui succéda.

ETIENNE CHAUCHET, prêtre député à la chambre ecclésiastique, prieur en 1759, mourut le 28 août 1784.

FRANÇOIS PASQUIER, célèbre par ses prétentions à la dîme de vin d'Auxerre, exerce en 1781. Il fut le dernier prieur de Saint-Amatre.

DE L'ABBAYE DE SAINT-EUSÈBE, DEPUIS RÉDUITE EN PRIEURÉ.

Je donne le nom d'abbaye au monastère que saint Pallade, évêque d'Auxerre, bâtit hors les murs de la ville épiscopale, sous le roi Dagobert Ier, parce qu'il est certain que ce saint y établit une communauté; et il y a lieu de croire qu'ayant proposé le saint évêque de Verceil pour modèle de ceux qui l'habitoient, il voulut qu'à l'exemple de ce saint on y observât autant la vie cléricale que la monastique (1). Ce lieu étoit alors une pleine campagne avec quelques vignes. Il fit fermer de murs son monastère, et lui donna des fonds dont je croirois qu'est la terre de Terves, paroisse d'Escamps. Saint Pallade y fut inhumé, et depuis lui quatre autres évêques dans l'espace d'un siècle. Cette même église étant plus à portée de la cathédrale que celle de saint Amatre, et nullement exposée aux inconvénients des inondations, son cimetière fut choisi par les chanoines de la cathédrale, pour leur servir de sépulture. Ce choix se fit au moins dès le temps de Charlemagne, lorsque l'église de Saint-Eusèbe fut revenue au pouvoir de l'évêque Maurin, après l'invasion faite sous Charles-Martel. Les évêques y préposèrent alors un chanoine-diacre de la cathédrale, sous la qualité d'abbé, et c'étoit une de ces petites communautés où l'on observoit ce

---

(1) *Sancti Eusebii Abbatiam in ordine canonica ab initio constitutam.* Frodo in vita | Godefr. de Campo-Alemano episcopo xie sæculo.

que l'on pouvoit de la règle d'Aix-la-Chapelle, qui se pratiquoit à la lettre dans la cathédrale. L'évêque Wibaud donna à l'église de Saint-Eusèbe, vers l'an 890, huit labourages dans la seigneurie de Moulins; et Herifrid, son successeur, la voyant presque détruite, ajouta, vers l'an 900, d'autres biens situés à Leugny, à Serein et à Avignau. De sorte qu'il paroît que tous les biens de cette église étoient presque contigus; mais les guerres des Normands et autres écartèrent les chanoines et firent négliger la culture des biens. Cent-soixante ans après, l'évêque Geoffroy de Champaleman y établit un abbé et des chanoines. Humbaud, qui siégeoit en 1090, en augmenta le nombre en les rendant réguliers par le moyen des chanoines de Saint-Laurent qu'il y introduisit; de sorte que le prieur régulier veilla sur ces religieux, et le titre d'abbé, possédé par un chanoine de la cathédrale, ne fut plus qu'un titre d'honneur, et pour marquer l'ancienne dépendance. Comme ce monastère étoit le cimetière des chanoines de la cathédrale, le même évêque trouva convenable d'y annexer la charge de prier pendant un an pour chaque chanoine nouvellement inhumé, et d'y attacher l'émolument de la prébende, *cum consensu totius cleri et populi*, disent ses actes. C'est ce qui fut depuis expliqué par l'évêque Alain, vers l'an 1160, et qui a rendu le prieuré de Saint-Eusèbe très-mémorable dans l'histoire du pays.

Du grand nombre d'épitaphes dont les murs du cloître et du Chapitre refaits vers l'an 1100, étoient autrefois garnis (a), on ne lit plus que celles-ci qui sont gravées dans la pierre même du bâtiment du Chapitre, en lettres capitales du XIIe siècle : « Nonas martii obiit Renaudus Richardus » sancti Stephani canonicus. » Autre : « VII idus augusti obiit Segui- » nus levita, S. Stephani canonicus. Anima ejus req. in pace. » Autre : « V idus decembris obiit Lupus Miles Treceusis. An. ej. req. in pace. » A l'extérieur de la porte du Chapitre : « ...tobris obiit Isanbardus » sacerdos nosterque canonicus. An. e. r. in p. » La sépulture de ce dernier fut découverte le 31 mars 1728, et on trouva son cercueil de pierre sans fond, en sorte que son corps étoit posé sur la terre même,

---

(a) Ce cloître dont les restes se voyaient encore il y a quelques années était de style roman.   (*N. d. E.*)

ayant auprès de lui deux petits pots de grès : l'un où avoit été l'eau bénite qui se trouva entièrement vide, et l'autre plein de charbon où avoit été l'encens.

Il y a encore sous terre, en cette église, les tombeaux des évêques saint Pallade et saint Tétrice. Les ossements en avoient été tirés en 945, par Gui, alors évêque d'Auxerre, et exposés à la vénération des fidèles; mais ils ont été perdus dans le temps des guerres des Calvinistes. La nef et le chœur de cette église ont été dédiés par Ferric Cassinel, évêque l'an 1384, le 12 juin (a). Le sanctuaire et le rond-point ont été refaits bien plus nouvellement.

Le prieur titulaire avoit autrefois de beaux droits par concession des évêques et des comtes, surtout dans le marché du blé situé sur la paroisse de Saint-Eusèbe (1). Dans le temps des guerres, avant qu'il y eût une horloge publique et un hôtel-de-ville, les habitants empruntoient de lui le clocher de son église pour y placer le guetteur, comme étant alors le lieu le plus élevé de la ville. Le prieuré de Saint-Eusèbe est tenu de fournir au Chapitre d'Auxerre, chaque année, le Jeudi-Saint, tous les pains nécessaires pour la cène ; et deux des chanoines réguliers de cette maison les présentent aux chanoines et autres, chacun de leur côté. Leur tour, pour les litanies des Rogations, est le second jour en allant à Saint-Gervais et en revenant. Le clergé de la cathédrale fait en leur église une de ses stations, le dimanche des Rameaux, le mercredi des Rogations et l'une des féries de la Pentecôte, auquel jour les chanoines réguliers chantent le verset du répons. Le même clergé y va aussi chanter un nocturne, etc., la veille de saint Eusèbe, au mois d'août, et la grand'messe le jour de la fête.

De tous les anciens abbés de Saint-Eusèbe d'Auxerre, l'ancien Nécrologe en nomme trois qui doivent être morts avant le xie siècle. Au 7 avril : « Obiit Joannes levita et abbas S. Eusebii adhuc juvenis, pru-

---

(1) *Voy.* Preuves, t. iv, n. 239.

(a) Malgré la date de la dédicace, on voit à l'inspection des lieux que le monument est bien antérieur et de la fin du xiie siècle et du commencement du xiiie.

(*N. d. E.*)

» dentia litterarum imbutus et bonitate decorus. » Au 4 mai : « Gibertus
» levita et preceptor, et abbas S. Eusebii, corpus tumulo, animamque
» reddidit Christo. » Au 14 juillet : « Obiit Gualdricus levita et cano-
» nicus S. Stephani, atque abbas S. Eusebii ; » celui qui suit a précédé
immédiatement l'introduction de la régularité, puisqu'il vivoit en 1059.
Il y est parmi les additions, au 6 avril : « Obiit Gaufridus archidiaconus
» et abbas S. Eusebii. »

PRIEURS DE SAINT-EUSÈBE,

DEPUIS L'ÉTABLISSEMENT DES CHANOINES DE SAINT-LAURENT, JUSQU'A CELUI DES CHANOINES DE LA CONGRÉGATION DE FRANCE.

JAGUILIN, tiré de l'abbaye de Saint-Laurent, paroît être le plus ancien prieur. Son décès est de la première main dans le Nécrologe de la même abbaye, au 15 avril : « Obit Jaguilinus prior S. Eusebii et noster
» canonicus. »

ETIENNE est au 12 juin, dans le même Nécrologe, et de la main primitive : « Obiit Stephanus prior S. Eusebii, noster canonicus. »

DODON. Saint Bernard, en sa lettre 276e, fait mention du prieur de Saint-Eusèbe, comme ayant assisté à l'élection de l'évêque d'Auxerre, en 1152, et se contente de dire qu'il étoit frère de l'abbé de Saint-Laurent ; mais le Nécrologe de Saint-Laurent nous apprend que cet abbé étoit Hugues, qui avoit un frère nommé Dodon qui lui succéda dans la dignité abbatiale. Il fut prieur de Saint-Eusèbe jusqu'en 1160 ou environ.

GEOFFROY est témoin, en 1164, dans un titre de Bourads sur Chevigny et dans l'acte de suppression de la prévôté de la cathédrale, en 1166 (1). Il fut prieur jusqu'environ l'an 1175 qu'il fut élu abbé de Saint-Laurent.

(1) *Voy.* Preuves, t. IV, n. 59.

ALBÉRIC est nommé dans un titre du mois de janvier 1205.

PIERRE étoit prieur en 1236. Il mourut le 4 juin. *Ex Necrol. S. Laurentii.*

GUI DE TRACY est nommé dans un titre de 1281, comme ayant été ci-devant prieur de Saint-Eusèbe. Ainsi il le fut apparemment vers 1260 et 1270 (1). Il avoit un frère chevalier appelé Guillaume.

HUGUES fit quelques acquisitions à Lindry, en 1280. Il fut présent, en 1281, à l'hommage rendu à l'évêque d'Auxerre, par Robert de Flandre (2). Il est apparemment celui dont le Nécrologe de Saint-Laurent marque le décès au 28 juillet : « Ob. Hugo de Cercyo prior » S. Eusebii Autiss. et noster canonicus. »

ÉTIENNE, surnommé en latin *de Pedagio*, vivoit vers 1300. Il est au Nécrologe de Saint-Laurent, le 26 juin.

PIERRE DE CHAPPES nommé dans un règlement sur le droit des prébendes de la cathédrale, en 1307.

DURAND étoit prieur du temps de l'enquête de 1313.

JEAN, témoin à l'ouverture de la châsse de Saint-Amatre, en 1320.

PHILIPPE DE LONGUERON nommé dans un titre passé sous son successeur. Il vivoit vers l'an 1325.

ÉTIENNE DE SAINT-MAURICE, issu des seigneurs de ce nom, au diocèse de Sens, est nommé dans une procuration du clergé d'Auxerre pour emprunter de l'argent, afin de faire sortir du pays les Anglois, qui en étoient maîtres en 1358. Il y est qualifié *monseigneur Etienne de Saint-Maurice prieur de Saint-Eusèbe*. Il fut fait abbé de Saint-Laurent, en 1373.

JEAN ALIET est nommé dans un titre de l'abbaye de Saint-Père, en 1381.

HENRI DE LA FORÊT est aussi nommé dans un titre de Saint-Père de l'an 1393. Il étoit présent au Chapitre d'Auxerre, le 6 mai 1396. Il fonda son anniversaire en la cathédrale en 1401. Son obit est, le 4 de

---

(1) *Cartul. Capit.*, fol. 343. (2) *Ibid.*, fol. 542.

juillet, au Nécrologe de Saint-Laurent : « Ob.... Et Henricus de
» Foresta prior S. Eusebii sacerdos et noster canonicus. » On le faisoit
à la cathédrale les années suivantes.

N***, prieur de Saint-Eusèbe, étoit apparemment chanoine de cathédrale en 1402, puisqu'au premier jour d'octobre, après le trésorier du côté gauche, on lit : *Prior S. Eusebii.*

Louis de Bar, évêque de Langres depuis l'an 1397, connu sous le nom du cardinal de Bar, posséda le prieuré de Saint-Eusèbe, comme il paroît par un titre de 1407 et par les registres du Chapitre d'Auxerre, au 14 octobre de la même année.

Jacques de Marcilly, témoin à la reddition des comptes de la ville, en 1411-1417.

Pierre Moetrat est nommé dans les registres du Chapitre, au 27 juin 1425, comme chargé de la procuration d'un chanoine. Dès l'an 1422, Hugues des Noës, doyen, avoit traité avec lui. Il est au 22 août dans le Nécrologe de Saint-Laurent, comme chanoine de la maison.

Geoffroy Chantereau, nommé dans les comptes de la ville, (1433), fut présent à l'entrée de Pierre de Longueil au siége épiscopal, (1449) (1).

Louis Daduf nommé dans le compte de la ville, 1453.

Jean Pinard, dans ceux de 1458-1471, etc., jusqu'en 1484, comme ayant loué son trésor pour mettre les titres de la ville.

Guillaume Raffelin, en 1487, pour la même raison jusqu'en 1490.

Edme Erard ou Regnard, en 1491, pour la même raison.

Josseran, prévôt, est qualifié dans le compte de ville de 1493: « Religieuse et discrète personne, prieur commandataire de S.-Eusèbe. » Il continue d'y être jusqu'en 1498.

Pierre Roulant, dans des registres de la ville, 1505 et suivants jusqu'en 1513, pour raison du louage de ses archives.

Antoine des Ruyaux, prieur commendataire de Saint-Eusèbe en

---

(1) *Voy.* Preuves, t. IV, n. 364.

1523. Il étoit en même temps abbé de Saint-Laurent, selon un titre de cette année, du 27 janvier. Il n'y avoit alors que trois religieux au prieuré.

Jean Olivier cessa d'être prieur en 1544, selon le registre de Laurent Robert.

Vigile Marie fut fait prieur en 1544 (1), par permutation de la chapelle de saint Ferréol, dans Saint-Julien, agréée par Bernardin Bochetel, abbé de Saint-Laurent, et sur les provisions de Florent de la Barre, vicaire-général.

Denis de la Porte est qualifié prieur de Saint-Eusèbe, dans les registres baptistaires de la paroisse, au 20 juillet 1559 qu'il fut parrain.

Étienne Armand, chanoine de la cathédrale, étoit prieur en 1567, lorsque la ville fut prise par les Calvinistes.

Simon Tribolé, natif d'Auxerre, prieur de Saint-Eusèbe dès 1568, mourut en 1583. Il fut zélé pour l'établissement de l'office de saint Just en son église, sur ce que la tradition est que le lieu où étoit la maison du père de ce saint enfant se trouve aujourd'hui dans l'enceinte de la paroisse.

Jacques Michau est mentionné comme prieur de Saint-Eusèbe, dans les registres de la cathédrale, au 14 avril 1599, où il requiert le visa du canonicat de Victor Camus, qu'il a permuté pour la chapelle de Sainte-Marguerite dans l'église de Saint-Mamert.

Nicolas de Chamboursy, religieux et maître de l'hôpital de Beauvais.

Jacques Morisson, religieux de Saint-Laurent. Il a réparé la maison et y est mort en 1633, le 1er février, âgé de 88 ans. *Il était déjà titulaire en 1604.

Sébastien Morisson, aussi religieux de Saint-Laurent, neveu et successeur du précédent, lui posa une épitaphe de la composition d'Edme Jodon, avocat, et mourut en 1653.

(1) Registre de L. Robert.

* Denis Deschamps, prieur en 1659. La cure était encore distincte du prieuré.

* Jean Motin, prieur-curé en 1666.

* Louis de Paris de Belesbat, prieur en 1675.

* Louis Courcier, prieur conventuel et curé de la paroisse en 1680. Quatre religieux composaient alors le Chapitre. Il était encore titulaire en 1714.

* René-Hyacinthe de Reminiac, pourvu du titre de prieur titulaire en 1684, en jouit au moins jusqu'en 1723. C'est sous lui que la cure fut unie au prieuré, en 1714 (a).

* Joseph Goby, prieur-curé en 1718.

* Antoine-Catherine Lévesque, prieur en 1727.

* Toussaint Collin, prieur-curé en 1728, fait bail à cette date de la terre de Terves *pour le prieur de Saint-Eusèbe*. Il est mort en 1738.

* Jacques-Bénigne Gagne, succéda au précédent. Il donna sa démission le 12 septembre 1768.

* Michel Duchamp prend dès 1766 le titre de prieur de Saint-Eusèbe et curé de Lainsecq. Il était aux droits de M. Gagne.

* François Pasquier fut nommé prieur-curé le 28 septembre 1768. Il l'était encore en 1780.

* L'Heureux de Chambon, prieur-curé en 1781, a obéré la maison.

* Pierre Garnier, prieur titulaire de Saint-Eusèbe, demeurant à Lyon au prieuré Saint-Irénée, en mai 1784.

* Antoine-Marie Ducrest de Montigny succéda à M. L'Heureux. Il devint curé de Saint-Eusèbe, en 1790.

(a) On distingue depuis ce temps deux espèces de prieurs, les prieurs titulaires et les prieurs-curés. (*N. d. E.*)

FIN DE LA HUITIÈME PARTIE ET DU SECOND VOLUME.

TABLE DES MATIÈRES.

QUATRIÈME PARTIE,

Suite des Vies des évêques d'Auxerre, comprenant l'histoire des antiquités ecclésiastiques du diocèse.

		Pages.
Chapitre I.	Nicolas d'Arcies (1373 à 1376)	1
Chap. II.	Guillaume d'Etouteville (1376 à 1382)	5
Chap. III.	Ferric Cassinel (1382 à 1390)	9
Chap. IV.	Michel de Creney (1390 à 1409)	18
Chap. V.	Jean de Thoisy (1409 à 1410)	35
Chap. VI.	Philippe des Essarts (1410 à 1426)	38
Chap. VII.	Jean de Corbie (1426 à 1432)	48
	Laurent Pinon (1433 à 1449)	51
Chap. VIII.	Pierre de Longueil (1449 à 1473)	58
Chap. IX.	Enguerrand Signart (1473 à 1477)	86
Chap. X.	Jean Baillet (1477 à 1513)	90

CINQUIÈME PARTIE,

Contenant l'histoire de onze évêques qui ont siégé depuis l'an 1514, jusqu'à l'an 1676.

Chapitre I.	François de Dinteville i (1513 à 1530)	105
Chap. II.	François de Dinteville ii (1530 à 1554)	116
Chap. III.	Robert de Lenoncourt (1554 à 1560)	141
	Philippe de Lenoncourt (1560 à 1563)	148
Chap. IV.	Philibert Babou de la Bourdaisière (1563 à 1570)	155
Chap. V.	Jacques Amyot (1570 à 1593)	161
Chap. VI.	François de Donadieu (1599 à 1625)	196
Chap. VII.	Gilles de Souvré (1626 à 1631)	217
Chap. VIII.	Dominique Séguier (1631 à 1637)	221
Chap. IX.	Pierre de Broc (1640 à 1671)	242
Chap. X.	Nicolas Colbert (1672 à 1676)	261

SIXIÈME PARTIE,

Qui contient les actions des quatre derniers évêques d'Auxerre, qui siégèrent depuis l'an 1676 jusqu'en 1801.

		Pages.
Chapitre. I.	André Colbert 1676 à 1704)	293
Chap. II.	M. de Caylus (1704 à 1754)	310
Chap. III.	M. de Condorcet (1754 à 1760)	338
Chap. IV.	M. de Cicé (1760 à 1801)	349

SEPTIÈME PARTIE,

Contenant la continuation de l'Histoire Ecclésiastique depuis 1802, jusqu'à 1830.

Chapitre I.	M. de Noé, évêque de Troyes. (1802)	391
Chap. II.	M. de La Tour-du-Pin, archevêque-évêque de Troyes et d'Auxerre (1802 à 1807)	394
Chap. III.	M. de Boullogne, évêque de Troyes, de Châlons et d'Auxerre (1807 à 1821)	397
Chap. IV.	M. de La Fare, archevêque de Sens et évêque d'Auxerre (1821 à 1829)	403

HUITIÈME PARTIE,

Contenant les listes des dignitaires de la cathédrale et des abbés ou prieurs de plusieurs communautés de la ville d'Auxerre.

Corévêques et prévôts de l'église d'Auxerre	409
Doyens	412
Grands archidiacres	427
Chantres	439
Trésoriers	449
Archidiacres de Puysaie	458
Scolastiques et pénitenciers	466
Sous-chantres	476
Lecteurs	487
Canonicat de la maison de Chastellux	498
Confraternités du Chapitre d'Auxerre avec diverses églises du royaume	505
Église collégiale de Notre-Dame-de-la-Cité	509

	Pages.
Liste des chantres et des trésoriers de la Cité	513
Sur les quatre églises appelées les quatre filles de la cathédrale.	515
Abbaye Saint-Marien.	516
Abbaye Saint-Père.	528
Abbaye puis prieuré Saint-Amatre	534
Abbaye puis prieuré Saint-Eusèbe.	538

TABLE DES DESSINS.

Armoiries des évêques depuis le XIIe siècle	1
— — depuis le XVe siècle.	1
Armoiries du grand Chapitre	1
Sceau de l'abbaye Saint-Germain d'Auxerre (1325)	47
Sceau secret de la même abbaye	58
Sceau d'un abbé de Pontigny (1325)	103
Autographe de l'évêque J. Amyot.	161
Portrait de l'évêque J. Amyot.	192
Autographe de l'abbé Lebeuf	486

FIN DE LA TABLE.

www.ingramcontent.com/pod-product-compliance
Lightning Source LLC
Chambersburg PA
CBHW070830230426

43667CB00011B/1742